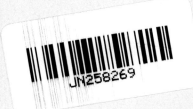

教学

用語集

創価学会
教学部

聖教新聞社

凡　例

本書は、日常的に日蓮大聖人の仏法を学ぶための教学用語集です。一人一人の教学研鑽をはじめ各種学習会、講義で活用できるよう、解説には平易な表現を用い、御書や法華経を参照できるよう努めました。編集方針は、以下の通りです。

収録語句の選定

一、SGI（創価学会インタナショナル）会長・池田大作先生の講義をはじめとする創価学会の教学著作、また座談会拝読御書や研修教材の解説をもとに、日常的な教学研鑽に資する重要語句を中心に収録した。

一、仏教の法理および関連する用語、宗教一般、思想、哲学、歴史に関する主要項目を収めた。具体的には以下の通り。

『新編 日蓮大聖人御書全集』（創価学会版）に記載されている語句のうちの主要なもの。

『妙法蓮華経並開結』（創価学会版）に記載されている語句のうちの主要なもの。

日蓮大聖人が御書の中で引用された天台大師、妙楽大師、伝教大師などの論書における主要な語句。

仏教一般の教義・用語・歴史などの主要なもの。

他宗教、哲学、歴史などの語句・人物のうち特に御書と関係する重要なもの。

日蓮仏法の教義をもとにした創価学会の用語の一部。

見出し語

一、収録語の総数は、見出し語としては約3000。

一、まず見出し語を示し、次にかな見出しとして読み方をひらがなで示した。

一、見出し語は、かな見出しの五十音順に配列した。

一、『仏法入門 任用試験のために』（創価学会教学部編、聖教新聞社刊）で紹介された用語には、その見出し語の冒頭に＊を付した。

解説文

一、解説を他項にゆずる場合は▶で送り先を示した。

一、参照項目は［参照］で送り先を示した。

一、同語で用例が大きく異なるものに対しては、解説文行頭に❶❷……を用いて区別し解説した。

一、本文中で便宜上、項目を整理するために①②……を用いた。

一、解説が長文になる場合、【】で囲んだ見出しを用い、あるいは改行するなどして、内容を整理した。

一、御書名は「」で、論書名・律典名および一般書名は『』で囲んだ。

一、典籍の引用は「」で示し、漢文体のものは訓読した。参照として、御書全集における引用ページ数を（○○㌻で引用）で示した。

一、御書の引用は、『新編 日蓮大聖人御書全集』（創価学会版、第266刷）を（○○㌻）で示した。参照指示のみの場合はページ数を（○○㌻）で記した。御書全集の原文で割注となっている箇所は、〈○○〉で示した。また、原文の読みがなと漢字ルビは原則として省略したが、読解の便をはかり（○○）で示した箇所もある。

一、『編年体 日蓮大聖人御書』（創価学会版、第45刷）からの引用は（編○○㌻）で示した。参照指示のみの場合はページ数を（編○○㌻）で記した。

一、法華経の引用は、『妙法蓮華経並開結』（創価学会版、第2刷）を（法華経○○㌻）で示した。参照指示のみの場合はページ数を（法華経○○㌻）で記した。偈の引用中で1文字空きがある箇所は、｜に置き換えた。

一、日寛上人による御書の文段の引用は、『日寛上人文段集』（聖教新聞社刊）を（文段集○○㌻）で示した。参照指示のみの場合はページ数を（文段集○○㌻）で記した。

一、引用文中に改行がある場合、／をその箇所に入れて、改行は施さなかった。

一、引用文中の注は、（＝○○）で示した。

一、編者が引用文中で中略した箇所は、……で示した。

一、引用文中の促音・拗音のひらがなは、原則として小文字とした。

一、年月日の表示については、鎌倉時代の暦は太陰太陽暦であり、現代の暦（グレゴリオ暦）とは1カ月前後、日付がずれている。また閏月が用いられている年もある。よって、年については1年ごとに西暦と対応させ、月日は当時の日付のまま用いた。改元の年は新元号を用いた。

一、日蓮大聖人のご年齢は、数え年で示した。門下たちもこれに準じた。

一、本文中で頻繁に用いる語句で説明を要するものを以下に挙げる。

音写《おんしゃ》：ある言語の音を他の言語で書き写すこと。本書ではサンスクリットの語の音を漢語を用いて書き写すこと。

音通《おんつう》：漢字表記のさい、同一音の他の漢字を用いること。例）濮陽と撲揚

サンスクリット：古代インドの文章語。中国や日本では梵語と呼ばれる。仏典の編纂・伝承に用いられた。

涅槃経：大乗経典の大般涅槃経と初期経典の大般涅槃経の2種があるが、

特に断りがないかぎり大乗の涅槃経を指すこととする。

一、創価学会の三代会長の表記については敬称を用い、初代会長の牧口常三郎先生は「牧口先生」、第２代会長の戸田城聖先生は「戸田先生」、第３代会長（SGI 会長、名誉会長）の池田大作先生は「池田先生」とした。

読みがな

一、見出し語の読みがなは、日蓮大聖人の御在世当時の読みの習慣に基づいたうえで、現代かな遣いで表記した。

一、仏教用語については仏教一般の伝統的な読み、一般用語については現代語の読みとした。

一、なお、本書の読みは一定の規則に基づいた標準的な読みを便宜上用いているが、意味が大きく異なる場合を除いては、本書と違う読みを用いても教義上の誤りということではない。例外として、創価学会で慣用となっている読みを用いたものがある。

付録

一、巻末には、付録として、研鑽の参考となる地図、年表、図表、資料を収めた。

一、池田先生の御書講義の研鑽の便宜を図るため、『希望の経典「御書」に学ぶ』『勝利の経典「御書」に学ぶ』（ともに聖教新聞社刊）の収録御書一覧を収めた。

一、『仏法入門 任用試験のために』（同）で紹介された用語の索引を収めた。

創価学会教学部

あ

阿育王｜あいくおう　▶アショーカ王《あしょーかおう》

愛染明王｜あいぜんみょうおう　明王の一つ。愛染はサンスクリットのラーガの訳。根本的な煩悩の一つである「貪《とん》(愛)」の意。浄化された貪愛を神格化したもの。日蓮大聖人は曼荼羅御本尊の向かって左端に、愛染明王を象徴する種子である梵字「吽《うん》(フーム)」を書かれている。右端に書かれている不動明王《ふどうみょうおう》が妙法の功徳である生死即涅槃を表すのに対して、煩悩即菩提の法門を表すとされる。参照 貪/煩悩即菩提

阿逸多｜あいった　❶サンスクリットのアジタの音写で、「打ち負かされない者」を意味する。弥勒菩薩の呼び名。法華経においても「阿逸多よ」との呼びかけが散見される。参照 弥勒菩薩

❷涅槃経巻19のなかで、阿闍世王を慰める医師・耆婆の話の中に登場する人物。殺母・殺父・殺阿羅漢の三逆罪を犯したが、釈尊に会って出家を許された。

愛別離苦｜あいべつりく　▶四苦八苦《しくはっく》

阿耆多王｜あぎたおう　阿耆多はサンスクリットのアグニダッタの音写。阿耆達とも書く。釈尊存命中のコーサラ国のヴァイランジャーの有力者であったバラモン。釈尊と500人の比丘を招いたが、自分自身は快楽にふけり、釈尊の一行に供養することを忘れてしまった。そのため一行は、馬が食べる麦を90日間も食べて飢えをしのいだという。これは釈尊自身が受けた九つの難(九横の大難)の一つにあたる。参照 九横の大難

***悪縁**｜あくえん　仏道修行を妨げ、悪い行いを助長する縁となるもの。

***悪業**｜あくごう　心身にかかわる悪い行為・行動のこと。煩悩によって引き起こされ、苦の果報をもたらす。また、三悪道・四悪趣に堕ちる因となる業をいう。悪業には五逆罪・十悪(業)など種々あるが、最大の悪業は謗法であり、無間地獄に堕ちるとされる。参照 三悪道/四悪趣/五逆罪/十悪/謗法

悪象｜あくぞう　涅槃経にある語で、凶暴な象のこと。▶悪知識《あくちしき》

悪知識｜あくちしき　誤った教えを説いて人々を迷わせ、仏道修行を妨げたり不幸に陥れたりする悪僧・悪人のこと。善知識に対する語。悪友ともいう。漢語の「知識」とはサンスクリットのミトラの訳で、「友」とも訳され、友人・仲間を意味する。涅槃経には「菩薩は悪象等に於いては心に恐怖すること無く、悪知識に於いては怖畏の心を生ず。悪象に殺されては三趣に至らず、悪友に殺されては必ず三趣に至る」とある。この文は、修行者は凶暴な象に殺されるというような外的な損害よりも、正法を信じる心を破壊し、仏道修行を妨げ、三悪道に陥れる悪知識こそ恐れなければならないことを述べている。日蓮大聖人は、悪知識に従わないように戒められるとともに、悪知識をも自身の成仏への機縁としていく強盛な信心に立つべきであると教えられている。さらには、御自身を迫害した権力者や高僧たちを自身の真価を現すのを助けた善知識と位置づけられている

(917ペ)。参照 善知識

***悪人成仏** | あくにんじょうぶつ　悪人が成仏すること。悪人とは煩悩に支配されて悪業を犯してしまう人をいう。具体的には五逆罪や十悪（業）などを犯したり、謗法を重ねたりする者をいう。悪人成仏とは、そのような悪人でも、法華経に縁すれば、ついには法華経を信受し必ず成仏できることをいう。法華経以外の諸経では、悪人はいくつもの生の中で、種々の煩悩を段階的に断じ、悪業を止め善業を行い、長遠な期間、仏道修行を積み重ねて、はじめて成仏すると説く。これに対して法華経では、万人に仏界が本来そなわっており、それを開くことによって直ちにその身のままで成仏できることを明かす。法華経提婆達多品第12では、諸経でこれまで極悪人とされてきた提婆達多にも、天王如来の授記がなされ悪人成仏が示された。あらゆる人は本来的に生命のうちに悪を内包している。よって提婆達多の成仏で悪人成仏が示されたことで、あらゆる人の成仏がはじめて保証されたといえる。参照 五逆罪/十悪/提婆達多/謗法/授記

悪友 | あくゆう　「あくう」とも読む。悪知識と同義。▶悪知識《あくちしき》

阿含経 | あごんぎょう　阿含はサンスクリットのアーガマの音写で、「伝承された聖典」の意。各部派が伝承した釈尊の教説のこと。大きく五つの部（ニカーヤ）に分類される。歴史上の釈尊に比較的近い時代の伝承を伝えている。漢訳では長阿含・中阿含・増一阿含・雑阿含の四つがある。中国や日本では、大乗との対比で、小乗の経典として位置づけられた。参照 小乗

阿含時 | あごんじ　天台宗の教判である五時（華厳・阿含・方等・般若・法華涅槃）の第2。釈尊が華厳経を説いた後の12年間、波羅奈国（ヴァーラーナシー）の鹿野苑などで説いた時期をさす。阿含経が説かれたので阿含時といい、この時期の最初の説法が鹿野苑で行われたので鹿苑時ともいう。参照 五時/阿含経/鹿野苑

阿含部 | あごんぶ　天台宗の教判である五時の中の第2である阿含時に説かれた諸経の総称。釈尊が華厳経を説いた後の12年間、波羅奈国（ヴァーラーナシー）の鹿野苑などで説いたとされる。化法（教えの内容）の面からいえば、四諦の法門などが説かれており、経・律・論からなる三蔵教である。化儀（説き方）の面からいえば、誘引のための漸教である。阿含部のうち、漢訳されて現存する主要なものは、四阿含である。これは、パーリ語経典の五つのニカーヤ（部）のうちの、小部を除く4部におおむね対応する。長阿含経22巻（後秦の仏陀耶舎《ぶっだやしゃ》・竺仏念《じくぶつねん》の共訳）、中阿含経60巻（東晋の瞿曇僧伽提婆《くどんそうぎゃだいば》訳）、雑阿含経50巻（魏晋南北朝時代の宋の求那跋陀羅《ぐなばっだら》訳）、増一阿含経51巻（東晋の瞿曇僧伽提婆訳）、合わせて183巻に別訳雑阿含経16巻（訳者不明）を加えると199巻となる。参照 五時/阿含経

浅きは易く深きは難し | あさきはやすくふかきはかたし　浅い教えである諸経を離れて深い教えである法華経の立場に立つことこそ、丈夫（仏）の心、仏の本意にかなうということ。伝教大師最澄の『法華秀

句』の一節で、法華経の六難九易の法門に基づく言葉。同書には「浅きは易く深きは難しとは釈迦の所判なり浅きを去って深きに就くは丈夫の心なり」(271,310㌻などで引用)とある。「浅き」は爾前の諸経のことで、これは人々に合わせて説いたので易信易解(信じ易く理解し易い教え)で弘通もやさしい。「深き」は法華経のことで、これは釈尊の覚りの真実を説いた深い教えなので難信難解(信じることが難しく理解することも難しい教え)で弘通が難しい。参照『法華秀句』/六難九易/難信難解

浅きを去って深きに就くは丈夫の心なり | あさきをさってふかきにつくはじょうぶのこころなり ▶浅きは易く深きは難し《あさきはやすくふかきはかたし》

阿私仙人 | あしせんにん　阿私はサンスクリットのアシタの音写。法華経提婆達多品第12に説かれている仙人。提婆達多の過去世の姿。釈尊は、はるかな過去から国王と生まれ、退転なく覚りを求めてきたが、さらに王位を捨てて法を求めていた。その時、阿私仙人が「我は大乗の妙法蓮華経と名づくるものを有てり。若し我に違わずは、当に為に宣説すべし」(法華経397㌻)と述べたので、王は歓喜して仙人に従い、1000年の間、身命を尽くして仙人に仕え、ついに妙法を得て成仏することができた。その時の王が釈尊であり、仙人は今の提婆達多であると説かれ、さらに提婆達多は未来には天王如来となると説かれている。参照 提婆達多/提婆達多品

阿私陀仙人 | あしだせんにん　阿私陀はサンスクリットのアシタの音写。古代インドの仙人。生まれたばかりの釈尊を見て、世俗にとどまれば転輪聖王となり、出家すれば仏となることを予言したが、自らはその説法を聞けないことを嘆いたという。

阿闍世王 | あじゃせおう　釈尊在世から滅後にかけてのインドの大国・マガダ国の王。阿闍世はサンスクリットのアジャータシャトルの音写。未生怨《みしょうおん》と訳す。本来の意味は「敵対する者が生じない(無敵)」との意だが、中国・日本では「生まれる前からの敵」という解釈が広がった。釈尊に敵対していた提婆達多にそそのかされ、釈尊に帰依し外護していた父・頻婆娑羅王《びんばしゃらおう》を幽閉して死亡させ、自ら王位についた。その後も、提婆達多にそそのかされて、象に酒を飲ませてけしかけさせ、釈尊や弟子たちを殺そうとしたが失敗した。後に父を殺した罪に悩み、全身に大悪瘡(悪いできもの)ができた。その際、大臣・耆婆《ぎば》の勧めによって釈尊のもとに赴き、その説法を聴聞し、釈尊が月愛三昧に入って放った光が阿闍世に届くと、彼をむしばんでいた大悪瘡はたちどころに癒えたという。釈尊滅後、第1回の仏典結集を外護したと伝えられる。参照 耆婆

阿闍梨 | あじゃり　サンスクリットのアーチャーリヤの音写。弟子を教え導く師僧のこと。弟子を取って沙弥(見習い僧)に授戒する資格をもつ。特に真言(東密・台密ともに)で弟子を取り、密教の修法を行うことのできる僧をいう。やがて一つの職名・僧位となった。日蓮大聖人も、修学期に天台宗の僧として密教も修められているので、

「日蓮阿闍梨」(179,1288ページ)と呼ばれることがある。また高弟に対して師僧にふさわしいと見なされた者には、阿闍梨号が許されている。

阿閦如来｜あしゅくにょらい　▶阿閦仏《あしゅくぶつ》

阿閦仏｜あしゅくぶつ　娑婆世界より東方に位置する阿比羅提《あびらだい》世界(妙喜世界と訳す)の教主である仏。阿閦はサンスクリットのアクショービヤの音写で、「揺れ動かない」の意。もともと阿比羅提世界を主宰していた大目(広目)如来のもとで誓願を立て修行するさまが、揺るぎなく堅固だったことから、このように呼ばれた。菩薩行をへて成道し、大目如来の後を継いだ。阿閦仏国経などの大乗経典に説かれる。参照 教主

阿修羅｜あしゅら　①サンスクリットのアスラの音写。修羅と略す。古代インドの鬼神の一種。古くは善神だったが帝釈天らに敵対する悪神とされるようになった。後に、仏教で守護神に組み込まれた。②▶修羅界《しゅらかい》

アショーカ王｜あしょーかおう　生没年不詳。在位は紀元前268年～前232年ごろとされる。古代インドの王。漢訳では阿育などと音写し、無憂と訳す。王は自らを天愛喜見王とも称した。マガダ国を根拠地とし諸王国に分裂していたインドを統一したマウリヤ朝の第3代の王。最初は「暴虐阿育」と呼ばれるほど残虐であり、即位に際して兄弟と争ったという。即位9年目に東南インドのカリンガ地方(現在のオリッサ地方)を征服し、南インドの一部を除く全インドをほぼ統一した。カリンガ征服では、約10万人を殺害し、さらに約15万人を捕虜にしたという。王はこの事件の2年前に仏教に帰依していたようだが、この惨状に深く反省し、より深く仏教を尊崇するようになり、諸宗教とともに仏教を保護した。その後、王は武力による征服をやめ、法(ダルマ)による支配を根本とした。また辺境の民族や外国人とも親しく交渉をもち、シリア・エジプト・マケドニア・南インド・スリランカ・カシュミール・ガンダーラなどの諸地方に使節・伝道師を派遣した。

飛鳥寺｜あすかでら　▶元興寺《がんごうじ》

飛鳥文化｜あすかぶんか　推古天皇《すいこてんのう》の時代(592年～628年)を中心とする飛鳥時代の文化。呼称は当時の都が飛鳥にあったことによる。日本最初の仏教文化として栄えた。飛鳥寺(法興寺)、四天王寺、斑鳩寺(法隆寺)などの寺院の伽藍や仏像などには、中国・南北朝や朝鮮の高句麗・百済・新羅の文化の強い影響が見られる。参照 聖徳太子

阿僧祇｜あそうぎ　サンスクリットのアサンキヤの音写。数えることができないとの意。これを意訳して「無数」などとする。大きな数の単位でもあるが、いくつであるかは時代や地域によって大きく異なる。

阿荼｜あだ　「阿」「荼」は梵語(サンスクリット)を表記する42字を音写するさいに用いられる漢字のうちの最初と最後にあたる。般若経・華厳経などでは42字になぞらえて修行の位を四十二字門として定めている。すなわち初めの阿字が菩薩の最初の位である初住にあたり、最後の42番目の荼字が妙覚(仏)の位を表す。参照 初住/妙覚

安達泰盛｜あだちやすもり ▶平等・城等《へいらじょうら》

***悪鬼入其身**｜あっきにゅうごしん 「悪鬼は其《そ》の身に入《い》って」と読み下す。法華経勧持品第13の二十行の偈《げ》の文(法華経419㌻)。三類の強敵の様相を説いた中の一句。三類の強敵には悪鬼が身に入り、正法を護持する者を迫害すると説かれる。人々が心の中の煩悩や邪見という悪に身を支配され、薬叉など鬼神《きじん》の様相を示し、正法およびそれを護持する人に敵対・反発するさまを表現している。日蓮大聖人は、悪鬼のうち最も根本で手ごわいものを第六天の魔王(他化自在天)とみなされている。「治病大小権実違目」(997㌻)では、その第六天の魔王は、生命にそなわる根源的な煩悩である「元品《がんぽん》の無明《むみょう》」の現れであると明かされている。参照 元品の無明/三類の強敵/第六天の魔王/鬼神

***悪口罵詈**｜あっくめり 人を悪く言い、ののしること。法華経勧持品第13に説かれる、法華経の行者を俗衆増上慢が迫害する様相の一つ。「諸の無智の人の｜悪口罵詈等し｜及び刀杖を加うる者有らん」(法華経418㌻)と説かれている。参照 俗衆増上慢

熱原の三烈士｜あつはらのさんれっし 熱原の法難で殉教した、日蓮大聖人門下である神四郎・弥五郎・弥六郎の3人の兄弟。参照 熱原の法難

***熱原の法難**｜あつはらのほうなん 建治元年(1275年)ごろから弘安6年(1283年)ごろにわたって、駿河国《するがのくに》富士下方の熱原地域(静岡県富士市厚原)で日蓮大聖人門下が受けた法難。

大聖人が身延に入られた後の建治年間、この駿河方面では、日興上人が中心となって弘教を進めており、教勢が拡大していた。当時、駿河国は、執権の北条氏一族が国守《こくしゅ》・守護《しゅご》を務め、特に富士地方には北条重時の娘で時頼の夫人にして時宗の母である「後家尼御前」の家臣が多く、その影響力が大きかった。熱原・滝泉寺《りゅうせんじ》の院主代《いんしゅだい》である行智《ぎょうち》は、そうした北条氏一族の権威をかさにきて数々の悪行を重ねていた。その中で行智は、同寺に在住している僧で大聖人に帰依した日秀《にっしゅう》・日弁《にちべん》らと同地域の信徒を激しく迫害した。

弘安2年(1279年)には、富士下方の政所《まんどころ》(荘園《しょうえん》を治める家政機関)の代官に働きかけて、4月8日の大宮浅間神社の祭礼の時に信徒の四郎男《しろうなん》(四郎の息子)を傷害し、8月には弥四郎男《やしろうなん》(弥四郎の息子)を斬首し、その罪を大聖人門下に着せようとした。

さらに9月21日には、熱原の農民信徒20人が、刈田狼藉《かりたろうぜき》(他人の田の稲を不当に刈り取る行為)との無実の罪を着せられて不当逮捕され、鎌倉に護送された。行智は虚偽の訴状をつくり、「日秀らが9月21日に多数の人を集めて弓矢をもって院主分の坊内に乱入し、農作物を刈り取って日秀の住房に取り入れた」などと、訴訟を起こした。裁判に向けて作成された日秀・日弁らによる弁明書案(「滝泉寺申状」、849㌻)について、大聖人は自ら前半を執筆、後半を加筆・訂正して、応援された。農民信徒たちに対する取り調べは、平左衛門尉頼綱が自ら私邸で行った。拷

問に等しい尋問の中で信徒たちは、信仰を捨てて念仏をとなえるよう強要されたが、一人も退転する者はいなかった。ついには神四郎ら3人が斬首され殉教し、残りの17人も追放という処分を受けた。

大聖人は、権力による不当な迫害に屈せず不惜身命の信心を貫く熱原の信徒の姿について「偏に只事に非ず」(1455㌻)と仰せになり、「法華経の行者」(同㌻)とたたえられている。そして、この法難で三大秘法の南無妙法蓮華経を受持して不惜身命の実践で広宣流布する民衆が出現したことを機に、大聖人は「聖人御難事」を著され、「出世の本懐」を遂げられたと仰せになっている(1189㌻)。

また法難の渦中、南条時光は不当な圧迫を受けながらも、日興上人の指導のもと、強盛な信心を貫き門下たちの外護に当たった。大聖人はこうした功績から時光を「上野賢人」とたたえられている。参照 出世の本懐/平左衛門尉頼綱/南条時光/日興上人/日秀/日弁

あつわらの者ども｜あつわらのものども　駿河国富士下方熱原郷(静岡県富士市厚原)の門下たちのこと。日興上人のもと弘教を展開し、権力による迫害を受けていた。日蓮大聖人は「異体同心事」で、「あつわら(熱原)の者どもの御心ざし異体同心なれば万事を成じ同体異心なれば諸事叶う事なし」(1463㌻)と仰せである。参照 熱原の法難

阿那含｜あなごん　サンスクリットのアナーガーミンの音写。声聞の修行の四つの階位の第3。二度と欲界に生まれ還ることがないことから「不還《ふげん》」と訳される。参照 四向四果

阿那律｜あなりつ　サンスクリットのアニルッダの音写。阿㝹楼駄《あぬるだ》などとも音写する。如意などと訳す。釈尊の声聞の十大弟子の一人。天眼第一といわれた。釈迦族の迦毘羅衛国(カピラヴァストゥ)の出身で、釈尊の従弟にあたる。釈尊の説法中にいねむりをして叱責され、それに発奮して眠りを断って眼病を患った。釈尊は名医・耆婆《ぎば》に治療させたが、眠りを断っているため効果がなく、ついに盲目となった。しかし、この縁によって天眼を得ることができたといわれる。また過去世で弗沙仏《ふっしゃぶつ》の末法に飢饉があった時、飢えた辟支仏に稗の飯を施したことにより宝を得て、その後、91劫の間、人界・天界に生まれて果報を得て、貧しさを味わうことなく願いはみな意のごとくなったという。法華経五百弟子受記品第8で普明如来《ふみょうにょらい》という記別を受けている。参照 耆婆/十大弟子/五眼

阿難｜あなん　サンスクリットのアーナンダの音写。釈尊の声聞の十大弟子の一人で、釈尊の従弟にあたる。釈尊の侍者として、多くの説法を聞き、多聞第一とされる。付法蔵の第2。法華経授学無学人記品第9で、未来世に山海慧自在通王如来《せんがいえじざいつうおうにょらい》に成ると釈尊から保証された。参照 十大弟子

阿若憍陳如｜あにゃきょうじんにょ　サンスクリットのアージュニャータカウンディニヤの音写。阿若倶隣《あにゃくりん》ともいう。釈尊から最初に化導された弟子。釈尊の出家に随行して苦行を共にしたが、釈尊が苦行を捨てたのを見て、ひとたび

は決別する。後に、覚りを開いた釈尊と鹿野苑で再会し、帰依した。参照 倶隣らの五人/鹿野苑

阿若倶隣《あにゃくりん》 ▶阿若憍陳如《あにゃきょうじんにょ》

阿耨楼駄《あぬるだ》 ▶阿那律《あなりつ》

阿耨多羅三藐三菩提《あのくたらさんみゃくさんぼだい》 サンスクリットのアヌッタラサンミャクサンボーディの音写。無上正遍知、無上正等正覚、無上正等覚などと訳す。最高の正しい覚りの意。仏の完全な覚りのこと。

阿鼻地獄《あびじごく》 阿鼻はサンスクリットのアヴィーチの音写で、苦しみが間断なく襲ってくるとして「無間《むけん》」と漢訳された。無間地獄と同じ。五逆罪や謗法といった最も重い罪を犯した者が生まれる最悪の地獄。八大地獄のうち第8で最下層にあり、この阿鼻地獄には、鉄の大地と7重の鉄城と7層の鉄網があるとされる。参照 八大地獄

阿毘達磨《あびだつま》 サンスクリットのアビダルマの音写。阿毘曇《あびどん》ともいい、対法などと訳す。仏教の法理に対する解釈・理論。経律論の三蔵の中の論蔵。紀元前3世紀から紀元1世紀の間に、仏教教団が多くの部派に分裂したが、その多くが経典の研究に取り組み、その成果が膨大なアビダルマ論書として集大成されていった。上座部では経典注釈が主で教理体系の発展は少ないが、説一切有部では経から独立して独自な理論の体系化がなされ、この派が最も多くの論書を現在に残している。これらの成果の中心は『阿毘達磨発智論』であり、この研究が集大成され『阿毘達磨大毘婆沙論』が編集された。さらにアビダルマ論書の終着点ともいうべき『阿毘達磨倶舎論』が世親(ヴァスバンドゥ)によって作成された。特に『倶舎論』に紹介されている有部の阿毘達磨は、部派仏教の理論を集大成し大乗仏教の理論的萌芽が見られるといわれており、仏教思想の中で一つの時代を画している。この教理体系は後に大乗経典にも利用され、その基礎学として欠かせないものとなった。参照 三蔵/『大毘婆沙論』/世親

阿毘跋致《あびばっち》 サンスクリットのアヴィニヴァルタニーヤまたはアヴァイヴァルティカの音写で、阿惟越致《あゆいおっち》とも音写し、不退などと訳される。菩薩の修行の階位。仏道修行においてどんな誘惑や迫害があっても退転しない位をいう。

***阿仏房**《あぶつぼう》 ?~1279年。日蓮大聖人の御在世当時、佐渡在住の門下。佐渡流罪中の大聖人に接し、妻・千日尼《せんにちあま》とともに大聖人に帰依した。もとは念仏の教えを信じる入道であったともいわれる。夫妻ともに強い求道心をもち、阿仏房は御供養品を入れた櫃を背負い、監視の目をかいくぐって、塚原の大聖人のもとへ御供養をお届けした。大聖人が身延に入山された後も、度々身延を訪れ御供養を続け、佐渡の中心的な弟子として活躍している。参照 千日尼

安倍貞任《あべのさだとう》 ?~1062年。平安中期の武将。陸奥国《むつのくに》(福島・宮城・岩手・青森県と秋田県の一部)の豪族。前九年の役では源頼義《みなもとのよりよし》・義家《よしいえ》と戦い抵抗したが、康平5年(1062年)、朝廷軍に滅ぼされた。

瘂法の婆羅門《あほうのばらもん》 瘂法を行

あ
か
さ
た
な
は
ま
や
ら
わ

じるバラモンのこと。唖法とは、無言の行のことで、究極の真理は言説に関わらないとし、人に向かってものを言わず、黙り込んでしまうのを修行の究極とする。

尼｜あま　女性の出家修行者。比丘尼のこと。男性出家修行者である僧に対する語。また日本では、在家ではあるが仏門に入った男性の呼称である入道に対して、そうした女性の呼称をいう。日蓮大聖人の御在世当時には、夫が瀕死の重病になって入道したり亡くなったことを機に、その妻が在家の尼になる習慣があり、お手紙の中で、富木尼御前(入道していた富木常忍の夫人)、上野尼御前(故人である南条兵衛七郎の夫人)などのように、門下の女性がしばしば尼御前と呼ばれている。このような在家の尼は髪を肩くらいでそぎ切るが、その髪型を尼そぎという。

天照大神｜あまてらすおおみかみ　▶天照太神《てんしょうだいじん》

阿弥陀経｜あみだきょう　中国・後秦の鳩摩羅什訳。1巻。阿弥陀仏がいる極楽世界の様子を述べ、阿弥陀仏を一心に念ずることで極楽世界に生まれることができると説く。浄土三部経の一つ。[参照]阿弥陀仏/極楽/浄土三部経

阿弥陀三尊｜あみださんぞん　浄土教で本尊とした阿弥陀仏と、その脇士の観音菩薩・勢至菩薩。[参照]脇士/阿弥陀仏

阿弥陀堂の加賀法印｜あみだどうのかがのほういん　▶加賀法印《かがのほういん》

阿弥陀如来｜あみだにょらい　▶阿弥陀仏《あみだぶつ》

***阿弥陀仏**｜あみだぶつ　浄土経典に説かれ、西方の極楽世界を主宰する仏。阿弥陀はサンスクリットの原語であるアミターユスまたはアミターバの音写で、アミターユスは「無量寿」、アミターバは「無量光」と訳される。無量寿経によれば、阿弥陀仏の修行時代の名を法蔵菩薩といい、長期の修行の果てに衆生救済の48の誓願を成就し仏に成ったという。そして臨終に際して阿弥陀の名をとなえる者のところへ阿弥陀仏が来迎し、極楽浄土に導き入れるという。浄土教では阿弥陀仏の誓願に基づいて、念仏によってその浄土である極楽へ往生しようとした。[参照]念仏無間/無量寿経/観無量寿経/阿弥陀経/四十八願

***阿羅漢**｜あらかん　サンスクリットのアルハトの主格アルハンの音写で、羅漢と略す。応供《おうぐ》と訳し、「尊敬・供養に値する人」を意味する。仏の別名の一つ。後に声聞の修行の階位の第4とされ、その最高の覚りの境地をさすようになった。[参照]四向四果/無学

阿頼耶識｜あらやしき　阿頼耶とはサンスクリットのアーラヤの音写で、「在りか」の意。「蔵」などと訳される。善悪の行い(業)の影響を蓄積し、縁に応じてその報いを生じる生命の働き。[参照]九識/八識/唯識

阿梨樹｜ありじゅ　インドなどに生育するシソ科の植物アルチャカ(英名ホーリーバジル、和名カミメボウキ)のこと。1本の茎の先端から多くの茎が生え、そこに多くの花をつける。頭がいくつにも割れることの譬喩として仏典でしばしば用いられ、法華経では法華経の行者を誹謗する者が受ける罰として説かれる(法華経648ページ)。[参照]頭破作七分

***安房国**｜あわのくに　現在の千葉県南部。同国東条郡(千葉県鴨川市)は、日蓮大聖人の御生誕の地であり、また立宗宣言、小松原の法難の舞台となった。

安徳天皇｜あんとくてんのう　1178年～1185年。第81代天皇。平氏一門に擁立されて1180年に3歳で即位したが、源氏に追われ、都を脱出し西海に逃れ、1185年3月、壇ノ浦で入水した。

安慧｜あんね　❶794年～868年。平安初期の天台宗の僧。第4代天台座主。伝教大師最澄の弟子。伝教没後、円仁(慈覚)のもとで密教を学ぶ。円仁没後は、その跡を継いで天台座主となった。参照円仁

❷510年～570年ごろ。サンスクリット名はスティラマティ。インドの唯識学派の思想家。無著(アサンガ)、世親(ヴァスバンドゥ)の著作を解釈し、伝統的立場で簡単に宣明することに努めた。主著に『真実義』(『倶舎論』の注釈)、『唯識三十頌釈』(『唯識三十論頌』の注釈)など。参照世親

安然｜あんねん　841年～?　平安初期の天台宗の学僧。円仁(慈覚)の弟子。比叡山に五大院を建てて著述に専念し、天台密教を大成した。「撰時抄」で「天台宗の慈覚・安然・慧心等は法華経・伝教大師の師子の身の中の三虫なり」(286㌻)と破折されている。主著に『教時諍論』『教時問答』など。参照『教時諍論』

安福｜あんぷく　生没年不詳。南都六宗の僧の一人。

安養世界｜あんようせかい　安養はサンスクリットのスカーヴァティーの訳で、「極楽」とも訳される。▶極楽《ごくらく》

菴羅苑｜あんらおん　釈尊存命中のヴァッジ国の都市・ヴァイシャーリーにあったマンゴーの果樹園。菴羅はサンスクリットのアームラの音写で、マンゴーのこと。この園を所有していた遊女アームラパーリーが釈尊に帰依し、園を供養したと伝えられる。

安楽行品｜あんらくぎょうほん　妙法蓮華経の第14章(法華経422㌻以下)。釈尊が滅後の悪世における弘通を勧め、その際に留意すべき実践方法を身・口・意・誓願の四つの面から説いている。これを四安楽行という。参照四安楽行

『安楽集』｜あんらくしゅう　道綽の著作。2巻。観無量寿経を解釈して釈尊一代の教えを聖道門と浄土門に分け、末法の衆生の機根にかなった教えは浄土教であると主張した。

安楽世界｜あんらくせかい　▶極楽《ごくらく》

安立行菩薩｜あんりゅうぎょうぼさつ　法華経従地涌出品第15に説かれる地涌の菩薩の上首である四菩薩の一人(法華経455㌻)。「御義口伝」(751㌻)では『法華文句輔正記』の文を引いて、常楽我浄の四徳のうち安立行菩薩は楽を表すとされている。参照四菩薩/地涌の菩薩/常楽我浄

い

飯嶋の津｜いいじまのつ　鎌倉・材木座海岸の東南部の港。付近の海上に和賀江島という人工島が築かれていた。真言律宗が管轄し、通行料の徴収権が与えられていた。

威音王仏｜いおんのうぶつ　法華経常不軽菩薩品第20に説かれる仏。同品(法華経554ページ以下)によれば、はるか過去に大成国を、威音王という2万億の同名の仏が順番に主宰し、衆生を教化してきた。そのうち最初の威音王仏が入滅した後の像法時代に、増上慢の比丘の勢力が大きくなっていた。その時に不軽菩薩が現れたという。参照 不軽菩薩

威音王仏の末法｜いおんのうぶつのまっぽう　法華経常不軽菩薩品第20には、不軽菩薩は最初の威音王仏の像法時代に出現したと説かれているが、「顕仏未来記」に「彼の像法の末と是の末法の初と全く同じ」(507ページ)と仰せのように、日蓮大聖人は不軽菩薩出現の時を、御自身がお生まれになった末法の初めと同様であるととらえられている。参照 不軽菩薩

伊賀太郎判官光季｜いがたろうほうがんみつすえ　?~1221年。鎌倉初期の御家人。光季は御書中では光末とも書く。北条義時の後妻(伊賀の方)の兄にあたる。京都警護のため上洛していたところ、承久3年(1221年)の承久の乱に際して、上皇方の軍勢に襲撃され、自害した。「太郎」は長男であることを示す。「判官」は、光季の官職が左衛門尉(左衛門府の第3等官)で検非違使に任じられていることを示している。

***瞋り**｜いかり　▶三毒《さんどく》

威儀｜いぎ　礼儀の規則にかなった立派な行いのこと。

壱岐・対馬｜いきつしま　壱岐は現在の長崎県北部にある島。さらにその北西にある諸島が対馬である。2島は、九州と韓・朝鮮半島の中間に位置し、大陸との交易の窓口となった。文永11年(1274年)10月の蒙古襲来(文永の役)で、壱岐は守護代の平景隆《たいらのかげたか》、対馬は守護代の宗資国《そうすけくに》をはじめほとんど全滅し、九州も大きな被害を受けた。

易行道｜いぎょうどう　▶難行道・易行道《なんぎょうどういぎょうどう》

***池上兄弟**｜いけがみきょうだい　日蓮大聖人の御在世当時、在家の中心的な弟子の兄弟。武蔵国《むさしのくに》池上(東京都大田区池上)に在住していた。兄の名は宗仲《むねなか》といい、弟は宗長《むねなが》と伝承される。大聖人は御書で、兄を官職名の右衛門《えもんの》(大夫《たいふの》)志《さかん》、弟を兵衛志《ひょうえのさかん》と呼ばれている。兄は、大聖人に敵対した良観(忍性)を信奉していた父から2度にわたって勘当されて苦境に陥ったが、弟とともに団結して信心を貫き、勘当を許され、ついに父をも入信に導いた。大聖人は最晩年に身延を出られた後、池上邸に立ち寄り、そこに滞在中に入滅された。参照 三障四魔

池上宗仲｜いけがみむねなか　▶池上兄弟《いけがみきょうだい》

池上宗長｜いけがみむねなが　▶池上兄弟《いけがみきょうだい》

已今当｜いこんとう　已は過去、今は現在、当は未来をさす。法華経法師品

第10に「我が説く所の経典は無量千万億にして、已《すで》に説き、今《いま》説き、当《まさ》に説くべし。而も其の中に於いて、此の法華経は最も為れ難信難解なり」(法華経362ページ)とある。これについて、天台大師智顗は『法華文句』で、過去の説法(已説)とは、法華経以前に説かれた、いわゆる爾前の諸経、現在の説法(今説)とは法華経と同時期の無量義経、未来の説法(当説)とは法華経より後に説かれた涅槃経などをさすと解釈している。

石河新兵衛能助｜いしかわしんひょうえよしすけ　駿河国富士上方重須《おもす》郷(静岡県富士宮市北山)の地頭。石河兵衛入道。居住する地名をとって「重須殿」と呼ばれた。南条時光の姉の夫。

易信易解｜いしんいげ　「信じ易く解し易し」と読む。信じやすく理解しやすいこと。難信難解に対する語。参照 難信難解

以信代慧｜いしんだいえ　「信を以て慧に代う」と読み下す。「四信五品抄」(339ページ)にある。仏が智慧によって覚知した正法を、自身の智慧によって覚知する代わりに、仏が説いた正法を信じ行ずることによって、智慧で得るのと同じ功徳を享受して成仏すること。

以心伝心｜いしんでんしん　「心を以て心に伝える」と読み下す。覚りや真理は文字や言葉によらず、師から弟子に面接する中で、心から心に伝えられるという禅宗の主張。教外別伝・不立文字という教義と同趣旨。参照 禅宗

***以信得入**｜いしんとくにゅう　「信を以て入ることを得たり」と読み下す。法華経譬喩品第3の文(法華経198ページ)。智慧第一とたたえられた舎利弗ですら、信によって初めて法華経に示される仏の智慧の境涯に入ることができたこと。

渭水｜いすい　中国・陝西省を流れる。渭水は涇水と合流した後、黄河に注ぐ。涇水は常に濁り、渭水は澄んでいるため、合流の後もその違いがはっきりとわかり、二つの流れのように見える。古くから清濁の譬えに用いられてきた。

和泉式部｜いずみしきぶ　生没年不詳。平安時代の女流歌人。情熱的な恋愛遍歴で有名。歌を詠んで雨を降らしたという。

***伊豆流罪**｜いずるざい　日蓮大聖人が弘長元年(1261年)5月12日から同3年(1263年)2月22日まで、伊豆国伊東(静岡県伊東市)に不当に流罪された法難のこと。前年の文応元年(1260年)7月、大聖人は「立正安国論」を北条時頼に提出して第1回の国主諫暁を行われたが、幕府はそれを用いなかった。「安国論」で大聖人は、念仏を厳しく破折されていたが、この「安国論」提出からほどなく、念仏者は執権・北条長時の父である重時をうしろだてにして、鎌倉・名越にある大聖人の草庵を襲った(松葉ケ谷の法難)。大聖人は一時的に避難されたが、しばらくして鎌倉へ帰られた。幕府は不当にも大聖人を捕らえ、伊豆の伊東へ流刑に処した。はじめ川奈の海岸に着かれた大聖人は、船守弥三郎《ふなもりやさぶろう》にかくまわれ支えられ、のち伊東の地頭・伊東祐光《いとうすけみつ》の邸へ移られ、2年後に赦免された。その間、日興上人が伊豆に赴いて給仕され、さらに付近を折伏・教化さ

れた。また伊東祐光が病気になった時、念仏信仰を捨てる誓いを立てたので、大聖人は平癒の祈念をされた。病気が治った伊東氏は海中から拾い上げた釈迦像を大聖人に御供養した。大聖人はその像を生涯、随身仏として所持され、臨終に当たり墓所に置くよう遺言されたが、百箇日法要の時に日朗が持ち去った。

已説・今説・当説 | いせつこんせつとうせつ　▶已今当《いこんとう》

伊川 | いせん　黄河の支流である伊水の流域。中国河南省洛陽市伊川県のあたり。

***異体同心** | いたいどうしん　外見の姿形は異なっていても内面は同じ心であること。異体とは広げていえば、年齢・性別・職業・社会的地位などが違うことも含まれる。同心とは、同じ目的観、価値観をもっていること。中国古代の故事に基づく語。『史記』などによれば、殷《いん》の紂王《ちゅうおう》の悪政に苦しんだ周の武王らは、寄せ集めの軍で姿形はばらばらであるものの、心は一つで異体同心であったため、極めて少人数であったにもかかわらず、大国の軍で武具が揃い調っているが、心がばらばらな同体異心の殷の軍隊を破って勝ったという。日蓮大聖人は「異体同心事」(1463ページ)などで、日蓮門下は既成勢力と比べると少数ではあるが、「一つ心」すなわち大聖人と同じ心であり、法華経の信心で団結しているので、大事を成し遂げることができ、妙法を広宣流布していくことができると門下を激励されている。

いた(痛)ひとかゆ(痒)き | いたいとかゆき　「撰時抄」(288ページ)にある。痛痒のこと。日寛上人は『撰時抄愚記』で、この御文を「かけば痛し、かかねば痒し」(文段集310ページ)と解釈し、自界叛逆難と他国侵逼難という日蓮大聖人の予言が付合すれば国は滅んでしまうし、付合しなければ大聖人が法華経の行者であることが明らかにならないことを意味するとしている。

在在の諸仏の土に常に師と倶に生ず | いたるところのしょぶつのどにつねにしとともにしょうず　▶在在諸仏土常与師倶生《ざいざいしょぶつどじょうよしくしょう》

***一閻浮提** | いちえんぶだい　▶閻浮提《えんぶだい》

***一閻浮提広宣流布** | いちえんぶだいこうせんるふ

この世界すべてに妙法を教え広めること。参照 閻浮提/広宣流布

一閻浮提総与 | いちえんぶだいそうよ　一閻浮提とは全世界の意。日蓮大聖人は、全世界の民衆に与えるという重要な意義を込めて御本尊を図顕された。参照 閻浮提

一行 | いちぎょう　683年～727年。中国・唐の学僧。天台学・禅・律を修める。後に善無畏《ぜんむい》が唐に来ると、共に大日経を訳し、また善無畏による大日経の講義を筆記し『大日経疏』20巻を著した。真言宗の祖師の一人とされる。数学や天文学の大家としても知られ、「開元大衍暦」を作った。参照 善無畏

一夏 | いちげ　4月から7月までの90日間のこと。インドで修行僧が雨季の3カ月間、遊行せず一定の場所に滞在して修行したこと(夏安居・雨安居)に由来する。

一眼の亀 | いちげんのかめ　仏や仏の説く正法に巡り合うことがいかに難しいか

を示す譬えに登場する亀。法華経妙荘厳王本事品第27には「仏に巡り合うことが難しいのは、一眼の亀が浮き木の穴に巡り合うのと変わらない」(法華経657ページ、趣意)とある。また「松野殿後家尼御前御返事」に、次のように仰せである(1391ページ)。深海の底に一匹の亀がいた。眼は一つしかなく、手足もひれもない。腹は鉄が焼けるように熱く、背の甲羅は雪山(ヒマラヤ)のように冷たい。1000年に一度しか海面に上がることができない。この亀の願いは海面で栴檀の浮き木に巡り合い、その木の穴に入って腹を冷やし、甲羅を日光で温めることである。しかし、亀の体にあった穴がある栴檀の浮き木に巡り合う可能性はないに等しい。もし巡り合ったとしても亀は浮き木を正しく追うことができない。人々が法華経に巡り合い受持していくことは、この一眼の亀が栴檀の浮き木に巡り合うのと同じくらい難しいと説かれる。この話は、盲亀浮木の譬えともいう。

一字金輪 | いちじきんりん　この語の「金輪」は慣習的に「きんりん」と読む。一字金輪仏頂王《いちじきんりんぶっちょうおう》(如来)の略。一字頂輪王ともいう。真言宗の諸仏の中の本尊。仏の頭頂の功徳を表した五仏頂尊の一つ。金輪を持ちボロン(ブルーン)の一字を真言とするので一字金輪という。金輪とは、金・銀・銅・鉄の四輪王の中で金輪が最高であることから、この本尊が最尊であることを表している。仏頂とは、仏の頂上の功徳を仏・菩薩として人格化したもの。この仏の一字の真言を唱えれば鬼神の害を除き、除病・延命の願いが成就し、この本尊の境地に到達するとされる。この一字金輪法は、文永11年(1274年)11月7日に比叡山で異国降伏のため行われている。

一四天・四海 | いちしてんしかい　古代インドの世界観では、世界の中心に須弥山がそびえ、その周囲の東西南北の四方に諸天(天界の各層)があり、またその麓に海が広がり、その四方にそれぞれ大陸があるとする。このことから、一四天・四海とはこの世界のすべてを意味する。参照 九山八海

一乗 | いちじょう　一仏乗ともいう。成仏のための唯一の教えの意で、すべての者が成仏できるという法華経の教えのこと。

一乗止観院 | いちじょうしかんいん　単に止観院ともいう。伝教大師最澄が建立した比叡山延暦寺の根本中堂の古名。延暦寺は、初め薬師堂・文殊堂・経蔵の三宇から成り、この総称として一乗止観院といったが、後に三宇の中心にある薬師堂をさして止観院または根本中堂と称した。参照 延暦寺

一乗真実三乗方便 | いちじょうしんじつさんじょうほうべん　▶三一権実論争《さんいちごんじつろんそう》

一尋 | いちじん　尋は長さの単位。尋は「ひろ」とも読む。日本では、人が両手を広げた長さを基準とする。1尋は6尺(約1.8メートル)にあたる。

一大事因縁 | いちだいじいんねん　法華経方便品第2の一句(法華経120ページ)。一大事とは、仏がこの世界に出現した根本の大事。因縁は理由の意。方便品では、諸仏は衆生に本来そなわる仏知見(仏の智慧)を衆生に開かせ、示し、悟らせ、仏知見の道に入らせるためにこ

の世に出現する(開示悟入の四仏知見)と明かされている。釈尊は法華経28品を説くことによって、人々の仏知見を開かせて成仏させる道を説き示した。[参照]四仏知見

一代聖教｜いちだいしょうぎょう　釈尊が生涯にわたって説いたとされる教え、または経典。聖教とは聖人の教え、すなわち仏の教えのこと。

一代八万の聖教｜いちだいはちまんのしょうぎょう　釈尊が一生の間に説いた、八万法蔵と言われる膨大な経典に基づく教え。[参照]八万法蔵

一入｜いちにゅう　生命の構成要素、十二入の一つ。[参照]十二入

***一念**｜いちねん　①一瞬に働く衆生の心のこと。②一回念ずること。浄土教では阿弥陀仏の名を一回となえることもいう。

***一念三千**｜いちねんさんぜん　天台大師智顗が『摩訶止観』巻5で、万人成仏を説く法華経の教えに基づき、成仏を実現するための実践として、凡夫の一念(瞬間の生命)に仏の境涯をはじめとする森羅万象が収まっていることを見る観心の修行を明かしたもの。このことを妙楽大師湛然は天台大師の究極的な教え(終窮究竟の極説)であるとたたえた。「三千」とは、百界(十界互具《じっかいごぐ》)・十如是《じゅうにょぜ》・三世間《さんせけん》のすべてが一念にそなわっていることを、これらを掛け合わせた数で示したもの。このうち十界とは、10種の境涯で、地獄・餓鬼・畜生・修羅・人・天・声聞・縁覚・菩薩・仏をいう。十如是とは、ものごとのありさま・本質を示す10種の観点で、相・性・体・力・作・因・縁・果・報・本末究竟等をいう。三世間とは、十界の相違が表れる三つの次元で、五陰(衆生を構成する五つの要素)、衆生(個々の生命体)、国土(衆生が生まれ生きる環境)のこと。

日蓮大聖人は一念三千が成仏の根本法の異名であるとされ、「仏種《ぶっしゅ》」と位置づけられている。「開目抄」で「一念三千は十界互具よりことはじまれり」(189ﾍﾟｰｼﾞ)と仰せのように、一念三千の中核は、法華経であらゆる衆生に仏知見(仏の智慧)が本来そなわっていることを明かした十界互具であり、「観心本尊抄」の前半で示されているように、特にわれわれ人界の凡夫の一念に仏界がそなわることを明かして凡夫成仏の道を示すことにある。また両抄では、法華経はじめ諸仏・諸経の一切の功徳が題目の妙法蓮華経の五字に納まっていること、また南無妙法蓮華経が末法の凡夫の成仏を実現する仏種そのものであることが明かされた。大聖人は御自身の凡夫の身に、成仏の法であるこの南無妙法蓮華経を体現され、姿・振る舞い(事)の上に示された。その御生命を直ちに曼荼羅に顕された御本尊は、一念三千を具体的に示したものであるので、「事の一念三千」であると拝される。

なお、「開目抄」(215ﾍﾟｰｼﾞ以下)などで大聖人は、法華経に説かれる一念三千の法理を諸宗の僧が盗んで自宗のものとしたと糾弾されている。すなわち、中国では天台大師の亡き後、華厳宗や密教が皇帝らに重んじられ隆盛したが、華厳宗の澄観《ちょうかん》は華厳経の「心如工画師《しんにょくえし》(心は工《たく》みなる画師

《えし》の如し)」の文に一念三千が示されているとし、真言の善無畏は大日経を漢訳する際に天台宗の学僧・一行《いちぎょう》を用い、一行は大日経に一念三千の法理が説かれているとの注釈を作った。そして、天台宗の僧らはその非を責めることなく容認していると大聖人は批判されている。参照 三世間/十界/十界互具/十如是/仏種/南無妙法蓮華経/『摩訶止観』/事の一念三千

一念三千・自受用身の仏｜いちねんさんぜんじじゅゆうしんのほとけ　一念三千は仏の覚りの法で、広大で自在な妙法。自受用身は妙法の功徳を「ほしいままに受け用いる身」としての仏のこと。参照 一念三千

一念三千の成仏｜いちねんさんぜんのじょうぶつ　一念三千の原理に基づく成仏。「開目抄」(223ページ)で言及され、改転の成仏に対する語。同抄では、法華経で竜女の即身成仏が説かれたことですべての女性が成仏する道が開かれたことを示されている。また法華経以外の諸大乗経にも女性の成仏を認めているように見えるものもあるが、それは女性が死んで転生して男性の身に生まれて成仏できるという改転の成仏であって一念三千の成仏ではないので、名前ばかりで実質が伴わないものであると仰せである。参照 一念三千/改転の成仏

一念三千の仏種｜いちねんさんぜんのぶっしゅ　万人成仏を説く法華経に示されている一念三千の妙法は、すべての人が成仏するための根本因であるので、「仏種」と呼ばれる(246ページ)。参照 仏種

一念信解｜いちねんしんげ　▶現在の四信《げんざいのししん》

一念随喜｜いちねんずいき　法華経分別功徳品第17に説かれる四信五品(現在の四信・滅後の五品)の中で、滅後の五品の第1。釈尊滅後の法華経の修行の最初の位をいう。一念は瞬時の心のこと。随喜とは歓喜すること。法華経の一句一偈を聞いて少しでも信ずる心のある者をいう。初随喜と同じ意味としても用いられる。また現在の四信の第1、一念信解と同じ意味に用いられることもある。参照 一念信解

一念随喜・五十展転｜いちねんずいきごじってんでん　▶五十展転《ごじってんでん》

一念に億劫の辛労を尽くす｜いちねんにおくごうのしんろうをつくす　信心の一念に計り知れない辛苦を尽くすこと。億劫という長遠な時間にわたる辛労を一瞬に凝縮したような、精魂を傾けた仏道修行のなかに、仏の智慧と生命力がわき上がってくる。「御義口伝」には「一念に億劫の辛労を尽せば本来無作の三身念念に起るなり所謂南無妙法蓮華経は精進行なり」(790ページ)と仰せである。

***一谷**｜いちのさわ　佐渡国石田郷の集落(新潟県佐渡市市野沢)。日蓮大聖人は「一谷」と表記される。大聖人が佐渡流罪中、文永9年(1272年)4月ごろに塚原の三昧堂《さんまいどう》から一谷入道《いちのさわにゅうどう》の屋敷に移られ、文永11年(1274年)3月に流罪が赦免になるまで住まわれた。その間、暗殺未遂に遭われるといった難が続いたが、「観心本尊抄」などを著された。

市の中の虎｜いちのなかのとら　市場にいる虎。ありえないことの譬え。伝教大師最澄作とされる『末法灯明抄』には、末法に持戒の者がいるはずがないことの譬えとして用いられている。

一仏乗｜いちぶつじょう　▶一乗《いちじょう》

一切皆苦｜いっさいかいく　▶苦《く》

一切皆空｜いっさいかいくう　▶空《くう》

一切義成就菩薩｜いっさいぎじょうじゅぼさつ
釈尊の成道前の幼名。一切義成就とはサンスクリットのシッダールタの意訳で、「すべての目的を成就した者」を意味する。金剛頂経には、大日如来に質問する菩薩として登場する。参照 悉達太子

一切経｜いっさいきょう　仏教にかかわる経典を総称する語。大蔵経ともいう。また一切の経・律・論のほか、中国、韓・朝鮮半島、日本などで成立した経文の解釈・伝記・史録などを編纂・結集したものをいう。

一切衆生・皆成仏道｜いっさいしゅじょうかいじょうぶつどう　あらゆる衆生がみな仏道を成ずること。

一切衆生憙見如来｜いっさいしゅじょうきけんにょらい
摩訶波闍波提比丘尼《まかはじゃはだいびくに》が法華経勧持品第13で未来に仏になるとの記別を受けた時の仏としての名(法華経413ページ)。参照 摩訶波闍波提比丘尼

一切衆生悉有仏性｜いっさいしゅじょうしつうぶっしょう
「一切衆生に悉く仏性有り」と読む。あらゆる衆生はみな仏性をそなえているとの意。天台の教判である五時で法華涅槃時とされ、法華経と同じく第5時に属する涅槃経巻27に「一切衆生悉く仏性有り。如来は常住にして、変易有ること無し」とある。参照 仏性

一切世間怨多くして信じ難し｜いっさいせけんあだおおくしてしんじがたし　法華経安楽行品第14の文(法華経443ページ)。仏が法華経を説く時は、どのような世間でも敵対・反発が多く、信じることがなかなかできないとの意。

一切明王仏の末法｜いっさいみょうおうぶつのまっぽう
「報恩抄」(311ページ)にある語。内容から「師子音王仏《ししおんのうぶつ》の末法」のことと思われる。「諫暁八幡抄」には「大荘厳仏の末の四比丘が六百万億那由佗の人を皆無間地獄に堕せると、師子音王仏の末の勝意比丘が無量無辺の持戒の比丘・比丘尼・うばそく(優婆塞)・うばい(優婆夷)を皆阿鼻大城に導きし」(587ページ)とあり、「神国王御書」にも「彼の大荘厳仏の末法の四比丘並に六百八十万億那由佗の諸人が普事比丘一人をあだみしにも超へ・師子音王仏の末の勝意比丘・無量の弟子等が喜根比丘をせめしにも勝れり」(1524ページ)と記されている。

師子音王仏とは、詳しくは師子吼鼓音王仏《ししくくおんのうぶつ》という。諸法無行経によれば、師子吼鼓音王仏の亡くなった後、正法を説く喜根比丘《きこんびく》を謗った勝意比丘《しょういびく》は大地が裂けて地獄に堕ち、謗法の罪によって極めて長い間、苦しみを受けたという。勝意比丘が弟子とともに喜根比丘を責めたという話は、安然の『教時問答』にある。

***一生成仏**｜いっしょうじょうぶつ　この一生の間に成仏すること。日蓮仏法が明かす成仏。日蓮大聖人は「法華経の行者は、仏の説いた通りに修行するなら、必ず一生のうちに一人も残らず成仏することができる。譬えば、春・夏に田を作るのに、早く実る品種と遅く実る品種の違いがあっても、どちらも1年のうちには必ず収穫できるようなものである」(416ページ、通解)と仰せである。以下、一生成仏の内容を種々の視点から概観する。

成仏の「成」について、「御義口伝」には「成は開く義なり」(753ページ)とある。法華経以外の諸経では、いくつもの生の間、多くの劫を経て修行をして覚りを目指す歴劫修行が説かれる。これに対し法華経では、万人に仏界がそなわっていることを明かしており、この仏界を開き現すことで、この身のままで直ちに成仏できることが説かれている。それ故、凡夫成仏とも即身成仏ともいう。

成仏とは、現在の自分とまったく異なった特別な人間になるとか、死後に次の一生で現実世界を離れた浄土に生まれることではない。あくまでもこの現実世界において、何ものにも崩されない絶対的な幸福境涯を築くことをいう。

「御義口伝」に「桜・梅・桃・李がそれぞれの特質をもつように、私たちもそれぞれの特質を改めることなく、そのままの姿で無作三身の仏であると開き現れるのである」(784ページ、通解)と仰せのように、成仏とは、自分自身が本来もっている特質を生かしきって、自身を最も充実させていく生き方をすることである。言い換えれば、生命の全体が浄化され、本来もっている働きを十分に発揮して、さまざまな困難に直面しても動揺しない、力強い境涯になることをいう。

成仏とは、ある終着点に到達するということではない。妙法を受持して悪を滅し善を生ずる戦いを続けていく、その境涯が、仏の境涯であり、間断なく広宣流布に戦い続ける人こそが仏なのである。参照即身成仏/歴劫修行

一生補処《いっしょうふしょ》 補処と略す。次の生で仏となることが決まっている者のこと。次の仏の処(地位)を補うので補処という。特に弥勒菩薩をさす。参照弥勒菩薩

一心三観《いっしんさんがん》 一心に空仮中の三諦が円融し相即していることを観ずる修行。天台大師智顗が立てた観心の法門。天台大師はこれを止観の正行とした。別教で立てる次第三観に対して円融三観ともいう。別教においては、まず空観を修し、三惑のうちまず見思惑を断じて空諦の理を証し、次に仮観を修し、塵沙惑を破して仮諦の無量の法門を知り、そののちに中道観を修し、無明惑を断じて中道の理を証する。このように、空・仮・中の三諦を次第に観じていくので次第三観という。これに対して天台大師の一心三観では三観を修行の初めから直ちに修するので不次第三観という。修行の時間も隔たりがなく、中道の理を証するにも空間の隔たりがなく、一境の上に三諦が相即し、三観も一心に円融するので円融三観という。この一心三観を基盤として一念三千の法門が展開される。参照一念三千/三諦/三惑

一心の妙用《いっしんのみょうゆう》 一個の生命に本来そなわっている不可思議な働き。

一心欲見仏・不自惜身命《いっしんよっけんぶつふじしゃくしんみょう》 一心欲見仏は「いっしんよくけんぶつ」とも読む。法華経如来寿量品第16の自我偈にある文。「一心に仏を見たてまつらんと欲して自ら身命を惜しまず」と読み下す(法華経490ページ)。一途に仏にお会いしたいと願っ

て、身命を惜しまず仏道修行に励むとの意。この実践姿勢の人には、業の力で隔てられて見ることができなかった、霊鷲山に常住する久遠の釈尊を目の当たりにすることができると説かれている。また日蓮大聖人は「義浄房御書」(892㌻)で「一心欲見仏」を転じて読み下し、一心に仏を見ようとする心を一つにして仏を見ればその心そのものが仏であると教えられている。この仰せは、具体的には、霊山常住の久遠の釈尊の会座を借りて大聖人が御自身の仏の境涯を現された曼荼羅御本尊を、一心に拝して不惜身命の実践をする時、修行者自身もまた仏であるということを意味すると拝される。

一闡提《いっせんだい》 サンスクリットのイッチャンティカの音写。本来は欲求しつつある人の意で、真理を信じようとしない快楽主義者や現世主義者をさした。仏法では、覚りを求める心がなく、成仏する機縁をもたない衆生をいう。仏の正法を信じないでかえって反発・誹謗し、その重罪を悔い改めない不信・謗法の者のことで、無間地獄に堕ちるとされる。[参照]謗法

一闡提人《いっせんだいにん》 ▶一闡提《いっせんだい》

一音《いっとん》 ▶一音教《いっとんきょう》

一音教《いっとんきょう》 釈尊一代の教えはさまざまな説かれ方をするが、実は同一の音声つまり同一の教えから出たものであるとする立場。一音説法とも。維摩経巻上の仏国品第1には、仏は終始、同一の音声によって説法をするが、衆生の機根によって理解にさまざまな差異が生ずる(一音異解)とある。中国では教判の一種として用いられ、多種多様に分かれた仏教各派の諸説も帰するところ仏の一音であるとした。天台大師智顗の時代には、『法華玄義』巻10上で、南三北七のうち北地の禅師(未詳)の一人が一音教の教判を用いたとされる。[参照]南三北七

鷸蚌の争い《いっぽうのあらそい》 「漁夫の利」のこと。『戦国策』にある説話に基づく成語。鷸(シギ)と蚌(カラス貝あるいはハマグリなど)が争っているうちに、漁夫に両方ともつかまってしまったということから、争うことが共倒れになり、第三者を利することをいう。「兵衛志殿御返事」には「内より論出来れば鷸蚌の相扼も漁夫のをそれ有るべし」(1108㌻)と説かれている。

一品二半《いっぽんにはん》 法華経如来寿量品第16の一品と前後の二品の半分(従地涌出品第15の後半と分別功徳品第17の前半)のこと。「観心本尊抄」で言及される。同抄の「本門脱益三段」を述べられた箇所(249㌻)では、法華経本門の14品を一つの経典としてとらえ、それを序・正・流通に立て分けられて、一品二半を正宗分とされている。さらに「文底下種三段」を明かす箇所では、下種の法である「本門の南無妙法蓮華経の五字」という仏の根本の教えがどこに説かれているのかを示すという点から、再度、序・正・流通の区別を明かされ、寿量品を中心とする一品二半を正宗分とされている。

またここでいう「一品二半」は、天台教学におけるそれとは異なり、日蓮大聖人が改めて立て直されたものである。「法華取要抄」では、天台教学における一品二半は、釈尊の化導の枠

組みに基づくもので、涌出品の略開近顕遠（地涌の菩薩は久遠以来の弟子であると述べ、ほぼ開近顕遠を明かしている）から始まり、寿量品の広開近顕遠（久遠の昔に成仏したことを述べ、仏の永遠の生命を明かした）を含むもので、在世の衆生に対する脱益のための教えであるとされる。それ故、「略広開顕の一品二半」と呼ばれる。これに対して、大聖人御自身の本門の正宗分としての一品二半は、略開近顕遠を含まず、動執生疑のところから始まり、もっぱら滅後、その中でも末法の凡夫のためであるとされる。それ故、「広開近顕遠の一品二半」と呼ばれる。この意味での正宗分の一品二半によって明かされる寿量文底の肝心たる妙法のみが、末法における衆生成仏の要法であり、三世の諸仏の一切の経々はすべて、この妙法をあらわすための序分と位置づけられるのである。参照序分・正宗分・流通分

因幡房日永｜いなばぼうにちえい　甲斐国巨摩郡下山郷（山梨県南巨摩郡身延町下山）の地頭・下山光基の氏寺であった平泉寺の住僧。日興上人の教化で日蓮大聖人の弟子となり、平泉寺から追放されたため、大聖人が日永に代わって下山光基に弁明書（「下山御消息」、343ページ）をしたためた。

為人悉檀｜いにんしつだん　▶四悉檀《ししつだん》

犬神人｜いぬじにん　神人とは、平安時代から鎌倉・室町時代にかけて、神社に属し祭儀その他の雑事を務めた人。犬神人とは、八坂神社などに属し、とくに沓や弓弦などを製作したり境内の掃除や不浄のものを取り捨てる役割を担った人をいう。弓弦を売り歩く時に「弦召そう」との売り声を用いたので「つるめそう」とも呼ばれた。

犬は師子をほうれば腸くさる｜いぬはししをほうればはらわたくさる　古くからのインドの伝承では、獅子（ライオン）に向かって吠える犬や野干（ジャッカル）は腸が腐るとされる。

猪の金山を摺り｜いのこんぜんをすり　イノシシが金鉱石を含む山に身体をこすりつけると、かえって山の輝きが増すこと。時機にかなった修行によって三障四魔が競い起こっても、それによって信心が強盛になることの譬え。『大智度論』『摩訶止観』に説かれる。参照衆流海に入り薪火を熾んにす

伊予阿闍梨｜いよあじゃり　▶日頂《にっちょう》参照阿闍梨

伊予房｜いよぼう　伊与房とも書く。▶日頂《にっちょう》

伊蘭｜いらん　サンスクリットのエーランダの音写。トウゴマの種。種子からヒマシ（蓖麻子）油がとれる。強い悪臭をもつとされた。

印｜いん　印相のこと。仏・菩薩・神々などを象徴するもので、特定の手・指の組み方（手印）や刀剣などの諸仏が所持する器具で表すもの（契印）がある。密教では、印と真言によって、仏・菩薩などの力が行者にそなわり、祈禱が成就すると説く。参照真言／密教

因位｜いんい　仏果を得るための修行の位のこと。果位に対する語。諸経典で釈尊は、仏果を得るために雪山童子や楽法梵志などとして菩薩の修行をしていたことが説かれる。また諸経典

で説かれる修行は、それぞれの経典で示された仏果を実現するための因であり、経典ごとに、因位の修行と果位の仏果の内実が異なる。諸経を位置づける教判では、釈尊は衆生を導くため、低い教えから高い教えへと説き進めたが、より高い教えが説かれるとそれ以前の教えの因果は包摂解消されるとする。四重興廃は、この原理を端的にまとめたものである。参照 果位

***因果** | いんが　因と果。因とはものごとを成り立たせる原因、果とは因に基づいて起こる結果のこと。

【古代インド哲学における因果論】仏教以前から古代インドでは、善因楽果・悪因苦果という因果応報の思想があり、業の報いとして輪廻すること(業報輪廻)からの脱却(解脱)が探求されていた。伝統的な民俗信仰であるバラモン教では、秘伝の知識をもつ聖職者・バラモンによる祭式が輪廻から解脱できる行い(業)とされていたが、哲学の展開とともに、バラモン教の内外から種々の思想が生まれた。そのうちの一つであるウパニシャッド哲学では、生命の不変の本質とされた我(アートマン)についての知識が重視され種々の思想が展開された。また種々の因果に関する説が生まれ、その一つとして、原因の中に結果の性がそなわり、それが直接的に開き現れるとする「因中有果」説がある。これは、古代インドの伝説的な哲学者である三仙のうち、数論外道(サーンキヤ学派)の祖とされる迦毘羅《かびら》(カピラ)の説とされる。これに対して、原因に果は内在しておらず、いくつかの原因が集まってまったく新しい果が発生するとする「因中無果」説を唱えるものもあった。これは、三仙のうち勝論師(ヴァイシェーシカ学派)の祖とされる漚楼僧佉《うるそうぎゃ》(優楼迦とも、ウルーカ)の説とされる。さらには、ある時には原因の中に結果の性があって展開し、ある時には原因の中に結果の性がない場合もあるという「因中亦有果亦無果」説を主張するものもあった。これは、三仙のうちジャイナ教の祖とされた勒裟婆《ろくしゃば》(リシャバ)の説とされる。

【仏教の因果論=縁起説】仏教以前からの善因楽果・悪因苦果の因果応報の考え方に基づいている古代インド哲学の諸説に対して、仏教では、直接因である因が内在するとするが、それが直接的に果をもたらすのではなく、外在的間接因である縁と合わさること(因縁和合)を条件としてはじめて、果が生じるとし、果がもたらされるのは縁によることを強調する。それ故、因縁説、縁起説とも呼ばれる。この事物・事象のあり方を説明する縁起の思想は時代とともに発展し、十二因縁、頼耶縁起など種々の縁起が説かれた。また仏教では、あらゆるものごとが因・縁の和合によって生ずるとし、ものごとに固定的な実体としての我が存在せず(無我)、実体は種々の可能性に満ちた空であると説くので、仏教が説く因果は決定論ではない。これは、自らの心身の行為(業)によって、自己の存在のあり方を主体的に形成する可能性を示している。業についての因果・縁起の思想は、今世における行いとその果報としての苦楽にとどまらず、永遠の

生命観に則って三世にわたって展開され、輪廻とそれからの解脱に関する因果論となった。

【十界各具の因果】日蓮大聖人の仏法では、善因楽果・悪因苦果の因果応報の考え方を「常の因果」(960㌻)と位置付けられている。十界の各界の業因とその果報という意味での因果は、「十界各具の因果」という。

【因果俱時】法華経は釈尊と同じ仏知見が一切衆生にそなわることを説くのであるから、この法華経本門に示された元意は、九界も仏界も倶に一切衆生の生命にそなわっていることを示すことにあるといえる。これを因果倶時《いんがぐじ》という。衆生の己心に本来的にそなわる無始の菩薩界が本因であり、衆生の己心に本来的にそなわる無始の仏界が本果である。そして、法華経の文底に示された南無妙法蓮華経を信じ実践することによって、仏界の境涯が顕現する。日蓮大聖人は、自身の生命にそなわる妙法を曼荼羅御本尊として図顕され、末法の一切衆生が信受すべき本尊とされた。仏界の境涯が顕現しても、九界が無くなることはないが、その悪の働きは消え去り(冥伏)、九界それぞれの特性が仏界によって生かされる。それ故、九界をそなえる凡夫の身そのままで仏界の生命境涯を開き現す即身成仏が可能になるのである。参照 因果俱時/宿命転換/本因本果

因果応報｜いんがおうほう　あらゆるものごとには三世にわたって因果律が貫かれており、悪因には必ず苦果、善因には必ず楽果が生ずること。

因果倶時｜いんがぐじ　一念に因と果が倶《とも》に同時にそなわること。因果異時に対する語。ここでいう「因」とは、成仏の因となる修行(因行)、またその段階にある九界の衆生の生命境涯をさす。また「果」とは、仏果、仏界の生命境涯をさす。すなわち因果倶時とは、生命には本来的に九界と仏界がそなわっているということであり、十界具足と同義。一念(瞬間の生命)に因果がそなわるので因果一念ともいう。法華経以外の諸経では、長遠な期間にわたる修行の中で善を行い、成仏の因を積み重ねて成仏することが説かれる。この場合、因と果が異なる時にあり因果異時の教えである。それに対して法華経では、本門の底意からいえば、万人に仏界が本来そなわっていて直ちに開き現すことができると説かれ、因果倶時が明かされている。われわれ凡夫は本来、因果倶時であり、日蓮大聖人が因果倶時の妙法を曼荼羅に顕された御本尊を信じ実践する時、仏界が開き現されて成仏することができる。参照 因果

因果倶時の蓮華仏｜いんがぐじのれんげぶつ　生命に本来的に十界を具足している仏、久遠元初の本有無作三身の仏のこと。因果倶時とは、因位である九界と果位である仏界を同時にそなえていること。蓮華の「蓮」とは果実のことで仏界を象徴し、「華」とは花のことで九界を象徴する。参照 本有/無作三身

因果の理法｜いんがのりほう　仏法ではすべての現象は因果律に貫かれていると捉え、因果関係のない偶然の現象というものを認めない。人間の幸・不幸

も因果律のもとにあり、現在の幸・不幸は過去の善悪の行為に因があり、未来の幸・不幸の果は、現在の善悪の行為の因によると説く。日蓮大聖人は法華経の受持を最高の善とされている。参照 因果

尹吉甫 | いんきっぽ　紀元前9世紀末から前8世紀初頭、中国・周の宣王《せんおう》の臣下。賢人の名が高く、その子・伯奇《はくき》もまた賢人であったが、二人の間を仲違いさせようと罠を仕掛けた後妻の虚言にたぶらかされて、信頼すべき息子の伯奇を死にいたらせたという。

因行 | いんぎょう　仏になるための因となる修行のこと。参照 果徳

印契 | いんげい　▶印《いん》

引業 | いんごう　業(行い)のうち、次の生における生命境涯を決定する最も強力なもの。六道(地獄・餓鬼・畜生・修羅・人・天)、四生(卵生・胎生・湿生・化生)の果報を引き起こす業のこと。次の生命境涯における個々の衆生の差異を決定する満業に対する語。『倶舎論』巻17によれば、未来世で果報を引き起こす業は、その報いの性質に応じて引業と満業の二つに分けられる。報いに2種類があり、人間として生まれるという報いを受けた場合、人間として共通な面である肉体・五官などを総報と名づけ、各個人によって異なる面である男女・貴賤・美醜・賢愚などを別報という。このような人界や畜生界などの各界に生まれるという総報を引き起こす業を引業と名づけ、各界に生まれた者に対して個々の別報を引き起こす業を満業という。参照 業

院主 | いんしゅ　寺院における最上位の僧、住職。

尹寿 | いんじゅ　中国古代の伝説上の帝王である堯の師。河陽に住み、道徳経を説いて無為の道を教え、道を彭祖《ほうそ》に伝えたという。

院主代 | いんしゅだい　院主の代理人。住職代理。

印生王 | いんしょうおう　▶引正王《いんじょうおう》

引正王 | いんじょうおう　サンスクリット名はサーティヤヴァーハナで、娑多婆訶《さたばか》と音写される。釈尊滅後700年ごろの南インドの憍薩羅《きょうさつら》国(コーサラー)の王。竜樹(ナーガールジュナ)に帰依し大乗仏教を保護した。「撰時抄」では「印生王」(290㌻)と記されており、これは引正王の音を取ったものと思われる。

隠士・烈士 | いんしれっし　隠士は、俗世をのがれ山野・森林などに隠れて道を修める人。烈士は、信念が強く節義に固い人。士は男子の称。「兄弟抄」(1086㌻)で日蓮大聖人は、隠士が烈士と協力して仙人の方術を成就しようとしたが失敗したという『大唐西域記』巻7の逸話を引き、池上兄弟が団結して信仰を貫くよう激励されている。

印相 | いんぞう　▶印《いん》

因中有果 | いんちゅううか　『摩訶止観』では、数論学派(サーンキヤ学派)の迦毘羅《かびら》(カピラ)による教えとされる。原因の中にすでに結果の性がそなわっているという説。例えば、砂を搾っても油は出てこないが、麻の実を圧縮すれば油が出てくるように、もし因の中に初めから果の性がないなら、ついに果を生ずることがないという。ただし、そこから運命決定論に陥っている。参照 迦

毘羅/因果

因中無果 | いんちゅうむか　『摩訶止観』では、勝論学派(ヴァイシェーシカ学派)の漚楼僧佉《うるそうぎゃ》(ウルーカ)による教えとされる。因に和合因・不和合因・助因の三つがあるとし、幾つかの原因が合わさって初めて一つの結果が生ずると説く。例えば陶器という結果は、土という原因がなければ生じないが、土は必ず陶器になるとはかぎらない。これは土が陶器の和合因にすぎないからで、他に助因がなければ陶器にはならない。その助因が変われば陶器以外のものにもなる。したがって、陶器は陶器、土は土である。すなわち、因と果はおのおの別であって、因の中に果なしとする因果別異論を立てた。参照漚楼僧佉/因果

因中亦有果・亦無果 | いんちゅうやくうかやくむか　『摩訶止観』では、ジャイナ教の祖とされる勒娑婆《ろくしゃば》(リシャバ)の教えとされる。世間に起こるさまざまな現象は、ある時には原因そのものの中に結果の性分がある場合もあるが、またある時には原因の中に結果のないこともあるという説。参照勒娑婆/因果

陰徳・陽報 | いんとくようほう　陰徳とは、人に知られない善行のこと。陽報とは、外面にはっきりと現れた善い報い。日蓮大聖人は四条金吾に「陰徳あれば陽報あり」(1178ページ)と仰せになり、陰徳を積む大切さを教えられている。

因縁 | いんねん　❶原因・理由のこと。果を生じる内的な直接の原因を因といい、因を助けて果に至らせる外的な間接の原因を縁という。因と縁が合わさって(因縁和合)、果が生まれ報となって現れる。仏法の生命論では、一切衆生の生命にそなわる十界のそれぞれが因で、それが種々の人やその教法にふれることを縁として、十界のそれぞれの果報を受けるとする。衆生の仏界は、仏の真実の覚りの教えである法華経を縁として、開き現され、成仏の果報を得る。

❷四縁(因縁・次第縁・縁縁・増上縁)の一つ。果を生む直接的原因のこと。狭義の因の意。

❸説法教化の縁由。なお法華経迹門で、化城喩品第7における過去世からの釈尊と声聞の弟子たちとのつながりを明かし因縁を示した教説を聞いて正法を信解し、未来における成仏の保証を与えられた人々を、因縁周という。参照化城喩品

❹経典をその形式・内容に基づき12種類に分類した十二部経の一つ。ニダーナの訳。縁起ともいう。説法教化の縁由を示すもの。参照十二部経

❺因縁釈のこと。天台大師智顗が『法華文句』で法華経の文々句々を解釈するために用いた4種の解釈法(四種の釈)の一つ。四悉檀によって仏と衆生との関係、説法の因縁を釈したもの。参照四悉檀

因縁所生法の四句の偈 | いんねんしょしょうぼうのしくのげ　具体的には『中論』の「因縁所生法は、我即ち是れ空なりと説き、亦名づけて仮名と為し、亦中道の義と名づく」の4句。「原因があって生ずるものを、空であると説く。これは仮であり、中道である」との意。空仮中の三諦が説かれていると解釈される。ここでは天台大師智顗の『法華玄義』巻2

上で引用された文によったが、吉蔵（嘉祥）の『法華玄論』などを参照すると、論書によって語句に若干の異同がある。なお『大正新脩大蔵経』では「衆因縁生法は｜我即ち是れ無なりと説く｜亦是を仮名と為す｜亦是中道の義なり」（第30巻33ページ）と記されている。
参照 三諦

因縁・約教・本迹・観心｜いんねんやっきょうほんじゃくかんじん　天台大師智顗が『法華文句』で用いた経典解釈の4種の方法。四種釈という。因縁釈・約教釈・本迹釈・観心釈のこと。①因縁釈は衆生の機根とそれに応える仏の化導との関係から解釈し、②約教釈は蔵・通・別・円の四教の観点から解釈し、③本迹釈は法華経の本門と迹門という観点から解釈し、④観心釈は観心の実践に基づいた独自の観点から解釈する。

殷の紂｜いんのちゅう　▶紂王《ちゅうおう》

殷の紂王｜いんのちゅうおう　▶紂王《ちゅうおう》

殷の代｜いんのよ　紀元前17世紀ごろから前11世紀ごろの中国古代の王朝。商ともいう。

う

禹｜う　中国古代の伝説上の帝王。夏の国の創始者。治水工事に功があり舜王の後継者となった。参照 舜王

ヴァーラーナシー国｜ゔぁーらーなしーこく　音写して波羅奈《はらな》国という。古代インドで、ガンジス川中流域のヴァーラーナシーを中心とする地域にあった国。十六大国の一つ。カーシー（迦尸）とも呼ばれる。ヴァーラーナシーの北東に、釈尊の初転法輪の地・鹿野苑がある。

上野殿｜うえのどの　①南条兵衛七郎のこと。▶南条兵衛七郎《なんじょうひょうえしちろう》
②また後を継いだ時光も上野殿と呼ばれた。▶南条時光《なんじょうときみつ》

有縁の仏｜うえんのほとけ　ある世界の衆生にとって成仏のために縁のある仏。仏は衆生を教化し成仏させることを目指すが、そのために種熟脱の三益を一貫して一仏が施す。最初に衆生に法を説いて下種結縁した仏が、その後、衆生の機根を調熟し、最後に得脱させる。法華経化城喩品第7では、三千塵点劫の過去に大通智勝仏の王子たちが人々に法華経を説いて下種結縁するが、南方の娑婆世界については、釈尊の前身である第16王子が流通にあたり下種結縁したと説かれる。つまり、釈尊こそが娑婆世界に有縁であり、再び娑婆世界に出現して法華経を説いて、人々を得脱し成仏させる。

有供養者福過十号｜うくようしゃふくかじゅうごう　「供養すること有らん者は福十号に過ぐ」と読む。妙楽大師湛然が『法華文句記』巻4下で、法華経薬王菩薩本事

品第23に説かれる持経者の功徳を釈した文。同品には三千大千世界に満ちる七宝を仏に供養するよりも、法華経の一四句偈を受持する功徳のほうが大きいとあり、法華経(法)を供養する功徳は十号をそなえた仏(人)を供養する福に勝るとの意。またこの文は曼荼羅御本尊の中にしたためられ、妙法を信受する功徳を示している。

有作 | うさ　自然のままではなく作為があること。無作に対する語。有相ともいう。有為と同意として、因と縁によって作り出された現象や存在をさす場合もある。参照無作

宇治・勢多 | うじせた　宇治川と瀬田川のこと。琵琶湖から流れ出る瀬田川とその下流の宇治川は、古来、東国と畿内の境界に当たり、そこにかかる瀬田橋と宇治橋の付近は軍事の要衝であった。治承年間の木曾義仲《きそよしなか》と源頼朝との戦いや承久の乱(1221年)においても、東国方にとっては敵の本拠地へいよいよ切り込む勝負所であり、その先陣を切ることは大きな勲功となったと思われる。

有羞の僧 | うしゅうのそう　恥を知る心をもつ僧のこと。羞は恥の意。日蓮大聖人は「曾谷殿御返事」で僧のあり方について、「但正直にして少欲知足たらん僧こそ真実の僧なるべけれ」(1056ページ)と仰せになり、『法華文句』巻1上の「(観の解とは、初めて中観を学び、相似の観に入れども)既に未だ真を発せざれば、第一義天に慚じ、諸の聖人に愧ず。即ち是れ有羞僧なり。観慧は若し発せば、即ち真実僧なり」との文を引かれている。

有情 | うじょう　サンスクリットのサットヴァの訳。人間や動物のように感情や意識をもち、生命活動を能動的に行えるものをいう。鳩摩羅什らの旧訳では「衆生」と訳された。玄奘らの新訳では「有情」と訳される。参照非情

欝頭羅弗 | うずらんほつ　サンスクリットのウドラカラーマプトラの音写。マガダ国の首都・王舎城(ラージャグリハ)の近郊に住んでいた出家修行者。釈尊は成道する前、彼から教えを受けたが、その教えはまだ不十分なものであると考え、彼の下を去った。釈尊が覚りを開く前に亡くなったとされる。

転識り難し | うたたしりがたし　「ますます識別しがたい」との意。妙楽大師湛然が『法華文句記』巻8で僭聖増上慢について述べた言葉。三類の強敵のうち、第1の俗衆よりも第2の道門、道門よりも第3の僭聖とますます悪が識別しがたくなること。僭聖増上慢は、聖人ぶって人々の尊敬を集めているので、その悪が最も見分けにくいということ。参照三類の強敵

有智・無智 | うちむち　仏法の智慧をもっている人とそうでない人。

有徳王 | うとくおう　涅槃経巻3の金剛身品第2に登場する王。▶覚徳比丘《かくとくびく》

優曇華 | うどんげ　インドの想像上の植物。3000年に1度開花する。『法華文句』巻4には、この花が咲けば金輪王が出現することが説かれている。また、金輪王が現れる時にはこの花が咲くと説かれている。会い難いものの譬えとして用いられる。

優婆夷 | うばい　サンスクリットのウパーシカーの音写。仏教を信ずる在家

の女性のこと。近事女《ごんじにょ》、清信女《しょうしんにょ》などと訳す。四衆（比丘・比丘尼・優婆塞・優婆夷）の一つ。参照 優婆塞/四衆

優波毱多 | うばきくた　▶優婆崛多《うばくった》

優婆崛多 | うばくった　サンスクリットのウパグプタの音写。優波毱多などとも音写する。付法蔵の第4。紀元前3世紀ごろの人。古代インドの摩突羅《まとつら》国（マトゥラー）の崛多長者《くったちょうじゃ》の子とされ、商那和修《しょうなわしゅ》に師事した。衆生を教化することでは第一人者とされ、「無相好仏」とも呼ばれた。提多迦《だいたか》に法を付嘱した。

優婆塞 | うばそく　ウパーサカの音写。仏教を信ずる在家の男性のこと。近事男、清信士などと訳す。また居士《こじ》と訳される場合もある。四衆（比丘・比丘尼・優婆塞・優婆夷）の一つ。参照 優婆夷/居士/四衆

優婆離 | うばり　サンスクリットのウパーリの音写。声聞の十大弟子の一人。律を持つことに秀で、持律第一といわれた。シュードラ（隷民）の出身。剃髪を家業としていたが、釈尊成道後、難陀・阿難・阿那律ら釈迦族の諸王子に従って仏弟子となる。釈尊滅後、第1回仏典結集に際して、阿難が経を誦出したのに対し、優婆離は律を誦出したという。参照 十大弟子

宇文 | うぶん　中国・北周の皇帝の一族。「報恩抄」では、第3代皇帝・武帝（543年～578年）のこと。建徳3年（574年）、同6年（577年）に仏教弾圧を行った。参照 三武一宗の法難/武帝

盂蘭盆 | うらぼん　夏季に故人への慰霊・追善を行う伝統行事。仏教が伝播する過程で、祖先への感謝を示す各地の伝統行事の影響を受けながら、仏教の中で次第に形成されていった。仏教は万人の成仏を願うというその本義に反しない限りにおいて、伝統的な慣習を容認して取り入れてきた。

盂蘭盆は古くから、サンスクリットのアヴァランバナが変化したウランバナの音写とされ、「倒懸《とうけん》」（逆さづりの苦しみの意）と訳された。古代イランの言語で「死者の霊魂」を意味するウルヴァンが語源という説もある。近年の研究では、サンスクリットのパラヴァーラナーがインドや西域で変化してウラヴァーナとなったものが音写されて「盂蘭盆」とされたと考えられている。なお、パラヴァーラナーは「自恣《じし》」と漢訳される。古代インドでは仏教修行者たちは法を広めるためにさまざまな地域に赴いていたが、外出・移動が難しい雨季には一箇所に集まって生活して修行する習慣があった。これを雨安居という。その最終日にあたる満月の日には、修行者が互いに誤りを指摘し合い、過ちや罪を告白して反省し許しを請うこと（懺悔）を行う。これをパラヴァーラナーという。この時に、盛大に供養が行われた。

西域に仏教が広がる過程で、この日に供養を行うと過去七世の父母を救うことができるという信仰が生まれ、それがシルクロードの交易などで活躍したイラン系ソグド人などを経由して、中国にも伝わったとされる。中国ではこの自恣の供養を行う満月の日を7月15日（太陰太陽暦では満月はほぼ十五夜にあたる）とみなし、同じ日に行われる中国

の伝統的な祭りである中元節の影響も受け、盂蘭盆の行事が形成されていったと考えられている。

盂蘭盆の意義を説く経典に盂蘭盆経がある。同経は現在では中国で成立したのではないかと推測されているが、諸説ある。中国・日本ではこの盂蘭盆経に基づいて行事が行われてきた。日蓮大聖人も「盂蘭盆御書」(1427㌻以下)で、伝統に従い盂蘭盆経の内容を記すとともに、大聖人の仏法の立場からのご指南をされている。そこではまず、盂蘭盆経では、目連尊者が物惜しみの罪で餓鬼道に堕ちた母を自身の力で救おうとしてもかなわなかったことに対し、釈尊が、7月15日に十方の聖僧を集め、さまざまな飲食物を用意して供養すれば救われると説いたと記されている。その上で、目連ほどの人が自身の力で母を救えなかったのは、まだ法華経を知らず成仏できなかったからであると教えられ、そして、正法に背く僧らを1000万人集めても故人を苦悩の境涯から救えないと戒められている。したがって、どこまでも万人成仏を明かした法華経を信受した人の真心の祈りが、故人を救う追善・回向となる。
参照 回向/追善

うるし千ばいに蟹の足一つ | うるしせんばいにかにのあしひとつ　信心で積んだ豊かな福徳も、少しの謗法で無に帰することの譬え。「曾谷殿御返事」に「何に法華経を信じ給うとも謗法あらば必ず地獄にをつべし、うるし(漆)千ばいに蟹の足一つ入れたらんが如し」(1056㌻)とある。カニの甲羅に含まれる成分が漆を駄目にするといわれている。参照 謗法

漚楼僧佉 | うるそうぎゃ　サンスクリットのウルーカの音写。漚楼僧伽とも。勝論学派(ヴァイシェーシカ学派)の開祖とされる。三仙の一人。因中無果説を説いたとされる。参照 因中無果/三仙

有漏 | うろ　漏、すなわち煩悩がある状態のこと。無漏に対する語。煩悩は心から流れ出して苦悩をもたらすものとされ、「漏」と呼ばれる。参照 無漏

有漏の引業 | うろのいんごう　漏とは煩悩のことで、有漏はまだ煩悩が残っている状態をいう。引業とは次に生まれた時にどの境涯になるかを決定する行い。「開目抄」には「又梵天王となる事・有漏の引業の上に慈悲を加えて生ずべし」(233㌻)とあり、梵天の王として生まれるには、まだ煩悩が残っている段階の禅定まで達することを必要条件として、その上に慈悲の行いが加わることで可能となると述べられている。
参照 有漏/引業

有漏の禅定 | うろのぜんじょう　煩悩を断じて滅することのないままでの瞑想の修行。参照 有漏

雲雷音王仏 | うんらいおんのうぶつ　法華経妙荘厳王本事品第27に説かれる。浄蔵・浄眼の父である妙荘厳王《みょうしょうごんのう》を教化した仏。参照 妙荘厳王

え

慧｜え　智慧のこと。また仏教者が習得すべき戒定慧の三学のうちの慧学で、知的な学習によって仏道を学ぶこと。参照戒定慧

永観｜えいかん　▶永観《ようかん》

衛元嵩｜えいげんすう　生没年不詳。中国・北周の廃仏論者。僧から還俗し、567年に上奏の書「廃仏法事」を武帝に提出し、僧寺は国益を損ずるとして寺の廃止と僧尼の還俗を勧めた。これが建徳3年(574年)の武帝による廃仏のきっかけとなった。参照武帝

栄西｜えいさい　1141年～1215年。「ようさい」とも読む。禅宗の一派、臨済宗を日本に伝えた僧。栄西は既成勢力の反対のなかで禅を布教するため、権力者へ接近を図り、『興禅護国論』を著している。鎌倉幕府の中枢から帰依を受け、京都の建仁寺、鎌倉の寿福寺を与えられた。それらの寺では天台と密教と禅を兼修していた。参照禅宗

叡山の一家｜えいざんのいっけ　伝教大師最澄を開祖とする比叡山延暦寺の日本天台宗の一門。参照比叡山/延暦寺/天台宗

叡尊｜えいぞん　1201年～1290年。「えいそん」とも読む。鎌倉中期の真言律宗の僧。思円《しえん》ともいう。戒律の復興を志し、衰退していた奈良の律宗寺院・西大寺《さいだいじ》に入り、密教による加持祈禱や文殊信仰を取り入れ、真言律宗(西大寺流律宗)を起こした。朝廷や貴族の公認のもと、非人の救済と称して京都・奈良周辺の非人支配を実現した。弘長2年(1262年)には北条実時《ほうじょうさねとき》らの要請で鎌倉を訪れ、時頼ら幕府要人をはじめ多くの人に授戒し影響力をもった。これが、先に関東に来ていた弟子の良観(忍性)が鎌倉へ進出する契機となった。祈禱僧としても広く知られる。弘安4年(1281年)の蒙古襲来の際、閏7月1日、蒙古船が折からの台風で難破大敗しているが、ちょうどこの日、叡尊は石清水八幡宮で蒙古調伏の祈禱を行っており、蒙古軍敗退が叡尊の功績のように喧伝された。この叡尊の風聞は下総国(千葉県北部周辺)の富木常忍にまで伝わり、そのことを彼は日蓮大聖人に報告している(993㌻)。

【叡尊教団の“非人救済”】叡尊は各地を巡って喜捨を募る「勧進《かんじん》」活動を行ったが、勧進聖は納骨にも関わっていたので、西大寺の律僧は葬送・納骨に関与していった。当時、遺体処理と葬送には既存の共同体から疎外された「非人」が関与し、鎌倉時代の非人は京都や奈良の都市周辺に独自の共同体である「非人宿」を作り、「長吏」を頂点とする自治組織を形成していた。叡尊は葬送を共通項として非人と結びつき、1242年から非人の救済事業を開始する。しかし、その実態は救済の名のもとに非人を労働力として利用するものであった。叡尊は朝廷や貴族と結びつき、その公認のもとで京都・奈良周辺の非人支配を実現した。この方式を関東にも持ちこみ、良観のもとで非人支配・利用を行った。参照極楽寺良観/律宗/真言律宗

慧遠｜えおん　❶廬山《ろざん》の慧遠。334年~416年。中国・東晋の僧。初め儒学を学び、21歳で出家して道安《どうあん》に師事。後、廬山に入り、東林寺に住む。402年、123人の同志と共に念仏の結社である白蓮社《びゃくれんしゃ》を設けた。著書に、鳩摩羅什との問答を整理編集した『大乗大義章』3巻、出家沙門は世俗の権力を超越した存在で皇帝を礼拝する必要がないと主張した『沙門不敬王者論』などがある。

❷浄影寺《じょうようじ》の慧遠。523年~592年。中国・南北朝時代から隋の地論宗南道派の僧。法上《ほうじょう》に地論宗の教学を学び、南道派の教学を大成した。56歳の時、北周の武帝が南朝の斉を破り、廃仏の政策を採った時、慧遠一人が帝の横暴に反論した。晩年は、隋の文帝の庇護のもと浄影寺に住み、経典の注釈に力を注いだ。著書に『十地経論義記』7巻(4巻現存)、『大般涅槃経義記』10巻、『大乗義章』20巻などがある。参照 三武一宗の法難

慧苑｜えおん　673年?~743年?　中国・唐の華厳宗の僧。華厳宗第3祖・法蔵の弟子。

慧可｜えか　487年~593年。中国・南北朝時代から隋の僧。禅宗で菩提達磨に次ぐ第2祖とされる。菩提達磨の弟子となり、名を慧可と改め、6年間修行した。達磨の死後、慧可に帰依する者が多かったが、妬む者も多く、隋の開皇13年(593年)、讒訴によって処刑されて、107歳で死んだ。なお、慧可が達磨に入門するにあたって、積雪中に夜を徹して入門の許可を待ったが許されず、自ら左の腕を切断して求道の心を示し、ついに許しを得て弟子となったという慧可断臂《えかだんぴ》の故事は有名。参照 菩提達磨/禅宗

慧観｜えかん　4~5世紀、生没年不詳。中国・南北朝時代の宋の僧。鳩摩羅什の弟子。南三北七のうち南地の一人。教判論の嚆矢となる五時教判を立て、法雲もこれを用いた。この五時では、まず諸経典を頓教(真実を直ちに説く教え)、それ以外の諸経を漸教(順を追って高度な教えに導いていく教え)に分け、頓教を華厳経とする。さらに漸教を①三乗別教(阿含経など)②三乗通教(般若経など)③抑揚教(維摩経など)④同帰教(法華経など)⑤常住教(涅槃経など)に分ける。また、慧厳や謝霊運《しゃれいうん》らと曇無讖訳の涅槃経40巻(北本)を一部修正・再編集し、36巻本とした。これは南本と呼ばれ南朝に普及した。参照 涅槃経/南三北七/教相判釈

懐感｜えかん　生没年不詳。中国・唐の浄土教の僧。善導に師事し、念仏三昧を証得したという。主著に『釈浄土群疑論』がある。

疫病｜えきびょう　▶三災《さんさい》

慧眼｜えげん　智慧の眼。五眼(肉眼・天眼・慧眼・法眼・仏眼)の一つ。二乗が真理を洞察する智慧の眼をいい、あらゆるものごとは空であることを知る智慧をさす。参照 五眼

慧光｜えこう　468年~537年。中国・南北朝時代の北魏から東魏の僧。南三北七の北地の一人。地論宗《じろんしゅう》南道派の祖。四分律宗の祖。一国の僧侶を統括する任に当たっていた。そのため光統律師《こうずりっし》と呼ばれた。参照 四

宗(教)

壊劫｜えこう　▶四劫《しこう》

慧曠｜えこう　534年～613年。中国・南北朝時代の僧。天台大師智顗の受戒の師とされる。天台大師は585年、太極殿に招かれ、『大智度論』や仁王経を講義した。陳の後主叔宝《しゅくほう》が聴聞する前でこれに反論した慧曠や慧晅は、結局は天台に帰伏したと伝えられる。

回向｜えこう　廻向とも書く。自ら仏道修行をして得た功徳を回《めぐ》らし向けること。諸経典ではさまざまな回向が説かれるが、その意義は、一つには低い目的観から高い目的観へ転換すること、また一つには自身が仏法を実践・修行した功徳を他の人々へ手向けることが挙げられる。また、故人に対して生前に積んだ功徳に追加して、遺族などが功徳を回向することを追善という。法華経化城喩品第7には、「願わくは此の功徳を以て｜普く一切に及ぼし｜我等と衆生とは｜皆共に仏道を成ぜん」(法華経298ページ)と説かれている。回向の究極的な目的は、あらゆる人々の目的観を高め、万人成仏の教えである法華経を説き聞かせてすべての人々を成仏させることである。[参照]追善

慧晅｜えごう　515年～589年。中国・南北朝時代の僧。[参照]慧曠

慧光照無量寿命無数劫｜えこうしょうむりょうじゅみょうむしゅこう　法華経如来寿量品第16の文。「慧光の照らすこと無量にして｜寿命は無数劫なり」(法華経492ページ)と読み下す。仏の智慧の力は、無量に万象を照らし、その寿命は無数劫であるとの意。

慧厳｜えごん　363年～443年。中国・南北朝時代の宋の僧。鳩摩羅什の弟子。文帝《ぶんてい》から特別の礼遇を受けた。

会座｜えざ　教えを聞くために人々が集まった場。

衣座室の三軌｜えざしつのさんき　室衣座の三軌ともいう。法華経を弘通するにあたって心がけるべき三つの方軌。法華経法師品第10に、如来の室とは大慈悲心、如来の衣とは柔和忍辱の心、如来の座とは一切法空であると説かれている(法華経367ページ)。

慧思｜えし　▶南岳大師《なんがくだいし》

慧次｜えじ　434年～490年。中国・南北朝時代の斉の僧。南三北七の一人で、南地で活躍した。特に『成実論』や三論(『中論』『十二門論』『百論』)に基づく中観思想を講義した。法雲が直接教えを受けている。

依正不二｜えしょうふに　依報と正報が、一見、二つの別のものであるけれども、実は分かちがたく関連していること。妙楽大師湛然は『法華玄義釈籤』で、天台大師智顗が『法華玄義』に説いた十妙を解釈する際に十不二門を立てたが、依正不二はその第6にあたる。正報とは生を営む主体である衆生をいい、依報とは衆生が生を営むための依り所となる環境・国土をいう。依報・正報の「報」とは、「報い」の意。善悪さまざまな行為(業)という因によって、苦楽を生み出す影響力が生命に果として刻まれ、それがやがてきっかけを得て現実に報いとなって現れる。過去の行為の果報を現在に受けている主体であるので、衆生を正報とい

う。それぞれの主体が生を営む環境・国土は、それぞれの衆生がその報いを受けるためのよりどころであるので、環境・国土を依報という。環境・国土によって衆生の生命が形成され、また衆生の働きによって環境・国土の様相も変化し、この両者の関係は不可分である。それゆえ日蓮仏法では、仏法を信じ実践する人自身が主体者となって、智慧と慈悲の行動で依正の変化の連続を正しく方向づけ、皆が幸福で平和な社会を築くことを教えている。

恵心僧都｜えしんそうず　▶源信《げんしん》

俘囚の嶋｜えぞのしま　「えぞ」は古代に東北地方から北海道にかけて住み、朝廷に服従しなかった人々で、アイヌ民族とは限らないと考えられている。「俘囚《ふしゅう》」は「とりこ、捕虜」の意であり、「えぞ」のうち大和朝廷に抵抗したものの結局は帰服した者をさす。「開目抄」(216ページ)では都の文化を知らない辺地の意味で用いられていると考えられる。

***依智**｜えち　神奈川県厚木市にある地名。現在の上依知から下依知の付近。日蓮大聖人は、竜の口の法難の後、佐渡へ向かうまでの間、この地にある本間六郎左衛門尉重連の屋敷に預けられた。参照 竜の口の法難

越後阿闍梨｜えちごあじゃり　▶日弁《にちべん》 参照 阿闍梨

越後房｜えちごぼう　▶日弁《にちべん》

依智六郎左衛門尉｜えちろくろうざえもんのじょう　▶本間六郎左衛門尉重連《ほんまろくろうざえもんのじょうしげつら》

穢土｜えど　けがれた国土のこと。煩悩と苦しみが充満する、凡夫が住む娑婆世界。参照 娑婆世界

慧能｜えのう　638年～713年。中国の禅宗で第6祖とされる。曹渓の宝林寺にいたので曹渓大師《そうけいだいし》とも呼ばれた。禅宗の弘忍《こうにん/ぐにん》を訪ねてその弟子となった。慧能の弘忍からの継承については伝承があり、それによれば、弘忍は700人の弟子たちにそれぞれの覚りの境地を一偈で述べさせ、最も優れた者に衣を伝え法を授けようとしたが、慧能はこのとき高弟の神秀《じんしゅう》を抜き、弘忍より法を伝えられたという。慧能の説法は『六祖壇経(六祖大師法宝壇経)』としてまとめられているが、後世の加筆が多いとされる。参照 禅宗

『依憑集』｜えびょうしゅう　『大唐新羅諸宗義匠依憑天台義集《だいとうしんらしょしゅうぎしょうえひょうてんだいぎしゅう》』の略。『依憑天台集《えひょうてんだいしゅう》』とも略す。伝教大師最澄が、弘仁4年(813年)に著し、同7年(816年)に序文を付して公表した書。1巻。諸宗の僧が天台大師智顗の教えを依憑(よりどころの意)としていることを、引用文によって具体的に明らかにしている。

依報｜えほう　報とは果報のことで、過去の行為の報いをいう。この報い(果報)を受ける主体である衆生の心身を正報といい、正報のよりどころとなる環境・国土を依報という。一念三千の法門においては五陰・衆生の二世間が正報、国土世間は依報であり、ともに一念のなかに含まれ、依正は不二となる。現象面では二であるが、相互に深い関係性があり不二である。参照 依正不二

依法不依人｜えほうふえにん　涅槃経巻6の文。「法に依って人に依らざれ」と読み下す。仏道修行にあたっては、仏

の説いた経文をよりどころにすべきであって、人師・論師の言を用いてはならないとの意。日蓮大聖人も諸御抄で頻繁に引用され(481ページなど)、「報恩抄」には「涅槃経と申す経に云く『法に依って人に依らざれ』等云云依法と申すは一切経・不依人と申すは仏を除き奉りて外の普賢菩薩・文殊師利菩薩乃至上にあぐるところの諸の人師なり」(294ページ)と、あくまでも仏の説いた正しい法によらなければならないことを示されている。

江間氏｜えまし　北条氏の有力な一族。第2代執権の北条義時の子・名越朝時《なごえともとき》の長男が江間光時《えまみつとき》。この光時の一族をいう。四条金吾は、金吾の父と2代にわたって、この江間氏に仕えていた。朝時が鎌倉・名越に住んでいたことから、この一門は名越氏と呼ばれていた。また、北条時頼が執権に就任して間もなくして、光時は謀反疑惑をかけられ伊豆国の江間に流され幽閉されたことから、江間氏と呼ばれる。参照 四条金吾

ゑもんのたいうどの｜えもんのたいうどの　右衛門大夫殿。池上兄弟の兄・池上右衛門大夫志宗仲のこと。▶池上兄弟《いけがみきょうだい》

右衛門大夫志｜えもんのたいふのさかん　▶池上兄弟《いけがみきょうだい》

慧栄｜えよう　?〜586年。中国・陳の荘厳寺の僧。天台大師智顗は569年、陳の都・建康(現在の南京。金陵とも呼ばれる)の瓦官寺《がかんじ》に入り、法華経の経題について講義を行った。この時、列席していた慧栄や法歳が天台大師に帰伏したと伝えられる。

衣裏珠の譬え｜えりじゅのたとえ　法華経五百弟子受記品第8に説かれる譬え(法華経338ページ以下)。ある貧しい人が親友の家で酒に酔って寝てしまった。親友は彼の衣の裏に無価の宝珠(価が付けられないほど貴重な宝石)を縫い付け、出かけていった。目を覚ました貧しい人は、それに気づかず、衣食を求めて他国を放浪するも困窮した。やがて親友と再会して衣の裏の宝珠のことを知らされた。この譬えを通し、阿羅漢の覚りを得た声聞たちは次のように語っている。すなわち、釈尊はかつて声聞たちを教化し仏の智慧を求める心を生じさせたが、声聞たちはそれをすぐに忘れてしまい、阿羅漢になり涅槃を得たことで満足してしまった。しかしそれは、真実の覚りではなく、また自分たちが真実には菩薩であると知った。

縁因仏性｜えんいんぶっしょう　▶三因仏性《さんいんぶっしょう》

***縁覚**｜えんがく　サンスクリットのプラティエーカブッダの訳。辟支仏《ひゃくしぶつ》と音写する。独覚《どっかく》とも訳す。①声聞の教団に属することなく修行し、涅槃の境地を目指す者のこと。声聞と合わせて二乗という。②▶縁覚界《えんがくかい》

***縁覚界**｜えんがくかい　縁覚の世界。縁覚が到達する部分的な覚りの境涯。縁覚は、六道輪廻する因となる煩悩を断滅して、死後は二度と生まれて来ないことを目指す。大乗の立場からは、これは「灰身滅智《けしんめっち》」とされ、成仏できないと批判された。また四土の説では、声聞の阿羅漢や縁覚のように、方便の教えを修行して煩悩の一部を断じた小乗の聖者は、方便有余土に生ま

れるとされる。「観心本尊抄」には「世間の無常は眼前に有り豈人界に二乗界無からんや」(241ページ)とあり、われわれ人界にそなわる声聞界と縁覚界の二乗は、無常という仏教の覚りの一分を覚知することにうかがえると示されている。これに基づき仏法の生命論では、縁覚界は、自分と世界を客観視し、現実世界にあるものはすべて縁によって生じ時とともに変化・消滅するという真理を自覚し、無常のものに執着する心を乗り越えていく境涯とされる。

参照 縁覚/灰身滅智/四土/二乗/声聞

縁起｜えんぎ　❶あらゆるものごとが因と縁によって生ずること。ものごとの生成に関する法理で、仏教の根幹をなす。サンスクリットのプラティーティヤサムトパーダの漢訳。生きていく中で感じる苦悩がどのように起こるかを解明し、その解消を図るもの。その大綱は、煩悩・業・苦の三道で示され、煩悩→業→苦という苦悩の生起の過程を説く。これは業感縁起と呼ばれ、四(聖)諦のうちの苦諦の内実をなす。縁起の法を知ることによって、煩悩から離れて覚りの智慧を発揮し苦悩から解放される。これは四諦のうちの滅諦に相応し、また、法身・般若・解脱という三徳の確立と整理される。仏教思想の発展に伴い、種々の縁起が説かれていった。以下、主要なものを挙げる。①十二因縁。十二(支)縁起ともいう。苦悩へと至る過程を12の項目(支)に分けて説くもの。一に無明、二に行、三に識、四に名色、五に六処、六に触、七に受、八に愛、九に取、十に有、十一に生、十二に老死である。この順に、無明から行が起こり、ついには老死という苦が起こるという過程を流転門といい、この過程を見ることを順観という。また、無明が滅すれば行が滅し、ついには老死が滅するという過程を還滅門といい、この過程を見ることを逆観という。順観・逆観の両方で、苦悩の生成消滅の因果を知り、この因果についての無知すなわち無明が、苦悩の根本原因であると覚知する。それによって、無明から離れ、結果として苦悩から解放される。部派仏教の時代には、説一切有部では、十二因縁の各支を三世に配当し、無明と行は過去の因、識と名色と六処と触と受は現在の果、愛と取と有は現在の三因、生と老死は未来の果とする。これは、三世にわたって二重の因果を説くので、三世両重の因果という。②空と縁起。竜樹(ナーガールジュナ)は、縁起と空性を同一視し、空の思想を仏教の伝統法理である縁起に結びつけた。『中論』では「衆因縁生法は｜我即ち是れ無なりと説く｜亦是を仮名と為す｜亦是中道の義なり」と述べられている。③阿頼耶識縁起。唯識思想で説く縁起。阿頼耶識から一切諸法(あらゆるものごと)が出現すること。略して頼耶縁起ともいう。種々の心身の行為は阿頼耶識に習気《じっけ》(潜在的影響力)となって蔵され、それが諸法の種子となり現行《げんぎょう》(現実にあらわれた種々の働き)を起こすとする。また発展した説では、阿頼耶識の中には一切の有漏の妄染の法と無漏の真浄の法との種子がともにあり、縁によって染法は迷いとなり、浄法は覚りとなって現れるとする。④真如縁起。ものごとを支える根本・真実の原理である真如からあらゆるものごとが生ずること。真如法性から起こるという説なので性起説ともいう。⑤如来蔵縁起。衆生にそなわる如来蔵からあらゆるものごとが生ずること。⑥法界縁起。華厳宗で立てられる縁起。一切のものごとが、究極の真理の表れであり、それぞれが互いに縁となり、障害なく通じ合って融和して起こっていること。参照 三道/四諦

❷神社縁起、寺(山)縁起、経縁起などというように、神社仏閣や経典などの起源・沿革・由来などをさす。

❸吉凶の前兆。俗に縁起がよいとか、縁起をかつぐなどの迷信的なものをいう。

円教｜えんぎょう　円満な教え、完全な教えのこと。法華経などで説かれる、すべての衆生が成仏できるという教えのこと。参照 純円/爾前の円

円宗｜えんしゅう　円教である法華経をよりどころとする宗派のこと。天台宗の別名。参照 天台宗

円定｜えんじょう　戒・定・慧の三学のうち、法華経の円教に基づく定(瞑想の実践)。天台大師智顗の説いた止観の修行では、「止」が定にあたり、「観」が慧にあたる。参照 戒定慧

円智房｜えんちぼう　生没年不詳。安房国(千葉県南部)清澄寺の住僧。詳細は不明だが、日蓮大聖人に敵対した。大聖人は「報恩抄」に(故道善房は)「地頭景信がをそろしさといゐ・提婆・瞿伽利に・ことならぬ円智・実成が上と下とに居てをどせしをあながちにをそれて・いとをしと・をもうとしごろの弟子等をだにも・すてられし人なれば後生はいかんがと疑わし」(323㌻)、「清澄寺大衆中」に「円智房の御弟子に観智房の持ちて候なる宗要集かしたび候へ」(893㌻)、「種種御振舞御書」に「円智房は清澄の大堂にして三箇年が間一字三礼の法華経を我とかきたてまつりて十巻をそらにをぼへ、五十年が間一日一夜に二部づつよまれしぞかし、かれをば皆人は仏になるべしと云云、日蓮こそ念仏者よりも道義房と円智房とは無間地獄の底にをつべしと申したりしが此の人人の御臨終はよく候いけるか・いかに」(923㌻)と述べられている。以上から、学問的には優れていたようだが、謗法を犯し、現罰を受けて悲惨な死に方をしたことがうかがえる。参照 清澄寺/実成房

円澄｜えんちょう　772年～837年(または771年～836年)。平安初期の天台宗の僧。伝教大師最澄の弟子。比叡山延暦寺の初代座主である義真の後を受けて第2代座主となった。日蓮大聖人は「報恩抄」(310㌻)で、伝教大師の教えは義真には純粋に伝わったが、円澄からは半ば密教が入って濁乱したとされている。

円珍｜えんちん　814年～891年。平安初期の天台宗の僧。第5代天台座主。智証大師《ちしょうだいし》ともいう。空海(弘法)の甥(または姪の子)。唐に渡って密教を学び、円仁(慈覚)が進めた天台宗の密教化をさらに推進した。密教が理法・事相ともに法華経に勝るという「理事倶勝」の立場に立った。このことを日蓮大聖人は「報恩抄」(306㌻以下)などで、先師・伝教大師最澄に背く

過ちとして糾弾されている。主著に『大日経指帰』『授決集』『法華論記』など。円珍の後、日本天台宗は円仁門下と円珍門下との対立が深まり、10世紀末に分裂し、それぞれ山門派、寺門派と呼ばれる。参照 円仁/園城寺

円頓｜えんどん　すべて欠けることなくそなえていて、速やかに成仏させること。天台教学では、万人成仏・即身成仏を実現する法華経の教えをさす。法華経の肝心である南無妙法蓮華経は、法華経のすべてを欠けることなく納め、万人の即身成仏を実現する円頓の法である。

円頓戒の別受戒｜えんどんかいのべつじゅかい　法華経に基づく天台宗独自の戒のこと。伝教大師最澄が主張した大乗戒壇では、円融円満な(完全な)頓極頓証(速やかに覚りを開く)の法華経の教えに基づき、法華経の結経である普賢経によって授戒の儀式を行ったので、円頓戒と呼ばれた。ただし、具体的な戒の項目は梵網戒(十重禁戒・四十八軽戒)を用いた。

円頓の大乗別受戒の大戒壇｜えんどんのだいじょうべつじゅかいのだいかいだん　伝教大師最澄が従来の戒壇に代わるものとして建立を目指した大乗の戒壇のこと。円頓とは、円満にして欠けることなく速やかに成仏するという法華経の教えをいう。大乗の菩薩戒には①摂律儀戒(仏の定めた戒律のすべてを受持して悪を防ぐこと)②摂善法戒(あらゆる善を行うこと)③摂衆生戒(あらゆる人々を教え導きその利益のために力を尽くすこと)の三つ(三聚浄戒という)がある。この三つをまとめて受けることを通受、摂律儀戒だけを受けることを別受という。出家者の場合、通常は別受では律(ヴィナヤ、出家教団の規則)を受けるが、伝教大師は別受戒において大乗の梵網経に説かれる戒(十重禁戒・四十八軽戒)を用いることを主張した。この大乗戒を授ける場所が円頓の戒壇である。

円爾弁円｜えんにべんえん　1202年～1280年。鎌倉時代の臨済宗の禅僧。円爾も弁円も法名。宋に渡り、無準師範《ぶじゅんしばん》のもとで修行し、印可を得て帰国。博多の承天寺《じょうてんじ》で活動した後、摂政・九条道家《くじょうみちいえ》の発願により京都に建立された東福寺の開山として迎え入れられた。教学面では禅宗と密教の兼修を特徴とする。北条時頼に授戒するなど、国政の要人に影響力をもち、没後、国師号を得て聖一国師《しょういちこくし》と呼ばれた。「開目抄」(228ページ)では、極楽寺良観(忍性)とともに僭聖増上慢の一人として挙げられている。

円仁｜えんにん　794年～864年。平安初期の天台宗の僧。第3代天台座主。慈覚大師《じかくだいし》ともいう。伝教大師最澄に師事したのち唐に渡る。蘇悉地経など最新の密教を日本にもたらし、天台宗の密教(台密)を真言宗に匹敵するものとした。法華経と密教は理において同じだが事相においては密教が勝るという「理同事勝」の説に立った。また、五台山の念仏三昧を始めたことで、これが後の比叡山における浄土信仰の起源となった。主著に『金剛頂経疏』『蘇悉地経疏』など。唐滞在を記録した『入唐求法巡礼行記』は有名。日蓮大聖人は、円珍(智証)とともに伝教

大師の正しい法義を破壊し人々を惑わせた悪師として厳しく破折されている(281ページ、305ページ以下など)。参照円珍

円慧｜えんね　戒・定・慧の三学のうち、法華経の円教に基づく慧(真理を思索すること)。天台大師智顗の説いた止観の修行では、「止」が定にあたり、「観」が慧にあたる。

***閻浮提**｜えんぶだい　閻浮、南閻浮提とも。閻浮提はサンスクリットのジャンブードゥヴィーパの音写。閻浮(ジャンブー)という名の樹がある洲(ドゥヴィーパ、島)を意味する。贍部《せんぶ》ともいう。古代インドの世界観では、世界の中心にあるとされる須弥山の東に弗婆提《ほつばだい》、西に瞿耶尼《くやに》、南に閻浮提、北に鬱単越《うったんのつ》の四大洲があるとされ、「一閻浮提」で南の閻浮提の全体をいう。人間が住み、仏法が広まるべきところの全体とされた。もとはインドの地を想定していたものだったが、やがて私たちが住む世界全体をさすようになった。参照須弥山/四大洲/九山八海

閻浮第一｜えんぶだいいち　閻浮提第一のこと。

***閻浮提広宣流布**｜えんぶだいこうせんるふ　全世界に仏法を広めること。参照閻浮提/広宣流布

閻浮提人病之良薬｜えんぶだいにんびょうしろうやく　法華経薬王菩薩本事品第23の文(法華経602ページ)。「閻浮提の人の病の良薬」と読む。

閻浮那提金光如来｜えんぶなだいこんこうにょらい　迦旃延《かせんねん》が法華経授記品第6で未来に仏になるとの記別を受けた時の仏としての名(法華経266ページ)。参照迦旃延

閻魔王｜えんまおう　閻魔はサンスクリットのヤマの音写で、炎魔・焔魔などとも書く。もとは古代インドの伝説において死者の世界を統べる王である神。閻魔はインド神話の思想を反映しながら仏法に取り入れられ、やがて中国の思想と結びついて十王思想が形成された。もともと天界の神で、欲天の第3である夜摩天に住むとされる。しかし、餓鬼界・地獄界の主とされ、死んで地獄に堕ちた人間の生前の善悪を審判・懲罰して、不善を防止するとされるようになった。

閻魔法王｜えんまほうおう　▶閻魔王《えんまおう》

厭離穢土｜えんりえど　▶厭離穢土《おんりえど》

***延暦寺**｜えんりゃくじ　比叡山《ひえいざん》(滋賀県大津市)にある日本天台宗の総本山。山号は比叡山。山門または北嶺とも呼ばれる。延暦4年(785年)7月、伝教大師最澄が比叡山に入り、後の比叡山寺となる草庵を結んだことを起源とする。同7年(788年)、一乗止観院(後の根本中堂)を建立し薬師如来を本尊とした。唐から帰国した伝教大師は同25年(806年)、年分度者2名を下賜され、天台宗が公認された。ここに比叡山で止観業《しかんごう》と遮那業《しゃなごう》を修行する僧侶を育成する制度が始まった。伝教没後7日目の弘仁13年(822年)、大乗戒壇の建立の勅許がおり、翌・同14年(823年)、延暦寺の寺号が下賜され、大乗戒による授戒が行われた。

天長元年(824年)6月、勅令によって義真が初代天台座主となり、戒壇院や講堂が建立された。承和元年(834年)、第2代座主の円澄らが西塔に釈

迦堂を、嘉祥元年(848年)、第3代座主の円仁(慈覚)が横川《よかわ》に首楞厳院を建立。寺内は東塔・西塔・横川の三院に区分され、山内の規模も整った。教学面では伝教没後、空海(弘法)の真言宗が勢力を増す中、円仁は唐に渡って密教を学び、帰国して『蘇悉地経疏』『金剛頂経疏』を作るなどして天台宗の教義に密教を積極的に取り入れた。第5代座主の円珍(智証)はさらに密教化を進めた。円仁の弟子であった安然は顕密二教を学び天台密教を大成した。康保3年(966年)に第18代座主となった良源《りょうげん》は中興の祖といわれる。

しかし良源没後は後任の座主をめぐって対立が起こり、円仁門徒と円珍門徒の争いが激化。正暦4年(993年)に円珍門徒は山を下って別院の園城寺《おんじょうじ》(三井寺)に集まり、これから後、延暦寺は山門、園城寺は寺門として対立が続いた。このころ比叡山の守護神を祭る日吉神社が発展し、後三条天皇《ごさんじょうてんのう》の行幸以来、皇族らの参詣が盛んに行われた。その権勢を利用して山門は、朝廷に強訴する時に日吉神社の神輿を担ぎ京都へ繰り出すなど横暴を極めた。平安末期になると山門の腐敗堕落も甚だしくなり、多くの僧兵を抱えた叡山は源平の争いには木曾義仲《きそよしなか》と結んで平家と対立し、承久の乱には後鳥羽上皇に味方した。

日蓮大聖人は立宗前に比叡山で修学されている。また法然(源空)・親鸞《しんらん》・一遍《いっぺん》・栄西・大日能忍・道元《どうげん》など、鎌倉時代に活躍した多くの僧が比叡山で学んでいる。参照 比叡山/天台宗/伝教大師/年分度者/止観業/遮那業/円頓の大乗別受戒の大戒壇/義真/円澄/円仁/円珍/園城寺

お

追出｜おいだし　仕えている主君から支配と保護を受ける一族郎党の身分である「御内」から追放されること。

応供｜おうぐ　サンスクリットのアルハトの訳、尊敬され供養を受けるのにふさわしい者の意。アルハトの主格アルハンを音写して阿羅漢と書く。如来の10の尊称である十号の一つ。部派仏教では、声聞の四つの位の最高位とされる。参照 阿羅漢/十号/四向四果/無学

鴦掘摩羅｜おうくつまら　サンスクリットのアングリマーラの音写。釈尊存命中の弟子。外道の摩尼跋陀羅《まにばっだら》を師としてバラモンの教えを学んだが、多くの人間を殺害し、最後には自らの母や釈尊を殺そうとした。しかし、これを哀れんだ釈尊に励まされ改心する。托鉢行の際に、大勢から石を投げられて非難されたが、釈尊の励ましを受けて耐え抜いた。

黄石｜おうしゃく　黄色い石の意で、特に方解石をさす。方解石は含有成分によって淡黄色をはじめ多彩な色がついたものがある。日蓮大聖人は「開目抄」(194,214ページ)で、法華経と諸経の優劣に迷うさまを、黄石と黄金、黄石と宝玉とを見間違えることに譬えられている。

王舎城｜おうしゃじょう　サンスクリットのラージャグリハの音写。古代インドのマガダ国の首都。現在のビハール州のラージギルにあたる。阿闍世王(アジャータシャトル)が都とし、釈尊はここでしばしば説法した。王舎城の郊外に霊鷲山《りょうじゅせん》がある。日蓮大聖人の御在世当時の日本では、霊鷲山は王舎城の艮《うしとら》(北東)にあると認識されていた。参照 マガダ国/霊鷲山

王寿｜おうじゅ　古代中国の人か。詳細不明。「開目抄」(203ページ)では、川の水を飲んだ代金として金貨を水に投げ入れて水からの恩に報いたとされ、賢人の報恩の例として挙げられている。「祈禱抄」(1345ページ)では、これを王尹《おういん》の故事として挙げられている。

往生｜おうじょう　死後に他の世界へ往き生まれること。浄土信仰では、苦悩に満ちた穢土であるこの娑婆世界を離れて、浄土に生まれることをさした。特に阿弥陀仏への信仰の隆盛に伴い、往生といえば阿弥陀仏の浄土である極楽世界に生まれる極楽往生をさすようになった。参照 阿弥陀仏

『往生講式』｜おうじょうこうしき　永観の著作。1巻。毎月15日に阿弥陀像の前で極楽往生を願う往生講の儀式作法を示し、あわせて釈尊を礼賛し報恩感謝を表した書。

『往生拾因』｜おうじょうじゅういん　永観の著作。1巻。極楽世界に生まれるための修行を10項目にわたって述べたもので、広く読まれた。

『往生要集』｜おうじょうようしゅう　源信(恵心僧都)の著作。3巻。浄土教の要文をさまざまな経典などから集め体系化している。序文で「夫れ、往生極楽の教行は、濁世末代の目足なり。道俗貴賤、誰か帰せざる者あらん」と述べ、浄土教を称賛している。地獄や六

道、極楽世界の様相を克明に説き、わが国の物語や絵画に多大な影響を与えた。

『往生礼讃偈』 | おうじょうらいさんげ　『勧一切衆生願生西方極楽世界阿弥陀仏国六時礼讃偈《かんいっさいしゅじょうがんしょうさいほうごくらくせかいあみだぶっこくろくじらいさんげ》』の略。善導の著作。1巻。浄土宗の教義に基づき、無量寿経や竜樹(ナーガールジュナ)、世親(ヴァスバンドゥ)などの礼讃偈を毎日6度唱えて、阿弥陀仏を礼拝し、極楽往生を願う行儀作法が説かれている。

応身 | おうじん　▶三身《さんじん》

王難 | おうなん　王の命によって受ける難。国家権力による迫害。

***桜梅桃李** | おうばいとうり　サクラ、ウメ、モモ、スモモ。衆生の多様な生命そのもの、また個々人の個性や使命を譬えたもの。「御義口伝」には「桜梅桃李の己己の当体を改めずして無作三身と開見すれば是れ即ち量の義なり、今日蓮等の類い南無妙法蓮華経と唱え奉る者は無作三身の本主なり」(784ページ)と仰せである。すなわち桜梅桃李といった木々が、それぞれの時に美しい花を咲かせるように、妙法によって、一切の生命がありのままの姿形を改めることなく、本来ありのままの仏界の生命を開き現していくことができると教えられている。

王法 | おうほう　王の施す法令や政治・社会制度、または国家そのものをさす。主に仏法との対概念として用いられる。

王莽 | おうもう　中国・前漢の末期の政治家。漢の帝位を奪い、新と称する王朝を開いたが、内乱が続発して、新はほどなく滅亡した。

誑惑 | おうわく　たぶらかしまどわすこと。誤った教えを説いて人々を迷わせること。

大尼 | おおあま　日蓮大聖人の御在世当時、安房国東条郡(千葉県鴨川市)在住の女性門下。東条郡内の荘園の在地の領主であったと推定される。「領家の尼」とも呼ばれた。大尼については御書に「日蓮が父母等に恩をかほらせたる人」(895ページ)、「日蓮が重恩の人」(906~907ページ)とある。竜の口の法難の時に退転するが、その後、再び帰伏した。

大田金吾 | おおたきんご　▶大田乗明《おおたじょうみょう》

大田左衛門尉 | おおたさえもんのじょう　▶大田乗明《おおたじょうみょう》

大田乗明 | おおたじょうみょう　下総国葛飾郡八幡荘中山(千葉県市川市中山)に在住した、日蓮大聖人の門下。御書では大田金吾、大田左衛門尉などと呼ばれている。早くから大聖人に帰依したと考えられ、同じ下総地域に住む富木常忍・曾谷教信と協力して信仰に励んだ。曾谷教信・金原法橋とともに「転重軽受法門」(1000ページ)を頂いている。また「観心本尊抄」(238ページ)が、富木常忍・曾谷教信とともに大田乗明に宛てて送られている。

大伴国道 | おおとものくにみち　768年~828年。平安初期の貴族。大伴継人《おおとものつぐひと》の子。伝教大師最澄の大乗戒壇建立を支援し、823年に延暦寺の俗別当に就いた。

隠岐法皇 | おきのほうおう　▶後鳥羽上皇《ごとばじょうこう》

憶持不忘 | おくじふもう　「おくじふぼう」

とも読む。法華経の結経である観普賢菩薩行法経の文。「深法を説くことを聞いて、其の義趣を解し、憶持して忘れじ。日日に是くの如くして、其の心は漸く利ならん」(法華経692㌻)とある。いかなる場合にも心に銘記して忘れないこと。

和尚｜おしょう　▶和尚《わじょう》

小野寺（薬師寺）の戒壇｜おのでら（やくしじ）のかいだん　小野寺は栃木県下野市にあった薬師寺のこと。761年、鑑真が勅命により戒壇院を建立し、関東地方の僧の受戒の場として機能した。

御室｜おむろ　❶仁和寺の通称。▶仁和寺《にんなじ》

❷1196年～1249年。道助入道親王《どうじょにゅうどうしんのう》のこと。後鳥羽上皇の第2皇子。仁和寺で出家し真言宗に帰依した。

仁和寺は、宇多法皇《うだほうおう》が出家後居住したため、敬意をこめて「御室」と呼ばれ、その後、同寺の住職となった親王をさして御室と呼ぶに至った。

❸「撰時抄」(273㌻)では仁和寺を統轄する御室門跡のこと。

***癡か**｜おろか　▶三毒《さんどく》

「御義口伝」｜おんぎくでん　日蓮大聖人が身延で法華経の要文を講義されたものを、日興上人が筆録された書であると伝えられる(701㌻)。上下2巻。

怨嫉｜おんしつ　反発し敵対すること。特に、正法やそれを説き広める人を信じられず、反発して誹謗したり迫害したりすること。

園城寺｜おんじょうじ　滋賀県大津市園城寺町にある天台寺門宗の総本山。山号は長等山。三井寺《みいでら》ともいう。山門(比叡山延暦寺)に対する寺門《じもん》をいう。弘文天皇《こうぶんてんのう》(大友皇子《おおとものおうじ》)の皇子、与多王《よたおう》によって7世紀後半に建立されたと伝えられる。天智・天武・持統《じとう》の3帝の誕生水があるので御井(三井)と呼ばれた。比叡山の円珍(智証)が貞観元年(859年)に再興し、同6年(864年)12月に延暦寺の別院とし、円珍が別当となった。しかし、円仁(慈覚)門徒と円珍門徒との間に確執が生まれ、法性寺座主が円珍系の余慶《よけい》となったことをめぐって争うなど、双方の対立は深刻化する。そして正暦4年(993年)には比叡山から円珍門徒1000人余りが園城寺に移り、以降、山門(円仁派)と寺門(円珍派)の抗争が続いた。[参照]延暦寺/比叡山/円珍/円仁

怨憎会苦｜おんぞうえく　▶四苦八苦《しくはっく》

***陰魔**｜おんま　三障四魔の一つ。信心修行者の五陰《ごおん》(肉体や心の働き)の活動の不調和が信心修行の妨げとなること。[参照]五陰

陰陽師｜おんみょうじ　中国の陰陽五行説などに基づき、吉凶・禍福を占い、祈禱や除災の儀礼を行う人。

厭離穢土｜おんりえど　「えんりえど」とも読む。穢土であるこの娑婆世界を厭《いと》って離れること。しばしば欣求浄土(浄土を心から求めること)と対で用いられる。浄土教では、穢土を厭って離れ、浄土、特に阿弥陀仏の住む安楽(極楽)世界に往生することを心から願うことを勧める。

厭離断九｜おんりだんく　九界を迷いの境地として厭い、煩悩を断ち切り、九界を離れてこそ成仏できるという考え。

遠流｜おんる　罪人を遠い地に流す刑罰。笞・杖・徒・流・死の5段階のうち最も重い死罪に次ぐ重罪。

か

果 | か　❶木の実、くだもののこと。

❷転じて、原因によって起こったもの。物事の結果をいう。因に対する語。仏法では、特に種々の行い(業)という因によって生じる果をいう。参照 因果

❸証果のこと。修行の結果として得られる覚りとその境地。

❹中国・唐の密教僧である恵果の略。▶恵果《けいか》

我 | が　一般的には、日常的な精神と肉体との合一体としての自己のこと。西洋哲学では「自我」(エゴ)といい、東洋哲学では「我」と呼ぶ。

❶西洋哲学では、ソクラテス、プラトンを先駆とする観念論による精神我の流れと、我を経験の統一体とするアリストテレスの「ヌース」の概念に始まる流れがある。中世はキリスト教により我の存在は否定された。しかし近世の「我の発見」により、精神我を優先するデカルトの観念論、カントの先験的自我などを生んだ。これに対してフィヒテやヘーゲルは外界を理性つまり自我の表象であるとし、自我を形而上学化、絶対化した。一方、マルクスは自我を社会的階級の一成員としてとらえた。

❷中国思想の我。生活のすべてを一個の生命のためにあるとする楊朱《ようしゅ》の「為我」(利己主義)と、老子の無為自然を旨とする虚無主義の立場がある。

❸インド思想の我。サンスクリットのアートマンを漢訳して我という。ウパニシャッド哲学では自身のなかに主体として実在し、一なるもの、主宰するものとしての「我(アートマン)」が強調され、梵(ブラフマン)との合一(梵我一如)を図る。

❹仏教思想の我。初期仏教では、無我説を取る。個々の衆生は五陰(色・受・想・行・識という心身を構成する五つの要素)が仮に和合した存在(五陰仮和合)であり、固定的・実体的な我はないとする。大乗仏教では、諸法無我(空)の前提のもと、涅槃経などで、涅槃の境地にある仏の属性としての我(常楽我浄の四徳の一つ)を大我、真我と説く。

***界** | かい　サンスクリットのダートゥの訳。ダートゥは、ものごとを下支えするもので、構成要素、元素、原理、本質、領域などを意味する。

①十八界(六根・六境・六識)における界は、一個の衆生を構成する要素をいう。

②六界(六大ともいう)における界は、世界を構成する地・水・火・風・空・識という元素をいう。

③三界(欲界・色界・無色界)における界は、衆生が輪廻する世界を区切った領域をいう。

④十(法)界(地獄界・餓鬼界・畜生界・修羅界・人界・天界・声聞界・縁覚界・菩薩界・仏界)における界は、因果の法則で隔てられた領域をいう。また、十界における界には、領域・世界の意味と要素の意味がある。すなわち、得られた境涯として居住する苦楽の領域・世界をさす場合と、内面にそなわる要素をさす場合がある。生命境

涯を大きく10に分類したのが十界であるが、法華経の教えでは、十界のそれぞれには次に現れうる境涯の要素として十界が内面にそなわっているという十界互具が明かされている。例えば、現実に現れている境涯としての人界に、次に現れうる境涯の要素として仏界がそなわるが、この仏界を人界所具の仏界という。

⑤法性という意味での法界では、事物の本質・本性をいう。

戒｜かい　サンスクリットのシーラの訳。仏道修行者が自ら誓い課した戒め。教団の規則であるヴィナヤ（律）とは異なるが、東アジアでは同一視され、まとめて戒律といわれる。律を構成する各条項は戒と呼ばれる。戒は伝統的に「防非止悪」の意義があるとされる。仏道修行者が習得すべき戒定慧の三学の一つ。『四分律行事抄』では、戒を四つ（四科）に分け、仏によって定められた戒についての教えを戒法、授戒の儀式によって心に納めて防非止悪の功徳を生ずる本体を戒体、戒を持って実践修行することを戒行、五戒・十戒・具足戒などの具体的な戒の規定を戒相とする。歴史上、仏教教団に属する僧尼らが権力と癒着して腐敗堕落すると、しばしば戒律復興運動が起こった。

日本では、伝教大師最澄が、具足戒を小乗戒とみなして用いず、もっぱら法華円頓の大乗戒を授ける戒壇の建立を目指し、死の直後に勅許された。ただし法華経には円頓戒の教理は説かれているが具体的な戒相は説かれていないので、伝教大師は梵網経の三聚浄戒と十重禁戒・四十八軽戒を用いて円頓戒の戒相としている。

日蓮大聖人は、末法無戒という立場に立たれる。伝教大師の法華円頓戒も、釈尊の教えが無益となる法滅尽の時である末法の衆生にとっては無益であり不要となる。「教行証御書」には「此の法華経の本門の肝心・妙法蓮華経は三世の諸仏の万行万善の功徳を集めて五字と為せり、此の五字の内に豈万戒の功徳を納めざらんや、但し此の具足の妙戒は一度持って後・行者破らんとすれど破れず是を金剛宝器戒とや申しけんなんど立つ可し、三世の諸仏は此の戒を持って法身・報身・応身なんど何れも無始無終の仏に成らせ給ふ」（1282㌻）と述べられ、末法においては三大秘法の御本尊を受持することが持戒であるという受持即持戒を説かれる。

▶三帰五戒《さんきごかい》／十善戒《じゅうぜんかい》／八斎戒《はっさいかい》／十戒《じっかい》／具足戒《ぐそくかい》／十重禁戒《じゅうじゅうきんかい》／四十八軽戒《しじゅうはちきょうかい》／三聚浄戒《さんじゅじょうかい》

果位｜かい　修行という因によって得られる果報、特に仏果の位をいう。因位に対する語。諸経典には種々の仏が説かれ、その姿やそなわる功徳には優劣がある。それぞれの仏はその経典が目指す果位を示すものである。特に大乗経典では、それぞれの経典で壮麗で超越的な力をもつ色相荘厳の仏が説かれる。しかし、その色相荘厳な様は、あくまで衆生を教え導くための方便である。仏が目指した真実の果位は、どこまでも宿業をかかえ苦悩にあえぐ凡夫が成仏してゆるぎない安心

と幸福を確立することである。究極・真実の仏の姿は、色相荘厳を離れた本有無作である。参照 因位/無作三身

海印三昧｜かいいんざんまい　大海の風波が静かな時に、あらゆる事物の姿が海に映るように、あらゆる衆生の心の働きを自身の心にはっきり映し出して知ることができるという瞑想。

開会｜かいえ　爾前権教が方便として仮に説かれた教えであると明かし、これを真実の教えである法華経から正しく位置付けて生かすこと。もともと、一乗(唯一の仏の教え)を三乗(声聞・縁覚・菩薩に対応した教え)に分けて示すのが「開」、三乗を一乗に統一するのが「会」であるが、後には「開会」で一つの熟語となり、さまざまなものを、より高い立場から位置づけ、真実の意味を明かすことをいう。

開経｜かいきょう　❶一つの経典あるいは経典群の序説となる経のこと。結経に対する語。法華経に対しては、無量義経が開経となる。参照 結経/無量義経

❷経文を開き、ひもとくこと。

開結｜かいけつ　開経と結経のこと。参照 開経/結経

戒賢｜かいげん　529年～645年。サンスクリットのシーラバドラの訳。唯識学派の論師。東インド出身で、ナーランダー寺で護法(ダルマパーラ)を師として出家した。護法の後を継ぎ、同寺の学頭となる。玄奘《げんじょう》を迎え、彼に唯識説を伝えた。参照 玄奘/唯識

開眼｜かいげん　仏像の目を開く意。絵画や彫刻で表現した仏像に魂を入れること。

開眼供養｜かいげんくよう　仏像の眼目を開く意義をもった法会。新たに作られた仏像・絵像などは、法をもって供養することで魂が入るとされた。

『開元釈教録』｜かいげんしゃっきょうろく　漢訳仏典の目録。中国・唐の開元18年(730年)に智昇《ちしょう》が編集した。『開元録』などと略す。20巻。後漢の永平10年(67年)から開元18年までに翻訳・著述された仏典として1076部5048巻が挙げられている。

開元の録｜かいげんのろく　『開元釈教録』のこと。▶『開元釈教録』かいげんしゃっきょうろく

開合の異｜かいごうのい　『摩訶止観』巻5のなかの一念三千の法門を明かす箇所が、開釈と結成に分けられ、両者で一念三千の展開の仕方が違っていること。開釈とは一念三千を分析的に説明する箇所であり、結成とは開釈を取りまとめて結論を示す箇所である。

開釈では、はじめに観ずる対境(対象)として、まず十界(10種の境涯、地獄・餓鬼・畜生・修羅・人・天・声聞・縁覚・菩薩・仏)を挙げ、次にその一界に三世間(十界の相違が表れる三つの次元、五陰〈衆生を構成する五つの要素〉・衆生〈個々の生命体〉・国土〈衆生が生まれ生きる環境〉)があるということを示し、最後に十如是(ものごとのありさま・本質を示す10種の観点、相・性・体・力・作・因・縁・果・報・本末究竟等)について説明しているので、この順序からいうと三千は三千如是として示されているといえる。

対して結成では、十界互具して百界になることを最初に示し、その一界に30種の世間(十如是に三世間がある)

がそなわると示しているので、三千が三千世間として示されているといえる。このように論述の順に応じて三千に世間と如是の異なりがある。とはいえこれは、開と合の展開の仕方の違いによっているのであり、三千という数量と内実には変わりはない。参照一念三千

回鶻国《かいこつこく》　中央アジアに定着したトルコ系民族・ウイグル人が建てた国。744年に建国し(東ウイグル可汗国)、安史の乱の平定のために唐に援軍を送るなど強い勢力を誇った。

開権・顕遠《かいごんけんのん》　開権顕実と開近顕遠のこと。法華経の迹門・本門の中心である重要法門。

①開権顕実とは、方便(権)である爾前権経の三乗の教えの意義と限界を明確にして、真実である一仏乗を明かすこと。②▶開近顕遠《かいごんけんのん》

開近顕遠《かいごんけんのん》　「近を開いて遠を顕す」と読み下す。「近」とは近成(始成正覚)、「遠」とは遠成(久遠実成)のこと。すなわち法華経本門で釈尊が、自身が今世ではじめて成仏したと説く始成正覚は方便であり、実は久遠の過去に成仏していたと説き久遠実成を明かしたことをさす。参照久遠実成/始成正覚

開山《かいざん》　寺院を創建すること。寺院が当初、山中に造られることが多かったことによる。

開三顕一《かいさんけんいち》　法華経迹門で釈尊が、法華経以前の諸経で説かれた声聞・縁覚・菩薩を目指す三乗の修行は方便の教えであり、仏の真意は万人を成仏に導く一仏乗の法華経であると明かしたこと。

開示悟入《かいじごにゅう》　▶四仏知見《しぶっちけん》

戒日大王《かいじつだいおう》　7世紀前半にガンジス川流域北部を支配した王、ハルシャヴァルダナのこと。戒日は、別名のシーラーディティアの漢訳。

戒定慧《かいじょうえ》　仏道修行にあたり、学習し実践し体得すべき三つの基本的な事柄。①戒とは悪い行いを止め善い行いに励むこと、②定とは心をゆるぎなく定めて瞑想すること、③慧とは真理を覚知する智慧をいう。参照戒/定/慧

皆成仏道《かいじょうぶつどう》　すべての衆生が仏道を成就して成仏すること。法華経は、あらゆる衆生に本来的に仏性がそなわっていることを明かし、万人成仏の道を開いた。

***戒壇**《かいだん》　見習い僧である沙弥が正式な僧侶となるために戒を受ける儀式を行う場所。この戒壇で、受戒する者は戒師の前で戒律の順守を誓う。伝教大師最澄の時代には観音寺・小野寺(薬師寺)・東大寺に戒壇があり、三戒壇と呼ばれる。僧になる者はこの3カ所のいずれかに赴いて受戒する必要があった。参照東大寺/観音寺/受戒/戒

改転の成仏《かいてんのじょうぶつ》　「がいてんのじょうぶつ」とも読む。歴劫修行の中で生まれ変わって身を改め転じて成仏すること。この一生のうちにその身のままで成仏する一生成仏・即身成仏に対する語。法華経提婆達多品第12に説かれる竜女の成仏は即身成仏の例である。参照一生成仏/即身成仏/一念三千の成仏

あ か さ た な は ま や ら わ

戒徳 | かいとく　戒律を守ることによって得られる功徳・福徳のこと。

***甲斐国** | かいのくに　現在の山梨県。身延山がある。

開仏知見 | かいぶっちけん　「仏知見を開かしめん」と読み下す。法華経方便品第2の文(法華経121㌻)。同品では、諸仏が世に出現する目的が、あらゆる衆生に内在する仏知見(仏の智慧)を開かせることにあると説かれる。参照四仏知見

***戒名** | かいみょう　❶受戒の際に授けられる名。法名、法号、法諱ともいう。日蓮大聖人はしばしば、日興上人や妙一《みょういち》などの出家・在家の門下に、日や妙の字を入れた2字の法号を与えられた。これに基づいて、門下でも同様の戒名がつけられている。

❷死後つけられた法名をいう。中世末期から江戸時代にかけて、法名の下に居士・大姉など、上に院殿号などの言葉を足して荘厳な名にすることが行われるようになった。現代では、それが供養の多寡に応じて行われることが、社会問題にもなっている。また戒名をつけることで成仏を保証するという誤った主張をして利益を貪ろうとする聖職者もいるが、本来、戒名と成仏との間に関係はない。成仏はあくまで、本人の生前の信心修行によるのであり、それを補う追善回向も正しい信心を持つ人の真心の祈念によるのである。

***「開目抄」** | かいもくしょう　日蓮大聖人が佐渡流罪の当初に塚原で著され、文永9年(1272年)2月、四条金吾に託して門下一同に送られた書(186㌻)。「立正安国論」「観心本尊抄」と並ぶ主要な著作。五大部の一つ。前半では五重の相対を説いて一念三千の仏種が法華経の本門寿量品の文底にあり、この一念三千の仏種が南無妙法蓮華経にそなわっていることが明かされる。後半では、法華経を忍難弘通される日蓮大聖人こそが、法華経に予言された通りに仏法を実践する末法の「法華経の行者」であり、末法の衆生を救う主師親の三徳をそなえられた末法の御本仏であることが明かされている。参照主師親/法華経の行者/末法の御本仏/五重の相対

戒律 | かいりつ　仏道修行者が守るきまりである戒と律のこと。参照戒

加賀法印 | かがのほういん　1185年~1280年。鎌倉時代の真言宗の僧・定清《じょうせい》のこと。源頼朝が父・義朝《よしとも》の供養のために鎌倉大倉に建立した勝長寿院の別当(長官)を務めた。阿弥陀堂と通称される勝長寿院に居住したので、阿弥陀堂法印とも呼ばれる。幕府から何度も祈雨の要請を受けており、日蓮大聖人が佐渡流罪から赦免され鎌倉に滞在されていた文永11年(1274年)4月12日にも、定清は鎌倉で祈雨を行っていた。しかし失敗して逆に悪風が吹いたことを大聖人に破折されている(「報恩抄」、317㌻)。

餓鬼 | がき　❶▶鬼神《きじん》

❷▶鬼《き》

❸▶餓鬼界《がきかい》

***餓鬼界** | がきかい　餓鬼の世界。餓鬼が味わう苦悩の境涯。古代インドにおいて餓鬼はもともと「死者」を意味し、常に飢えて食物を欲している死者

の世界をさした。「観心本尊抄」には「貪るは餓鬼」(241ページ)とあり、われわれ人界にそなわる餓鬼界は、貪るさまにうかがえると示されている。これに基づいて仏法の生命論では、とどまるところを知らぬ激しい欲望にとらわれ、それが満たされず心身ともに苦悩する生命状態を餓鬼界とする。

餓鬼道 | がきどう ▶餓鬼界《がきかい》

***学** | がく ❶仏法の実践の根幹である信行学の一つ。法理・教義を学ぶこと。参照 信行学

❷修行の途中の者。学ぶ必要のある位、およびその位にいる人。有学ともいう。無学に対する語。声聞の修行の階位の4段階のうち、阿羅漢に至る前の3段階(須陀洹・斯陀含・阿那含)のこと。参照 四向四果/阿羅漢/無学

学頭職 | がくとうしき 学衆(学問をする僧たち)を監督し、学事に関する事を統括する僧の職名。

覚徳比丘 | かくとくびく 涅槃経巻3の金剛身品第2に説かれている、過去世に正法を護持した僧侶の名。同品によると、歓喜増益如来が亡くなった後の末世に、ただ一人、正法を護持した覚徳比丘を悪比丘たちが亡き者にしようとした。有徳王は謗法の比丘の襲撃から覚徳比丘を守ったが、そのため身に無数の傷を受けて命を終えた。死後、有徳王は正法を護った功徳によって阿閦仏の国に生まれて、声聞の中の第1の弟子になり、覚徳も同じ国に生まれ第2の弟子となった。有徳は釈尊自身の過去世の姿であり、覚徳比丘は迦葉仏の過去世の姿であった。

覚鑁 | かくばん 1095年~1143年。平安後期の真言宗の僧。興教大師《こうきょうだいし》、正覚房《しょうがくぼう》ともいう。新義真言宗の祖とされる。高野山に大伝法院を建立し伝法会を再興したが、同山の金剛峯寺との確執から所を追われ、根来寺《ねごろじ》に移った。浄土思想を密教的に解釈したことで知られる。

学仏法成 | がくぶっぽうじょう 『摩訶止観』巻10上に説かれる三種の外道の一つ。仏教を学びながら部分的な教えに執着して真理を見失い、外道に堕する者。同書に「邪人の不同を、又三と為す。一に仏法の外の外道、二に附仏法の外道、三に仏法を学んで外道と成る……三に仏法を学んで外道を成ずるは、仏の教門を執して煩悩を生じ理に入ることを得ず」とある。また「一代聖教大意」には「外道に三人あり、一には仏法外の外道〈九十五種の外道〉・二に附仏法成の外道〈小乗〉・三には学仏法の外道〈妙法を知らざる大乗の外道なり〉」(403ページ)と説かれている。参照 雖学仏教・還同外見

鶴勒 | かくろく ▶鶴勒夜那《かくろくやな》

鶴勒夜奢 | かくろくやしゃ ▶鶴勒夜那《かくろくやな》

鶴勒夜那 | かくろくやな サンスクリットのハクレーナヤシャの音写。鶴勒夜奢ともいい、略して鶴勒ともいう。付法蔵の第22。月氏国のバラモン出身。摩奴羅《まぬら》から付嘱を受け、中インドで弘教に励み、やがて師子《しし》尊者に法を付嘱した。

過去七仏 | かこしちぶつ 釈尊以前に出現した6人の仏に、釈尊を加えた七仏のこと。過去荘厳劫に出世した①毘婆尸仏《びばしぶつ》(ヴィパシン)②尸棄仏《しきぶつ》(シキン)③毘舎婆仏《びしゃばぶつ》(ヴィシュヴァ

ブー)、現在賢劫に出世した④拘楼孫仏《くるそんぶつ》(クラクッチャンダ)⑤拘那含仏《くなごんぶつ》(カナカムニ)⑥迦葉仏(カーシャパ)⑦釈迦牟尼仏(シャーキャムニ)の七仏をいう。

過去聖霊｜かこしょうりょう　亡くなった人のこと、またその命。

華山｜かざん　中国陝西省の名山。秦嶺山脈の支脈である終南山脈の峰のことで、五岳の一つに数えられる。

我此土安穏｜がしどあんのん　法華経如来寿量品第16の文。「我が此の土は安穏にして」(法華経491ページ)と読み下す。「我が此の土」とは仏の住む世界であり、娑婆世界のこと。「安穏」とは平和で静穏なこと。

呵責｜かしゃく　相手の非を厳しく責め立てること。

瓦石｜がしゃく　瓦礫のこと。法華経常不軽菩薩品第20では、増上慢の四衆が不軽菩薩に投げつけたと説かれている(法華経558ページ)。同品のサンスクリットの原文では、固くなった土の塊を指している。瓦とは粘土を焼いて固くしたもの。瓦石は、もとは石のように固くなった粘土の塊を意味していたが、やがて「瓦礫(瓦と小石)」と解され定着していったものと思われる。参照 杖木・瓦石

和尚｜かしょう　▶和尚《わじょう》

迦葉｜かしょう　サンスクリットのカーシャパの音写。

❶摩訶迦葉のこと。釈尊の声聞の十大弟子の一人で、頭陀(欲望を制する修行)第一といわれた。釈尊の教団を支え、釈尊滅後の教団の中心となった。釈尊の言行を経典として集成したとされる。また付法蔵の第1として阿難に法を付嘱したと伝えられる。法華経授記品第6では、未来に光明如来《こうみょうにょらい》に成ると保証された(法華経256ページ)。

【鶏足山の入定】摩訶迦葉は釈尊が亡くなった後、正統な後継者となって教えを広めて、阿難にその任を譲った。それ以来、鶏足山《けいそくせん》で禅定に入って、弥勒菩薩が56億7000万年後にこの娑婆世界に仏として出現するのを待っているとされた。

【禅宗における伝承】大梵天王問仏決疑経(疑経)では、釈尊が霊鷲山で一房の花を手にとって人々に示した際、その意味を誰も理解できないなかで迦葉一人が理解してほほ笑んだとされる(拈華微笑《ねんげみしょう》)。この話が、釈尊が迦葉に法を伝えたという伝説として宋以後の禅宗で重用され、教外別伝・不立文字の基盤とされた。

❷迦葉童子菩薩のこと。涅槃経巻33の迦葉菩薩品第12の対告衆。同経で迦葉菩薩は、仏はどのようにして長寿を得て金剛不壊の身になったのか、36の問いを立てて釈尊に尋ねている。爾前経の会座にも連ならず法華経の会座にも漏れ、最後に説かれる涅槃経によって利益を受けるので、捃拾(落ち穂拾い)の機根の者とされる。

❸優楼頻螺迦葉《うるびんらかしょう》(ウルヴィルヴァーカーシャパ)、那提迦葉《なだいかしょう》(ナディーカーシャパ)、伽耶迦葉《がやかしょう》(ガヤーカーシャパ)の3兄弟のこと。火を崇拝する儀式を行う外道のバラモンだったが、成道間もない釈尊の説法を聞いて弟子となった。3人合わせて1000人の弟子を率いており、その弟子たち

もともに釈尊に帰依したという。

嘉尚｜かしょう　生没年不詳。中国・唐の法相宗の僧。玄奘の門下。玄奘の訳経にともない自らも翻訳に従事したほか、玄奘訳の経論75部1335巻の記録を作った。

嘉祥｜かじょう　▶吉蔵《きちぞう》

瓦松｜がしょう　ツメレンゲのこと。多肉植物で乾燥に強く瓦の隙間などに根ざして生える。

迦葉仏｜かしょうぶつ　過去七仏の第6。現在賢劫の千仏の第3。現在賢劫の住劫第9の減・人寿2万歳の時に出現した釈尊の前の仏。涅槃経巻3には有徳王・覚徳比丘の説話が説かれているが、覚徳比丘が迦葉仏になったとされている。[参照]過去七仏/覚徳比丘/賢劫/住劫第九の減

迦葉摩騰｜かしょうまとう　サンスクリットのカーシャパマータンガの音写。摩騰迦ともいう。インドの人で、大小乗の経典に通じており、後漢の明帝の時代に竺法蘭とともに中国に初めて仏教を伝えたとされる（『梁高僧伝』巻1）。

春日｜かすが　奈良市春日野町にある春日大社のこと。藤原氏の氏神が祭られている。平安中期からは興福寺（藤原氏の氏寺）の守護神とされ、また宇多天皇《うだてんのう》以降、天皇も参詣した。

迦旃延｜かせんねん　サンスクリットのカーティヤーヤナの音写。摩訶迦旃延の略。釈尊の声聞の十大弟子の一人で、論議第一とされる。釈尊の教えを詳しく理解して説明した。法華経授記品第6で、閻浮那提金光如来《えんぶなだいこんこうにょらい》になると釈尊から保証された。

刀の難｜かたなのなん　法華経勧持品第13の二十行の偈には「及び刀杖を加うる者有らん」（法華経418ページ）とあり、法華経の行者は俗衆増上慢からこのような迫害を受けることが明かされている。「上野殿御返事」には「刀の難は前に申すがごとく東条の松原と竜口となり」（1557ページ）と仰せになり、小松原の法難と竜の口の法難によって、日蓮大聖人はこの経文を身読されたと述べられている。[参照]身読

帷｜かたびら　裏をつけない衣服。主として夏に用いる。

かたみ｜かたみ　形見。亡くなった人、または、遠く別れた人を思うよりどころとして残されたもの。

羯｜かつ　▶靺鞨《まっかつ》

月支｜がっし　インドの別名。▶月氏国《がっしこく》

月氏国｜がっしこく　中国・日本などで用いられたインドの古称。月支とも書く。仏教では伝統的に「がっし」と読み習わすが、現代では「げっし」と読む。月氏は、もともとは紀元前後数百年、東アジア・中央アジアで活躍していた遊牧民族の名とされる。この月氏が、後に匈奴《きょうど》に追われ、中央アジアに進出し、ガンダーラ地方を中心にして大月氏国を築いた。特に2世紀のクシャーナ朝のカニシカ王以後、大乗仏教が盛んとなり、この地を経てインドの仏教が中国へ伝えられたことから、中国ではインド全体に対しても月氏と呼んでいた。

月蔵菩薩｜がつぞうぼさつ　大集経の月蔵分に登場する菩薩。佉羅帝山《きゃらたいせん》における釈尊の説法を聴衆の代表として助けた。大集経の月蔵分は、首尾完全なため大方等大集月蔵経という独立

した経として扱われる。この月蔵経で釈尊は、月蔵菩薩ら聴衆に「五五百歳」を説いた。参照 五五百歳/大集経

月天 | がってん　月天子とも。サンスクリットのチャンドラの訳。インド神話では月を神格化したもの。仏教に取り入れられて仏法の守護神とされた。日天と併記されることが多い。長阿含経巻22では、月天子は月宮殿に住むとされる。基(慈恩)の『法華玄賛』巻2には「大勢至を宝吉祥と名づけ、月天子と作す。即ち此の名月なり」とあり、その本地は勢至菩薩とされる。法華経序品第1(法華経73ページ)には、釈提桓因(帝釈天)の眷属として名月天子の名が出ており、諸天善神の一つとされる。参照 日天

活の法門 | かつのほうもん　「活」とは死に対する言葉で、生きるという意味。日蓮大聖人は、「妙とは蘇生の義なり」(947ページ)と仰せである。

方人 | かとうど　味方、仲間のこと。

果徳 | かとく　修行の結果として得た徳。因行と対とされる。特に仏道修行を成就させて成仏した時にそなえている種々のすぐれた性質をいう。仏の果徳は、経典によって内容が異なり、それぞれの経典で理想とする人格を反映したものとなる。参照 因行

迦那提婆 | かなだいば　聖提婆のこと。▶提婆《だいば》

金原法橋 | かなばらほっきょう　生没年不詳。下総国(千葉県北部周辺)在住の日蓮大聖人門下。千葉氏の一族で、現在の匝瑳《そうさ》市金原の出身と推定されている。

カニシカ王 | かにしかおう　2世紀中期のクシャーナ朝の王。カニシカは迦弐志加、迦膩色迦、迦弐色迦などと音写する。遊牧民の月氏族(紀元前後の数世紀に中央アジアで活躍した民族)は中央アジアのバクトリアに定住し大月氏と呼ばれたが、その大月氏の中で最も力を得たクシャーナ族を出自とする。曽祖父はクジュラ・カドフィセス、祖父はヴィマ・タクトゥ、父はヴィマ・カドフィセスであるが、クジュラ・カドフィセスが他の諸侯を破って王となってクシャーナ朝が始まったと考えられている。カニシカは父の後を継いで王となり、プルシャプラ(現在のペシャワル)を首都とし、パキスタン西北部を中心に四方を征服して版図を最大にした。王は諸宗教とともに仏教を保護し、その治世下で大乗仏教が隆盛した。また首都があるガンダーラ地方でヘレニズム文化の影響が強い仏教美術が発展し、これはガンダーラ美術と呼ばれる。この頃、ガンダーラと副都である中インドのマトゥラーで、仏像の制作が始まった。また、カニシカ王が中インドを征服した際、和議の結果、賠償の2億金の代わりに優れた仏教詩人・馬鳴《めみょう》(アシュヴァゴーシャ)を獲得して厚遇し、精神的な支柱とした。伝承では仏典結集を行ったとされ、カシュミール国に500人の阿羅漢を集めて、有部の三蔵を結集したという。その時の論蔵が『大毘婆沙論』200巻と言われるが、疑義がある。参照 クシャーナ朝/馬鳴

迦毘羅 | かびら　サンスクリットのカピラの音写。数論学派(サーンキヤ学派、古代インドの六派哲学の一つ)の開祖とされる。三仙の一人。因中有

果説を説いたとされる。参照 因中有果/三仙

迦毘羅衛国 | かびらえこく　古代インドの地名。迦毘羅衛はサンスクリットのカピラヴァストゥの音写。蒼城、黄頭居処、黄髪仙人住処などと訳される。ヒマラヤ山麓、現在のネパールのタライ地方にあたり、釈尊が誕生した国といわれる。国名は、伝説によれば、昔、補多落国（ポタラ）の甘蔗尾嚕荼迦王の4王子が、王に追われて迦毘羅（カピラ）仙人の住処に来て建国したことに由来するという。その後、20数代を経て浄飯王の代に至ったという。仏伝によれば、釈尊はこの国のルンビニー（藍毘尼）園において、浄飯王を父とし摩耶夫人を母として生まれた。やがて王宮で育ち、19歳で出家し、迦毘羅衛国を去った。その後、迦毘羅衛国の釈迦族は憍薩羅国（コーサラ）の波瑠璃王（ヴィルーダカ）によって攻められ、虐殺されてしまったという。5世紀の初めにインドを訪れた法顕《ほっけん》の『仏国記』や7世紀前半にインド各地を訪れた玄奘の『大唐西域記』巻6によると、すでに国が荒れ果てて住む人も少なくなっていたことが記されている。

果報 | かほう　善悪の行いの結果としてもたらされる報い。善悪ともにある。

我本行菩薩道 | がほんぎょうぼさつどう　法華経如来寿量品第16の文。「我は本菩薩の道を行じて」（法華経482ﾍﾟｰｼﾞ）と読み下す。この文の前後で釈尊は、自身が久遠実成という本来の境地を明かした後でも、もともと菩薩道を実践して、成就した寿命は今なお尽きていないと述べている。これは、釈尊の一身の生命において、仏界の境地が常住であるとともに、九界の境地も常住であることを示している。天台大師智顗は『法華玄義』巻7上に「文に云わく、『我 本、菩薩の道を行ずる時、成ずる所の寿命、今猶お未だ尽きず』とは、即ちこれ本の行因妙なり」と述べて、我本行菩薩道を本因妙の文としている。参照 本因妙

我慢 | がまん　自分を高みに置き、人を見下すおごりたかぶった心。

我慢偏執 | がまんへんしゅう　おごり高ぶった心にとらわれ、偏った考えに執着すること。

神天上の法門 | かみてんじょうのほうもん　人々が誤った思想・宗教を根本にして、正法を信じ行じなくなったことで、その国土の善神は法味に飢え、守護すべき国土を見捨てて天に帰ってしまい、そのあとには悪鬼・魔神が入れ替わり、種々の災難が起こるという法門。「立正安国論」（17ﾍﾟｰｼﾞ）をはじめ諸御抄で説かれている。参照 諸天善神/法味

神は非礼を稟けたまわず | かみはひれいをうけたまわず　十一通御書の一つ「北条時宗への御状」の文（170ﾍﾟｰｼﾞ）。ここでいう「神」とは、法華経において妙法を信受する人を守るという誓願を立てた諸天善神などを示す。妙法に対する信、尊敬が根底になければ、神本来の力が発揮されないということ。参照 諸天善神

賀茂 | かも　加茂とも。京都市にある上賀茂神社（賀茂別雷神社）と下鴨神社（賀茂御祖神社）の総称。当初は賀茂氏の氏神が祭られていたが、平

安京への遷都以来、王城の守護神として朝廷から崇敬された。未婚の皇女が斎院として仕えた。

鵞目｜がもく　鎌倉時代に使われていた銅貨のこと。当時、流通していた穴の開いた通貨が鵞鳥（ガチョウ）の目のようであるところから、こう呼ばれた。

華洛｜からく　「洛」は、中国の古代からの都・洛陽のことで、転じて都をさす。日本では京都をさす。

迦羅求羅｜からぐら　▶求羅《ぐら》

過料｜かりょう　罰金のこと。

かるかや｜かるかや　苅萱。「かや」は山野に自生するイネ科の植物の総称。「かるかや」（1052,1091ページ）とは、屋根を葺くために刈り取る草の総称。

迦盧提｜かるだい　サンスクリットのカーローダーインの音写で、迦留陀夷とも書く。仏弟子の一人。『十誦律』巻17には次のように記されている。迦盧提は舎衛城（シュラーヴァスティー）で淫欲を誡め戒を持つべきであると説法をしたが、ある婦人が賊の首領と密通していることが迦盧提に知られたと思い込み、婦人が迦盧提を騙して招き、賊に殺させた。その首は切られて馬糞にうずめられたという。

かわのり｜かわのり　カワノリ科の緑藻。山間の渓流の岩石上で取れ、干しのりにされる。富士川は名産地。南条時光が日蓮大聖人に御供養している（1507,1512ページ）。

顔淵｜がんえん　▶顔回《がんかい》

顔回｜がんかい　顔淵《がんえん》ともいう。中国・春秋時代の魯《ろ》の人。孔子の弟子。『論語』などから孔子が一番信頼していたことがうかがえる。参照孔子

歓喜増益仏｜かんぎぞうやくぶつ　無量無辺阿僧祇劫という遠い過去世に、拘尸那城（クシナガラ）に生まれた仏。参照覚徳比丘

諫暁｜かんぎょう　諫め暁すこと。国家の安危などについて為政者に進言すること。

観経｜かんぎょう　観無量寿経の略称。▶観無量寿経《かんむりょうじゅきょう》

観行即｜かんぎょうそく　▶六即《ろくそく》

「諫暁八幡抄」｜かんぎょうはちまんしょう　弘安3年（1280年）12月、日蓮大聖人が身延で述作された書（576ページ）。法華経守護を誓った八幡大菩薩が法華経の行者である大聖人を守護しない怠慢を諫めるとともに、大聖人の仏法が西還し流布されていくことを明かされる。

寒苦鳥｜かんくちょう　インドの雪山に住むという想像上の鳥。この鳥は巣を作らないため、常に寒苦に責められているという。仏道を志す者が、地獄の苦に責められる時は仏道を真剣に修行しようと思い立つが、名聞名利のためにその志はついに消えてしまい、仏道修行を全うできず、相変わらず苦しみに責められることを譬える。

***願兼於業**｜がんけんおごう　「願《がん》、業《ごう》を兼《か》ぬ」と読み下す。妙楽大師湛然が『法華文句記』巻8で、法華経法師品第10の文を解釈した文。悪道・悪世に苦しむ人を救うため、自ら願って悪道・悪世に生まれてくること。願は願生、業は業生のこと。業生とは、過去世の善悪の業によってその報いとして相応の世界・国土に生まれることであり、願生とは、衆生救済・仏法弘通の誓願に

よって目指す世界・国土に生まれること。なお、法師品には、菩薩がすでに積んだ仏道修行の功徳によって善処に生まれてくるところを、民衆救済のために願って悪世に生まれ、苦悩する民衆の中で仏法を弘通することが説かれている(法華経357㌻)。参照 業/誓願

桓公 | かんこう　?~紀元前643年。中国・春秋時代の斉の国王。春秋五覇の第1。管仲《かんちゅう》を宰相として斉の国力を強め、紀元前651年に諸侯が葵丘(河南省商丘県)に集まって会盟した時には、諸侯の統制を任され覇者となった。「四条金吾殿御返事」(1118㌻)で言及されている紫の衣の故事については、『史記』巻69に「智者の事を挙ぐるは、禍に因って福を為し、敗を転じて功を為す。斉の紫は敗素(=いたんだ白絹)也。しかれども価十倍す」との記述があり、その注(張守節《ちょうしゅせつ》の正義)には「韓子にいう、斉の桓公好んで紫を服る。一国ことごとく紫を服る。当時十素一つの紫を得ず。公之を患う。管仲が曰く、君之を正さんと欲せば、何ぞ之が衣ることなきを試みざるやと。公左右に謂いて曰く、紫の臭を悪むと。公語ること三日にして境内、紫を衣る者有る莫し」とある。

含光 | がんこう　生没年不詳。中国・唐の密教僧。不空の弟子として、その訳経を助けた。妙楽大師湛然の『法華文句記』巻10下には、妙楽大師が含光と出会った際に次のような話を聞いたと記している。すなわち、含光が不空とともにインドに遊学中、一人の僧が「中国には天台の教えがあって、邪正を区別し、偏頗な教えと完全な教えを明らかにする点で最も優れているという。これを訳してインドにもってくることはできないだろうか」と懇願した、と。そして妙楽大師は「この言葉はインドで仏法が失われたために、仏法を四方の国に求めているということではないか」と述べている(270㌻で引用)。

元興寺 | がんごうじ　奈良市にある寺院。推古4年(596年)、蘇我馬子《そがのうまこ》が大和国の飛鳥の真神原《まかみのはら》(奈良県高市郡明日香村)に建立した法興寺をその前身とする。これは日本最初の本格的寺院で、飛鳥寺《あすかでら》とも呼ばれた。塔を中心に西・北・東に金堂をもつ伽藍の遺構が発掘されており、大寺院であったことがうかがえる。天武天皇の時代に官寺となった。

和銅3年(710年)の平城京(奈良市)遷都によって、飛鳥にあった薬師寺、厩坂寺(のちの興福寺)、大官大寺(のちの大安寺)なども新都へ移り、法興寺も養老2年(718年)8月、寺の大部分が新都へ移り元興寺と名を改めた。飛鳥の旧寺は本元興寺《もとがんごうじ》と呼ばれた。

奈良時代には三論宗・法相宗の拠点として、東大寺・興福寺と並んで南都七大寺の一つとして大きな勢力を誇った。写経が盛んで定本として広く諸宗で用いられた。10世紀ごろには衰退し、経済的にも逼迫した。

奈良の元興寺は、8世紀ごろに浄土教を取り入れた智光《ちこう》の住房である元興寺極楽坊を中心に、鎌倉初期に叡尊教団によって復興され、極楽坊は西大寺の末寺となった。現在もこの極楽坊を淵源とする寺などがわずかに残っている。飛鳥の本元興寺には安居院

安居院《あんごいん》が残っており、本尊の丈六の釈迦像(275.7センチメートル)は飛鳥大仏と呼ばれる。参照三論宗/法相宗

ガンジス川 | がんじすがわ ▶恒河《ごうが》

***勧持品** | かんじほん 妙法蓮華経の第13章(法華経411ページ)。正法華経の勧説品に相当する。摩訶波闍波提《まかはじゃはだい》・耶輸陀羅《やしゅだら》をはじめとする比丘尼への授記と声聞や菩薩たちによる滅後の法華経弘通の誓いが説かれる。

声聞の比丘・比丘尼は他の国土での弘通を誓ったが、菩薩たちはこの娑婆世界での弘通を誓う。菩薩たちの誓いの偈《げ》(韻文)は、20行からなるので、二十行の偈と呼ばれる。そこには、三類の強敵が出現しても難を忍んで法華経を弘通することが誓われている。

勧持品と常不軽菩薩品第20に説かれる逆縁の人への法華経弘通は、滅後悪世における折伏による弘通の様相を示すものと位置づけられ、勧持不軽の行相という。

日蓮大聖人は、滅後末法において法華経を弘通され、この勧持品の経文通りの難にただ一人遭っていることによって法華経を身読していると自覚され、御自身が真の法華経の行者であることの証明とされた。それは、滅後弘通を託された地涌の菩薩、とりわけその上首・上行菩薩であるとの御自覚となった。さらに、勧持品のように滅後悪世で三類の強敵に遭いながらも弘通していることは、不軽品に説かれる不軽菩薩が忍難弘通しついに成仏して釈尊となったように、成仏の因であることを確信される。法華経身読によって、末法の一切衆生を救う教主としての御確信に立たれたのである。このことから、大聖人は末法の御本仏であると拝される。参照三類の強敵/折伏/身読/二十行の偈

***勧持品二十行の偈** | かんじほんにじゅうぎょうのげ

法華経勧持品第13の偈の中にある、漢訳で20行にわたる偈のこと。菩薩たちが釈尊滅後に三類の強敵の大難に耐えて法華経を弘通することを誓った文。「諸の無智の人の|悪口罵詈等し|及び刀杖を加うる者有らん」(法華経418ページ)、「悪世の中の比丘は|邪智にして心諂曲に」(同ページ)、「阿練若に|納衣にして空閑に在って|自ら真の道を行ずと謂いて|人間を軽賤する者有らん」(同ページ)などと三類の強敵の様相が示されるとともに、「悪口して顰蹙し|数数擯出せられ」(法華経420ページ)などの迫害があると説かれている。参照三類の強敵

官主 | かんしゅ 寺の貫主のこと。▶貫首・貫主《かんず》

灌頂 | かんじょう ❶▶章安大師《しょうあんだいし》 ❷水を頭頂に灌《そそ》ぐ儀式のこと。特に密教において法門を師から弟子へ伝える儀式をさす。もとは古代インドで帝王が即位の時に四大海の水を頭上に注ぐ儀式に由来する。結縁《けちえん》灌頂(一般の人に仏縁を結ばせるために行う)、学法灌頂(弟子入りして密教の修行を始める人のために行う)、伝法《でんぽう》灌頂(阿闍梨の位を継ぐ人のために行う)などがある。

勘状 | かんじょう 勘案した意見を上申する書状。

***願生** | がんしょう ❶誓願によって生まれること。凡夫が自身の業の報いとし

て六道という迷いの世界に生まれることを業生という。これに対して、六道に生まれる業因を断じ尽くした菩薩が、これらの衆生を救済するためにあえて誓願によって悪世に生まれること。

❷浄土に生まれることを願い求めること。阿弥陀仏が住み西方にあるとされる極楽世界という浄土に往生しようと願うことを西方願生、弥勒菩薩が待機している兜率天に生まれようと願うことを兜率願生という。

灌頂王 | かんじょうおう　灌頂を受けて即位した大王。参照 灌頂

奸人 | かんじん　わるがしこい人物。心のねじ曲がった者。

観心 | かんじん　❶自身の心を観ずる仏道修行。日蓮大聖人は「観心本尊抄」で、天台大師智顗の『摩訶止観』に説かれた一念三千を成仏のための観心の修行とみなされ、その根幹を凡夫が自身の心を観じて十界がそなわることを見ることであると明かされた。その上で、一念三千を直ちに表現した曼荼羅を本尊として信じ受持することが末法の衆生にとって観心に相当し、これによって成仏できることを明かされた。この法門を受持即観心という。参照 受持即観心

❷教理の面である教相に対して、仏道修行の面をいう。また経典の表に現れている文上の教理の面に対して、その文底に指し示されている覚りの真実の面をいう。参照 教相

❸天台大師が『法華文句』で経典の文々句々を解釈するに当たり用いた四種釈の一つである観心釈のこと。仏道修行者の身に即して実践的な面から行う解釈のこと。

鑑真 | がんじん　688年～763年。中国・唐の僧で、日本律宗の祖。天台学と律を学んだ後、日本の栄叡《ようえい》・普照《ふしょう》らの要請により来日を試みるが、5度失敗し失明する。天平勝宝5年(753年)に来日を果たし、翌・同6年(754年)に東大寺大仏殿の前に戒壇を築いて聖武天皇や僧侶に授戒。律(出家教団の規則)にもとづく正式な授戒出家の方式を伝えた。また、天台大師智顗の著作を含むさまざまな文献をもたらした。朝廷から与えられた宅地に建てた唐招提寺は、南都の有力寺院として栄えた。参照 東大寺/律宗

感神院 | かんじんいん　京都・祇園の八坂神社の古い名称。鎌倉時代には延暦寺に属していた。

*「**観心本尊抄**」| かんじんのほんぞんしょう　「如来滅後五五百歳始観心本尊抄《にょらいめつごごのごひゃくさいにはじむかんじんのほんぞんしょう》」の略。文永10年(1273年)4月25日、日蓮大聖人が52歳の時、佐渡流罪中に一谷(新潟県佐渡市市野沢)で御述作になり、下総国葛飾郡八幡荘若宮(千葉県市川市若宮)の富木常忍に与えられた書(238ページ)。御真筆は中山法華経寺に現存する。五大部の一つ。前半では観心について明かされている。具体的には観心とは凡夫が己心を観じて十界を見ること、また一念三千の仏種は南無妙法蓮華経に納まっていることを示され、末法では本門の本尊を信じて南無妙法蓮華経と唱えることが成仏のための観心の修行であるという受持即観心の法門が示される。後半では本尊について明かされ、五重三段を説いて曼荼

羅本尊のすがたとその本尊を建立し弘通する人が明かされる。参照 観心/五重三段/受持即観心/本尊

『観心論疏』 | かんじんろんしょ　天台大師智顗が口述し弟子が筆録した『観心論』を、章安大師灌頂が注釈した書。5巻。

***貫首・貫主** | かんず　「かんじゅ」の音が変化したもの。天台座主の異称であったが、広く一山一寺、また一宗一派を管理・統率する長をいう。参照 天台座主

観世音菩薩 | かんぜおんぼさつ　観音菩薩、観自在菩薩ともいう。観世音とは「世音を観ずる」ということで、慈悲をもって衆生を救済することを願う菩薩。大乗仏教を代表する菩薩の一人で、法華経観世音菩薩普門品第25などに説かれる。その名前をとなえる衆生の声を聞いて、あらゆる場所に現れ、さまざまな姿を示して、その衆生を苦難から救うとされる。浄土教でも信仰され勢至菩薩とともに阿弥陀仏の脇士とされる。参照 補陀落山

観世音菩薩普門品 | かんぜおんぼさつふもんぼん　妙法蓮華経の第25章(法華経622ﾍﾟｰｼﾞ)。観音品・普門品と略す。観世音菩薩が、苦難にあってもその力を念じその名をとなえる人を守護することや33の姿(三十三身)を現して衆生を教化することを説き、法華経の護持・弘通を勧める。単独で観音経とされ、観音信仰で依拠する経典となっている。また『法華文句記』では、方便品・安楽行品・如来寿量品・観世音菩薩普門品が法華経の肝要とされ、四要品として重んじられた。参照 観世音菩薩

勧説品 | かんぜつほん　正法華経の第13品の名称。鳩摩羅什訳の妙法蓮華経では勧持品第13にあたる。

観想 | かんそう　❶対象を心にありありと思い描くこと。瞑想の修行の一種。参照 観心/観念

❷観想念仏の略。四種念仏の一つ。仏やその国土の福徳に満ちた荘厳な姿を心に思い描くことをいう。参照 念仏

勘当 | かんどう　親・家長から縁を切られ、財産や地位の継承権、保護が奪われること。

観慧 | かんね　観法の修行によって開かれる智慧。

観念 | かんねん　❶観じ念ずること。対象を心に想い浮かべて観察し思念すること。心を対象とする観念を観心という。天台大師智顗は『摩訶止観』で観心を説き、一念三千の法門を明かした。日蓮大聖人は、末法においては、成仏の法である一念三千の法門は、成仏のための因行果徳のすべてが納まった妙法蓮華経という題目の五字を受持することにあるという受持即観心を説かれた。参照 観心

❷日常の語としては、覚悟すること。あきらめること。

観念法門経 | かんねんほうもんきょう　「報恩抄」(318ﾍﾟｰｼﾞ)にあるが典拠未詳。同抄では、中国浄土教の善導が自分の著作を経と詐称したものと糾弾されている。その理由を日寛上人は『報恩抄文段』で、善導が自分の著作を、阿弥陀仏から授けられた教えを記したものとしたからだとしている(文段集408ﾍﾟｰｼﾞ)。なお、善導は『観無量寿経疏』の末尾で

も「この注釈書を書写しようとする者は、経を書写するのとまったく同様に書写せよ」(通解、318ページでも引用)と述べている。参照 善導

感応 | かんのう　二つのものが、感じ応じ合うこと。仏法では、特に衆生がよく仏の応現を感じ、仏がよく衆生の機感に応ずること。末法においては、衆生が御本尊に題目を唱える時、感応の原理によって、われわれの生命に仏の清らかな力強い生命力(仏界)が涌現する。

漢の高祖 | かんのこうそ　▶劉邦《りゅうほう》

観音経 | かんのんぎょう　▶観世音菩薩普門品《かんぜおんぼさつふもんぼん》

『観音玄義』 | かんのんげんぎ　天台大師智顗の講義を章安大師灌頂が編集整理した注釈書。法華経観世音菩薩普門品第25の大綱を五重玄義(名・体・宗・用・教)によって解釈している。2巻。参照 五重玄義

観音寺 | かんのんじ　福岡県太宰府市にある観世音寺のこと。天智天皇の勅願により創建。戒壇院は761年に建てられ、九州の僧の受戒の場として機能した。参照 戒壇/受戒

観音菩薩 | かんのんぼさつ　▶観世音菩薩《かんぜおんぼさつ》

観音品 | かんのんぼん　▶観世音菩薩普門品《かんぜおんぼさつふもんぼん》

関白 | かんぱく　▶摂政・関白《せっしょうかんぱく》

寛平法王 | かんぴょうほうおう　867年～931年。宇多天皇《うだてんのう》のこと。菅原道真《すがわらのみちざね》を重用し寛平の治と呼ばれる政治改革を行った。譲位後は仁和寺で出家し、上皇が出家した場合の呼称として初めて「法皇(法王)」を用いた。

観敏 | かんびん　生没年不詳。平安初期の奈良・大安寺の僧。

***観普賢菩薩行法経** | かんふげんぼさつぎょうぼうぎょう　中国・南北朝時代の宋の曇無蜜多《どんむみった》訳。普賢経、観普賢経と略す。1巻。普賢経は法華経の教えをふまえた観法の実践を説くので、法華経の直後にその内容を承けて締めくくる経典(結経)と位置づけられた。無量義経(開経)と法華経(本経)と普賢経(結経)を合わせて法華三部経と呼ばれる。

『観普賢菩薩行法経記』 | かんふげんぼさつぎょうぼうぎょうき　円珍(智証)の著作。法華経の結経とされる観普賢菩薩行法経を注釈した書。2巻。

観仏三昧経 | かんぶつざんまいきょう　仏説観仏三昧海経《ぶっせつかんぶつざんまいかいきょう》の略。中国・東晋の仏陀跋陀羅《ぶっだばっだら》の訳。10巻。仏が迦毘羅衛城(カピラヴァストゥ)の尼拘楼陀精舎で、父の浄飯王(シュッドーダナ)や叔母の摩訶波闍波提(マハープラジャーパティー)らのために、観仏三昧(仏を心に観察する瞑想)によって解脱を得ることを教えている。

観法 | かんぽう　「かんぼう」とも読む。法すなわち事物・事象に対して心を静めて集中し、智慧を発現させてその対象を観察すること。参照 観心/観想/観念

勧発品 | かんぼっぽん　▶普賢菩薩勧発品《ふげんぼさつかんぼっぽん》

元品の法性 | がんぽんのほっしょう　生命に本来的にそなわる仏の究極の覚りの本性。仏界、仏性にあたる。「治病大小権実違目」には「元品の法性は梵天・帝釈等と顕われ」(997ページ)と述べら

れ、元品の法性が現れて正法を守護する諸天善神の働きとなることを示されている。参照 諸天善神/法性

***元品の無明** | がんぽんのむみょう　無明とは、根本の煩悩の一つで、生命にそなわる根源的な無知。特に自らをはじめ万物が妙法の当体であることがわからない、最も根源的な無知を「元品の無明」という。「治病大小権実違目」には「元品の無明は第六天の魔王と顕われたり」(997ページ)と述べられ、元品の無明が現れて正法を妨げる障魔の働きとなることを示されている。参照 第六天の魔王/無明

桓武天皇 | かんむてんのう　737年~806年。第50代天皇。光仁天皇《こうにんてんのう》の第1皇子。律令政治を立て直すため、長岡京、平安京への遷都を行った。伝教大師最澄を重んじ、日本天台宗の成立に大きく貢献した。

観無量寿経 | かんむりょうじゅきょう　中国・南北朝時代の宋の畺良耶舎《きょうりょうやしゃ》訳。観経と略す。1巻。阿弥陀仏と極楽世界を対象とする16種類の観想法を説いている。参照 阿弥陀仏/極楽

『観無量寿経疏』 | かんむりょうじゅきょうしょ　善導による観無量寿経の注釈書。4巻。日本では源信(恵心僧都)や法然(源空)などの浄土思想の形成に大きな影響を与えた。

勘文 | かんもん　❶占いや先例や古典を調べた結果を考察して作成した意見書。平安時代以後、朝廷や幕府の諮問に対して、諸道の専門家が答申した。

❷中世では勘状のこともいう。勘状とは自身の考えを述べた意見書。日蓮大聖人は御自身が国主諫暁のために出された「立正安国論」を勘文と呼ばれている(33~35,1069ページなど)。

関竜逢 | かんりょうほう　古代中国・夏の最後の王である桀王の臣。竜逢とも。賢人とされる。桀王の悪逆を諫めたため、桀王に殺された。殷の紂王を諫めた比干とともに忠臣の代表とされる。どのように殺されたかは諸説あり、『楚辞』によると首をはねられたとされるが、『韓非子』では四肢を斬られたとする。また、『太平御覧』皇王部7に引かれた『符子』では、自ら火に投じて死んだという。参照 桀

甘露 | かんろ　サンスクリットのアムリタの訳で、不死の良薬のこと。

観勒 | かんろく　生没年不詳。7世紀ごろの百済出身の僧。602年に来日して元興寺に住み、三論宗・成実宗を伝えた。国家が仏教を統制するため任命した僧官を僧綱というが、624年に日本最初の僧綱として僧正に任命された。

き

鬼｜き　❶サンスクリットのプレータの訳。餓鬼とも訳す。

❷▶鬼神《きじん》

❸中国の民間信仰における霊的存在。死者の霊魂、または混沌とした社会にあって不思議な力をもつものをいう。水鬼、虎鬼、狐鬼、火鬼、餓鬼、首なし鬼、大頭鬼、白眼鬼、屍鬼などがある。

基｜き　632年～682年。中国・唐の僧。大乗基ともいう。玄奘の弟子で、法相宗の開創者。長安（現在の陝西省西安）の大慈恩寺に住んだので、慈恩大師《じおんだいし》と称される。玄奘のもとで『成唯識論』を翻訳し、その注釈を著す。その他、主著に『大乗法苑義林章』『法華玄賛』など。参照 法相宗

記｜き　❶記別のこと。▶記別《きべつ》

❷『法華文句記』の略称。▶『法華文句記』《ほっけもんぐき》

魏｜ぎ　❶紀元前403年～前225年。中国・戦国時代の国家。戦国の七雄の一つで、黄河中流域を支配した。

❷220年～265年。魏晋南北朝時代の王朝。後漢の末に各地で反乱が起きる中、曹操《そうそう》（155年～220年）が後漢の皇帝を迎えて実権を握り、子の曹丕《そうひ》（文帝、187年～226年）が帝位につき、都を洛陽として魏を建国した。華北の大半を支配した。仏教史との関連では、朱士行《しゅしこう》という人物が漢人として初めて受戒して正式な出家僧となり、また西域へ仏典を求めるなど求法僧の先駆けとなったことで知られる。

❸386年～534年。北魏のこと。魏晋南北朝時代の王朝。中国北部で諸民族が興亡を繰り返す五胡十六国時代をへて、鮮卑の拓跋《たくばつ》氏が建国した。第3代の太武帝《たいぶてい》は439年に華北を統一。また道教を信奉し、仏教が普及したことで世が乱れたとして太平真君7年（446年）に廃仏を行い、仏画や仏像を破壊し仏典を焼却し沙門を生き埋めにせよとの詔を出している。これは三武一宗の法難の一つに数えられる。第4代の文成帝《ぶんせいてい》は「復仏の詔」を出して仏教を復興し、雲崗石窟を開いた。第6代の孝文帝《こうぶんてい》は竜門石窟を開いた。魏晋南北朝時代の仏教は、主として貴族や皇帝の保護のもとに流布されたので、北魏のように皇帝の意向によって仏教の隆盛が左右される事態が生じた。

帰依｜きえ　神や仏、またその教えを尊崇し、身も心も従い、よりどころとすること。仏教では、仏道修行者に仏法僧の三宝に帰依する三帰が求められる。参照 帰命／三宝

祇園精舎｜ぎおんしょうじゃ　祇樹給孤独園精舎《ぎじゅぎっこどくおんしょうじゃ》のこと。五精舎の一つ。中インドのコーサラ国の都・舎衛城（シュラーヴァスティー、現在のウッタル・プラデーシュ州シュラーヴァスティー県）のジェータヴァナ（逝多林または祇陀林）にあった精舎。釈尊が多年にわたって化導を行った所。舎衛城にスダッタ（須達《すだつ》）という富豪（長者）がいて、身寄りのない孤独の人を哀れんで食事を施していたので、彼はアナータピンディカ（給孤独《ぎっこどく》）長者と呼ばれ

ていた。釈尊の説法を聞いて深く帰依し、雨季を過ごす滞在場所の供養を思いたって、ジェータ（祇陀《ぎだ》）太子の所有する園林であるジェータヴァナの購入を申し出た。祇陀が必要な土地に金を敷き詰めるように言うと、須達がそのとおり実行し始めたので驚き、そのまま土地を須達に寄付し、樹木も譲って寺院建立の一助とした。須達は精舎を建て、両者の名を取って祇樹給孤独園精舎と名づけた。王舎城（ラージャグリハ）の竹林精舎とともに二大精舎といわれ、釈尊の説法の多くがこの2カ所でなされた。7層の伽藍があって荘厳を極めたといわれる。19世紀にイギリス人探検家・カニンガムが文献を手掛かりに調査した結果、現在のネパール南境に近いラプラチ川の南岸、サヘート・マヘートが舎衛城（シュラーヴァスティー）の旧跡であることを発見、その南方を祇園精舎跡と推定した。現在は史跡公園として整備されている。

機根｜きこん　仏教を理解し信じ実践する能力・資質。根機ともいう。

季札｜きさつ　中国・春秋時代の呉の王子。北方への使いの折、徐国を通ったが、その王が季札のもつ剣を望んでいたことを察し、帰路に献上しようとしたところ、すでに亡くなっていたので、その墓にその剣をささげた。日蓮大聖人は古の賢人による報恩の例として挙げられている（203,1348ページ）。

亀茲国｜きじこく　中国の新疆《しんきょう》ウイグル自治区にある天山南麓のオアシス都市クチャ（庫車）周辺に栄えた古代王国。亀茲は、サンスクリットのクーチーの音写と考えられる。古代の住民はアーリア系とみられ、インド・ヨーロッパ語族のクチャ語を用いた。中国の前漢以来、漢土と西域・インドなどを結ぶ東西交通路のうち西域北道（天山南路）の要衝として栄え、北道における最大の王国であった。この国では、漢の記録に現れて以来、白（帛）姓をもつ王家をいただき、やがて中国の南北朝から唐にかけて「白」または「帛」姓をもつ王族出身の僧侶が多く中国を訪れた。彼らが伝訳した経典などによると、この国では早くから部派仏教系の仏教が盛んであった。5世紀の初めに後秦の王・姚興《ようこう》によって長安に迎えられた鳩摩羅什は亀茲の王族出身にもかかわらず大乗を学んでおり、法華経をはじめ大乗の経典や論書を多く訳出し、後世に大きな影響を与えた。その後、亀茲国は6世紀末から西突厥の勢力に押されて衰微する。7世紀半ばには唐が西域に進出したのにともない、ここに唐の安西都護府が置かれた。630年ごろ、玄奘はインドへ向かう途中、この地を訪れた。彼の著作『大唐西域記』には、亀茲国の様子として仏教の伽藍が100余所あり、僧徒5000余人が説一切有部を学んでいたと記されている。参照 鳩摩羅什

***鬼子母神**｜きしもじん　ヤクシャ（夜叉・薬叉）に属する女性の神。鬼子母神は、自らにも多くの子がいたが、人間の子を食べていた。後に仏の教えを受けて、人の子を食べることをやめ、かえって子どもの守護者となった。法華経陀羅尼品第26では、十羅刹女《じゅうらせつにょ》とともに法華経を読誦し受持する者を守護することを誓っている（法華経646

ページ)。

耆闍崛山｜ぎしゃくっせん　▶霊鷲山《りょうじゅせん》

起請｜きしょう　神仏に誓いを立てて所願の成就を請い、背けば罰を受ける覚悟をすること。またその旨を記した文書をさす。「御成敗式目《ごせいばいしきもく》」の末尾には、誤った考えから法に背いた場合、「梵天帝釈、四大天王、惣じて日本国中六十余州の大小神祇、別して伊豆箱根両所権現、三島大明神、八幡大菩薩、天満大自在天神、部類眷属」からの罰を受ける旨を記した起請文が付され、北条泰時《ほうじょうやすとき》ら式目の制定者たちが署名をしている。また同式目の起請文には「凡そ評定の間、理非に於ては親疎あるべからず。好悪あるべからず」などと、個人的な感情にとらわれず、道理を重んじなければならないことが記されている。

義浄房｜ぎじょうぼう　日蓮大聖人の清澄寺修学当時の兄弟子の一人。浄顕房とともに大聖人を守り支えた。現存する御真筆には「義城房」と表記されている。参照 浄顕房/清澄寺

「義浄房御書」｜ぎじょうぼうごしょ　文永10年(1273年)5月28日、佐渡の一谷(新潟県佐渡市市野沢)でしたためられ、安房国(千葉県南部)清澄寺の義浄房に与えられたお手紙(892ページ)。法華経如来寿量品第16の「一心欲見仏｜不自惜身命」(法華経490ページ)の文を用いて、日蓮大聖人が己心に証得された事の一念三千である三大秘法を顕されたことを示され、門下にもこの文を実践していくよう促されている。参照 一心欲見仏・不自惜身命

起請文｜きしょうもん　起請の旨を記した文書。▶起請《きしょう》

鬼神｜きじん　超人的な働きをするもの。仏道修行者を守護する働き(善鬼神)や、生命をむしばむ働き(悪鬼神)に大別される。法華経では悪鬼とするとともに法華経を受持する者を守護するとも説かれる。法華経勧持品第13には「悪鬼は其の身に入って｜我を罵詈毀辱せん」(法華経419ページ)とあり、「立正安国論」では「魔来り鬼来り災起り難起る」(17ページ)とある。また『摩訶止観』巻8に「病の起こる因縁を明かすに六有り……四に鬼神、便りを得」(1009ページで引用)とある。さらに鬼神は、人の思考の乱れを引き起こし国家社会を混乱させる働きがあり、そこから鬼神を思想の乱れを起こすものの意に用いることがある。仁王経巻下に「国土乱るる時は、先ず鬼神乱る。鬼神乱るるが故に、万民乱る」(19ページで引用)とある。

義真｜ぎしん　781年～833年。平安初期の天台宗の僧。比叡山延暦寺の初代座主。伝教大師最澄の弟子で、伝教大師の通訳として共に唐に渡った。伝教没後、延暦寺の運営を担い、824年に初代天台座主となった。参照 延暦寺

徽宗｜きそう　1082年～1135年。中国・北宋の第8代皇帝。子の欽宗《きんそう》とともに金の軍に捕らえられた。金は、ツングース系の女真《じょしん》族が北東アジアに建国した王国で、華北地域に進出し北宋を滅ぼした。

北野天神｜きたのてんじん　政敵によって大宰府に左遷された菅原道真《すがわらのみちざね》(845年～903年)のこと。京都市上京

区の北野神社に祭られていることから北野天神という。北野天神が法華経に帰依したことについては「一代五時継図」に「天神の託宣に云く吾円宗の法門に於て未だ心に飽かず仍って遠忌追善に当て須く密壇を改めて法華八講を修すべきなり」(679㌻)とある。

吉祥草 | きちじょうそう　湿地に生えるユリ科の常緑多年草。

吉蔵 | きちぞう　549年~623年。中国の隋・唐の僧。三論教学を大成した。嘉祥寺に居住したので、嘉祥大師《かじょうだいし》と称された。主著に『三論玄義』『法華義疏』など。参照三論宗

魏徴 | ぎちょう　中国・唐の初めの忠臣。太宗に仕え、よく諫言してその政治を助けた。

義月を指すに同じ | ぎつきをさすにおなじ　「撰時抄」(270㌻)に引かれる『大唐内典録』の文。天台大師智顗による一乗や止観の広め方を、道宣がたたえた文。同書には「三十余載、盛んに一乗を弘む。止観禅門、利益惟遠し。義、月を指すに同じ、筌蹄に滞らず」とある。月を指し示すためには指が必要であるが、月に目がいけば指は不必要であるように、「月を指す」は、真理そのものを理解させ、真理を伝える手段に過ぎない経文にはこだわらないという意味。「筌蹄に滞らず」も、魚やウサギを捕獲する場合、捕獲してしまえば、その手段である罠にはこだわらないとの趣旨で、同じ意味。天台大師が真理の体得を重んじて、その手段である経文そのものにはとらわれていなかったことをたたえたもの。筌蹄は『荘子』外物篇にある。魚を捕る竹かごの筌《うえ》とウサギを捕る蹄《わな》のこと。目的を達成するために利用する手段で、その達成後には不要になるもののこと。参照道宣

鬼道の衆生 | きどうのしゅじょう　鬼道とは餓鬼道のこと。餓鬼道にあって、大苦を受けている衆生。参照餓鬼

きぬた | きぬた　布を和らげたり、つやを出すために、布をのせ槌で打つ台。またその行為。

羲農の世 | ぎのうのよ　中国古代の伝説上の帝王である伏羲《ふっき》と神農《しんのう》の時代。伏羲・神農は、黄帝とともに三皇として尊敬される。その時代は天下泰平で幸福な世の中であり、民衆は栄えたとされる。御書中では理想の世の譬えとして用いられる(31,502㌻)。

耆婆 | ぎば　サンスクリットのジーヴァカの音写。釈尊存命中の名医。仏教を深く信じ、釈尊や当時の王などの病を治療している。阿闍世王《あじゃせおう》に大臣として仕えている時、王が父を殺し、母を殺そうとしたために身に悪瘡ができて苦しむのを見て、王に懺悔を勧め、釈尊に帰依させた。

記別 | きべつ　仏が弟子の未来の成仏を保証し、その時の仏としての名、国土の名称、劫(時代)の名称などを明らかにすること。参照受記

鬼弁婆羅門 | きべんばらもん　インドのバラモンの一人。『大唐西域記』巻8によると、鬼弁婆羅門は議論が巧みで世間から尊敬を受けていた。人が彼を論駁すると、帷を垂れてその中から答えていたが、馬鳴菩薩は、婆羅門が鬼神や妖怪の力を借りて議論していることを見破り、彼を責め立てながら、隙を見て帷を開くと、婆羅門が妖怪にも

のを尋ねているところであったという。

***帰命** | きみょう　神や仏、またその教えを尊崇し身も心も従い、それに基づく言動を行うこと。南無の訳語の一つ。南無はサンスクリットのナマスあるいはその変化形のナモーの音写。参照 帰依/南無

逆縁 | ぎゃくえん　仏法に対する悪い行いがかえって仏道に入るきっかけとなること。順縁に対する語。参照 順縁

逆謗 | ぎゃくぼう　父母を殺すなどの五逆罪や、謗法を犯した者。参照 五逆罪/謗法

逆路伽耶陀 | ぎゃくろかやだ　路伽耶陀はサンスクリットのローカーヤタの音写。インド思想において、霊魂や輪廻などを認めず、宗教行為の意義を否定する学派のこと。「逆」は、「普通と違う、ひどい」の意のサンスクリットの語を訳したもので、逆路伽耶陀はローカーヤタの中でも極端な立場を取る者たちをいう。

***九界** | きゅうかい　十界のうち、仏界を除く地獄界から菩薩界までの九つのこと。

九界即仏界・仏界即九界 | きゅうかいそくぶっかいぶっかいそくきゅうかい　九界の衆生にも仏界の生命がそなわり、仏界の生命にも九界の生命がそなわっていること。法華経では、二乗を含め一切衆生の成仏が保証されることによって、九界即仏界が示された。また久遠実成の釈尊には成仏した後も菩薩としての寿命があり菩薩行を行じていると説かれることによって、仏界即九界が明かされた。

及加刀杖 | ぎゅうかとうじょう　刀で切りつけたり杖(棒)でたたいたりすること。法華経勧持品第13に説かれる。法華経の行者を俗衆増上慢が迫害する様相の一つ。同品には「諸の無智の人の｜悪口罵詈等し｜及び刀杖を加うる者有らん」(法華経418㌻)と説かれている。

灸治 | きゅうじ　漢方医療の一つであるお灸のこと。もぐさ(乾燥したヨモギの葉)を皮膚の特定の位置に置き、火をつけて燃やし、その熱の刺激で病気を治療する療法。

九宗 | きゅうしゅう　倶舎・成実・律・法相・三論・華厳・天台・真言の八宗に禅宗を加えた九宗のこと。

経 | きょう　古代の聖人の説いた教えをまとめたもの。仏教では、仏の説いた教法をまとめたものをいう。サンスクリットのスートラの訳。修多羅、蘇多覧などと音写する。また、仏教の経典の形式の一つとして、経典の中で法義を説いた長行(散文)のこと。九部経、十二部経の一つ。三蔵(経蔵・律蔵・論蔵)の中の一つ。一切経、大蔵経などの経は、経・律・論を含めた呼称。参照 三蔵/九部経/十二部経

鄴 | ぎょう　中国・春秋時代の斉の桓公が現在の河北省南部の磁県に築いた都で、魏晋南北朝時代の東魏・北斉の都。

***行** | ぎょう　仏法の実践の根幹である信行学の一つで、種々の修行をいう。それぞれの経典には、達成すべき目標、修行者の資質、実践する時や社会などに応じて種々の修行が説かれる。日蓮大聖人は、成仏の根源の法である南無妙法蓮華経を直ちに信じて自ら実践し他に広めることが、末法の

現在にかなった修行であると明かされている。[参照]信行学

軽易 | きょうい　軽んじて蔑ること。また、過去に人を軽蔑したことによって受ける報い。

行雲廻雪 | ぎょううんかいせつ　雲が風に吹かれ、雪が風に飛び廻るさまに、美人を譬えた語。

堯王 | ぎょうおう　古代中国の伝説上の帝王。五帝の一人。徳をもって天下を治め、舜《しゅん》が大変な親孝行であることを聞いて用い、帝位を譲った。舜とともに理想の帝王として尊ばれている。堯王には子があったが、不孝の者であったので王位を継がせず、孝養の心の深い舜に位を譲ったという(1216ページ)。[参照]舜王

「経王殿御返事」 | きょうおうどのごへんじ　文永10年(1273年)8月、日蓮大聖人が佐渡・一谷から鎌倉の門下に送られたお手紙(1124ページ)。同抄には「鬼子母神・十羅刹女・法華経の題目を持つものを守護すべしと見えたり」(同ページ)とあり、諸天善神がその働きをなすのは、御本尊を持つ者に対してであることが示されている。

***行学の二道** | ぎょうがくのにどう　行と学の二つの実践。仏道修行における実践と法門の学習。[参照]信/行/学/信行学

経巻 | きょうがん　経を記した書物、特に巻物の形態のもの。インドでは椰子の一種であるターラ樹の葉(多羅葉)などを整形したもの、西域では白樺などの樹皮を整形したものに記され、紐でとじ合わせられていたが、中国では布や紙に記され、それを軸に巻いた巻子本が一般的だったので、経を記された書物が経巻と呼ばれる。経巻を受持・読誦・解説・書写して供養することに功徳があると、諸経典に説かれている。平家一族が厳島神社に納めた法華経などは、手の込んだ意匠や絵画を描いた料紙を用い、金・銀・宝石などで軸も装飾するなど、贅をこらした芸術作品となっている。また、経巻そのものにも神秘的な力があるとして信仰の対象となった。

教、機、時、国、教法流布の先後 | きょうきじこくきょうほうるふのせんご　▶宗教の五綱《しゅうきょうのごこう》

教行証 | きょうぎょうしょう　教法・行法・証法のこと。三法ともいう。①教は仏の説いた教法。②行は教法によって立てた修行法。③証は教・行によって証得される果徳。日蓮大聖人は、末法では在世結縁の者がいなく、教のみあって行・証がない時代とされている。[参照]三時

***教化** | きょうけ　法を説いて衆生を善道に教え導き、利益を与えること。

***行解** | ぎょうげ　仏法を修行し、その教えを正しく理解すること。

教外別伝 | きょうげべつでん　禅宗の主張。大梵天王問仏決疑経に基づいて、釈尊の真意は言葉や文字による教えではなく心から心へ摩訶迦葉に伝承されたとする。[参照]禅宗

教旨 | きょうし　教えの肝要。

脇士 | きょうじ　脇侍とも。中尊(中心)の仏の左右あるいは周囲にあって、仏の功徳と働きを表す声聞・菩薩らのこと。脇士の位・様相によって、その本尊の功徳と働きの高下が判じられる。

更賜寿命｜きょうしじゅみょう　法華経如来寿量品第16の文で、「更に寿命を賜え」と読み下す(法華経485ページ)。良医病子の譬えの中で、父の留守中に誤って毒薬を飲んで苦しんでいる子が、帰ってきた父に対して、治す良薬を求め寿命を延ばしてくれるよう願って言った言葉。法華経を信受し実践する功徳として、生命力が増し寿命が延びること。なお「可延定業書」には、「日蓮悲母をいのりて候しかば現身に病をいやすのみならず四箇年の寿命をのべたり」(985ページ)とある。[参照]良医病子の譬え

『**教時諍論**』｜きょうじじょうろん　安然の著作。1巻。独自の教時論(教判論)を展開し、諸宗派を九宗に分類してその勝劣を立て、真言宗を第1、禅宗を第2、天台宗を第3と位置づけた。

*__教主__｜きょうしゅ　衆生を導く教えを責任をもって説く主体のこと。[参照]教主釈尊

行住坐臥｜ぎょうじゅうざが　日常における人の起居動作を四つに大別したもの。①行とは歩行すること。②住とは一所にとどまって立つこと。③坐とはすわること。④臥とは横になって寝ること。仏教では、行住坐臥を戒律にしたがって威儀を正して行うべきと考え、四威儀という。転じて、「常に」「間断なく」という意味としても用いる。

*__教主釈尊__｜きょうしゅしゃくそん　御書中の用例としては、法華経に説かれる久遠実成の釈尊のことをさす。特に娑婆世界、すなわちこの現実世界の衆生を成仏へと導く仏が釈尊に他ならないという意味が込められている。「開目抄」「観心本尊抄」に基づいて述べると、法華経如来寿量品第16では、久遠実成という釈尊の真実の境地を明かし、その久遠の仏が娑婆世界に常住していると説かれる。したがって、娑婆世界こそが久遠の釈尊の真実の国土となり、永遠不滅の浄土である常寂光土と一体であること(娑婆即寂光《しゃばそくじゃっこう》)になる。これに対し、諸経典に説かれる、久遠の釈尊以外のさまざまな仏は、すべて釈尊の分身《ふんじん》(方便として仮に現した姿)であり、その住む国土も方便として示された国土であり、いずれも娑婆世界の衆生にとって縁の薄いものにすぎない。日蓮大聖人は、浄土宗が阿弥陀仏を自分たちに縁のある仏と思って本尊とすることは、娑婆世界の教主である釈尊を蔑ろにすることであると破折されている。[参照]教主

形状端厳｜ぎょうじょうたんごん　姿や顔かたちが端正でおごそかなこと。形状醜陋《しゅうる》に対する語。

教信御房｜きょうしんごぼう　曾谷教信のこと。▶曾谷教信《そやきょうしん》

教相｜きょうそう　経文に説かれている教えの内容。また、その理論的研究。真言密教では、理論的な側面を教相、実践的な側面を事相という。[参照]事相/観心

教相判釈｜きょうそうはんじゃく　教相を判釈することで、略して教判という。判教ともいう。諸経典の教えを釈尊一代で説かれたものとして、時期や内容によって分類し、価値的な序列をもって解釈すること。もとは中国仏教においてインドから雑然と伝わった諸経典を分類し体系化することから始まり、各宗派は独

自の教判を立てて自宗の優位を主張した。

境智｜きょうち　境とは智慧によってとらえられる対象のこと。智とは智慧のこと。参照境智冥合

行智｜ぎょうち　▶熱原の法難《あつはらのほうなん》

境智冥合｜きょうちみょうごう　観法（瞑想の修行）において、観ずる対象である境と、それを観ずる智慧が分かち難いこと、またそれを覚知すること。

梟鳥｜きょうちょう　フクロウのこと。古代中国では不孝の生き物で、母を食うとされた。

憍曇弥｜きょうどんみ　サンスクリットのガウタミーの音写。釈迦族の女性の姓の一つであるが、多くは釈尊の叔母である摩訶波闍波提比丘尼《まかはじゃはだいびくに》をさす（法華経413ページ）。参照摩訶波闍波提比丘尼

行如来事｜ぎょうにょらいじ　法華経法師品第10の文。▶如来の使《にょらいのつかい》

教判｜きょうはん　▶教相判釈《きょうそうはんじゃく》

脇比丘｜きょうびく　2世紀初頭、中インドの説一切有部の僧。脇尊者ともいう。サンスクリット名はパールシュヴァ。付法蔵の第9。カニシカ王のもとで脇比丘ら500人の比丘が、カシュミールで第4回の仏典結集を行い、『大毘婆沙論』を編纂したとされる。

行表｜ぎょうひょう　724年～797年。奈良末期の三論宗の学僧。興福寺で受戒し華厳・法相・律などを学び、後に近江国《おうみのくに》（滋賀県）の僧尼を監督する国師を務めた。伝教大師最澄が近江国分寺で出家した際の師。

行布｜ぎょうふ　下から上へと段階的に修行して成仏を目指すこと。もとは、菩薩の位を五十二位に分けて行列布置し、階位の浅深・次第を立て、順々に進んでついに仏果に至ることをいう。転じて爾前経において二乗不作仏や女人不成仏など、得道に際して衆生を差別していることを示すのに用いられる。参照爾前二種の失

楽法｜ぎょうぼう　▶楽法梵志《ぎょうぼうぼんじ》

楽法梵志｜ぎょうぼうぼんじ　釈尊の過去世の姿の一つ。『大智度論』巻49に登場する。これを踏まえ「日妙聖人御書」（1213～1214ページ）によると、楽法梵志が、渇して水を求めるように仏法の教えを求めていた時に、バラモンに出会う。バラモンは、あなたの皮を紙とし、骨を筆として、血を出して書くのであれば、法を教えようと説く。楽法梵志は、言われるままに、わが身を捧げて、法を聞く準備を整えた。ところが、忽然とバラモンは消えてしまう。天を仰ぎ地に伏す楽法梵志。そこへ、仏陀が現れ、求道の心に応えて法門を教える。それを聞いて、楽法梵志は仏に成ることができたという。

憍慢｜きょうまん　自らおごり高ぶって、他人をあなどること。

行満｜ぎょうまん　生没年不詳。中国・唐の僧で、妙楽大師湛然の弟子。天台山の仏隴寺《ぶつろうじ》の座主。伝教大師最澄に天台の法門を伝えた。

況滅度後｜きょうめつどご　▶如来現在猶多怨嫉。況滅度後《にょらいげんざいゆたおんしつきょうめつどご》

行力｜ぎょうりき　教えの通り実践する力、また、そのように実践したことにそなわる優れた力。四力の一つ。

経律論｜きょうりつろん　▶三蔵《さんぞう》

清丸｜きよまる　733年～799年。奈

良末期から平安初期の貴族・政治家、和気清麻呂《わけのきよまろ》のこと。称徳天皇《しょうとくてんのう》に寵愛を受けた道鏡を天皇に立てよとの宇佐の八幡神の託宣を、勅使として確認に行ったが、「無道の人を除くべし」との神託を報告して道鏡の野心を退けた。そのため別部穢麻呂《わけべのきたなまろ》と名を変えられて大隅国(鹿児島県東部)に流され、一族もともに流罪となったが、後に許されて都に帰った。

清盛｜きよもり　▶平清盛《たいらのきよもり》

訖哩枳王｜きりきおう　訖哩枳はサンスクリットのクリキーの音写。訖利季とも書く。迦葉仏の父。『倶舎論』巻9には、王は「大象・井・麨《むぎこがし》・栴檀・妙園林・小象・二獼猴(猿)・広堅衣・闘諍の10種の夢を見た」(趣意)とあり、これを聞いた迦葉仏が「此れ当来釈迦遺法の弟子の先兆を表するなり」と説いたとされることが「訖哩枳王の夢」として知られる。参照 迦葉仏

訖利多王を雪山下王が攻め｜きりたおうをせっせんげおうがせめ　『大唐西域記』巻3によると、雪山下王は覩貨羅《とから》国(トハラ)の王で、仏法を弾圧した迦湿弥羅《かしゅうみら》国(カシュミール)の訖利多王を攻め、仏法を復興したという。

熙連一恒の者｜きれんいちごうのもの　「四信五品抄」(342ページ)にある。熙連は熙連河、恒は恒河《ごうが》(ガンジス川)のことで、ともに川の名前。ここでは、熙連は熙連河沙、一恒は一恒河沙の略で、それぞれの川の砂の数のことをさし、無量の数を意味する。「熙連一恒の者」とは、その川の砂の数ほど無量の仏のもとで修行した衆生のこと。参照 熙連河/恒河

熙連河｜きれんが　熙連はサンスクリットのヒラニヤの音写。凞連とも書く。熙連河は、釈尊が亡くなった地・拘尸那城(クシナガラ)を流れる跋提河《ばっだいが》の別名。ガンジス川(恒河)より小さな川の例として挙げられる。涅槃経(北本)巻6の如来性品第4の3には、熙連河の砂の数ほどの仏のもとで覚りを求める心を起こした者は、悪い時代に生まれて、この経典(=涅槃経)を学び記憶し誹謗しないと説かれ、その後、仕えた仏の数が多くなるにつれて、行者の能力が向上していくことが述べられる。これは、経典を誹謗しないだけでも過去世に莫大な功徳を積んだことを示している。

禽獣｜きんじゅう　鳥と獣のこと。

欽宗｜きんそう　1100年～1161年。中国・北宋の第9代皇帝。金軍に都を包囲された際、父の徽宗《きそう》から帝位を譲られた。参照 徽宗

欽明天皇｜きんめいてんのう　6世紀半ば。継体天皇《けいたいてんのう》の嫡子。在位中に百済から仏法が公式に伝えられた。現在では一般に第29代とされるが、明治時代に歴代を正式に定めるまでは神功皇后《じんぐうこうごう》を歴代に数えるなどし、第30代とするのが一般的だった。

く

苦 | く　❶心身を逼迫して悩ますもの。楽に対する語。煩悩によって引き起こされる悪い行い(悪業)の結果として受ける望ましくない報いとされる。

①二苦。老・病・死など自己の心身から起こる苦(依内苦)と外部から受ける苦(依外苦)の二つ。外苦には、悪人・獣(有情)などによる害苦と、風雨寒熱など自然(非情)による災害の2種がある。

②三苦。風水害・天災など好ましくない対象から感じる苦(苦苦)、好ましい対象が壊れるとき感じる苦(壊苦)、森羅万象が無常に移り変わることから感ずる苦(行苦)の三つ。これとは別に、涅槃経では、苦の程度によって上苦・中苦・下苦の三苦を挙げる。

③四苦。生苦・老苦・病苦・死苦の四つ。生きとし生けるものが逃れることができない根源的な苦。

④八苦。生老病死の四苦に加えて、愛別離苦(愛するものと別れる苦)、怨憎会苦(憎むものと会う苦)、求不得苦(求めて得られぬ苦)、五盛陰苦(五陰盛苦ともいい、心身を形成する五陰の不調和による苦)を合わせた八苦。生老病死を一つにし、あとの四苦を加えて五苦とする場合もある。

⑤十苦。宝積経に説く10種の人の苦。生苦・老苦・病苦・死苦・愁苦・怨恨・苦受(三受の一つ)・憂苦・病悩苦・流転大苦の十苦。

❷四諦の一つの苦諦のこと。あらゆるものには固定的な実体がなく常に移り変わるものであることを知らず、それに執着すると、すべてのものごとが苦である(一切皆苦)という真理のこと。

具 | ぐ　そなえること。具足の義で、すべて円満にそなわっていて、少しも欠落がないことをいう。

空 | くう　サンスクリットのシューニヤの訳。すべての事物・事象には固定的実体がないこと。もともとの意味は空虚であること、空ろであること。インド人はゼロの概念を発見したことで知られるが、このゼロにあたるサンスクリットがシューニヤである。最も古い仏典の一つスッタニパータに「つねによく気をつけ、自我に固執する見解をうち破って、世界を空なりと観ぜよ。そうすれば死を乗り超えることができるであろう」(中村元訳『ブッダのことば』岩波書店)とある。すべての事象は刻々と変化してやまず、そこには固定的な実体は存在しない。古代インドの伝統思想(バラモン教)では、人間存在の根底に固定的なアートマン(我)を考えたが、釈尊は、物事を固定しそれに執着することこそ、苦しみの原因であるとして、世界が「空」であると説いた。やがて、この考えは「一切皆空」として仏教の中心思想となる。一切皆空といっても、厭世的、消極的なものの見方ではなく、固定的な偏見や先入観なしに、変化する諸法(一切の事物・事象)の実相をありのままに見ることを意味する。しかし、釈尊滅後約100年以降の、いわゆる部派仏教の時代には、特にすべてのものを実在する実体と考える説一切有部などが出て「三世実有、法体恒有」などの実在論を唱えた。

このような実在論を批判して、大乗仏教では「空」の理論が発展してくる。この大乗の「空」の理論は般若経典に現れ、大乗の論師・竜樹（ナーガールジュナ）によって集大成されることになる。竜樹は釈尊が説いた苦行と快楽の両極端から離れる中道の実践論と縁起の思想を空に関係づけた。すなわち、すべての事物・事象は固定的・実体的な本性（スヴァバーヴァ）がない「空」なる存在であり、他との関係によって生起する（縁起）存在である。しかし、人は事物・事象を固定的に見て、それに執着したり、それを嫌悪したりする。このような偏見や執着を離れて、如実に事物を見て行動していくことが中道にあたる。このように空＝縁起＝中というのが竜樹の主張であったが、般若経や竜樹の思想が入る前に、中国においては老荘思想の「無」の考えが存在した。故に、「空」が「無」として受け取られ、「無（虚無）」「有（実体）」の両極を離れた「空（中道）」が、「空（虚無）」と「仮（実体として現れる現実）」を離れた「中」であるという図式になった。そして、一切のものを「空」と「仮」と「中」という三つの観点から観察し、その姿（三諦）を如実に認識する（三観）という、中国仏教独特の実践法が現れることとなった。参照三諦/竜樹

空海 | くうかい　774年～835年。平安初期の僧。日本真言宗の開祖。弘法大師《こうぼうだいし》ともいう。唐に渡り、不空の弟子である青竜寺《せいりゅうじ》の恵果《けいか》の付法を受け、帰国後、密教を体系的に日本に伝える。大日経系と金剛頂経系の密教を一体化し、真言宗を開創した。高野山《こうやさん》に金剛峯寺《こんごうぶじ》を築き、また嵯峨天皇から京都の東寺《とうじ》（教王護国寺）を与えられた。同時代の伝教大師最澄と交流があったが絶縁している。主著『十住心論』『弁顕密二教論』などで、密教が最も優れているとし、それ以外を顕教と呼んで劣るものとする教判を立てた。参照真言宗/顕教/密教

空観 | くうがん　あらゆる事物・事象（諸法）には、固定的な不変の実体がなく、その本性は空であると観ずること。▶空《くう》

空仮中の三諦 | くうけちゅうのさんたい　▶三諦《さんたい》

空劫 | くうこう　▶四劫《しこう》

空心の者 | くうしんのもの　仏道修行をしながら、「空」の教えに執着して真実の覚りを求めない者。

空諦 | くうたい　▶三諦《さんたい》

九横の大難 | くおうのだいなん　釈尊が在世中に受けた九つの大難のこと。経典により若干の相違がある。ここでは「法華行者逢難事」（966ペ⁻ジ）などに基づいて挙げる。

①孫陀利《そんだり》の謗。美女・孫陀利が、外道にそそのかされ釈尊と関係があったと言いふらして謗った。

②婆羅門城の漿《こんず》。釈尊が阿難を連れ婆羅門城を乞食したが空鉢であった時、年老いた下婢が、供養する物がなくて、捨てようとした臭い漿（米のとぎ汁）を供養した。バラモンがこのことは臭食の報いであると謗った。

③阿耆多王の馬麦。バラモンの阿耆多王が釈尊と500人の僧を自国に招いたが、王は遊楽にふけって供養を忘

れ、このため釈尊一行は90日の間、馬の食べる麦を食べた。

④瑠璃の殺釈。釈迦族が波瑠璃王によって滅ぼされた。

⑤乞食空鉢。釈尊が阿難を連れ婆羅門城に入ったとき、王は民衆が釈尊に帰することを妬んで、布施し法を聞く者に罰金を課して制止したので、鉢は空であった。

⑥旃遮女《せんしゃにょ》の謗。バラモンの旃遮女が腹に鉢を入れて釈尊の所に来て、釈尊の子を身ごもったといって誹謗した。

⑦調達が山を推す。調達(提婆達多)が釈尊を恨んで殺そうとし、耆闍崛山(霊鷲山)から釈尊を目がけて大石を落とした。小片が散って釈尊の足の親指を破って血を出した(出仏身血)。

⑧寒風に衣を索《もと》む。冬至前後の八夜に竹を破ったほどの寒風が吹きすさんだ時、釈尊は三衣を索めて寒さを防いだ。

⑨阿闍世王が酔象を放つ。提婆達多にそそのかされ、父王を幽閉して新王となった阿闍世王が、釈尊を殺そうとして悪象を放った。参照 阿闍世王/提婆達多/波瑠璃王/霊鷲山

久遠｜くおん　長遠な期間。長遠な過去。法華経では、迹門で三千塵点劫、本門で五百塵点劫という長遠な過去での出来事が明かされている。このうち、五百塵点劫という長遠な過去に釈尊が実は成仏したという本地が明かされた久遠実成が特に重要な法門であるので、久遠は五百塵点劫をもっぱら指すことが多い。また、釈尊の根源的な成仏の時を久遠元初とし、そこからさらに凡夫が成仏する本源の時を久遠元初とすることから、久遠元初の意味でしばしば久遠を用いる。参照 久遠実成/久遠元初/五百塵点劫/三千塵点劫

久遠元初｜くおんがんじょ　ある特定の遠い過去ではなく、宇宙と生命の永遠の根源の次元。久遠元初とは、寿量品に即して表現すれば久遠五百塵点劫の当初の意で、時間的な表現で釈尊の久遠の成仏の根底を指し示している。しかし本質的には、無始無終の妙法を凡夫の信の一念に開覚し、凡夫のままで無作三身を成就する根源的な成仏の時はすべて久遠元初である。

久遠元初の自受用身｜くおんがんじょのじじゅゆうしん　▶久遠元初の自受用報身如来《くおんがんじょのじじゅゆうほうしんにょらい》

***久遠元初の自受用報身如来**｜くおんがんじょのじじゅゆうほうしんにょらい　最も根源の法を覚知し、その功徳を自ら受け自在に用いている永遠の仏。久遠元初とは、ある特定の遠い過去ではなく、永遠の根源を示す。自受用報身とは自受用身ともいい、「ほしいままに受け用いる身」のこと。覚知した法の功徳を自ら受け自在に用いる仏の身をいう。生命にそなわる本源的な、慈悲と智慧にあふれる仏である。参照 発迹顕本/竜の口の法難

久遠下種｜くおんげしゅ　久遠の昔に仏が初めて法を説いて、衆生の心という田に成仏の種子を下ろしたこと。最初の聞法下種をいう。一切衆生の成仏はこの仏種を覚知することにある。法華経如来寿量品第16では、五百塵点劫の釈尊が久遠に成道したこと(久遠

実成)、その時から衆生を教化したことを明かして、久遠下種を説いている。しかし、下種の法そのものが何かは文上には明かされていない。これに対して日蓮大聖人は、寿量品の文の底意として示された下種の法すなわち成仏の種子を取り出して、それが南無妙法蓮華経であることを説き示し、末法の人々が信じ持つべき御本尊に顕された。この南無妙法蓮華経を信受することが、末法の衆生にとって下種となる。参照 久遠実成/下種/仏種

***久遠実成** | くおんじつじょう　インドに生まれ今世で成仏したと説いてきた釈尊が、実は五百塵点劫という非常に遠い過去(久遠)に成仏していたということ。法華経如来寿量品第16で説かれる。同品には「我は実に成仏してより已来、無量無辺百千万億那由他劫なり」(法華経478ページ)、「我は仏を得て自り来 | 経たる所の諸の劫数は | 無量百千万 | 億載阿僧祇なり」(法華経489ページ)とある。さらに釈尊は、自らが久遠の昔から娑婆世界で多くの衆生を説法教化し、下種結縁してきたことを明かした。五百塵点劫の久遠における説法による下種結縁を久遠下種という。参照 久遠/下種/五百塵点劫

久遠成道 | くおんじょうどう　▶久遠実成《くおんじつじょう》

久遠大通の者 | くおんだいつうのもの　「久遠」とは釈尊が成道した五百塵点劫という久遠の過去をいい、「大通」とは三千塵点劫の過去に大通智勝仏が出現した時をさす。久遠実成の釈尊、また大通智勝仏の第16王子としての釈尊から、法華経の説法を受けながら信受することなく、それぞれ五百塵点劫・三千塵点劫という長遠な期間を経てしまった者をいう。信受できず退転してしまった理由を「開目抄」(232ページ)では、悪知識に惑わされたためであると示されている。

久遠長寿の如来 | くおんちょうじゅのにょらい　法華経本門では、釈尊が実は五百塵点劫という久遠の昔から成仏していたこと(久遠実成)が明かされ、長遠な寿命をもつ如来が示される。日蓮大聖人は「法華経の行者は久遠長寿の如来なり」(1136ページ)と仰せである。

久遠名字の妙法 | くおんみょうじのみょうほう　久遠元初の自受用身が本因の名字即の凡夫の位にあって受持・証得した根源の妙法。これを信受することによって、末法の凡夫も成仏できる。参照 六即

瞿伽梨 | くぎゃり　サンスクリットのコーカーリカの音写。倶伽利とも。提婆達多の弟子。釈尊の制止も聞かず、舎利弗・目連を悪欲があると非難した。その報いとして身に悪瘡が生じ、生きながら地獄に堕ちたという。

苦行 | くぎょう　所願の成就を求めて身心を苦しめる行のこと。断食、呼吸の制御、特殊な自虐行為などによって身体を苦しめ、願望を断って堪えがたい種々の難を受けること。釈尊と同時代の自由思想家の中には、生死の苦しみから離れる道として激しい苦行を行うものもあった。釈尊自身も、王子としての放逸で安楽な生活を捨てて出家した後、それらの苦行を行ったが、苦行によっても正しい覚りに至らないことを知り、これをやめて、静かに瞑想に入り、その中で、ついに正しい覚りに

到達したという。真実の覚り、正しい生き方は、苦楽を離れたところにあり、これを苦楽中道という。参照 中道

***弘教**｜ぐきょう　教えを広め伝えること。

究竟即｜くきょうそく　▶六即《ろくそく》

苦・空・無常・無我｜くくうむじょうむが　仏教の最も基本的な四つの法理。①一切皆苦（迷いの境涯の中ではすべてが苦しみである）②一切皆空（あらゆるものに固定的な実体はない）③諸行無常（生成したあらゆるものは永遠ではなく移り変わっていく）④諸法無我（あらゆる事物事象には固定的な実体がない）。

弘決｜ぐけつ　『止観輔行伝弘決』の略。▶『止観輔行伝弘決』《しかんぶぎょうでんぐけつ》

駈遣｜くけん　追放すること。

九識｜くしき　生命が物事を認識する働きである識を9種に分けたもの。またその第9識をいう。識は、認識によってあらわれる表象、あるいは認識の主体を意味することもある。眼識・耳識・鼻識・舌識・身識・意識・末那識・阿頼耶識・阿摩羅識の9種。

①眼識②耳識③鼻識④舌識⑤身識は、五官に基づく認識作用で、五識と総称される。

⑥意識は、五識による知覚を分別・判断する働き、あるいは夢を見たり過去や未来などを想像したりするなど五識とは直接関係のない自立的な働きのこと。

⑦末那識は、意識的であれ無意識的であれ、常に第8識の阿頼耶識を自身（我）であると執着し続ける、根底の自我意識のこと。

⑧阿頼耶識は、善悪の業を蓄積しその果報としての苦楽の生死を生み出す源泉となる識のこと。

⑨阿摩羅識は、生命の根源である清浄な識のこと。

法相宗では、煩悩に染まった迷いの心の部分とそれを離れた清浄な部分（染浄の二法）からなる第8識を立てるが、天台宗などでは、それより根源的な生命の領域として、清浄で真理（真如）と一体である阿摩羅識を第9識として立てる。心の働きの中心となる本体である心王と、心王に基づく派生的な働きである心所・心数を立て分ける場合には、倶舎宗などでは、六識を対等のものと見なし、一つの本体の現れであるとし、この六識を心王と位置づける。

法相宗では、八つの識が心王とされ八識心王といわれる。これに対して天台宗などでは第9識が生命の働きの中心であるので心王といい、仏の覚りの真実である真如と一体であるので九識心王真如という。第9識は真如を覚った仏の境涯の識であることから、天台大師智顗は『金光明経玄義』巻上で仏識と位置づけている。この第9識は、万物を貫く本性である覚りの法性が現れた覚りの境地そのものであり、法性と第9識は一体であるので、九識法性という。また第9識は、衆生の生命に本来的にそなわる覚りである本覚と一体であるので、九識本覚ともいう。参照 唯識

九識心王真如の都｜くしきしんのうしんにょのみやこ　心の働きの中心である九識は仏の覚りの真実の境地であるが、それが存

在している衆生の生命をさす。参照九識

クシナガラ | くしながら　拘尸那掲羅などと音写する。古代インドの都市。マッラ国の都。城郭都市(都城)なので、拘尸那城《くしなじょう》と呼ばれる。この北部近郊にある沙羅双樹《しゃらそうじゅ》の下で釈尊は亡くなったと伝えられる。

クシャーナ朝 | くしゃーなちょう　クシャーン朝ともいう。1~3世紀に中央アジアからインド北部を支配した王朝。クシャーン民族は、イラン系の民族で、バクトリア地方を支配していた大月氏のもとにいた五翕侯《ごきゅうこう》(ヤグブ)の一つだった。クジュラ・カドフィセスは他の四翕侯を抑えクシャーナ王朝を樹立した。中国では、もとの名称にならって大月氏と呼んでいた。続いてヴィマ・タクト、ヴィマ・カドフィセスの2王がインドに進出し、インド洋と内陸のシルク・ロード地域を結びつけ交易を盛んにした。次のカニシカ王は約20年にわたって在位し、プルシャプラ(現在のペシャワル)を都とし、ガンダーラ地方を中心に中央アジアからインド中部に及ぶ一大帝国を建設した。また他の宗教とともに、仏教を保護した。ガンダーラ地方は仏教の一大中心地となり、特に説一切有部が盛んとなった。またギリシャ・ローマ文化の影響を受けたヘレニズム文化が栄え、仏像が誕生し仏教美術が発展した。3世紀中頃、イランのサーサーン朝のシャープール1世の進出を受け、その支配下に入りクシャノ・サーサーン朝となり、5世紀末には中央アジアの遊牧民族エフタルの侵攻を受けて滅んだ。参照カニシカ王

『孔雀経音義』 | くじゃくきょうおんぎ　観静《かんじょう》の著作。不空訳の仏母大金曜孔雀明王経の注釈書。3巻。日蓮大聖人は「報恩抄」(320ページ)で空海(弘法)の弟子・真済の著作とされているが、誤伝の可能性がある。

倶舎宗 | くしゃしゅう　インドの論師・世親(ヴァスバンドゥ)の『倶舎論』に基づく学派。南都六宗の一つに数えられるが、法相宗に付随して学ばれる寓宗(他に寄寓する学派)である。

虞舜 | ぐしゅん　▶舜王《しゅんおう》

九条兼実 | くじょうかねざね　1149年~1207年。平安末期から鎌倉初期の公卿。平家滅亡後、源頼朝に協力して摂政となり、後白河院《ごしらかわいん》による院政から朝廷政治の復興を図る。やがて頼朝と疎遠になり、失脚する。日記『玉葉』は当時の史料として貴重である。

瞿師羅経 | くしらきょう　「報恩抄」(320ページ)で引用される涅槃経巻5の文に記されているが、現存の大蔵経には見当たらず、詳細は不明。

九山八海 | くせんはっかい　古代インドの世界観。須弥山を中心とし鉄囲山を外囲とした一つの世界の山海の総称。須弥山を中心として同心円状に七つの金山が取り囲み、一番外側の鉄囲山が金輪を縁取る。須弥山から第8の持辺山に至る山と山の間には功徳水をたたえた七つの海(内海)がある。持辺山と鉄囲山との間も塩水をたたえた海(鹹水海《かんすいかい》)となっており、これを外海という。この鹹水海中に四つの島(四大洲)、すなわち東方に勝身《しょうしん》(弗婆提《ほつばだい》)、西方に牛貨《ごけ》(瞿耶尼《くやに》)、南方に贍部《せんぶ》(閻浮提)、北方に

倶盧《くる》(鬱単越《うったんのつ》)がある。以上の須弥山・七金山・鉄囲山の九つの山と、七内海・外海の八つの海を合わせて九山八海という。参照 須弥山/鉄囲山/四大洲/閻浮提/金輪・水輪・風輪・空輪

供僧｜ぐそう　「くそう」とも読む。供奉僧の略。寺院などで本尊に仕えて御用を務める僧のこと。

具足・円満の義｜ぐそくえんまんのぎ　▶妙の三義《みょうのさんぎ》

具足戒｜ぐそくかい　比丘(出家した男性)、比丘尼(出家した女性)すなわち大僧の受ける戒。それゆえ大戒と呼ぶ。比丘に二百五十戒、比丘尼に五百戒(『四分律』では三百四十八戒)あるという。この戒を受ける者は20歳以上70歳以下の身心清浄で比丘としての資格を失うような過失をしていない者で、なおかつ、前に沙弥戒を受けた者とされている。比丘の二百五十戒、比丘尼の五百戒は、さらにこれを細分して、三千の威儀、八万の細行としている。二百五十戒は、『四分律』では、四波羅夷・十三僧残・二不定・三十捨堕・九十単提・四提舎尼・百衆学・七滅諍からなる。五百戒は、『四分律』では三百四十八戒で、八波羅夷・十七僧残・三十捨堕・百七十八単提・八提舎尼・百衆学・七滅諍からなる。参照 戒/二百五十戒

具足千万光相如来｜ぐそくせんまんこうそうにょらい　耶輪陀羅比丘尼《やしゅだらびくに》が法華経勧持品第13で未来に仏になるとの記別を受けた時の仏としての名(法華経415ページ)。参照 耶輪陀羅比丘尼

具足の道｜ぐそくのどう　法華経方便品第2では「具足の道」(法華経115ページ)が法華経で明かされていると説く。▶薩・沙《さ》

苦諦｜くたい　▶四諦《したい》

倶体・倶用の三身｜くたいくゆうのさんじん　仏の体も仏の用(働き)もともにそなえた三身如来。参照 三身

百済｜くだら　▶百済《ひゃくさい》

愚癡｜ぐち　❶愚かであること。因果の道理をはじめ、仏法の教えを理解できないこと。貪欲・瞋恚とともに三毒の一つとされ、最も根本的な煩悩と位置づけられる。無明と同一視される。

❷一般語として、言ってもかいのないことを言って嘆くこと。泣きごと、不平不満などを言って、ふがいなさを話すこと。愚痴とも書く。参照 三毒/無明

***弘通**｜ぐつう　「ぐずう」とも読む。教えを伝え広めること。

工藤左近尉｜くどうさこんのじょう　▶工藤殿《くどうどの》

***工藤殿**｜くどうどの　?〜1264年。安房国東条郡(千葉県鴨川市)天津《あまつ》在住の日蓮大聖人の門下。大聖人の伊豆流罪中に「四恩抄」(935ページ)を与えられた。文永元年(1264年)11月11日、大聖人が東条景信《とうじょうかげのぶ》に襲撃された小松原の法難の折、急いで駆けつけ大聖人をお守りした。その際、重傷を負い、ほどなく亡くなったという。御書では「工藤左近尉」(939ページ)と表記される。参照 小松原の法難

***功徳**｜くどく　すばらしい性質、特に人々に利益《りやく》を与えるすばらしい性質のこと。また功徳を生む因となる善行をいう場合がある。南無妙法蓮華経には無限の功徳がそなわっているが、根本であり究極の功徳は成仏、すなわち

揺るぎない幸福境涯の確立である。「御義口伝」には「悪を滅するを功と云い善を生ずるを徳と云うなり」(762ページ)とあり、功徳とは信心の実践に励むことによって、私たちの生命を覆う煩悩や苦悩などの悪を消滅させ、智慧や安楽などの善を生み出すことであると示している。また「功徳とは六根清浄の果報なり、所詮今日蓮等の類い南無妙法蓮華経と唱え奉る者は六根清浄なり」(同ページ)とあり、六根(眼・耳・鼻・舌・身・意。六つの知覚器官)、すなわち生命の全体が浄化され、本来もっている働きを十分に発揮できることを明かしている。

功徳聚｜くどくじゅ　サンスクリットのマンダラの訳。功徳の集まりという意味。参照 曼荼羅

功徳林｜くどくりん　▶法慧・功徳林・金剛幢・金剛蔵《ほうえくどくりんこんごうどうこんごうぞう》

瞿曇｜くどん　サンスクリットのガウタマの音写。ガウタマシッダールタ、すなわち釈尊のこと。▶釈尊《しゃくそん》

具縛の凡夫｜ぐばくのぼんぷ　煩悩や生死の苦しみに縛られた人間のこと。

***鳩槃荼**｜くばんだ　サンスクリットのクンバーンダの音写。人の精気を吸う鬼神。

恐怖悪世｜くふあくせ　恐るべき悪い時代のこと。法華経勧持品第13には、釈尊滅後の時代について「恐怖悪世の中に於いて」(法華経417ページ)と説かれている。日蓮大聖人はこれを末法の様相とされ、諸御抄で引かれている。

九部経｜くぶきょう　経典を叙述の形式または内容から9種に分類したもの。九分経ともいう。十二部経のうち因縁・譬喩・論議、あるいは授記・無問自説・方広の三つを除いたものなど、諸説ある。参照 十二部経

九分経｜くぶんきょう　▶九部経《くぶきょう》

熊王｜くまおう　日蓮大聖人に仕えていた童子。文永8年(1271年)9月12日の竜の口の法難の折、深夜の移送の途上、大聖人が熊王に命じて四条金吾頼基を呼びに行かせ、頼基は兄弟とともに駆けつけて、同行した。参照 竜の口の法難/童子

鳩摩羅琰｜くまらえん　4世紀ごろのインドの人。サンスクリットのクマーラヤーナの音写。鳩摩羅什の父。鳩摩羅炎とも。一国の宰相を輩出する家柄であったが、仏法が失われようとする危機にあって出家し、亀茲国(クチャ)に向かった。「乙御前御消息」(1221ページ)では、その際、昼間、鳩摩羅琰が釈迦仏の像を背負ったところ、夜にはその像が鳩摩羅琰を背負ったとの説話が紹介されている。参照 亀茲国/鳩摩羅什

鳩摩羅什｜くまらじゅう　344年~413年(一説に350年~409年)。サンスクリットのクマーラジーヴァの音写。中国・後秦の訳経僧。羅什三蔵とも呼ばれる。インド出身の貴族である父・鳩摩羅琰《くまらえん》(クマーラヤーナ)と亀茲《きじ》国(クチャ)の王族である母との間に生まれ、諸国を遍歴して仏法を学ぶ。後秦の王・姚興《ようこう》に迎えられて長安に入り、その保護の下に国師の待遇を得て、多くの訳経に従事した。訳経数は『開元釈教録』によると74部384巻にのぼり、代表的なものに妙法蓮華経・維摩経・大品般若経・『大智度論』などがあ

る。その訳文は内容が秀抜で文体が簡潔なことから、後世まで重用された。前代の訳を古訳、後代の玄奘らの訳を新訳というのに対して、羅什らの訳は旧訳《くやく》と呼ばれる。参照旧訳/新訳/妙法蓮華経/亀茲国

鳩摩羅駄｜くまらだ　サンスクリットのクマーララータの音写。付法蔵の第18。3世紀末、北インドの呾叉始羅《たっさしら》国(タクシャシラー)の人。聡明で学道に優れ、多くの人を教化し、名声が高かったという。闍夜那《じゃやな》に法を付嘱した。

九慢｜くまん　▶慢《まん》

旧訳｜くやく　漢訳仏典のうち唐の玄奘(602年～664年)以前に鳩摩羅什らによって翻訳されたもの。新訳に対する語。羅什以前の初期の漢訳は古訳と呼ばれる。羅什訳は簡明でわかりやすさを重視したことにその特徴がある。参照新訳

供養｜くよう　サンスクリットのプージャーの訳語。もともとの意味は、尊敬の気持ちで種々の行いをすること。神々や先祖の霊、また尊敬すべき人や対象に対して、食物や灯明や香や花などを供え捧げて、崇め敬う心を表すこと。

初期の仏教教団では、在家が飲食・衣服・臥具(房舎)・湯薬の四つを供養すること(四事供養)で教団を支えることが促された。仏の遺骨を納め祭る仏塔でも種々の供物が捧げられ、舞踊や音楽演奏などが行われた。また仏像が作られるようになってからは、仏像への供養も行われるようになった。

法華経法師品第10では、法華経を受持・読・誦・解説・書写する修行とともに、法華経に対して華・香・瓔珞・抹香・塗香・焼香・繒蓋《ぞうがい》・幢旛《どうばん》・衣服・伎楽の10種を供養すること(十種供養)が説かれている。

また故人の冥福を祈るために、種々の仏事を行う追善供養や、そのために卒塔婆を立てて供養する塔婆供養、仏像の開眼のための仏事を行う開眼供養など、さまざまな仏事が供養と呼ばれる。日本では古来からのアニミズムの影響で長年使用した針や箸などへ感謝し鎮魂を願う供養も行われている。

供養には種々の分類がある。

①二種供養。財供養と法供養をいう。財供養とは飲食や香華などの財物を供養すること。法供養とは仏を敬いほめたたえ礼拝すること。

②二種供養を色供養と心供養に分けることもある。色供養とは飲食・衣服・湯薬・住居などを奉ること。心供養とは心のうえの供養をいい、心の誠を傾けて仏道を行ずること。蘇悉地経などには、真心込めて修行する心供養は、財物の供養よりもはるかに優れると説かれている。

③三種供養。『十地経論』には、衣服臥具などを捧げる利養の供養、香花幡蓋などを捧げる恭敬の供養、修行信戒行を実践する行の供養の3種を立てる。

④三業供養。『法華文句』には、身業供養(礼拝)、口業供養(称賛)、意業供養(相好を想念すること)をあげる。

⑤事供養と理供養。『摩訶止観』で

は、物を惜しみむさぼる行いを破すために財物や時には身体・命までをも施す行為を事供養とし、慳貪の心そのものを破すために法を説いて施すことを理供養とする。

日蓮大聖人は、事供養として身体・命を捨てるのは過去の聖人が行うものであり、末法の凡夫は理供養を行うとされる。そしてこの理供養では、信心の志をもって一つしかない食物を惜しまず捧げるなどの行為が、命を捧げることに匹敵し大きな功徳・善根となると教えられている(1596~1597ﾍﾟｰｼﾞ)。

求羅｜ぐら　迦羅求羅《からぐら》の略。仏典に出てくる想像上の生き物。迦羅はサンスクリットのカラの音写と考えられ、黒虫と漢訳される。語源に諸説あり、中央アジアの砂漠地帯で風によって大きくなり、日光をさえぎり暗黒をもたらす砂嵐をつかさどる生き物をいう説がある。また古代中国では、虫は生き物を意味し、風や雨など気象をつかさどるものと考えられ、トカゲなどの爬虫類や竜などの類いとする説などがある。『大智度論』巻7には「(求羅の)身は微細だけれども、風を得れば、たちまち大きくなり、すべてを飲み込む」(趣意)とある。

倶隣｜くりん　▶阿若憍陳如《あにゃきょうじんにょ》

倶隣らの五人｜くりんらのごにん　釈尊が成道後に鹿野苑で初めて行った説法を聞いて弟子となった5人の比丘(出家修行者)のこと。仏教教団(僧伽)としての最初の構成員となった。5人の名は経論によって異なるが、『法華文句』巻1上によると、倶隣(拘隣、阿若憍陳如《あにゃきょうじんにょ》)・頞鞞《あんぴ》・跋提《ばっだい》・十力迦葉《じゅうりきかしょう》・拘利《くり》をいう。

物留外道｜くるげどう　古代インドの六派哲学の一つ勝論(ヴァイシェーシカ)学派のこと。中国・唐の智周の『成唯識論演秘』などでは、数論(サーンキヤ)外道(六派哲学の一つ)が石に変じたが、陳那(ディグナーガ)の説を石に書いたところ砕けてしまったという。しかし、同じく唐の神清《しんしょう》の『北山録』に慧宝《えほう》がつけた注では、勝論外道が変じた石が陳那の批判によって砕けたとしている。日蓮大聖人は「報恩抄」(311ﾍﾟｰｼﾞ)で、後者の説を採用されたと思われる。

桑ケ谷問答｜くわがやつもんどう　建治3年(1277年)に鎌倉の桑ケ谷で行われた、日蓮大聖人の弟子・三位房と、良観(忍性)の庇護を受けていた竜象房との問答。竜象房は、三位房に徹底的に破折された。四条金吾は同席しただけで一言も発していなかった。しかし、四条金吾が徒党を組み、武器をもって法座に乱入したとの讒言が四条金吾の主君・江間氏の耳に入り、これがきっかけで主君の怒りを買って厳しい処分にさらされることとなった。参照 竜象房/三位房

郡・郷｜ぐんごう　律令制度における地方の行政区画の単位。国の下に郡、その下に郷が置かれた。日蓮大聖人の時代には荘園制の普及により行政区画としての機能を失っていたが、地域区分の名称として存続していた。

捃拾遺嘱｜くんじゅういぞく　法華経で総付嘱・別付嘱が終わった後、さらに、残りの衆生のために釈尊が付嘱したことをいう。「捃拾」とは拾いあげること、落

ち穂拾いという意。天台宗の教判では涅槃経をさす。参照 涅槃経

群賊 | ぐんぞく　盗賊の集団、暴漢の集団のこと。善導の『観無量寿経疏』の文。念仏の修行者が外邪異見の難にあうことを防ぐため、群賊が呼びかけてもあとを振り返ることなく西方に直進すれば、たちまち西岸に至り、長く諸難を離れるとしている。特に法然(源空)は、浄土三部経によらない仏弟子すべてを「群賊」と呼んでいる。

け

偈 | げ　サンスクリットのガーターの音写の省略形。偈他《げた》、伽陀《かだ》とも書き、頌《じゅ》、諷誦《ふじゅ》と訳す。経典の中で詩句の形式を用いて、仏の徳を賛嘆したり、法理を説いたもの。

サンスクリットの文献では、音節の数や長短の組み合わせなど、構成によって多くの種類があるが、16音節(8音節を1句として、2句)2行からなるシュローカ(首盧迦)などの形が多い。

漢訳では1句の字数を4字または5字とし、4句を一偈としているものが多いが、中には2句や6句などを一偈としているものもある。これは、長行(散文)で説いたものを重ねて韻文で衆生の心に焼き付けるように説いたり、法華経提婆達多品第12で竜女が海中から出現して仏前で仏を賛嘆するなど、感情を強く表現する場合に用いられる。これを別偈という。後に転じて韻文と散文とを問わず、8字1句を4句続けた32字をもって一偈といい、これを通偈《つうげ》という。

また偈の説かれ方によって、重頌偈《じゅうじゅげ》と孤起偈《こきげ》の二つに区別される。重頌偈とは、長行(散文)で説いたものを重ねて偈頌をもって説くものをいい、サンスクリットではゲーヤといい、祇夜と音写する。これに対し孤起偈は、前に長行の教説がなく、単独に説き起こされた偈をさし、サンスクリットではガーターといい、伽陀と音写する。

「一品一偈」という場合の偈は、一品中の重頌偈または孤起偈を、長短

にかかわらず一偈という。「一句一偈」という場合の偈とは、一四句偈のことをさし、涅槃経の「諸行無常・是生滅法・生滅滅已・寂滅為楽」の文などはその例である。[参照]十二部経

恵果 | けいか　746年〜805年。中国・唐の密教僧。不空の弟子。大日経系と金剛頂経系の密教を一体化した「両部」の教義をつくり、唐に留学した空海(弘法)にこの両部の法を伝えた。

荊渓 | けいけい　妙楽大師の通称。▶妙楽大師《みょうらくだいし》

涇水 | けいすい　▶渭水《いすい》

鶏足山 | けいそくせん　古代インドのマガダ国の山。サンスクリットのクックタパダギリの訳。現在のガヤーとビハールとの中間にあり、クルキハールの地にあたる。[参照]迦葉

髻中明珠の譬え | けいちゅうみょうしゅのたとえ　[参照]付録「法華経の構成」

華界 | けかい　蓮華の世界、蓮華の宮殿の意。仏の世界のこと。

けかち | けかち　飢えと渇きのこと。飲食物の不足・欠乏。飢饉。

化儀 | けぎ　衆生を教え導くための行い。化法(教え導くために説く教え)に対する語。天台宗では、仏が衆生を教え導く形式・方法を頓・漸・秘密・不定の4種に分類し、化儀の四教とする。[参照]四教

化儀の四教 | けぎのしきょう　天台大師智顗が釈尊一代の教えを説き方によって四つに分類した教判。①頓教(覚りの真実を直ちに説く)②漸教(順を追って高度な教えに導いていく)③秘密教(仏は同一の説法を行うが、それを聞く衆生は互いにその存在を知らず、説法の理解に相違がある)④不定教(衆生は同一の場所で同一の内容の教えを聞き、互いにその存在を認識するが、教えの理解に相違がある)の四つ。[参照]天台大師/教相判釈

化儀の折伏 | けぎのしゃくぶく　現実社会のなかで正法を護持し流布して、その功力を現していくこと。法体の折伏に対する語。法体の折伏とは、日蓮大聖人が諸経に説かれる方便の法門を打ち破り、法華経に説かれる真実の法そのものを直ちに説き示したこと。これに対して化儀の折伏は、人々の誤った信仰を打ち破り、大聖人が説き示された法華経の肝心である南無妙法蓮華経を実際に人々に教え広めていくこと。[参照]化儀の折伏・法体の折伏

化儀の折伏・法体の折伏 | けぎのしゃくぶくほったいのしゃくぶく　「観心本尊抄」で地涌の菩薩が末法に出現する具体的なありさまについて述べられた「此の四菩薩折伏を現ずる時は賢王と成って愚王を誡責し摂受を行ずる時は僧と成って正法を弘持す」(254㌻)との文を日寛上人が解釈し、折伏には二つの意味があるとしたこと(文段集546㌻)。

①「折伏を現ずる時は賢王と成って愚王を誡責し」が「化儀の折伏」にあたる。この場合の「化儀」とは、法を広めるための現実的実践のことである。現実社会の中で仏法を広め、その力を社会・文化などの面で具体的に顕現し、民衆を救済する実践を行っていくのが「化儀の折伏」にあたる。愚王を誡責する化儀の折伏を行ずるのが、「賢王」すなわち在家である。現代にあって困難と戦いながら妙法を広める

創価学会員の活動は、地涌の菩薩の折伏の行動にほかならない。

②「摂受を行ずる時は僧と成って正法を弘持す」が「法体の折伏」にあたる。「法体の折伏」とは、正法を説き現し法の正邪を明らかにしていくことをいう。日寛上人は、諸宗の邪義・邪法を破折して三大秘法の法体を建立された日蓮大聖人の実践が、この法体の折伏にあたるとしている。つまり、ここで用いられている摂受と折伏は、あくまで「折伏の上の摂受（＝法体の折伏）」と「折伏の上の折伏（＝化儀の折伏）」という意味となるのであって、いずれにしても、末法における弘教の方軌は「折伏」となる。参照 折伏

華光如来｜けこうにょらい　釈尊の声聞の十大弟子の一人である舎利弗が、法華経譬喩品第3で未来に仏になるとの記別を受けた時の仏としての名。舎利弗は無量無辺不可思議劫の後、菩薩道を修行して、華光如来となって離垢《りく》という国土に住するとの記別を受け、如来となって後、三乗法を説き、12小劫の後、堅満菩薩《けんまんぼさつ》に対して次に成仏して華足如来《けそくにょらい》となるとの記別を授け、寿命を終え、その後、正法32小劫・像法32小劫の間、説いた教えが衆生を教え導き救うと説かれている（法華経155ページ以下）。参照 舎利弗

下根｜げこん　▶上根・下根《じょうこんげこん》

華厳海空｜けごんかいくう　無量義経説法品第2にある（法華経32,33ページ）。華厳経の法門のこと。「海空」は無量義経の異本では「海雲」とあり、華厳経の広大さを表す譬えと考えられる。

華厳経｜けごんぎょう　大方広仏華厳経《だいほうこうぶつけごんぎょう》の略。漢訳には、中国・東晋の仏駄跋陀羅《ぶっだばっだら》訳の六十華厳（旧訳）、唐の実叉難陀《じっしゃなんだ》訳の八十華厳（新訳）、唐の般若訳の四十華厳の3種がある。無量の功徳を完成した毘盧遮那仏の荘厳な覚りの世界を示そうとした経典であるが、仏の世界は直接に説くことができないので、菩薩のときの無量の修行（菩薩の五十二位）を説き、間接的に表現している。

華厳時｜けごんじ　▶五時《ごじ》

華厳宗｜けごんしゅう　華厳経に基づく学派。中国・唐の初めに杜順《とじゅん》が一宗を開いたとされ、弟子の智儼《ちごん》が継承し、法蔵が大成した。日本では740年、審祥《しんじょう》が初めて華厳経を講じ、日本華厳宗を開いたとされる。第2祖の良弁《ろうべん》は聖武天皇の帰依を得て、東大寺を建立し別当になった。華厳の思想は時代や地域によって変容してきたが、鎌倉時代に華厳教学を体系化した凝然《ぎょうねん》（1240年～1321年）によれば、五教十宗の教判によって華厳宗の教えを最高位の円教とし、その特徴を事事無礙法界《じじむげほっかい》（あらゆる事物・事象が互いに妨げることなく交流しあっているという世界観）とした。

袈裟｜けさ　サンスクリットのカシャーヤの音写で、くすんだ赤褐色が原義。ボロ布やくすんだ色に染めた布を継ぎ合わせて作った衣のこと。

芥子｜けし　カラシナの種。極めて微細なものの例えに用いられる。

【キサーゴータミーの逸話】女性の仏弟子であるキサーゴータミーは、最愛のわが子を失い悲嘆に暮れていた。釈尊は彼女に、その子を救う薬として

芥子を探すように語った。ただし、「まだ死人を出したことのない家からもらうように」と言い渡した。母は一軒一軒、訪ねて回ったが、「死人を出したことのない家」などなく、どの家も家族を亡くした悲しみを抱えていることに気づく。

華色比丘尼 | けしきびくに　釈尊の弟子である比丘尼。蓮華比丘尼と同一人物とされる。『大智度論』などによると、華色比丘尼は、提婆達多が岩を落として釈尊を傷つけて血を出させた時にこれを非難したことから、提婆達多に殴り殺されたという。

下種 | げしゅ　「種を下ろす」と読み下す。仏が衆生を成仏に導くさまを植物の種まき・育成・収穫に譬えた、種熟脱の三益のうち最初の種。成仏の根本法である仏種を説いて、人々に信じさせること。仏が衆生に仏種を下ろすという利益を「下種益」という。釈尊が生涯にわたって説き残した膨大な諸経典には、仏種が明かされていない。唯一、法華経本門の如来寿量品第16で「我本行菩薩道(私は久遠の昔から菩薩道を実践してきた)」(法華経482ページ)と述べて、釈尊自身が凡夫であった時に菩薩道を実践したことが、自身の成仏の根本原因であったと示しているだけである。日蓮大聖人は、寿量品の文の底意として示された仏種を覚知し拾い出して、それが南無妙法蓮華経であると説き広めて末法の人々に下種する道を開かれた。それ故、大聖人は下種の教主であり、末法の御本仏として尊崇される。参照 我本行菩薩道/仏種

下種の本尊 | げしゅのほんぞん　日蓮大聖人が顕された御本尊は下種益を実現するので下種の本尊である。参照 下種

下種益 | げしゅやく　▶下種《げしゅ》

化城宝処の譬え | けじょうほうしょのたとえ　法華経化城喩品第7に説かれる譬え(法華経309ページ以下)。大勢の人々が500由旬という遠い道のりをへて、宝物のある所(宝処)へ行こうとした。その道中は険しい悪路であり、人々は疲れきり引き返そうとした。その中に聡明で智慧のある指導者がいて、彼は人々をあわれに思い、300由旬を過ぎたところに神通力によって一つの都市(化城)を作り出した。これを見て歓喜した人々は、その中で休息し、これが自分たちが目指す宝処であると思い込んだ。この様子を見て指導者は化城を消滅させ、宝処はもうすぐであり、この大きな都市は人々を休息させるために仮に作ったものに過ぎないと言って激励し、再び宝処を目指して出発させたという。この譬えにおいて、指導者とは仏、化城とは爾前経による涅槃、宝処とは法華経による真実の涅槃(成仏)を表す。

***化城喩品** | けじょうゆほん　妙法蓮華経の第7章(法華経273ページ)。正法華経の往古品第7に相当する。声聞に対して3度にわたって説いた教え(三周の説法)のうち、第3である因縁周の正説と位置づけられる。ここでは、法説・譬説の二周の説法ではまだ法華経の教えを理解していない下根の声聞のために、長遠な過去からの釈尊との因縁を説いている。

すなわち、この品の前半では、三千塵点劫という長遠な過去における大通

あ
け
さ
た
な
は
ま
や
ら
わ

智勝仏の出世成道、法華経の説法、入定を説き、次に十六王子が法華経を再説(覆講)して人々を教え導いたが、その第16王子が後の釈尊であり、この時に教え導かれた衆生が今の声聞たちであると説かれている。これによって、釈尊と在世の声聞との深い因縁が示され、一貫して釈尊から種熟脱の三益が施されることが明かされる。後段では、この仏の化導のあり方を、化城宝処の譬えを用いて再説し、法華経以前に説いた二乗の涅槃は化城(仮につくられた都市)のようなもので真実の涅槃ではないとし、一仏乗を信じ実践すべきことが説かれている。

化身｜けしん　特定の衆生を救うために彼らに応じた姿を現した仏・菩薩。

解深密経｜げじんみっきょう　深密経と略す。中国・唐の玄奘訳。5巻。唯識説(あらゆる事物・事象は心に立ち現れているもので固定的な実体はないという思想)を体系的に説き明かし、法相宗では根本経典とされた。

***灰身滅智**｜けしんめっち　身を焼いて灰にし、心の智慧を滅失すること。小乗の教えでは、煩悩を断じ尽くして心身を無に帰することによって、二乗の最高の果位で理想の境地である無余涅槃に入るとされたが、大乗は、それでは心身ともに滅失してしまい、成仏が得られないと批判した。

華蔵世界｜けぞうせかい　▶蓮華蔵世界《れんげぞうせかい》

***化他**｜けた　他の人を教化すること。自ら実践する自行に対する語。仏道修行の両輪の一つ。利他ともいう。参照自行

仮諦｜けたい　▶三諦《さんたい》

解脱｜げだつ　サンスクリットのモークシャなどの訳で、束縛からの解放を意味する。輪廻の苦悩から解放されること。参照涅槃

解脱月菩薩｜げだつがつぼさつ　華厳経の会座に来集した菩薩の一人。金剛蔵菩薩が菩薩の修行の階位である十地の名を説いた後、詳説しなかったので、解脱月菩薩は聴衆を代表して金剛蔵菩薩にその義を説法することを請うたとされる。その要請によって十地品が説かれている。

解脱堅固｜げだつけんご　▶五五百歳《ごごひゃくさい》

結縁｜けちえん　「けつえん」とも読む。仏法に縁を結ぶこと。未来に得道するための縁をつくること。

結縁灌頂｜けちえんかんじょう　密教における頭から水を灌ぐ儀式を灌頂というが、結縁灌頂はその最も初歩的なもので、仏縁を結ぶために一般在家信者に対して行うもの。参照灌頂

桀｜けつ　古代中国・夏の最後の王。殷の紂王とともに古代中国の代表的な悪王とされる。殷の湯王《とうおう》によって滅ぼされた。

***結経**｜けっきょう　一つの経(本経)が説かれる場合に、本経を説いた後に結論としてその要旨をまとめたり、広め方などを説いたりする経。序説となる経である開経に対する語。妙法蓮華経に対する結経は観普賢菩薩行法経《かんふげんぼさつぎょうぼうぎょう》であり、開経は無量義経とされる。華厳経に対しては梵網経、般若経に対しては仁王経が結経とされる。開経と結経を合わせて開結という。参照開経/観普賢菩薩行法経

月氏国｜げっしこく　▶クシャーナ朝《くしゃーなちょう》

決定性の二乗｜けつじょうしょうのにじょう　法相宗では、衆生が本来そなえている仏法を理解し信じる資質を5種類に分ける五性を説いた。そのうちの三つは、声聞・縁覚・菩薩の境地を得ることが定まっているので決定性と呼ばれた。すなわち決定性の二乗とは、二乗になることが決まっている者のこと。参照五性各別

決定無有疑｜けつじょうむうぎ　法華経如来神力品第21の末尾にある結論の文。「(是の人は仏道に於いて)決定して疑い有ること無けん」(法華経576㌻)と読み下す。釈尊滅後に法華経の功徳を聞いてこの経を受持すれば、その人が仏道を成就することは疑いないということ。

結要付嘱｜けっちょうふぞく　肝要をまとめて付嘱する意。法華経如来神力品第21では、釈尊が法華経の肝要を四句の要法(如来の一切の所有の法、如来の一切の自在の神力、如来の一切の秘要の蔵、如来の一切の甚深の事)にまとめて述べ、その肝要の法を滅後に弘通するよう、上行菩薩をリーダーとする地涌の菩薩に付嘱した(法華経572㌻)。これを結要付嘱といい、特別な一部の弟子に伝えるので別付嘱ともいう。対して嘱累品第22では、釈尊がすべての菩薩に付嘱する。これを総付嘱という。

下天｜げてん　▶八相《はっそう》

外典｜げてん　儒教などの中国の諸思想を書いた書物。またその思想。「開目抄」(186㌻以下)では、儒教を代表として道教なども含む中国思想全般をさす言葉として用いられている。参照儒

外典三千余巻｜げてんさんぜんよかん　中国の聖典3000巻余りのこと。『漢書』の芸文志では、その時代に伝わっていた書籍の数を「三千一百二十三篇」としている。また、『太平記』巻26では、秦の始皇帝の時代に焚書された書籍を「三千七百六十余巻」としている。

外典抄｜げてんしょう　仏教以外の諸思想・諸宗教の教えを抜き出し収録した書。御書中の「外典抄」に関しては、『弘決外典抄』あるいは外典の抄録をさすなど、諸説がある。

外道｜げどう　❶仏教以外のインドの諸思想。これには、古代からの伝統宗教であるいわゆるバラモン教の思想や、釈尊と同時代に興隆していたジャイナ教などの新興の諸思想を含む。

❷仏教以外の教えや信徒のこと。後に仏教内の異端に対する貶称として用いられた。参照六師外道

化導の始終｜けどうのしじゅう　仏が衆生を成仏へと教え導く過程の始まりと終わりのこと。

けなげ｜けなげ　勇壮、勇敢さ。

華報｜けほう　▶実果・華報《じっかけほう》

化法の四教｜けほうのしきょう　釈尊の一代の教えをその内容によって4種(蔵教・通教・別教・円教)に分類した天台宗の教判。

①三蔵教。略して蔵教ともいう。経律論の三蔵をそなえ、三界の内(界内)の生死・因果のみを明かし、諸法を構成要素に分析して空とする析空観《しゃっくうかん》を観法とし、諸法の空をみて不空を知らない但空の理を説く。主として声聞・縁覚を対象とし、付随して菩薩

を対象とするが、その究極は声聞の覚りにすぎないので、声聞教という。小乗教と位置づけられる。

②通教。大乗の初門となる教えで、前の三蔵教と後の別教・円教とに通ずるので通教という。また、三乗に通じる教えなので通教という。界内の理を明かし、諸法の体に即してそのまま空とする体空観を用い、空の中に自ら不空が存在するという不但空《ふたんくう》の理を説く。声聞・縁覚・菩薩がともに学ぶが、菩薩を主たる対象とする。

③別教。前の蔵・通二教とも後の円教とも別なので別教という。界外の事である菩薩の歴劫修行の様相を明かし、空仮中の三諦のそれぞれが但空・但仮・但中であるという隔歴《きゃくりゃく》の三諦を説く。二乗を除いて特別に菩薩のために説かれる。

④円教。三諦・十界・十如・三千の諸法が円融円満に説かれるので円教という。界外の理を明かし、万法の円融相即を説き、一即一切、一切即一であり、三諦についていえば三諦それぞれが不但で即空・即仮・即中という円融の三諦を説く。一行即一切行、一位即一切位と説き、初心の行位に万行・万位の功徳を包摂するので、一切衆生を対象として救済する利益を有する。

妙楽大師湛然は『止観輔行伝弘決』で、以上の四教のうち、蔵・通・別の三教には仏果の名はあるが、実際には仏果に至る人はいない(有教無人)と説く。また四教を五時に配すると、『法華玄義』では、第1の華厳時は円教に別教を兼ねて説くので兼、第2の阿含時はただ三蔵教のみを説くので但、第3の方等時は蔵通別円の四教を対比させて説くので対、第4の般若時は円教と通教・別教を帯びて説くので帯《たい》とする。妙楽大師は『法華玄義釈籤』で、さらに第5の法華経を純円と規定した。さらに妙楽大師は、爾前の円が兼・対・帯であるのに対して法華の円は独妙であるとし、法華経を八教(化法の四教と化儀の四教)を超えて優れた超八醍醐の教えと位置づけた。参照 五時八教/天台大師/化儀の四教/教相判釈

外凡・内凡 | げぼんな いぼん　仏道修行の初期段階で、凡夫のうち、一分の理を覚った者を内凡、まだ覚っていない者を外凡という。

外用 | げゆう　外に現れた働き。人々を教え導くために方便として示す姿や働きの側面。内証に対する語。参照 内証

戯論 | けろん　言葉の上だけの空論を意味する。特に空海(弘法)は『十住心論』『弁顕密二教論』で、真言の教えに対し他宗の教えを「戯論」と下しており、そのことを日蓮大聖人は「撰時抄」(277,278ページ)、「報恩抄」(305,321ページ)などで、法華経を誹謗するものとして追及されている。

賢愛論師 | けんあい ろんじ　賢愛はサンスクリットのバドラルチの訳。大慢婆羅門を破折した西インドの論師。参照 大慢婆羅門

『顕戒論』 | けんかい ろん　伝教大師最澄の著作。3巻。弘仁10年(819年)、伝教大師は大乗戒壇建立を請う上表文を朝廷に提出したが、南都六宗の僧らが反論したので、これを破折するため

に本書が著された。

験偽の鏡｜けんぎのかがみ　秦の始皇帝がうそをあばくために使ったという鏡。『西京雑記』によると、人間の内臓を透視することができ、病気や邪心の有無が判別できたという。

顕教｜けんきょう　真言宗が密教以外の仏教の教えを指すのに用いた語。明らかに説かれた教えを意味する。もとは空海（弘法）が自身の教判として用い、衆生を導くために応身・化身（ここではそれぞれ報身・応身にあたる）としての姿を現した如来が衆生の機根に従って明らかに説いた仮の教えを顕教と呼び、法身の如来が真理をひそかにそのまま示した教えを密教としたことに由来する。後に日本仏教で一般的に用いられ、顕密と併称して日本仏教全般を意味する。円仁（慈覚）以降の天台密教は、顕教と密教が教理の上で究極的には一致すると説くが、別しては印と真言といった事相を説く密教の方が顕教より優れているとする。参照密教

検校｜けんぎょう　寺の事務を監督する僧の役職。高野山金剛峯寺《こんごうぶじ》などの貫主の名称。

賢玉｜けんぎょく　生没年不詳。平安初期、法相宗の奈良・元興寺の僧。

源空｜げんくう　▶法然《ほうねん》

遣化四衆・比丘比丘尼優婆塞優婆夷｜けんげししゅびくびくにうばそくうばい　法華経法師品第10に基づく文。同品には「我は化の四衆｜比丘比丘尼｜及び清信士女を遣わして｜法師を供養せしめ」（法華経370ページ）とある。「化」とは化作のことで、仏が神通力で作り出すこと。比丘・比丘尼は出家の男女。清信士女《しょうしんじにょ》は、清信士と清信女のことで、優婆塞《うばそく》（在家の男性）と優婆夷《うばい》（在家の女性）の漢訳。仏は法華経の法師を守るために、これら4種の人を派遣すると説かれている。

建元｜けんげん　中国の年号。「建元」以前は1,2年で在位が終わってしまっていたので、改めて前漢の武帝が即位した翌年の建元元年（紀元前140年）をもって、年号の初めとしたという。

減劫｜げんこう　人間の寿命が減っていくとされる時。劫とは、計り難い長遠な時間の単位。仏教で説く成・住・壊・空の四劫のうち住劫においては、人間の寿命が減じていく時期（減劫）と増していく時期（増劫）が繰り返されると説かれる。参照四劫

賢劫｜げんごう　現在の一大劫（成・住・壊・空の四劫）のこと。荘厳劫（過去の大劫）、星宿劫（未来の大劫）に対する語。善劫ともいう。千仏などの多くの賢聖が出現する時であるところからこのようにいう。参照四劫

現在の四信｜げんざいのししん　法華経分別功徳品第17の文に基づいて天台大師智顗が『法華文句』巻10で説いた「現在の四信」のこと（法華経501～507ページ）。釈尊の存命中に寿量品の内容を聞いた人が得る功徳を4段階に分けて示したもの。

①一念信解《いちねんしんげ》（一瞬の間でも信じることで、莫大な功徳を得て不退転の境地を得ること）②略解言趣《りゃくげごんしゅ》（寿量品の内容を理解することで、仏の最高の智慧を起こすこと）③広為他説《こういたせつ》（他の人に法華経を広めることで、す

べてのものを知る仏の智慧を得ること）④深信観成《じんしんかんじょう》（心の底から信じることで、仏が常住であることを目の当たりに見ること）の四つ。参照 滅後の五品

見参｜けんざん　「げんざん」とも読む。対面、出会いの謙称。お目にかかること。

見思｜けんじ　▶見思惑《けんじわく》

還著於本人｜げんじゃくおほんにん　法華経観世音菩薩普門品第25の文。「還《かえ》って本人に著《つ》きなん」（法華経635ページ）と読み下す。法華経の行者に呪いや毒薬で危害を加えようとする者は、かえって自らの身に、その害を受けることになるとの意。日蓮大聖人は承久の乱の時に上皇方が真言の祈禱を用いて敗れたことを還著於本人の道理によるものだとされている。またこの例に倣い、蒙古の襲来に際し、朝廷と幕府が真言師を用いて調伏の祈禱を行っていることに対しても、還著於本人として亡国の結果を招くことになると警告されている（283,321ページなど）。参照 承久の乱

賢首菩薩｜げんじゅぼさつ　華厳経の説法の場に来集した菩薩の一人。文殊師利菩薩の問いに答えて、信の功徳を説き、10種の三昧門を明かしている。

賢聖｜けんしょう　賢人と聖人。

***現証**｜げんしょう　教えの正しさを保証する三証（文証・理証・現証）の一つ。現実の証拠。その宗教の教義に基づいて信仰を実践した結果が、生命や生活、そして社会にどのように現れたかということ。参照 三証

元政｜げんじょう　生没年不詳。中国・唐の密教僧。恵果《けいか》の孫弟子にあたる。真言密教を一大円教とする主張を立てたとされる。長安（現在の西安）の大興善寺翻経院に住み、円仁（慈覚）が唐に渡った際、唐の開成5年（840年）10月に密教の金剛界法を彼に伝えた。参照 恵果/円仁

賢聖｜げんじょう　❶サンスクリットのアーリヤの訳。尊い人、優れた人。聖人の意。

❷仏教では修行の段階（位）を賢と聖に区別する。声聞の位としては、いまだ覚りを得ず凡夫の位にある者を賢、煩悩を断じて何らかの覚りを得ている者を聖という。『倶舎論』では、見道（見惑を断ずる位）以前の三賢（外凡）と四善根（内凡）の段階を七賢とし、見道以上の段階を七聖とする。また大乗では、菩薩の修行段階である五十二位のうち、十住・十行・十回向を賢、十地以上を聖としている。

玄奘｜げんじょう　602年～664年（生年には600年説など諸説がある）。中国・唐の初期の僧。唯識思想を究めようとインドへ経典を求めて旅し、多くの経典を伝えるとともに翻訳を一新した。彼以後の漢訳仏典を新訳といい、それ以前の旧訳《くやく》と区別される。主著に旅行記『大唐西域記』がある。弟子の基（慈恩）が立てた法相宗で祖とされる。後世、経・律・論の三つ（三蔵）に通暁している訳経僧としてたたえられ、「玄奘三蔵」「三蔵法師《さんぞうほうし》」と通称されるようになった。

元正天皇｜げんしょうてんのう　680年～748年。第44代天皇。元明天皇《げんめいてんのう》の皇女。在位中の720年、日本最初の勅撰

の歴史書である『日本書紀』が完成した。

見濁｜けんじょく ▶五濁《ごじょく》

見思惑｜けんじわく ▶三惑《さんわく》

顕真｜けんしん 1131年～1192年。平安末期の僧。第61代天台座主。浄土教に深い関心をもち、後に浄土宗では法然(源空)の弟子になったと喧伝された。

賢人｜けんじん 智慧ある聡明な人。日蓮大聖人は、先人の正しい教えに基づいて行動し人々を教え導く人、他の人が気づいていないことに気づいて、無理解や非難や迫害を恐れず、正しいことを述べ、警告を発し、救おうとする人を賢人とみなされている。中国の季札《きさつ》・弘演《こうえん》・比干《ひかん》・竜逢《りょうほう》・孔子・周公旦《しゅうこうたん》、日本の菅原道真《すがわらのみちざね》らが賢人とされている。仏教の中では、仏法の覚りを分々に得ている聖人に対して、聖人に近づいているもののまだ凡夫である人をいうことがある。三賢、七賢などの位が立てられる。参照 賢聖

源信｜げんしん 942年～1017年。平安中期の天台宗の僧。比叡山の恵心院に住み、権少僧都《ごんのしょうそうず》という位を与えられたため、恵心僧都《えしんそうず》と通称される。『往生要集』を著し、浄土教を広めた。台密の二大流派の一つ、恵心流の祖とされる。参照『往生要集』

現世安穏・後生善処｜げんぜあんのんごしょうぜんしょ 法華経薬草喩品第5の文。「現世安隠にして、後に善処に生じ」(法華経244㌻)と読み下す。如来の説いた法の力を明かしたもので、法を信受する衆生は、現世では安穏な境涯となり、後世には恵まれたところに生まれるということ。

阮籍｜げんせき 210年～263年。中国・魏晋南北朝時代の魏の思想家。竹林の七賢の一人。

玄宗｜げんそう 685年～762年。中国・唐の第6代皇帝。治世の前半は「開元の治」と呼ばれる善政を行ったが、晩年は楊貴妃《ようきひ》を寵愛し政治を怠ったことから安史の乱(755年～763年)を招き、これが王朝衰退のきっかけとなった。善無畏が716年に唐に渡って伝えた密教を保護した。善無畏に加え、金剛智・不空を重用し、不空からは灌頂を受けている。参照 唐

眷属｜けんぞく ❶一族、親族のこと。

❷従者、家来など。

❸サンスクリットのパリヴァーラの訳。仏や菩薩などに弟子などとして付き従い支える者。

還俗｜げんぞく 出家した者が世俗に帰って在家となること。

建長寺｜けんちょうじ 神奈川県鎌倉市山ノ内にある寺院。臨済宗建長寺派の本山で、山号は巨福山。開山は宋僧・蘭渓道隆。建長元年(1249年)に北条時頼により建立が開始され、建長5年(1253年)に落成した。禅宗建築が初めて完備され、仏殿に丈六の地蔵尊を祭って将軍家の祈禱所と定められた。道隆の死後、宋僧・無学祖元《むがくそげん》もまた来朝してここに住み、禅風を高めた。参照 道隆

建長寺道隆｜けんちょうじどうりゅう ▶道隆《どうりゅう》

現当二世｜げんとうにせ 「現」は現在世、

「当」は当来世（未来世）のこと。過去世に対する語。

慳貪｜けんどん　物を惜しんで人に与えず、貪り求めて満足を知らないさま。慳貪には、財物を惜しむ財慳と、正しい教えを説くことを惜しむ法慳がある。慳貪は、死後に餓鬼界に生まれる因となる悪業とされる。

幻日王｜げんにちおう　▶大族王《だいぞくおう》

源仁｜げんにん　818年～887年。平安初期の僧。護命から法相を学んだのち実慧・宗叡《しゅうえい》から密教を学び、空海（弘法）の弟子・真雅から法門を受け継いだ。真言宗は、源仁の弟子の益信《やくしん》と聖宝《しょうぼう》により、それぞれ広沢流と小野流として分派した。

建仁寺｜けんにんじ　京都市東山区小松町にある寺院。臨済宗建仁寺派の本山で、山号は東山。開山は栄西。建仁2年（1202年）に将軍・源頼家《みなもとのよりいえ》が寺地を寄進し、元久2年（1205年）に落成。起工の年号を寺名とした。寺内に真言・止観の二院を構え、禅・天台・真言の兼修の寺とした。文永2年（1265年）に宋僧・道隆が入ってから純粋な禅道場となった。参照 栄西/道隆

堅慧菩薩｜けんねぼさつ　堅慧はサンスクリットのサーラマティの訳。釈尊滅後700年ごろのインドの学者で、『大乗法界無差別論』『宝性論』などを著し、大乗を宣揚したとされる。

顕罰｜けんばち　今世で目に見えてはっきりとあらわれた罰のこと。冥罰に対する語。現罰ともいう。

現罰｜げんばち　▶顕罰《けんばち》

「顕仏未来記」｜けんぶつみらいき　文永10年（1273年）閏5月11日、日蓮大聖人が佐渡流罪中に一谷（新潟県佐渡市市野沢）で述作された書（505ページ）。大聖人が釈尊の未来記を実証したことを述べ、さらに大聖人御自身の未来記を明かし、大聖人の仏法が全世界に広宣流布していくことを予言されている。

玄昉｜げんぼう　?～746年。奈良時代の法相宗の僧。唐に渡って智周に師事し、経論5000巻をもって帰国。興福寺を拠点に法相教学を広めた。

見宝塔品｜けんほうとうほん　妙法蓮華経の第11章（法華経372ページ）。正法華経の七宝塔品第11に相当する。サンスクリット文の法華経の多くは、この品に提婆達多品第12の内容が含まれている。この本品から虚空で説法がなされるので、嘱累品第22に至るまでの12品の説法の場を虚空会という。初めに多宝如来が中にいる高さ500由旬の七宝の塔が大地から涌出して虚空に浮かび、その宝塔の中から法華経が真実であると保証する大音声がある。続いて娑婆世界が三変土田によって浄土となり、十方世界の分身の諸仏が集められ、次いで釈尊が宝塔に入って多宝と並んで座り（二仏並坐）、神通力で聴衆を虚空に置く。そして釈尊の滅後に法華経を護持する者は誓いの言葉を述べるよう3度、流通を勧める（三箇の勅宣）。この中で、第3の鳳詔では他の経典は持ちやすく、法華経を受持することは難しいとの六難九易が説かれ、この後に「此経難持」の偈頌が説かれている。本品は、方便品第2から次第に説かれた三周の説法が真実であることを証明する（証前）とともに、如来寿量品第16の久遠実成の義を説

き起こす(起後)遠序であると位置づけられている。参照 多宝如来/宝塔

顕本遠寿 | けんぽんおんじゅ　「本の遠寿を顕す」と読み下す。妙楽大師湛然の『法華文句記』巻10下の文。久遠の本地を開顕して、仏の寿命が長遠であると示すことをいう。発迹顕本、開近顕遠と同義。「本の遠寿」とは法華経如来寿量品第16に説かれる五百塵点劫成道以来の長遠な仏寿をいう。

顕密 | けんみつ　顕教と密教のこと。▶顕教《けんきょう》/密教《みっきょう》

顕益 | けんやく　はっきりと目に見える形で現れる利益。参照 冥益

玄耀 | げんよう　生没年不詳。南都七大寺の高僧の一人。

見惑・思惑 | けんわく しわく　▶三惑《さんわく》

こ

五悪 | ごあく　❶五戒に反する5種の悪のこと。殺生・偸盗・邪淫・妄語・飲酒をいう。参照 五戒

❷儒教で説く五常(仁・義・礼・智・信)を軽んずること。

❸熱・寒・風・湿・燥(乾燥)という、健康を害する五つのもの。

五緯 | ごい　五つの惑星、すなわち歳星(木星)、熒惑星(火星)、鎮星(土星)、太白星(金星)、辰星(水星)の総称。恒星の間を横切って縫うように動く星で、恒星を経星というのに対して緯星という。

挙一例諸 | こいちれいしょ　「一を挙げて諸を例とす」と読み下す。一例を挙げて他の諸例に通じさせること。『法華文句記』巻7にある一節。「開目抄」(223ページ)では、竜女が即身成仏したという例をもって一切の女人の成仏の例証とするという意味で用いられている。

劫 | こう　計りがたい長遠な時間の単位。サンスクリットのカルパを音写した劫波などの略。大時などと訳す。その長さを示すのに種々の説がある。天人が4000里四方の石山を100年ごとに細かくやわらかい衣で拭いて、石山を磨耗し尽くしても劫は尽きない(払石劫の譬え)、また4000里四方の大城を芥子(カラシナの種)で満たし、100年に1度、1粒を取って、取り尽くしてもなお劫は尽きない(芥子劫の譬え)などと説かれている。そのほか、大千世界の草木をことごとく1寸に切って籌《ちゅう》(数を算えるための木製の串)とし、100年に1籌を

とって、これを全部取り尽くしたときを1劫とする草木劫、ガンジス川の広さ40里の中に細かい砂を埋め尽くし、100年に1度、1粒を取り出し、これを取り尽くしたときを1劫とする沙細劫、大千世界を砕いて微塵とし、100年に1度、1塵を取ってこれを取り尽くしたときを1劫とする砕塵劫などがある。

また世界が成立し(成)、継続(住)、破壊(壊)を経て、次の成立まで空虚の状態(空)となる、これら四つの過程を四劫といい、四劫の期間を1大劫という。成住壊空の四劫はそれぞれ20中(小)劫からなるとする。

『倶舎論』によると、人寿(人間の寿命)が10歳から8万歳までの間を漸次に(後の解釈では100年に1歳)増加または減少する期間を増劫および減劫といい、1増劫と1減劫で1中劫とし、1増劫または1減劫を1小劫としている。これに対して1増1減を1小劫とする説もある。『瑜伽師地論』では住劫の20中(小)劫をすべて増減劫とするが、『倶舎論』ではそのうち最初の中劫は無量歳から10歳に下がるのみの減劫、最後の中劫は10歳から8万歳に至るのみの増劫(長さは増減劫と同じ)としている。これは住劫における人寿の増減を基準として分別したものであるが、人寿の増減のない成劫、壊劫、空劫のおのおのにもあてはめられる。また住劫の20中(小)劫のおのおのには小の三災(穀貴・兵革・疫病)、壊劫には大の三災(火災・水災・風災)が起こるとされる。

参照 三災

広 | こう　広く全体にわたること、また詳しいこと。略・要に対する語。

***業** | ごう　サンスクリットのカルマンの漢訳語。カルマンの語根には「行う」「作り出す」という意味があり、そこから生まれたカルマンは「行い」「振る舞い」という意味となる。古代インドのバラモン教では、この「行い」として、世襲的聖職者階級であるバラモンによる祭式の執行が安楽の境涯を保証するものとして強調された。これに対して仏教では「行い」を本来の日常の振る舞いという意味に戻して、人間としての行いこそが苦楽の果報の原因であり、善なる行い(善業)を励んで行う人が安楽の境涯を得られることを説いた。

①心身の種々の行為のこと。仏教では、業を大きく身体的行為(身《しん》業)と発言(口《く》業・語業)と感情・思考にかかわる精神的行為(意《い》業)の三つに分け、身口意の三業と呼ぶ。その他にも種々の分析がなされ、多様な分類が示されている。例えば、過去世(宿世)の業を宿業といい、現世の業を現業という。他者が認識できるか否かという観点から、他に示すことのできる表業と他に示すことのできない無表業の二つを分ける。また善悪の観点から、善心に基づく善業、悪心に基づく悪業、善悪いずれでもない無記業の三業に分ける。

②業因のこと。古代インドでは、①の種々の行為の影響がその行為者に潜在的な勢力として残るとし、それが、あたかも種が条件が整えば芽を出し花を咲かせ果実を結ぶように、やがて順次に果報として結実し、同じ主体によって享受されて消滅するとする。なお、後の仏教の唯識学派では、業

の潜在的影響力（習気《じっけ》）が果報を生み出すもととなることから「業種子」と呼び、それが阿頼耶識（蔵識）に蓄えられているとする。

この業をめぐる因果は、善悪の業（行為）を因とし、その果報として苦楽の境涯を得るという、善因楽果・悪因苦果を説く因果応報の思想として整理された。また、先に述べた、自らの行為（業）の果報を自らが享受するという原則を「自業自得」という。ただし、元来は善因楽果・悪因苦果の両面にわたるものであるが、現在一般的には、自身の悪い行いの報いとして苦悩に巡り合うという悪因苦果の意味でもっぱら用いられている。

業の因果の思想は、輪廻《りんね》の思想とあいまって発達し、業に関する輪廻（業報輪廻）からの解放・脱出（解脱《げだつ》）の方途が諸哲学・宗教で図られた。仏教ではその伝統を踏まえつつ、縁起という独自の思想として結実し、種々の精緻な理論が発達した。探究の過程で業はさまざまに分類されていくこととなる。

例えば、次の生における十界の生命境涯を決定づける業因（引業）と、その生命境涯における細かな差異を決定する業因（満業）に分ける。

また果報を受けることが定まっているかどうかで定業（決定業）と不定業の二業が説かれる。定業とはその業の善悪が明確であって未来に受けるべき苦楽の果報が定まっている業因をいい、不定業とは定まっていない業因をいう。

さらに果報を受ける時期によって現世の業を3種に分けた、順現受業（現世に果報を受ける現世の業因）、順次受業（次の世に果報を受ける現世の業因）、順後受業（次の次の世以後に果報を受ける現世の業因）の三時業などがある。

業の思想は、初期の仏教では個人の行為に関するものが発達したが、やがて、社会・共同体を構成する人々が共有する業（共業）を考えるようになった。これに対して、個人に固有の業は不共業と呼ばれる。

③②のうち特に苦の果報をもたらす悪業のこと。煩悩（惑、癡惑）から悪業が生まれ苦悩の果報へ至るという煩悩・業・苦の三道が説かれる。仏教における業の因果の思想は、本来、苦悩の原因を探り、その根本的解決を目指すものである。換言すれば、仏教の業思想は、決定論的宿命論ではなく、むしろ宿命転換のための理論である。ところが、部派仏教の時代にはすでに、精緻な分析から煩瑣で硬直的な思想が生まれ、変えられない運命を説く決定論のように理解される傾向が生じるに至った。その結果、江戸時代の一部宗派における差別戒名が象徴するように、本来人間を苦悩から解放するための仏教の業の思想が、かえって種々の差別を固定化した面もあった。これに対して日蓮仏法では、宿業転換を説き、業による束縛からの解放が示される。参照 苦／三道／宿命転換

郷 | ごう ▶郡・郷《ぐんごう》

弘安の役 | こうあんのえき ▶蒙古襲来《もうこしゅうらい》

公胤 | こういん ▶弘演《こうえん》

項羽 | こうう 紀元前232年～前202

年。古代中国・秦の末期、楚《そ》の武将。漢の劉邦《りゅうほう》と連合して秦を滅ぼすが、その後の天下を激しく争った。垓下《がいか》の戦いで劉邦の軍に包囲された項羽は、包囲軍から楚国の歌が起こるのが聞こえて、楚も敵の手中に落ちたと思って驚き嘆いた。これは、四面楚歌の故事として知られている。戦いに敗れた項羽は自害した。参照劉邦

こうへのどの | こうえのどの　故上野殿。亡くなった南条兵衛七郎をさす。▶南条兵衛七郎《なんじょうひょうえしちろう》

弘演 | こうえん　中国・春秋時代、衛《えい》国の懿公《いこう》に仕えた忠臣。「公胤」(186ページ)は、音が似通う文字で表記されたもの。『韓詩外伝』などによれば、弘演が使者として国外に出かけている間に、異民族が衛国を攻め主君の懿公を殺してその肝臓だけを捨て置いた。弘演は天を仰いで号泣して悲しみ、自らの腹を割いて懿公の肝臓を入れて死んだという。

興皇 | こうおう　▶法朗《ほうろう》

劫火 | ごうか　壊劫(世界が崩壊する時期)に起こる、世界を焼き尽くす大火。参照劫/四劫

恒河 | ごうが　サンスクリットのガンガーの音写。ガンジス川のこと。ヒマラヤ山脈から流れでて、インド北部に広大なガンジス平野をつくりつつ東南に流れ、ベンガル湾に注ぐ大河。全長約2500キロメートル、流域面積約158万平方キロメートルで、その流域は地味肥沃、交通に便利であるため、古来、都市が発達し、インド文化の中心となった。釈尊の時代には16の大国があり、コーサラ、マガダなどの王国が栄えたと記録されている。神聖な河とされ、ヒンズー教徒はこれを河川神として崇め、ガンジスで水浴するとすべての罪が免れると信じており、「開目抄」にある「或は冬寒に一日に三度・恒河に浴し」(187ページ)の風習は、今日でもなお行われている。また死者を河辺で荼毘に付し、骨を粉にして河に投入し、上天を祈るという。参照恒河沙/十六大国

広開近顕遠 | こうかいごんけんのん　「広く近を開いて遠を顕す」と読む。広く始成正覚の立場を開いて、釈尊の久遠の成道を明かしたこと。法華経如来寿量品第16で「一切世間の天・人、及び阿修羅は、皆今の釈迦牟尼仏は釈氏の宮を出でて、伽耶城を去ること遠からず、道場に坐して、阿耨多羅三藐三菩提を得たまえりと謂えり。/然るに善男子よ。我は実に成仏してより已来、無量無辺百千万億那由他劫なり」(法華経477〜478ページ)と説かれたことをさす。参照略開近顕遠

広開三顕一 | こうかいさんけんいち　「広く三を開いて一を顕す」と読む。広く三乗を開いて一仏乗を明かしたこと。法華経方便品第2の長行から法華経授学無学人記品第9までの間で、仏が今まで説いてきた三乗の法は一仏乗を説くための方便であったことを、法理・譬喩・因縁を通して広く説き明かしたことをいう。「三」とは声聞・縁覚・菩薩のために説かれた教法で爾前の諸経をさし、「一」とは一切衆生を成仏させる教法で法華経をさす。略開三顕一に対する語。参照略開三顕一

恒河沙 | ごうがしゃ　恒河(ガンジス川)

の砂のこと。無数であることに譬えられる。法華経従地涌出品第15では地涌の菩薩のことを「我が娑婆世界に自ずから六万恒河沙等の菩薩摩訶薩有り」(法華経452ページ)としている。参照 恒河

強義｜ごうぎ　「開目抄」(195ページ)にある。「傍目から見ると少々無理なことを力ずくで主張すること」、もしくは「あらぎ」(荒儀)と同様で「荒々しいしかた」「粗暴な振る舞い」との意味であると考えられる。

孝経｜こうきょう　孝(親に対して子が尊敬し仕えること)について記した儒教の経典の一つ。孔子の弟子である曾子《そうし》の門人が編纂したとされる。

高句麗｜こうくり　?~668年。韓・朝鮮半島北部から中国東北部を支配した王朝。隣国の新羅・百済と対抗したが、668年に唐と新羅の連合軍に滅ぼされた。

幸西｜こうさい　1163年~1247年。鎌倉初期の浄土宗の僧。法然(源空)の弟子の一人。成覚房《じょうかくぼう》ともいう。初め比叡山で天台学を学んだが、36歳の時、法然に帰伏。1207年に法然らとともに迫害に遭い、幸西は阿波国《あわのくに》(徳島県)へ流された。さらに1227年に壱岐へ2度目の流罪となった。その後、下総国(千葉県北部周辺)で布教した。念仏をとなえる回数にかかわらず、一念でも仏心と相応すれば浄土に往生できるという一念義を主張したため、生涯、念仏をとなえ続けるべきだとする多念義と対立した。参照 法然

孔子｜こうし　紀元前551年~前479年(生没年には異説がある)。中国・春秋時代の思想家。姓は孔、名は丘《きゅう》、字《あざな》は仲尼《ちゅうじ》。儒教の祖。社会秩序を回復するために、「仁」という社会的な道徳を強調した。『論語』は、孔子の言行を弟子が編纂したものである。魯《ろ》国で生まれたが、受け入れられず、諸国を遍歴した。

劫石｜こうしゃく　劫の長さを決める基準となる石。石が天衣によって摩滅し尽くしたときを1劫といい、長遠な時間をあらわしている。参照 劫

広修｜こうしゅ　771年~843年。中国・唐の僧。妙楽大師湛然の法統を継ぐ中国天台宗では第11祖とされる。師は、伝教大師最澄に法を伝えた道邃《どうずい》。弟子に、円珍(智証)に法を伝えた良諝《りょうしょ》がいる。伝教大師以降の日本天台宗では、天台教学における密教の位置づけが大きな課題であり、比叡山の第2代座主・円澄は質問30条を天台山に提出している。広修とその弟子・維蠲《ゆいけん》は、これに答えて「唐決《とうけつ》」を残している。その中で広修は、大日経は五時教判において第3時である方等部の経典であるとし、維蠲も同じ問いに対して方等部に属するとしている。

高昌｜こうしょう　5~7世紀に中央アジアのトゥルファン(新疆《しんきょう》ウイグル自治区の東部)を支配した王国の総称。中国・北涼の滅亡に伴い沮渠《そきょ》氏がこの地に亡命したのが始まり。支配層は漢族だが、イラン系のソグド人を中心に多彩な文化が栄えた。西域の中でも特に仏教が盛んだった。

光証｜こうしょう　生没年不詳。南都七大寺の高僧の一人。

光定｜こうじょう　779年~858年。平安

初期の天台宗の僧。伝教大師最澄の弟子。伝教大師の意向を受けて大乗戒壇設立に奔走し、伝教の没後7日目、弘仁13年(822年)にその勅許を得た。延暦寺別当を務めたことから、別当大師、別当和尚《べっとうかしょう》と通称される。812年に高雄山寺で空海(弘法)より灌頂を受けている。

***業障**｜ごうしょう　「ごっしょう」とも読む。過去の行い(業)が仏道修行の障害となること。三障四魔の三障(煩悩障・業障・報障)の一つ。「兄弟抄」(1088ページ)では、妻や子などによって起こる妨げが配当されている。参照 三障四魔

***業生**｜ごうしょう　「ごっしょう」とも読む。自身の業の報いとして、それに応じた世界・国土に生まれること。願生に対する語。参照 願生

劫濁｜こうじょく　▶五濁《ごじょく》

光統｜こうず　▶慧光《えこう》

***広宣流布**｜こうせんるふ　仏法を広く宣《の》べ流布すること。法華経薬王菩薩本事品第23には「我滅度して後、後の五百歳の中、閻浮提に広宣流布して、断絶して悪魔・魔民・諸天・竜・夜叉・鳩槃荼等に其の便を得しむること無かれ」(法華経601ページ)とある。日蓮大聖人は、末法において地涌の菩薩が出現して妙法を全世界(閻浮提)に広宣流布していくことを示した文と位置づけられている。参照 後の五百歳/末法/閻浮提

広宣流布は大地を的とするなるべし｜こうせんるふはだいちをまととするなるべし　「諸法実相抄」には「広宣流布の時は日本一同に南無妙法蓮華経と唱へん事は大地を的とするなるべし」(1360ページ)と述べられている。大地を的とすれば絶対に外れることがないように、必ず広宣流布が達成されるということ。

高宗｜こうそう　❶628年～683年。中国・唐の第3代皇帝。太宗の第9子。西域を配下におさめ領土を最大にしたが、晩年は病に倒れ、則天武后に実権を奪われた。参照 唐

❷1107年～1187年。中国・南宋の初代皇帝。徽宗《きそう》の第9子。北宋の徽宗および欽宗《きんそう》が金の軍勢に捕らえられたために即位した。臨安(現在の杭州)を首都と定め、金と和議を結び、南宋の基礎を築いた。参照 宋

『高僧伝』｜こうそうでん　一般には徳の高い僧侶の伝記を集成したものをいう。御書に関連するものとして、ここでは中国の三朝高僧伝を以下に挙げる。

①『梁高僧伝』。単に『高僧伝』といえば、これをさす場合が多い。梁《りょう》の慧皎《えこう》の著作。13巻。中国に仏教が伝来した後漢の明帝永平10年(67年)から、梁の天監18年(519年)に至る高僧の事跡を集録したもの。正伝257人、付伝243人の伝記が収められている。高僧伝として初めて整備されたもので後世の僧伝の範となった。

②『唐高僧伝』。『続高僧伝』ともいう。唐の道宣の著作。30巻。『梁高僧伝』に次いで、梁の初めから唐の貞観19年(645年)までの高僧の事跡を記録したもの。正伝340人、付伝160人の伝記が収められている。その後も増補され、正伝485人、付伝210人以上を数える伝記となった。なお、現行本には若干、巻数の異同があるが、これは

道宣の『後集続高僧伝』10巻が編入されたためとされる。

③『宋高僧伝』。宋の賛寧《さんねい》らの著作。30巻。宋の太宗の勅旨により作成され、唐の高僧を中心に正伝533人、付伝130人の伝記が収められている。

光宅寺法雲 | こうたくじほううん　▶法雲《ほううん》

後宇多天皇 | ごうだてんのう　1267年～1324年。日蓮大聖人の御在世当時の天皇の一人で、在位中(1274年～1287年)は父の亀山上皇《かめやまじょうこう》が院政を行っていた。

広智 | こうち　生没年不詳。平安初期の天台宗の僧。鑑真の弟子・道忠や伝教大師最澄に師事し、下野国(栃木県)で活動した。広智菩薩と呼ばれた。ここでの「菩薩」は、当時、地域社会で活動した仏教者に対する尊称。

広長舌相 | こうちょうぜっそう　仏の舌は柔軟で薄く、また額に届くほど長く広いとされる。教えがうそではなく真実であることを表す。仏の三十二相の一つ。広長舌ともいう。古代インドでは言葉の真実を証明するのに舌を出す風習があり、その舌が長ければそれだけ真実も確かであるとされた。法華経では、釈尊による説法に対し、多宝如来が「皆是れ真実なり」(法華経373～374ページ)と保証し、また十方の諸仏が舌相を示して保証した。阿弥陀経では、東西南北上下の六方のそれぞれに、無数の諸仏がおり、その諸仏が皆それぞれの国で三千世界を覆う広長舌を出して、阿弥陀仏の不可思議の功徳を称賛することが説かれている。しかし、法華経のように十方の世界の仏たちが直接、説法の場に集まって舌相を示したわけではない。[参照]三十二相

黄帝 | こうてい　中国古代の伝説上の帝王。人々に医術を教えたとされる。

孝徳天皇 | こうとくてんのう　596年?～654年。中臣鎌足《なかとみのかまたり》や中大兄皇子《なかのおおえのおうじ》とともに大化の改新を行い、中央集権的な国家体制を築いた。日本で初めて元号を定め、645年から「大化」とした。

守殿 | こうどの　国守《こくしゅ》(国司の長官)の尊称。御書中で用いられているものの多くは、相模守・相模守殿のことで、北条時宗をさす。

かうの座 | こうのざ　「甲の座」とは、一番の上席、最重要の地位のこと。甲は十干(甲・乙・丙・丁・戊・己・庚・辛・壬・癸)の第1であるところから、ものごとの他に優れる時に用いられ、最上をあらわす。

降伏 | ごうぶく　仏法の威力によって種々の魔・悪を屈服させること。特に密教で、他を調伏する修法の名をさす。

興福寺 | こうふくじ　奈良市登大路町にある法相宗大本山。山階寺《やましなでら》ともいう。南都七大寺の一つ。南都六宗の中心拠点として栄えた。669年、藤原鎌足《ふじわらのかまたり》の遺志を継いで嫡室・鏡王女《かがみのおおきみ》が山城国山科村に山階寺を建立したのに始まり、後に672年、大和国(奈良県)飛鳥の厩坂《うまやさか》に移して厩坂寺と称し、さらに平城遷都に際して710年、平城京に移して興福寺と改称した。奈良移転後は春日神社をその管掌下に置き、藤原氏の氏寺として尊崇を集めた。平安時代には延暦寺に次ぐ

広大な荘園と多数の僧兵を有し、強大な勢力をもって公家・武家に対抗した。元久2年(1205年)、興福寺の僧綱らは「興福寺奏状」を提出し、法然(源空)の念仏を禁じることを朝廷に訴えていて、日蓮大聖人はその要旨を「念仏者・追放せしむる宣旨・御教書・五篇に集列する勘文状」に書きとどめられている(87ページ)。鎌倉時代には貴族の子弟が入り、また幕府から大和国(奈良県)の守護職を与えられ、権勢を振るっていた。

光武帝 | こうぶてい　紀元前6年～紀元57年。中国・後漢の創始者として王朝の基礎を築いた。徹底した儒教主義者で、礼楽を修め学問を奨励した。

頭七分に破れ | こうべしちぶんにわれ　天台大師智顗の『法華文句』にある言葉。正法を信ずる人を誹謗する者は、その罪により精神が錯乱してしまうこと。日蓮大聖人の曼荼羅御本尊に謗法の罰としてこの句がしたためられている。参照 頭破作七分

弘法 | こうぼう　▶空海《くうかい》

業報 | ごうほう　業による報いの意。業の善悪によって苦楽の果報を受ける。参照 業

降魔 | ごうま　魔を降伏させること。仏道修行を妨げる魔を禅定に入って智慧力で降伏させることをいう。仏の八相の一つ。修行中の釈尊が菩提樹の下で瞑想していた時、欲界の第六天(他化自在天)が悪魔の形相をもって現れ、甘言あるいは暴威をもって種々の妨害をしたが、釈尊はことごとくこれを降伏し、成道したという。参照 八相

光明如来 | こうみょうにょらい　摩訶迦葉が未来世において成仏する時の名(法華経256ページ)。参照 迦葉

広目天王 | こうもくてんのう　▶四天王《してんのう》

興門流 | こうもんりゅう　日興上人の門流のこと。

高麗 | こうらい　918年～1392年。韓・朝鮮半島の王朝。王建《おうけん》が朝鮮北部に建国。新羅、後百済を併合し936年、朝鮮を統一した。王建の死後は内乱が続き、また北方の契丹《きったん》・女真《じょしん》の台頭に苦しみ、ついに蒙古の侵略を受け、1259年に属国となった。蒙古の2回にわたる日本遠征(1274年＝文永の役、1281年＝弘安の役)に膨大な食糧・武器・船・兵士などを徴発された。その後、蒙古が衰退し、1368年に明が成立したあと、1392年に李成桂《りせいけい》が朝鮮王朝を創立し、高麗王朝は滅んだ。

強力 | ごうりき　険しい山道を行く人を背負ったり、助けて案内してくれる人(1244ページ)。

五蘊 | ごうん　▶五陰《ごおん》

***五陰** | ごおん　生命を構成する五つの要素。新訳では五蘊《ごうん》などとする。物質的側面の色《しき》陰と、精神的側面の受《じゅ》陰・想《そう》陰・行《ぎょう》陰・識《しき》陰をいう。陰・蘊は集まり、構成要素の意。

①色陰とは、肉体などの色形に現れている物質的・現象的側面をいう。②受陰とは、六つの知覚器官である六根《ろっこん》(眼根・耳根・鼻根・舌根・身根・意根)がそれぞれの対象となる色(色・形)・声(音声)・香・味・触(寒暖・柔軟などの物質の触覚)に触れて生じる感覚をいう。③想陰とは、受け入れた知覚をまとめあげ、事物の像(イメージ)を

心に想い浮かべる作用をいう。④行陰とは、想陰でできた像を整え完成させる作用であり、またそれとともに生じる種々の心の作用をいう。⑤識陰とは、受・想・行に基づきながら、ものごとを認識し他のものと識別し判断する心の作用をいう。また受・想・行の作用を起こす根本となる心の中心的な働きとされ、心王とされる。これに対して受・想・行は、それにしたがう心所・心数とされる。この識はさらに深く探究され、種々に区別される。

五陰を色心の二法に分けると、色陰は色法であり、受・想・行・識の四陰は心法である。五陰全体で、肉体・物質と精神・本性との両面にわたる一切の有為法(生成変化する事物事象)を示している。草木などの非情にも心法を認めて、五陰が万物を構成する五つの要素を意味する場合もある。

五陰世間｜ごおんせけん　一念三千の法門を構成する三世間(五陰世間・衆生世間・国土世間)の一つ。五陰は五蘊ともいい、一つの生命を構成する心身の五つの要素(色・受・想・行・識)をさす。ここでいう世間は、差異の意。五陰は十界の衆生それぞれに特徴があり違っているので、五陰世間という。参照 一念三千/五陰

五戒｜ごかい　古代インドで仏教者として万人が守るべきものとされた行動規範。在家の持つべき5種の戒。①不殺生戒《ふせっしょうかい》(生き物を殺すことを禁ず)②不偸盗戒《ふちゅうとうかい》(他人の物を盗むことを禁ず)③不邪婬戒《ふじゃいんかい》(自分の妻・夫以外との淫を禁ず)④不妄語戒《ふもうごかい》(うそをつくことを禁ず)⑤不飲酒戒《ふおんじゅかい》(酒を飲むことを禁ず)の五つをいう。これは、ジャイナ教の出家者が守るべき五つの戒(マハーヴラタ)と通じあう。マハーヴラタは、アヒンサー(不殺生・非暴力)、サティヤ(不妄語)、アステヤ(不偸盗)、ブラフマーチャーリヤ(不婬)、アパリグラハ(無所有)である。参照 戒

五箇の五百歳｜ごかのごひゃくさい　▶五五百歳《ごごひゃくさい》

五箇の鳳詔｜ごかのほうしょう　釈尊が自身の滅後の法華経弘通を弟子に勧めた五つの命令。法華経の見宝塔品第11の「三箇の勅宣」と提婆達多品第12の「二箇の諫暁」とをいう。鳳は鳥の中の王をいい天子をあらわすが、仏教では仏の意に用いられ、鳳詔は仏の命令の意。参照 宝塔品の三箇の勅宣/提婆達多品の二箇の諫暁

五義｜ごぎ　▶宗教の五綱《しゅうきょうのごこう》

五畿七道｜ごきしちどう　古代日本の地方区分。五畿は山城《やましろ》(京都府南部)、大和《やまと》(奈良県)、河内《かわち》(大阪府東南部)、和泉《いずみ》(大阪府西南部)、摂津《せっつ》(大阪府北部と兵庫県の一部)の畿内5カ国。七道は東海・東山・北陸・山陰・山陽・南海・西海。五畿七道で日本全国を表す。

狐疑の氷｜こぎのこおり　キツネが用心深い性質であることから、疑い深いことを狐疑といい、そのかたくなさを氷に譬えたもの。

***五逆罪**｜ごぎゃくざい　5種の最も重い罪で、必ず無間地獄の苦の果報を受ける原因となる行為。①父を殺す(殺父《せっぷ》)②母を殺す(殺母《せつも》)③阿羅漢を殺す(殺阿羅漢《せつあらかん》)④仏の身を傷つ

け血を出す(出仏身血《すいぶっしんけつ》)⑤教団を分裂させる(破和合僧《はわごうそう》)の五つ。

五教 | ごきょう　諸経典の教説をその形式・内容によって5種に分類した教判。代表的なものを以下に挙げる。〔参照〕教相判釈

❶中国・南北朝時代の慧観などによる五時教。▶五時教《ごじきょう》

❷天台大師智顗の五時教判。▶五時《ごじ》

❸唐の華厳宗の法蔵の教判。▶五教十宗《ごきょうじっしゅう》

五教十宗 | ごきょうじっしゅう　中国・唐の華厳宗第3祖・法蔵が立てた教判。五教は仏教経典を教えの説相によって5種に分けたもの、十宗はその内容によって10種に分類したものをいう。五教は①小乗教②大乗始教③大乗終教④頓教⑤円教。十宗は①我法俱有宗②法有我無宗③法無去来宗④現通仮実宗⑤俗妄真実宗⑥諸法但名宗⑦一切皆空宗⑧真徳不空宗⑨相想俱絶宗⑩円明具徳宗をいう。『華厳一乗教義分斉章(華厳五教章)』巻1にある。十宗のうち初めの六宗は五教のうちの小乗の教えによって立て、後の四宗は大乗始教以下の四教によって立てる。すなわち一切皆空宗とは大乗始教のことで般若経などをよりどころとし、真徳不空宗とは大乗終教のことで勝鬘経や大乗起信論などをよりどころとし、相想俱絶宗とは頓教のことで維摩経などをよりどころとし、円明具徳宗とは円教のことで法華経・華厳経をさすが、別して華厳経の所説をさすとしている。この教判によって、華厳宗では華厳経が最高の経典であると主張する。〔参照〕法蔵/教相判釈

黒烏 | こくう　まれな白いカラス(白烏)に対して、黒い普通のカラスのこと。「祈禱抄」(1352ページ)では仏を白烏に譬え、衆生・凡夫を黒烏に譬える。〔参照〕白烏

***虚空会** | こくうえ　法華経の説法の場面の一つ。二処三会のうち第2の説法にあたる。この説法は、空中(虚空)に浮かんだ宝塔の中に、釈尊が多宝如来と並んで座って行われたことから、虚空会と呼ばれる。〔参照〕二処三会

虚空蔵菩薩 | こくうぞうぼさつ　虚空のように広大無辺でゆるぎない智慧と福徳をそなえ、これを衆生に与え、願いを満たして救うという菩薩のこと。形像には諸説があるが、一説によると右手に智慧の利剣、左手に福徳の蓮華と如意宝珠をもった姿として描かれる。

国宰 | こくさい　国司の別称。地方官。

国司 | こくし　日本の律令制において、中央から派遣され諸国の政務をつかさどった地方官。守《かみ》、介《すけ》、掾《じょう》、目《さかん》の4等官などがあった。その役所を国衙《こくが》、所在地を国府といった。国司制度は平安期から崩れ始め、鎌倉時代に守護が置かれると形骸化した。

***国主諫暁** | こくしゅかんぎょう　国の重大事について指導者の迷蒙を啓いて諫めさとすこと。〔参照〕三度のかうみょう/「立正安国論」

国主もあだみ | こくしゅもあだみ　日蓮大聖人は弘長元年(1261年)5月から同3年(1263年)2月にかけて、鎌倉幕府の執権・北条長時によって伊豆に流罪された。また、文永8年(1271年)9月12日に侍所所司の平左衛門尉頼綱によって

捕縛され、深夜、竜の口でひそかに斬首されかけ、さらに佐渡に流罪された。

国昌寺｜こくしょうじ　伝教大師最澄が出家・得度し所属していた寺で、近江国分寺とされる。「撰時抄」に「後には比叡山と号す」(263㌻)とあることから、日蓮大聖人の時代には、伝教大師が比叡山に建てた草庵であり、延暦寺の前身である比叡山寺であるという伝承があったと思われる。

国清寺｜こくせいじ　中国・浙江省台州府天台山仏隴峰《ぶつろうほう》の南麓にある天台宗の寺。天台大師智顗の死後、その遺志を受けた晋王楊広《ようこう》(隋の煬帝《ようだい》)が創建した。天台大師は38歳の時、天台山仏隴に入り修行し、後に寺域を定めて殿堂厨宇などの建設を計画したが、実現せずに亡くなった。亡くなる時、晋王楊広に手紙を送り、寺院の建立を頼んだ。王は即座に寺院の建立に着手し、隋の文帝仁寿元年(601年)に完成した。当初、天台寺と名づけられたが、大業元年(605年)に国清寺と改められた。中国天台宗の根本道場として栄え、代々の天台座主が住んで多くの弟子を育成した。日本から渡った伝教大師最澄や義真などがここで学んだ。参照 天台宗/天台大師

黒山｜こくせん　黒い山。雪山(インド北部にあるヒマラヤ連山)の南にある諸山のこと。ヒマラヤ連山が雪に覆われて常に白く見える。これに対して黒山は南麓の諸山の雪期が短く雪が溶けて黒く見えるところから、この名がある。参照 土山・黒山

国土｜こくど　衆生の住む場所。仏・菩薩などが衆生を教化する領域。仏教の経典で描かれる種々の国土は、そこに住む衆生の果報であり、依報とされる。仏・菩薩・声聞などの国土は、内面に覚知し証得している境地と対応している。仏の国土は、仏が菩薩の時に立てた衆生救済の大願と積み重ねた修行に相応して建立されるものとされている。

これに対して法華経では、見宝塔品第11で三変土田が説かれ、娑婆世界を中心に多くの国土が浄化・統一され、聴衆の境地を高めて優れた法を説く環境が整えられていく。さらに如来寿量品第16で、久遠実成という釈尊の本地が示されるとともに、久遠の仏が娑婆世界に常住すること、すなわち娑婆世界が本国土であるという娑婆即寂光が説かれる。同品の自我偈では、衆生は業力(業の報いの力)によって娑婆世界が本有の寂光土であると見ることが妨げられ、種々の国土と見ていることを示し、ただし「一心欲見仏｜不自惜身命」(法華経490㌻)の信心・修行の者は、その真実の姿を感見できると説かれている。

すなわち、諸経では衆生の国土に実体的な環境の違いがあると説くのに対して、法華経本門では本来、常寂光土の一土であるが、それが衆生の一念に応じて種々の違いとなって実感されることを明かしている。参照 四土/国土世間

国土世間｜こくどせけん　一念三千の法門を構成する三世間(五陰世間・衆生世間・国土世間)の一つ。国土は、衆生が住む世界、その世界を構成する

山川草木など非情のすべてをさす。ここでいう世間は、差異の意。国土は十界それぞれに特徴があり違っているので、国土世間という。参照 一念三千/三世間/非情

国分寺｜こくぶんじ　奈良時代に聖武天皇の勅願により、日本全国66カ国の国府の所在地付近に建てられた官寺のこと。僧寺・尼寺の2寺からなる。国分寺は正式には金光明四天王護国之寺《こんこうみょうしてんのうごこくのてら》といい、国分尼寺は法華滅罪之寺といった。天平元年(729年)に長屋王の変があり、また同9年(737年)前後に天然痘が流行して、おびただしい死者を出した。

建立の経緯を述べると、当時、実権を握っていた藤原4兄弟も死に、実権は橘諸兄《たちばなのもろえ》に移ったが、これを不満とする藤原広嗣《ふじわらのひろつぐ》が同12年(740年)、北九州に乱を起こした。それはまもなく鎮定されたが、打ち続く戦乱や悪疫により、朝廷の内外は動揺していた。こうした背景のもとに、特に仏教への信仰心があつかった光明皇后《こうみょうこうごう》のすすめもあって、聖武天皇は同13年(741年)2月に「国毎に僧寺を造り、必ず廿《にじゅう》僧あらしめ、その寺をおのおの金光明四天王護国之寺と為し、尼寺には一十尼あらしめ、その寺を法華滅罪之寺と為せ」と国分寺建立の詔を発した(天平10年とする説もある)。そして釈迦如来を本尊として安置し、七重の塔を建てることとし、金光明最勝王経、妙法蓮華経、各10部を書写しこれを塔ごとに安置させ、読誦すべきこととした。また僧寺には封戸50戸、水田10町を施入した。尼寺には水田10町を施入した。そして中央の奈良には、東大寺を総国分寺として金銅の大仏を建立した。また、総国分尼寺として建てられたのが法華寺である。

国分寺は律令体制と密接に関連していたため、体制が弛緩するにつれて国分寺が衰退したのは当然であった。しかも官寺という性格から、国家依存の安易さに馴れ寺領の運営に熱意がなかったことや、地方豪族を檀越にもたなかったことなどが国分寺没落の因になっている。平安初期にはまだこの制度が保たれていたが、平安末期には地方政治の混乱とともに、国分寺もその意義を失って衰退していった。鎌倉時代には、各国分寺は中央の権力者や大寺に寺領を寄進し、その庇護を受ける傾向が強くなった。室町時代以後はまったく放置され、わずかにその名をとどめるのみで荒廃に帰してしまった。今日でも国分寺跡はほとんどわかっているが、その跡には古瓦、磚《せん》、土器などが出土するとか、礎石や建造物の跡が見られるくらいである。参照 東大寺

国分尼寺｜こくぶんにじ　奈良時代に各国に置かれた尼寺としての官寺。法華滅罪之寺《ほっけめつざいのてら》と称した。これは、法華経の功徳によって女人の五障などを滅し、現当二世の安楽を祈るとの意味から付けられたもの。都の奈良に総国分尼寺として法華寺が立てられた。参照 国分寺

斛飯王｜こくぼんのう　斛飯はサンスクリットのドローノーダナの訳。釈尊の叔父。提婆達多と阿難の父とされる。

極楽｜ごくらく　極楽世界、極楽浄土

のこと。極楽はサンスクリットのスカーヴァティーの訳。漢訳によって「安養」「安楽」という訳語もある。阿弥陀仏がいる浄土で、西方のはるか彼方にあるとされる。浄土教では、阿弥陀仏の名をとなえれば死後に極楽世界に生まれることができるとする。

***極楽寺** | ごくらくじ　神奈川県鎌倉市極楽寺にある真言律宗の寺院。霊鷲山感応院または霊山寺ともいう。1259年、北条重時により現在地に移築された。1267年(文永4年)、重時の子・長時が良観房忍性を招いて開山とし、西大寺律宗の東国における拠点となった。当初は七堂伽藍、49の支院をもち、病院なども擁する大規模な寺院であった。文永12年(1275年)3月23日に焼亡。この火災について「王舎城事」には「其の上名と申す事は体を顕し候に両火房と申す謗法の聖人・鎌倉中の上下の師なり、一火は身に留りて極楽寺焼て地獄寺となりぬ、又一火は鎌倉にはなちて御所やけ候ぬ」(1137ページ)と述べられている。弘安4年(1281年)、北条時宗によって再建され祈願寺とされ、元弘2年(1332年)には勅願寺になる。以後、地震や火災で損壊し、次第に衰退した。参照 極楽寺良観/叡尊

極楽寺殿 | ごくらくじどの　▶北条重時《ほうじょうしげとき》

***極楽寺良観** | ごくらくじりょうかん　1217年〜1303年。鎌倉中期の真言律宗(西大寺流律宗)の僧・忍性《にんしょう》のこと。良観房ともいう。奈良の西大寺《さいだいじ》の叡尊《えいそん》に師事した後、戒律を広めるため関東に赴く。文永4年(1267年)、鎌倉の極楽寺に入ったので、極楽寺良観と呼ばれる。幕府要人に取り入って非人組織を掌握し、その労働力を使って公共事業を推進するなど、種々の利権を手にした。一方で祈禱僧としても活動し、幕府の要請を受けて祈雨や蒙古調伏の祈禱を行った。文永8年(1271年)の夏、日蓮大聖人は良観に祈雨の勝負を挑み、打ち破ったが、良観はそれを恨んで一層大聖人に敵対し、幕府要人に大聖人への迫害を働きかけた。それが大聖人に竜の口の法難・佐渡流罪をもたらす大きな要因となった。参照 叡尊

後家尼御前 | ごけあまごぜん　後家尼は、夫に先立たれて尼になった女性のこと。「御前」は敬称。「報恩抄」(322ページ)をはじめ諸御抄の「後家尼御前」の多くは、北条重時の娘で時頼の妻となり時宗の母となった女性、葛西殿のこと。参照 尼

御家人 | ごけにん　鎌倉時代に将軍と主従関係を結んでいた武士。所領を与えられたり、旧来の所領を保障され、守護・地頭の職に任じられた。元来、北条氏も御家人の一つだったが、幕府の実権を握っていった。参照 守護/地頭

五眼 | ごげん　物事を見る眼を肉眼・天眼・慧眼・法眼・仏眼の5種類に分けたもの。仏は五眼すべてをそなえてあらゆる人々を救済する。①肉眼は普通の人間の目。②天眼は神々の目。昼夜遠近を問わず見えるという。③慧眼は二乗の目。空の法理に基づいて物事を判断できるという。④法眼は菩薩の目。衆生を救済するための智慧を発揮するという。⑤仏眼は仏の目。仏の最高の智慧を発揮する。「開目抄」に

あ こ さ た な は ま や ら わ

は「諸の声聞は爾前の経経にては肉眼の上に天眼慧眼をう(得)法華経にして法眼・仏眼備われり」(204ページ)と述べられている。

五穀｜ごこく　五つの主要な穀物。時代・地域で異なるが、日本では、米・ムギ・アワ・キビ・豆をさすことが多い。

護国三部経｜ごこくさんぶきょう　鎮護国家を祈るために用いられた3種の経典。法華経・仁王経・金光明経をいう。日蓮大聖人は、伝教大師最澄が法華経・仁王経・金光明経と定めたにもかかわらず、比叡山第3代座主の円仁(慈覚)が密教経典である大日経・金剛頂経・蘇悉地経を鎮護国家の三部経として重んじ、亡国の因をつくったと糾弾されている。

五五百歳｜ごごひゃくさい　大集経巻55で釈尊滅後の2500年間に正法が衰退していく様相を5期の500年間に区切って、仏法流布の状態を説明しようとしたもの。順に①解脱堅固《げだつけんご》(仏道修行する多くの人々が解脱する、すなわち生死の苦悩から解放されて平安な境地に至る時代)②禅定堅固《ぜんじょうけんご》(人々が瞑想修行に励む時代)③読誦多聞堅固《どくじゅたもんけんご》(多くの経典の読誦とそれを聞くことが盛んに行われる時代)④多造塔寺堅固《たぞうとうじけんご》(多くの塔や寺院が造営される時代)⑤闘諍言訟《とうじょうごんしょう》・白法隠没《びゃくほうおんもつ》(＝闘諍堅固《とうじょうけんご》、仏の教えの中の論争が絶えず、正法が見失われてしまう時代)の5時代をいう。堅固は変化、変動しない様をいい、定まっていることを意味する。五箇の五百歳ともいう。解脱・禅定堅固は正法時代、読誦多聞・多造塔寺堅固は像法時代、闘諍堅固は末法とされる。[参照]大集経/後の五百歳

心は工みなる画師の如し｜こころはたくみなるえしのごとし　▶心如工画師《しんにょくえし》

其罪畢已｜ございひっち　「ございひつい」とも読む。法華経常不軽菩薩品第20の文。「其の罪は畢《お》え已《お》わって」(法華経564ページ)と読み下す。不軽菩薩が礼拝行を貫いて得た宿命転換の功徳。不軽菩薩は人々からの迫害を受けたことで、過去の謗法の罪を受け尽くして消し去ることができた。そして臨終に法華経を聞いたことで六根が清浄となり、寿命を延ばし、多くの人々に法華経を説き聞かせて仏道を成就したという。[参照]不軽菩薩

居士｜こじ　❶家長のこと。原語であるサンスクリットのグリハパティは「家の主人」を意味する。

❷出家せず在家のまま仏道修行をする男性のこと。優婆塞(ウパーサカ)の訳語として用いられることがある。

五時｜ごじ　天台大師智顗による教判。諸経典の教えを釈尊一代で説かれたものとみなし、成道から入滅までの教えを内容によって五つの時期に分類し、矛盾なく理解しようとした。華厳時・阿含時(鹿苑時)・方等時・般若時・法華涅槃時をいう。

①華厳時。釈尊が伽耶城(ガヤー)近くの菩提樹の下で成道した後、21日間、華厳経を説いた期間。②阿含時。華厳時で教えを理解できなかった者がいたので、波羅奈国(ヴァーラーナシー)の鹿野苑などで12年間、衆生を仏法に誘引するため長阿含経などの四阿含を説いた期間。大乗に対して

小乗と位置づけられる。③方等時。続いて16年間(一説には8年間)、阿弥陀経・維摩経などの諸大乗経典を説き、小乗に執着する声聞を糾弾して大乗を慕わせた期間。④般若時。鷲峰山(霊鷲山)・白露池など四処十六会で14年間(一説には22年間)、般若経などの一切皆空の教えを説き、衆生の機根を菩薩として高めた期間。⑤法華涅槃時。マガダ国の霊鷲山と虚空会の二処三会で、8年間法華経を説き、大乗・小乗を超えて一切衆生が成仏できる真実の教えを開会した期間。また入滅直前に拘尸那城(クシナガラ)の西北の跋提河の沙羅双樹において涅槃経を説き、法華経の説法に漏れた人のために補足的に説法した期間。

天台大師は、この五時を乳を精製する段階の五味(乳味・酪味・生蘇味・熟蘇味・醍醐味)にあてはめ、醍醐味にあたる法華涅槃時の経が優れた教えであると位置づけた。日蓮大聖人は「守護国家論」で、「大部の経大概是くの如し此より已外諸の大小乗経は次第不定なり、或は阿含経より已後に華厳経を説き法華経より已後に方等般若を説く皆義類を以て之を収めて一処に置くべし」(40ページ)と述べられている。参照 天台大師/教相判釈

五時教｜ごじきょう　天台大師智顗以前の時代、南三北七のうち以下の二つの教判。諸経典を釈尊一代で説かれたものとして、成道から入滅までの五つの時期に分類して解釈した。天台大師が『法華玄義』巻10上に挙げている。参照 教相判釈/南三北七

❶南三北七のうち南地の一派である定林寺の僧柔《そうにゅう》・慧次《えじ》と道場寺の慧観による教判。宗愛《しゅうあい》(大昌寺僧宗《そうしゅう》と白馬寺曇愛《どんあい》の2人とする説もある)による四時教のうち、無相教と同帰教の間に褒貶抑揚教《ほうへんよくようきょう》(小乗を貶し抑え、大乗を褒め宣揚する教え)を立て、これには維摩経・思益経があたるとしている。すなわち、有相教・無相教・褒貶抑揚教・同帰教・常住教の五つ。参照 僧柔/慧次/慧観

❷北地の一派による教判。諸経典を頓教と漸教に分け、華厳経を頓教とした。漸教を①人天教(提謂波利経)②有相教(阿含経など)③無相教(維摩経・般若経など)④同帰教(法華経)⑤常住教(涅槃経)の五つに分ける。

五十展転｜ごじってんでん　法華経随喜功徳品第18で説かれる教え(法華経516ページ以下)。法華経を聞いて随喜した人が、その喜びを人に伝え、その人がまた別の人に伝えるというようにして、第50人に至ったとして、その第50人の随喜の功徳ですら、莫大なものであると説かれる。

五時八教｜ごじはっきょう　天台大師智顗が明かした教判を後代の天台宗が体系化したもの。法華経を中心に、諸経に説かれる教えを釈尊一代で説かれたものとして総合的に矛盾なく理解しようとした。五時とは、華厳時・阿含時・方等時・般若時・法華涅槃時の五つ。八教には、「化儀《けぎ》の四教《しきょう》」と「化法《けほう》の四教」がある。参照 五時/化儀の四教/化法の四教/教相判釈

護持仏所属｜ごじぶつしょぞく　法華経勧持品第13に「我等は来世に於いて｜仏の嘱する所を護持せん」(法華経420

㌻)とある。菩薩が二十行の偈をもって、仏の滅後の法華経護持を誓った文の中にある言葉。「仏の嘱する所」とは、虚空会において、仏が付嘱された法、すなわち法華経をさす。参照 勧持品二十行の偈

五宗(教)｜ごしゅう(きょう)　天台大師智顗以前の時代、南三北七のうち北地の一派による教判。諸経論を5種の教えに分類して解釈した。慧光による四宗すなわち①因縁宗(毘曇)②仮名《けみょう》宗(成実)③誑相《おうそう》宗(般若・三論)④常宗(涅槃・華厳など)のうち、常宗から華厳を取り出してこれを⑤法界宗として加えた。天台大師が『法華玄義』巻10上に挙げている。参照 教相判釈/南三北七

五重玄｜ごじゅうげん　▶五重玄義《ごじゅうげんぎ》

五重玄義｜ごじゅうげんぎ　天台大師智顗が諸経の深意を知るため、諸経の解釈をするにあたって用いた法門。五玄、五章、五重玄ともいう。天台大師は『法華玄義』に釈名《しゃくみょう》・弁体《べんたい》・明宗《みょうしゅう》・論用《ろんゆう》・判教《はんぎょう》(名・体・宗・用・教)の5面から、妙法蓮華経を釈した。①釈名とは経題を解釈し名を明かすこと。②弁体とは一経の体である法理を究めること。③明宗とは一経の宗要を明かすこと。④論用とは一経の功徳・力用を論ずること。⑤判教とは一経の教相を判釈すること。

天台大師は五重玄の依文として法華経如来神力品第21の結要付嘱の文である「要を以て之を言わば、如来の一切の所有の法(=名)、如来の一切の自在の神力(=用)、如来の一切の秘要の蔵(=体)、如来の一切の甚深の事(=宗)は、皆此の経(=教)に於いて宣示顕説す」(法華経572㌻)を挙げている。また教とは法華の一切の教えに対し優れている教相をいい、名体宗用をもって釈するときに法華の無上醍醐の妙教であることが明らかになる。その釈には通別がある。通釈は、七番共解(標章・引証・生起・開合・料簡・観心・会異)のおのおのにおいて五重玄の概念を総括的に解釈したもの。別釈は名・体・宗・用・教の五重を各別に釈したもので、別釈五章という。日蓮大聖人は「曾谷入道殿許御書」(1032㌻)で、法華経の肝心である妙法蓮華経という題目の五字に五重玄義がそなわることを示されている。

五重三段｜ごじゅうさんだん　日蓮大聖人が「観心本尊抄」(248,249㌻)において、釈尊が説いた教説を5重にわたって、序分・正宗分・流通分の3段に分けたもの。①一代一経三段②法華十巻三段③迹門熟益三段④本門脱益三段⑤文底下種三段の五つをいう。この五重三段を明かすことを通して、釈尊をはじめ三世十方の仏が説こうとした最も根本の教えとは南無妙法蓮華経であること、また、その法を直ちに顕したのが「本門の本尊」であるということを示されていく。

五十二位｜ごじゅうにい　大乗の菩薩の修行段階を52に分けて示したもの。華厳経や菩薩瓔珞本業経に基づくとされる。①十信②十住③十行④十回向⑤十地⑥等覚(仏の覚りに隣接し、間もなく仏になろうとする段階)⑦妙覚(覚りの境地、菩薩が到達する最高の段階)を合計して五十二位となる。天台

宗の解釈では、その内容の立て分け方が別教と円教とで異なっている。別教では十回向以下を凡位、初地以上を聖位とし、さらに凡位の中で十信を外凡、十住・十行・十回向を内凡（または三賢）とする。これに対し円教の菩薩の位では、十住以上を聖位、十信を内凡位とし、十信の前に法華経分別功徳品第17に説かれる「滅後の五品」の段階（五品弟子位）を置いて外凡位とする。日蓮大聖人の仏法では、五品の位より下位である名字即の位で、五十二の階位を経ずに成仏すると説かれる。参照 十信/十住/十行/十回向/十地/等覚/妙覚

五十二類｜ごじゅうにるい　釈尊の涅槃の会座に集まった、比丘・比丘尼・菩薩・優婆塞・優婆夷など52の異類の衆生。五十二衆ともいう。章安大師灌頂の『涅槃経疏』巻1にある。

五十の功徳｜ごじゅうのくどく　▶五十展転《ごじってんでん》

五重の相対｜ごじゅうのそうたい　日蓮大聖人が「開目抄」で示された教判（教えの比較判定）を整理したもの。「開目抄」では、儒（外典＝中国の諸思想）、外道（インドの仏教以外の諸思想・宗教）、内道（仏教）について、その教えを幸・不幸をもたらす生命の因果をどう説くかという点から比較検討して、判定されている。これは、内外《ないげ》相対・大小《だいしょう》相対・権実《ごんじつ》相対・本迹《ほんじゃく》相対・種脱《しゅだつ》相対という5段階にわけて、教えを比較・判定する基準として整理される。なお、仏教については、中国の教判の伝統を受け継ぎ、経典に説かれることに従い、すべての経典は釈尊が説いたものとみなして、比較し判定する。その際、伝統的に広く用いられた天台大師智顗の教説に基づく五時教判に従っている。

①内外相対。内道と外道を比較したもの。内道とは仏教、外道とは仏教以外の諸思想・宗教をいう。「開目抄」では具体的に、バラモン教や六師外道などのインドの諸思想・宗教、儒教・道教などの中国の諸思想をさす。内道と外道の違いは、生死を超えて過去・現在・未来の三世にわたる生命の幸・不幸の因果を自身の内に見いだしているかいないかである。

内道は、現在のあらゆる幸・不幸は、自身の過去の行い（業）が原因となって、それが結果としての報いとなって現れたものであると捉える因果観に立つ。これによって、自身の運命を自身の手で決定できること、また、誤った行いをやめて正しい行いをすることによって、苦悩を離れゆるぎない幸福を確立できることを説く。このことから、内道である仏教を選び取っている。

②大小相対。仏教の中で小乗教と大乗教を比較したもの。「乗」とは、乗る、乗せるという意味で、仏の教えが人々を覚りの境地へと導くさまを乗り物に譬えた語。声聞・縁覚のための教えは、自分自身が覚り苦悩から解放されることを目指す。これは、他の人々の救済を重んじる菩薩のための教え（大乗〈＝偉大な優れた教え〉と自称）の側からみると、小さな範囲の人々しか救えない教えなので、小さな乗り物に譬えられた。真の大乗以外の教えでは、苦悩の原因は自分自身の煩悩にあると説き、苦悩を解決するためには、煩悩

を滅して迷いと苦悩の世界に再び生まれることなく解脱することを目指した。これを灰身滅智（身を焼いて灰にし、智慧を断滅する）という。

それに対して大乗教は、慈悲と智慧にあふれる仏になることを目指す菩薩のための教えであり、自分も他人もともに幸福になろうとし、多くの人々を救うことができるとする。すなわち、煩悩を消し去るために生命そのものを滅するのではなく、煩悩に満ち覆われた生命に菩提（覚り）の智慧を開き現していくこと（煩悩即菩提）を説く。そして、ついには、自身が仏と成ることを説く。これによって、大乗教を選び取っている。

③権実相対。大乗教を、仏の真実の覚りを明かした実大乗教（法華経）と、真実を明かすための準備・方便として説かれた権大乗教に立て分け、両者を比較したもの。権とは仮、実とは真実の意。大乗経典の中でも華厳経・般若経・阿弥陀経・大日経などの諸経では二乗（声聞・縁覚）や悪人・女性の成仏を説かず、一切衆生の成仏が明かされていない。また、成仏の明かされた人々についても、何度も生まれ変わって修行を積み重ねて（歴劫修行）はじめて成仏できると説く。さらに仏についても、阿弥陀仏や大日如来など、人間を超越し、現実世界から遊離した世界に住む架空の仏を説く。これらは、各経で目指す理想の人格と世界を象徴的に誇張して投影したものである。

これに対して、法華経では、それ以前の諸経（爾前経）は覚りの真実を説くための方便の教えであり法華経がその真実を明かすと説く（開三顕一）。そして、一切衆生に仏の智慧の境涯（仏知見）がそなわりそれを開き現すことで成仏できることを説く。それには、諸経では認められていなかった二乗や悪人・女性も含まれる。また、仏についても、釈尊は実は五百塵点劫という長遠な過去に成仏していた（久遠実成）と明かし（開近顕遠）、これによって諸経の諸仏は釈尊の分身として位置づけられる。これは、諸経の仏が、久遠実成の釈尊のもつ特性の一部分を取り上げて説いたものにすぎないことを意味する。このように、諸経は仏の真実の覚りの法を説くための準備として、聞く人々の状態に合わせて説かれた一時的な方便であり、それに対して、法華経は仏の真実の覚りの法を直ちに説いた仏の真意である。それ故、実教を選び取っている。

④本迹相対。法華経28品を前半14品の迹門と後半14品の本門に立て分け、両者を比較したもの。本迹とは本地（仏・菩薩などの本来の境地）と垂迹（衆生を教え導くために仮に現した姿）という意味。法華経の後半14品は釈尊が本地を明かした法門なので本門といい、前半14品はまだ本地が明かされていないので迹門という。法華経の前半14品では、権教と同様、釈尊がインドの伽耶城（ガヤー）近くの菩提樹の下で今世で初めて覚りを得た（始成正覚）という立場で説かれている。

それに対して後半14品では、釈尊は五百塵点劫という長遠な過去に成仏していた（久遠実成）という釈尊の真実の境地（本果）が明かされた。また、成仏のために菩薩道を行じたという因

（本因）が示され、成仏を目指す菩薩としての寿命も今もなお尽きず今後も長く続くことが明かされた。これによって、菩薩をはじめとする九界と仏界、すなわち十界すべての常住が明かされた。さらに迷いの衆生が住む娑婆世界が久遠の仏が常住する国土であること（本国土）が明かされた。このように本因・本果・本国土が明かされることによって、十界の依正の常住が示され、一念三千が事実の上で確立した。それ故、本門の一念三千は、「事の一念三千」と位置づけられる。これに対して、迹門に説かれる一念三千は、方便品の十如実相の文などによって理論上は確立しているが、それは事実の上ではなく、あくまで理論上にとどまっているので、「理の一念三千」と位置づけられる。このように、本門では釈尊の真実の境地（本地）、覚りの真実の全体が明かされて、現実に成仏する道が確立したのに対して、迹門ではまだ方便の教えが残り、成仏のための教えも理論上にとどまる。それ故、本門の教えを選び取っている。

⑤種脱相対。釈尊の法華経の文上の本門と日蓮大聖人の法門とを比較し、すでに下種・調熟した機根の整ったものを得脱させる文上本門に対して、まだ功徳・善根をまったく積んでいない機根の劣悪な凡夫であっても、下種の法を直ちに説いて得脱・成仏させる教えを選び取ることを示すもの。

仏が衆生に初めて成仏の法を説き聞かせることを田畑に種を下ろすことに譬えて「下種」という。その後、さまざまな教えを説き聞かせて導いて次第に衆生の機根を整えることを「調熟」という。そして、最終的に覚りを得させて苦悩から解放（解脱）させることを「得脱」という。

法華経本門の文上の教えは、釈尊が過去に下種し、調熟させてきた衆生を成仏させる、得脱の利益（脱益）をもっている。しかし、過去に釈尊に縁がなく、成仏のための功徳・善根を積んでいない衆生は、脱益の法華経では成仏することができない。釈尊に有縁の衆生は、在世の本門を中心として滅後の正法・像法に、下種の本法を覚知して成仏・得脱する。しかし末法の娑婆世界の衆生は、釈尊の法による下種結縁がなく、得脱していない者たちである。この者たちは、法華経寿量品の文底に秘沈された南無妙法蓮華経という仏種（成仏の根本因である法）を直ちに説き聞かせて下種結縁することで、成仏・得脱することができる。この仏種は、法華経の本門の文上でも示されていない。

日蓮大聖人は、釈尊はじめ三世の諸仏を成仏させる根源の法、すなわち仏種が一念三千であり、それが法華経の題目である南無妙法蓮華経に納まっていると明かされた。そして南無妙法蓮華経を、末法の衆生が信受して成仏するための御本尊として曼荼羅に顕された。以上の理由から、下種益の教えを選び取っている。参照「開目抄」

五種の妙行｜ごしゅのみょうぎょう　法華経法師品第10（法華経355ページ）に説かれる、釈尊滅後における五つの修行のこと。受持・読（経文を見ながら読む）・誦《じゅ》

(経文を暗誦する)・解説《げせつ》・書写の五つ。

挙処 | こしょ　罪過を数え上げて糾弾すること。

***御書** | ごしょ　尊敬すべき人の著作。日蓮大聖人の著作・消息などの敬称。日蓮仏法の法理と実践の根幹。大聖人の教えを正しく継承された日興上人は、大聖人の著述を「御書」(1604㌻)と拝して収集、書写、講義し、大切にされた。この御書根本の精神を受け継ぎ、創価学会では戸田先生の発願により、昭和27年(1952年)4月28日に立宗700年を記念して『日蓮大聖人御書全集』を刊行し、以来、御書根本の信心の伝統を貫いている。参照『日蓮大聖人御書全集』

五障 | ごしょう　五つの障り。特に、女性は梵天王・帝釈天・魔王・転輪聖王・仏の五つになることができないとされたことをいう。法華経提婆達多品第12では、舎利弗が女人には五障がある故、どうして成仏できようかと竜女の成仏を疑うが、竜女はすぐに即身成仏の現証を示し、ここで初めて女人成仏が明かされた。ただし五障の内容は以上の女性に対するものに限らず種々の用例がある。参照女人成仏

五性 | ごしょう　▶五性各別《ごしょうかくべつ》

後生 | ごしょう　後の生。死んで次に生まれてきたときは順次生といい、それ以後の生は順後生という。参照今生

五常 | ごじょう　仁・義・礼・智・信の五常。儒教の根本的な徳目。①仁は、分け隔てない親愛の情。②義は、道理にかなって正しいこと。③礼は、社会秩序を維持するための生活規範のこと。④智は、物事を識別する能力・智慧。⑤信は、偽らない誠のことで、誠実さ。

五乗 | ごじょう　仏教を理解し受容する衆生の能力の違いに応じて説かれる人・天・声聞・縁覚・菩薩の教え。

五性各別 | ごしょうかくべつ　法相宗の教判。衆生が本来そなえている、仏教を信じ理解し実践する宗教的能力を五つに分類する。五性の「性」は「姓」とも書く。

①定性声聞(声聞定姓)は、声聞の覚りである阿羅漢果を得ることが決まっているもの。②定性縁覚(独覚定姓)は、縁覚の覚りである辟支仏果が得られると決まっているもの。③定性菩薩(菩薩定姓)は、菩薩の覚りである仏果が得られると決まっているもの。④不定性(不定種性、三乗不定姓)は、以上の三乗の修行とその結果が定まっていないもの。⑤無性(無種性、無姓有情)は、覚りの果を得ることができないもの。これらのうち、成仏すなわち仏果が得られるのは③④のみとなる。

五停心観 | ごじょうしんかん　貪瞋癡をはじめとする煩悩など修行の妨げを停止する5種の観法。数息観《すそくかん》・不浄観・慈悲観・因縁観・界分別観または念仏観の5種をいう。この五停心観は大・小乗に通じ、凡夫・声聞の聖者・菩薩の修行に通ずる。また、この五観を修して惑障を克服した小乗教の声聞の位を五停心といい、七賢の中の三賢の第1をさす。

①数息観とは持息念ともいい、サン

スクリットではアーナーパーナといい、安般などと音写する。座禅して自分の出入の息を一から十まで繰り返して数えることによって心の散乱を治する観。②不浄観とは身の不浄を観じて貪欲の心を治する観法。以上の二観は聖道に入る最初の要観とされる。③慈悲観とは慈悲を観じて嫉妬・瞋恚を治する観をいう。④因縁観とは縁起観ともいい、あらゆるものごとは縁によって生起するという縁起の法を観じて愚癡を治する観。⑤界分別観とは、界方便観・析界観・無我観・念仏観などともいい、五陰・十八界などの万物の構成要素(界)を観じて固定的実体がないことを知って執着を離れ妨げを治する観。

御消息文｜ごしょうそくもん　日蓮大聖人が門下に与えられたお手紙のこと。

後生の三悪｜ごしょうのさんあく　悪業の報いで未来世に堕ちるべき地獄・餓鬼・畜生道のこと。

故聖霊｜こしょうりょう　故人のこと。

五濁｜ごじょく　生命の濁りや劣化の様相を5種に分類したもの。法華経方便品第2に説かれる(法華経124㌻)。劫濁《こうじょく》・煩悩濁・衆生濁・見濁《けんじょく》・命濁《みょうじょく》の五つ。①劫濁とは、時代の濁り。環境・社会に不幸・苦悩の現象が重なり起こる。②煩悩濁とは、五鈍使(貪・瞋・癡・慢・疑)の煩悩に支配されること。③衆生濁とは、個々の衆生の濁り。④見濁とは、思想の濁り。五利使(身見・辺見・邪見・見取見・戒禁取見)をいう。⑤命濁とは、寿命が短くなること。

五濁悪世｜ごじょくあくせ　五濁の盛んな悪い世の中のこと。参照 五濁

五濁乱漫｜ごじょくらんまん　五濁が盛んであること。参照 五濁

***御書全集**｜ごしょぜんしゅう　▶『日蓮大聖人御書全集』《にちれんだいしょうにんごしょぜんしゅう》

己心｜こしん　自分の心のこと。

己心の三仏｜こしんのさんぶつ　三仏とは、法華経の虚空会に集った釈尊・多宝・十方諸仏のことで、それぞれ報身(智慧をはじめとする功徳)、法身(法そのもの)、応身(慈悲の働き)という仏にそなわる三つの特性を表す。これら仏の三つの特性が、衆生の生命にそなわる仏界にもそなわっている。

牛頭栴檀｜ごずせんだん　牛頭山(南インドのマラヤ山脈)に生ずる栴檀。参照 栴檀

「御成敗式目」｜ごせいばいしきもく　貞永元年(1232年)に北条泰時《ほうじょうやすとき》らによって制定された武家の基本法。「貞永式目」ともいう。全51条から成る。

五千・七千余巻｜ごせんしちせんよかん　公式な仏典目録で掲載されている仏典の数。『開元釈教録』では5000余巻が大蔵経の標準巻数とされた。開元以降の訳出分を加えた『貞元新定釈教目録』では7000余巻を挙げている。参照『開元釈教録』/『貞元入蔵録』

五千上慢の眷属｜ごせんじょうまんのけんぞく　▶五千人の慢心の者たち《ごせんにんのまんしんのものたち》

五千人の慢心の者たち｜ごせんにんのまんしんのものたち　法華経方便品第2で、釈尊がまさに真実を説こうと述べたにもかかわらず、すでに分かっていると慢心を起こして退席した5000人の四衆(出家・在家の男女)のこと(法華経118～119㌻)。参照 四衆/増上慢

五大｜ごだい　古代インドの思想で

説かれた、万物を構成する5種の元素。四大に空大を加えたもので、すなわち地水火風空をいう。空大とは、無礙(妨げられない)の性質をもち、不障(障りがない)の働きをもつ空間のこと。参照 四大

五台山の五つの寺｜ごだいさんのいつつのてら 五台山は中国の山西省にある山。不空はここに華厳寺・呉摩子寺・清涼寺・金閣寺・玉花寺の5カ寺をはじめとする諸寺を修復・建立した。参照 不空

五大尊｜ごだいそん 真言密教で説く五大明王のことで、不動明王《ふどうみょうおう》・降三世明王《ごうざんぜみょうおう》・軍荼利明王《ぐんだりみょうおう》・大威徳明王《だいいとくみょうおう》・金剛夜叉明王《こんごうやしゃみょうおう》をいう。おのおの本地の仏である金剛界の五仏(大日如来・阿閦如来《あしゅくにょらい》・宝生如来《ほうしょうにょらい》・阿弥陀如来・不空成就如来《ふくうじょうじゅにょらい》)の命令を受け、内外の障魔を降伏するために怒り(忿怒)の姿形で示現したとされる。

五大部｜ごだいぶ 日蓮大聖人の御書の中で、第2祖・日興上人が選定された十大部のうち、最も重要な「立正安国論」(17ページ)、「開目抄」(186ページ)、「観心本尊抄」(238ページ)、「撰時抄」(256ページ)、「報恩抄」(293ページ)の5編をいう。参照 十大部

五大力｜ごだいりき 五大力菩薩のこと。国王が仏法僧の三宝を護持すればこの五菩薩が国土の四方と中央で国王を守護するとされる。鳩摩羅什訳の仁王経巻下の受持品第7に説かれる仁王会の本尊である。中世には、五大力菩薩が天災地変や疫病などを除くという信仰が一般にも広がり、その図像が守り札として門戸に貼られるようになった。

其中衆生悉是吾子｜ごちゅうしゅじょうしつぜごし 法華経譬喩品第3の文。「今此の三界は……其の中の衆生は｜悉く是れ吾が子なり」(法華経191ページ)とある。三界の衆生はみな仏(釈尊)の子であるとの意。釈尊が娑婆世界の衆生に対して主師親の三徳のうち親の徳をそなえていることを示す文。参照 三界/主師親/教主釈尊

***国家神道**｜こっかしんとう 明治期以降に形成された一種の宗教。神社神道と皇室神道とが結びついて成立した国家の祭祀であり、国民に天皇崇拝と神社信仰を義務づけ、第2次大戦中には戦争遂行の精神的支柱となった。戦後、GHQ(連合国軍総司令部)の国家神道廃止令によって解体された。

穀貴｜こっき ▶三災《さんさい》

乞眼の婆羅門｜こつげんのばらもん 『大智度論』巻12に記されている、舎利弗に眼を乞うたバラモンのこと。舎利弗が昔、60劫もの間、菩薩道を修し布施行をしていた時、バラモンがやってきて舎利弗に眼を布施することを求めたので、舎利弗は自らの眼を与えたが、バラモンはその眼の臭いを嫌って唾を吐きかけ、地に捨てたうえ足で踏みつけた。これを見た舎利弗は、この輩はとても救い難い、自分さえ生死を脱すればよいと菩薩道を退転し、小乗の考えに堕してしまったという。参照 舎利弗

乞食｜こつじき ①托鉢ともいう。僧が人家の門前に立って食を乞うて歩くこと。頭陀行の一つ。②転じて一般に、食や金銭を他人からもらって生活すること、またその人をいう。参照 比

丘/頭陀

五帝｜ごてい　古代中国の伝説上の理想的な王たち。諸説あるが、少昊《しょうこう》・顓頊《せんぎょく》・帝嚳《ていこく》・唐堯《とうぎょう》・虞舜《ぐしゅん》とされる。［参照］五典

五典｜ごてん　五帝の書といわれる。現存はしないが、人の常に守るべき道を説いた書とされる。［参照］五帝

五天竺｜ごてんじく　天竺とはインドの古称。東天竺・西天竺・南天竺・北天竺・中天竺の五つをいう。

古徳｜ことく　昔の高徳な知者。

後鳥羽院｜ごとばいん　▶後鳥羽上皇《ごとばじょうこう》

後鳥羽上皇｜ごとばじょうこう　1180年～1239年。第82代の天皇（在位、1183年～1198年）。建久9年（1198年）に上皇となり院政を敷く。承久3年（1221年）に承久の乱を起こしたが、敗れて隠岐国（島根県隠岐諸島）へ流刑に処されたので、隠岐法皇《おきのほうおう》と呼ばれる。法皇は出家した上皇のことで、後鳥羽上皇は隠岐国に流される直前に出家している。流刑後はそのまま同地で没した。［参照］承久の乱

「五人所破抄」｜ごにんしょはしょう　日蓮大聖人の滅後、重須《おもす》談所（日興上人が駿河国富士上方重須郷＝静岡県富士宮市北山に開設した学問所）の第2代学頭・日順《にちじゅん》が著した草案とされている（1610ページ）。五老僧が唱えた邪義を破折し、日興上人の正義を明らかにしている。

五人の長老｜ごにんのちょうろう　周の武王（紀元前1050年ごろ）に仕えた5人の賢臣で、太公望（呂尚）・周公旦・召公奭《しょうこうせき》・畢公高《ひつこうこう》・蘇忿生《そふんせい》のこと。［参照］大公望（太公望）/周公旦

五五百歳｜ごのごひゃくさい　大集経に説かれる五五百歳《ごごひゃくさい》（五つの五百歳）のうちの第5の500年をさすことがある。▶五五百歳《ごごひゃくさい》

五の巻の経文｜ごのまきのきょうもん　法華経第5巻の勧持品第13には、末法において正法を広める者には必ず三類の強敵が出現することが説かれている。その中では、刀や杖をもって迫害される刀杖の難や、2度以上にわたって流罪や追放されることが記されている。日蓮大聖人は竜の口の法難の際、草庵に押し入ってきた武装の者数十人に囲まれる中で、少輔房によって、懐中に入れられていた「第五の巻」を奪い取られ、顔を3度打たれた。このことを「杖の難」として法華経の身読とされた（912,1557ページなど）。［参照］勧持品二十行の偈/三類の強敵/身読

此の我が二りの子已に仏事を作しぬ・此の二りの子は是我が善知識なり｜このわがふたりのこすでにぶつじをなしぬ このふたりのこはこれわがぜんちしきなり　ともに法華経妙荘厳王本事品第27の文（1423ページで引用、法華経661ページ）。仏法に無理解だった父・妙荘厳王は、その子である浄蔵・浄眼の兄弟2人の神通力によって仏道に導かれていった。その兄弟2人に対し、父が褒めたたえている一節。［参照］浄蔵・浄眼

五百塵点劫｜ごひゃくじんてんごう　「五百千万億那由他阿僧祇」の「五百」を取って五百塵点劫という。法華経如来寿量品第16では、釈尊の成道は五百塵点劫という長遠な過去（久遠）であり、それ以来、衆生を説法教化してきたことが明かされた。五百塵点劫は、法華経で次のように説明される（法華経478

ページ）。すなわち、五百千万億那由他阿僧祇（極めて大きな数）の三千大千世界の国土を粉々にすりつぶして微塵とし、東方に進み五百千万億那由他阿僧祇の国を過ぎて一塵を落とし、以下同様にしてすべて微塵を下ろし尽くして、今度は下ろした国土も下ろさない国土もことごとく合わせて微塵にし、その一塵を一劫とする、またそれに過ぎた長遠な時である。参照久遠実成

五百弟子受記品｜ごひゃくでしじゅきほん　妙法蓮華経の第8章（法華経324ページ）。参照衣裏珠の譬え/付録「法華経の構成」

五百弟子品｜ごひゃくでしほん　▶五百弟子受記品《ごひゃくでしじゅきほん》

五瓶｜ごびょう　密教で災難を除くための祈禱を行う際、大壇の中央と四隅に置く5個の宝瓶で、五智・五部・五仏などを表示する。法門を師から弟子へ伝える儀式（灌頂）の際には、この五瓶に香水（各種の香を加えた清浄な水）を入れ、その水を受者の頭頂に智水として注ぐ。参照灌頂

五分法身｜ごぶんほっしん　五法蘊《ごほううん》ともいう。5種の功徳のあつまり。法は功徳法、身はあつまりの意。仏と阿羅漢が具備しているとされる。①戒身（清浄で過ちのないこと）②定身（心が安らかで動揺のないこと）③慧身（生命自体の本性を明らかに知ること）④解脱身（自身に迷いのないこと）⑤解脱知見身（自身に迷いのないことを知見すること）をいう。

御幣｜ごへい　神々に祈る時にささげる物。

護法｜ごほう　❶仏の正法を信じ、受け持って守護すること。

❷530年～561年。サンスクリットのダルマパーラの訳。唯識学派の論師。南インド出身で、ナーランダー寺の学頭を務めた。唯識学の重要文献とされる『成唯識論』は、世親（ヴァスバンドゥ）の『唯識三十論頌』に対する護法の注釈を中心として編まれた書。

御宝前｜ごほうぜん　仏や菩薩などの前の場所。

護法の功徳力｜ごほうのくどくりき　正法を護持することによって得られる功徳力のこと。

五品｜ごほん　▶滅後の五品《めつごのごほん》

***御本尊**｜ごほんぞん　本尊の尊称。信仰・修行の根本として尊崇する対象。特に絵画や立体像として制作された仏・菩薩などの像や、仏・菩薩などが集合する世界観を図顕した曼荼羅《まんだら》をいう。日蓮大聖人が図顕された南無妙法蓮華経の御本尊の意義は多岐にわたる。その主要なものは以下の通り。

【仏種＝万人成仏の根源の法】釈尊は、宇宙と生命を貫く根源の法を覚知し成道した。そして、あらゆる仏たちもその妙法を覚って成仏することを明かした。この成仏の根本原因である妙法を、大聖人が「南無妙法蓮華経」と名づけられ、直ちに説き現された。妙法は、仏の境涯を開き現す根本原因であり、「仏の種子（仏種）」と呼ばれる。

【仏界＝万人にそなわる仏の生命境涯】仏種である妙法は、あらゆる衆生に「仏性（仏としての本性）」「仏界（仏の生命境涯）」として本来的にそなわっている。また南無妙法蓮華経は、自身と万物にそなわる仏界の名でもある。御

本尊を信じ、南無妙法蓮華経と唱題する時、自身の仏界が呼び起こされ、さらには宇宙の万物の仏界も呼び起こされる。それ故、自身の無限の可能性を開き、また諸天と仏・菩薩によって守り支えられることとなる。このことを、大聖人は「法華初心成仏抄」で「私たち自身の心にそなわる妙法蓮華経を本尊として尊崇して、私たち自身の心の中の仏性を南無妙法蓮華経と呼び、呼ばれて現れるものを仏というのである。譬えていうと、籠《かご》の中の鳥が鳴けば空を飛ぶ鳥が呼ばれて集まるようなものである。空を飛ぶ鳥が集まれば、籠の中の鳥が出ようとするようなものである。口で妙法をお呼びすれば、私たち自身の仏性も呼ばれて必ず現れる。梵王や帝釈の仏性は呼ばれて、私たちを守ってくださる。仏や菩薩の仏性は呼ばれて喜んでくださるのである」(557ページ、通解)と仰せである。

【「日蓮がたましひ」】南無妙法蓮華経は、万人成仏の教えである法華経の根底に指し示されている。大聖人は自身の生命にそなわる妙法=仏界を覚知され、それを南無妙法蓮華経であると直ちに説き示し、私たちが修行するための御本尊として顕された。大聖人は御本尊について「日蓮がたましひ(魂)をすみ(墨)にそめながして・かきて候ぞ信じさせ給へ、仏の御意は法華経なり日蓮が・たましひは南無妙法蓮華経に・すぎたるはなし」(1124ページ)と仰せである。御本尊は、根源の妙法である南無妙法蓮華経を自身の内に覚知し体得された大聖人の仏の生命境涯(仏界)を顕されたものなのである。御本尊の相貌《そうみょう》(おすがた)を拝すると、中央に「南無妙法蓮華経 日蓮」としたためられている。成仏の根本法である南無妙法蓮華経こそが御本尊の根本であり、その南無妙法蓮華経と一体となった大聖人の御境地が御本尊に顕されているのである。

【明鏡】私たちは、大聖人が凡夫の御自身の身に開き現された仏界(=南無妙法蓮華経)を、御本尊と仰ぎ、根本として尊敬していく時、凡夫の身に、大聖人と同じく、仏界を開き現していくことができる。つまり、御本尊は私たちが目指すべき仏の生命境涯を現されたものといえる。南無妙法蓮華経の御本尊は、万人に仏界がそなわるという法華経の経文上に説かれた教えを大聖人が深く掘り下げて、文底に秘められていた成仏の根源の法そのものを直ちに説き示し、私たちが現実に成仏するために実践できるよう、具体的に確立されたものである。よって御本尊は、凡夫の私たち自身の仏界を現実に映し出す明鏡でもある。

【虚空会の付嘱の儀式】大聖人は南無妙法蓮華経の御本尊を、法華経の虚空会《こくうえ》の儀式を用いて曼荼羅として顕された。虚空会は、多宝如来の宝塔《ほうとう》が出現し虚空に浮かぶ見宝塔品第11から、宝塔が閉じられる嘱累品第22までにわたる。その核心は、久遠の仏であるという本地を明かした釈尊が、久遠の弟子である地涌の菩薩を呼び出し、自身の滅後の悪世に法華経を広めて人々を救い導くことを託すこと(付嘱)にある。これは従地涌出品第15から嘱累品第22までの8品に説かれており、南無妙法蓮華経の御本尊はこの付嘱の儀式を用いて表現されている。

【十界具足の曼荼羅】法華経に説かれる成仏の法の要点は、自身の内に仏界がそなわることを覚知し、仏界を開き現すことである。大聖人は御本尊を法華経の虚空会の宝塔を用いて表現されている。また、虚空会の中心にある宝塔は南無妙法蓮華経であり、それはまた妙法を信ずる私たちそのものであると教えられている。「末法に入って法華経を持つ男女の・すがたより外には宝塔なきなり」(1304㌻)と仰せである。また虚空会における釈尊と多宝如来は、私たちの生命に本来的にそなわる仏界を示したものであり、上行菩薩などの地涌の菩薩は、私たちの生命に本来的にそなわる菩薩界を示したものであると教えられている(247㌻)。虚空会には声聞や諸天善神、その他の衆生も集まっている。よってそれを図顕された御本尊には、十界の衆生の代表が記されている。仏が覚った場(道場)、法を説く集いを表現したものを、サンスクリットでマンダラといい、漢字では「曼荼羅」などと書く。南無妙法蓮華経の御本尊は、私たちの生命に十界、すなわち森羅万象が欠けることなく円満にそなわっており(輪円具足)、十界の優れた特性が集まっている(功徳聚《くどくじゅ》)ことを示している、十界具足の曼荼羅である。すなわち、御本尊は南無妙法蓮華経と一体である仏の境地を表しており、その仏の境地には十界のすべてがもとからそなわっていて、本来の優れた特性を発揮している様を示している。したがって私たちは、この南無妙法蓮華経の御本尊を信じ根本として生きる時、自身が南無妙法蓮華経であると自覚し、生命にそなわる十界が本来もっている、あらゆる優れた特性を自在に発揮していくことができるのである。

【事の一念三千】十界具足の曼荼羅である御本尊は、一念三千の中核である十界互具の法理を端的に示している。一念三千の法門は、天台大師が『摩訶止観』で、万人が本来的に成仏する要因をそなえているということを説いて、万人成仏の理論的な可能性を明かしたものであるが、あくまで理の上のものである。対して大聖人は、南無妙法蓮華経という成仏の根源の法を智慧で覚知し、大慈悲によって大難を忍び、凡夫の御自身の身をもって成仏のすがた・振る舞い(事)を示された。この大聖人の凡夫の身に開かれた仏の境地を直ちに顕された御本尊は、一念三千を具体的に示したものであるので、事の一念三千と拝される。

【「法華弘通のはたじるし」】大聖人は御本尊について「法華弘通のはた(旗)じるし」(1243㌻)と仰せである。法華経の虚空会では、釈尊から地涌の菩薩へ滅後悪世における妙法の弘通が託される。御本尊はその意義も示しているのである。御本尊への信を広げていくことが、そのまま法華弘通、すなわち妙法の広宣流布の道を開いていくことになる。参照 南無妙法蓮華経/日蓮大聖人/法華経/曼荼羅

高麗 | こま　❶日蓮大聖人の時代には、国名としてだけではなく一般に韓・

朝鮮半島をさすことがある。

❷▶高麗《こうらい》

❸▶高句麗《こうくり》

***小松原の法難**｜こまつばらのほうなん　文永元年(1264年)11月11日、日蓮大聖人が安房国東条郡(千葉県鴨川市)天津《あまつ》に住む門下・工藤殿の邸宅へ向かう途中、東条の松原大路で、地頭・東条景信《とうじょうかげのぶ》の軍勢に襲撃された法難。東条松原の法難とも呼ばれる。門下が死亡し、大聖人御自身も額に傷を負い、左手を折られた。その時の模様は「南条兵衛七郎殿御書」(1498ページ)に記されている。参照 東条景信/刀の難

五味｜ごみ　もとは涅槃経にある教説で、釈尊の種々の教えを牛乳が精製される時に生じる5段階の味に譬え、位置づけたもの。①乳味《にゅうみ》(牛乳そのもの)②酪味《らくみ》(発酵乳、ヨーグルトの類い)③生蘇味《しょうそみ》(サワークリームの類い)④熟蘇味《じゅくそみ》(発酵バターの類い)⑤醍醐味《だいごみ》(バターオイルの類い)の五つをいう。乳味が一番低い教えにあたり、醍醐味が最高の教えにあたる。天台教学では、五時の教判のうち、5番目の時期、すなわち釈尊の真意を説いた法華経・涅槃経を説いた時期を最高の味である醍醐味に譬え、それ以前の華厳・阿含・方等・般若という四つの時期の教えをそれぞれ乳・酪・生蘇・熟蘇の四味に譬えた。参照 五時

護命｜ごみょう　750年~834年。平安初期の法相宗の僧。伝教大師最澄が大乗戒壇建立を請願した時、反対の上奏を行った。

故亦両存｜こやくりょうそん　「故に一乗を真実とする説と一乗を方便とする説の二つを併存させた」との意。「開目抄」(216ページ)では、法相宗の基(慈恩)の『法華玄賛』の文として引かれる。同抄では、法相宗が一乗方便・三乗真実と説きながら故亦両存とも言っていることは、「言葉の上では一乗、三乗の両方を認めているが、心では天台に帰服している」(同ページ、通解)ということだと述べられている。ただし故亦両存は、源信の『一乗要決』には基の弟子、唐の鏡水栖復《きょうすいせいふく》の『法華玄賛要集』巻4の文として引かれている。日寛上人は『開目抄愚記』に「この文は鏡水所述の玄賛要集第四に出でたり。然るに彼の鏡水の文は、即ち慈恩の意を述するが故に直ちに『玄賛』というなり」(文段集169ページ)と記している。

五欲｜ごよく　五根(眼・耳・鼻・舌・身)が五境(色・声・香・味・触)を対境として起こす欲望のこと。①色欲(眼根に対応。色彩・形状・男女などに対する欲望)②声欲(耳根に対応。楽器の音色や男女の歌詠に対する欲望)③香欲(鼻根に対応。栴檀香などの芳香に対する欲望)④味欲(舌根に対応。一切の飲食美味に対する欲望)⑤触欲(身根に対応。男女の肌や柔軟な衣服に対する欲望)の五つ。

御霊社｜ごりょうしゃ　鎌倉の由比ケ浜から極楽寺切り通しに向かう途中にある御霊神社。平安末期の武将・鎌倉権五郎景政《かまくらごんごろうかげまさ》を祭る。四条金吾邸跡と伝えられる収玄寺までは約250メートルである。

後霊鷲山会｜ごりょうじゅせんえ　▶二処三会《にしょさんえ》

五輪観｜ごりんかん　密教で説く、五輪

あ こ さ た な は ま や ら わ

を観ずる観法。万物の構成要素である地・水・火・風・空の五輪(五大)を自身の体に配して、自身を五智如来と観ずる。

孤露｜ころ　法華経如来寿量品第16の文(法華経488㌻)。孤独で頼りにするところがないこと。もとは「長者窮子の譬え」において父親が亡くなったと告げられた子どもたちのことを指し、釈尊滅後の衆生を譬えている。

五老僧｜ごろうそう　日蓮大聖人が臨終間際に選ばれた6人の高弟のうち、日興上人以外の5人のこと。すなわち日昭、日朗、日向、日頂、日持。日興上人は、大聖人の不惜身命の広宣流布の精神と行動を受け継いだが、五老僧が節を曲げた行動をしたため、これを厳しく糾弾された。参照天台沙門

権教・権経｜ごんきょう　仏が衆生を実教に導き入れるために、衆生の受容能力に応じて説いた権《かり》の教え、経典のこと。実教(実経)に対する語。権は一時的・便宜的なものの意。参照実教・実経

***勤行**｜ごんぎょう　仏道修行を勤めて行うこと。特に、仏前で時を定めて読経礼拝すること。その儀式作法は宗派によって異なる。創価学会では朝夕の2回、御本尊に向かって法華経方便品第2(冒頭の散文の部分)と如来寿量品第16の自我偈《じがげ》(自我得仏来で始まる韻文)を読誦し、南無妙法蓮華経の題目を唱え、御祈念文を祈念する。参照自我偈

金剛｜こんごう　古代インドで最も固い金属と考えられたもの。雷電の破壊力を堅牢な金属によるものとみた。日常語としては、ダイヤモンドの別名として用いられる。

金剛界曼荼羅｜こんごうかいまんだら　金剛頂経に基づく曼荼羅。胎蔵が理を表すのに対し、金剛界は智慧を表す。中心尊格は大日如来。真言宗の現図曼荼羅では、9つの区画(九会)で構成され、37の仏・菩薩などの尊格が配される。参照金剛頂経/胎蔵曼荼羅

金剛薩埵｜こんごうさった　密教を相承した8人の祖師のうちの第2祖とされ、大日如来から直接教えを受けたとされる。

金剛杵｜こんごうしょ　密教の修法(祈禱などを行う儀礼)に用いる仏具の一つ。古代インドの武器に由来し、中央に取っ手があり両端が尖っている。鈷《こ》ともいう。

金剛身｜こんごうしん　何ものにも壊すことができない堅固な身のこと。「開目抄」(235㌻)では、時にかなった折伏を実践する利益として、涅槃経巻3の「我、護持正法の因縁にて、今是の金剛身・常住不壊を成就することを得たり」の文を引用されている。

金剛蔵｜こんごうぞう　▶法慧・功徳林・金剛幢・金剛蔵《ほうえくどくりんこんごうどうこんごうぞう》

金剛智｜こんごうち　671年～741年。サンスクリットのヴァジラボーディの訳。中インドあるいは南インド(デカン高原以南)出身の密教僧。唐に渡り、金剛頂経(金剛頂瑜伽中略出念誦経)などを訳し、中国に初めて金剛頂経系統の密教をもたらした。弟子に不空、一行がいる。参照不空/一行

金剛頂経｜こんごうちょうきょう　もとは単一の経典ではなく、大日如来が18の会座

で説いたとされるものを集めた経典の総称。一般に「金剛頂経」という場合、このうち初会の一部を訳して一経としたものをさす。漢訳には、金剛智が訳した金剛頂瑜伽中略出念誦経《こんごうちょうゆがちゅうりゃくしゅつねんじゅきょう》4巻と、弟子の不空が訳した金剛頂一切如来真実摂大乗現証大教王経《こんごうちょういっさいにょらいしんじつしょうだいじょうげんしょうだいきょうおうぎょう》3巻がある。金剛界を説いた経とされ、大日経とともに密教の根本聖典とされる。金剛界三十七尊が明かされ、金剛界曼荼羅とその供養法などが説かれている。[参照]密教/金剛界曼荼羅

『金剛頂経疏』 | こんごうちょうきょうしょ　円仁(慈覚)が仁寿元年(851年)に著した『金剛頂大教王経疏《こんごうちょうだいきょうおうぎょうしょ》』7巻のこと。不空訳の金剛頂一切如来真実摂大乗現証大教王経(金剛頂経)3巻の注釈書(ただし、下巻は口伝の教えであるとして、注釈していない)。天台宗は、嘉祥3年(850年)に金剛頂経業・蘇悉地経業各1名の年分度者を獲得しており、学生の教育のためにこの『金剛頂経疏』が作成された。[参照]金剛頂経

金剛幢 | こんごうどう　▶法慧・功徳林・金剛幢・金剛蔵《ほうえくどくりんこんごうどうこんごうぞう》

金剛般若経 | こんごうはんにゃきょう　金剛般若波羅蜜経《こんごうはんにゃはらみつきょう》のこと。漢訳には6種あるが、鳩摩羅什訳が広く用いられる。[参照]般若経

金光明経 | こんこうみょうきょう　漢訳には北涼の曇無讖訳の金光明経4巻、唐の義浄《ぎじょう》訳の金光明最勝王経《こんこうみょうさいしょうおうきょう》10巻(略して最勝王経)などがある。懺悔による滅罪の功徳を強調するとともに、この経を護持する者を、四天王をはじめ一切の諸天善神が加護するが、もし正法をないがしろにすれば、諸天が国を捨て去って種々の災難が競い起こると説いている。[参照]護国三部経

金剛力士 | こんごうりきし　堅固で壊すことができない金剛杵《こんごうしょ》をもって仏法を守護する神。[参照]金剛杵

金剛鈴 | こんごうれい　密教の修法(祈禱などを行う儀礼)に用いる仏具の一つ。取っ手の部分が金剛杵の形をしており、ここを手で握って振って鳴らす。[参照]金剛杵

言語道断・心行所滅 | ごんごどうだんしんぎょうしょめつ　究極の法は言葉で表すことも心で思い考えることもできないということ。吉蔵(嘉祥)の『維摩経義疏』巻4の言葉。

金師 | こんし　鍛冶屋のこと。

金色世界 | こんじきせかい　華厳経巻12に説かれる、東方にある世界(251㌻)。不動智仏《ふどうちぶつ》(不動仏)が主宰し、文殊師利菩薩が住んでいた。文殊師利菩薩は、この不動智仏の弟子とされた。

今此三界 | こんしさんがい　法華経譬喩品第3の文。同品に「今此の三界は｜皆是れ我が有なり｜其の中の衆生は｜悉く是れ吾が子なり｜而るに今此の処は｜諸の患難多し｜唯我一人のみ｜能く救護を為す」(法華経191〜192㌻)とある。釈尊がこの世界の主であることを述べた文。[参照]其中衆生悉是吾子

金翅鳥と竜王 | こんじちょうとりゅうおう　金翅鳥は海竜王経などに説かれる想像上の巨大な鳥、ガルダのこと。迦楼羅《かるら》

などと音写される。美しい金色の羽をもち、竜を食うとされるが、大雪山にある阿耨池《あのくち》に住む竜だけは、それを食おうとすると金翅鳥が身を滅ぼしてしまうとされる。竜王は竜(ナーガ)の王。竜は金翅鳥がかわいがっている子を食べるとされる。

権実｜ごんじつ　権教と実教のこと。▶権教・権経《ごんきょう》/実教・実経《じっきょう》

権実相対｜ごんじつそうたい　▶五重の相対《ごじゅうのそうたい》

権実雑乱｜ごんじつぞうらん　権教と実教の教義や修行が混在して乱れていること。日蓮大聖人の時代には、権教である阿弥陀経・大日経・楞伽経などを依経とした宗派(浄土宗・真言宗・禅宗)が隆盛し、実教である法華経の教えが隠没するという権実雑乱の様を呈していた。参照 権教/実教

権実二教の戦｜ごんじつにきょうのいくさ　権教と実教の間の戦い。権教をよりどころとする諸宗が、実教に対して反発・敵対する謗法の教義を立てたのに対して、日蓮大聖人は権教の諸宗を破折する言論戦を展開された。

権迹相対｜ごんしゃくそうたい　実教である法華経と、それ以外の権教を相対し比較するもの。「開目抄」では権教と法華経迹門が比較されているので、日寛上人が『開目抄愚記』で「権迹相対」(文段集74ページ)とした。参照 五重の相対

根性｜こんじょう　▶機根《きこん》

今生｜こんじょう　今世の生のこと。先生、後生に対する語。参照 後生

勤操｜ごんぞう　754年または758年～827年。平安初期の三論宗の僧。南都七大寺の高僧の一人。善議から三論を学ぶ。僧都《そうず》となって東大寺と西大寺を管領し、後に岩淵寺《いわぶちでら》を開いた。826年に大僧都となり、死後に勅をえて僧正《そうじょう》となった。

権大乗教・権大乗経｜ごんだいじょうきょう　大乗のうち権教である教え、経典。参照 大乗/権教・権経

混同無二｜こんどうむに　あらゆる事象は縁起によって存在しているのであって、事象そのものには不変的・固定的な実体はなく、互いに関係して分かちがたいこと。参照 縁起

権大夫殿｜ごんのだいぶどの　▶北条義時《ほうじょうよしとき》

権仏｜ごんぶつ　爾前経に説かれる、九界から超越した仏。真実の仏(十界互具の仏)ではなく、権(仮)の仏といわれる。

『金錍論』｜こんぺいろん　妙楽大師湛然の著作。『金剛錍《こんごうべい》』のこと。1巻。涅槃経をもとに、非情にも仏性があることを説く。この思想は草木成仏の根拠として日本仏教にも大きな影響を与えた。

根本有漏定｜こんぽんうろじょう　妙楽大師湛然の『止観輔行伝弘決』巻7にある。天台大師智顗は仏教を信仰するにあたっては教観双美、すなわち教門(法門を教理的に理解すること)と観門(観法を実践すること)との両面にわたって修行することを理想とした。それ故、天台大師は『摩訶止観』巻7下で、そのいずれかに偏っていた当時の学者を「文字の法師」(経典の文字にばかりとらわれて観心がない学者)、「事相の禅師」(具体的な実践に没頭しているだけの禅の修行者)として批判

した。これを妙楽大師が『止観輔行伝弘決』巻7で解釈した一節に「根本有漏定」という語がある。同書に「鼻膈《びかく》に心を止む乃至根本有漏定等なり」(228㌻で引用)とあり、これは「事相の禅師」が行っている禅定の実践を挙げたものである。「鼻膈に心を止む」とは「呼吸に注意を払う」実践で最も初歩的なもの。また「根本有漏定」は仏教以外のインドの諸思想で根本の実践とされていた禅定で、漏(煩悩)をまったく断ち切ることのできないもの。いずれも観心の修行と比較すれば、まったく初歩的なものである。「事相の禅師」の禅定は、これらの程度にとどまっていることを示されている。参照 観心

根本枝末｜こんぽんしまつ　▶根本法輪・枝末法輪《こんぽんほうりんしまつほうりん》

根本中堂｜こんぽんちゅうどう　▶一乗止観院《いちじょうしかんいん》

根本法輪・枝末法輪｜こんぽんほうりんしまつほうりん　三論宗で用いる教判である三転法輪のうちの二つ。「報恩抄」では「此の宗(=華厳宗)は華厳経をば根本法輪・法華経をば枝末法輪と申すなり」(301㌻)と仰せである。これは、枝末法輪を法華経であると取り違えた説を妙楽大師湛然が『止観義例』で紹介し、それが日本にも広まっていたため、日蓮大聖人もそれに依られたものと思われる。参照 三転法輪/教相判釈/華厳宗

昆明池の大魚｜こんめいちのたいぎょ　中国の伝説に出る。漢の武帝が昆明池(武帝が水戦の演習のために都の長安〈西安〉に造った大池)で大魚を釣ったが、糸が切れて逃げてしまった。すると、その魚は武帝の夢の中に現れて、釣針をのみこんで苦しいから、はずしてほしいと懇願した。その翌日、武帝が昆明池に行ってみると、はたして釣針をのんでいる大魚を発見し、釣針を取り除いて池に放してやった。後に武帝はその報いとして明珠を手に入れたという。

金輪聖王｜こんりんじょうおう　全世界を統一し、正法をもって治めるとされる転輪聖王のうち最高位の輪王のこと。参照 転輪聖王

金輪・水輪・風輪・空輪｜こんりんすいりんふうりんくうりん　古代インドの世界観では、大地の下に世界を支える四つの層があると考えられていた。上から順に金輪・水輪・風輪・空輪。最上部の金輪が、須弥山を中心とする九山八海を支えている。参照 九山八海/須弥山

さ

薩・沙｜さ　「開目抄」(209㌻)、「観心本尊抄」(246㌻)では、「薩達磨」(サンスクリットのサッダルマの音写、意訳は妙法)の「薩」の字を解釈し、法華経で明かされる妙法に一切が具足することを示されている。両抄では、「『薩』は具足を意味する」(涅槃経)、「『沙』は六と訳す。西域の習慣では六には具足の意味がある」(『無依無得大乗四論玄義記』とされる)、「『沙』は具足と翻訳する」(『法華義疏』)、「『薩』とは梵語であり、中国では妙と翻訳する」(『法華玄義』)、「『薩』とは六である」(『大智度論』、以上はすべて通解)の文が挙げられている。

「薩」はサンスクリットのsatを音写した漢字。satには、「正しい、すばらしい」という意味がある。「沙」はサンスクリットのṣaを音写した漢字。「六」はサンスクリットではṣaṣである。インドの俗語では、sとṣが区別されないものがあり、仏典の写本でも区別されないものがある。

以上を踏まえられ、「開目抄」では法華経方便品第2にある「具足の道」(法華経115㌻)とは妙法のことであり、万人が仏の境涯を得ることができる妙法が法華経で初めて明かされたことが述べられている。「観心本尊抄」では以上の文に加え無量義経の「六波羅蜜を修行したことがなくても、六波羅蜜が自然に出現する」(法華経53〜54㌻、通解)との文を引かれ、これら無量義経、法華経、そして薩・沙に関する文は、「釈尊が成仏する原因となったあらゆる修行と、成仏した結果、得られたあらゆる功徳との二つは、いずれも妙法蓮華経の五字に具足している。私たちがこの五字を受持すれば、自ずとこの釈尊の因と果の功徳をすべて譲り与えられる」(246㌻、通解)ことを意味すると仰せである。参照 南無妙法蓮華経/法華経

サーンチーの仏塔｜さーんちーのぶっとう　インド中部・サーンチーにある仏塔。半球状で周囲に石の柵(欄楯)を巡らしてある。アショーカ王が建設した仏塔を紀元前2世紀ごろに拡張したものといわれる。参照 仏塔

斎戒｜さいかい　▶八斎戒《はっさいかい》

西海侵逼難｜さいかいしんぴつなん　薬師経に説かれる七難のうち、「立正安国論」御執筆の時にまだ起こっておらず、日蓮大聖人がこれから必ず起こると予言された他国侵逼難をさす。「観心本尊抄」(254㌻)では、他国として、当時襲来の恐れが高まっていた元(蒙古)を想定して、「西海」とされている。参照 他国侵逼難/蒙古襲来

***在家**｜ざいけ　世俗にあって自ら生計を立て生活をする一般人のこと。出家に対する語。参照 優婆塞/優婆夷/出家

歳光｜さいこう　生没年不詳。南都七大寺の高僧の一人。

罪業｜ざいごう　罪悪の業の意。苦しみの果をまねく因となる悪の行為のこと。参照 業

***在在諸仏土常与師倶生**｜ざいざいしょぶつどじょうよしくしょう　法華経化城喩品第7の文。

「在在《いたるところ》の諸仏の土に｜常に師と倶に生ず」（法華経317ページ）と読み下す。最初に法を説いて下種した師匠と、下種を受けて結縁した弟子は、あらゆる仏国土にあっていつも一緒に生まれるということ。

最勝王経｜さいしょうおうきょう　中国・唐の義浄《ぎじょう》が訳した金光明最勝王経《こんこうみょうさいしょうおうきょう》のこと。10巻。参照 金光明経

最初聞法下種｜さいしょもんぼうげしゅ　法華経を初めて聞いて信受し、自身の生命に仏種を下ろされること。その種が調え成熟され（調熟）、やがてなんらかの教えなどを縁として（発心下種）、最初に聞法した仏種を思い出して真実を覚り、解脱することを得る（得脱）という種熟脱の過程を経る。

祭政一致｜さいせいいっち　祭は祭祀、政は政治をさす。祭祀（まつり）と政治（まつりごと）とが一致している状態。また、その思想ならびに政治形態をいう。祭祀者が政治の中心者を兼ねていた古代社会に多い。

最澄｜さいちょう　▶伝教大師《でんぎょうだいし》

西方浄土｜さいほうじょうど　極楽浄土のこと。浄土経典では、この世界から西方のはるか彼方にあると説かれている。参照 極楽/浄土

最明寺殿｜さいみょうじどの　▶北条時頼《ほうじょうときより》

最明寺入道｜さいみょうじにゅうどう　▶北条時頼《ほうじょうときより》

左衛門尉｜さえもんのじょう　京の内裏の警備を司る役所である左衛門府の第3等官。鎌倉時代の武士は身分に応じて官職を受けていた。この職の唐名は金吾《きんご》といい、御書には四条金吾（頼基）、平金吾（頼綱）、大田金吾（乗明）などが登場する。

さえもんの大夫殿｜さえもんのたいふどの　左衛門尉の官吏で、大夫である者。「大夫」とは、昇殿の許された五位以上の者をいう。本来、衛門府の尉・志は六位相等であるが、例外的に五位を得ていたと思われる。御書中では、池上兄弟の父をさす。

嵯峨天皇｜さがてんのう　786年～842年。第52代天皇。桓武天皇の第2皇子。即位の翌年の810年、前帝の平城天皇が寵妃・藤原薬子《ふじわらのくすこ》やその兄・藤原仲成《ふじわらのなかなり》とともに企てた謀叛（薬子の乱）を平定し、律令政治の改革を行った。空海（弘法）が唐から密教を持ち帰ってから、嵯峨天皇は、伝教大師最澄よりも空海を重んじるようになり、真言宗が次第に重用されるようになった。日蓮大聖人は諸御抄でこの点をふまえて、空海が嵯峨天皇をたぶらかして法華経を捨てさせ真言に帰依させたと指弾されている。

相模殿｜さがみどの　日蓮大聖人の時代、相模守（相模国の国司の長官）だった執権・北条時宗のこと。守は地方官としての最高の位。相模守殿、守殿《こうどの》ともいう。鎌倉時代、相模国は政治上・軍事上の重要な位置にあったため、多くの場合、鎌倉幕府の執権または連署が兼任した。参照 北条時宗

相模守｜さがみのかみ　相模国の国守（国司の長官）。

相模守殿｜さがみのかみどの　御書中では、当時相模守であった北条時宗をさす（916,919,1333ページ）。

***相模国**｜さがみのくに　相州《そうしゅう》ともいう。現在の神奈川県における、北東部を除

くほとんどの地域をさす。

数数見擯出｜さくさくけんひんずい　法華経勧持品第13に説かれる。釈尊滅後に法華経の行者を迫害する様相の一つ。度々、追放され流罪されること。「数数」とは、しばしばという意。同品には「濁世の悪比丘は｜仏の方便｜宜しきに随って説きたまう所の法を知らず｜悪口して顰蹙し｜数数擯出せられ｜塔寺を遠離せん」(法華経420㌻)とある。日蓮大聖人は、この経文通りに伊豆と佐渡へ流罪に遭われた。参照勧持品二十行の偈

左史右史｜さしうし　左史と右史。律令制における太政官の職名。公文書を扱う。

座主｜ざす　❶学徳ともに優れて一座中の指導者となる者のこと。

❷大寺の管長(行政を管轄する長)を呼ぶ公称。参照天台座主

佐前佐後の法門｜さぜんさごのほうもん　佐渡流罪以前の法門を「佐前の法門」、以後の法門を「佐後の法門」と呼ぶ。日蓮大聖人の説かれた法門は、竜の口の法難での発迹顕本を境として、それ以前と以後に大きな変化がある。建長5年(1253年)4月28日に立宗宣言されて以来、文永8年(1271年)の佐渡流罪に至る18年間は、題目の流布にとどまり、三大秘法の法門については名目すら明かされていない。しかし、竜の口の法難を機に発迹顕本され、それ以後は末法の御本仏として、曼荼羅御本尊を図顕され、「開目抄」「観心本尊抄」など重要な法門を明かされていく。大聖人は「三沢抄」で「又法門の事はさど(佐渡)の国へながされ候いし已前の法門は・ただ仏の爾前の経とをぼしめせ……去る文永八年九月十二日の夜たつ(竜)の口にて頸をは(刎)ねられんとせし時より・のち(後)ふびんなり、我につきたりし者どもにまこと(真)の事をい(言)わざりけるとをも(思)うて・さど(佐渡)の国より弟子どもに内内申す法門あり」(1489㌻)と述べられているように、佐渡以前に明かされた法門はいまだ御自身の真意を尽くしていないとされている。参照発迹顕本/竜の口の法難

貞任/貞当｜さだとう　▶安倍貞任《あべのさだとう》

薩埵王子｜さったおうじ　釈尊が過去世に王子として修行していた時の名。飢えに苦しんでいた虎を哀れみ、自分の身を与えて虎を助けたという。この行為は「捨身飼虎《しゃしんしこ》」と呼ばれ、捨身供養の仏教説話として有名。

佐渡阿闍梨｜さどあじゃり　▶日向《にこう》

***「佐渡御書」**｜さどごしょ　文永9年(1272年)3月20日、日蓮大聖人が佐渡で御述作され、法難のなかで苦悩する門下一同に与えられた激励・指導のお手紙(956㌻)。師子王の心をもって忍難弘通する人が成仏できること、また末法の時にかなった折伏行の大切さを教えられている。

***佐渡国**｜さどのくに　現在の新潟県佐渡島。

さど房｜さどぼう　五老僧の一人、日向のこと。▶日向《にこう》

***佐渡流罪**｜さどるざい　日蓮大聖人が文永8年(1271年)9月12日の竜の口の法難の直後、不当な審議の末、佐渡へ流刑に処せられた法難。この法難において大聖人は、同年10月10日に依智を

出発し、11月1日に塚原の三昧堂《さんまいどう》に入られた。その後、同9年(1272年)4月ごろ、一谷にあった一谷入道《いちのさわにゅうどう》の屋敷に移られる。同11年(1274年)2月14日には無罪が認められて赦免状が出され、3月8日にそれが佐渡に届いた。同13日に大聖人は佐渡・一谷を出発され、同26日に鎌倉に帰還された。約2年5カ月に及ぶ佐渡滞在中は、衣食住も満足ではなく、念仏者らにも命を狙われるという過酷な環境に置かれたが、「開目抄」「観心本尊抄」など数多くの重要な御書を著され、各地の門下に励ましの書簡を多数送られた。[参照]竜の口の法難

さばせかい | さばせかい　▶娑婆世界《しゃばせかい》

***侍所** | さむらいどころ　鎌倉幕府の機関。御家人《ごけにん》の統制をはじめ、軍事・警察などを担当した。別当《べっとう》(長官)は、北条義時以降、執権《しっけん》が兼務した。[参照]御家人/所司

さるに | さるに　御書本文は「さる(猨)に」(203ページ)。「さるに」とは「猿似」で、「猿はみかけは人に似ているが中身が違うように、みかけだけ似ているもの」という意味。

申の時 | さるのとき　現在の午後4時ごろであるとされるが、前後に幅があるため、正確な時刻を特定するのは困難である。現代語では「夕方近く」ぐらいの意味。日蓮大聖人は文永8年(1271年)9月12日の申の時、鎌倉の草庵に召し取りにきた平左衛門尉頼綱を厳しく諫め、第2回の国主諫暁をされた(「撰時抄」、287ページ)。[参照]三度のかうみょう

三悪・四趣 | さんあくししゅ　三悪道・四悪趣のこと。▶三悪道《さんあくどう》/四悪趣《しあくしゅ》

***三悪道** | さんあくどう　悪業によってもたらされる3種の苦悩の世界のこと。地獄・餓鬼・畜生の三つをいう。

三悪並びに人天の地 | さんあくならびににんてんのち　地獄・餓鬼・畜生の三悪道や人界・天界の大地(1586ページ)。[参照]人の地に倒れて還って地より起つが如し

三阿僧祇劫 | さんあそうぎこう　菩薩が修行を始めて成仏するまでの期間をいう。阿僧祇とはサンスクリットのアサンキヤの音写で無数・無尽数と訳し、極大で数えることのできない数。[参照]三祇・百劫

三一権実論争 | さんいちごんじつろんそう　法華経の一仏乗の思想の解釈をめぐって、伝教大師最澄と法相宗の得一との間でなされた論争。法華経では、仏が教えを声聞・縁覚・菩薩の三乗に区別して説いたことは、衆生を導くための方便であり、一仏乗である法華経こそが、衆生を成仏させる真実の教えであると説いている。これを一乗真実三乗方便という。よって天台宗では、一仏乗を実践すればすべての衆生が成仏できるという立場に立つ。伝教大師は生涯、この一乗思想の宣揚に努めた。これに対し法相宗は、この一乗の教えがむしろ方便であり、三乗の区別を説くことこそが真実であるとした。これは三乗真実一乗方便といわれる。すなわち、五性各別《ごしょうかくべつ》の説に基づいて、衆生の機根には五性の差別があり、その中には不定性といって、仏果や二乗の覚りを得るか、何も覚りを得られないか決まっていない者がいると説く。そして一乗は、このような不定

あ
か
さ
た
な
は
ま
や
ら
わ

性の者に対してすべての人は成仏できると励まして仏果へと導くための方便として説かれた教えであるとした。ここにおいて、伝教大師と得一は真っ向から対立し、どちらの説が真実であるか、激しく論争した。これを三一権実論争という。この論争に関する記録は得一の現存する著作の中には残っていないが、伝教の『守護国界章』や『法華秀句』などからその内容をうかがい知ることができる。[参照]伝教大師/得一

三因仏性 | さんいんぶっしょう　天台大師智顗が仏性(成仏の因として衆生の生命に元来そなわっている性質)を三つの側面に分析したもの。

①正因《しょういん》仏性(衆生の生命に元来そなわる仏の境地、すなわち仏界。仏の境涯を開くための直接的な因)②了因《りょういん》仏性(仏界・法性・真如を覚知し開き現す智慧)③縁因《えんいん》仏性(了因を助け、正因を開発していく縁となるすべての善行)。

三王 | さんおう　古代中国の伝説上の理想的な王たち。諸説あるが、夏《か》の禹王《うおう》、殷《いん》の湯王《とうおう》、周の文王(または武王)とされる。

三億の金銭 | さんおくのきんせん　『付法蔵因縁伝』巻5によると、馬鳴菩薩が華氏城(パータリプトラ、現在のパトナ)で弘教していたところ、月氏国のカニシカ王に攻められた。カニシカ王は和平の条件として身代金を要求したが、華氏城の王は、優れた智慧をもつ馬鳴は三億の金銭にあたると言って、馬鳴を月氏国に送った。

三界 | さんがい　仏教の世界観で、地獄から天界までの六道の迷いの衆生が住む世界。欲界《よっかい》・色界《しきかい》・無色界《むしきかい》からなる。このうち色界・無色界は、修得した禅定の境地の報いとして生じる。

①欲界とは、欲望にとらわれた衆生が住む世界。地獄界から人界までの五界と、天界のうち6層からなる六欲天が含まれる。その最高の第六天を他化自在天という。②色界は、欲望からは離れたが、物質的な制約がある衆生が住む世界。大きく4層の四禅天、詳しくは18層の十八天に分かれる。③無色界は、欲望も物質的な制約も離れた高度に精神的な世界、境地のこと。4種からなる。最高は非想非非想処。それに次ぐのが無所有処。仏伝によると、釈尊が出家後に師事したというウドラカラーマプトラは無所有処という境地であり、アーラーダカーラーマは非想非非想処という境地であったという。[参照]六欲天/第六天の魔王

三階禅師 | さんがいぜんじ　▶信行《しんぎょう》

三学 | さんがく　仏教一般で、仏道修行にあたり学び実践し体得すべき戒定慧の三つ。▶戒定慧《かいじょうえ》

三箇の勅宣 | さんかのちょくせん　▶宝塔品の三箇の勅宣《ほうとうほんのさんかのちょくせん》

三帰依 | さんきえ　三帰と略す。仏法僧の三宝への帰依のこと。[参照]三宝

三帰五戒 | さんきごかい　三帰依と五戒。仏教に帰依する人は、三帰とともに五戒を守る。三帰五戒は、人界に生まれる業因と位置づけられている。▶三帰依《さんきえ》/五戒《ごかい》

三祇・百劫 | さんぎひゃっこう　三阿僧祇と百大劫のこと。蔵教(小乗教)では、

菩薩が修行を完成させるまでに、三阿僧祇劫・百大劫という極めて長い期間を経るとする。阿僧祇とはサンスクリットのアサンキヤの音写で、「数えられないほど大きな数」の意。劫はサンスクリットのカルパの音写で、極めて長大な時間を示す単位。大劫とは全宇宙が生成し消滅するまでの期間といわれるが、諸説ある。参照 劫

懺悔 | さんげ　犯した罪悪を告白し悔い改めること。一般には「ざんげ」と読む。

【仏教の懺悔】懺とはサンスクリットのクシャマの音写である懺摩の略。犯した罪を告白し許しを請うこと。悔とは懺摩の意訳。懺悔はサンスクリットと漢語を合成した語である。原始仏教では、比丘が仏や長老格の比丘に告白し、裁きを受けた。また懺悔は経典の各所でその儀則や功徳が説かれ、儀礼として中国・日本で定着した。日蓮大聖人は「可延定業書」で当時病床にあった富木尼御前に「業に二あり一には定業二には不定業、定業すら能く能く懺悔すれば必ず消滅す何に況や不定業をや」(985ページ)と仰せになり、定業(報いの内容や現れる時期が定まっている業)であっても妙法の力で転換し悪業を消滅させることができ、寿命を延ばすことができると励まされている。

三玄 | さんげん　「玄」とは深遠な真理の意。中国思想の代表的な三つの典籍、『周易』『老子』『荘子』をいう。①『周易』とは、儒教で重んじられる五経の一つ。『易』『易経』ともいう。伝説によれば、伏羲《ふっき》・文王・周公旦・孔子が『周易』を作るのに関わったとされる。②『老子』とは、老子が書いたとされる『老子道徳経』のこと。③『荘子』とは、荘子とその弟子たちがまとめたとされる書。

天台大師智顗は『摩訶止観』巻10上で、陳の文人で三論宗の教学に造詣のある周弘政《しゅうこうせい》(485年～565年)の三玄についての釈を引く。それによれば、『周易』は八卦・陰陽・吉凶を判ずるとし、これを有の面から玄を明かすものとしている。また、『老子』は虚融を説くが、無の面から玄を明かすものとする。そして『荘子』は自然を説くが、有無の面から玄を明かすものとする。さらに、これら以外の教えは枝葉であり、この三つを源として派生しているとする。

讒言 | ざんげん　人を陥れようと、事実を曲げ、偽って悪口を言うこと。また、そのことば。法華経勧持品第13では、僭聖増上慢が不当な誹謗・悪口を国王・大臣など在家の権力者に吹き込み弾圧させると説かれる。

三鈷 | さんこ　密教の祈禱に用いる道具。両端が三つに分かれている武器を模した法具。参照 金剛杵

三皇 | さんこう　古代中国の伝説上の理想的な王たち。諸説あるが、伏羲・神農・黄帝の3人とされる。

三国四師 | さんごくしし　インド・中国・日本の3国に出現して法華経を弘通した4人の師のことで、インドの釈尊、中国の天台大師智顗、日本の伝教大師最澄と日蓮大聖人をいう。大聖人が文永10年(1273年)閏5月に著された「顕仏未来記」(509ページ)で述べられている。

三五の塵 | さんごのじん　三千塵点劫と五

百塵点劫のこと。

三五の二法 | さんごのにほう　三千塵点劫と五百塵点劫のこと。

山左 | さんさ　山東地方(中国北部・太行山脈以東)の者のこと。「山左」とは、太行山脈の東側が、南に向いて左にあたることからの名。黄海・渤海湾に面した半島地域で、都の洛陽から遠く離れている。

三災 | さんさい　❶古代インドの世界観で、時代の大きな区切りの末期に起こる三つの災害のこと。大小2種ある。①小の三災。世界のなかで起こる穀貴(飢饉などによる穀物の高騰)、兵革(戦乱)、疫病(伝染病の流行)の三つの災害。②大の三災。世界そのものを破壊する火災・水災・風災の三つの災害。

❷大集経で説かれる三災。▶三災七難《さんさいしちなん》

***三災七難** | さんさいしちなん　正法に背き、また正法を受持する者を迫害することによって起こる災害。

三災について大集経には①穀貴《こっき》(飢饉などによる穀物の高騰)②兵革《ひょうかく》(戦乱)③疫病《えきびょう》(伝染病の流行)が説かれる(20ページで引用)。

七難は経典により異なるが、薬師経には①人衆疾疫難《にんしゅしつえきなん》(人々が疫病に襲われる)②他国侵逼難《たこくしんぴつなん》(他国から侵略される)③自界叛逆難《じかいほんぎゃくなん》(国内で反乱が起こる)④星宿変怪難《しょうしゅくへんげなん》(星々の異変)⑤日月薄蝕難《にちがつはくしょくなん》(太陽や月が翳ったり蝕したりする)⑥非時風雨難《ひじふううなん》(季節外れの風雨)⑦過時不雨難《かじふうなん》(季節になっても雨が降らず干ばつになる)が説かれる(19ページで引用)。仁王経には①日月失度難《にちがつしつどなん》(太陽や月の異常現象)②星宿失度難《しょうしゅくしつどなん》(星の異常現象)③災火難《さいかなん》(種々の火災)④雨水難《うすいなん》(異常な降雨・降雪や洪水)⑤悪風難《あくふうなん》(異常な風)⑥亢陽難《こうようなん》(干ばつ)⑦悪賊難《あくぞくなん》(内外の賊による戦乱)が説かれる(19ページで引用)。

日蓮大聖人は「立正安国論」で、三災七難が説かれる経文を引かれ、正法に帰依せず謗法を放置すれば、薬師経の七難のうちの他国侵逼難と自界叛逆難、大集経の三災のうちの兵革、仁王経の七難のうちの悪賊難が起こると予言されている(31ページ)。そして鎌倉幕府が大聖人の警告を無視したため、自界叛逆難が文永9年(1272年)2月の二月騒動として、他国侵逼難が蒙古襲来(文永11年=1274年10月の文永の役、弘安4年=1281年5月の弘安の役)として現実のものとなった。[参照]大集経/薬師経/仁王経/二月騒動/蒙古襲来

三三蔵 | さんさんぞう　三人の三蔵。中国で密教を広めた善無畏《ぜんむい》・金剛智《こんごうち》・不空《ふくう》の三人のこと。「三三蔵祈雨事」(1469ページ)によると、三人とも祈雨を行い大雨を降らせたが、大風が吹いてかえって国土を荒らしたとある。[参照]三蔵/善無畏/金剛智/不空

三史 | さんし　古代中国の歴史書である『史記』(前漢の司馬遷《しばせん》作)、『漢書』(後漢の班固《はんこ》作)、『後漢書』(南北朝時代の宋の范曄《はんよう》、および晋の司馬彪《しばひょう》作)の三つのこと。

三時 | さんじ　❶仏の滅後の時代を区分した正法・像法・末法の三つ。▶正

法《しょうぼう》/像法《ぞうぼう》/末法《まっぽう》

一般的には、基(慈恩)が『大乗法苑義林章』に基づき、①正法とは、釈尊の教え(教)とその実践である行とその結果である証の三つがそなわる時代、②像法とは、教と行があって証のない時代、③末法とは、教のみあって行証のない時代とされる。

日蓮大聖人は「教行証御書」(1276ページ以下)で、この説に基づいて、末法では諸経の功力はなくなるが、正しい法である法華経は経文通りに万年にわたって広宣流布することを確認される。そしてその法華経とは、末法の逆縁・謗法の衆生に対して下種となる本門の肝心・寿量品の南無妙法蓮華経であり、本門の本尊・戒壇等すなわち三大秘法であることを明かされている。

また「顕仏未来記」(506ページ以下)では、先の一般的な区分は、小乗の経典に基づいたものであり、これを法華経に基づいて考察し直されている。すなわち、正法時代に教行証がそなわるといっても、あくまで衆生が過去に法華経に下種結縁していることが前提となっている。そして、その衆生が正法時代に生まれ、下種された仏種が、小乗の教えを縁として開き現されたのであると明かされる。また像法においては、法華経への下種結縁が微薄のため、小乗ではなく権大乗を縁とする必要があり、しかもこの一生ではなく死後に十方の有縁の浄土に往生してから証果が得られると明かされる。さらに末法では、謗法の衆生には法華経の下種結縁がないので、仏種である「妙法蓮華経の五字」をただちに下種して広宣流布していくことが宣言されている。

❷三論宗が釈尊一代の教えを分類した教判。①心境俱有(心と境は両方とも有であるとみる小乗教)②境空心有(境は空であるが心は有であるとみる法相大乗教=唯識)③心境俱空(心と境は両方とも空であるとみる無相大乗教=中観)のこと。

❸法相宗の教判。▶三時教判《さんじきょうはん》

三時教｜さんじきょう　南三北七のうち南地の一派である虎丘山の笈師《ぎゅうし》による教判。諸経典を釈尊一代における三つの時期に分類して解釈した。①有相教。釈尊が成道してから12年間、阿含経などの三蔵教(小乗の教え)を説いて、有《う》を見て得道することを明かしたこと。②無相教。空を見て得道することを明かしたこと。先の12年の有相教を説いた後から法華経まで。③常住教。釈尊が沙羅双樹の下で一切衆生に仏性があることや一闡提の成仏を明かしたことで、涅槃経にあたる。天台大師智顗が『法華玄義』巻10上に挙げている。参照 南三北七/四時教/五時教

三時教判｜さんじきょうはん　法相宗の教判。解深密経に基づき、釈尊一代の教えを三つに分類する。①初時有教。法のみ有《う》である(不変で固有の実体をもつ)と説く教えで、阿含経など小乗の教えがこれにあたる。②第二時空教。一切諸法はみな空であると説く教えで、般若経などがこれにあたる。③第三時中道教。非有非空(有に非ず空に非ず)を明かす教えで、華厳経・

法華経・解深密経などがこれにあたる。

三車火宅の譬え｜さんしゃかたくのたとえ　法華経譬喩品第3に説かれる譬え（法華経164ページ以下）。家が火事であることを知らずに、その中で遊んでいる子どもたちを救い出すために、父である長者は、方便として羊車《ようしゃ》・鹿車《ろくしゃ》・牛車《ごしゃ》の三車を示して外に誘い出し、出てきた時にはそれらに勝る大白牛車《だいびゃくごしゃ》を与えた。羊車・鹿車・牛車の三車は声聞・縁覚・菩薩の三乗を、大白牛車は三乗を統合する一仏乗の教え、すなわち法華経を譬える。参照大白牛車

三趣｜さんしゅ　▶三悪道《さんあくどう》

三十三天｜さんじゅうさんてん　▶忉利天《とうりてん》

三十二相｜さんじゅうにそう　仏や転輪聖王などがそなえている32の優れた身体的特質のこと。「相」は八十種好に対し大きな特徴をさす。名称および順序は経論によって異説もあるが、『大智度論』巻4の説を以下に挙げる。

①足下安平立相。足の下が安定して立っていること。足裏の全体が地に着いてすき間なく密着している。②足下二輪相。足裏に自然にできた2輪の肉紋があり、それは千輻（1000本の矢）が放射状に組み合わさって車の輪の相を示していること。③長指相。指が繊細で長いこと。④足跟広平相。足のかかとが広く平らかであること。⑤手足指縵網相。手足の指の間に水かきがあること。⑥手足柔軟相。手足が柔らかいこと。皮膚は綿で編んだように微細である。⑦足趺高満相。足の甲が高いこと。地を踏んだ足跡は広くもなく狭くもなく、足裏の色は赤蓮華、指の間の水かきと足の周辺の色は真の珊瑚のようで、指の爪は浄赤銅、甲は真金、甲の上の毛は毘瑠璃のように青い。その足のおごそかですばらしい様は種々の宝で荘厳しているようである。⑧伊泥延膊相（伊泥延はサンスクリットのアイネーヤの音写で鹿の一種）。膝、ももが鹿の足のように繊細で引き締まっていること。⑨正立手摩膝相。立てば手で膝をさわることができること。⑩陰蔵相。陰部がよく調えられた象や馬のそれのように隠れて見えないこと。⑪身広長等相。インド産のイチジクの木のように身体のタテとヨコの長さが等しいこと。⑫毛上向相。身体の諸の毛がすべて上に向いてなびくこと。⑬一一孔一毛生相。一つ一つの孔に一毛が生ずること。毛は青瑠璃色で乱れず、右になびいて上に向かう。⑭金色相。皮膚が金色をしていること。⑮丈光相。四辺にそれぞれ一丈の光を放つこと。⑯細薄皮相。皮膚が薄く繊細であること。ちりや土がその身につかないことは蓮華の葉に塵水がつかないのと同じである。⑰七処隆満相。両手・両足・両肩・頭の頂上の七処がすべて端正に隆起して色が清浄であること。⑱両腋下隆満相。両腋の下（わきの下）が平たく隆満しており、それは高すぎることもなく、またわきの下が深すぎることもない。⑲上身如師子相。上半身が獅子のように堂々と威厳があること。⑳大直身相。一切の人の中で身体が最も大きく、また整っていること。㉑肩円好相。肩がふくよかに隆満していること。㉒四十歯相。歯が40本あること。㉓歯斉相。諸の歯は等しく粗末なものはなく小さいものもなく出

すぎることもなく入りすぎることもなく歯の間にすき間がないこと。㉔牙白相。牙があって白く光ること。㉕師子頬相。百獣の王の獅子のように、頬が平らかで広いこと。㉖味中得上味相。食物を口に入れれば、味の中で最高の味を得ることができること。㉗大舌相。広長舌相とも。舌が大きく口より出せば顔の一切を覆い、髪の生え際にいたること。しかも口の中では口中を満たすことはない。㉘梵声相。梵天王の5種の声のように声が深く遠くまで届き、人の心の中に入り、分かりやすく誰からもきらわれないこと。㉙真青眼相。好い青蓮華のように眼が真の青色であること。㉚牛眼睫相。牛王のようにまつげが長好で乱れないこと。㉛頂髻相。頭の頂上が隆起し、拳が頂上にのっているようであること。㉜白毛相。眉間白毫相ともいう。眉間のちょうどよい位置に白毛が生じ、白く浄く、右にうずまいて長さが5尺あること。ここから放つ光を毫光という。参照 八十種好

三周の声聞｜さんしゅうのしょうもん　法華経迹門における仏の三周《めぐ》りの説法(法説・譬説・因縁説)によって、開三顕一の法門を理解し成仏の記別を受けた声聞のこと。法華経の会座において開三顕一の法門を聞いた声聞の中には、法理を聞いてすぐに覚りを得ることができる上根の声聞もいれば、法理を聞いてもよく分からず譬え話や因縁話を聞いて初めて分かる中根・下根の声聞もいた。故に同じ法華経迹門の法理を聞いても、覚りには前後があり、法説・譬喩説・因縁説の三つの説法にしたがって、それぞれの法を聞いて得道したのである。

①最初に、方便品第2の開三顕一の法理を聞いて、智慧第一といわれる舎利弗が法門を理解し、譬喩品第3において華光如来という記別を受けた。②中根の声聞は、その法理を聞いても理解することができなかったため、釈尊は譬喩品の三車火宅の譬えをもって説き明かした。この譬喩説を聞いて理解したのが神通第一といわれた目犍連《もっけんれん》、頭陀第一の迦葉、論議第一といわれた迦旃延《かせんねん》、解空第一の須菩提《しゅぼだい》の四大声聞であり、授記品第6で記別を受けた。③それでもまだ理解できなかった下根の声聞は、化城喩品第7の三千塵点劫以来の因縁を聞いて初めて理解することができた。これが富楼那《ふるな》や阿難、羅睺羅《らごら》などの弟子である。下根の声聞は五百弟子受記品第8・授学無学人記品第9において記別が与えられた。参照 開三顕一

三重秘伝｜さんじゅうひでん　日寛上人の「三重秘伝抄」には、成仏の要法である真の一念三千が、法華経如来寿量品の文の底に、三重に秘伝されていると示されている。三重とは、法華経の迹門、本門寿量品、寿量品の文底の3段階をいう。「開目抄」の「一念三千の法門は但法華経の本門・寿量品の文の底にしづめたり、竜樹・天親・知ってしかも・いまだ・ひろいいださず但我が天台智者のみこれをいだけり」(189ページ)との御文に基づいて明かしている。すなわち、この文において、「但法華経」の「但《ただ》」の字は「但法華経」「但

本門・寿量品」「但文の底」と三重に冠して読むべきであるとしている。参照 開目抄/一念三千/五重の相対

三十六祇｜さんじゅうろくぎ　灌頂経巻3に説かれている36の善神。三十六部神、三十六善神ともいう。祇とは神のこと。帝釈天の命令によって、仏法僧に帰依する者を守護する。

三聚浄戒｜さんじゅじょうかい　大乗の菩薩戒である摂律儀戒《しょうりつぎかい》・摂善法戒《しょうぜんぼうかい》・摂衆生戒《しょうしゅじょうかい》(饒益有情戒《にょうやくうじょうかい》)の3種の戒。前の2戒は自利、後の1戒は利他である。この3種の清浄戒は一切の大乗戒を集めまとめているので三聚浄戒という。①摂律儀戒。仏の定めた一切の戒律を守って悪を防ぐこと。この戒には、五戒・八斎戒・十戒およびその他すべての戒が含まれる。②摂善法戒。身口意にわたり進んで一切の善法を修すること。③摂衆生戒。一切衆生を教化し、利益を施すよう努めること。菩薩の慈・悲・喜・捨などの一切を包含する。参照 戒

三種の神器｜さんしゅのじんぎ　皇位継承のしるしとして代々の天皇が伝承する三つの宝物。八咫鏡《やたのかがみ》・天叢雲剣《あめのむらくものつるぎ》(草薙剣《くさなぎのつるぎ》)・八尺瓊勾玉《やさかにのまがたま》のこと。参照 内侍所の神鏡

三種の法華経｜さんしゅのほけきょう　釈尊の法華経28品を「正法時代の法華経」、『摩訶止観』を「像法時代の法華経」、南無妙法蓮華経を「末法の法華経」と位置づけて、これら三つをまとめて呼んだもの。日蓮大聖人は、釈尊の法華経28品、天台大師智顗が説いた『摩訶止観』、大聖人御自身の南無妙法蓮華経を、いずれも成仏の根本法を示すものであると捉えられている。これに基づいて、戸田先生は、三つをまとめて「三種の法華経」と呼んだ。参照 法華経/『摩訶止観』/南無妙法蓮華経

***三証**｜さんしょう　人々を幸福へと導き成仏させる正法かどうかを判定する基準。文証《もんしょう》・理証《りしょう》・現証《げんしょう》という三つの項目からなる。①文証とは、経典など根拠となる文言。②理証とは、理路整然とした論理による証明。③現証とは、実際に現れたものごとの証拠。

***三障**｜さんしょう　▶三障四魔《さんしょうしま》

三乗｜さんじょう　声聞乗・縁覚乗・菩薩乗のこと。それぞれ声聞・縁覚・菩薩の覚りを得るための教え、あるいはそれを実践する修行者のこと。さらに得られた声聞・縁覚・菩薩の境地も意味する。

三精気｜さんしょうけ　大地精気(大地が植物を育む力)、衆生精気(自他を利し育む力)、正法精気(人々に得道させる力)。

***三障四魔**｜さんしょうしま　正法を信じ行ずる時、信心の深化と実践を阻もうとする働き。三障と四魔はいずれも妨げの分類だが、部派の伝承によって違いがある。三障四魔は『摩訶止観』巻5にも説かれ、日蓮大聖人はこれをより現実に即して実践的に展開され、三障四魔が出現した時こそ、成仏への大きな前進の時であると確信していくよう教えられている(「兄弟抄」1087㌻、「兵衛志殿御返事」1091㌻など)。

【三障】「障」とは、障《さわ》り・妨げの意。①煩悩障《ぼんのうしょう》。貪《むさぼ》り・瞋《いか》り・癡《おろ》

かなど、自身の煩悩が信心修行の妨げとなること。②業障《ごうしょう》。悪業によって生ずるものごとが信仰や仏道修行への妨げとなること。妻子などの身近な存在によって起こる。③報障《ほうしょう》。過去世の悪業の報いとして現世に受けた悪い境涯が仏道修行の妨げとなること。国主や父母など自分が従わなければならない存在によって起こる。

【四魔】「魔」は、修行者の生命から妙法の当体としての生命の輝きを奪う働き。①陰魔《おんま》。修行者の五陰(心や肉体の働き)の不調和が妨げとなること。②煩悩魔《ぼんのうま》。煩悩が起こって信心を破壊すること。③死魔《しま》。修行者の生命を絶つことで修行を妨げようとする、また修行者の死をもって他の修行者を動揺させて信心を破ろうとすること。④天子魔《てんしま》。他化自在天子魔《たけじざいてんしま》の略。他化自在天王(第六天の魔王)による妨げで、最も本源的な魔のこと。参照 魔

三乗真実一乗方便｜さんじょうしんじついちじょうほうべん　▶三一権実論争《さんいちごんじつろんそう》

三心｜さんしん　観無量寿経に説かれる、極楽往生するのに必要とされる3種の心。①至誠心(真実に浄土を願う心)②深心(深く浄土を願う心)③回向発願心(功徳を回向して浄土に往生しようと願う心)。

三身｜さんじん　仏としての本質的な3種の特性。①法身《ほっしん》(仏が覚った真実・真理)②報身《ほうしん》(最高の覚りの智慧をはじめ、仏と成った報いとして得た種々の優れた特性)③応身《おうじん》(人々を苦悩から救うためにそれぞれに応じて現実に現した姿、慈悲の側面)の三つをいう。

三身即一｜さんじんそくいち　仏の三つの側面である法身(法そのもの)、報身(智慧と功徳)、応身(慈悲)の三身が、一身にそなわっていること。

三身即一の本覚の如来｜さんじんそくいちのほんがくのにょらい　法身・報身・応身という仏の三つの側面を一身にそなえ、本来的に覚りをそなえている仏のこと。

***三世**｜さんぜ　過去世・現在世・未来世の三つ。

三世間｜さんせけん　一念三千の法門を構成する百界(十界互具)・十如是・三世間という主要な法理の一つ。ここでいう世間は差異の意。五陰《ごおん》世間・衆生世間・国土世間の三つをさす。五陰・衆生・国土は、十界のそれぞれに特徴があり違っているので、世間という。参照 一念三千/五陰世間/国土世間/衆生世間

三世十方｜さんぜじっぽう　過去・現在・未来の三世と、十方というあらゆる方角。時間的、空間的にすべてであることを意味する。参照 十方

三仙｜さんせん　釈尊誕生以前に出現したとされる3人の外道の伝説的な祖。①迦毘羅《かびら》(カピラ)はサーンキヤ学派(数論師)の祖で決定論である「因中有果」説を唱えた。②漚楼僧佉《うるそうぎゃ》(ウルーカ)はヴァイシェーシカ学派(勝論師)の祖で偶然論の「因中無果」説を唱えた。③勒娑婆《ろくしゃば》(リシャバ)はジャイナ教の祖で両者の折衷論の「因中亦有果亦無果」説を唱えた。

散善｜さんぜん　日常の心(散心)のままで行う善行で、功徳の少ない小善。定善に対する語。参照 定善

三千 | さんぜん ❶▶一念三千《いちねんさんぜん》
❷▶三千塵点劫《さんぜんじんてんごう》
❸▶三千大千世界《さんぜんだいせんせかい》

三千塵点劫 | さんぜんじんてんごう 大通智勝仏の滅後から釈尊在世に至るまでの時が長遠であることを表す語。法華経化城喩品第7において、釈尊が衆生との結縁を明かすなかで述べられている(法華経273～274㌻)。三千塵点劫とは、三千大千世界(一人の仏の教えが及ぶ範囲とされる)の国土を粉々にすりつぶして塵とし、千の国土を過ぎるごとにその一塵を落としていって塵を下ろし尽くし、今度は一塵を下ろした国土も下ろさない国土も一緒にしてまた粉々にすりつぶして、その一塵を一劫とし、その膨大な数えきれない劫以上の無量無辺の長い時間をいう。[参照]大通智勝仏

三千世界 | さんぜんせかい ▶三千大千世界《さんぜんだいせんせかい》

三千大千世界 | さんぜんだいせんせかい 古代インドの世界観・宇宙観を用いて説かれた仏教の世界観。須弥山を中心に、太陽・月・四洲を包含するものを小世界として、それが1000集まったものを小千世界、小千世界が1000集まったものを中千世界、中千世界が1000集まったものを大千世界と呼ぶ。小千・中千・大千の3種を総称して三千大千世界という。

三善道 | さんぜんどう 修羅界・人界・天界の三つ。

三千の威儀 | さんぜんのいぎ 律に規定された細かい作法のこと。「三千」は単に数が多いことを示し、中国の古典『礼記』の「礼儀三百、威儀三千」にもとづく表現。

三蔵 | さんぞう ❶仏教聖典を三つに分類した経蔵(スートラ、修多羅)、律蔵(ヴィナヤ、毘尼)、論蔵(アビダルマ、阿毘曇)のこと。①経蔵とは釈尊が説いた教法を集成したもの。②律蔵とは教団の規則。③論蔵とは釈尊が説いた法を体系づけた論議・注釈の集成。各部派において盛んに研究された。釈尊滅後、阿闍世王の外護のもとに、マガダ国王舎城(ラージャグリハ)の南、畢波羅(ピッパラ)窟で摩訶迦葉を中心に第1回仏典結集が行われ、阿難は人々に推されて経を誦出し、優婆離は律を誦出したという。
❷三蔵教のこと。▶化法の四教《けほうのしきょう》
❸三蔵法師の略。▶三蔵法師《さんぞうほうし》

三草二木の譬え | さんそうにもくのたとえ [参照]付録「法華経の構成」

三蔵法師 | さんぞうほうし 経・律・論の3種類の仏典(三蔵)に精通した人のことで、主に訳経僧への敬称として用いられる。単に三蔵と略すこともある。

散帯 | さんたい 喪服の麻の帯の先端を垂らすこと。

三諦 | さんたい 仏が覚った究極の真理を三つの側面から捉えたもの。諦とは、明らかな真実・真理のこと。天台大師智顗は『法華玄義』『摩訶止観』で、空諦《くうたい》・仮諦《けたい》・中諦《ちゅうたい》の三つを挙げている。

①空諦は、あらゆる事物・事象(諸法)には不変的・固定的な実体はなく空であるという真理。②仮諦は、あらゆる事物・事象は空《くう》であって、因縁によって仮に生起する(縁起)ものであるという真理。③中諦は、中道第一義諦

ともいい、空と仮をふまえながら、それらにとらわれない根源的・超越的な面をいう。

天台大師は法華経の教説に基づいて三諦の法門を確立した。蔵・通・別・円の四教に即していえば、蔵・通の二教は中道を明かさないので三諦が成立せず、別教と円教には三諦が説かれる。別教の三諦は、「但空・但仮・但中」として互いに隔たりがあり、融和することがない。また修行において、初めに空を観じて見思惑を破し、次に仮を観じて塵沙惑を破し、さらに中道を観じて無明惑を破すという段階的な方法を取り、順に歴ていくことが求められる。それ故、隔歴《きゃくりゃく》の三諦という。

これに対し、円教の三諦は、三諦のそれぞれが他の二諦を踏まえたものであり、三諦は常に「即空・即仮・即中」の関係にある。究極的真実を中諦にのみ見るのではなく、空諦も仮諦も究極的真実を示すものである。したがって、一は三に即し、三は一に即して相即相入する。これを円融三諦という。この円融三諦の法門は、個別と全体、具体と抽象、差別と平等などの対立する諸原理が相互に対立による緊張をはらみながら同時に融即するという、一側面に固執することのない融通無礙の世界観を開くものである。この三諦を一心に観ずることを一心三観といい、天台大師は一心三観の中核として一念三千の観法を立てた。参照 空/一心三観

***三大秘法**｜さんだいひほう　日蓮大聖人が明かした前代未聞の三つの重要な法理。すなわち、本門の本尊と本門の戒壇と本門の題目。成仏の根本法である南無妙法蓮華経を説き広めるに当たり、三大秘法として説き示された。ここでいう本門とは、法華経28品の後半の14品ではなく、大聖人の文底の法門である。参照 本門の本尊/本門の戒壇/本門の題目

「三大秘法抄」｜さんだいひほうしょう　▶「三大秘法禀承事」《さんだいひほうほんしょうじ》

「三大秘法禀承事」｜さんだいひほうほんしょうじ　「三大秘法抄」ともいう(1021㌻)。日蓮大聖人の仏法の肝要である三大秘法について述べられている。参照 三大秘法

三大部｜さんだいぶ　法華三大部、天台三大部ともいう。御書中では、天台大師智顗の主要著作『法華玄義』『法華文句』『摩訶止観』の3部をさす。あるいは妙楽大師湛然の主要著作『法華玄義釈籤』『法華文句』『止観輔行伝弘決』の3部をさすこともある。

三転法輪｜さんてんぼうりん　「さんてんぽうりん」とも読む。三論宗が釈尊一代の教えを分類した教判。①根本法輪(成道の時に菩薩たちのために説く=華厳経)②枝末法輪《しまつほうりん》(根本法輪を理解しない者のために説く=大乗・小乗の諸経典)③摂末帰本法輪《しょうまつきほんほうりん》(さまざまな教えを一乗に帰着させる教え=法華経)と立て分ける。参照 三論宗

三土｜さんど　凡聖同居土・方便有余土・実報無障礙土の三土。これに常寂光土を加え四土とする。参照 四土/国土

三道｜さんどう　▶煩悩・業・苦の三道《ぼんのうごうくのさんどう》

三徳｜さんとく　❶▶法身・般若・解脱

の三徳《ほっしんはんにゃげだつのさんとく》

❷▶主師親《しゅししん》

*__三毒__｜さんどく　生命の最も根源的な三つの煩悩である貪《とん》瞋《じん》癡《ち》を毒に譬えたもの。①貪。貪欲のことで、むさぼり。②瞋。瞋恚《しんに》のことで、怒り。③癡。愚癡《ぐち》のことで、癡《おろ》か。

三徳具備｜さんとくぐび　三徳とは主師親の三徳のこと。この三徳をそなえているのが仏とされる。参照 主師親

三毒強盛の悪人｜さんどくごうじょうのあくにん　貪り・瞋り・癡かという三つの根本的な煩悩が強く盛んで、仏法を信じられず、反発する人々。

*__三度のかうみょう__｜さんどのこうみょう　三度の高名(功績)。「撰時抄」(287ページ)に説かれる。日蓮大聖人が3度の国主諫暁をされた際に難が起きることを予言され、それが後に現実のものとなり、大聖人の正しさが示されたこと。

①文応元年(1260年)7月16日、時の最高権力者・北条時頼に「立正安国論」を提出し、自界叛逆・他国侵逼の二難を予言したこと。②文永8年(1271年)9月12日の竜の口の法難において不当に捕縛された際、平左衛門尉頼綱を厳しく諫め、同じく二難を予言したこと。③文永11年(1274年)4月8日、佐渡流罪を赦免されて鎌倉に帰られ、幕府要人から諮問を受けた際に再度、頼綱を諫め、蒙古襲来が近いと予言したこと。参照 国主諫暁/北条時頼/「立正安国論」/自界叛逆難/他国侵逼難/二月騒動/蒙古襲来/竜の口の法難/平左衛門尉頼綱

讒人｜ざんにん　事実を偽ったり、ねじ曲げたりして、他人をあしざまに言う人。参照 讒言

三衣一鉢｜さんねいっぱつ　僧が所持を認められた3種の衣服と、布施を受ける時に用いる鉢1個のこと。「三衣一鉢を持つ」で、戒律を守って清貧でいることを意味する。参照 戒

山王｜さんのう　滋賀県大津市坂本にある日吉大社の祭神。比叡山延暦寺の守護神、法華守護の神とされた。参照 延暦寺

三武一宗の法難｜さんぶいっそうのほうなん　中国における4人の皇帝による仏教弾圧の総称。三武とは北魏の太武帝《たいぶてい》、北周の武帝、唐の武宗のこと。一宗とは後周の世宗《せいそう》をさす。

①北魏・太武帝の廃仏。太平真君7年(446年)から武帝が没した承平元年(452年)まで行われ、堂塔伽藍・仏像・経巻がことごとく破却され、僧尼も一切還俗させられて、仏教は壊滅状態となった。この廃仏の原因には、太武帝が道教信者となり、道士の寇謙之《こうけんし》や廃仏家の崔浩《さいこう》らの言を入れて道教の保護・振興を図ったことが挙げられる。その上、国家財政上、寺院僧侶の増加を不生産者の増加ときめつけ、寺院僧尼への布施などを浪費とみなした。これは仏教教団の腐敗堕落が目立ったためである。ただ太武帝の死後、仏教徒である文成帝《ぶんせいてい》が即位して仏教は復興された。

②北周の武帝の廃仏。建徳3年(574年)より開始された。仏教・儒教・道教の3教の2千余人が前後7年間、論議を重ね、その間、道安《どうあん》の上奏もあったが、ついに仏・道2教が排斥され、200万人以上の僧侶・道士が還俗

させられ、寺院・堂塔・経像も破却され、多くの財も官に没収された。ただし通道観が設置され、仏教・道教から選ばれた120人だけは学士として置かれた。同6年(577年)には、北斉を滅ぼし、その地でも隆盛だった仏教の迫害が断行された。翌年、武帝が没し、仏・道2教は復興した。

③唐の武宗の廃仏。会昌5年(845年)に大規模な仏教弾圧が行われ、破却された寺院4600、小寺院4万余り、還俗僧尼26万人というもので、道士の策謀による。仏像・仏具は銭や農具に改鋳された。これも翌年、帝の死によって宣宗《せんそう》が仏教を再興させた。

④後周の世宗の廃仏。顕徳2年(955年)に行った廃仏で、廃寺3336カ寺、仏像・仏具は改鋳して貨幣とされ、僧尼の得度に厳重な制限を加えた。この弾圧は道教との争いからではなく、国家の経済的窮迫と僧団の堕落によるとされている。

***三仏**｜さんぶつ　❶法華経見宝塔品第11から始まる虚空会に集った釈迦仏、多宝仏、十方分身の諸仏のことで、すべての仏を意味する。

❷法報応の三身。▶三身《さんじん》

❸三世の仏のこと。

三墳｜さんぷん　三皇の書といわれる。三皇とは古代中国の伝説上の理想的な王たちで、諸説あるが、伏羲・神農・黄帝の3人とされる。妙楽大師湛然の『法華玄義釈籤』では、『法華玄義』の「世間正法」について注釈する中で、その言葉は人界・天界を出ることはないとする。そして、『玄義』で「周や孔の経や籍」というのは、「周公が『礼(記)』を制定し、孔子が『詩(経)』を刪定した。『経』というのは、五経、七経、九経などである。『籍』とは、墳籍こと三墳である。三墳とは、三皇の書である。『典』とは、五典は、五帝の書である。古の人の書簡である。故に、画いた(文字の)像は、籍や篇などの字が皆、竹の部首である」(通解)と注釈している。

三変土田｜さんぺんどでん　法華経見宝塔品第11で、釈尊が3度にわたり国土を浄化したこと。具体的には同品で次のように説かれる(法華経378ページ以下)。釈尊は宝塔を開くにあたって十方の世界の分身の諸仏を集めることになり、まず娑婆世界を清浄にしてから、法華経の説法の聴衆以外の不信の人界・天界の衆生を他土に移して分身の諸仏を集めた。しかし、まだ入りきらなかったため、その後、2度にわたって八方それぞれの二百万億那由他の国土を清浄にし、それぞれの諸仏の天・人を他土に移して十方の世界の分身の諸仏を集め、一つの仏国土に統一した。

***三宝**｜さんぽう　「さんぼう」とも読む。仏教を構成する仏法僧《ぶっぽうそう》の三つの要素のこと。この三宝を大切に敬うことが、仏教を信仰する者の基本となる。①仏宝《ぶっぽう》は、教えを説く仏。②法宝《ほうぼう》は、仏が説く教え。③僧宝《そうぼう》は、教えを信じ実践する人々の集い(教団)。「僧」は僧伽《そうぎゃ》の略で、集いを意味するサンスクリットのサンガの音写。「和合」と意訳され、二つ合わせて「和合僧」ともいう。

創価学会の三宝は、仏宝は日蓮大

聖人、法宝は南無妙法蓮華経の御本尊、僧宝は日興上人であり、現代の僧宝は創価学会となる。

三菩提心 | さんぼだいしん　阿耨多羅三藐三菩提心《あのくたらさんみゃくさんぼだいしん》の略。単に菩提心ともいう。仏の覚りを求める心。三菩提はサンスクリットのサンボーディの音写で、「完全な覚り」の意。正覚・正等覚などと訳す。

三昧 | さんまい　サンスクリットのサマーディの音写。サマーディは三摩地《さんまじ》とも音写され、定《じょう》・等持・等至などと訳される。心を一つの処に定めて動じないこと。参照 四種三昧

三密 | さんみつ　身密・語密・意密。密教で説く身・口・意によって行われる修行。手に印を結び(身密)、口に真言を唱え(語密)、意に本尊を念ずること(意密)。この三密の修行によって即身成仏するとしている。参照 密教/印

三位房 | さんみぼう　日蓮大聖人の出家の弟子。三位房宛と伝承される「法門申さるべき様の事」(1268㌻)によれば、文永6年(1269年)3月ごろ、三位房は京都で学僧として修学中であったが、同年には公卿らに法門を談義し面目を施したとすることや、実名を尊成《そんじょう》(後鳥羽上皇の名「尊成」と同字)に変更したなどを大聖人へ報告し、大聖人から叱責されている。三位房の才智に溺れる危うい傾向性を、このとき大聖人はすでに見抜かれていたものと推測される。その後、三位房は鎌倉を中心に活動し、大聖人の竜の口の法難の時には大聖人の供奉として随行し、大聖人の処刑に殉ずる覚悟を述べていた(「頼基陳状」、1156㌻)。文永9年(1272年)には、日昭・大進阿闍梨《だいしんのあじゃり》とともに重書をいただいており、大聖人の佐渡流罪中は鎌倉にあって日昭らとともに活動していたようである(「辨殿御消息」、1225㌻)。さらに大聖人の身延入山後においても、建治2年(1276年)7月、重要な法門を説き聞かせるからとして、日昭や日朗とともに身延へ参るように指示されている。大聖人の薫陶を受けた三位房は、建治3年(1277年)6月、当時の鎌倉で人気を博していた竜象房を論破するが、体調を崩したことを理由に鎌倉から遠ざかる(「四条金吾殿御返事」、1164㌻)。その後、弘安2年(1279年)までの行動は記録がなく不明で、弘安2年10月の「聖人御難事」(1191㌻)では、名越の尼《なごえのあま》・少輔房・能登房らとともに退転・反逆した者たちの一人として三位房の名が挙げられており、この2年の間に退転したことがうかがえる。さらに同抄では、三位房が不慮の死を遂げたことが記されている。参照 竜象房/能登房/少輔房

三明 | さんみょう　仏、阿羅漢がそなえている3種の神通力のこと。特に仏の場合は三達ともいう。①宿住智証明(自他の過去世における生死の相に通達する智慧)②死生智証明(自他の未来世における生死の相に通達する智慧)③漏尽智証明(現世に通達し、一切の煩悩を断滅する智慧)をいう。三明を六神通に配せば、それぞれ宿命通、天眼通、漏尽通にあたる。参照 神通力/六神通

三妙合論 | さんみょうごうろん　天台大師智顗が『法華玄義』で明かす。法華経本

門の十妙のなかの第1本因妙、第2本果妙、第3本国土妙が、合わせて如来寿量品に説かれていること。この三妙は、仏の因位の修行(九界)と果徳(仏界)と所住の国土を示して、具体的に仏の真実の姿、事の一念三千を説き明かしたものである。寿量品において釈尊の久遠実成という本地(本来の真実の境地)が説かれた時、釈尊の本因(常住の九界)と本果(常住の仏界)、すなわち因果の常住が明かされた。それ故、釈尊の本国土である娑婆世界はそれを反映して、寿量品の自我偈に、劫の末に起こる世界を破壊する大火によっても破壊されず「我が此の土は安穏」(法華経491㌻)と記されているように、無常を免れた「常住の浄土」という本来の姿を現すのである。

三明六通 | さんみょうろくつう　三明と六神通のこと。▶三明《さんみょう》/六神通《ろくじんずう》

三益 | さんやく　下種益・熟益・脱益という三つの利益。仏が衆生を覚りへと導く三つの段階で、それぞれの利益が施されるので、このように呼ばれる。▶下種《げしゅ》/熟益《じゅくやく》/脱益《だっちゃく》

***三類の強敵** | さんるいのごうてき　釈尊の滅後の悪世に法華経を弘通する者に迫害を加える人々。法華経勧持品第13に説かれる(法華経418~419㌻)。これを妙楽大師湛然が『法華文句記』巻8の4で、3種に分類した。

①俗衆増上慢《ぞくしゅぞうじょうまん》は、仏法に無智な在家の迫害者。悪口罵詈《あっくめり》などを浴びせ、刀や杖で危害を加える。②道門増上慢《どうもんぞうじょうまん》は、比丘《びく》(僧侶)である迫害者。邪智で心が曲がっているために、真実の仏法を究めていないのに、自分の考えに執着し自身が優れていると思い、迫害してくる。③僭聖増上慢《せんしょうぞうじょうまん》は、聖者のように仰がれているが、迫害の元凶となる高僧。ふだんは世間から離れた所に住み、自分の利益のみを貪り、悪心を抱く。讒言《ざんげん》によって権力者を動かし、弾圧を加えるよう仕向ける。

妙楽大師は、この三類のうち僭聖増上慢は見破りがたいため最も悪質であるとしている。日蓮大聖人は、現実にこの三類の強敵を呼び起こしたことをもって、御自身が末法の法華経の行者であることの証明とされた。「開目抄」(228㌻)では具体的に聖一《しょういち》(円爾弁円)、極楽寺良観《ごくらくじりょうかん》(忍性)らを僭聖増上慢として糾弾されている。

参照 勧持品二十行の偈/悪口罵詈

三類の敵人 | さんるいのてきじん　▶三類の強敵《さんるいのごうてき》

三論宗 | さんろんしゅう　竜樹(ナーガールジュナ)の『中論』『十二門論』と提婆(アーリヤデーヴァ)の『百論』の三つの論に基づく学派。鳩摩羅什が三論を訳して、門下の僧肇《そうじょう》が研究し、隋に吉蔵(嘉祥)が大成した。日本には625年、吉蔵の弟子で高句麗僧の慧灌《えかん》が伝え、奈良時代に興隆する。平安時代に聖宝《しょうぼう》が東大寺に東南院を建立して本拠とした。般若経の一切皆空無所得(あらゆるものに実体はなく、また実体として得られるものはない)の思想に基づき、八不中道《はっぷちゅうどう》(8種の否定を通じて明らかになる中道)を観ずることで、一切の偏見を排して真理を現すとする。

三惑 | さんわく　天台大師智顗が一

あ か さ た な は ま や ら わ

切の惑(迷い・煩悩)を3種に立て分けたもの。見思惑《けんじわく》・塵沙惑《じんじゃわく》・無明惑《むみょうわく》のこと。見思惑は声聞・縁覚・菩薩の三乗が共通して伏すべき迷いであるゆえに通惑ともいい、塵沙・無明の二惑は別して菩薩のみが断ずる惑なので別惑ともいう。『摩訶止観』など多くの論釈に説かれている。

①見思惑は、見惑と思惑のこと。見惑は、後天的に形成される思想・信条のうえでの迷い。思惑は、生まれながらにもつ感覚・感情の迷い。この見思惑を断じて声聞・縁覚の二乗の境地に至るとされる。

②塵沙惑とは、菩薩が人々を教え導くのに障害となる無数の迷い。菩薩が衆生を教化するためには、無数の惑を断じなければならない故にこういう。塵沙は無量無数の意。

③無明惑とは、仏法の根本の真理に暗い根源的な無知。別教では十二品、円教では四十二品に立て分けて、最後の一品を「元品の無明」とし、これを断ずれば成仏の境地を得るとしている。小乗では見惑を断じて聖者となり、思惑を断じて阿羅漢果に達するとしている。大乗では菩薩のみがさらに塵沙・無明の二惑を次第に断じていくとする。天台大師は『摩訶止観』巻4上で、三惑は即空・即仮・即中の円融三観によって断ずることができると説いている。すなわち空観によって見思惑を破し、仮観によって塵沙惑を破し、中観によって無明惑を破す。しかし、円融三観は空・仮・中のおのおのが時間的にも空間的にも円融相即して差別がないから、三惑は同時に断破される。参照 元品の無明/三諦/一心三観

三惑未断の凡夫 | さんわくみだんのぼんぷ 三惑を断ち切っていない凡夫のこと(188ページ)。参照 三惑

し

事｜じ　▶理・事《りじ》

***四悪趣**｜しあくしゅ　十界のうち、苦悩に満ちた四つの境涯。地獄・餓鬼・畜生の三悪道に修羅を加えたもの。参照 十界

四安楽行｜しあんらくぎょう　法華経安楽行品第14に説かれる四つの行法(法華経422ページ以下)。文殊師利菩薩が悪世で安楽に妙法蓮華経を修行する方法を問うたのに対し、釈尊が身《しん》・口《く》・意・誓願の4種の安楽行を説き、これによって初心の人が妙法蓮華経を弘通し修行することを示した。

①身安楽行。身を安定にして10種の誘惑を避け、静寂の処にあって修行すること。②口安楽行。仏の滅後にこの経を説く時、他人を軽蔑せず、その過失を暴かず、穏やかな心で口に宣べ説くこと。③意安楽行。末世になって法が滅びようとする時、この経を受持し読誦する者は、他の仏法を学ぶ者に対して嫉妬、そしり、争いの心を抱かないこと。④誓願安楽行。大慈大悲の心で一切衆生を救おうとの誓願を発すること。参照 安楽行品

四威儀｜しいぎ　▶行住坐臥《ぎょうじゅうざが》

四韋陀｜しいだ　四つのヴェーダ。韋陀はヴェーダの音写。インドの伝統的な宗教であるバラモン教の四つの聖典。『リグ・ヴェーダ』『サーマ・ヴェーダ』『ヤジュル・ヴェーダ』『アタルヴァ・ヴェーダ』をいう。参照 バラモン教

四有｜しう　有とは生存、存在のこと。衆生が輪廻する、ある期間の生存状態を4種に分類したもの。中有・生有・本有・死有の四つ。①中有とは、死んでから次の生を受けるまでのこと。②生有とは、生まれる瞬間のこと。③本有とは、生まれてから死ぬまでのこと。④死有とは、死ぬ瞬間のこと。

四依｜しえ　四つの依りどころとするもの。四不依に対する語。行の四依、説の四依、人の四依、法の四依がある。行、説の四依は釈尊存命中のための四依。このうち行の四依は比丘が修行において守るべき4種のきまりであり、説の四依はインドに生まれた釈尊の四依で仏の4種の意向をいう。人、法の四依は釈尊滅後の者のための四依。このうち人の四依は、正法を護持し広めて人々から信頼され、よりどころとなる4種の導師をいい、法の四依は衆生を利益する導師が必ず順守する四依をいう。したがって末法においては人、法の四依を用いる。

❶法の四依・四不依。涅槃経巻6などに説かれる。①修行する人は仏の教えそのものを依りどころとして、教えを説く人に依ってはならない(依法不依人)。②教えの真義に従い、表面上の言葉・文章に依ってはならない(依義不依語)。③真の智慧に依って、凡人の感情・判断に依ってはならない(依智不依識)。④中道実相の義を説いた了義経に依って、そうでない不了義経に依ってはならない(依了義経不依不了義経)の四つをいう。

❷人の四依。衆生が信頼してよい4種の人のこと。涅槃経巻6などに説かれる。①具煩悩性の人(三賢の位にあ

る声聞）②須陀洹《しゅだおん》（預流）・斯陀含《しだごん》（一来）の人（声聞四果の第1・第2を得た人）③阿那含（不還）の人（声聞四果の第3を得た人）④阿羅漢の人（声聞の最高位で見思惑を断じ尽くした人）の4種をいう。『法華玄義』には、菩薩の修行段階である五十二位によって四依を分けている。それによると、五品（十信以前の段階）・六根清浄（十信）を初依、十住を二依、十行・十回向を三依、十地と等覚を四依とする。章安大師灌頂の『涅槃経疏』では、義によって声聞の四依を大乗菩薩の五十二位に配して、別教および円教の菩薩の四依を立てている。

❸行の四依。修行者に対して執着のない生活を教えたもので、『四分律』などに説かれる。①糞掃衣《ふんぞうえ》を着て②常に乞食し③樹下に座り④腐爛薬（牛の尿を発酵させた薬）を用いるの四つ。

❹説の四依。仏が説かんとする4種の意趣（意向）（平等意趣・別時意趣・別義意趣・衆生意楽意趣）の意で、ふつう四意趣という。

慈円僧正｜じえんそうじょう　1155年～1225年。鎌倉初期の天台座主。前後4回にわたって座主を務め、建仁3年（1203年）に大僧正になった。僧正は、僧官（僧・尼僧の監督をする官職）の一つで、大僧正は僧官の最高位。歴史書『愚管抄』の著者、歌人としても有名。

四王天｜しおうてん　四天王が住む天。須弥山の中腹にある。参照四天王

四恩｜しおん　4種の恩。心地観経では、父母の恩、一切衆生の恩、国王の恩、三宝（仏法僧）の恩を挙げ、日蓮大聖人はこれを「四恩抄」（937ページ）などで引かれている。なお「報恩抄」（293ページ）では一切衆生の恩に代わり、師匠の恩が挙げられている。

志遠｜しおん　768年～844年。中国・唐の天台宗の僧。唐に渡った円仁（慈覚）に、五台山の大華厳寺で止観の法門を教えた。

慈恩｜じおん　▶基《き》

四界｜しかい　声聞・縁覚・菩薩・仏という四聖のこと。仏道修行によって分々の覚りを得た境涯。

持戒尊貴｜じかいそんき　堅く戒律を持つ尊貴な人。参照戒

***自界叛逆難**｜じかいほんぎゃくなん　薬師経に予言された、謗法の国に起こる七難の一つで、同士討ち、内乱をいう。日蓮大聖人は「立正安国論」（31ページ）で、謗法を禁じ正法を用いなければ、七難のうちまだ起こっていない自界叛逆難と他国侵逼難が起こることを予言された。しかし鎌倉幕府は大聖人に対して文永8年（1271年）に竜の口の法難・佐渡流罪という命に及ぶ迫害を加えた。その後ほどない同9年（1272年）2月、北条一族の争いである二月騒動《にがつそうどう》（北条時輔の乱）が起こり、自界叛逆難の予言が的中した。参照二月騒動

持戒・無戒｜じかいむかい　戒を受け持つことと、一度も戒を受けていないこと。参照戒

慈覚｜じかく　▶円仁《えんにん》

四角祭｜しかくさい　陰陽道に基づく祭事で、家の四角と国の四方の境で行われる。

自我偈｜じがげ　法華経如来寿量品第16の後半にある偈（韻文）。「自我

得仏来」という句から始まるので自我偈と呼ばれる。寿量品の教えの要諦を偈頌《げじゅ》(詩)の形式で再度、説いたもの(法華経489~493ページ)。

四箇の格言｜しかのかくげん　日蓮大聖人が御在世当時の諸宗に対して加えられた批判を四つに要約した語。①念仏無間②禅天魔③真言亡国④律国賊の四つ。▶念仏無間《ねんぶつむけん》/禅天魔《ぜんてんま》/真言亡国《しんごんぼうこく》/律国賊《りつこくぞく》

四箇の謗法｜しかのほうぼう　波木井実長が日向の影響下で犯した四つの謗法のこと。①一体仏の造立②二所(箱根・伊豆の両権現)と三島神社の参詣③九品念仏道場の建立④福士(山梨県南巨摩郡南部町福士)の塔供養の四つ。参照日向

止観｜しかん　❶止観という瞑想修行のこと。「止」とは心を外界や迷いに動かされずに静止させることで、それによって正しい智慧を起こして対象を観察することを「観」という。

❷天台大師智顗の『摩訶止観』10巻の略称。▶『摩訶止観』《まかしかん》

止観業｜しかんごう　摩訶止観業《まかしかんごう》のこと。『摩訶止観』を学習する課程。伝教大師最澄が定めた、天台宗の学生の履修課程の一つ。伝教大師は天台宗に割り当てられた年分度者の二人にそれぞれ止観業と遮那業《しゃなごう》という二つの異なる課程を修学させた。止観業とは、『山家学生式』に「止観業の者は、年々毎日法華・金光・仁王・守護・諸大乗等、護国の衆経を長転長講せしめん」「止観業には具さに四種三昧を修習せしめん」とある。四種三昧とは、常坐・常行・半行半坐・非行非坐の4種の三昧行をいう。これらの学問および修行をする者を止観業の者といった。12年間の修行を終えた両業の卒業者については、同じく『山家学生式』に「凡そ両業の学生一十二年所修所学、業に随いて任用せん。能く行い能く言うは常に山中に住して、衆の首と為し、国の宝と為す。能く言いて行うこと能わざるは国の師と為し、能く行いて言うこと能わざるは国の用と為す」とある。参照年分度者/四種三昧/遮那業/延暦寺

『止観輔行伝弘決』｜しかんぶぎょうでんぐけつ　妙楽大師湛然による『摩訶止観』の注釈書。10巻(または40巻)。天台大師智顗による止観の法門の正統性を明らかにするとともに、天台宗内の異端や華厳宗・法相宗の主張を批判している。

『史記』｜しき　中国・前漢の太史公・司馬遷《しばせん》(紀元前145年ごろ~前86年ごろ)が著した歴史書。中国初の通史で、後の正史の手本とされた。古くは伝説上の帝王である黄帝から、近くは司馬遷の同時代である漢の武帝期までの歴史が編纂されている。

時機｜じき　物事の潮時のこと。仏教では仏が法を説く時と、その教化を受ける衆生の機根をいう。

色界｜しきかい　▶三界《さんがい》

色究竟天｜しきくきょうてん　色界は18の階層からなり、かつ四つの禅定の修行に応じて4層(四禅天)に分類されるが、その最上に位置する天。色究竟天を超えると、物質的な領域(色)を超越した純粋に精神的な世界である無色界に入る。参照三界/天界

あ
か
し
た
な
は
ま
や
ら
わ

色心依正 | しきしんえしょう　生命の物質的側面が色。精神的側面が心。依正とは、因果の法により、過去の行為の報いを受ける主体（正報）と、主体を支える環境世界（依報）のこと。

色心の二法 | しきしんのにほう　認識の対象となる色法と心法のこと。色とは、目・耳・鼻・舌・皮膚・意（心）という知覚・認識器官で知覚・認識できる対象。心法とは、認識をする心の本体と種々の働き。

色心不二 | しきしんふに　色法（物質・肉体面の働き）と心法（心の働き）が、一見、二つの別のものであるようで、実は分かちがたく関連しているという法理。色法とは、物質や肉体といった、目や耳などの感覚器官でとらえられる物質的・顕在的なもの、またそこに現れる種々の変化。心法とは、精神・心といった、感覚器官で直接とらえられない法則的・内在的なもの。「心」にそなわっているものが因となり、それが縁にふれることで、「心」に果が生じ、やがて報いとして「色」の上にも顕在化する。「色」である肉体で体験した種々の行為の影響は「心」に刻まれ、生死を超えて連続し、因となって縁に応じて新たな果報を生み出していく。このように心と色は、一つの生命・存在そのものにおいて、三世にわたる生命の因果の法則によって一貫して分かちがたく結び付き、種々の働きを示す。「御義口伝」には「色心不二なるを一極と云うなり」（708ページ）とある。自身の心に本性としてそなわっている無限の可能性を、色である現実の自身と世界とに自在に開き現し、外なる色法と内なる心法が一致して色心不二を実現したのが、最高の境涯である仏界（一極）である。

色相荘厳の仏 | しきそうしょうごんのほとけ　「しきそうそうごんのほとけ」とも読む。三十二相八十種好という超人的な特徴をそなえた荘厳な姿をした仏。参照三十二相/八十種好

直達正観 | じきたつしょうかん　直ちに正観（仏の境地、一念三千の正しき智慧）に達すること。

色法 | しきほう　物質や肉体といった、目や耳などの感覚器官でとらえられる物質的・顕在的なもの。またそこに現れる種々の変化。心法に対する語。参照心法

敷曼荼羅 | しきまんだら　壁にかける懸曼荼羅に対して、壇の上に敷く曼荼羅のこと。布でできている。主に結縁灌頂の儀式で用いられる。参照結縁灌頂/灌頂/曼荼羅

式目 | しきもく　▶「御成敗式目《ごせいばいしきもく》」

四教 | しきょう　❶天台大師智顗による教判。「化法の四教」と「化儀の四教」がある。一般に四教というと化法の四教（蔵通別円）をさす場合が多く、「開目抄」（197ページ）で言及される「四教の果」「四教の因」もこちらの意。▶化法の四教《けほうのしきょう》/化儀の四教《けぎのしきょう》

❷華厳宗の法蔵の弟子・慧苑が立てた教判。①迷真異執教（外道凡夫の教え）②真一分半教（二乗の教え）③真一作満教（初心の菩薩の教え）④真具分満教（如来蔵を識る者の教え）。

持経 | じきょう　❶常に手元に置いて読誦する経典。

❷経を持つこと。

***自行**｜じぎょう　❶衆生の振る舞いとしては、自身が仏道修行に励むこと。他の人々を教え導く化他に対する語。

❷仏の振る舞いとしては、仏が自らの覚りの真実を味わい実践すること。教えのうち仏の覚りの真実の側面をいい、法華経の教えをさす。これに対して化他は衆生を教え導くことで、覚りの真実へと導くための方便の側面をいい、法華経の教えに導くための諸経の教えをさす。参照化他/方便

***自行化他**｜じぎょうけた　自行と化他。▶自行《じぎょう》/化他《けた》

御書には「末法に入て今日蓮が唱る所の題目は前代に異り自行化他に亘りて南無妙法蓮華経なり」(1022ページ)とある。末法においては、自行においても化他においても、成仏の根本法である南無妙法蓮華経を実践することが、正しい仏道修行となる。

此経難持｜しきょうなんじ　「此の経は持ち難し」と読み下す。法華経見宝塔品第11の文(法華経393ページ)。釈尊滅後の弘教を勧めた宝塔品の三箇の勅宣の第3の文。仏の滅後に法華経を受持することがいかに困難かを示した言葉。

事行の一念三千｜じぎょうのいちねんさんぜん　「事行」は、観念観法を行ずる「理行」に対する語で、真理を具現化した本尊を根本に修行すること。すなわち、一念三千の法を体現した本尊を信受して修行することから、寿量文底の法門を「事行の一念三千」という。参照事の一念三千

四苦｜しく　▶生老病死《しょうろうびょうし》

四弘誓願｜しぐせいがん　「しぐぜいがん」とも読む。あらゆる菩薩が初めて発心した時に起こす4種の誓願。①衆生無辺誓願度(一切衆生をすべて覚りの彼岸に渡すと誓うこと)②煩悩無量誓願断(一切の煩悩を断つと誓うこと)③法門無尽誓願知(仏の教えをすべて学び知ると誓うこと)④仏道無上誓願成(仏道において無上の覚りを成就すると誓うこと)。参照誓願

竺道生｜じくどうしょう　?～434年。中国の東晋・南北朝時代の僧。鳩摩羅什の門下。涅槃経の異訳である般泥洹経《はつないおんぎょう》6巻を研究し、成仏できないとされていた一闡提の成仏や頓悟を主張したが、保守的な僧侶によって宋の都の建康(南京)から追放され、蘇州の虎丘山に逃れた。日蓮大聖人は仏法を広めて大難を受けた一人として挙げられている。参照般泥洹経/涅槃宗

竺の道生｜じくのどうしょう　▶竺道生《じくどうしょう》

四苦八苦｜しくはっく　生命が免れがたい根源的苦しみで、四苦とは生老病死の4種の苦。これに愛別離苦(愛するものとの別離の苦)、怨憎会苦(敵対し憎むものに会ってしまう苦)、求不得苦(求めるものが得られない苦)、五盛陰苦(活発な心身の働きによって起こる苦)を加えて八苦という。参照苦

竺法護｜じくほうご　239年～316年。中国・西晋の訳経僧。法華経の最初の漢訳である正法華経《しょうほけきょう》10巻(286年)の訳者。

竺法蘭｜じくほうらん　サンスクリット名は不明。インドの人で、後漢の明帝の時代に迦葉摩騰とともに中国に初めて仏教を伝えたとされる。経典・論書数万

章を暗誦し、インドの学者の師匠格だったという(『梁高僧伝』巻1)。

事供養 | じくよう ▶供養《くよう》

自解仏乗 | じげぶつじょう 「自ら仏乗を解す」と読む。教えを受けることなく、自ら仏の境地を解ること。『法華玄義』の章安大師灌頂による序文で、章安大師が天台大師智顗の偉大さをたたえた言葉。「寂日房御書」には「日蓮となのる事自解仏乗とも云いつべし」(903ページ)と述べられている。

示現生 | じげんしょう 仏や菩薩が衆生を教化するために、さまざまな姿形をとって出現すること。

四皓 | しこう 中国の秦末から漢の初めにかけて、戦禍を避けて陝西省の商山に入った東園公《とうえんこう》・綺里季《きりき》・夏黄公《かこう》・角里先生《ろくりせんせい》の四人の老賢人。四人とも髪も眉も皓白(真っ白)の老人だったことから四皓と呼ばれた。漢の2代目の恵帝《けいてい》が太子の時に補佐役となって支えた。

四劫 | しこう 仏教の世界観で、この世界が生成し消滅する過程を四つの時期に区分したもの。長阿含経巻21などに説かれる。①成劫《じょうこう》(成立する期間)②住劫《じゅうこう》(安定して存続する期間)③壊劫《えこう》(崩壊する期間)④空劫《くうこう》(再び成立するまでの期間)。空劫が過ぎればまた成劫が始まり、この成・住・壊・空の四劫が循環して尽きることがないという。

また四劫を1度めぐる期間を1大劫という。1大劫は四劫の成住壊空それぞれが20劫からなり、合わせて80劫に細分される。『大智度論』巻38などではこれを小劫とし、『倶舎論』巻12などでは中劫としているが、いずれも1増1減(人の寿命が10歳から、100年に1歳ずつ増して8万歳まで増え、それから100年に1歳ずつ減って10歳まで減る期間)を表している。住劫の20小(中)劫の各減劫の終わりに小の三災(刀兵・疾疫・飢饉)が起こり有情が多大な損害を受け、壊劫の最後の増減劫に大の三災(火災・風災・水災)が起こって世間が壊滅すると説かれている。『立世阿毘曇論』巻9によれば、現在の地球は住劫第九の減、すなわち間もなく住劫の半ばに至ろうとしているとされる。

なお、「観心本尊抄」の「今本時の娑婆世界は三災を離れ四劫を出でたる常住の浄土なり」(247ページ)との仰せは、変化し流転する現象世界の根底に常住する妙法の世界を述べられている。参照 住劫第九の減

慈誥 | じこう 生没年不詳。南都七大寺の高僧の一人。

師曠が耳・離婁が眼 | しこうがみみりろうがめ 師曠は、中国・周の音楽家。耳がよかったことから、耳のさとい者の譬えとして用いられる。離婁は、中国古代の伝説上の人物。目が非常によく、100歩離れた所からでも細かい毛が見えたといわれ、目のよい人の譬えとされる。

四向四果 | しこうしか 声聞の修行の階位で、四つの因位と四つの果位。四双八輩、八(賢)聖ともいう。向とは趣向のことで、次の果位に赴く因位をいう。預流《よる》向・預流果、一来《いちらい》向・一来果、不還《ふげん》向・不還果、阿羅漢《あらかん》向・阿羅漢果の八つ。

①預流とはサンスクリットのスローターパンナ(須陀洹《しゅだおん》)の訳で、無漏

(煩悩のない状態)の聖者の流れに初めて預り入るとの意。②一来とはサクリッドアーガーミン(斯陀含《しだごん》)の訳で、一度天界に生まれ再び人界に生まれて覚りを得るとの意。③不還とはアナーガーミン(阿那含《あなごん》)の訳で、再び欲界に還ってこないとの意。④阿羅漢とはアルハトの主格アルハンの音写、尊敬に値するものという意で、「応供《おうぐ》」などと訳す。

これらのうち、預流向を見道の聖者、預流果から阿羅漢向までの6種を修道の聖者という。また阿羅漢果を「無学(学ぶべきものも断ずべき煩悩もないという意)」というのに対し、阿羅漢向までの7種を「(有)学」という。

参照 阿羅漢/学/無学/声聞界/四土

始皇帝｜しこうてい　紀元前259年～前210年。中国最初の皇帝となった秦王・政のこと。苛酷な専制政治を行ったため、古来、悪王とされる。

***地獄界**｜じごくかい　地獄の世界。苦しみに縛られた最低の境涯。古代インドでは、大きな悪の行いをした者は死後、地の下にあって苦悩が深く大きな世界に生まれるとされた。その世界をサンスクリットでナラカといい、音写して奈落《ならく》と呼び、意訳して地獄という。経典には八熱地獄《はちねつじごく》や八寒地獄《はっかんじごく》など数多くの地獄が説かれている。「観心本尊抄」には「瞋るは地獄」(241ページ)とあり、われわれ人界にそなわる地獄界は、瞋《いか》るすがたにうかがえることが示されている。この「瞋り」は、思い通りにいかない自分自身や、苦しみを感じさせる周囲に対して抱く、やりばのない恨みの心をいう。これに基づいて仏法の生命論では、生きていること自体が苦しい、あらゆることが不幸に感じる生命状態を地獄界とする。

参照 阿鼻地獄/八大地獄/八寒地獄

地獄即寂光｜じごくそくじゃっこう　地獄がそのまま仏の住む常寂光土となること。地獄とは苦悩の極限である地獄界、寂光とは常寂光土の略で仏の住む国土、仏界を意味する。

持国天王｜じこくてんのう　▶四天王《してんのう》

持斎｜じさい　斎戒を持つ者。参照 戒/八斎戒

始坐仏樹｜しざぶつじゅ　「初めに菩提樹のもとに座って」との意。『摩訶止観』巻1上などでは「始坐仏樹・力降魔《ごうま》(始め仏樹に坐し力めて魔を降す)」を浄名経の文として引いており、日蓮大聖人はこれらに依ったものと思われる(213ページ)。原典の維摩詰所説経(鳩摩羅什訳)、仏説維摩詰経(支謙訳)ではいずれも「始在仏樹・力降魔」となっている。参照 降魔

師子｜しし　❶アーリヤシンハのこと。付法蔵の最後の人(第23)。6世紀ごろの中インドの人。罽賓国(カシュミール)で仏法を流布していた時、国王・檀弥羅《だんみら》の仏教弾圧により首を斬られたが、師子尊者の首からは一滴の血も流れず、ただ白い乳のみが流れ出たという。参照 檀弥羅王

❷サンスクリットのシンハの訳で獅子とも書く。ライオンのこと。

慈氏｜じし　▶弥勒菩薩《みろくぼさつ》

***師子王**｜ししおう　ライオンが百獣に優れていることを王に譬えたもの。

①法華経、御本尊を譬える。「千日尼御前御返事」に「法華経は師子王の

如し一切の獣の頂きとす、法華経の師子王を持つ女人は一切の地獄・餓鬼・畜生等の百獣に恐るる事なし」(1316ページ)と述べられている。また「千日尼御前御返事」に「此の経文は一切経に勝れたり地走る者の王たり師子王のごとし・空飛ぶ者の王たり鷲のごとし」(1310ページ)と述べられている。

②日蓮大聖人を譬える。「常忍抄」に「彼等程の蚊虻の者が日蓮程の師子王を聞かず見ずしてうはのそらに・そしる程のをこじん(嗚呼人)なり」(982ページ)と仰せである。なぜ御本尊ならびに大聖人が師子王に譬えられるかといえば、一つは師子が弱敵に対しても全力を出すことを仏の慈悲の無限なことに譬え、一つは師子がいかなる強敵にも恐れないことを、法華経の行者の勇猛精進に譬えるのである。「経王殿御返事」に法華経従地涌出品第15の文(法華経463ページ)を引いて「師子王は前三後一と申して・あり(蟻)の子を取らんとするにも又たけ(猛)きものを取らんとする時も・いきを(勢)ひを出す事は・ただをな(同)じき事なり、日蓮守護たる処の御本尊を・したため参らせ候事も師子王に・をとるべからず、経に云く『師子奮迅之力』とは是なり」(1124ページ)と述べられ、「佐渡御書」に「強敵を伏して始て力士をしる、悪王の正法を破るに邪法の僧等が方人をなして智者を失はん時は師子王の如くなる心をもてる者必ず仏になるべし例せば日蓮が如し」(957ページ)と説かれている。

四時教 | しじきょう　南三北七のうち南地の一派である宗愛《しゅうあい》(大昌寺僧宗《そうしゅう》と白馬寺曇愛《どんあい》の二人とする説もある)による教判。諸経典を釈尊一代における四つの時期に分類して解釈した。虎丘山の笈師《ぎゅうし》による三時教のうち、無相教と常住教の間に法華経を立てて同帰教(万善が同じく成仏という一果に帰着する教え)とする。すなわち、有相教・無相教・同帰教・常住教の四つ。天台大師智顗が『法華玄義』巻10上に挙げている。参照 南三北七/三時教

師子頬王 | ししきょうおう　師子頬はサンスクリットのシンハハヌの訳。古代インドの迦毘羅衛国(カピラヴァストゥ)の王。浄飯王の父で、釈尊の祖父。

***師子吼** | ししく　ライオンが吼《ほ》えること。またその声。仏の説法、南無妙法蓮華経の題目を譬える。「経王殿御返事」には「此の曼荼羅能く能く信ぜさせ給うべし、南無妙法蓮華経は師子吼の如し・いかなる病さは(障)りをなすべきや(この曼荼羅〈御本尊〉をよくよく信じるべきである。南無妙法蓮華経は師子吼と同じである。どのような病でも、障《さわ》りとなることはない)」(1124ページ)と仰せである。

師子の座 | ししのざ　師子座のこと。仏の座席のこと。仏を師子王に譬えて、その座を師子座という。どのような場所であっても、仏の座す所は師子座となる。

師子身中の虫 | しししんちゅうのむし　師子(ライオン)の身の内部に発生してその師子を食べてしまう虫のこと。仏法が、仏教以外を信じる者によってではなく、かえって仏教者によって破壊されることを譬えている。蓮華面経などに説かれる。日蓮大聖人は「佐渡御書」

で「外道・悪人は如来の正法を破りがたし仏弟子等・必ず仏法を破るべし師子身中の虫の師子を食等云云」(957ページ)と仰せである。

師子尊者｜ししそんじゃ　▶師子《しし》

四悉檀｜ししつだん　「ししっだん」とも読む。仏の教法を4種に分けたもので、『大智度論』巻1などに説かれる。

①世界悉檀《せかいしつだん》。人々が願い欲する所に応じて法を説くこと。②為人悉檀《いにんしつだん》。詳しくは各各為人悉檀といい、機根などが異なる人それぞれに応じて法を説いて教え導くこと。③対治悉檀《たいじしつだん》。貪り・瞋り・癡かさなどの煩悩を対治するために、それに応じた法を説くこと。④第一義悉檀《だいいちぎしつだん》。仏が覚った真理を直ちに説いて衆生を覚らせること。

四時の座禅｜しじのざぜん　一昼夜を四つに分け、朝・真昼・夕暮れ・夜中の四つの時において座禅をすること。

師子奮迅之力｜ししふんじんしりき　法華経従地涌出品第15の文。「師子奮迅の力」(法華経463ページ)と読む。仏が一切衆生を救うにあたって出す偉大な力を、師子王が戦う姿に譬えたもの。「経王殿御返事」に「師子王は前三後一といって、アリを捕ろうとする時にも、また猛々しいものを捕ろうとする時も、勢いを出すことはまったく同じである。日蓮が守護の御本尊をしたためて差し上げるのも、この師子王の姿に劣るものではない。法華経に『師子奮迅の力』とあるのは、このことである」(1124ページ、通解)と仰せである。

四衆｜ししゅ　比丘(出家の男性)、比丘尼(出家の女性)、優婆塞(在家の男性)、優婆夷(在家の女性)のこと。

四洲｜ししゅう　▶四大洲《しだいしゅう》

四重｜しじゅう　四重禁戒のこと。▶四重禁戒《しじゅうきんかい》

四宗(教)｜ししゅう(きょう)　南三北七の北地の一派である地論宗南道派の慧光《えこう》による教判。諸経論を4種に分類して解釈した。①因縁宗(毘曇)②仮名《けみょう》宗(成実)③誑相《おうそう》宗(般若・三論)④常宗(涅槃・華厳など)をいう。天台大師が『法華玄義』巻10上に挙げている。［参照］慧光/南三北七/教相判釈

四十一品の無明｜しじゅういっぽんのむみょう　菩薩は見思惑・塵沙惑、さらに42の無明惑を断じて仏の境地に至るとされる。この無明惑のうち、四十一品の無明は最後の元品の無明以外の41の無明のこと。［参照］無明

四重禁戒｜しじゅうきんかい　四波羅夷戒とも。教団追放となる四重罪を犯さないよう禁止し戒めること。［参照］四重罪/戒

四重興廃｜しじゅうこうはい　釈尊一代の教えを爾前経・法華経迹門・法華経本門・観心の4段階(四重)に立て分け、勝劣興廃を判釈したもの。末法下種の観心・南無妙法蓮華経を肝要とする。

四重罪｜しじゅうざい　四波羅夷《しはらい》とも。出家僧が犯すと教団追放とされた四つの重い罪。①殺生(故意に人を殺すこと)②偸盗(他人のものであることを知りながら盗むこと)③邪婬(不適切な性交渉をすること)④妄語(自ら覚りを得ていないのに得たと妄言をはくこと)。

四宗の元祖｜ししゅうのがんそ　四宗の祖師

のこと。「開目抄」(218～219ページ)では、華厳宗の杜順・智厳・法蔵・澄観ら、法相宗の玄奘・基(慈恩)ら、三論宗の吉蔵(嘉祥)ら、真言宗の善無畏・金剛智・不空ら、日本の真言宗の空海(弘法)を挙げ、その邪義を破折されている。

四十八願《しじゅうはちがん》 無量寿経に説かれる、法蔵比丘が立てた48の誓願のこと。法蔵比丘はこの四十八願を立てて、それらすべてを成就して阿弥陀仏になったと説かれている。四十八願のなかで日本の浄土宗が特に重視するのが18番目の誓願であり、「もし私(法蔵比丘)が成仏した場合、十方の衆生が心から私の国土に生まれたいと願い、最低10回でもそのことを念じたとして、もし生まれることがないなら、私は覚りを得ることはない。ただし、五逆罪を犯した者や正しい教えを誹謗した者は除く」という内容である。法蔵比丘が現に阿弥陀仏となった以上、この誓願は実現しており、それ故、10回念じるだけで、阿弥陀仏の国土である極楽世界に生まれることができるということになる。法然(源空)は善導の解釈を踏まえて、10回は概数なので1回でもよく、「念じる」というのは南無阿弥陀仏ととなえることであると主張した。

参照 無量寿経/法然/念仏宗

四十八軽戒《しじゅうはちきょうかい》 梵網経《ぼんもうきょう》に説かれる大乗戒のうち、十重禁戒に対して比較的軽微な48の罪に対する戒律。①不敬師友戒(慢心を起こして師長・善友を敬い供養しないことを戒める)②飲酒戒(酒を飲まない)③食肉戒(肉類を食べない)④食五辛戒(五辛＝韮《きゅう》〈ニラ〉・薤《かい》〈ラッキョウ〉・葱《そう》〈ネギ〉・蒜《さん》〈ニンニク〉・薑《きょう》〈ショウガ〉を食べない)⑤不教悔戒(人の犯した罪を挙げて教え懺悔させないことを戒める)⑥不供給請法戒(法師に供給し法を請わないことを戒める)⑦懈怠不聴法戒(懈怠により経律を聴受しないことを戒める)⑧背大向小戒(大乗に背き小乗に帰向することを戒める)⑨不看病戒(病人を見て看護しないことを戒める)⑩蓄殺衆生具戒(刀杖弓箭などを蓄えることを戒める)⑪国使戒(敵に通じて戦を起こさせることを戒める)⑫販売戒(畜類の販売を戒める)⑬謗毀戒(悪心をもって善人法師を謗毀することを戒める)⑭放火焼戒(悪心をもって山林に放火することを戒める)⑮僻教戒(小乗や外道をもって人を化導することを戒める)⑯為利倒説戒(財利のために義理を倒説することを戒める)⑰恃勢乞求戒(名聞名利のために公の力を恃み利を求めることを戒める)⑱無解作師戒(知解のない者が猥りに人の師となることを戒める)⑲両舌戒(両舌を使い賢を欺くことを戒める)⑳不行放救戒(衆生の死苦を見て救わないことを戒める)㉑瞋打報仇戒(瞋りをもって仇をなすことを戒める)㉒憍慢不請法戒(憍慢心を起こし法を請わないことを戒める)㉓憍慢僻説戒(憍慢にして法を軽蔑し好んで僻説をなすことを戒める)㉔不習学仏戒(正法を習学せずに異学異道を学ぶことを戒める)㉕不善和衆戒(衆の主となる者が善く衆を和し三宝を守る)㉖独受利養戒(独り利養を受け客僧を待遇しないことを戒める)㉗受別請戒(別請を受けて利養を自分のみに収めることを戒める)㉘別請僧戒(檀越らの僧の別請を戒める)㉙邪命自活戒(邪命・悪戯をもって自活することを戒める)㉚不敬好時戒(六斎日〈精進の日〉などに犯戒することを戒める)㉛不行救贖戒(所尊の災を見て救わないことを戒める)㉜損害衆生戒(刀杖を蓄え偽の秤を販売するなどして他人に害を与えることを戒める)㉝邪業覚観戒(戦いを見て楽しむことや音楽、遊戯、占いを戒める)㉞暫念小乗戒(二乗・外道の心を起こし菩提心を退することを戒める)㉟不発願戒(善知識を求めて修行に励むという願いをおこさないことを戒める)㊱不発誓戒(誓って十大願をおこさないことを戒める)㊲冒難遊行戒(難所を冒して頭陀遊行することを戒める)㊳乖尊卑次序戒(尊卑の次第を乱すことを戒める)㊴不修福慧戒(経律を講じ福慧を修して人を摂化しないことを戒める)㊵揀択受戒(人を選択して受戒することを戒める)㊶為利作師戒(利養のために詐って師となることを戒める)㊷為悪人説戒(悪人のために戒を説くことを戒める)㊸無慚受施戒(破戒無慚の者が施を受けることを戒める)㊹不供養経典戒(経典を敬重し供養しないことを戒める)㊺不化衆生戒(衆生を教化しないことを戒める)㊻説法不如法戒(敬心をもって法を説かないことを戒める)㊼非法制限戒(国王らが非法の制限を立てることを戒める)㊽破法戒(国王らが制度を立て仏法を破壊することを戒める)。参照 梵網経/十重禁戒/戒

四十余年未顕真実 | しじゅうよねんみけんしんじつ　無量義経説法品第2の文。「四十余年には未だ真実を顕さず」(法華経29㌻)と読み下す。釈尊が法華経を説く以前の40年余りの間に説いてきた諸経の教えは、方便・仮の教え(権教)であり、いまだ真実を明かしていないということ。

四種三昧 | ししゅざんまい　天台大師智顗が『摩訶止観』で説いた4種の三昧(精神集中の修行)。常坐・常行・半行半坐・非行非坐の三昧のこと。①常坐は座って行うもの。文殊師利問経に基づく。②常行は本尊のまわりを歩きながら行うもの。般舟三昧経に基づく。③半行半坐は座ったり歩いたりを繰り返すもの。方等陀羅尼経に基づく。④非行非坐は随自意三昧とも呼ばれ、形式にとらわれないもの。請観音経に基づく。

自受法楽 | じじゅほうらく　「自ら法楽を受く」と読む。法楽とは仏の覚りを享受する最高絶対の幸福のこと。妙法の功徳を自身で享受すること。「四条金吾殿御返事」には「一切衆生・南無妙法蓮華経と唱うるより外の遊楽なきなり経に云く『衆生所遊楽』云云、此の文・あに自受法楽にあらずや」(1143㌻)と述べられている。

自受用身 | じじゅゆうしん　自受用報身ともいう。「ほしいままに受け用いる身」のこと。覚知した法の功徳を自ら受け自在に用いる仏の身をいう。

自受用報身 | じじゅゆうほうしん　▶自受用身《じじゅゆうしん》

四生 | ししょう　生き物の四つの生まれ方のこと。これであらゆる生き物のことをさす。①胎生《たいしょう》(母胎から生ま

れる)②卵生《らんしょう》(卵から生まれる)③湿生《しっしょう》(蛆《うじ》などのように湿ったところに発生する)④化生《けしょう》(神々などのように、過去の自らの業の力によって身体を形成して生まれる)。

***四聖** | ししょう　十界のうち、仏道修行によって得られる覚りの境涯。迷いの境涯である六道に対する語。声聞・縁覚・菩薩・仏の四つの段階に分けられる。参照 三乗/十界/二乗/六道

***四条金吾** | しじょうきんご　四条頼基《よりもと》のこと。日蓮大聖人の御在世中に鎌倉に在住した中心的信徒の一人。竜の口の法難の際、大聖人から呼ばれて首の座に臨んだ。北条氏の一族である江間氏に仕えたが、同僚らの讒言などによって主君の不興を買い、所領没収、家臣からの追放の危機に陥った。しかし、大聖人の度重なるご指導を守り、信心根本に忍耐強く誠意を尽くした。主君の病気を機に信頼を回復し、以前の3倍の所領を獲得した。参照 江間氏

始成正覚 | しじょうしょうがく　「始めて正覚を成ず」と読み下す。今世で初めて成仏したということ。法華経本門に至るまでの諸経では、釈尊は無数の過去世における仏道修行を経て、インドに生まれて30歳(現代の研究では35歳とされるが、鎌倉時代の日本では30歳とされた)で、伽耶城(ガヤー)の郊外(のちのブッダガヤ)にある菩提樹の下で初めて最高の覚り(正覚)を得たと説かれた。これに対して法華経本門の如来寿量品第16では、釈尊が実は五百塵点劫という久遠の昔に成仏していたという真実の境地を明かした。これを久遠実成という。参照 久遠実成/迹仏

始成正覚の釈尊 | しじょうしょうがくのしゃくそん　法華経以前の諸経および法華経迹門までは、釈尊は今世で修行し菩提樹下で初めて成仏したという始成正覚の立場で法を説いた。

四信 | ししん　▶現在の四信《げんざいのししん》

死身弘法 | ししんぐほう　「身を死《ころ》して法を弘む」と読み下す。章安大師灌頂の『涅槃経疏』巻12にある。仏法流布の精神を示したもので、身を賭して法を広めることをいう。

四信五品 | ししんごほん　現在の四信と滅後の五品のこと。▶現在の四信《げんざいのししん》/滅後の五品《めつごのごほん》

「四信五品抄」 | ししんごほんしょう　建治3年(1277年)4月、日蓮大聖人が身延で著され、富木常忍に与えられた書(338ページ)。十大部の一つ。法門に関する質問に対し、法華経分別功徳品第17に説かれている現在の四信と滅後の五品を通して、南無妙法蓮華経と唱えることが成仏の直道であることが述べられている。

持水 | じすい　金光明経に説かれる名医。治水とも書く。

四禅比丘 | しぜんびく　▶善星比丘《ぜんしょうびく》

四蔵 | しぞう　仏教の教典を4種に分類したもの。経蔵(修多羅)、律蔵(毘尼)、論蔵(阿毘曇)、雑蔵の四つをいう。①経蔵とは釈尊の説いた教法を集成したもの。②律蔵は仏教教団で出家者が修行する上での種々の規則をまとめたもの。③論蔵とは釈尊の教法を体系づけ注釈したもの。④雑蔵は仏の教法、弟子の説、諸天の讃誦など雑多なものを集めたもの。

事相 | じそう　❶現実の具体的な姿、形、様子。

❷密教では、理論的な側面を教相、実践的な側面を事相と称している。

地蔵菩薩 | じぞうぼさつ　インド神話における地神がその起源とされ、仏教においては衆生の苦を除いて成仏へ導く菩薩とされた。釈尊から忉利天《とうりてん》の衆生の前で、釈尊滅後に弥勒菩薩が出現するまでの無仏の世界の導師として付嘱を受けたとされる。地蔵菩薩への信仰は、日本の平安時代に末法思想と結びついて広まった。

四諦 | したい　仏教の最も基本となる四つの真理。四聖諦ともいう。①苦諦《くたい》（迷いのこの世は一切が苦しみであること）②集諦《じったい》（苦しみが生じる原因は執着であること）③滅諦《めったい》（その執着を滅することで、苦しみを克服し覚りを得ること）④道諦《どうたい》（苦しみを克服し覚りを得るためには、八つの修行の道があること）。参照 苦

四大 | しだい　古代インドの思想で万物を構成する4種の元素。地大・水大・火大・風大をいう。大とはサンスクリットのマハーブータの訳で、元素の意。倶舎・成実・唯識の諸論で説かれている。①地大は堅（固さ）を自性（自然にそなわる特性）とし、持（ものを保持する）を作用とする。②水大は湿を自性とし、摂（ものを摂《おさ》め集める）を作用とする。③火大は煖（熱さ）を自性とし、熟（ものを成熟させる）を作用とする。④風大は動（動き）を自性とし、長（ものを成長させる）を作用とする。

自体顕照 | じたいけんしょう　仏の智慧によって対境としての万法の体を照らし顕すこと。境と智とが合した境智冥合の姿をいう。参照 境智冥合

四大洲 | しだいしゅう　須弥山《しゅみせん》の四方にある四つの大きな島。四洲とも。『倶舎論』巻11などには、須弥山を中心としてそのまわりを七つの内海と七つの山が交互に取り囲み、さらにその外側には鉄囲山《てっちせん》を外縁とする大海があって、①東弗婆提《ほつばだい》（プールヴァヴィデーハ、勝身《しょうしん》と訳す）②西瞿耶尼《くやに》（アパラゴダーニーヤ、瞿陀尼《くだに》とも音写し牛貨《ごけ》と訳す）③南閻浮提《えんぶだい》（ジャンブードゥヴィーパ）④北鬱単越《うったんのつ》（ウッタラクル、勝処《しょうしょ》と訳す）の四大洲を浮かべているとある。参照 閻浮提/須弥山/九山八海

四大声聞 | しだいしょうもん　法華経信解品第4で妙法を信受できた喜びを表明した4人の優れた声聞。摩訶迦葉・摩訶迦栴延・摩訶目犍連・須菩提のこと。参照 迦葉/迦旃延/目連/須菩提

斯陀含 | しだごん　▶四向四果《しこうしか》

自他彼此の心 | じたひしのこころ　「自分と他人」「あちらとこちら」などと差別する心のこと。

自歎 | じたん　『法華秀句』巻下の文にある語で、自画自賛のこと。同書には「以下のことが分かる。他宗がよりどころとしている経は、あらゆる経の中で第一というには至らない。その経を受持する者も同様にまだ第一ではない。天台法華宗が持つ法華経はあらゆるものの中で第一であるので、法華経を受持する者も同様に衆生の中で第一である。仏説によっている以上、どうして自画自賛（自歎）だろうか」（趣意）と

ある。なお、「撰時抄」の御真筆における引用では「自歎」が「百難」となっており、「大田殿許御書」の御真筆でも「百難」としていることから、日蓮大聖人は「百難」(どうして批判されることがあるだろうか)の意で理解されていたと拝される。

実慧｜じちえ　786年〜847年。平安初期の真言宗の僧。空海(弘法)の十大弟子の一人。空海(弘法)から東寺を託され、最初の「一の長者」となった。

七鬼神｜しちきじん　却温黄神呪経で疫病を起こすと説かれる7種の鬼神。同経には①夢多難鬼《むだなき》②阿佉尼鬼《あかにき》③尼佉尸鬼《にかしき》④阿佉那鬼《あかなき》⑤波羅尼鬼《はらにき》⑥阿毘羅鬼《あびらき》⑦婆提梨鬼《ばだいりき》の七鬼神の名を書いて門にはっておけば、鬼魔が近寄ることはなく、疫病や流行病を対治することができると説かれている。「立正安国論」で「若くは七鬼神の号を書して千門に押し若くは五大力の形を図して万戸に懸け」(17ページ)と述べられているように、日蓮大聖人の御在世当時、災厄から免れようとして七鬼神の名を書いた紙を門に貼ることが行われていた。参照 鬼神

七逆罪｜しちぎゃくざい　五逆罪に、和尚(師僧)を殺す、聖人を殺す(あるいは阿闍梨〈師範となる僧〉を殺す)の二つを加えたもの。参照 五逆罪

質直意柔軟・一心欲見仏・不自惜身命｜しちじきいにゅうなんいっしんよっけんぶつふじしゃくしんみょう　法華経如来寿量品第16の文。「質直にして意柔軟に｜一心に仏を見たてまつらんと欲して｜自ら身命を惜しまざれば」(法華経490ページ)と読み下す。正直一途に妙法を信じ、一心に求道心を燃やして、不惜身命の実践のあるところに、永遠の仏である釈尊が出現するとの意。

七宗｜しちしゅう　❶小乗の経論に基づく倶舎宗・成実宗・律宗を除いた、大乗に基づく華厳・三論・法相・天台・真言・浄土(念仏)・禅の七宗。

❷南都六宗に真言宗を加えた七宗。

七大寺｜しちだいじ　奈良(南都)の中心的な七つの寺。諸説あるが、一般には東大寺・興福寺・元興寺・大安寺・薬師寺・西大寺・法隆寺の7カ寺をさす。これらの寺は、奈良時代までに伝わり国家に公認されていた仏教学派(南都六宗)を研究する中心だった。参照 南都六宗

七難｜しちなん　▶三災七難《さんさいしちなん》

七仏｜しちぶつ　▶過去七仏《かこしちぶつ》

七仏薬師法｜しちぶつやくしほう　薬師琉璃光七仏本願功徳経に説かれる薬師如来などの七つの仏を本尊とする修法のこと。台密で重視する四つの修法(四箇大法)のうちの一つ。文永5年(1268年)7月17日、同年8月17日、同11年(1274年)12月7日などに、異国降伏のため比叡山の根本中堂で行われている。参照 薬師経

七慢｜しちまん　▶慢《まん》

七味｜しちみ　甘い・辛い・酸っぱい・苦い・塩っぱい・渋い・淡いの7種の味。

実果・華報｜じっかけほう　実果とは、本当の結果・果報のこと。これに対して華報は、兆し・前兆として受ける報いのことをいう。

***十界**｜じっかい　衆生の住む世界・境

涯を10種に分類したもの。仏法の生命論では人間の生命の状態の分類に用いる。地獄界《じごくかい》・餓鬼界《がきかい》・畜生界《ちくしょうかい》・修羅界《しゅらかい》・人界《にんかい》・天界《てんかい》・声聞界《しょうもんかい》・縁覚界《えんがくかい》・菩薩界《ぼさつかい》・仏界《ぶっかい》の10種。

このうち地獄・餓鬼・畜生・修羅・人・天をまとめて「六道《ろくどう》」といい、声聞・縁覚・菩薩・仏をまとめて「四聖《ししょう》」という。「六道」は、インド古来の世界観を仏教が用いたもので、もともとは生命が生死を繰り返す世界を六つに大別したもの。六道の中では、地獄・餓鬼・畜生を「三悪道《さんあくどう》」とし、この三悪道に比べれば相対的にはよいことから、修羅・人・天は「三善道《さんぜんどう》」とされる。また三悪道に修羅を加えて、「四悪趣《しあくしゅ》」ともいう。また「四聖」は仏道修行によって得られる境涯である。小乗の教えに基づき覚りを目指す声聞・縁覚は「二乗《にじょう》」と呼ばれる。これに菩薩を加えて「三乗《さんじょう》」と呼ばれる。

法華経以外の経典では、十界はそれぞれ固定化された世界・境涯としてとらえられていた。しかし法華経では、その考え方を根本的に破り、十界のうち仏界を除く九界の衆生に仏界がそなわっていることを明かし、成仏した仏にも九界の境涯がそなわることを説いて、十界は固定的な別々の世界としてあるのではなく、一個の生命にそなわる10種の境涯であることを示した。したがって、今、十界のいずれか一界の姿を現している生命にも、十界がすべてそなわっており、縁によって次にどの界の境涯をも現せることが明らかになった。このように十界の各界が互いに十界をそなえていることを十界互具という。参照 一念三千/九界/三悪道/三乗/四悪趣/四聖/十界互具/二乗/六道

十戒｜じっかい　20歳未満の見習い僧である沙弥(少年僧)と沙弥尼(女性の沙弥)が守るべき10の戒め。サンスクリットではシュラーマネーラサンヴァラといい、沙弥が学ぶべき事項という意味。①不殺生戒②不盗戒③不婬戒④不妄語戒⑤不飲酒戒⑥不著香華鬘不香塗身戒⑦不歌舞倡妓不往観聴戒⑧不坐高広大床戒⑨不非時食戒⑩不捉持生像金銀宝物戒の10種。参照 戒

***十界互具**｜じっかいごぐ　法華経に示された万人成仏の原理。地獄界から仏界までの十界の各界の衆生の生命には、次に現れる十界が因としてそなわっていること。この十界互具によって九界と仏界の断絶がなくなり、あらゆる衆生が直ちに仏界を開くことが可能であることが示された。この十界互具を根幹として、天台大師智顗は一念三千の法門を確立した。参照 一念三千/十界

十界互具の御本尊｜じっかいごぐのごほんぞん　仏教における本尊は、伝統的に仏・菩薩の像であったが、これは、仏・菩薩は衆生とは別次元の存在であることを示しており、衆生は仏・菩薩に依存する立場に置かれている。しかし、法華経に基づく十界互具の法理は、凡夫も仏も同じ人間であり、その違いは十界互具の法理を覚るか否かにあることを明かしている。日蓮大聖人は、十界互具(十界具足)の御本尊を顕して、この御本尊を信受することによって、凡夫

あ
か
し
た
な
は
ま
や
ら
わ

が自身の仏性を覚知し、そのままの姿で成仏することを教えられている。参照 十界互具/御本尊

十界互具の曼荼羅 | じっかいごぐのまんだら

▶十界互具の御本尊《じっかいごぐのごほんぞん》

実教・実経 | じっきょう　仏が自らの覚りをそのまま説いた真実の教え、経典のこと。権教・権経に対する語。天台宗の教判では、法華経のみを実経と位置づける。参照 権教・権経

十境十乗の観法 | じっきょうじゅうじょうのかんぽう

▶十法成乗の観法《じっぽうじょうじょうのかんぽう》

***執権** | しっけん　鎌倉幕府の職名。将軍の補佐を名目に政治の実権を握った、幕府における最重要の職。政所《まんどころ》(一般政務を司る機関)の別当《べっとう》(長官)となった北条時政《ほうじょうときまさ》が初代執権とされ、第2代の義時《よしとき》からは、執権は政所・侍所《さむらいどころ》の別当を兼務する職となった。以降も北条氏が代々この職を独占した。参照 侍所

十宗 | じっしゅう　❶▶八宗・十宗《はっしゅうじっしゅう》
❷▶五教十宗《ごきょうじっしゅう》

十種の魔軍 | じっしゅのまぐん　▶十軍《じゅうぐん》

十小劫 | じっしょうこう　劫はサンスクリットのカルパの音写で、極めて長大な時間を示す単位。その長さについては諸説ある。「小劫」について、日蓮大聖人は「顕謗法抄」(447ﾍﾟｰｼﾞ)で、人間の寿命が10歳から100年に1歳ずつ増して8万歳に至り、また無量歳から100年に1歳ずつ減って10歳になるという、この1増1減の長さを小劫とする説を挙げられている。参照 劫

実乗の一善 | じつじょうのいちぜん　成仏へと導く真実の教え、つまり法華経という唯一の正しい教え。

実成房 | じつじょうぼう　生没年不詳。安房国(千葉県南部)清澄寺の僧。「報恩抄」(323ﾍﾟｰｼﾞ)から、日蓮大聖人の清澄寺時代の師であった道善房が大聖人に帰依するのを妨げたことがうかがえる。参照 清澄寺/道善房/円智房

十信 | じっしん　菩薩の修行の52の階位である五十二位のうちの最初の10の位。菩薩として持つべき心のあり方を身につける位。三惑(見思惑・塵沙惑・無明惑)のうちの見思惑すらまだ断じていない位で、別教の菩薩の位としては外凡と位置づけられる。円教の菩薩の位としては内凡と位置づけられる。

①信心(清浄な信を起こす位)②念心(念持して忘れることのない位)③精進心(ただひたすらに善業を修する位)④定心(心を一つの処に定めて動じない位)⑤慧心(諸法が一切空であることを明確に知る位)⑥戒心(菩薩の清浄な戒律を受持して過ちを犯さない位)⑦回向心(身に修めた善根を菩提・覚りに回向する位)⑧護法心(煩悩を起こさないために自分の心を防護して仏法を保持する位)⑨捨心(空理に住して執着のない位)⑩願心(種々の清浄な願いを修行する位)をいう。参照 五十二位

失心の余残 | しっしんのよざん　本心を失ったまま、後々まで救済されず余り残っている者のこと。法華経如来寿量品第16に説かれる「良医病子の譬え」(法華経484ﾍﾟｰｼﾞ以下)に基づく。「失心」とは不失心に対する語で、毒が深く回って本心を失うこと、または本心を失った者をいう。釈尊の仏法では、五百塵点

劫の久遠に下種されたことを忘失した者が、法華経本門の座にきて内心には欲しながら、なおかつこの良薬を服そうとしない者のこと。「余残」とは、落ちこぼれ、あまりかすという意味で、一切衆生皆成仏道の法華経によってすら成仏得道ができなかった人たちのこと。「佐渡御書」に「又過去の謗法を案ずるに誰かしる勝意比丘が魂にもや大天が神にもや不軽軽毀の流類なるか失心の余残なるか……宿業はかりがたし」(958ページ)と述べられている。参照良医病子の譬え

実相｜じっそう　ありのままの真実のすがたのこと。

実相寺｜じっそうじ　駿河国岩本(静岡県富士市岩本)にある寺。もとは天台宗延暦寺系の古刹。院主の無軌道な乱行が続いたため、もともと実相寺に住んでいた日興上人は、「実相寺大衆愁状」でこれを告訴した(『富士宗学要集』第10巻)。

十即十生・百即百生｜じっそくじっしょうひゃくそくひゃくしょう　「十は即ち十ながら生じ、百は即ち百ながら生ず」と読み下し、「十人が十人とも往生し、百人が百人とも往生する」との意。善導の『往生礼讃偈』の文。念仏以外の雑行を捨てて念仏をとなえれば、十人が十人、百人が百人とも極楽浄土へ往生するとを述べたもの。

集諦｜じったい　▶四諦《したい》

実大乗教・実大乗経｜じつだいじょうきょう　大乗のうち実教である教え、経典。参照実教・実経/大乗

悉達太子｜しったたいし　釈尊の出家前の名。悉達はサンスクリットのシッダールタの音写で、悉多、悉達多とも。釈迦族の王子だったので、「太子」と称する。参照一切義成就菩薩

十方｜じっぽう　東西南北の四方と、東北・東南・西北・西南の四維と、上下の二方を合わせたもの。空間的に全宇宙を表している。

十法界｜じっぽうかい　十界と同義。▶十界《じっかい》参照法界

十方薩埵の導師｜じっぽうさったのどうし　あらゆる方角にある世界の菩薩たちを教え導く師。薩埵は菩提薩埵の略で菩薩のこと。

十法成乗の観法｜じっぽうじょうじょうのかんぽう　「観法」は「かんぼう」とも読む。天台大師智顗が『摩訶止観』で説いた瞑想法のこと。十境十乗の観法とも。『摩訶止観』では、止観(心を静める止と、真理を思索する観)の対象として①陰界入②煩悩③病患④業相⑤魔事⑥禅定⑦諸見⑧増上慢⑨二乗⑩菩薩の十境を立て、それぞれに対して①観不可思議境②起慈悲心③巧安止観④破法遍⑤識通塞⑥修道品⑦対治助開⑧知次位⑨能安忍⑩無法愛という10種の観法(十乗観法)を立てている。

実報土｜じっぽうど　詳しくは実報無障礙土《じっぽうむしょうげど》という。住む人の境地を反映して4種類の国土(四土)が立て分けられるが、そのうち、三界六道を離れた国土で、高位の菩薩(別教の初地以上、円教の初住以上)が住むとされる。参照四土

十方の仏の御舌｜じっぽうのほとけのおんした　全宇宙のあらゆる仏が、法華経が真実であると保証するのに、長い舌を出したこと。古代インドでは、言葉の真実

を保証するのに、舌を出す習慣があった。

十方仏土中唯有一乗法｜じっぽうぶつどちゅうゆいういちじょうほう　法華経方便品第2の文(法華経129ページ)。仏の願いは一切衆生の成仏であり、十方のあらゆる仏の世界で、ただ一仏乗の教えだけが説かれ、二乗・三乗はないという意。参照十方/一乗

十方分身諸仏｜じっぽうふんじんしょぶつ　仏が衆生を教化するため、十方の世界に身を分かち現したもの。参照十方

師弟の遠近｜していのおんごん　天台大師智顗が『法華玄義』巻1上で、法華経が諸経に優れている教相として挙げた、三種の教相(根性の融・不融、化導の始終・不始終、師弟の遠近・不遠近)の第3。釈尊と地涌の菩薩の師弟の関係が久遠の過去からの長遠なものであること。これは、諸経に説かれず法華経のみに説かれるので、「諸経永異」「一向異」と位置づけられている。法華経本門では、従地涌出品第15で久遠の弟子の菩薩(地涌の菩薩)が出現し、如来寿量品第16で師である釈尊の久遠実成の本地が明かされ、また娑婆世界こそが久遠の仏が常住する国土であることが明かされた。こうして久遠の本地が師弟ともに明かされて、師である仏と弟子である菩薩が久遠から常住であると明らかにされた。このことは十界が久遠から常住であることを示している。日蓮大聖人は「観心本尊抄」(249ページ)で、十界が久遠から常住であることが明かされただけではなく本国土が明かされたことによって、一念三千の法理に必要なすべての要素が整ったとされている。参照始成正覚/久遠実成

四天｜してん　❶東西南北の四方。❷四天王の略。▶四天王《してんのう》　❸四天下の略。▶四天下《してんげ》

四天下｜してんげ　須弥山を中心とした東西南北の四大洲すべてのこと。参照四大洲/須弥山/閻浮提

四天王｜してんのう　古代インドの世界観で、一つの世界の中心にある須弥山の中腹の四方(四王天)の主とされる4人の神々。帝釈天《たいしゃくてん》に仕える。仏教では仏法の守護神とされた。東方に持国《じこく》天王、南方に増長《ぞうじょう》天王、西方に広目《こうもく》天王、北方に毘沙門《びしゃもん》天王(多聞《たもん》天王)がいる。法華経序品第1ではその眷属の1万の神々とともに連なり、陀羅尼品第26では毘沙門天王と持国天王が法華経の行者の守護を誓っている(法華経73,644,645ページ)。日蓮大聖人が図顕された曼荼羅御本尊の四隅にしたためられている。参照四王天

四土｜しど　4種類の国土のこと。仏教の経典で描かれる種々の国土は、そこに住む衆生の果報であり、依報とされる。仏・菩薩・声聞などの国土は、内面に覚知し証得している境地と対応している。仏の国土は、仏が菩薩の時に立てた衆生救済の大願と積み重ねた修行に相応して建立されるものとされている。諸経では衆生の国土に実体的な環境の違いがあると説くのに対して、法華経見宝塔品第11では、三変土田によって、娑婆世界を中心に多くの国土が浄化されて統一されることが説かれる。本門の如来寿量品第

16では、本来、常寂光土の一土であるが、それが衆生の一念に応じて種々の違いとなって実感されるということを明かしている。参照 国土/三変土田/常寂光土

❶天台宗で立てる四土。①凡聖同居土《ぼんしょうどうごど》(人・天などの凡夫も声聞・縁覚・菩薩・仏の聖者もともに住む国土)②方便有余土《ほうべんうよど》(見思惑を断じまだ塵沙・無明惑を残す二乗や菩薩が住む国土)③実報無障礙土《じっぽうむしょうげど》(別教の初地以上、円教の初住以上の菩薩が住む国土)④常寂光土《じょうじゃっこうど》(法身・般若・解脱の三徳をそなえ涅槃にいたっている仏が住む国土)をいう。

【詳説】①凡聖同居土。略して同居土ともいう。迷いの凡夫と仏法の覚りを得た聖人とが、ともに住む国土をいう。この国土の仏身は劣応身とされる。参照 同居穢土

②方便有余土。略して、方便土、有余土ともいう。見思惑を断じた声聞・縁覚の二乗が生まれ住む国土のこと。すなわち方便の教えを修行して、煩悩の一部を断ずる小乗経の聖者が住む国土をいう。阿羅漢・辟支仏のように方便道を修行して一切の煩悩を仮に断じたゆえに「方便」といい、いまだ元品の無明を断ずることができないゆえに「有余」という。また七方便九種の行人の生まれ住むところなので、方便土であるという説もある(七方便とは、蔵教の声聞・縁覚・菩薩、通教の声聞・縁覚・菩薩、別教の菩薩のこと。九種の行人とは七方便の中の別教の菩薩を三に開いたもので、蔵教の声聞・縁覚、通教の声聞・縁覚・菩薩、別教の六住の思惑・見惑を断じた菩薩、十行の菩薩、十回向の菩薩、円教の十信の菩薩のこと)。方便土は菩薩が成仏するまで見思の惑(三界六道に出た声聞・縁覚・菩薩等の生死)を断じて、さらに智慧を開いて次の実報土に生まれることから、変易土ともいう。

③実報無障礙土。実報土のこと。無明の煩悩を段々に断じて、まことの道理を得た菩薩の住む国土をいう。実報とは真実の仏道修行をすることの報いとして、必ず功徳が現れること。この土は他受用報身を教主とすることから受用土とも呼ばれる。

④常寂光土。本仏・円仏が住む国土。迹土に対して本土ともいう。『観無量寿経疏』に「常寂光とは、常は即ち法身、寂は即ち解脱、光は即ち般若、是の三点縦横、並別ならざるを、秘密蔵と名づく。諸仏如来の遊居する所の処は、真常究竟にして、極めて浄土と為す」とある。常寂光を三徳に対応させ、常とは法身、寂とは解脱、光とは般若にあたるとし、それが時系列的・並列的ではなく円融しているので、不縦不横とされる。

❷唯識学派(法相宗)で立てる四土。基(慈恩)の『大乗法苑義林章』巻7などに説かれる、仏が住む国土を4種類に類別したもの。①法性土(自性身の住む国土)②自受用土(自受用身の住む国土)③他受用土(他受用身の住む国土)④変化土(変化身の住む国土)のこと。

❸摂論宗の法常《ほうじょう》らが立てる四土。仏が住む国土を4種に分けて化浄土・事浄土・実報浄土・法性浄土とした

もの。

*地頭｜じとう　鎌倉時代に幕府によって全国に設置され、荘園《しょうえん》（私有地）や公領（公有地）の現地を支配した職。将軍と主従関係を結んだ御家人《ごけにん》が任命された。年貢の徴収・納入や土地の管理、治安維持を任務とする。荘園の領主としばしば支配権をめぐり衝突した。参照御家人

四徳｜しとく　❶▶常楽我浄《じょうらくがじょう》
❷中国古代の伝説上の名君や実在の帝王、また儒教や道教の開祖ら賢人が説いた、人間として習学すべき四つの徳目。「上野殿御消息（四徳四恩御書）」（1526～1527ﾍﾟｰｼﾞ）に説かれる。同抄では①父母への孝行②主君への忠義③友への礼儀④自分より劣る者への慈悲が挙げられる。①～③は儒教などの教えに見受けられるが、④は仏法を踏まえた表現であり、これは日蓮大聖人が同抄の宛先である南条時光を教導するために独自に抽出されたものと考えられる。

神人｜じにん　平安時代から室町時代にかけて、神社に属し、神事の雑役や社頭の警備などの奉仕をした神職や寄人。手工業に従事した例も多い。参照犬神人

斯人行世間｜しにんぎょうせけん　法華経如来神力品第21にある文。同品に「斯の人は世間に行じて｜能く衆生の闇を滅し」（法華経575ﾍﾟｰｼﾞ）とある。「斯の人」とは、上行菩薩をさす。つまり「斯人行世間」とは、衆生の苦悩を救うために、上行菩薩が娑婆世界という世間（現実社会）に出現して、仏法を行ずるということ。参照上行菩薩/地涌の菩薩

事の一念三千｜じのいちねんさんぜん　理の一念三千に対する語。ひとくちに事の一念三千といっても、天台教学における事の一念三千と日蓮仏法における事の一念三千があり、両者は異なる。

①天台教学における事の一念三千。法華経本門の如来寿量品第16では久遠実成が明かされ、久遠の仏の本果が示されるとともに、その本因としての菩薩道も示され、本因と本果の常住が明かされた。さらに、久遠の本仏が、九界の衆生の住む娑婆世界の上に現れるという娑婆即寂光が説かれ、真実の国土世間とその常住が明かされた。これによって、一念三千を構成するすべての要素が完備した。これは仏の振る舞いの上に事実として現れている一念三千である。これが天台教学における事の一念三千である。

②日蓮仏法における事の一念三千。日蓮大聖人が御自身の振る舞いの上に体現して説き示された、三大秘法の南無妙法蓮華経。天台教学における一念三千の理と事は色相荘厳の仏に即したものであり、機根の劣った凡夫である末法の衆生にとっては、いずれも結局は理論上の枠組みとしての「理」にとどまる。凡夫が事実の上で成仏できる法は、大聖人が名字即の凡夫である御自身の振る舞いの上に体現して説き示された三大秘法の南無妙法蓮華経である。参照一念三千/久遠実成

司馬氏｜しばし　中国の三国時代の後、中国を統一した晋の帝王の一族。

数数擯出せられん｜しばしばひんずいせられん

▶数数見擯出《さくさくけんひんずい》

***慈悲** | じひ　慈しみ憐れむこと。仏教、特に大乗仏教では、智慧とともに主要な徳目とされる。慈はサンスクリットのマイトリー（友愛）、悲はカルナー、アヌカンパー（共感・同苦）の訳語。『大智度論』巻27に「大慈は一切衆生に楽を与え（与楽）、大悲は一切衆生の苦を抜く（抜苦）」とある。また涅槃経巻15に「諸の衆生の為に無利益を除く。是れを大慈と名づく。衆生に無量の利益を与えんと欲す。是れを大悲と名づく」とある。それぞれ慈と悲の解釈は入れ替わっているものの、いずれも抜苦与楽《ばっくよらく》を意味している。

『大智度論』巻40などには、3種の慈悲（三慈、三縁の慈悲ともいう）が説かれている。①衆生縁の慈悲（小悲）。衆生を縁にして起こす凡夫の慈悲。三乗（声聞・縁覚・菩薩）は、初めは衆生縁によって慈悲を起こし、のちに法縁に移るとされる。②法縁の慈悲（中悲）。諸法の空理を覚り、自他の差別なしと知ることを縁にして起こす、阿羅漢および初地以上の菩薩の慈悲。③無縁の慈悲（大悲）。何ものをも縁としない無制約な絶対平等の仏の大慈悲（大慈大悲）をいう。このように慈悲にも大小があり、仏は大慈大悲をもって衆生を救うために仏法を説いた。

『涅槃経疏』巻7には「慈無くして詐《いつわ》り親しむは、是れ彼の人が怨《あだ》なり」「彼が為に悪を除くは、即ち是れ彼が親なり」（236,237㌻で引用）と説かれ、破邪顕正が慈悲の振る舞いであることを示している。

「観心本尊抄」では「一念三千を識らざる者には仏・大慈悲を起し五字の内に此の珠を裹み末代幼稚の頸に懸けさしめ給う」（254㌻）と述べられている。日蓮大聖人は末法の衆生を救済しようという御本仏の大慈悲から、南無妙法蓮華経の御本尊を顕して、私たち衆生に与えられた。また「報恩抄」には「日蓮が慈悲曠大ならば南無妙法蓮華経は万年の外・未来までもながるべし」（329㌻）と述べられ、末法万年尽未来際にわたって衆生を救済する大慈悲が示されている。

尸毘王 | しびおう　釈尊が過去世に修行していた時の名。タカに追われたハトを救うため、自分の肉を切り取ってタカに与えたという。ハトもタカも、それぞれ毘沙門天と帝釈天が尸毘王の求道心を試そうとして現した仮の姿であった。檀（布施）波羅蜜を説く仏教説話として有名。

***四表の静謐** | しひょうのせいひつ　世の中の平穏、世界の平和のこと。四表とは東西南北の四方のこと。静謐は、穏やかに治まっているさま。「立正安国論」では「汝須く一身の安堵を思わば先ず四表の静謐を禱らん者か」（31㌻）と仰せである。参照「立正安国論」

四仏知見 | しぶっちけん　あらゆる衆生の生命にそなわっている仏の智慧（仏知見）を開かせ、示し、悟らせ、その境地に入らせること。諸仏が世に出現する根本目的（出世の本懐）として、法華経方便品第2の文で明かされる。同品には「諸仏世尊は衆生をして仏知見を開かしめ、清浄なることを得しめんと欲するが故に、世に出現したまう。衆生に仏知見を示さんと欲するが故に、

世に出現したまう。衆生をして仏知見を悟らしめんと欲するが故に、世に出現したまう。衆生をして仏知見の道に入らしめんと欲するが故に、世に出現したまう」(法華経121ページ)とある。参照 如我等無異

『四分律』｜しぶんりつ　中国・後秦の時代、法蔵部に伝承された律を仏陀耶舎《ぶっだやしゃ》が中国に伝え、竺仏念《じくぶつねん》らと訳したもの。60巻。内容が4段に分かれていることから、このように呼ばれた。道宣らによって中国に広められ、日本には鑑真によってもたらされた。東アジアで最も広く用いられた律。参照 戒

四菩薩｜しぼさつ　❶地涌の菩薩の上首(リーダー)である上行・無辺行・浄行・安立行の四菩薩のこと。法華経従地涌出品第15に「是の菩薩衆(=地涌の菩薩)の中に、四導師有り。一に上行と名づけ、二に無辺行と名づけ、三に浄行と名づけ、四に安立行と名づく。是の四菩薩は、其の衆の中に於いて、最も為れ上首唱導の師なり」(法華経455ページ)と説かれている。この四菩薩について「御義口伝」では、『法華文句輔正記』の文を引いて「輔正記の九に云く『経に四導師有りとは今四徳を表す上行は我を表し無辺行は常を表し浄行は浄を表し安立行は楽を表す、有る時には一人に此の四義を具す二死の表に出づるを上行と名け断常の際を踰ゆるを無辺行と称し五住の垢累を超ゆる故に浄行と名け道樹にして徳円かなり故に安立行と曰うなり』」(751ページ)と述べられている。参照 地涌の菩薩

❷華厳経の会座に来集した法慧・功徳林・金剛幢・金剛蔵の四菩薩のこと。華厳経では、成道間もない釈尊の前に、この四菩薩を上首とする60余りの菩薩たちが、十方の諸仏の国土より来集し、賢首・解脱月などの菩薩の要請に応じて、菩薩の修行段階である五十二位の法門を説いた。すなわち、法慧菩薩は十住を、功徳林菩薩は十行を、金剛幢菩薩は十回向を、金剛蔵菩薩は十地を説いた。華厳経では、釈尊自身は何も法を説かず、菩薩たちが仏の神力を受けて説いたとされる。仏の覚りは言葉では表現できないほど深いものであるから、菩薩の修行段階とその功徳を示すことによって、それより優れた仏の境地を間接的に明かしたのである。参照 五十二位

❸真言宗で最も中核的な本尊の一つである胎蔵曼荼羅は、大日経の入漫荼羅具縁真言品などに基づいて描かれる。この曼荼羅の中核部分となる中台八葉院という区画では、中心の大日如来を四仏と四菩薩が取り囲んでいる。この四菩薩が、普賢・文殊・弥勒・観音である。さらにその周りに諸菩薩が配置されている。参照 胎蔵曼荼羅

❹法華経迹門の四菩薩。文殊・普賢・薬王・観音のこと。

「四菩薩造立抄」｜しぼさつぞうりゅうしょう　弘安2年(1279年)5月17日、日蓮大聖人が下総国(千葉県北部周辺)の富木常忍に与えられた書(987ページ)。同抄では、下総の門下の中に「迹門は不得道の教えだから読誦する必要はない」と主張する者がいたことから、その考えは誤りであることを示されている。

＊死魔｜しま　修行者の生命を絶つこ

と、また他の修行者などの死によって疑いを生じさせることで、修行を妨げようとする働き。四魔の一つ。参照 三障四魔

***四魔**｜しま　▶三障四魔《さんしょうしま》

島二｜しまふたつ　壱岐・対馬のこと。この2島は、日本全国の66カ国には含まれず、別扱いされた。参照 壱岐・対馬

四味｜しみ　五味のうち、最高の味である醍醐味を除いたもの。天台教学では、四味は爾前経に当てられる。参照 五味

四味八教｜しみはっきょう　五時八教、五味のうちの四味と八教のこと。▶四味《しみ》/化法の四教《けほうのしきょう》/化儀の四教《けぎのしきょう》

下野公｜しもつけこう　▶日秀《にっしゅう》

下野房｜しもつけぼう　▶日秀《にっしゅう》

「下山御消息」｜しもやまごしょうそく　建治3年(1277年)6月、日蓮大聖人が、門下の因幡房《いなばぼう》日永《にちえい》のために代筆され、甲斐国巨摩郡下山郷(山梨県南巨摩郡身延町下山)の地頭・下山兵庫五郎光基に送られた弁明書(343ページ)。十大部の一つ。下山光基の氏寺である平泉寺に住む僧・日永は、日興上人を通じて大聖人に帰依し、法華経如来寿量品の自我偈を読誦するようになった。しかし念仏の信者であった下山光基の怒りを買い、平泉寺を追放されたため、大聖人が本抄を執筆された。本抄では仏法流布の歴史をたどり、法華経の卓越性を確認される。そして、三類の強敵による迫害を受け法華経を身読された大聖人御自身こそが、末法にあっては「教主釈尊より大事なる行者」(363ページ)となることを示されている。

下山兵庫五郎光基｜しもやまひょうごごろうみつもと　甲斐国巨摩郡下山郷(山梨県南巨摩郡身延町下山)の地頭。参照「下山御消息」/因幡房日永

下山光基｜しもやまみつもと　▶下山兵庫五郎光基《しもやまひょうごごろうみつもと》

四門｜しもん　仏教の真理に入るための門を4種に大別したもの。有門・空門・亦有亦空門・非有非空門のこと。①有門とは諸法を有として固定した実体が存在するという見方。②空門とはすべての存在に固定的な実体はなく、一切を空とする見方。③亦有亦空門とは諸法には有の辺もあれば空の辺もあるとする見方。④非有非空門とは有とか空にとらわれない見方。

四門出遊｜しもんしゅつゆう　▶四門遊観《しもんゆうかん》

「始聞仏乗義」｜しもんぶつじょうぎ　弘安元年(1278年)2月、日蓮大聖人が身延から下総国葛飾郡八幡荘若宮(千葉県市川市若宮)の富木常忍に与えられたお手紙(982ページ)。はじめて仏乗(成仏に至る教え)である妙法を聞くことの意義・功徳を明かされている。

四門遊観｜しもんゆうかん　釈尊が釈迦族の王子だった頃、遊園に向かうために外出した時、さまざまな人々の姿を見て人間に生老病死の四苦があることを知った出来事。四門出遊ともいう。修行本起経巻下には、釈尊が王宮の東門・南門・西門から出た時に、老いや病気に苦しむ人々や死者の姿を見て、最後に北門から出た時に出家者の姿を見る中で、自らも出家を願うようになったとの話が記されている。参照 苦

***釈迦・多宝仏・十方の諸仏**｜しゃかたほうぶつじっぽうのしょぶつ　法華経を説いた釈尊と、そ

の正しさを保証した多宝如来と、四方(東・西・南・北)、四維(南東・南西・北西・北東)、上下の十方にいる仏。すなわち、すべての仏たち。法華経では、霊山浄土に集っていて法華経の行者を導き守ると説かれている。参照 釈尊/多宝如来

釈迦如来｜しゃかにょらい ▶釈尊《しゃくそん》

釈迦菩薩｜しゃかぼさつ 釈尊が過去世で菩薩として修行していた姿の総称。「日妙聖人御書」(1214ページ)には、①転輪王であった時、八字を供養して人々に菩提心を起こさせたこと②病の者を看護し二十字を得て仏になったことが説かれている。

釈迦牟尼仏｜しゃかむにぶつ 釈尊のこと。釈迦牟尼はサンスクリットのシャーキャムニの音写で、シャーキャ族出身の聖者(ムニ=牟尼)を意味する。釈迦と略す。参照 釈尊

釈迦文｜しゃかもん 釈尊のこと。釈迦文はサンスクリットのシャーキャムニの音写。釈迦牟尼も同じ語の音写である。参照 釈尊

思益経｜しやくきょう 思益梵天所問経《しやくぼんてんしょもんぎょう》のこと。中国・後秦の鳩摩羅什訳。4巻。思益梵天に対して菩薩行や四諦、如来の五力が説かれ、網明菩薩《もうみょうぼさつ》に対して凡夫と賢聖の行に差別がないことが明かされる。天台教学の教判である五時のうち方等時に属する。

***釈尊**｜しゃくそん シャーキャ族の聖人(釈迦牟尼)。人々から尊敬される人物の意で、仏教の創始者ゴータマ・ブッダをさす。

釈尊は古代インドに王子として生まれ、シッダールタと呼ばれた(生誕の地ルンビニーは現在のネパールに位置している)。若き日、生老病死《しょうろうびょうし》という避けられない人間の苦しみを目の当たりにし、今は青春の真っ只中で健康に生きていても、生老病死は免れがたいことを知り、その根源の苦悩の解決法を探究しようとして出家した。シッダールタは、万人が羨む、満たされた王子としての境遇にあった。しかし、人々が求める贅沢さもしょせん、はかなく空しいと知り、楽しむことはなかったと回想している。

そこで、釈尊は人間が生きる意味を明らかにする正しい思想・哲学を求めた。しかし、伝統的な教えにも、また同時代の革新的な教えにも満足できず、瞑想修行によって、種々の苦悩の根本原因とその解決について探究した。その結果、一人一人の生命、宇宙を貫く永遠普遍の「法」に目覚めた。それ故、サンスクリットで目覚めた人という意味の「ブッダ」と呼ばれる。後に中国では、これを漢字で「仏」「仏陀」などと表記した。

釈尊は、人々が自己の本来的な尊厳性への無知から、自己中心的な目先の欲望にとらわれ、他の人を不幸に陥れてでも幸せになろうとするエゴイズムに覆われていると喝破した。そして、内なる永遠普遍の法に目覚めて根源的な無知(無明)から解放された、自己本来の清浄な生命に立ち返る生き方こそ、人間が人間らしく生きるために必要な最も尊く優れたものであると教えた。

また釈尊は、自己の尊厳性を自覚す

ることによって他者の尊厳性を知り、尊敬することを教えた。これが「慈悲」の基本精神である。釈尊は、ある大王に対して、だれにとっても自分以上にいとしいものはない、自己を愛する者は他人を害してはならないと教えている。仏教の説く「慈悲」とは、他の人も自身と同じように大切な存在であると知って他の人を大切にすることであり、万人に相互に働きかけるものである。参照 慈悲

【諸経典に説かれる釈尊】釈尊の言行は弟子たちによって後世に伝えられ、それぞれが重視する観点から種々の経典が編纂されていった。それらに示される釈尊像は、その経典制作者たちがとらえた理想を体現する仏であり、しばしば神格化され超越的な姿と力をもつものとして描かれている。その釈尊像は、それぞれの経典の教えにおける成仏観を反映したものとなっている。

釈尊久遠の弟子 | しゃくそんくおんのでし　釈尊が久遠の昔から教え導いてきた弟子。地涌の菩薩のこと。参照 地涌の菩薩

釈提桓因 | しゃくだいかんにん　▶帝釈天《たいしゃくてん》

赤白二渧 | しゃくびゃくにたい　赤いしずく、すなわち母の血と、白いしずく、すなわち父の精のこと。

***折伏** | しゃくぶく　相手の邪義・邪法を破折して正法に伏させる化導法のこと。仏法弘通に用いられる化導法の一つ。摂受に対する語。参照 摂受

迹仏 | しゃくぶつ　法華経如来寿量品第16で釈尊は久遠実成という本地を明かしたが、この久遠の本仏が衆生を教化するために現した一時的なさまざまな仏のこと。始成正覚の釈尊もその一人。迹は、影・跡、本体から派生したものの意。参照 始成正覚/迹化の菩薩/垂迹

寂滅道場 | じゃくめつどうじょう　寂滅は覚りの境地。道場は覚りを得る場所。釈尊が今世ではじめて覚りを開いた、伽耶城(ガヤー)の菩提樹の下のこと。華厳経が説かれた所としても知られる。

***迹門** | しゃくもん　垂迹の仏の説いた法門の意。法華経1部8巻28品のうち、序品第1より安楽行品第14までの前半14品をいう。この14品は、釈尊が久遠実成という本地を明かさず、始成正覚という垂迹の姿で説いたので迹門という。迹門の肝心は方便品第2にあり、諸法実相・十如是を明かし、二乗作仏を説いて開三顕一し、また悪人成仏・女人成仏を説いて万人成仏の道を明かした。参照 本門

邪見 | じゃけん　仏法を信じず、因果の道理を否定する考えのこと。

『沙石集』 | しゃせきしゅう　鎌倉中期の仏教説話集。無住一円《むじゅういちえん》(1226年~1312年)の著作。弘安6年(1283年)の成立。10巻。無住は臨済宗の禅僧で、円爾《えんに》(聖一)の弟子。尾張国の長母寺(名古屋市東区)に住み、禅と密教を兼修した。著作は他に『聖財集』『雑談集』などがある。

邪智謗法 | じゃちほうぼう　「邪智」とは、正法を知りながら自身の迷い・欲望に駆られ誤った法に執着し、それを正当化し弘めたりする者。▶謗法《ほうぼう》

邪智・謗法の者 | じゃちほうぼうのもの　▶無智・悪人、邪智・謗法の者《むちあくにんじゃちほうぼうのもの》

迹化の菩薩｜しゃっけのぼさつ　迹仏によって教化された菩薩のこと。本化(地涌)の菩薩に対する語。迹は、影・跡、本体から派生したものの意。例えば今世の釈尊の化導を受ける普賢・文殊・観音・勢至・弥勒・薬王らをさす。参照迹仏

寂光土｜じゃっこうど　▶常寂光土《じょうじゃっこうど》

寂光の宝刹｜じゃっこうのほうせつ　久遠の仏が常に住む寂光土のこと。▶常寂光土《じょうじゃっこうど》

寂光の都｜じゃっこうのみやこ　久遠の仏の住む永遠の仏国土。法華経如来寿量品第16では、この現実世界が久遠の仏の永遠の仏国土であり、妙法への強盛な信によってその真実を覚知し、功徳を享受できると明かしている。

遮那業｜しゃなごう　大毘盧遮那経(大日経)をはじめとする密教を学習する課程。伝教大師最澄が定めた、天台宗の学生の履修課程の一つ。伝教大師は天台宗に割り当てられた年分度者の二人に止観業と遮那業という二つの異なる課程を修学させた。また伝教は円頓の大乗戒壇建立の勅許を請うた際、『山家学生式』に遮那業・止観業を修学させる制度をもうけて上表した。『山家学生式』には「凡そ法華宗天台の年分は弘仁九年より……叡山に住せしめて一十二年山門を出さず両業を修学せしめん、凡そ止観業の者……凡そ遮那業の者」、『顕戒論縁起』巻上には「天台の業に二人一人大毘盧遮那経を読ましめ一人摩訶止観を読ましむ」とある。日蓮大聖人は「法門申さるべき様の事」でこれらの文を引かれ、「これらは天台宗の内に真言宗を組み入れていらっしゃるのである」(1270ページ、通解)と仰せである。参照止観業/年分度者/延暦寺

***娑婆世界**｜しゃばせかい　娑婆はサンスクリットのサハーの音写で「堪忍《かんにん》」などと訳される。迷いと苦難に満ちていて、それを堪《た》え忍ばなければならない世界、すなわちわれわれが住むこの現実世界のこと。

娑婆即寂光｜しゃばそくじゃっこう　煩悩と苦悩にみちた凡夫が住む娑婆世界が、実は、久遠から常住する仏の住む寂光土であること。法華経本門の如来寿量品第16では、久遠実成が明かされた後、その久遠の仏の常住する国土が娑婆世界であることが明かされた。これによって仏の真実の国土が明かされ、国土においても九界と仏界が一体で常住であることが示された。以上により、一念三千の要素すべてが完備し、事の一念三千となった。同品では、娑婆世界の実相は常寂光土であるが、衆生はそれぞれの業の影響力(業力)によってその真実の姿から隔てられ、迷いと苦悩の世界だと思い込んでいる。しかし、「一心欲見仏｜不自惜身命」(法華経490ページ)の信心・修行の人には、常寂光土の久遠の釈尊が感見できると説く。参照久遠実成/国土/国土世間/事の一念三千

謝表｜しゃひょう　目上の者から配慮を受けた時のお礼の言葉。例えば、天皇から直々に言葉をかけられたことへのお礼。

捨閉閣抛｜しゃへいかくほう　「捨てよ、閉じよ、閣《さしお》け、抛《なげう》て」を意味する。日本浄土宗の開祖・法然(源空)が著した

『選択集』の趣意。同書の中に「弥いよ須く雑を捨て専を修すべし」「随自の後には還て定散の門を閉づ」「且く聖道門を閣いて選んで浄土門に入れ」「且く諸の雑行を抛て選んで応に正行に帰すべし」などとあり、これらから捨・閉・閣・抛の4字を選び、法然の主張が浄土宗以外のすべての仏教を否定するものであることを示した語。具体的な内容は「立正安国論」(22〜23ページ)で引用されている。参照『選択集』/法然

沙弥｜しゃみ　サンスクリットのシュラーマネーラの音写。正式な僧侶(比丘)となる前の見習い僧のこと。インドの仏教では20歳以上でなければ正式な僧侶となれなかった。法華経化城喩品第7では、大通智勝仏の16人の子たちは、「童子」(少年)であったため、出家して沙弥となったと説かれている(法華経301ページ)。

沙門｜しゃもん　出家修行者のこと。サンスクリットのシュラマナの音写で、これは「努力する」を意味する動詞シュラムから派生した語。古代インドでは、出家して修行に励む者の意味で用いられ、ジャイナ教など仏教以外の諸宗教・思想を含めあらゆる修行者をさした。

闍夜那｜じゃやな　サンスクリットのジャヤナの音写。付法蔵の第19。鳩摩羅駄《くまらだ》の弟子。北インドの人。初め外道を学び、次に小乗教を究め、後に諸大乗教を広めて諸小乗教を打ち破ったとされる。盤陀《ばんだ》に法を付嘱した。

沙羅双樹の林｜しゃらそうじゅのはやし　沙羅とはサンスクリットのシャーラの音写で、インド原産のフタバガキ科の常緑高木。日本では、ツバキ科のナツツバキが沙羅と呼ばれている。中インドの拘尸那城(クシナガラ)郊外、阿恃多伐底(アジタヴァティー)河のほとりにある沙羅林のこと。釈尊は涅槃経を説いた後、対になったこの木の下で入滅したとされる。参照涅槃経

沙羅の四見｜しゃらのしけん　衆生の機根や境涯の相違によって同じ沙羅双樹の林が、凡聖同居土・方便有余土・実報無障礙土・常寂光土の4種に違って見えること。涅槃経に説かれる。参照四土

『舎利講式』｜しゃりこうしき　『舎利供養式』ともいう。平安時代の真言宗の僧・覚鑁《かくばん》の著作。1巻。仏舎利供養の講説を5段にわたって示す。仏舎利が仏の法身の全体であることを強調している。

***舎利弗**｜しゃりほつ　サンスクリットのシャーリプトラの音写。身子、鶖鷺子《しゅうろし》などと訳す。釈尊の十大弟子の一人で、智慧第一とされる。声聞の代表。法華経譬喩品第3では、未来に華光如来《けこうにょらい》に成ると釈尊から保証された(法華経155ページ)。

【釈尊への帰依】釈尊の弟子となる前、舎利弗は目連《もくれん》(マウドゥガリヤーヤナ)とともに外道のサンジャヤに師事していたが、釈尊の弟子アッサジに出会い、そこで聞いた釈尊の教えに感銘を受け、目連とともに釈尊に帰依した。その際、サンジャヤの弟子250人も、ともに釈尊に帰依したと伝えられる。

【乞眼のバラモンと舎利弗】▶乞眼の

婆羅門《こつげんのばらもん》

【釈尊からの叱責】『止観輔行伝弘決』巻2には『十誦律』をふまえて、次のような話が記されている。ある在家の有力信徒から釈尊の弟子たちが食事の供養を受けた時、舎利弗ら長老などがおいしいものをたっぷり食べ、初心者たちは不十分な食事しかできなかった。これを羅睺羅《らごら》(ラーフラ)から聞いた釈尊は、舎利弗に対して不浄な食事をしたと叱責した。舎利弗は食べた物を吐き出し、今後二度と食事の供養を受けないと誓った。日蓮大聖人は「開目抄」(205㌻)で、この話を、法華経が説かれる以前には二乗が不成仏として糾弾されてきたことの傍証とされている。参照 十大弟子/声聞/二乗作仏/華光如来

儒｜じゅ　儒教などの中国の諸思想のこと。「開目抄」(186㌻以下)では、儒教を代表として道教なども含む、中国思想全般をさす言葉として用いられている。また「外典」とも呼ばれている。

地涌｜じゆ　▶地涌の菩薩《じゆのぼさつ》

宗｜しゅう　❶おおもと、根本のこと。

❷根本となる教えのこと。

❸五重玄義のうちの宗玄義。▶五重玄義《ごじゅうげんぎ》

❹特定の教えを根本とする学派、流派。宗派、宗門のこと。「宗」といっても、ある特定の経論や教えを中心的に学び、かつ他の経論や教えも兼学するのが一般的であった。特定の経論や教えのみを最も優れたものとしてもっぱらそれを学び実践する専修は、法然(源空)以降、日本仏教で広がっていった。特に江戸時代に寺檀制度が作られたことにより、檀・信徒が所属する各宗派に固定されていった。

周｜しゅう　古代中国の王朝。鎬京《こうけい》を都とした西周時代(紀元前11世紀～前770年)と異民族の侵入を受けて洛邑《らくゆう》に都を移した東周時代(紀元前770年～前256年)に分けられる。東周の時代には、周の威光は失われ、諸侯が覇権を争う春秋時代となった。儒教の文化では、西周の時代が理想的な社会と見なされてきた。

十悪｜じゅうあく　身の3種、口の4種、意の3種、合計10種の悪業をいう。十不善業ともいう。①殺生②偸盗③邪婬④妄語(うそをつく)⑤綺語(お世辞をいう)⑥悪口⑦両舌(二枚舌を使う)⑧貪欲⑨瞋恚(怒り)⑩愚癡(癡か)または邪見。

***十一通御書**｜じゅういっつうごしょ　文永5年(1268年)に蒙古の国書が到来して他国侵逼難が切迫した折、日蓮大聖人が、諸宗との正邪を決し正法に帰依することを求めて、幕府要人や有力寺院など11カ所へ出された11通の書状の総称(169㌻以下)。宛先は北条時宗《ほうじょうときむね》・宿屋左衛門光則《やどやさえもんみつのり》(宿屋入道)・平左衛門尉頼綱《へいのさえもんのじょうよりつな》・北条弥源太《ほうじょうやげんた》・建長寺道隆《けんちょうじどうりゅう》・極楽寺良観《ごくらくじりょうかん》・大仏殿別当《だいぶつでんべっとう》・寿福寺《じゅふくじ》・浄光明寺《じょうこうみょうじ》・多宝寺《たほうじ》・長楽寺《ちょうらくじ》である。

十一通の書状｜じゅういっつうのしょじょう　▶十一通御書《じゅういっつうごしょ》

十回向｜じゅうえこう　菩薩の修行の52の階位である五十二位のうちの第31から第40の位。これまでの仏道修行で得

た功徳を回《めぐ》らし転じて衆生に振り向け、自他ともに成仏を期す位。

①救護一切衆生離衆生相回向（略して救護衆生回向。六波羅蜜・四無量心などを行じて、一切衆生を救護する位）②不壊回向（三宝のもとで不壊の信を得て、その善根により衆生に善利を回向する位）③等一切仏回向（三世諸仏の振る舞いと同じく、生死に著せず菩提心を離れず修行する位）④至一切処回向（行力によって修めた善根をあまねく一切の三宝や衆生の処に至らしめ、供養利益をなす位）⑤無尽功徳蔵回向（略して無尽蔵回向。一切無尽の善根を喜び、これを回向してもろもろの仏事を行い、それによって無尽の功徳善根を得る位）⑥随順平等善根回向（修行して得た善根を回向して衆生に平等に施し、仏に守護されて、よく堅固な善根を成ずる位）⑦随順等観一切衆生回向（一切の善根を増し、これを回向して、一切の衆生を利益する位）⑧如相回向（如相に順じて成ずるところの種々の善根を回向する位）⑨無縛無著解脱回向（一切法において取執縛著なく、善法を回向し、一切智を得る位）⑩法界無量回向（一切無尽の善根を修習して、これを回向して法界差別無量の功徳を願求する位）をいう。参照 五十二位

従義｜じゅうぎ　1042年～1091年。中国・北宋の天台宗の学僧。主著に『法華三大部補注』14巻など。

十行｜じゅうぎょう　菩薩の修行の52の階位である五十二位のうちの第21から第30の位。利他の修行を行い、布施・持戒・忍辱・精進・禅定・智慧・方便・願・力・智の十波羅蜜を成就する。三惑のうち、見思惑・塵沙惑を断じた不退の位。

①歓喜行（外道邪見に動かされずに一切所有の物を衆生に施し、歓喜の心を生じさせる位）②饒益行（常に一切の衆生を教化して利益する位）③無恚恨行（無違逆行ともいう。忍辱を修して怒りを離れ、へりくだって謹み敬う位）④無尽行（無屈撓行ともいう。一切の衆生を成仏に至らしめる位）⑤離癡乱行（無癡乱行ともいう。一切の法において乱されず、正念を失うことがない位）⑥善現行（生々世々に常に仏国に生まれて、一切の衆生の教化を捨てない位）⑦無著行（一切の法において著する所のない位）⑧尊重行（難得行ともいう。三世にわたって仏法の中に常に善根を尊重して成就する位）⑨善法行（法を説いて人に授け、もって正法を守護し、人々の模範となる位）⑩真実行（無為真実の性によって、仏法を学び語と行と相応じて、色心みな順ずる位）をいう。参照 五十二位

宗教の五綱｜しゅうきょうのごこう　五義ともいう。日蓮大聖人が定められた、仏法を広めるにあたって心得るべき五つの規範。「教」「機」「時」「国」「教法流布の先後」の五つをいう。「教機時国抄」（438㌻以下）、「顕謗法抄」（453㌻）で具体的に明かされている。大聖人は五義について「此の五義を知って仏法を弘めば日本国の国師と成る可きか」（440㌻）、「行者仏法を弘むる用心を明さば、夫れ仏法をひろめんと・をもはんものは必ず五義を存して正法を

ひろむべし」(453㌻)と仰せである。

①教を知る。一切の宗教・思想、なかんずく仏教の教えについて、その内容の正邪・浅深・優劣を判別し、どの教えが最高の教えであるかを知ること。②機を知る。機は人々の仏教を信じ理解する能力。人々がどのような教えを求め、どの法によって教化される衆生であるかを知ること。③時を知る。現在がいかなる時であるかを知り、その時にどの法を広めるべきかを知っていること。④国を知る。それぞれの国や社会、地域によって異なる自然的、文化的状況の相違に応じて弘教の方法を考え、教えを展開していくこと。⑤教法流布の先後を知る。先に広まった教えを知って、後に広めるべき教えを知ること。後に広める教えは、先に広まった教えよりも優れた教えでなければならない。

十軍｜じゅうぐん　種々の煩悩を魔軍として10種に分類したもの。十魔軍ともいう。①欲《よく》②憂愁《うしゅう》(憂えること)③飢渇《けかち》(飢えと渇き)④渇愛《かつあい》(渇きに例えられる妄執)⑤睡眠⑥怖畏《ふい》(怖れること)⑦疑悔《ぎけ》(疑いや悔い)⑧瞋恚《しんに》(怒り)⑨利養虚称《りようこしょう》(利を貪り、虚妄の名聞に執着すること)⑩自高蔑人《じこうべつにん》(自らおごり高ぶり、人を卑しむこと)が、『大智度論』巻15で挙げられている。日蓮大聖人は「第六天の魔王・十軍のいくさを・をこして・法華経の行者と生死海の海中にして同居穢土を・とられじ・うばはんと・あらそう、日蓮其の身にあひあたりて大兵を・をこして二十余年なり、日蓮一度もしりぞく心なし」(1224㌻)と仰せになっている。

参照 魔

十玄｜じゅうげん　微妙な10種類の縁起のこと。諸事象が相互に密接に関連する相を10種の方向から説明したもの。華厳宗の智儼《ちごん》や法蔵が説いた。参照 縁起

住劫｜じゅうこう　▶四劫《しこう》

十号｜じゅうごう　仏のもつ10種の尊称。仏がそなえた福徳を表す。①如来《にょらい》②応供《おうぐ》(阿羅漢)③正遍知《しょうへんち》(一切法を知る者)④明行足《みょうぎょうそく》(智慧と修行をそなえた者)⑤善逝《ぜんせい》(よく覚りに到達した者)⑥世間解《せけんげ》(世間の有情・非情のことを巧みに理解する者)⑦無上士《むじょうし》(衆生の中でこの上なくすぐれている者)⑧調御丈夫《じょうごじょうぶ》(さまざまな言説によって巧みに人々を導く者)⑨天人師《てんにんし》(神々と人の師匠)⑩仏世尊《ぶつせそん》(世のあらゆる人から尊敬される者)。以上に挙げた10種のうち、無上士と世間解を合わせ仏世尊を分けて十号とする説、あるいは仏世尊を仏と世尊に分け世尊を十号の総称とするものなど、十号には諸説がある。参照 如来/阿羅漢

住劫第九の減｜じゅうこうだいくのげん　住劫の第9小劫における減劫の時期。住劫は20小劫に分けられる。はじめに人の寿命が無量歳から100年に1歳ずつ減じて10歳になるまでを第1小劫とし、これを第1減劫という。次に10歳から100年に1歳を増して8万歳になり、再び100年に1歳を減じて10歳になるまでを第2小劫とし、これを第2の増劫および減劫という。このようにして増減を繰り返し、最後の第20小劫は人の寿命が10歳から無量歳にいたる増劫のみで

減劫はない。住劫第9の減とは、この20の増減のうち、9番目の減劫をいう。
参照 四劫/劫

周公旦 | しゅうこうたん　中国の周を建国した武王の弟である旦。武王の死後、幼い成王《せいおう》を補佐した。周公という呼称については、一説には周の故地である岐山に封じられたことによるとされる。優れた政治家として儒教では聖人とされる。御書中では「一度髪を洗う間でも三度にわたって髪を握って洗髪を中止し、一度の食事の間にも三度にわたり食べているものを吐きだして食事を中止し、客を迎えたという」(278ページ、通解)との故事を紹介され、仏教以外の智人・賢人の例とされている。これは『史記』や『韓詩外伝』などにある。「三度にわたって髪を握る」とは、入浴中に来客があるたびに、解いた髪を手で握ってまとめて応対したこと。周公旦は周の王族の一員として、人を待たせても構わない身分であったが、天下の人材を失うことがないように、客人を待たすことなく応対し礼を尽くしたという故事である。

鶖子 | しゅうし　サンスクリットのシャーリプトラの意訳。▶舎利弗《しゃりほつ》

十地 | じゅうじ　「じっち」とも読む。仏道修行者の修行段階・境地を10種に分けたもの。地とは能生・所依の義で、その位に住してその位の法を持つことによって果を生成するものをいう。教の浅深によって、説かれる十地の内容も異なる。主なものは❶三乗共の十地❷大乗菩薩の十地などである。他に仏の十地、声聞の十地、縁覚の十地がある。

❶三乗共の十地。通教十地ともいう。声聞・縁覚・菩薩の三乗に共通なもので、四諦・十二因縁・六波羅蜜を行じ、見思惑を断じて覚りを得る境地。①乾慧地(乾慧とは法性の理水も潤し得ない乾燥した有漏の智慧で、智慧はあるが法性の空理を証得していない位。声聞の三賢位〈外凡〉、菩薩の順忍以前にあたる)②性地(わずかに法性の空理を得て見思惑を伏する位。声聞の四善根位〈内凡〉、菩薩の順忍にあたる)③八人地(人とは忍の義で、八忍地と同じ。初めて無漏智を得て見惑を断ずるという見道十五心の位。声聞の須陀洹向、菩薩の無生法忍にあたる)④見地(見とは見惑を断尽して四諦の理を見る意で、見道第十六心の位。声聞の須陀洹果〈初果〉、菩薩の阿鞞跋致〈不退転〉の位にあたる)⑤薄地(欲界九品の思惑のうち前の六品を断じて後の三品を残すので薄という。声聞の斯陀含果〈二果〉、菩薩の阿鞞跋致以後の位にあたる)⑥離欲地(欲界九品の思惑を断じ尽くして欲界から離れる位。声聞の阿那含果〈三果〉、菩薩の五神通を得た位にあたる)⑦已弁地(已作地)(三界の見思惑を断じ尽くした位。声聞界の最高位である阿羅漢果〈四果〉、菩薩にとっては仏地を成就した位にあたる)⑧辟支仏地(縁覚の位。三界の見思惑を断じたうえに習気を除いて空観に入る位。習気とは業の影響力のこと。見思惑そのものは断じ尽くしても、潜在的な影響力として残っていく惑をいう。『摩訶止観』巻6上には、見惑を薪に、思惑を炭に、習気を灰に譬えている)⑨菩薩地

(菩薩として六波羅蜜を行ずる位。空観から仮観に出て再び三界に生じて衆生を利益するので、乾慧地から離欲地までをさす。また菩薩の初発心から成道の直前までをいう)⑩仏地(菩薩の最後心で、一切の惑及び習気を断じ尽くして入寂する位。一切種智など諸仏がそなえる法〈特徴〉を具備した通教の仏の境地)。

❷大乗菩薩の十地。菩薩の修行段階で、五十二位の第41から第50の位。無明惑を断じて中諦の理を証得する過程である。①歓喜地(極喜地、喜地、初地ともいう。一分の中道の理を証得して心に歓喜を生ずる位)②離垢地(無垢地ともいう。衆生の煩悩の垢の中に入ってしかもそこから離れる位。破戒と慳嫉の2種の垢を離れるので離垢地という)③明地(発光地ともいう。心遅苦の無明、すなわち聞思修忘失の無明惑を断じ、智慧の光明を発する位)④焔地(焔慧地、焼然地ともいう。煩悩の薪を焼く智慧の焔が増上する位)⑤難勝地(極難勝地ともいう。断じ難い無明惑に勝つ位)⑥現前地(清浄な真如と最勝智があらわれる位)⑦遠行地(遠く世間と二乗の道を出過する位)⑧不動(中道の理に安定して住して動ずることがない位)⑨善慧地(善巧の慧観によって十方一切にわたって説法教化する位)⑩法雲地(説法が雲のように無量無辺の法雨を降らし真理をもって一切を覆う位)をいう。
参照 五十二位

『十地経論』《じゅうじきょうろん》 世親(ヴァスバンドゥ)による十地経の注釈書。12巻。十地経は、大乗の菩薩の階位である十地について説く経典で、華厳経の十地品に相当する。参照 五十二位

十四誹謗《じゅうしひぼう》 14種の法華経誹謗のこと。法華経譬喩品第3に基づく説で、『法華文句記』巻6下で引かれている。「松野殿御返事」(1382ページ)で挙げられている。

①憍慢(おごりたかぶって仏法をあなどること)②懈怠(仏道修行を怠ること)③計我(自分の考えで教義を判断すること)④浅識(浅い知識に執着して正法を批判し、求めようとしないこと)⑤著欲(欲望に執着して仏法を求めないこと)⑥不解(正法の教えを理解しようとしないこと)⑦不信(正法を信じないこと)⑧顰蹙(顔をしかめて正法を非難すること)⑨疑惑(教えを疑い惑うこと)⑩誹謗(正法を謗り悪口を言うこと)⑪軽善(正法を行ずる人を軽蔑すること)⑫憎善(正法を行ずる人を憎むこと)⑬嫉善(正法を行ずる人を妬むこと)⑭恨善(正法を行ずる人を恨むこと)。

同抄では「此の十四誹謗は在家出家に亘るべし恐る可し恐る可し」(同ページ)と述べられている。また、「念仏無間地獄抄」で「譬喩品の十四誹謗も不信を以て体と為せり」(97ページ)と仰せのように、十四誹謗の根本原因は妙法を信受しないことにある。参照 謗法

十住《じゅうじゅう》 菩薩の修行の52の階位である五十二位のうちの第11から第20の位。真実の空の理に安定して住する位。初住である発心住は、菩薩の不退位の初めであり、見思惑・塵沙惑を断ずる菩薩の初位にあたる。別教の菩薩の十住は内凡と位置づけら

れる。菩薩の修行の中で成仏の因である正因・了因・縁因の三仏性は初住から開き始めるので、五十二位中でも初住は大事な位となる。

①発心住(十信を成就し広く智慧を求める位)②治地住(常に空観を修して心を清浄に保つ位)③修行住(もろもろの善法や万行を修する位)④生貴住(諸法は因縁の和合によって存するので、諸法の常住不変な体はないとの法理を理解し、本性が清浄である位)⑤方便具足住(無量の善根を修して空観を助ける方便とする位)⑥正心住(空観の智慧を成就する位)⑦不退住(究竟の空理を明かして退かない位)⑧童真住(邪見を起こさずに菩提心を破らない位)⑨法王子住(仏の教えを深く理解して未来に仏の位を受ける位)⑩灌頂住(空・無相を観じて無生智を得る位)をいう。参照 五十二位

十重禁戒｜《じゅうじゅうきんかい》 梵網経《ぼんもうきょう》に説かれる大乗戒のうち10種の重大な戒律。十重の罪を禁じ戒めるもの。十重禁、十波羅夷《はらい》、十波羅提木叉《はらだいもくしゃ》ともいう。①不殺戒(生きものを殺すことを禁じた戒)②不盗戒(人の財物を盗むことを禁じた戒)③不淫戒(淫事を行うことを禁じた戒)④不妄語戒(人にうそをついて邪見を起こさせることを禁じた戒)⑤不酤酒戒(人に酒を売って顚倒の心を起こさせることを禁じた戒)⑥不説四衆過罪戒(出家・在家の菩薩や比丘・比丘尼の罪過を説くことを禁じた戒)⑦不自讃毀他戒(自分のことを褒め他人を謗ることを禁じた戒)⑧不慳惜加毀戒(物惜しみをして布施をせず人を罵ることを禁じた戒)⑨不瞋心不受悔戒(怒りの心をもち人が謝っても受け入れようとしないことを禁じた戒)⑩不謗三宝戒(仏法僧の三宝を謗ることを禁じた戒)。梵網経には、大乗の菩薩がこれらの戒を犯すと、修行で得た一切の菩薩の位を失い三悪道に堕ちると説かれている。参照 梵網経/四十八軽戒/戒

十住心｜《じゅうじゅうしん》 空海(弘法)が『十住心論』で、大日経の住心品や『菩提心論』をもとに衆生の心のありかたを10種に分けたもの。真言密教を最高位に位置づけ、華厳を第2、法華を第3としている。

①異生羝羊《いしょうていよう》(住)心。異生(衆生・凡夫)が雄羊のように善悪因果を知らず、本能のまま悪行を犯す心。②愚童持斎(住)心。愚童のように凡夫善人が人倫の道を守り、五戒・十善などを行う心。③嬰童無畏《ようどうむい》(住)心。嬰童は愚童と同意で、現世を厭い天上の楽しみを求めて修行する位をいう。外道の住心。④唯蘊無我《ゆいうんむが》(住)心。唯蘊はただ五蘊(五陰と同じ)の法のみ実在するという意で、無我はバラモンなどの思想を離脱した声聞の位のこと。すなわち出世間の住心を説く初門で、小乗の声聞の住心。⑤抜業因種(住)心。十二因縁を観じて悪業を抜き無明を断ずる小乗の縁覚の住心。⑥他縁大乗(住)心。他縁は利他を意味し、一切衆生を救済しようとする利他・大乗の住心のこと。法相宗の菩薩の境地。⑦覚心不生(住)心。心も境も不生、すなわち空であることを覚る三論宗の菩薩の境地。⑧如実一道(住)心。一仏乗を説く天台

宗の菩薩の境地。⑨極無自性(住)心。究極の無自性(固定的実体のないこと)、縁起を説く華厳宗の菩薩の境地。⑩秘密荘厳(住)心。究極・秘密の真理を覚った真言宗の菩薩の境地。大日如来の所説で、これによって真の成仏を得ることができるとした。日蓮大聖人は「真言見聞」で、「十住心に第八法華・第九華厳・第十真言云云何れの経論に出でたるや」(148㌻)と破折されている。参照『十住心論』/空海/密教

『十住心論』《じゅうじゅうしんろん》　『秘密曼荼羅十住心論《ひみつまんだらじゅうじゅうしんろん》』の略。空海(弘法)の著作。10巻。大日経住心品に基づき、人間の心を十住心という10の発展段階として体系的に説明し、真言密教の優位性を主張している。特に法華経を第八住心として、第9の華厳、第10の真言に劣る第3の劣、「戯論の法」(言葉の上だけの空論の教え)と下しており、日蓮大聖人はそのことを「撰時抄」(277㌻以下)などで糾弾されている。参照十住心

『十住毘婆沙論』《じゅうじゅうびばしゃろん》　竜樹作とされる。十地経(華厳経の十地品に相当)の初地・第二地について注釈している。鳩摩羅什が仏陀耶舎《ぶっだやしゃ》の口誦に基づいて訳したと伝承される。曇鸞《どんらん》が『往生論註』で引用し、浄土教に大きな影響を与えた。参照難行道・易行道

従地涌出品《じゅうじゅじゅっぽん》　法華経従地涌出品第15のこと。釈尊滅後の末法に法華経の弘通を担う地涌の菩薩が出現することを説いて釈尊が久遠実成という本地を明かす序となっており(略開近顕遠)、如来寿量品第16の直前にあって重要な役割を果たす品である。法師品第10から釈尊が滅後の法華経弘通を勧めたことを受けて、迹化・他方の菩薩は、その誓願を立てた。しかし釈尊は菩薩たちに対し、「止みね。善男子よ。汝等が此の経を護持せんことを須いじ」(法華経451～452㌻)とこれを制止した。その時、上行・無辺行・浄行・安立行の四菩薩をリーダーとする地涌の菩薩が大地から涌出する。その様を目の当たりにした弥勒菩薩は、いまだかつてこのような菩薩を見たことがないとして、地涌の菩薩の正体について釈尊に尋ねた。これに対し釈尊は「爾して乃ち之を教化して｜初めて道心を発さしむ……我は久遠従り来｜是等の衆を教化せり」(法華経467㌻)と答えたのである。これを聞いて、会座の聴衆は大きな疑問を起こし、弥勒菩薩が代表して釈尊に尋ねる。すなわち、始成正覚の立場を確認した上で、成道から40余年しかならない釈尊が、どうしてこれだけ多くの菩薩を教化することができたのか。しかもこの菩薩の一人一人が実に立派であり、釈尊がこれをわが弟子だと言うのは、譬えていえば、25歳の青年が100歳の老人を指してわが弟子であると言うほどの矛盾がある。どうか未来のために疑いを除いていただきたい、と。これを「動執生疑《どうしゅうしょうぎ》」という。この疑いにまさしく答えたのが、続く如来寿量品である。以上の内容は「開目抄」(211㌻以下)で詳細に述べられている。

十神力《じゅうじんりき》　法華経如来神力

品第21に説かれる10種の神通力のことで、釈尊は結要付嘱にあたってこの神力を現した。神通力は超人的な力・働きをいい、仏・菩薩の有する不可思議な力用をさす。

①吐舌相《とぜつそう》。梵天まで届く長い舌を出すことで、仏の不妄語を表す。②通身放光《つうしんほうこう》。全身の毛孔から光を発し、あまねく十方の世界を照らすこと。仏の智慧があまねく一切に行きわたることを表す。③謦欬《きょうがい》。法を説く時にせきばらいをすることで、真実をことごとく開示してとどこおるところがないことを表す。④弾指《だんし》。指をならすことで、随喜を表す。⑤地六種動《じろくしゅどう》。地が6種に震動すること。初心から後心に至り、6段階で無明を打ち破ることを表す。また一切の人の六根を揺り動かして清浄にすることを明かす。⑥普見大会《ふけんだいえ》。十方の世界の衆生が霊山会をみて歓喜すること。諸仏の道が同じであることを表す。⑦空中唱声《くうちゅうしょうしょう》。諸天が虚空において十方の世界の大衆に向かって、釈尊の法華経の説法に心から随喜し供養せよと高声を発したこと。未来にこの教法が流通されることを表す。⑧咸皆帰命《げんかいきみょう》。空中唱声を聞いて衆生がことごとく仏に帰依すること。未来にこの教法を受持する人々で国土が充満することを表す。⑨遙散諸物《ようさんしょもつ》。十方から仏に供養する諸物が、雲のように諸仏の上をおおうこと。未来にこの教法に基づいて実践する行法のみになることを表す。⑩十方通同《じっぽうつうどう》。十方の世界がことごとく一仏土であるということ。未来に修行によって一切衆生の仏知見が開示され、究竟の真理が国土に行きわたることを表す。

十善戒《じゅうぜんかい》　身・口・意の三業にわたって十悪を防止する制戒で、十善道ともいう。①不殺生②不偸盗③不邪婬④不妄語⑤不両舌(二枚舌を使わない)⑥不悪口⑦不綺語(偽り飾る言葉を言わない)⑧不貪欲⑨不瞋恚⑩不邪見。十善を行ずる果報は、天上に生じて梵天王となり、世間に生じては転輪聖王となると経典に説かれている。参照 戒

十善道《じゅうぜんどう》　▶十善戒《じゅうぜんかい》

十大弟子《じゅうだいでし》　釈尊の主要な声聞の弟子である10人。経典によって誰が入るか違いがある。維摩経などの大乗経典では、声聞の弟子として小乗の教えにとらわれている弟子として描かれ、糾弾される。法華経では、順に未来成仏の記別を与えられ、二乗作仏が説かれる。

①舎利弗《しゃりほつ》(シャーリプトラ)。マガダ国王舎城(ラージャグリハ)の北に生まれ、初めは六師外道のうちのサンジャヤの弟子であったが、目連とともに釈尊の弟子となり、サンジャヤの弟子250人とともに釈尊に帰依した。智慧第一と称された。法華経方便品第2の諸法実相の文によって三乗即一乗の理を理解し、譬喩品第3で華光如来《けこうにょらい》の記別を受けた。

②摩訶迦葉《まかかしょう》(マハーカーシャパ)。迦葉尊者、大迦葉ともいう。マガダ国王舎城にいた尼倶盧陀長者《にくるだちょうじゃ》の子。苦行のすえに釈尊の弟子となり、乞食行に励んだので頭陀(欲望制御の修行)第一と称された。釈尊が入

滅した後、阿闍世王の外護を受けて第1回仏典結集を行ったとされる。また付法蔵の第1として小乗経の弘通に努め、法を阿難に付嘱したと位置づけられる。法華経授記品第6で光明如来《こうみょうにょらい》の記別を受けている。中根の四大声聞の一人。

③阿難陀《あなんだ》(アーナンダ)。阿難ともいう。歓喜などと訳す。斛飯王《こくぼんのう》の子ともされるが異説もある。釈尊の従弟にあたる。釈尊の給仕をして常に説法を聞き、多聞第一といわれる。また付法蔵の第2として小乗経の弘通に努めたとされる。法華経授学無学人記品第9で、山海慧自在通王如来《せんがいえじざいつうおうにょらい》の記別を受けている。

④須菩提《しゅぼだい》(スブーティ)。舎衛城(シュラーヴァスティー)のバラモン、鳩留長者《くるちょうじゃ》の子。釈尊の弟子となって、空の法門をよく理解したので解空第一といわれた。法華経授記品第6で名相如来《みょうそうにょらい》の記別を受けた。中根の四大声聞の一人。

⑤富楼那《ふるな》(プールナ)。富楼那弥多羅尼子《ふるなみたらにし》ともいう。バラモンの子として生まれた。初めは解脱を求めて山に入り苦行を積んだが、釈尊の成道を聞いて弟子となった。説法第一と称せられ、証果から涅槃に至るまで9万9000人を救済したという。法華経五百弟子受記品第8で法明如来《ほうみょうにょらい》の記別を受けた。

⑥目連《もくれん》。摩訶目犍連《まかもっけんれん》(マハーマウドゥガリヤーヤナ)の略。大目犍連、目犍連とも略す。マガダ国に生まれ、初めは舎利弗と同じく六師外道のサンジャヤの弟子であったが、釈尊の教えに感銘を受けた舎利弗とともに釈尊に帰依した。神通第一といわれた。法華経授記品第6で多摩羅跋栴檀香如来《たまらばっせんだんこうにょらい》の記別を受けた。中根の四大声聞の一人。

⑦迦旃延《かせんねん》(カーティヤーヤナ)。外道をよく論破したため、論議第一と称された。法華経授記品第6で閻浮那提金光如来《えんぶなだいこんこうにょらい》の記別を受けた。中根の四大声聞の一人。

⑧阿那律《あなりつ》(アニルッダ)。阿㝹楼駄《あぬるだ》などとも音写する。迦毘羅衛城(カピラヴァストゥ)の斛飯王の子。釈尊の従弟にあたる。釈尊の前で居眠りしたことを責められて不眠の誓いを立てた。そのため後に盲目となったが、禅定の修行を深く実践して天眼を得た。法華経五百弟子受記品第8で普明如来《ふみょうにょらい》の記別を受けた。

⑨優波離《うばり》(ウパーリ)。優婆利などとも書く。シュードラ(古代インドの身分制度、四姓の最下層。隷属民)の出身。持律第一といわれ、第1回仏典結集の時、律を誦したとされる。

⑩羅睺羅《らごら》(ラーフラ)。釈尊の子。15歳の時に出家して舎利弗について阿羅漢果を得た。よく戒を守り修行を積み、密行第一と称された。法華経授学無学人記品第9で蹈七宝華如来《とうしっぽうけにょらい》の記別を受けた。参照 三周の声聞/四大声聞/付法蔵

十大部｜じゅうだいぶ　日興上人が御書の中で最も重要な10編として選定されたもの。「立正安国論」(17㌻)、「開目抄」(186㌻)、「観心本尊抄」(238㌻)、「撰時抄」(256㌻)、「報恩抄」(293㌻)、「唱法華題目抄」(1㌻)、

「法華取要抄」(331ページ)、「四信五品抄」(338ページ)、「下山御消息」(343ページ)、「本尊問答抄」(365ページ)の10編をいう。参照 五大部

終南山 | しゅうなんざん　中国の長安(現在の陝西省西安市)の南方にある山。修南山とも書く。参照 道宣

十二因縁 | じゅうにいんねん　▶縁起《えんぎ》

十二入 | じゅうににゅう　六根(眼根・耳根・鼻根・舌根・身根・意根)と六境(色境・声境・香境・味境・触境・法境)を合わせたもの。このうち六根は、対象を感知する機能またその器官で、この六根が六境(対象)に触れることによって六識(眼識・耳識・鼻識・舌識・身識・意識)を生じ、ものごとを認知すると説かれる。『摩訶止観』では、「陰界入境」として、十二入を、五陰(色・受・想・行・識)や十八界(六根・六境・六識を合わせたもので、界は構成要素の意味)と並べて挙げ、人々が自身に即して心身(色心)一体不可分の生命を身近に観察できる対象としている。五陰・十二入・十八界のどの一つを対象としても、十界がそなわっていることを観じ取ることができ、凡夫の生命の一界ごとに十界がそなわっていること(十界互具)を覚知できることを示している。

十二部経 | じゅうにぶきょう　経典を形式・内容によって12種に分類したもの。十二分教ともいう。①修多羅(スートラ)。契経と訳す。法義を説いた散文。②祇夜(ゲーヤ)。応頌・重頌と訳す。修多羅で述べた内容を再度繰り返す韻文。③伽陀(ガーター)。諷頌・孤起頌と訳す。散文によらずに韻文だけで説いたもの。④尼陀那(ニダーナ)。因縁と訳す。説法教化のいわれを説いたもの。⑤伊帝目多伽(イティユクタカ、イティヴリッタカ)。本事・如是語と訳す。過去世の因縁を説いたもの。⑥闍多伽(ジャータカ)。本生と訳す。仏が昔、菩薩であった時の行いなどを説いたもの。⑦阿浮陀達磨(アドブタダルマ)。未曾有法と訳す。仏の神通力を説いたもの。⑧阿波陀那(アヴァダーナ)。譬喩と訳す。譬喩を借りて説いたもの。⑨優婆提舎(ウパデーシャ)。論議と訳す。法理の解説・注解。⑩優陀那(ウダーナ)。自説・無問自説と訳す。問いを待たずに仏が自ら説いたもの。⑪毘仏略(ヴァイプリヤ)。方広・方等と訳す。広大な理義を説いたもの。⑫和伽羅那(ヴィヤーカラナ)。授記と訳す。弟子に対して未来世の成仏の保証を与えること。

十二分教 | じゅうにぶんきょう　▶十二部経《じゅうにぶきょう》

十如実相 | じゅうにょじっそう　▶諸法実相《しょほうじっそう》/十如是《じゅうにょぜ》

十如是 | じゅうにょぜ　法華経方便品第2で説かれた、如是で始まる10の語。すなわち如是相《そう》・如是性《しょう》・如是体《たい》・如是力《りき》・如是作《さ》・如是因《いん》・如是縁《えん》・如是果《か》・如是報《ほう》・如是本末究竟等《ほんまつくきょうとう》。仏が覚った諸法実相《しょほうじっそう》を把握する項目として示されたもの。天台大師智顗が一念三千の法門を立てる際、これに依拠した。方便品には諸法実相について、「唯仏と仏とのみ乃し能く諸法の実相を究尽したまえり。所謂諸法の、如是相・如是性・如是体・如是力・如是作・如是因・如是縁・如是果・如是報・如是本末究竟等なり」(法華経

108㌻）と示されている。ここで諸法実相を把握する項目として「如是（このような）」で始まる10項目が挙げられており、それ故、十如是・十如実相という。

①相とは、表面に現れて絶え間なく一貫している性質・性分。②性とは、内にあって一貫している性質・性分。③体とは、相と性をそなえた主体。これら相・性・体の三如是は、事物の本体部分である。これに対し、以下の七如是は、本体にそなわる機能面を表している。④力とは、本体に内在している力、潜在的能力。⑤作とは、内在している力が外界に現れ、他にも働きかける作用。次の因・縁・果・報は、生命が変化していく因果の法則を示している。⑥因とは、本体に内在する直接的原因。⑦縁とは、外から因に働きかけ、結果へと導く補助的原因。⑧果とは、因に縁が結合（和合）して内面に生じた目に見えない結果。⑨報とは、その果が時や縁に応じて外に現れ出た報いをいう。⑩本末究竟等とは、最初の相（本）から最後の報（末）までの九つの如是が一貫性を保っていることをいう。

十如是のそれぞれの在り方は、十界それぞれの生命境涯に一貫しており、十界それぞれで異なる。しかし、衆生が十如是を平等にそなえているという側面、生命境涯の因果の法則は、十界に共通である。これは、十界のいずれもが、内に十界それぞれの因をそなえており、それが縁に応じて果を生じ、報として現れることを示している。したがって、十界のどの衆生も、仏界の縁を得れば、仏界を現して成仏できる。参照 一念三千

十八道｜じゅうはちどう　密教の印の基本形である18種の印（十八契印）で組織される修法。参照 印

十八界｜じゅうはっかい　▶六入《ろくにゅう》

十不善業｜じゅうふぜんごう　▶十悪《じゅうあく》

十羅刹｜じゅうらせつ　諸天善神として、正法を持つ人を守る10人の女性の羅刹のこと。▶十羅刹女《じゅうらせつにょ》

***十羅刹女**｜じゅうらせつにょ　法華経陀羅尼品第26で、法華経を受持する者を守ることを誓った10人の羅刹女。羅刹はサンスクリットのラークシャサの音写で、人の血肉を食うとされる悪鬼だが、毘沙門天王の配下として北方を守護するともいわれる。羅刹女はラークシャサの女性形ラークシャシーの訳で、女性の羅刹のこと。

従藍而青｜じゅうらんにしょう　『摩訶止観』巻1上にある言葉で、「藍《あい》よりして而《しか》も青し」と読み下す。中国の思想家・荀子《じゅんし》の「青はこれを藍より取りて、しかも藍より青し」を踏まえた言葉。藍はタデ科の植物で青色の染料として用いられるが、その葉をしぼった染色液は、鮮明な青色ではない。ところが、何度も重ねて染めることによって、色が濃く鮮やかになる。日蓮大聖人は、①修行を重ねて信心をより堅固にし福徳を現していく譬え（1221,1505㌻）②後継者の成長の意味（1554～1555㌻）として用いられている。

醜陋｜しゅうる　姿や顔かたちが醜く卑しいこと。

衆流｜しゅうる　「しゅる」とも読む。数多くの河川のこと。

衆流海に入り薪火を熾んにす｜しゅうるうみ

にいりたきぎひをさかんにす　天台大師智顗の『摩訶止観』巻5上の一節（1448ページで引用）。「猪《い》の金山《こんぜん》を摺《す》り、衆流の海に入り、薪の火を熾んにし、風の求羅《ぐら》を益すが如くなるのみ」の文から引かれている。法華経の行者が難によって勢い・力が増すという関係を、火と薪、大海と川などの関係に譬えたもの。参照猪の金山を摺り

十六王子｜じゅうろくおうじ　大通智勝仏を父とする16人の王子。法華経化城喩品第7に説かれる。▶大通智勝仏《だいつうちしょうぶつ》

十六大国｜じゅうろくだいこく　釈尊存命中の時代、インドにあった16の大国のこと。国名は経典により異同がある。長阿含経巻5には、①鴦伽（アンガ）②摩竭陀（マガダ）③迦尸（カーシー）④居薩羅（コーサラ）⑤抜祇（ヴリジ、ヴァッジ）⑥末羅（マッラ）⑦支提（チェーディ）⑧抜沙（ヴァッツァ）⑨居楼（クル）⑩般闍羅（パンチャーラ）⑪頗漯波（アシュヴァカー）⑫阿般提（アヴァンティ）⑬婆蹉（ヴァンサー）⑭蘇羅婆（シューラセーナ）⑮乾陀羅（ガンダーラ）⑯剣洴沙（カンボージャ）があげられている。

十六大菩薩｜じゅうろくだいぼさつ　金剛界曼荼羅に登場する16人の菩薩のこと。この曼荼羅では、中央の大日如来を除く四仏のそれぞれの周囲を4人の大菩薩が取り囲んでおり、合計して十六大菩薩という。参照金剛界曼荼羅

修円｜しゅえん　771年〜835年。平安初期の法相宗の僧。興福寺に住み、当時第一の学僧として有名だった。唐より帰国した伝教大師最澄から密教の灌頂を受けている。伝教大師は大乗戒壇建立を請う上表文を朝廷に提出したが、819年、修円は護命らとともにそれに反対する上奏を行った。弟子には、伝教大師と論争した得一がいる。参照得一

受戒/授戒｜じゅかい　戒を受けること。または授けること。出家・在家の者が仏の教えを奉ずる志のしるしとして、また教団に入ることを誓ったしるしとして、一定の規律（戒法）を受け入れ、これに従うことを誓うこと。戒を授ける立場からは授戒と書く。小乗においては在家の五戒・八斎戒、出家の十戒・六法正学戒・具足戒（比丘には二百五十戒、比丘尼には五百戒）がある。それぞれの儀式には原則として、戒を授ける師となる戒和上、授戒の儀式を進行する羯磨阿闍梨《かつま(こんま)あじゃり》を要するが、比丘・比丘尼になるための具足戒の場合は、これらに加えてその場の作法を説示する教授阿闍梨と、立ち会い証明する七人の証人を要する（これを三師七証という）。東大寺戒壇院の作法はこれに順じて行われた。しかし在家の五戒では和上一師で行う場合もあり、具足戒においても辺国（筑紫の観世音寺・下野の薬師寺）では三師二証で行われた。

大乗においては、一師（あるいは二師、三師）からの受戒や、師なくして自ら誓いを立てることをもって受戒とする自誓受戒がある。これは、受戒の本義が、現前の人師ではなく釈迦、多宝、十方の諸仏らの仏や菩薩に誓うことにあること、また大乗戒は利他を旨とする菩薩の戒であり、自利を旨とした煩瑣で形式的な小乗戒とはおのずから異なるといった理由によるとされる。伝教

大師最澄は、大乗を学ぶ者でも僧の資格を得るには奈良・東大寺の小乗戒を受けなければならないとされていた当時のしきたりに異を唱えて、大乗戒によって比丘を称することができるよう主張し、没後にそれが認められた。これが延暦寺の戒壇で、わが国初の大乗戒壇となった。参照 戒/戒壇/円頓の大乗別受戒の大戒壇

授学無学人記品｜じゅがくむがくにんきほん　妙法蓮華経の第9章（法華経343ページ）。参照 付録「法華経の構成」

受記/授記｜じゅき　衆生が仏から記別を受けること。記別を与える立場からは授記という。記別とは、仏が仏弟子の未来成仏を具体的に明らかにすること。参照 記別

授記品｜じゅきほん　妙法蓮華経の第6章（法華経256ページ）。参照 付録「法華経の構成」

***宿縁**｜しゅくえん　過去世からの因縁・関係のこと。御書中では、日蓮大聖人あるいは法華経との過去世からの深い関係を指している場合が多い。

宿願｜しゅくがん　▶本願《ほんがん》

***宿業**｜しゅくごう　過去世の行い。宿は宿世すなわち過去世のこと。業は善悪の行い。参照 業/宿命転換

宿業転換｜しゅくごうてんかん　▶宿命転換《しゅくめいてんかん》

宿習｜しゅくじゅう　宿世（過去世）に行った思考・言動の影響が生命に積み重ねられ、潜在的な力となっているもの。

叔斉｜しゅくせい　▶伯夷・叔斉《はくいしゅくせい》

熟蘇味｜じゅくそみ　▶五味《ごみ》

***宿命転換**｜しゅくめいてんかん　定まって変えがたいと思われる運命であっても、正しい仏法の実践によって転換できること。仏教では、過去世の行為が因となって現在世（今世）の結果として現れる、あるいは現在世の行為が因となって未来世の果をもたらすと見る。そして善因楽果・悪因苦果、すなわち過去世の善悪の行いが因となって、今世に苦楽の果報をもたらすという、生命境涯の因果の法則を明かす。

これは仏教の歴史の中で人々を脅し収奪する論理として、しばしば運命決定論的に用いられたが、本来はそのようなものではない。むしろ、自身の運命は絶対的存在や超越的力で決まるものではなく、自身の行いによって決定できるという自己決定権を教えるものであり、自身の今、そしてこれからの行いによって運命が転換できるという宿命転換の思想である。

それでも、善因楽果・悪因苦果という「常の因果」（960ページ）の教えでは、現在の苦しみの原因はわかっても、それを今世において直ちに変革することはできず、未来世にわたって生死を繰り返しながら、一つ一つの悪業の罪を清算していく以外に道はないことになる。このように宿業の考え方は、往々にして希望のない運命決定論に陥りやすい。

これに対して日蓮大聖人の仏法では、法華経に基づいて、万人の内に仏界がそなわっており、それを開くことで成仏し宿命転換できると説く。すなわち、万人に仏界がそなわると説く法華経への信・不信、護法・謗法による因果を明かし、法華経を誹謗すること、すなわち謗法こそが根本的な罪業であり、あらゆる悪業を生む根源的な悪で

あるとする。そして、不信・謗法という根本的な悪業の報いとして生じる苦悩の境涯を、正法を信じ守り広めていくという護法の実践から内なる仏界を直ちに涌現させることによって、この一生のうちに転換していくことができると明かす。その実践の核心は、南無妙法蓮華経の題目である。御書では、普賢経の文(法華経724ページ)に基づいて、凡夫自身の生命に霜や露のように降り積もった罪障も、南無妙法蓮華経の題目という慧日(智慧の太陽)にあえば、たちまちのうちに消し去ることができると明かされている(786ページ)。参照 護法/宿業/業/謗法

熟益｜じゅくやく　仏が衆生を教化する際に、さまざまな教えを説いて衆生の能力を高めて成熟させていくこと。種熟脱の三益のうちの一つ。下種益に続き、さまざまな教えを説いて衆生の能力を高めていくことを、植物を手間をかけて育成することに譬え、調熟《じょうじゅく》といい、その利益を熟益という。特に釈尊の化導においては、久遠下種のあと、長遠な期間にわたって教化を続けて衆生の能力を高めた利益をいい、特に法華経迹門の教えの利益をいう。参照 五重三段

『授決集』｜じゅけっしゅう　円珍(智証)の著作。2巻。円珍が留学中に良諝《りょうしょ》から受けた口伝の法門などを集成したもの。円珍の他の著作である『大日経指帰』から一転、法華経が一大円教であると説く(306,307ページ参照)。

守護｜しゅご　鎌倉幕府の職名。御家人に対して幕府によって任命され、国ごとに置かれた。任地の軍事・行政を統括した。

守護経｜しゅごきょう　▶守護国界主陀羅尼経《しゅごこっかいしゅだらにきょう》

守護国界主陀羅尼経｜しゅごこっかいしゅだらにきょう　中国・唐の般若《はんにゃ》・牟尼室利《むにしり》の共訳。守護国界経、守護経と略す。10巻。陀羅尼の力によって国主を守護することが、すべての人々を守護することになると説く。日本では空海(弘法)が鎮護国家の法として真言宗に取り入れて講説した。

『守護国界章』｜しゅごこっかいしょう　伝教大師最澄の著作。3巻。法相宗の得一が三乗差別の立場から天台大師智顗の宗義を批判したことを破折し、法華一乗平等の立場から天台宗の正義を明らかにした。参照 伝教大師/得一/三一権実論争

***守護代**｜しゅごだい　守護の代官。

***受持**｜じゅじ　正法を信じて心に受け入れ、忘れずに持《た》つこと。受持には二つの義がある。①法華経法師品第10に説かれる五種の妙行《みょうぎょう》の一つとしての受持を「別体の受持」という。②これに対して、五種の妙行をすべて含めて、広く正法を信受し護持することを「総体の受持」という。日蓮大聖人は総体の受持を重視され、受持即観心《じゅじそくかんじん》の法門を説かれた。参照 五種の妙行/受持即観心

***主師親**｜しゅししん　一切衆生が尊敬すべき主徳・師徳・親徳の三徳のこと。①主徳は人々を守る力・働き。②師徳は人々を導き教化する力・働き。③親徳は人々を育て慈しむ力・働きをいう。日蓮大聖人は「開目抄」の冒頭で「夫れ一切衆生の尊敬すべき者三あり所

謂主師親これなり」(186㌻)と提示された上で、「日蓮は日本国の諸人にしう(主)し(師)父母(親)なり」(237㌻)と結論され、下種仏法を弘通する御自身が末法の衆生にとって主師親の三徳をそなえられた末法の御本仏であることを明かされている。参照末法の御本仏/「開目抄」

主師親の三徳 | しゅししんのさんとく ▶主師親《しゅししん》

受持即観心 | じゅじそくかんじん 末法の凡夫が成仏するための観心の修行は、南無妙法蓮華経の御本尊を受持することに尽きるということ。日蓮大聖人が「観心本尊抄」で明かされた。同抄には「釈尊の因行果徳の二法は妙法蓮華経の五字に具足す我等此の五字を受持すれば自然に彼の因果の功徳を譲り与え給う」(246㌻)と仰せである。釈尊の因行(成仏のために積んだ膨大な修行)と果徳(修行によって得たさまざまな功徳)のすべては、仏種である「妙法蓮華経の五字」すなわち南無妙法蓮華経にそなわっている。よってこの南無妙法蓮華経を受持することで、おのずと仏の因果の功徳を譲り受けることができる。具体的には、大聖人が図顕された南無妙法蓮華経の御本尊を信じて受持することが成仏のための観心となる。すなわち「信心」が「観心」となるのである。

【正像末における観心】正法・像法時代には、主たる仏道修行として、「定《じょう》」すなわち、心を定めて智慧を開いていく瞑想が行われていた。とりわけ経典に説かれた法理をもとに瞑想して自身の心を見つめていくこと、すなわち「観心」が、成仏するための修行として実践された。天台大師智顗は自己の一瞬の心(一念)に三千の諸法が具備していることを覚知するという観心の修行、すなわち一念三千の法門を説き、この観心の準備として、いくつもの段階にわたる種々の修行を体系化して示した。しかし現実には優れた能力と大変な努力を必要とする極めて困難な修行だったので、一念三千の法門によって実際に覚りに到達する者はまれであった。それに対し大聖人は、末法のどんな人でも実践し成仏できる方法を探究され、それは、南無妙法蓮華経の御本尊を信じ受持して題目を唱えていくことであると明かされた。参照観心/御本尊/南無妙法蓮華経

受持即持戒 | じゅじそくじかい 末法においては、南無妙法蓮華経の御本尊を受持することが、そのまま戒を持つことになること。参照戒

種子不失の徳 | しゅしふしつのとく 仏種の因を失わない徳。蓮華の種子は長い寿命をもつので、仏種に譬えられた。種子不失の徳は、妙法蓮華経の蓮の字の深義の一つとして、生命の永遠性、生命の尊厳を表し、三大秘法の御本尊の偉大な徳を示す。参照仏種

種子無上 | しゅしむじょう 法華経の種子(成仏の因)が無上、すなわちこの上なく優れていること。世親(ヴァスバンドゥ)の『法華論』で、法華経の卓越性を説いた十無上の第1。

種熟脱 | しゅじゅくだつ 下種・調熟・得脱のこと。仏が衆生を覚りへと導く三つの段階。各段階で仏が与える利益に応じて、それぞれ下種益・熟益・脱益と呼

ばれ、合わせて三益という。▶下種《げしゅ》/熟益《じゅくやく》/脱益《だっちゃく》

種姓 | しゅしょう　サンスクリットのゴートラの訳。家系・家柄をさす。古代インドの血統に基づく社会身分制度。聖職者身分のバラモン、王族身分のクシャトリヤ、平民身分のバイシャ、奴隷身分のシュードラの四つの身分と、それらに属さず厳しい差別を受けたチャンダーラなどがあった。仏教教団では、出家し仏道修行をする者はすべて平等に仏の種姓に属するものと見なされ、仏種とされる。しかし、三乗それぞれを別の種姓ととらえる説も現れた。参照 仏種

殊勝 | しゅしょう　詳細は不明。『宋高僧伝』巻2の善無畏伝によれば、善無畏に法華三昧の法を授けた人物とされる。

***衆生** | しゅじょう　サンスクリットのサットヴァの訳。衆とも有情《うじょう》とも訳す。薩埵《さった》と音写する。広義には一切の有情(感情・意識をもつもの)をいう。狭義には、無明や煩悩をもって迷いの世界に住む人をさす。

衆生濁 | しゅじょうじょく　▶五濁《ごじょく》

衆生所遊楽 | しゅじょうしょゆうらく　法華経如来寿量品第16の自我偈の文。同品には「衆生の遊楽する所なり」(法華経491ページ)とある。「衆生」とは凡夫、「遊楽」とは遊び楽しむことで幸福境涯をさし、「所」とは娑婆世界(現実社会)のこと。寿量品で、この娑婆世界が即常寂光土(最高の浄土)であると説き明かされ、苦悩と無常の現実社会こそ妙法を持つ衆生の最高の遊楽の場所であると転じられたことをいう。

衆生世間 | しゅじょうせけん　一念三千の法門を構成する三世間(五陰世間・衆生世間・国土世間)の一つ。衆生には十界のそれぞれに特徴があり違っているので、衆生世間という。参照 一念三千/衆生/三世間

衆生即菩提 | しゅじょうそくぼだい　迷いの凡夫が、凡夫の身のままで仏の覚りを得ること。「菩提」は仏の覚り。この場合の「衆生」は迷いの凡夫、煩悩に迷い苦しむ身。

衆生本有の妙理 | しゅじょうほんぬのみょうり　あらゆる生命に本来的にそなわっている妙法、南無妙法蓮華経のこと。この妙法が開き現されて仏界の大境涯が顕現する。生命にそなわる仏界・仏性のこと。

衆生無辺誓願度 | しゅじょうむへんせいがんど　衆生をかぎりなく苦悩から救っていこうとの誓願。あらゆる菩薩が、仏道修行を始めるに当たって立てる4種の広大な誓願「四弘誓願」の第1。釈尊の衆生無辺誓願度は、万人成仏を明かした法華経を説くことによって成就した。参照 四弘誓願

地涌千界 | じゆせんがい　無数の地涌の菩薩のこと。千界は千世界のこと。法華経如来神力品第21には「千世界微塵等の菩薩摩訶薩の地従り涌出せる者」(法華経567ページ)とあり、地涌の菩薩は1000の世界をすりつぶしてできる微塵ほどに数が多いと説かれている。参照 地涌の菩薩

地涌千界の上首・上行等の四人 | じゆせんがいのじょうしゅじょうぎょうとうのよにん　法華経従地涌出品第15で、大地から涌出した地涌の菩薩の上首、上行・無辺行・浄行・安

立行の四菩薩のこと。参照 四菩薩

衆山の中に須弥山これ第一なり此の法華経も亦復かくの如し | しゅせんのなかにしゅみせんこれだいいちなりこのほけきょうもまたかくのごとし　古代インドの世界観で、須弥山がすべての山の中で一番高いように、諸経の中で法華経が最も優れた教えであるということ。法華経薬王菩薩本事品第23に「衆山の中に、須弥山は為れ第一なるが如く、此の法華経も亦復是くの如く、諸経の中に於いて、最も為れ其の上なり」(法華経594ページ)とある。参照 須弥山/法華最第一

須陀洹 | しゅだおん　▶四向四果《しこうしか》

種脱相対 | しゅだつそうたい　▶五重の相対《ごじゅうのそうたい》

***出家** | しゅっけ　世俗の家を出て仏門に入ること。髪をそり世俗のことを捨て、妻子などの縁を断って仏道修行をする者をいう。在家に対する語。参照 比丘/比丘尼/在家

出世間 | しゅっせけん　世間(六道輪廻する三界の世界)を超出した、覚りの境地のこと。転じて、世俗の世界に対して、仏道の世界、出家の世界をさす。参照 世間

***出世の本懐** | しゅっせのほんかい　ある人がこの世に出現した真実究極の目的。

【法華経に説かれる仏の出世の本懐】法華経迹門の方便品第2で、釈尊は「諸仏世尊は唯一大事の因縁を以ての故に、世に出現したまう」(法華経120ページ)と述べ、諸仏がこの世に出現するのはただ一つの理由があるとする。続いて「諸仏世尊は衆生をして仏知見を開かしめ、清浄なることを得しめんと欲するが故に、世に出現したまう。衆生に仏知見を示さんと欲するが故に、世に出現したまう。衆生をして仏知見を悟らしめんと欲するが故に、世に出現したまう。衆生をして仏知見の道に入らしめんと欲するが故に、世に出現したまう」(法華経121ページ)と述べ、「開示悟入《かいじごにゅう》の四仏知見《しぶっちけん》」を明かしている。すなわち、釈尊をはじめ諸仏の出世の本懐とは、法華経を説いて万人に仏知見(仏の智慧)が本来そなわっていると明かすこと、また、それを開いて仏の境涯を実現する道を確立することであるとする。

また同品に「我は本誓願を立てて｜一切の衆をして｜我が如く等しくして異なること無からしめんと欲しき｜我が昔の願いし所の如きは｜今者已に満足しぬ」(法華経130～131ページ)とあり、釈尊にとって自身と等しい仏の大境涯に人々を到達させることが菩薩であった過去世からの願いであり、その根本の誓願《せいがん》が万人成仏の法華経を説くことによって果たせたと述べられている。本門寿量品では、この根本の誓願の成就によって、この世でなすべき仕事を終えた釈尊は涅槃《ねはん》に入る。しかし、それもまた方便であり、誓願を立てた菩薩としての寿命も、成道して得た仏としての寿命も実は尽きておらず、永遠にこの娑婆世界《しゃばせかい》に常住していると明かしている。すなわち、菩薩としての誓願、仏としての大願《だいがん》、いずれも一切衆生の成仏であるが、それを実現しようとする、永遠の仏の力・働きがこの世界に常に存在することを示しているのである。

【天台大師・伝教大師の出世の本

懐】日蓮大聖人は、法華経の教えをふまえて、難を勝ち越えて法華経に基づく信仰を宣揚した天台大師智顗と伝教大師最澄について、像法時代の中国で活躍した天台大師にとっては『摩訶止観』を講述して成仏のための実践である一念三千という観心の法門を説いたこと、像法時代の末に日本で活躍した伝教大師にとっては法華円頓戒壇を建立し法華経に基づく戒法の確立を図ったことを、それぞれの出世の本懐と位置づけられている。

【日蓮大聖人の出世の本懐】大聖人の出世の本懐は、釈尊の教えが功力を失う末法において、万人成仏を実現する道を確立することである。すなわち末法の人々が学び実践して成仏するための法を説き示すことである。大聖人は、その法とは法華経本門の文底に秘されていた仏種《ぶっしゅ》である南無妙法蓮華経であると説き示された。

大聖人は若き日に、仏法の肝要を知る智者となって、すべての人を苦悩から根本的に救うという誓願を立てられる。この誓願の成就が、御生涯をかけて目指された根本目的であると拝される。大聖人は、万人成仏の根本法である南無妙法蓮華経を説き、本門の本尊と本門の戒壇と本門の題目という三大秘法を明かし、未来永遠にわたる広宣流布の基盤を確立された。

大聖人は、弘安2年(1279年)10月1日に「聖人御難事」(1189ページ)を著され、「出世の本懐」に言及されている。同書は、駿河国《するがのくに》(静岡県中部)の富士地方の農民信徒が、政治的権力による不当な弾圧で命を奪われる危機にあっても、妙法の信仰を貫いた「熱原の法難」を機にしたためられたものである。社会的には地位も権力もない農民信徒の不惜身命の姿に、民衆が大難に耐える強盛な信心を確立したことを感じられ、大聖人は同抄を著された。

この熱原の法難において、三大秘法の南無妙法蓮華経を受持して、不惜身命の実践で広宣流布する民衆が出現したことにより、世界の人々を救うための日蓮大聖人の仏法が現実のものとなった。このことにより、生涯をかけた根本目的、「出世の本懐」を達成されたのである。

【「人の振る舞い」】日蓮大聖人は「釈尊一代の肝心《かんじん》は法華経であり、法華経の修行の肝心は不軽品《ふきょうぼん》です。不軽菩薩が人を敬ったことには、どのような意味があるのでしょうか。教主釈尊の出世の本懐は、人の振る舞いを示すことにあったのです」(1174ページ、通解)と仰せである。あらゆる人の仏性を信じ礼拝行を貫いた不軽菩薩の「人を敬う振る舞い」は、万人成仏を説く法華経の思想を体現したものであり、仏の真意そのものであると言える。参照 熱原の法難/誓願/大願/法華経

出胎｜しゅったい　▶八相《はっそう》

儒童菩薩｜じゅどうぼさつ　釈尊が過去世に修行していた時の名。定光仏《じょうこうぶつ》(燃灯仏)のもとで修行中、5本の蓮華を500の銀銭で買い取って如来の前に散らし、自ら髪を土の上に敷き、如来を供養したという。参照 燃灯仏

地涌の義｜じゆのぎ　「諸法実相抄」

にある語。同抄には「日蓮一人はじめは南無妙法蓮華経と唱へしが、二人・三人・百人と次第に唱へつたふるなり、未来も又しかるべし、是あに地涌の義に非ずや」(1360ページ)とある。末法の全世界に妙法を唱え広めていくことを使命とする人が出現してくるのは、この地涌の菩薩涌現の意義をもっているということ。参照地涌の菩薩

***地涌の菩薩**｜じゆのぼさつ　法華経従地涌出品第15において、釈尊の呼び掛けに応えて、娑婆世界の大地を破って下方の虚空から涌き出てきた無数の菩薩たち(法華経452ページ以下)。上行《じょうぎょう》・無辺行《むへんぎょう》・安立行《あんりゅうぎょう》・浄行《じょうぎょう》の四菩薩を代表とし、それぞれが無数の眷属をもつ。如来神力品第21で釈尊から、滅後の法華経の弘通を、その主体者として託された。この地涌の菩薩は、久遠実成の釈尊(本仏)により久遠の昔から教化されたので、本化《ほんげ》の菩薩という。これに対して、文殊・弥勒などは、迹仏(始成正覚の釈尊など)あるいは他方の世界の仏から教化された菩薩なので、迹化《しゃっけ》・他方《たほう》の菩薩という。参照上行菩薩/四菩薩/従地涌出品

須跋陀羅｜しゅばつだら　サンスクリットのスバドラの音写で、善賢と訳される。釈尊から最後に教えを受けたとされる修行者。『大智度論』巻3によると、須跋陀羅は、太陽が空から落ちるなどの夢を見るもその意味が分からず恐れたが、これは仏が入滅する予兆であると天から告げられ、翌日、入滅間近の釈尊のもとへ行き質問をしたという。

守敏｜しゅびん　生没年不詳。平安初期の真言僧。823年、嵯峨天皇より西寺を与えられる。東寺の空海(弘法)と祈雨を競った。

寿福寺｜じゅふくじ　神奈川県鎌倉市扇ガ谷にある臨済宗建長寺派の寺院。山号は亀谷山。北条政子《ほうじょうまさこ》により正治2年(1200年)に創建。開山は栄西。円爾(聖一)、蘭渓道隆などが入山し、初期の禅宗の発展に重要な地位を占めた。日蓮大聖人が発せられた十一通の御状の中に、当寺にあてられた書状がある(175ページ)。参照栄西

須菩提｜しゅぼだい　サンスクリットのスブーティの音写。釈尊の十大弟子の一人。思索に優れ、よく空の法理を理解していたので、解空第一とされる。声聞の代表の一人。法華経授記品第6では、未来に名相如来《みょうそうにょらい》に成ると釈尊から保証された(法華経261〜262ページ)。維摩経によると、須菩提がかつて食べ物の布施を求めて維摩詰を訪ねた時、維摩詰が布施を与える条件として説いた教えを理解できず、もっていた鉢も置いたまま立ち去ろうとしたという。日蓮大聖人は「開目抄」(205ページ)で、この話を、法華経が説かれる以前には二乗が不成仏として糾弾されてきたことの傍証とされている。参照十大弟子

須弥｜しゅみ　▶須弥山《しゅみせん》

***須弥山**｜しゅみせん　須弥はサンスクリットのスメールの音写。妙高《みょうこう》と訳される。古代インドの宇宙観で、一つの世界の中心にあると考えられている巨大な山。須弥山の麓の海の東西南北に四つの大陸があって、一つの世界を構

成する。須弥山の頂上は六欲天《ろくよくてん》のうち第二天の忉利天《とうりてん》に位置しており、ここに帝釈天《たいしゃくてん》が忉利天の主として地上世界を支配して住んでいる。
[参照]九山八海/六欲天

須弥壇｜しゅみだん　須弥山をかたどった壇。本尊や仏像を安置する。[参照]須弥山

須臾｜しゅゆ　時間の単位。①一昼夜の30分の1をさす場合と、②最も短い時間の単位（瞬時）をさす場合がある。

修羅｜しゅら　阿修羅の略。▶阿修羅《あしゅら》/修羅界《しゅらかい》

*__修羅界__｜しゅらかい　修羅（阿修羅）の世界。修羅の生命境涯。阿修羅はサンスクリットのアスラの音写。古代インドの神話に登場する神で、海辺あるいは海中に住むとされる。須弥山《しゅみせん》の周辺の天に住む神々の王である雷神インドラ（帝釈天《たいしゃくてん》）と覇を競ったとされる。

修羅の特徴として、自分と他者を比較し、常に他者に勝ろうとする「勝他《しょうた》の念」を強くもっていることが挙げられる。他人と自分を比べて、自分が優れて他人が劣っていると思う場合は、慢心を起こして他を軽んじる。そして、他者の方が優れていると思う場合でも、他者を尊敬する心を起こすことができない。また、本当に自分よりも強いものと出会ったときには、卑屈になって諂う。自分をいかにも優れたものに見せようと虚像をつくるために、表面上は人格者や善人をよそおい謙虚なそぶりすら見せることもあるが、内面では自分より優れたものに対する妬みと悔しさに満ちている。「観心本尊抄」では「諂曲なるは修羅」（241ページ）とされ、人界所具の修羅界は諂曲なさまからうかがえるとされる。「諂曲《てんごく》」とは自身の本音を隠して相手に迎合していくことである。これに基づいて仏法の生命論では、勝他の念が強く諂曲である生命状態を修羅界とする。十界のうち、地獄・餓鬼・畜生の三悪道に修羅を加えて、四悪趣とされる。また六道の中では、地獄・餓鬼・畜生の三悪道に比べれば相対的にはよいので、人・天とともに三善道とされる。[参照]阿修羅/四悪趣/十界/帝釈天

修羅道｜しゅらどう　▶修羅界《しゅらかい》

須梨槃特｜しゅりはんどく　「すりはんどく」とも読む。サンスクリットのチューダパンタカの音写。周利槃特などとも書く。愚鈍といわれたが、釈尊から受けたわずかな教えをひたむきに修行し、阿羅漢果を得たという。日蓮大聖人は「須梨槃特は、3年間に14文字の経文すら暗唱できなかったけれども、仏になれた。しかし、提婆達多は六万蔵の経典を暗唱したけれども、無間地獄に堕ちた。このことは、ひとえに末代の今の世のことを表しているのである。決して他人のことと思ってはならない」（1472ページ、通解）と戒められている。

首楞厳経｜しゅりょうごんぎょう　❶首楞厳三昧経《しゅりょうごんざんまいきょう》の略。中国・後秦の鳩摩羅什訳。2巻。もっぱら首楞厳三昧の力用を説き、この三昧で得られた神力を示したり功徳を明かしている。

❷大仏頂如来密因修証了義諸菩薩万行首楞厳経《だいぶっちょうにょらいみっちんしゅしょうりょうぎしょぼさつまんぎょうしゅりょうごんぎょう》の略。大仏頂経《だいぶっちょうぎょう》とも略す。唐

あ か し た な は ま や ら わ

の般剌蜜帝《はんらみったい》訳とされる。10巻。白傘蓋陀羅尼と禅定の功徳を称賛している。

首楞厳三昧｜しゅりょうごんざんまい　首楞厳はサンスクリットのシューランガマの音写で、「英雄のごとく行くこと」の意。「三昧」はサンスクリットのサマーディの音写で、定・等持・等至などと訳し、心を一処に定めて動じないことをいう。

寿量品｜じゅりょうほん　▶如来寿量品《にょらいじゅりょうほん》

寿量品の仏｜じゅりょうほんのほとけ　法華経如来寿量品第16に明かされた久遠実成の釈尊のこと。

純円｜じゅんえん　純粋に円教のみが説かれた経典のことで、法華経をさす。

参照 円教

順縁｜じゅんえん　教えを聞いて従順に信じて仏道に入ること。逆縁に対する語。参照 逆縁

舜王｜しゅんおう　古代中国の伝説上の帝王。名は重華《ちょうか》。虞舜《ぐしゅん》ともいう。五帝の一人。堯王《ぎょうおう》とともに堯舜と併称され、ともに儒教では理想的な帝王とされた。『史記』によると、頑迷な父をはじめ家族は悪徳で乱れていたが、舜は孝行して導いた。これを知った堯王から認められ、帝位を譲り受け国号を虞とし、善政を行った。舜王には商均《しょうきん》という子がいたが、洪水を治め功労があった配下の禹《う》に帝位を譲り没した。禹は夏王朝の祖とされる。

参照 堯王

順暁｜じゅんぎょう　生没年不詳。中国・唐の密教僧。唐に渡った伝教大師最澄に密教灌頂を授けた。

順現｜じゅんげん　▶業《ごう》

順後｜じゅんご　▶業《ごう》

順次生｜じゅんじしょう　今世の直後の生のこと。『倶舎論』などでは、業の報いを受ける時を三つに分ける。すなわち、今世の内に報いを受ける順現業、今世の直後の生に報いを受ける順次生業、それ以後の生に報いを受ける順後業があるとする。

『春秋左氏伝』｜しゅんじゅうさしでん　中国・春秋時代の魯《ろ》の左丘明《さきゅうめい》の作と伝えられる。孔子が著したと伝えられる『春秋』の注解書。

純陀｜じゅんだ　サンスクリットのチュンダの音写。釈尊の涅槃の直前に供養し教えを受けた弟子。

舜帝｜しゅんてい　▶舜王《しゅんおう》

順徳天皇｜じゅんとくてんのう　1197年～1242年。第84代天皇。後鳥羽天皇の第3皇子。在位、1210年～1221年。承久の乱の後、乱の首謀者として佐渡国（新潟県佐渡島）への流刑に処され、その地で没した。参照 承久の乱

疏｜しょ　経典などの注釈書。例えば、『涅槃経疏』は涅槃経の注釈書を意味する。

長阿含経｜じょうあごんぎょう　▶阿含部《あごんぶ》

章安大師｜しょうあんだいし　561年～632年。中国・隋の僧。灌頂《かんじょう》のこと。天台大師智顗の弟子。天台大師の講義をもとに『法華玄義』『法華文句』『摩訶止観』などを筆記・編纂した。主著に『涅槃経玄義』『涅槃経疏』がある。

参照 天台大師

聖一｜しょういち　▶円爾弁円《えんにべんえん》

勝意比丘｜しょういびく　諸法無行経では、師子音王仏の末法の世に菩薩道を行じた比丘とされる。同じく菩薩道を行じ、諸法の実相を衆生に教えていた

喜根比丘《きこんびく》を誹謗した。

正因仏性｜しょういんぶっしょう　▶三因仏性《さんいんぶっしょう》

摂引門/接引門｜しょういんもん　人々を真理へと導いていくための方便の教え。

昭王｜しょうおう　生没年不詳、紀元前10世紀ごろ。中国・周の第4代の王。伝承によれば、昭王の在位24年目の4月8日夜、河川や井池に水があふれ大地が震動して、天に五色の光が現れ西方にまで行き渡った。そこで昭王が臣下の蘇由《そゆう》に問うたところ、蘇由は西方に偉大な聖人(＝釈尊)が生まれ、1000年後にその聖人の言葉がわが国に伝わるだろうと答えたという。この伝説は現存しない『周書異記』にあるものとして仏教史書『仏祖統記』などに紹介され、釈尊の誕生の時期が推測されている。「開目抄」(225ページ以下)などで引用されている。

勝応身｜しょうおうじん　衆生を救うためにその機根に応じて具体的な姿形をもって出現する仏身を応身という。そのうち、初地以上の菩薩に応じて出現する、福徳にあふれ勝れた仏身を勝応身と呼ぶ。参照 劣応身/三身

成覚｜じょうかく　成覚房幸西のこと。▶幸西《こうさい》

正覚房｜しょうがくぼう　▶覚鑁《かくばん》

***正嘉の大地震**｜しょうかのおおじしん　正嘉元年(1257年)8月23日戌亥《いぬい》の刻、すなわち午後9時ごろ鎌倉地方を襲った大地震のこと。この時の惨状が「立正安国論」を著される契機となった(「安国論奥書」「安国論御勘由来」、33ページ)。鎌倉時代の歴史書『吾妻鏡《あずまかがみ》』には、当時の様子が次のように記されている。「廿《にじゅう》三日乙巳《きのとみ》。晴。戌尅《いぬのこく》に大いに地震う。音有り。神社仏閣一宇として全きは無し。山岳頽崩し、人屋顚倒し、築地皆悉く破損す。所々地裂け、水涌き出で、中下馬橋《なかのげばばし》の辺は地裂け破れ、其の中より火炎燃え出ず。色青し云云」

証果の羅漢｜しょうかのらかん　仏や菩薩が有する6種の神通力を得た阿羅漢のこと。阿羅漢とは、声聞の最高位。参照 六神通

『貞観政要』｜じょうがんせいよう　中国・唐の歴史家・呉兢《ごきょう》の編著。10巻。貞観とは唐の太宗時代の年号。太宗の伝記や、太宗と群臣との問答、名臣たちの事績を分類・編纂したもの。帝王の書、治道の書として広く読まれ、日本にも早くから伝わった。日蓮大聖人もしばしば参照され、大聖人による写本も残っている。

勝義生菩薩｜しょうぎしょうぼさつ　解深密経の対告衆。解深密経巻2では、勝義生菩薩は釈尊に「釈尊はなぜ、一切諸法は皆自性無く、生も無く、滅も無く、本来寂静、自性涅槃であると説いたのか」(趣意)と尋ね、釈尊はこの質問に答えて密意(本意)を説き明かしたとある。参照 解深密経

承久の乱｜じょうきゅうのらん　承久3年(1221年)5,6月に起きた朝廷と幕府の争い。後鳥羽上皇は政治の実権を拡大・掌握しようと図り鎌倉幕府を圧迫したが、幕府に制圧され、朝廷側はかえって勢力を弱め、幕府の支配力が強まった。乱の首謀者である後鳥羽上皇、その第3皇子の順徳上皇は、それぞれ隠岐国《おきのくに》(島根県隠岐諸島)、佐渡国(新

あ か し た な は ま や ら わ

潟県佐渡島)への流刑に処された。乱に関与せず追及されなかった土御門上皇《つちみかどじょうこう》(後鳥羽の第1皇子)も、自ら土佐国《とさのくに》(高知県)に移り、後に阿波国《あわのくに》(徳島県)に移り、同地で没した。日蓮大聖人は諸御抄で、後鳥羽上皇ら朝廷方がこの際に行った真言による祈禱のせいで「還著於本人」の結果となったと指摘されている(321,363ページなど)。なお、大聖人の御生誕は翌・貞応元年(1222年)である。[参照]後鳥羽上皇/順徳天皇/北条義時/勢多伽/真言亡国/還著於本人/伊賀太郎判官光季/宇治・勢多

***正行**｜しょうぎょう　正しい行動、正しい修行。

❶人として正しい行動。八正道《はっしょうどう》(仏道修行者として実践・習得すべき八つの徳目)の一つにも数えられる。

❷仏道修行において中核となるもの。助行に対する語。創価学会では、毎日の朝夕の勤行で唱題と法華経の読誦を行う。南無妙法蓮華経と唱える唱題が正行で、南無妙法蓮華経の意義を賛嘆するために法華経の要諦(方便品第2〈冒頭の散文の部分〉と如来寿量品第16の自我偈《じがげ》)を読誦するのは助行である。[参照]助行

❸中国浄土教の祖師・善導による修行の立て分けで、正しく行うべき修行としての称名念仏。善導は『観無量寿経疏』で、称名念仏だけを正しく行うべき修行とし、他のすべての修行を雑行《ぞうぎょう》と位置づけた。[参照]雑行・正行

上行｜じょうぎょう　▶上行菩薩《じょうぎょうぼさつ》

常行三昧｜じょうぎょうざんまい　▶四種三昧《ししゅざんまい》

上行所伝の南無妙法蓮華経｜じょうぎょうしょでんのなんみょうほうれんげきょう　上行菩薩が伝授された南無妙法蓮華経のこと。法華経如来神力品第21で、上行菩薩は妙法蓮華経を付嘱された。日蓮大聖人はこの儀式を踏まえられて、三大秘法の南無妙法蓮華経を「上行所伝の南無妙法蓮華経」(798ページ)と言われている。

浄行菩薩｜じょうぎょうぼさつ　法華経従地涌出品第15に説かれる、地涌の菩薩の上首である四菩薩の一人(法華経455ページ)。「御義口伝」(751ページ)では『法華文句輔正記』の文を引いて、常楽我浄の四徳のうち浄行菩薩は浄を表すとされている。[参照]四菩薩/地涌の菩薩

***上行菩薩**｜じょうぎょうぼさつ　地涌《じゆ》の菩薩を代表する四菩薩《しぼさつ》の筆頭(法華経455ページ)。法華経如来神力品第21では、末法における正法弘通が上行をはじめとする地涌の菩薩に付嘱《ふぞく》された。この法華経の付嘱の通り、末法の初めに出現して南無妙法蓮華経を万人に説き不惜身命で弘通されたのが、日蓮大聖人であられる。この意義から、大聖人は御自身が地涌の菩薩、とりわけ上行菩薩の役割を果たしているという御自覚に立たれ、御自身を「上行菩薩の垂迹」(1157ページ)と位置づけられている。日興上人も、大聖人を「上行菩薩の再誕」(「五人所破抄」、1611ページ)と拝された。創価学会では、大聖人は、外用《げゆう》(外に現れた働き)の観点からは上行菩薩であられ、内証《ないしょう》(内面の覚り)の観点からは久遠元初《くおんがんじょ》の自受用報身如来《じじゅゆうほうしんにょらい》であられると拝する。「御義口伝」(751ページ)では『法華文句輔正記』の文を引いて、

常楽我浄の四徳のうち上行菩薩は我《が》を表すとされている。参照 四菩薩/地涌の菩薩/結要付嘱/久遠元初の自受用報身如来

商均｜しょうきん　舜王《しゅんおう》の子であったが、諸侯から帝位に就くことを認められなかった。参照 舜王

上宮王子｜じょうぐうおうじ　▶聖徳太子《しょうとくたいし》

浄眼｜じょうげん　▶浄蔵・浄眼《じょうぞうじょうげん》

『貞元新定釈教目録』｜じょうげんしんじょうしゃっきょうもくろく　▶『貞元入蔵録』《じょうげんにゅうぞうろく》

『貞元入蔵録』｜じょうげんにゅうぞうろく　『貞元新定釈教目録』の略。『貞元釈教録』とも。漢訳仏典の目録。唐の貞元16年(800年)に円照《えんしょう》が編集した。30巻。『開元釈教録』を増補し、後漢の明帝の永平10年(67年)から唐の徳宗《とくそう》の貞元16年までの734年間に翻訳・著述された仏典として2417部7388巻が挙げられている。参照 『開元釈教録』

浄顕房｜じょうけんぼう　清澄寺の僧。日蓮大聖人の清澄寺修学当時の兄弟子の一人。建長5年(1253年)4月28日、大聖人が清澄寺で立宗宣言されたのち、地頭の東条景信らの迫害の中で清澄山を出られるまで、義浄房とともに大聖人を守り支えた。そのことを大聖人は、「天下第一の法華経の奉公なり」(324ページ)と賛嘆されている。義浄房とともに「報恩抄」を託され、師・道善房の追善のために墓前と嵩が森の頂で同抄を奉読している。参照 義浄房/清澄寺

しゃうかう｜しょうこう　生薑のことと思われる。ショウガ科の多年草であるショウガの地下茎。辛味と香気があり、食用・香辛料にされる。また、発汗を促し胃腸を整える薬効がある。

成劫｜じょうこう　▶四劫《しこう》

定業｜じょうごう　業の報いの内容や現れる時期が定まっている業のこと。「寿命」も業の報いとして定まるものと考えられていた。参照 業

浄光明寺｜じょうこうみょうじ　神奈川県鎌倉市扇ガ谷にある真言宗の寺院。山号は泉谷山。鎌倉幕府第6代執権の北条長時により建長3年(1251年)に創建。開山は浄土系の真阿《しんあ》(真聖国師《しんせいこくし》)。当時は浄土宗はじめ兼修の寺院だった。日蓮大聖人が発せられた十一通の御状の中に、当寺にあてられた書状がある(175ページ)。

調御丈夫｜じょうごじょうふ　仏の十号の一つ。優れた調教師のように、人々を教え導くのが巧みな人の意。参照 十号

浄居天｜じょうごてん　天界の内の色界の最上にある天。参照 三界

浄居の華｜じょうごのはな　浄居天に咲いている華は、常にしぼむことがないとされている。

上根・下根｜じょうこんげこん　上根とは、煩悩に左右されにくく、法を聞いてすぐに理解できる機根の者のこと。下根は、上根に対する語で、仏道を実践する力が乏しく、機根が劣っている者のこと。

常坐三昧｜じょうざざんまい　▶四種三昧《ししゅざんまい》

***生死**｜しょうじ　❶繰り返し迷いの境涯に生まれては死ぬこと。また、その苦しみ。

❷生命の二つの側面としての、生きることと死ぬこと。

「生死一大事血脈抄」｜しょうじいちだいじけつみゃくしょう　文永9年(1272年)2月、日蓮大

聖人が佐渡国(新潟県佐渡島)塚原でしたためられ、同じく佐渡に流罪中の最蓮房《さいれんぼう》に与えられた書とされる(1336㌻)。もとは天台宗の学僧で、佐渡で大聖人の門下となった最蓮房が、生死一大事血脈という成仏の要諦に関する法門について質問したのに対して、回答している。

生死一大事の血脈 | しょうじいちだいじのけつみゃく　生死の苦悩を超克し成仏を実現させる妙法が、師から弟子に伝えられていくこと。「生死一大事血脈抄」では、仏と法と衆生がともに妙法の当体であると信じて題目を唱える信心、三世にわたって法華経から離れない持続・不退転の信心、異体同心の信心の三つを生死一大事の血脈の要件として挙げられている(1337㌻)。

生死海 | しょうじかい　生死の苦しみに覆われた現実世界を大海に譬えたもの。

正直 | しょうじき　正しくまっすぐなこと。ひとえに仏の教える法を信じ広めていくさま。

正直捨権 | しょうじきしゃごん　「正直に権を捨つ」と読む。権は権教のことで、法華経以外の方便(仮)の教えである爾前の諸経のこと。正直捨方便と同義。▶正直捨方便《しょうじきしゃほうべん》

正直捨方便 | しょうじきしゃほうべん　法華経方便品第2の文(法華経144㌻)。「正直に方便を捨てて」と読み下す。釈尊が法華経以前に説いた教えはすべて方便であるとして、執着をもたずきっぱりと捨てること。この文は「但だ無上道を説く」と続き、最高の教えである法華経を説くと述べられている。

正直の御経 | しょうじきのおんきょう　妄語のない、仏の覚りを率直に説いた経のこと。法華経をさす。

***生死即涅槃** | しょうじそくねはん　生死の苦しみを味わっているその身に涅槃が開かれること。「生死」は煩悩・迷いによって苦悩する境涯であり、九界の衆生の境涯である。「涅槃」は仏の覚りの平安な境地である。法華経では九界の衆生に仏知見がそなわっていることを説いて十界互具を明かし、法華経を信じ実践することで、その仏知見をこの身に開き現し、この一生でただちに成仏できることを説く。即身成仏と同義で、得られる果報の境涯の観点から述べた言葉。因の観点から述べたのが、煩悩即菩提である。参照 十界互具/即身成仏/煩悩即菩提

成実宗 | じょうじつしゅう　インドの訶梨跋摩《かりばつま》(ハリーヴァルマン)の『成実論』に基づく学派。『成実論』は、経量部の立場から説一切有部の主張を批判し、大乗仏教に通じる主張も含んでいる。我も法も空であるという人法二空を説き、万物はすべて空であり無であるとする。この空観に基づいて修行の段階を27(二十七賢聖)に分別して煩悩から脱すると説いている。5世紀の初めに鳩摩羅什によって『成実論』が漢訳されると、弟子の僧叡《そうえい》・僧導《そうどう》らによって研究が盛んに行われた。しかし三論宗が興って『成実論』が小乗と断定されてから衰えた。日本では南都六宗の一つとされるが、三論宗に付随して学ばれる寓宗《ぐうしゅう》である。

生死の大海 | しょうじのたいかい　生死の苦しみが深く果てしないことを大海に譬えていう。

生死の二法は一心の妙用なり｜しょうじのにほうはいっしんのみょうゆうなり　伝教大師最澄の著作とされる『牛頭決《ごずけつ》』の文(717,1336ページなどで引用)。生も死も生命そのものにそなわった本然的な働きであるということ。

小釈迦｜しょうしゃか　阿含経などで、衆生を教え導くために示されたとされる釈尊の姿。身長は1丈6尺(約4.85メートル)とされる。

摂折｜しょうしゃく　摂受と折伏のこと。▶摂受《しょうじゅ》/折伏《しゃくぶく》

常寂光土｜じょうじゃっこうど　四土の一つ。天台宗では法身の住む浄土とされる。法華経に説かれる久遠の仏が常住する永遠に安穏な国土。これをふまえて、万人の幸福が実現できる目指すべき理想的世界のことも意味する。法華経如来寿量品第16では、釈尊は五百塵点劫という久遠の過去に成仏した仏であり、それ以来、さまざまな姿を示してきたという真実が明かされる。そして、その久遠の仏が、娑婆世界に常住しており、一心に仏に会おうとして身命を惜しまない者のもとに、法華経の説法の聴衆たちとともに出現すると説かれている。したがって、娑婆世界こそが久遠の釈尊の真実の国土であり、永遠不滅の浄土である常寂光土と一体であること(娑婆即寂光)になる。それに対して、釈尊が方便として現した種々の仏とその住む国土は、この久遠の釈尊の働きの一部を担う分身の仏であり、不完全な国土であるので、究極の浄土ではなく、穢土ということになる。参照四土/娑婆即寂光

焦種/焼種｜しょうしゅ　煎《い》った種のこと。煎った種からは決して芽が出ないように、爾前経において、二乗が仏種を断じられて永久に成仏できないとされていることを譬えている。参照仏種/二乗作仏

摂受｜しょうじゅ　人々を仏法に教え導く法の一つで、相手の主張の違いを容認しつつ、次第に誘引して正法に入らせる方法。参照折伏

上首｜じょうしゅ　最上位の者、中心者のこと。

常住｜じょうじゅう　常にとどまること。三世にわたって永遠に存在し、生じたり滅したりする変化のないこと。無常に対する語。

成住壊空｜じょうじゅうえくう　▶四劫《しこう》

正宗分｜しょうしゅうぶん　▶序分・正宗分・流通分《じょぶんしょうしゅうぶんるつうぶん》

調熟｜じょうじゅく　▶熟益《じゅくやく》

正修止観の章｜しょうしゅしかんのしょう　『摩訶止観』の巻5第7章のこと。諸法の実相を観察する実践方法、一念三千の法門が明かされている。

摂衆生戒｜しょうしゅじょうかい　▶三聚浄戒《さんじゅじょうかい》

***小乗**｜しょうじょう　乗は「乗り物」の意で、覚りに至らせる仏の智慧の教えを、衆生を乗せる乗り物に譬えたもの。もともと小乗とは、サンスクリットのヒーナヤーナの訳で「劣った乗り物」を意味し、大乗仏教の立場から部派仏教《ぶはぶっきょう》(特に説一切有部《せついっさいうぶ》)を批判していう言葉。自ら覚りを得ることだけに専念する声聞・縁覚の二乗を批判してこのように呼ばれた。部派仏教は、釈尊が亡くなった後に分派したさまざまな教団(部派)が伝えた仏教で、自身

の涅槃《ねはん》(二度と輪廻《りんね》しない境地)の獲得を目標とする。説一切有部は、特に北インドで最も有力だった部派で、「法」(認識を構成する要素)が実在するとする体系的な教学を構築した。これに対し、大乗仏教は自他の成仏を修行の目標とし、一切のものには固定的な本質がないとする「空《くう》」の立場をとる。中国・日本など東アジアでは、大乗の教えがもっぱら流布した。小乗は、あくまでも大乗仏教の歴史的表現なので、今日の南伝仏教の総称に用いるのは適切ではない。参照 大乗

小乗経｜しょうじょうきょう　小乗の教えを説いた経典のこと。参照 小乗

小乗の戒壇｜しょうじょうのかいだん　日本では、聖武天皇の時代に鑑真が招来され、東大寺に戒壇が建立されて授戒が始まり、律の規定に基づく正式な僧を養成することができるようになった。伝教大師最澄は、この戒壇が『四分律』に基づく小乗の戒壇であるとし、大乗の菩薩の僧を養成するため、具足戒を用いない梵網経に基づく菩薩戒の授戒を主張し、比叡山に大乗戒壇を建立することを訴えた。これは伝教大師が没した直後に勅許され、法華円頓戒壇が建立された。参照 戒壇

小乗の菩薩｜しょうじょうのぼさつ　「開目抄」に「小乗の菩薩の未断惑なる」(203ページ)とある。「小乗の菩薩」とは、天台大師智顗が立てた七つの方便の修行の位の一つ。小乗と位置づけられる三蔵教の阿含経典に説かれている菩薩。仏道修行では、見思惑・塵沙惑・無明惑という三惑のうち見思惑を最初に断じていくが、この菩薩はその見思惑もまだ断じておらず、凡夫に等しいものとされる。

清浄法行経｜しょうじょうほうぎょうきょう　近年の研究では中国撰述とされる。1巻。中国では人々の機根が悪く教化しにくいので、仏はまず三人の弟子を派遣し、摩訶迦葉は老子、光浄菩薩《こうじょうぼさつ》は仲尼(孔子)、月明菩薩《がつみょうぼさつ》は顔淵と呼ばれ、中国の人々を教化するだろうと説かれている。日蓮大聖人は「開目抄」(187ページ)で『止観輔行伝弘決』における引用に従い、月光菩薩《がっこうぼさつ》が顔回、光浄菩薩が仲尼、迦葉菩薩が老子として中国に出現するとされている。

章疏伝記｜しょうじょでんき　章・疏・伝・記のいずれも経典や論書に対する注釈書。

称心精舎｜しょうしんしょうじゃ　章安大師灌頂が晩年に住んだ寺院。「精舎」とはサンスクリットのヴィハーラの訳で、もとは修行に精錬する出家者がいる舎を意味し、後代に寺院を意味するようになった。

生身得忍｜しょうしんとくにん　現在の身(生身)のままで無生法忍を得ること。無生法忍とは、一切のものは空であり固有の実体をもたず生滅変化を超越しているという道理を受け入れること。『大智度論』などでは、この生身得忍は不退の菩薩の段階で得られるという。

小瑞｜しょうずい　小さな瑞相のこと。瑞相とは、きざし、前兆の意。

常随給仕｜じょうずいきゅうじ　弟子が常に師に随い給仕すること。給仕とは、直接的には師に衣食などの生活上の物資をささげることであるが、広義には

師の行動を支え助けること。

定善 | じょうぜん　妄想・雑念をとどめ思いを一処に定めることによって得られる心(定心)に住して実践する善行。散善に対する語。善導は『観無量寿経疏』で、観無量寿経に説かれる浄土へ往生するための16種の観法を定善と散善に分けた。参照 散善

摂善法戒 | しょうぜんぼうかい　▶三聚浄戒《さんじゅじょうかい》

聖僧 | しょうそう　迷いを断じ、覚りを得た優れた僧、智慧も行いも優れた僧のこと。

正像 | しょうぞう　正法時代と像法時代のこと。▶正法《しょうほう》/像法《ぞうほう》

上奏 | じょうそう　皇帝・天皇に意見を具申すること。

浄蔵・浄眼 | じょうぞうじょうげん　法華経妙荘厳王本事品第27に説かれる二人の王子(法華経651ページ以下)。父は妙荘厳王、母は浄徳夫人。兄弟二人は、母の指導のもと、バラモンの教えに執着している父・妙荘厳王にさまざまな神通力を見せて仏教に導いた。

同品によると、無量無辺不可思議阿僧祇劫という遠い過去世で、浄蔵・浄眼の二人は、雲雷音宿王華智仏《うんらいおんしゅくおうけちぶつ》のもとで出家し菩薩行を修して三昧を得た。後に二人は、この仏から法華経の説法を受け、母・浄徳夫人に仏に詣でることを勧めたが、夫人は、妙荘厳王がバラモンの教えに執着しているので、まず王をその教えから放ち仏教に帰依させるよう命じた。二人は種々の神通力を現して父に見せ、これに歓喜した父は仏道を求める心を起こした。そして浄蔵・浄眼の二人とその父母は、そろって雲雷音宿王華智仏にまみえることができ、父はこの仏から娑羅樹王《しゃらじゅおう》という名の仏になるとの記別を受けた。父はすぐに国を弟に譲り、夫人と二人の子らとともに出家して法華経を修行し成仏した。以上の内容を説いた釈尊は、同品の最後で、妙荘厳王は法華経の会座にいる華徳菩薩《けとくぼさつ》であり、浄蔵・浄眼の二人はそれぞれ薬王菩薩、薬上菩薩《やくじょうぼさつ》であると明かした。

日蓮大聖人は「浄蔵浄眼御消息」(1397ページ)で、この浄蔵・浄眼の話を通し、松野殿を早世した子息が信心に導いてくれたと述べ激励されている。また「日女御前御返事」(1249ページ)では婦人の信心を励まされている。

正像二時 | しょうぞうにじ　正法と像法の二つの時代のこと。▶正法《しょうほう》/像法《ぞうほう》

正像末 | しょうぞうまつ　正法と像法と末法の三つの時代のこと。▶正法《しょうほう》/像法《ぞうほう》/末法《まっぽう》/三時《さんじ》

生蘇味 | しょうそみ　▶五味《ごみ》

唱題 | しょうだい　御本尊を信じて南無妙法蓮華経の題目を唱えること。勤行における正行にあたる。参照 正行/題目/勤行

招提 | しょうだい　詳細は不明。『宋高僧伝』巻2の善無畏伝によれば、善無畏に法華三昧の法を授けた人物とされる。

聖提婆 | しょうだいば　▶提婆《だいば》

常啼菩薩 | じょうたいぼさつ　般若経に説かれる菩薩。薩陀波崙菩薩とも。身命も財も惜しまず、自らの骨肉を切ってまでして、般若波羅蜜の教えを聞こうと善知識を求めた。常啼という名の由来に

ついて『大智度論』には諸説挙げられており、例えば、幼い時に喜んで泣いたから、悪世に衆生が貧窮憂苦するを見て悲泣するから、仏道を求めるからなどとする。

調達 | じょうだつ　▶提婆達多《だいばだった》

***勝他の念** | しょうたのねん　修羅界の特徴。自分と他者を比較し常に他者に勝ろうとする心。参照 修羅界

***浄土** | じょうど　仏の住む清浄な国土のこと。また、国を浄めるという意に使うこともある。煩悩でけがれている穢土《えど》(衆生の住む娑婆世界《しゃばせかい》)に対し、仏の住む国土は五濁《ごじょく》の垢に染まらず清らかなので浄土という。浄土については大別して2種の考え方がある。

①浄土と現実の娑婆世界とはまったく異なった世界であるとする説。無量寿経などに説かれる。菩薩が修行を経て仏になる時に完成する国土で、阿弥陀経に説かれる阿弥陀仏の西方極楽浄土、阿閦仏《あしゅくぶつ》の東方妙喜世界、釈迦仏の西方無勝世界、薬師如来の東方浄瑠璃世界などがある。こうした諸仏の浄土が、娑婆世界からみてあらゆる方角(十方)にあるので、十方浄土という。

②維摩経に「其の心浄きに随って則ち仏土浄し」と説かれるように、心が清浄になれば住む世界も清浄となり、現実の娑婆世界が即浄土となる(娑婆即寂光)との説。法華経如来寿量品第16に説かれる霊山浄土、華厳経の蓮華蔵世界、大乗密厳経の密厳浄土などがこれにあたる。なお爾前経に説かれた種々の浄土観は、衆生の機根を法華経へ導くための方便説であり、釈尊は法華経本門において初めて久遠実成を明かし、本因・本果・本国土を説いて、娑婆世界こそ仏の常住する浄土であると明かした。参照 国土/四土/三妙合論/娑婆即寂光/常寂光土

成道 | じょうどう　道(覚り)を成就すること。得道、成仏と同じ。

聖道門 | しょうどうもん　自力で修行してこの娑婆世界で成仏を目指す教え。浄土門に対する語。中国・唐の道綽《どうしゃく》が『安楽集』で説いた。参照 浄土門

浄土教 | じょうどきょう　仏の浄土へ生まれることを願う信仰を説く教え、特に阿弥陀仏を信じその浄土である極楽世界への往生を目指す教え。▶浄土宗《じょうどしゅう》

聖徳太子 | しょうとくたいし　574年~622年。飛鳥時代の政治家。厩戸皇子《うまやどのおうじ》・豊聡耳皇子《とよとみみのみこ》・上宮王《じょうぐうおう》ともいう。聖徳太子とは後代における呼称。用明天皇の第2皇子。四天王寺や法隆寺を造営し、法華経・勝鬘経・維摩経の注釈書である三経義疏を作ったと伝えられる。これらの業績が、実際に聖徳太子自身の手によるものであるか否かは、今後の研究に委ねられている。ただし、妃の橘大郎女《たちばなのおおいらつめ》に告げた「世間は虚仮なり、唯、仏のみ是れ真なり」という太子の言葉が残されていて、ここから仏教への深い理解にたどり着いた境地がうかがわれる。日本に仏法が公式に伝来した時、受容派と排斥派が対立したが、聖徳太子ら受容派が物部守屋ら排斥派を打ち破り、日本の仏法興隆の基礎を築いた。日蓮大聖人は二人を相対立する

ものの譬えとして用いられている（「開目抄」、230㌻）。

浄徳夫人｜じょうとくふじん　法華経妙荘厳王本事品第27に説かれる妙荘厳王の妻。浄蔵・浄眼の母。▶浄蔵《じょうぞう》・浄眼《じょうげん》

浄土三部経｜じょうどさんぶきょう　浄土教で重んじられた無量寿経・阿弥陀経・観無量寿経の三つ。法然（源空）が『選択集』でこの三つの経典を「弥陀の三部なり。故に浄土の三部経と名づくるなり」と述べたことにもとづく。

浄土宗｜じょうどしゅう　▶念仏宗《ねんぶつしゅう》

浄土門｜じょうどもん　阿弥陀仏の本願に頼って、西方極楽浄土に往生することを目指す教え。聖道門に対する語。中国・唐の道綽が『安楽集』で説いた。参照聖道門

商那和修｜しょうなわしゅ　サンスクリットのシャーナヴァーシンの音写。付法蔵の第3。中インド王舎城（ラージャグリハ）の長者。釈尊滅後に阿難の弟子となり阿羅漢果を得て、摩突羅《まとつら》（マトゥラー）、梵衍那《ぼんえんな》（バーミヤーン）、罽賓《けいひん》（カシュミール）の地に遊行し仏法を広めた。優婆崛多《うばくった》（ウパグプタ）に法を付嘱した。

上人｜しょうにん　①徳の優れた人。下人に対する語。②智慧があり徳の優れた僧侶の敬称。③日本では中世以後、有徳の僧に対して朝廷より上人号が与えられたことがあった。

聖人｜しょうにん　聖者、聖ともいう。①仏や菩薩をさす。②声聞の位として見道（見惑を断ずる位）以上の人。または大乗菩薩の五十二位のうち十地以上の人。参照賢聖③インドでは論師の敬称をいった。日本では僧侶の敬称として、一般に上人より重くみられている。

常忍｜じょうにん　▶富木常忍《ときじょうにん》

***「聖人御難事」**｜しょうにんごなんじ　弘安2年（1279年）10月1日、日蓮大聖人が58歳の時、熱原の法難に際して門下一同に与えられた書（1189㌻）。法華経法師品第10に説かれる大難を受けたのは大聖人御自身であるとされ、また師子王のごとく奮い立ち強盛な信心に励むよう、熱原の信徒をはじめ門下を激励されている。参照熱原の法難/出世の本懐

正八幡｜しょうはちまん　八幡宮に祭られている八幡大菩薩のこと。もとは大隅正八幡宮（鹿児島神宮）のこと。宇佐八幡宮の系列と区別して「正八幡」と呼ぶ。参照八幡神

常不軽菩薩｜じょうふきょうぼさつ　▶不軽菩薩《ふきょうぼさつ》

常不軽菩薩品｜じょうふきょうぼさつほん　法華経常不軽菩薩品第20のこと。法華経の流通分に区分され、常不軽菩薩の菩薩行を通して、滅後の弘通の方軌（方法）と逆縁の功徳が説かれている。過去世の威音王仏の滅後、像法に常不軽菩薩が経典の読誦に専念せず、増上慢の四衆から迫害を受けながらも彼らに対して「我は深く汝等を敬い、敢えて軽慢せず。所以は何ん、汝等は皆菩薩の道を行じて、当に作仏することを得べければなり」（法華経557㌻、二十四文字の法華経という）と唱えて礼拝した。その功徳によって不軽菩薩は六根清浄を得て成仏した。また不軽を迫害した四衆も一度は地獄に堕ちたが、再び不軽の教化を受けること

ができた（逆縁の功徳という）。さらに不軽は釈尊の過去世の姿であり、不軽を迫害した増上慢の比丘らは、今法華経の会座の大衆の中にいると明かされている。「我深敬汝等……」の二十四字について世親（ヴァスバンドゥ）は『法華論』巻下に「『我は汝を軽んぜず。汝等は皆当に作仏することを得べし』とは、衆生に皆仏性有ることを示現するが故なり」と述べ、一切衆生のすべてに仏性のあることを示したものとしている。

常不軽品｜じょうふきょうぼん　▶常不軽菩薩品《じょうふきょうぼさつほん》

***調伏**｜じょうぶく　敵や魔を退散させるための密教の祈禱儀礼のこと。参照 密教

生仏｜しょうぶつ　（九界の）衆生と仏のこと。

***成仏**｜じょうぶつ　仏法の信仰の根本的な目的。日蓮仏法が明かす成仏観は、一生成仏である。▶一生成仏《いっしょうじょうぶつ》

生仏一如｜しょうぶついちにょ　「生仏」は「衆生と仏」の意。迷いの衆生も、覚りを得た仏も、それぞれ別のものではなく、その本質は同一であるということ。生仏不二、生仏一体ともいう。

浄仏国土｜じょうぶっこくど　仏の国土を浄化すること。衆生が菩薩道を通じ三悪道から離れ心を清浄にすることで、その国土も仏が住むのにふさわしい清浄な仏の国土となること。

丈夫の心｜じょうぶのこころ　仏の心のこと。「丈夫」は仏の十号の一つである調御丈夫《じょうごじょうぶ》の略。参照 十号/調御丈夫

***正法**｜しょうほう　「しょうぼう」とも読む。

❶真理を正しくあらわした法のこと。邪法に対する語。白法《びゃくほう》、浄法、妙法ともいう

❷釈尊滅後、仏法がどのように受容されるかについての時代区分（正法・像法・末法の三時）のうちの一つ。仏の教えが正しく行われる時期。基（慈恩）の『大乗法苑義林章』によれば、教えそのもの（教）、それを学び修行すること（行）、覚りを開くこと（証）の三つがそなわり、成仏する衆生がいた時期をいう。『中観論疏』などでは、釈尊滅後1000年間とされる。大集経《だいじっきょう》では、始めの500年を「解脱堅固《げだつけんご》」（衆生が小乗の教えを学び戒律を持って解脱を求めた時代）とし、後の500年を「禅定堅固《ぜんじょうけんご》」（衆生が大乗の教えを実践して深く三昧に入り心を静めて思惟の行を行った時代）とする。参照 像法/末法/三時

正報｜しょうほう　報とは果報のことで、行為の報いをいう。正報とは、この果報を受ける主体である衆生の心身のこと。依報に対する語。参照 依報/依正不二

少輔房｜しょうぼう　御書全集には次の3人の少輔房が登場する。それぞれまったく別人である。

❶京都で増上慢の心を出して「物に狂った」といわれる少輔房。日蓮大聖人の門下であったが退転した。「法門申さるべき様の事」（1268㌻）の御真筆で大聖人御自身が抹消されている文によれば、文永6年（1269年）7月16日にすでに亡くなっているようである。「四条金吾殿御返事」（1168㌻）、「辦殿御消息」（1225㌻）、「上野殿御返事」

(1539ページ)などの建治年間の書では、能登房とともに退転者の例として挙げられている。さらに弘安2年(1279年)の「聖人御難事」には「なごへ(名越)の尼せう(少輔)房・のと(能登)房・三位房なんどのやうに候、をくびやう(臆病)物をぼへず・よくふか(欲深)く・うたがい多き者ども」(1191ページ)とあり、日蓮門下の退転者の代表4人の一人に挙げられている。

❷日興上人の弟子の少輔房日禅《にちぜん》。

❸「種種御振舞御書」(912ページ)に記された平左衛門尉頼綱の従者。文永8年(1271年)9月12日に大聖人の松葉谷の草庵を襲った時、法華経第5の巻で大聖人の顔を3度打った人物。参照 五の巻の経文

浄法 | じょうほう ▶染浄の二法《せんじょうのにほう》

正法華経 | しょうほけきょう 中国・西晋の太康7年(286年)、竺法護の訳。現存する3種の法華経の漢訳のうち最古のもの。10巻。参照 法華経

浄飯大王 | じょうぼんだいおう 浄飯はサンスクリットのシュッドーダナの訳。古代インドの迦毘羅衛国(カピラヴァストゥ)という都市国家の王で、釈尊の父。釈尊の出家に反対したが、釈尊が成道後に迦毘羅衛国に帰還した時、仏法に帰依した。

小品般若経 | しょうぼんはんにゃきょう 般若経の漢訳の一つ。後秦の鳩摩羅什訳。10巻。参照 般若経

上慢 | じょうまん 増上慢のことで、自分が優れているという慢心のこと。▶増上慢《ぞうじょうまん》

勝鬘経 | しょうまんぎょう 中国・南北朝時代の宋の求那跋陀羅《ぐなばっだら》訳。1巻。勝鬘夫人が一乗真実・如来蔵法身の義を説き、仏がそれを承認している。異訳に北涼の曇無讖訳、唐の菩提流志《ぼだいるし》訳がある。摂受・折伏の立て分けを説いている。

上慢の四衆 | じょうまんのししゅ 法華経常不軽菩薩品第20で、礼拝する不軽菩薩を軽蔑し、迫害した比丘(出家の男性)、比丘尼(出家の女性)、優婆塞(在家の男性)、優婆夷(在家の女性)のこと。「上慢」とは増上慢のこと。上慢の四衆は、不軽菩薩が自分たちに「成仏できるでしょう」と言ったことを「偽りの授記」(法華経558ページ、通解)であるとして、不軽菩薩を罵倒し、杖や木で打ち、瓦や石を投げつけた。そのため1000劫の間、阿鼻地獄に堕ちて大苦悩を受けたが、逆縁により救われた。参照 不軽菩薩/杖木・瓦石/瓦石

証明 | しょうみょう ▶多宝の証明《たほうのしょうみょう》

浄名経 | じょうみょうきょう 維摩経の別名。維摩詰と音写されたサンスクリットのヴィマラキールティの漢訳が浄名であることによる。▶維摩経《ゆいまきょう》

聖武天皇 | しょうむてんのう 701年〜756年。第45代天皇。鎮護国家の思想に基づき、国立寺院として国分寺・国分尼寺を諸国に建立し、また総国分寺である東大寺に大仏を造営した。奈良時代の平城京を中心とした貴族文化を、聖武天皇の時代の元号をとって天平文化《てんぴょうぶんか》という。参照 国分寺/国分尼寺/東大寺

杖木・瓦石 | じょうもくがしゃく 法華経常不軽菩薩品第20に、不軽菩薩は悪口され罵られ、杖で打たれ、瓦や石を投

げられたと記されている（法華経558ページ）。このような難を受けることで、不軽菩薩は過去世の罪業を消し終え、ついに覚りを得て成仏したと説かれている。［参照］瓦石/不軽菩薩

***声聞**｜しょうもん　サンスクリットのシュラーヴァカの訳。仏の声を聞く者との意。①仏の教えを聞いて覚りを開くことを目指す出家の弟子のこと。出家教団に属して修行をする。後代には大乗との対比で、小乗の教えを実践し阿羅漢を目指す出家修行者を意味するようになった。縁覚と合わせて二乗という。②▶声聞界《しょうもんかい》

***声聞界**｜しょうもんかい　声聞の世界。声聞が到達する部分的な覚りの境涯。声聞はサンスクリットのシュラーヴァカの訳で、仏の声を聞く者との意。仏の教えを聞いて、六道輪廻《ろくどうりんね》する因となる煩悩を断滅して、死後は二度と生まれて来ないことを目指す。大乗の立場からは、これを「灰身滅智《けしんめっち》」とし、成仏できないと批判した。

また四土《しど》の説では、声聞の修行の4段階（須陀洹・斯陀含・阿那含・阿羅漢）のうち、最初の三つの声聞は煩悩を十分に断じていないので凡聖同居土に生まれるとされるが、声聞の最高位である阿羅漢や縁覚のように方便の教えを修行して煩悩の一部を断じた小乗の聖者は、方便有余土に生まれるとされる。

「観心本尊抄」には「世間の無常は眼前に有り豈人界に二乗界無からんや」（241ページ）とあり、われわれ人界にそなわる声聞界と縁覚界の二乗は、無常という仏教の覚りの一分を覚知することにうかがえると示されている。これに基づき仏法の生命論では、自分と世界を客観視し、現実世界にあるものは、すべて縁によって生じ時とともに変化・消滅するという真理を自覚し、無常のものに執着する心を乗り越えていく境涯とする。［参照］四向四果/阿羅漢/縁覚/灰身滅智/四土/二乗

『成唯識論』｜じょうゆいしきろん　世親（ヴァスバンドゥ）の『唯識三十論頌』に対する10人の論師の解釈を、護法（ダルマパーラ）の説を中心に、玄奘が一書として漢訳したもの。10巻。唯識の論書として法相宗でよりどころとされた。

勝猷｜しょうゆう　生没年不詳。平安初期の南都七大寺の高僧の一人。

***少欲知足**｜しょうよくちそく　欲望が少なく、得られたもので満足していること。日蓮大聖人は僧侶の在り方について「但正直にして少欲知足たらん僧こそ真実の僧なるべけれ」（1056ページ）と仰せである。

城等｜じょうら　▶平等・城等《へいらじょうら》

常楽我浄｜じょうらくがじょう　仏にそなわる徳目で、四徳波羅蜜《しとくはらみつ》ともいう。単に四徳とも。涅槃経などでは、苦・空・無常・無我は人々の迷いを破るための教えであり、仏の境地は常・楽・我・浄であると説く。①常とは仏の境地が永遠不変であること。②楽とは無上の安楽のこと。③我とは自立していて他から何の束縛も受けないこと。④浄とは煩悩のけがれのない清浄な境地をいう。

摂律儀戒｜しょうりつぎかい　▶三聚浄戒《さんじゅじょうかい》

聖霊｜しょうりょう　死者やその命に対する尊称。

清涼国師｜しょうりょうこくし ▶澄観《ちょうかん》

浄瑠璃世界｜じょうるりせかい 娑婆世界から東方にある薬師如来が住む浄土。浄瑠璃とは、清浄なる瑠璃のことで七宝の一つ、紺青色の宝石。瑠璃をもって国土とするので浄瑠璃世界という。薬師如来本願経などに説かれる。参照 薬師如来

青蓮華｜しょうれんげ サンスクリットのウトパラニーロートパラの訳。青色の蓮華。インド原産のスイレン科の多年草で、土泥の中に生息する。美しい眼の譬えに用いられる。

生老病死｜しょうろうびょうし 人間が免れがたい根源的な四つの苦しみ。生まれること(生きること)、老いること、病むこと、死ぬこと。四苦という。これらの苦しみの克服が仏道修行の目的である。参照 釈尊

***助行**｜じょぎょう 仏道修行において中核となる行(正行《しょうぎょう》)を補助する修行。創価学会では、毎日の朝夕の勤行で、唱題と法華経の読誦を行う。南無妙法蓮華経と唱える唱題が正行で、南無妙法蓮華経の意義を賛嘆するために法華経の要諦(方便品第2〈冒頭の散文の部分〉と如来寿量品第16の自我偈《じがげ》)を読誦するのは助行である。参照 正行

諸行無常｜しょぎょうむじょう ▶苦・空・無常・無我《くくうむじょうむが》

濁世｜じょくせ 濁って乱れきった世の中のこと。五濁が盛んになる末法の世相のこと。参照 五濁

所化｜しょけ 教化される人のこと。能化に対する語。「所」とは受け身の意をもつ。師匠(能化)に対して弟子、また仏・菩薩(能化)に対して一切衆生をいう。なお日本では、教えを受けている修行中の僧をさすことがある。参照 能化

諸国七道の木戸｜しょこくしちどうのきど 「聖愚問答抄」(476ページ)にある。日蓮大聖人の時代、真言律宗の良観(忍性)は幕府と癒着し公共事業を掌握した。東海道など日本各地を結ぶ七つの主要街道に関所を設け、通行料を徴収する利権を得ていたが、それが旅人の負担となっていた。このような財を蓄える破戒の振る舞いが戒律の順守をうたう教えと矛盾していると、同抄で大聖人は批判されている。参照 五畿七道

***所司**｜しょし 鎌倉幕府の職名。侍所《さむらいどころ》(軍事・警察を担当する役所)の次官。別当《べっとう》(=長官、執権《しっけん》が兼務)を補佐し、その権力は絶大であった。竜の口の法難当時、侍所の所司は平左衛門尉頼綱《へいのさえもんのじょうよりつな》であった。参照 別当

初地｜しょじ 菩薩の修行の五十二位のうちの第41位。十地の第1で歓喜地ともいう。別教では初地以上を不退位とする。参照 五十二位/十地

初住｜しょじゅう 菩薩の修行の段階である五十二位の中の第11位、十住の初め、発心住のこと。見惑(思想・見識の迷い)を断ずる菩薩の位をいう。円教の菩薩は初住で一分の中道の理を証得して正念に安住するので、初住位以上を菩薩道から退転しない不退位とする。参照 五十二位/十住

所従｜しょじゅう 家来、従者。

初住・妙覚｜しょじゅうみょうかく 初住とは、菩薩の修行の段階である五十二位の

あ か し た な は ま や ら わ

中の第11位、十住の初めであり、不退の位とされる。妙覚とは、五十二位の最高位を示す。日蓮大聖人の仏法では、初住位より以前に、妙法(南無妙法蓮華経)を信受した名字即の位から直ちに妙覚の位に至ると説く。参照五十二位

所生｜しょしょう　▶能生・所生《のうしょうしょしょう》

諸乗一仏乗｜しょじょういちぶつじょう　諸乗とは、二乗(声聞乗・縁覚乗)および菩薩乗などの方便の教え。一仏乗とは、衆生を成仏の境涯へと到達させることのできる唯一の教えである法華経のこと。法華経方便品第2には「十方の仏土の中には｜唯一乗の法のみ有り｜二無く亦三無し｜仏の方便の説を除く」(法華経129ページ)とある。

序正流通｜じょしょうるつう　▶序分・正宗分・流通分《じょぶんしょうしゅうぶんるつうぶん》

初信の功徳｜しょしんのくどく　御本尊に偉大な功徳がある証拠として、信仰の最初の段階で感じる功徳をいう。

所詮｜しょせん　教法によって説きあらわされる意義・法理のこと。能詮に対する語。参照能詮

所対｜しょたい　比較する際に用いる対象のこと。「法華取要抄」には、それぞれの経典にはその経が第一であると説かれているけれども「所詮所対を見て経経の勝劣を弁うべきなり」(332ページ)と仰せである。

***諸天善神**｜しょてんぜんじん　正法を受持する人とその国土を守護する種々の神々。「諸天」とは天界の衆生をいい、「善神」は正しい生き方をする人を支え守るものをいう。一定の実体をもつ存在ではなく、正法を実践する人を守護する種々の働きをいう。例えば、周囲の人が味方になったり、さまざまな環境が自分を守るように作用するといった形で現れる。法華経には、古代インドの神話に登場する神々である梵天《ぼんてん》・帝釈天《たいしゃくてん》・四天王《してんのう》などが法華経の説法の場に集ったと説かれ、陀羅尼品第26ではその代表である毘沙門天《びしゃもんてん》・持国天《じこくてん》、さらに鬼神《きじん》である十羅刹女《じゅうらせつにょ》が、法華経を受持する者を守護することを誓っている(法華経644ページ以下)。以上の神々だけでなく、諸天善神には、仏教が広まった各地域の信仰における固有の神々、例えば日本の八幡大菩薩《はちまんだいぼさつ》や天照太神《てんしょうだいじん》などが含まれる。参照鬼神

初転法輪｜しょてんぽうりん　仏(釈尊)による最初の説法のこと。参照梵天勧請

諸仏の能生の根源｜しょぶつののうしょうのこんげん　あらゆる仏を生み出す根源。参照能生・所生

除仏方便説｜じょぶつほうべんせつ　二乗・三乗は、すべて一仏乗である法華経を教えるための方便として説かれたものであるとの意。法華経方便品第2には「十方の仏土の中には｜唯一乗の法のみ有り｜二無く亦三無し｜仏の方便の説を除く」(法華経129ページ)とある。

序分・正宗分・流通分｜じょぶんしょうしゅうぶんるつうぶん　経典の教えを解釈する際に内容を3段階に区分したもの。三分科経という。①序分は、正宗分にいたるまでの導入部分。経典における会座の聴衆の名を挙げたり経典独自の由来、因縁が説かれている。②正宗分は、教えの核心となる部分。③流通分は、正宗分をどのように説き広めていくかなど

を示した部分。その経典を受持する功徳を説き、教えを弟子に付嘱し流布を勧めている。参照五重三段

諸法｜しょほう　この現実世界において、さまざまな様相をとって現れている、すべての現象・物事のこと 参照諸法実相

***諸法実相**｜しょほうじっそう　すべての存在・現象の真実、ありのままの姿のこと。「諸法」とは、この現実世界において、さまざまな様相をとって現れている、すべての現象・物事のこと。「実相」とは、真実の姿、究極の真理のこと。仏がその広く深い智慧で覚知した万物の真実の姿が、諸法実相である。この真実を覚知すれば、諸法と実相とが別々のものではなく、諸法はそのまま実相の現れであり、実相もまた決して諸法から離れてあるものではないことがわかる。

【諸経における諸法実相】諸法実相は諸経典で、仏の覚りの真実、法性などの意で用いられ、それぞれの経典で明かされる究極の真理をさす。諸行無常・諸法無我・涅槃寂静の三法印が小乗の法印（正しい教えであるとの標識）であるのに対して、大乗では諸法実相を一法印とする。何を諸法実相とみなすかは宗派によって違いがあり、三論宗では八不中道、華厳宗では四種法界、浄土教では弥陀の名号が諸法実相にあたるとする。

【法華経で明かされる諸法実相】法華経では方便品第2で明かされる（法華経108ﾍﾟｰｼﾞ）。そこでは、諸法実相を把握する項目として十如是《じゅうにょぜ》が説かれている。それ故、十如実相《じゅうにょじっそう》と呼ばれる。これによって、仏はもちろん九界の衆生をすべて含めた十界それぞれが、本質的に平等であることが示された。爾前経《にぜんきょう》では、仏と九界の衆生（凡夫）の間には越えがたい断絶があると考えられていたが、法華経では、この壁が取り払われたことになる。つまり、仏と九界の衆生は、現実にはそれぞれ違った様相をとって現れているが、生命としてその本質はまったく同じで、決定的な差別はないのであり、九界の衆生も、どのような境涯にあっても成仏が原理的に可能になるのである。方便品以下、法華経迹門では、諸法実相という万人の成仏を可能にする原理をふまえ、具体的に、爾前経では成仏が否定されてきた二乗の成仏が明かされていく。さらに悪人成仏、女人成仏も説き明かされた。参照十如是

【日蓮仏法で明かされる諸法実相】日蓮大聖人は、天台大師智顗らの注釈をふまえ、「諸法」とは具体的には十界の衆生とその環境世界であり、「実相」とは妙法蓮華経であると明確に示されている。すなわち、「諸法実相抄」で「下地獄より上仏界までの十界の依正の当体・悉く一法ものこさず妙法蓮華経のすがたなり」（1358ﾍﾟｰｼﾞ）、「実相と云うは妙法蓮華経の異名なり・諸法は妙法蓮華経と云う事なり……万法の当体のすがたが妙法蓮華経の当体なりと云ふ事を諸法実相とは申すなり」（1359ﾍﾟｰｼﾞ）と説かれ、十界の衆生とそれが住む国土のすべてが妙法蓮華経そのものであることとする。大聖人はこの諸法実相を御自身の生

命の内に覚知され、曼荼羅御本尊として図顕されている。

諸法無我｜しょほうむが　▶我《が》

初発心｜しょほっしん　初めて覚りを求める心を起こすこと。

初発心の弟子｜しょほっしんのでし　初めて覚りを求める心を起こした弟子のこと。「観心本尊抄」(250ページ)には、地涌の菩薩は久遠の過去に成仏した釈尊を師として仏道修行に入った弟子であり、それ以来、修行を続け、妙法弘通のために末法にこそ出現すると説かれている。

初発の位｜しょほつのくらい　初めて覚りを求める心を起こす位。菩薩の修行段階である五十二位説では、十住の第1である初発心住をさす。参照 五十二位/十住

序品｜じょほん　妙法蓮華経の第1章(法華経70ページ)。参照 日月灯明仏/付録「法華経の構成」

諸余怨敵・皆悉摧滅｜しょよおんてきかいしつざいめつ　法華経薬王菩薩本事品第23の文。「諸余の怨敵は、皆悉摧滅せり」(法華経600ページ)と読み下す。法華経を受持する無量の功徳によって、一切の魔を打ち破ることができ、それ以外のさまざまな敵をも打ち破ることができるとの意。日蓮大聖人は「四条金吾殿御返事」で、「法華経の兵法」(1193ページ)の力を示す文として引かれている。

***所領没収**｜しょりょうぼっしゅう　領地を没収されること。鎌倉時代の武士の領地は、主君に仕えたことに対する恩給として与えられ、収入を保証するものであった。よってこれを没収されることは、武士にとって一家の危機を意味した。

新羅｜しらぎ　▶新羅《しんら》

二離｜じり　太陽と月のこと。易《えき》の「離」の卦《け》は火に配当され明であることから、日月を二離という。

自利｜じり　▶自行《じぎょう》

四力｜しりき　信力、行力、仏力、法力の四つのこと。▶信力《しんりき》/行力《ぎょうりき》/仏力《ぶつりき》/法力《ほうりき》

四論｜しろん　竜樹(ナーガールジュナ)の『中論』『十二問論』、聖提婆(アーリヤデーヴァ)の『百論』の三つの論書に、竜樹が作ったとされる『大智度論』を加えた四つ。

瞋｜しん　▶三毒《さんどく》

***信**｜しん　仏法の実践の根幹である信行学の一つで、仏や法を信ずること。信行学の中でも根本であり、信に基づいて行と学が起こる。法華経譬喩品第3では、釈尊の声聞の十大弟子の一人で智慧第一とされる舎利弗《しゃりほつ》も、自身の智慧ではなく、信によって法華経を理解したので、「以信得入《いしんとくにゅう》(信を以《も》って入《い》ることを得たり)」(法華経198ページ)であるとされた。また華厳経巻6に「信は道の元、功徳の母と為す」、『法華文句』巻10上に「無疑曰信(疑い無きを信と曰う)」、『摩訶止観』巻4下に「仏法は海の如し。唯だ信のみ能く入る」とある。また末法の衆生は機根が劣悪であるが、法華経を信じることが智慧の代わりとなって得道できるので、「以信代慧《いしんだいえ》」とされる(339ページ)。参照 以信代慧/以信得入/無疑曰信/信行学

塵｜じん　微塵とも。古代インドで万物を構成すると考えられた微小の粒

子。

神異感通 | じんいかんつう　「神異」も「感通」も、ともに不可思議な超常現象を意味する。神異（不思議なこと）は結果に力点を置き、感通（神・仏・菩薩に心が通じること）は原因に力点を置いた表現。

真雅 | しんが　801年〜879年。平安初期の真言宗の僧。空海（弘法）の十大弟子の一人で、空海の実弟。真言宗の第2祖とされる。

信行 | しんぎょう　540年〜594年。中国・隋の三階教《さんがいきょう》の開祖。信行は当時を末法時代ととらえ、正法時代・像法時代の仏法を第一階・第二階とし、末法に応じた第三階の教えとして、一切衆生を礼拝するなどの独自の教えを説いた。中国では、正法・像法で1500年とされ、信行の同時代が末法とされた。

***信行学** | しんぎょうがく　日蓮大聖人の仏法の実践における三つの基本。▶信《しん》/行《ぎょう》/学《がく》

「諸法実相抄」には信行学の在り方を次のように示されている。「世界第一の御本尊を信じなさい。よくよく心して、信心を強く持って、釈迦仏《しゃかぶつ》、多宝仏《たほうぶつ》、十方《じっぽう》の諸仏の守護を得ていきなさい。行学の両面の修行を励んでいきなさい。行学が絶えたところに仏法はありません。自分も実践し、人にも教え導いていきなさい。行学は信心から起こるのです。力があるなら、一文一句でも語っていきなさい」（1361ページ、通解）

身軽法重 | しんきょうほうじゅう　「身は軽く法は重し」と読み下す。章安大師灌頂の『涅槃経疏』巻12の語。正法を護持し広める精神を説いたもので、衆生の身は軽く、広めるべき法は重いとの意。一身を捨てて正法を広める不惜身命の旨を述べたもの。［参照］死身弘法/不惜身命

仁・義・礼・智・信 | じんぎれいちしん　▶五常《ごじょう》

身口意の三業 | しんくいのさんごう　身業・口業（語業）・意業の三つをいう。思慮分別が意業で、動作・振る舞いが身業、言語による表現が口業となる。いずれも善悪両面に通じる。

信解品 | しんげほん　妙法蓮華経の第4章（法華経208ページ）。［参照］長者窮子の譬え/付録「法華経の構成」

深坑 | じんこう　華厳経にある語。同経巻51には「如来の智慧は、涅槃という深くて広い穴に落ちた二乗に対しては利益を施すことができない」（趣意）とあり、二乗が小乗の教えによってこの世に二度と出現しない涅槃を目指すことを、深い穴に落ちることに譬えて批判している。

秦項の代 | しんこうのよ　項羽《こうう》が活躍した時代のこと。中国・秦の末期にあたる。秦の始皇帝の死後、国が乱れ、楚《そ》の王である項羽らが覇権を争った。劉邦《りゅうほう》が統一し、漢を建てた。［参照］項羽/劉邦

真言 | しんごん　❶仏の真実のことば。実語とも。

❷仏・菩薩などの智慧や力を象徴する一種の呪文。密教では、印と真言によって、仏・菩薩などの力が行者にそなわり、祈禱が成就すると説く。［参照］密教

❸真言宗のこと。▶真言宗《しんごんしゅう》

あ か し た な は ま や ら わ

真言師｜しんごんし　密教によって、加持祈禱をする僧。

*__真言宗__｜しんごんしゅう　密教《みっきょう》経典に基づく日本仏教の宗派。善無畏《ぜんむい》・金剛智《こんごうち》・不空《ふくう》らがインドから唐にもたらした大日経《だいにちきょう》・金剛頂経《こんごうちょうきょう》などを根本とする。日本には空海《くうかい》(弘法)が唐から伝え、一宗派として開創した。手に印相《いんぞう》を結び、口に真言(呪文)を唱え、心に曼荼羅を観想するという三密の修行によって、修行者の三業と仏の三密とが一体化することで成仏を目指す。なお、日本の密教には空海の東寺流(東密《とうみつ》)のほか、比叡山の円仁(慈覚)・円珍(智証)らによる天台真言(台密《たいみつ》)がある。真言の教え(密教)は、断片的には奈良時代から日本に伝えられていたが、体系的には空海によって伝来された。伝教大師最澄は密教を学んだが、密教は法華経を中心とした仏教を体系的に学ぶための一要素であるとした上で、これを用いた。伝教大師の没後、空海が真言密教を独立した真言宗として確立し、天皇や貴族などにも広く重んじられるようになっていった。天台宗の中でも、密教を重んじる傾向が強まり、第3代座主の円仁や第5代座主の円珍らが天台宗の重要な柱として重んじ、天台宗の密教化が進んでいった。[参照]密教/善無畏/金剛智/不空/空海/真言亡国

真言の三部経｜しんごんのさんぶきょう　天台真言(台密)で重視する大日経・金剛頂経・蘇悉地経をさす。

真言亡国｜しんごんぼうこく　四箇の格言の一つ。日蓮大聖人は「真言は国をほろぼす悪法」(「報恩抄」、322ページ)、「真言は亡国の悪法」(1073ページ)などと仰せである。真言宗はその開創以来、呪術による護国の祈禱を売り物にし、大聖人の時代には蒙古襲来を背景に、朝廷や幕府に重用された。大聖人は、真言宗が説く内実のない呪術性を破折され、これを「護国」の法であると誤って信じ帰依すると「亡国」をもたらすと訴えられた。特に、大聖人が生誕される前年(1221年)の承久の乱において、当時、最高度とされた真言の祈禱を行った朝廷側が幕府に敗れたことを、その現証とされている。[参照]承久の乱

*__真言律宗__｜しんごんりっしゅう　叡尊《えいぞん》が密教の祈禱に戒律順守などを取り入れ興した宗派。弟子の良観《りょうかん》(忍性)が鎌倉へ進出して幕府の権力と密接な関係を築き、非人組織の掌握、土木・建築、貿易事業を推進し、利権を獲得して権勢を誇った。[参照]律宗/叡尊/極楽寺良観

神事｜しんじ　神を祭る儀式。「滝泉寺申状」(853ページ)にある神事は、大宮と呼ばれた富士山本宮浅間大社(静岡県富士宮市)の夏の神事で、田植えの時期に豊作を祈願するもの。当時、大宮は修理造営中だったので、三日市場にあった分社で行われたと推測される。

神璽｜しんじ　八尺瓊勾玉《やさかにのまがたま》のこと。皇位の印として天皇が伝承した三種の神器の一つ。

身子｜しんじ　舎利弗のこと。身子はサンスクリットのシャーリプトラの意訳。▶舎利弗《しゃりほつ》

心地観経｜しんじかんぎょう　大乗本生心地

観経《だいじょうほんじょうしんじかんぎょう》の略。中国・唐の般若訳。8巻。四恩（父母の恩、一切衆生の恩、国主の恩、三宝の恩）を説く経典として有名。なお、「開目抄」で本経の文として引用されている「過去の因を知らんと欲せば其の現在の果を見よ未来の果を知らんと欲せば其の現在の因を見よ」（231ページ）という内容の文は、現在までに伝わる心地観経にはない。しかし、その文は道世《どうせ》の『法苑珠林』巻56,74や『諸経要集』巻6,14にも見られ、そこでは経典名を明かさず「経に曰く」とあるだけである。それ故、日寛上人は『開目抄愚記』で、「古来相伝して『心地観経』というなり」（文段集202ページ）と注記している。なお、『諸経要集』巻6には「夫れ、貧富貴賤は並びに往業に因り、得失の有無は皆昔の行に由る。故に経に言わく、『過去の因を知らんと欲せば、当に現在の因を観よ。未来の果を知らんと欲せば、当に現在の因を観よ』と」と記されている。

塵沙惑｜じんじゃわく　▶三惑《さんわく》

心性｜しんしょう　心の本来のあり方、特質。不変な心の本体。

審祥｜しんじょう　?〜742年ごろ。奈良時代の学僧。日本華厳宗の初祖とされる。「新羅学生」と記録されていることから、新羅に学びにいった日本僧と推測される。唐の法蔵に華厳教学を学び、来日して大安寺《だいあんじ》に居住する。740年、良弁《ろうべん》の請いにより金鐘寺《きんしょうじ》（東大寺の前身）で華厳経を講義し、聖武天皇の外護を受けて華厳宗を広めた。御書中では「審祥大徳」とも記される。

***神四郎**｜じんしろう　▶熱原の三烈士《あつはらのさんれっし》

***信心即生活**｜しんじんそくせいかつ　信心の実践と日常の生活が分かち難く結びついていること。日蓮大聖人は「御みやづかい（仕官）を法華経とをぼしめせ」（1295ページ）と述べ、日々の生活が、そのまま仏道修行の場、信心を根本とした自身の生き方を示す場となると教えられている。この教えをもとに創価学会では、信心の実践の成果を現実社会の中で発揮していくことを目指す。参照 治生産業/みやづかい

***信心の血脈**｜しんじんのけつみゃく　信心という成仏の肝要。血脈とは、師から弟子へ重要な教えが受け継がれることを、親から子へ血筋が受け継がれることに譬えたもの。その重要な教え自体も血脈といった。「生死一大事血脈抄」には「日本国の一切衆生に法華経を信ぜしめて仏に成る血脈を継がしめん」（1337ページ）、「信心の血脈なくんば法華経を持つとも無益なり」（1338ページ）とあり、日蓮仏法においては、法華経に対する信心こそが成仏のための血脈であり、信心によってこそ成仏が可能であることが示されている。ところが日顕宗（日蓮正宗）では、相承を受けて法主の位に就けば、信心・実践と関係なく、そのまま仏であるとする。このような特権的・神秘的相承観は、「信心の血脈」という血脈の本義から大きく外れた邪義である。参照 生死一大事の血脈

神通力｜じんずうりき　超人的な能力・働きをいい、仏・菩薩の有する不可思議な力用をさす。神力、通力、神通ともいう。参照 十神力/六神通

真済 | しんぜい　800年〜860年。平安初期の真言宗の僧で、空海(弘法)十大弟子の一人。東寺の「一の長者」(最高責任者)を務めた。空海の漢詩文集『性霊集』を編纂した。

神泉苑 | しんせんえん　平安京の大内裏の南(京都市中京区)に隣接していた禁苑(天皇の庭)。

真諦 | しんたい　❶世間では明らかにされていない仏法独自の真理。

❷「しんだい」とも読む。499年〜569年。サンスクリットのパラマールタの漢訳名。中国・南北朝時代の梁・陳にかけて活躍した訳経僧。摂論宗の祖とされる。真諦三蔵とも呼ばれる。

震旦 | しんたん　真旦とも。中国の古い呼び名。古代インド人が中国を指したチーナスターナの音写語。

身読 | しんどく　身業読誦のこと。経典に説かれた教えを身でもって実践し、その成果を示していくこと。三業読誦(身業読誦・口業読誦・意業読誦)の一つ。色読ともいう。日蓮大聖人は、法華経勧持品第13などに説かれた通りに正法弘通ゆえの大難・迫害を受けられたことをもって、法華経の身読とされた。そしてその身読によって釈尊の言葉を虚妄とせず真実であると証明する御自身を「法華経の行者」と称されている。参照 法華経の行者

陳那菩薩 | じんなぼさつ　5〜6世紀ごろ。陳那はサンスクリットのディグナーガの音写。南インドのバラモン出身。世親(ヴァスバンドゥ)のもとで唯識と論理学を学び、仏教独自の論理学と認識論を大成した。主著に『集量論』がある。

瞋恚 | しんに　▶三毒《さんどく》

心如工画師 | しんにょくえし　「心は工《たくみ》なる画師の如し」と読む。華厳経(六十華厳)巻10の文。心(一念)が諸法(三千)を形づくっているとの理は、あたかも巧みな画師が種々の絵の具を用いて、あらゆる事物を表現するようなものであるとの意。天台大師智顗は『摩訶止観』巻5上で一念三千の法門を説明する際、この文を引用している。

親付 | しんぷ　親しく付き合うこと。『法華文句』および涅槃経は「親附」と表記する。「親しく付嘱する」という意味はない。

心仏及衆生・是三無差別 | しんぶつぎゅうしゅじょうぜさんむしゃべつ　「心と仏と衆生の三つには区別がない」との意。華厳経(六十華厳)巻10の文。心も仏も衆生も、五蘊(色・受・想・行・識。心身を構成する五つの要素)によって世界をつくり出している点で相違はないという趣旨。

心法 | しんぽう　❶心そのものやその働きのこと。

❷密教で説く三密のうち意密にあたる。▶三密《さんみつ》

神昉 | じんぼう　中国・唐の僧。玄奘の門下。玄奘の訳経に参加するとともに唯識の論書を著した。

神本仏迹論 | しんぽんぶっしゃくろん　仏と神の関係について、神が本地(本来の境地)で、仏は神の垂迹(仮の姿)であるとする説。元来、仏教では“仏が主、神が従”であるのに対し、日蓮正宗宗門の一部の僧が、国家神道のもとに国論を統一しようとした軍部政府に迎合して唱えた。

深密経 | じんみっきょう　▶解深密経《げじんみっきょう》

尽未来際 | じんみらいさい　「未来際を尽

くす」と読む。未来のはて、未来永遠にという意。「際」は、かぎり、はての意。

神武天皇 | じんむてんのう　日本神話に登場する人物。『古事記』『日本書紀』では、日本の神の系譜を継いで人間として初代天皇となり、神代と人代をつなぐ皇統の祖とされる。御書中でも神武以降の皇統は「人王」と呼ばれ、神代と区別される。日向（宮崎県）から東征し長髄彦《ながすねひこ》を破って大和地方を平定し、橿原宮（奈良県橿原市）で即位した。この大和平定の物語は建国神話として有名で、これに基づけば即位年は紀元前660年とされる。［参照］度美長

新訳 | しんやく　漢訳仏典のうち唐の玄奘（602年～664年）以後の翻訳のこと。旧訳《くやく》に対する語。玄奘はサンスクリットの原意や発音に忠実であるよう努め、旧訳と異なる新しい訳語をつくった。例えば旧訳で「衆生」と訳されるサットヴァ（生き物）を「有情」と訳した。［参照］旧訳

新訳の華厳経 | しんやくのけごんぎょう　中国・唐の実叉難陀《じっしゃなんだ》の訳。80巻あるので八十華厳といわれる。これに対し、前に訳された仏駄跋陀羅《ぶっだばっだら》訳の60巻本の華厳経は旧訳とされる。［参照］華厳経

新羅 | しんら　?～935年。4世紀ごろから韓・朝鮮半島の南東部を支配した王朝。建国以来、隣国の百済・高句麗と対抗してきたが、7世紀後半に初めて韓・朝鮮半島に統一国家をつくった。

信力 | しんりき　仏法を信じる心の強さのこと。

神力 | じんりき　▶神通力《じんずうりき》

信力の故に受け念力の故に持つ | しんりきのゆえにうけねんりきのゆえにたもつ　『法華文句』巻8の文。「四条金吾殿御返事（此経難持御書）」（1136ページ）によれば、四条金吾（頼基）は法華経に説かれる現世安穏・後生善処を信じて信仰に励んできたが、大難が雨が降るように次々と起こってきたと日昭に疑問を漏らしたようである。これを聞かれた日蓮大聖人は、四条金吾に本抄を送られ、法華経を受けることは易しく持つことは難しく、成仏は持ち続けることにあることを教えられた上で、この『文句』の文を引かれている。［参照］受持

神力品 | じんりきほん　▶如来神力品《にょらいじんりきほん》

あ
か
し
た
な
は
ま
や
ら
わ

す

隋｜ずい　581年〜618年。南北朝に分裂していた中国を再統一した王朝。文帝《ぶんてい》(楊堅《ようけん》)が科挙をはじめ帝政の強化を図ったが、子の煬帝《ようだい》(晋王楊広《ようこう》)の外征失敗などで混乱し、唐に滅ぼされ短命に終わった。文帝は北周の廃仏以降の仏教復興を図り、そのもとで寺院の建設や訳経事業が活発に行われた。天台大師智顗は文帝と煬帝の帰依を受け、また同時代の吉蔵(嘉祥)が三論教学を大成した。

随縁真如の智｜ずいえんしんにょのち　刻々と変化していく事象(縁)に随って現れている真実の智慧のこと。不変真如の理に対する語。参照 不変真如の理

雖学仏教・還同外見｜すいがくぶっきょうげんどうげけん　「仏教を学すと雖《いえど》も、還《かえ》って外見に同ず」と読む。仏教を学んでいながら曲解し、かえって外道と同じ考え方に陥っているということ。『摩訶止観』巻10上に三種の外道を説く中、第3の学仏法の外道を明かした部分の趣意。「一生成仏抄」(383ページ)では、自身の心の外に成仏への道を求めてしまう者をさしている。参照 学仏法成

随喜｜ずいき　喜ぶこと。「随」は、サンスクリットの接頭辞を直訳したもので、もともとは「したがう」という意味はない。参照 一念随喜

随喜功徳品｜ずいきくどくほん　妙法蓮華経の第18章(法華経516ページ)。参照 五十展転/付録「法華経の構成」

随喜品｜ずいきほん　▶随喜功徳品《ずいきくどくほん》

水魚の思｜すいぎょのおもい　水と魚のように一体不可分で密接な関係にある人々の心、一念のこと。中国・三国時代の蜀漢の王である劉備玄徳《りゅうびげんとく》と諸葛亮《しょかつりょう》(孔明《こうめい》)の関係が水と魚のように切り離しがたい関係であるとした故事に由来する。この親密な交友関係を「水魚の交わり」という。「生死一大事血脈抄」(1337ページ)では、異体同心のあり方を「水魚の思」とされている。参照 異体同心

随自意｜ずいじい　「自らの意に随《したが》う」と読む。略して随自とも。衆生の機根にかかわらず、仏自身の内面の覚りをそのまま説き示すこと。またその教えをいう。随他意に対する語。法華経がこれにあたる。「諸経と法華経と難易の事」に「仏九界の衆生の意楽に随って説く所の経経を随他意という譬えば賢父が愚子に随うが如し、仏・仏界に随って説く所の経を随自意という、譬へば聖父が愚子を随えたるが如きなり」(991〜992ページ)とある。「観心本尊抄」では「迹門並びに前四味・無量義経・涅槃経等の三説(＝已今当)は悉く随他意の易信易解・本門は三説の外の難信難解・随自意なり」(249ページ)と述べられている。参照 随他意

垂迹｜すいじゃく　「迹を垂《た》れる」と読む。迹は「かげ」の意。仏・菩薩が衆生を利益するために、種々の所にさまざまな身に姿を変えて現れること。また、その身をいう。本地に対する語。参照 本地

彗星｜すいせい　尾を長く引く見かけから、ほうき星とも呼ばれる。ほうきがすべてを掃き出すように、旧来のものが一掃されるような大変革が起こる予

兆とされた。日蓮大聖人は文永元年(1264年)に出現した大彗星を大きな変化の予兆とみなされた。参照 文永の大彗星

随他意｜ずいたい　真実の覚りに導くために、衆生の機根や好みに従って法を説くこと。またその方便の教えをいう。随自意に対する語。参照 随自意

随方毘尼｜ずいほうびに　仏法の根本の法理に違わないかぎり、各国・各地域の風俗や習慣、時代ごとの風習を尊重し、随うべきであるとした教え。随方随時毘尼ともいう。毘尼はサンスクリットのヴィナヤの音写で、律(教団の規範・規則)の意。仏法では、正法という根本基準を立てた上で、成仏・不成仏という仏法の根本原理に関する事柄でなければ、世間一般の風俗・規範を尊重し用いていく。

随力演説｜ずいりきえんぜつ　▶随力弘通《ずいりきぐつう》

随力弘通｜ずいりきぐつう　各人の力に随って仏法を弘通すること。随力演説(1386ページ、法華経517ページ)と同義。日興上人は「未だ広宣流布せざる間は身命を捨て随力弘通を致す可き事」(1618ページ)と述べられている。

枢楗｜すうけん　扉の鍵のこと。「枢」とは、大切なものを納めた場所の扉のこと。

助阿闍梨｜すけあじゃり　詳細は不明。清澄寺に縁し、日蓮大聖人の弟子分として働いていた僧であると推測される。「清澄寺大衆中」の末尾には「すけあざり」(895ページ)と記されている。

須頭檀王｜すずだんのう　釈尊が過去世に菩薩として修行した時の姿の一つ。正法を求めるために王位を捨て、1000年の間、阿私仙人《あしせんにん》に従って仏道修行をした。阿私仙人とは提婆達多《だいばだった》の過去世の姿とされる。「日妙聖人御書」に「昔の須頭檀王は妙法蓮華経の五字の為に千歳が間・阿私仙人にせめつかはれ身を床となさせ給いて今の釈尊となり給う」(1215ページ)とある。参照 提婆達多

数息観｜すそくかん　▶五停心観《ごじょうしんかん》

頭陀｜ずだ　①頭陀行のこと。衣食住に対する欲望などを払い除く修行。②頭陀袋の略。頭陀行をする時、経巻・僧具・布施物などを入れて首にかける袋。

スッタニパータ｜すったにぱーた　現存する仏典の中で最も早く編纂されたと推定される経典の一つ。スッタニパータとはパーリ語で「経の集成」という意。釈尊の言行が弟子との対話を中心に収められ、後代に教理的に体系化される以前の仏教の状況をうかがい知ることができる。詩と散文からなり、詩の部分はアショーカ王(紀元前268年)以前に成立したと考えられている。

頭破作七分｜ずはさしちぶん　法華経の行者を誹謗する者が受ける罰。法華経陀羅尼品第26には、十羅刹女が法華経を持つ者の守護を誓った言葉に「若し我が呪に順ぜずして｜説法者を悩乱せば｜頭破れて七分に作ること｜阿梨樹の枝の如くならん」(法華経648ページ)とある。参照 阿梨樹/十羅刹女/頭七分に破れ

頭破七分｜ずはしちぶん　▶頭七分に破れ《こうべしちぶんにわれ》

純友｜すみとも　▶藤原純友《ふじわらのすみとも》

修利槃特｜すりはんどく　▶須梨槃特《しゅりはんどく》

***駿河国** | するがのくに　現在の静岡県中部。日蓮大聖人の時代には得宗領《とくそうりょう》となっていた。日興上人の弘教の中心地であり、熱原の法難はこの地で起こっている。参照 得宗領

せ

施 | せ　▶布施《ふせ》

『説苑』 | ぜいえん　中国・前漢の劉向《りゅうきょう》の著。劉向は3代の皇帝に仕え、諫大夫などの職に就任し、国主をたびたび諫言して国家に尽くした。妙楽大師湛然の『止観輔行伝弘決』巻2には、『説苑』巻第2「臣術」の文を要約して、「(臣下とするのに、「六正」〈六つの正しい者〉と、「六邪」〈六つの邪悪な者〉があり、「六正」の)第一には、萌しがまだ現れていないのに、国家の存亡の機を見いだすことができる者を、聖臣と名づける」(通解)とある。

西王母 | せいおうぼ　中国の伝説上の女神。中国西方の高山に住み、3000年に1度実のなる桃の木を守っていたとされる。西王母の桃は、会い難いものの譬えとして用いられる。

***誓願** | せいがん　誓いを立てて願うこと。特に菩薩が、衆生を救済しようとの誓いを立て、その成就を願うこと。

菩薩が立てる誓願には、総別の2種がある。①総の誓願(総願)とは、すべての菩薩が立てるべき誓願で、四弘誓願《しぐせいがん》などをいう。②別の誓願(別願)とは、菩薩が個々に立てた誓願で、法蔵比丘(阿弥陀仏の修行時の名)の四十八願《しじゅうはちがん》、薬師如来の十二願、釈尊の五百大願などをいう。

法華経如来神力品第21では、地涌の菩薩が滅後弘通を勧める釈尊に応えて、成仏の肝要の法を人々に教え広めていくことを誓願し、釈尊から滅後

悪世の弘通を託されている(付嘱)。この誓願を死身弘法で貫かれた日蓮大聖人は、地涌の菩薩の上首である上行菩薩の御自覚に立たれた。創価学会の三代会長は、広宣流布という地涌の菩薩の誓願を自身の使命とし、大聖人の直弟子であるとの自覚に立った。そして、一人一人を励ます中でその自覚を人々に広く促し、現実社会に妙法の世界広宣流布を推進してきた。参照四弘誓願/大願/四十八願

勢至菩薩｜せいしぼさつ　サンスクリットではマハースターマプラプータといい、大きな力を得た菩薩の意で、法華経では「得大勢《とくだいせい》菩薩」(法華経72ページ)と訳される。観音菩薩とともに阿弥陀仏の脇士として、阿弥陀仏の向かって左に安置され、智慧を象徴する。

***清澄寺**｜せいちょうじ　安房国《あわのくに》長狭郡《ながさぐん》東条郷《とうじょうごう》(後に東条郡、現在の千葉県鴨川市)にある寺院。日蓮大聖人は12歳でこの寺院に入り教育を受けられ、16歳で出家得度された。同寺は771年、無名の法師が虚空蔵菩薩《こくうぞうぼさつ》像を刻んで小堂を営んだのが始まりとされ、一時中絶したのを836年ごろ、円仁(慈覚)が再興し、天台宗に改めたと伝えられる。大聖人が生誕された1222年ごろには源頼朝の妻・北条政子《ほうじょうまさこ》の保護を受けて繁栄していた。当時の天台宗寺院の通例として、法華信仰に加えて真言密教や念仏信仰が行われていた。その後、真言宗に属したが、戦後に日蓮宗に改宗し現在に至る。

西伯｜せいはく　▶文王《ぶんおう》

青鳧五連｜せいふごれん　青鳧とは「銭」の別名。銭の穴に紐を通して束ねたものを一連と数えた。「妙密上人御消息」の冒頭には「五貫文」(1237ページ)とあり、この場合の一連とは銭1000枚を束ねたものである。

青竜寺｜せいりゅうじ　中国・唐の都・長安にあった寺。空海(弘法)以来、円仁(慈覚)・円珍(智証)など唐に渡った僧の多くがここで密教を学んだ。

世界広宣流布｜せかいこうせんるふ　▶広宣流布《こうせんるふ》

世界悉檀｜せかいしつだん　▶四悉檀《ししつだん》

***世間**｜せけん　サンスクリットのローカの訳。場所の意。世界ともいう。仏教では、ものごとが生成・変化・消滅していく場所、衆生が住む世界をいう。そこから、広く日常語として「世の中」のことをさすようになった。また、六道輪廻する三界《さんがい》(欲界・色界・無色界)の世界をさし、それを超えた覚りの境地である出世間と対比する。転じて、出家の世界に対して、世俗をさす。天台教学では、衆生の境涯に10の区別を立て十界とし、その違いが五陰《ごおん》・衆生・国土の三つの次元に現れるとして、三世間を立てる。参照三界/十界/三世間

世間の留難｜せけんのるなん　一般世間から起こってくる困難のこと。「四条金吾殿御返事」(1143ページ)では、四条金吾の同僚などによる迫害や主君への讒言をさす。

是好良薬｜ぜこうろうやく　法華経如来寿量品第16にある語。「是《こ》の好《よ》き良薬」(法華経487ページ)と読む。「良医病子の譬え」に出てくる。日蓮大聖人は「観心本尊抄」で、「是好良薬とは寿

あ
か
せ
た
な
は
ま
や
ら
わ

量品の肝要たる名体宗用教の南無妙法蓮華経是なり」(251ページ)と仰せである。[参照]良医病子の譬え

世親｜せしん　4〜5世紀ごろのインドの仏教思想家。北インドのプルシャプラ(現在のパキスタンのペシャワル)出身の論師。サンスクリット名はヴァスバンドゥ。新訳で「世親」、旧訳で「天親《てんじん》」という。初めは小乗を学び『倶舎論』などを著したが、兄の無著(アサンガ)によって大乗に帰依し、唯識思想(実在するのは認識主体の識だけであって、外界は心に立ち現れているだけで実在しないという思想)を発展させたほか、『法華論』などを著し、大乗を宣揚した。多くの論書をつくり「千部の論師」とたたえられる。主著に『唯識三十論頌』など。

世尊｜せそん　釈尊の別称。サンスクリットのバガヴァットの訳。仏の十号の一つで、世の衆生に尊敬される者を意味する。[参照]釈尊/十号

世尊法久後要当説真実｜せそんほうくごようとうせつしんじつ　法華経方便品第2の文。「世尊は法久しくして後｜要ず当に真実を説きたまうべし」(法華経111ページ)と読み下す。仏は長い間、方便の教えを説き、後に真実の教えを説くこと。

勢多｜せた　▶宇治・勢多《うじせた》

勢多伽｜せたか　1211年〜1221年。鎌倉初期の武将・佐々木広綱《ささきひろつな》の子。仁和寺で出家し道助入道親王《どうじょにゅうどうしんのう》に給仕していたが、父・広綱が承久の乱で後鳥羽上皇側に味方したため、勢多伽も斬首された。

石虎将軍｜せっこしょうぐん　▶李広《りこう》

説己心中所行法門｜せつこしんちゅうしょぎょうほうもん　「己心の中に行ずる所の法門を説く」と読み下す。章安大師灌頂が『摩訶止観』の序に記した言葉。天台大師智顗の止観は、天台が自分自身の心の中で行じた法門を説いているということ。妙楽大師湛然はこの文を引きながら、『摩訶止観』巻5の正修止観章で初めて説かれる一念三千が最高・究極の教え(終窮究竟の極説)であるゆえに、章安は「説己心中所行法門」と記したとしている。「観心本尊抄」(239ページ)で引用されている。[参照]『摩訶止観』/一念三千

摂政・関白｜せっしょうかんぱく　いずれも天皇を補佐し国政を代行する地位。平安時代には、天皇が幼少の時は摂政、成人後は関白が置かれた。

雪山童子｜せっせんどうじ　釈尊が過去世で修行していた時の名。涅槃経巻14に次のようにある。釈尊が過去世に雪山で菩薩の修行をしていた時、帝釈天が羅刹(鬼)に化身して現れ、過去仏の説いた偈を「諸行無常・是生滅法(諸行は無常にして、是れ生滅の法たり)」と童子に向かって半分だけ述べた。これを聞いた童子は喜んで、残りの半偈を聞きたいと願い、その身を捨て羅刹に食べさせることを約束して半偈の「生滅滅已・寂滅為楽(生滅の滅し已われば、寂滅を楽と為す)」を聞き終え、その偈を所々に書き付けてから、高い木に登り身を投げた。羅刹は帝釈天の姿に戻り童子の体を受け止め、その不惜身命の姿勢を褒めて未来に必ず成仏すると説いて姿を消したという。なお、帝釈天が雪山で説いた偈の和訳が「いろは歌」であると伝えら

れる。

雪山の寒苦鳥 | せっせんのかんくちょう　▶寒苦鳥《かんくちょう》

舌相 | ぜっそう　▶広長舌相《こうちょうぜっそう》

***絶対的幸福** | ぜったいてきこうふく　外の条件に左右されることのない幸福。どこにいても、また何があっても、生きていること自体が幸福である、楽しいという境涯をいう。相対的幸福に対する語。戸田先生は、幸福には「相対的幸福」と「絶対的幸福」があると立て分けた。参照相対的幸福

絶待妙 | ぜつだいみょう　比較・相対を絶してすべてを妙としてとらえること。一切の事象を一段高い視点から統一的に把握する。相待妙《そうだいみょう》に対する語。参照相待妙

刹帝利 | せっていり　サンスクリットのクシャトリヤの音写。古代インドの身分制度における王族階級。

節度使 | せつどし　中国の唐・五代の時代の軍の官職。唐の710年に異民族の反乱に備えて辺境に設置したのが始まりだが、黄河北方の河北などでは中央政府から独立し権勢を振るうようになっていった。

刹利国王 | せつりこくおう　クシャトリヤ出身の王のこと。「刹利」とは刹帝利のことで、サンスクリットのクシャトリヤを音写したもの。古代インドの身分制度であるカースト(四姓)制で、第2位にあった者。第1位にあるブラーフマナ(婆羅門)が宗教的権威であったのに対し、実際の政治権力を握った階層と考えられている。しかし、これはあくまで建前で、実際には婆羅門が農業に従事していたり、クシャトリヤ出身でない者が王になることがあった。「クシャトリヤ」は一種の家柄を示す。

世法 | せほう　世間一般の決まり、ならわし。

善戒 | ぜんかい　十善戒のこと。▶十善戒《じゅうぜんかい》

山海慧自在通王如来 | せんがいえじざいつうおうにょらい　阿難が法華経授学無学人記品第9で未来に仏になるとの記別を受けた時の仏としての名(法華経344ページ)。参照阿難

善議 | ぜんぎ　729年〜812年。平安初期の三論宗の僧。大安寺の道慈に学ぶ。弟子に勤操がいる。

漸教 | ぜんきょう　順を追って高度な教えに導いていく教えのこと。参照頓教

善巧方便 | ぜんぎょうほうべん　仏・菩薩が巧みな手段・方法を用いて衆生を教え導くこと。

先業 | せんごう　前世・過去世につくった業因のこと。善悪に通じて用いるが、悪業について用いられることが多い。参照宿業

善業 | ぜんごう　善の行為のこと。悪業に対する語。

善根 | ぜんこん　「ぜんごん」とも読む。善の果報を招き生ずる因となる善行のこと。草木の根が、幹や枝を成長発展させる力をもっているように、善行は善なる果報を生ずる力と強い作用を有するので善根という。

善財童子 | ぜんざいどうじ　華厳経に説かれる長者の一人。文殊師利菩薩に会って菩提心を起こし、法を求めて観世音菩薩を訪ねた。

前三教 | ぜんさんぎょう　化法の四教のうち円教をのぞく蔵教・通教・別教の三教

のこと。▶化法の四教《けほうのしきょう》

前三後一｜ぜんさんごいち　師子王が獲物をとる時、力をためて飛びかかろうとする姿勢のこと。参照 師子奮迅之力

前三後三｜ぜんさんごさん　天台大師智顗は『法華文句』巻9上で、他方の菩薩の弘通を制止する理由を三つ（前三）挙げ、それに続いて地涌の菩薩を呼び出す理由を三つ（後三）示している。前三義は、①他方の菩薩はそれぞれの土において自己の任務があること②他方の菩薩は娑婆世界との結縁が薄いこと③他方の菩薩に弘法を許せば、地涌の菩薩を召し出すことができず、迹を破し久遠を顕すこと（開近顕遠＝始成正覚を開いて久遠実成を顕すこと）ができなくなることをいう。後三義は、①地涌の菩薩は久遠の仏の本眷属であること②地涌の菩薩は娑婆世界に結縁深厚であること③地涌の菩薩を召し出すことによって開近顕遠を示すことができることをいう。

***「撰時抄」**｜せんじしょう　建治元年（1275年）、日蓮大聖人が身延で御述作になり、駿河国西山（静岡県富士宮市西山）に住んでいた由井《ゆい》（由比）氏に送られた書（256ページ）。五大部の一つ。本抄で大聖人は、仏の教えは衆生の機根ではなく時に従って説かれることを確証されていく。その中で、大集経《だいじっきょう》に説かれる五五百歳《ごごひゃくさい》に基づき、当時が闘諍言訟《とうじょうごんしょう》・白法隠没《びゃくほうおんもつ》の末法にあたることを明らかにされる。そしてこの末法に、法華経の肝心である南無妙法蓮華経の大白法が日本および全世界に流布することは疑いないのであり、その主体者こそが大聖人御自身であるとして、「日蓮は閻浮第一の法華経の行者なり」（266ページ）等と宣言されている。参照 三度のかうみょう

前四味｜ぜんしみ　▶四味《しみ》

***禅宗**｜ぜんしゅう　座禅によって覚りが得られると主張する宗派。菩提達磨《ぼだいだるま》を祖とし、中国・唐以後に盛んになり、多くの派が生まれた。日本には奈良時代に伝えられたが伝承が途絶え、平安末期にいたって大日能忍《だいにちのうにん》や栄西《えいさい》によって宗派として樹立された。日蓮大聖人の時代には、大日能忍の日本達磨宗が隆盛していたほか、栄西や渡来僧・蘭渓道隆《らんけいどうりゅう》によって伝えられた臨済宗《りんざいしゅう》の禅が広まっていた。

【達磨までの系譜】禅宗では、霊山会上で釈尊が黙然として花をひねって弟子たちに示した時、その意味を理解できたのは迦葉《かしょう》一人であったとし、法は不立文字《ふりゅうもんじ》・教外別伝《きょうげべつでん》されて迦葉に付嘱され、この法を第2祖の阿難、第3祖の商那和修《しょうなわしゅ》と代々伝えて第28祖の達磨に至ったとする。

【唐代の禅宗】禅宗では、第5祖とされる弘忍《こうにん/ぐにん》（601年～674年）の後、弟子の神秀《じんしゅう》（？～706年）が唐の則天武后《そくてんぶこう》など王朝の帰依を受け、その弟子の普寂《ふじゃく》（651年～739年）が神秀を第6祖とし、この一門が全盛を誇った。しかし、神会《じんね》（684年～758年）がこれに異を唱え、慧能《えのう》が達磨からの正統で第6祖であると主張したことで、慧能派の南宗《なんしゅう》と神秀派の北宗《ほくしゅう》とに対立した。日本に伝わった臨済宗や曹洞宗《そうとうしゅう》は、南宗の流れをくむ。

【教義】戒定慧の三学のうち、特に定《じょう》を強調している。すなわち仏法の真髄は決して煩雑な教理の追究ではなく、座禅入定の修行によって直接に自証体得することができるとして、そのために文字も立てず(不立文字)、覚りの境地は仏や祖師が教え伝えるものでなく(仏祖不伝《ぶっそふでん》)、経論とは別に伝えられたもので(教外別伝)、仏の教法は月をさす指のようなものであり、禅法を修することにより、わが身が即仏になり(即身即仏)、人の心がそのまま仏性であると直ちに見て成仏することができる(直指人心《じきしにんしん》、見性成仏《けんしょうじょうぶつ》)というもので、仏祖にもよらず、仏の教法をも修学せず、画像・木像をも否定する。参照 菩提達磨/慧可/慧能/大日能忍/栄西/道隆/禅天魔

専修念仏｜せんじゅねんぶつ　浄土往生のために念仏だけをとなえること。法然(源空)の『選択集』では、浄土往生を願うのならば、ただひたすら念仏をとなえるべきであると説き、他の修行と並行して念仏を修行することを否定した。参照 法然/『選択集』/念仏宗

禅定｜ぜんじょう　心を一つに定めて散乱させず、煩悩を断って深く真理を思惟する境地に入ること。迷いや不安を乗り越え、落ち着いた心境になること。サンスクリットのディヤーナの音写語が禅で、漢訳語が定(新訳では静慮という)。禅定は両者を併用した語。戒定慧の三学、六波羅蜜の一つ。

禅定堅固｜ぜんじょうけんご　▶五五百歳《ごごひゃくさい》

***僭聖増上慢**｜せんしょうぞうじょうまん　三類の強敵の第3。妙楽大師湛然は『法華文句記』で、法華経勧持品第13の二十行の偈《げ》の内容から、釈尊滅後の悪世で法華経を弘通する人を迫害する強敵を3種類に分類した。これを三類の強敵という。その第3が僭聖増上慢であり、世間から厚く尊敬され聖者のように思われている高僧をさす。内実は狡猾で名聞名利を求める念が強く、慢心を抱き、自分より勝る者が現れると反発・敵対し、世俗の権力を利用して法華経の行者を排除しようとする。日蓮大聖人は、法華経の行者である御自身に敵対する良観《りょうかん》(忍性)、京都で権力者の帰依を受けていた円爾《えんに》(聖一)らを僭聖増上慢であるとして厳しく糾弾された(228,229ページ)。参照 三類の強敵/円爾弁円/道隆/勧持品二十行の偈/極楽寺良観

染浄の二法｜せんじょうのにほう　染法と浄法の二法のこと。染法は煩悩・業・苦などによってけがされた無明(迷い)をいい、浄法は法性(覚り)をいう

善星比丘｜ぜんしょうびく　釈尊存命中の出家者の一人。一説に釈尊の出家以前の子とされる。出家して仏道修行に励み、欲界の煩悩を断じて、四禅を得たので四禅比丘という。後に釈尊の教えを誹謗し、無間地獄に生まれたとされる。

千尋｜せんじん　非常に長いことを意味する。1尋は6尺(約1.8メートル)または5尺。参照 一尋

千世界｜せんせかい　須弥山を中心とした太陽・月、地上・天上などを含む一世界が、1000集まったものが「千世界」。それを小千世界として、小千世界が1000集まったものが中千世界、さらに中千世界が1000集まったものが大千

世界である。「三千」は1000の3乗の意。参照 地涌千界/三千大千世界

闡提 | せんだい　▶一闡提《いっせんだい》

先達 | せんだつ　自分より先に道に達した人。

旃陀羅 | せんだら　サンスクリットのチャンダーラの音写で、古代インドの身分制度で四つの身分のさらに下とされた最下層の身分。日蓮大聖人は漁業に携わる家にお生まれになり、御自身の出自について「旃陀羅が子なり」(891ページ)、「旃陀羅が家より出たり」(958ページ)、「民の家より出でて」(1407ページ)と仰せである。

旋陀羅尼 | せんだらに　法華経普賢菩薩勧発品第28(法華経669ページ)にある三種陀羅尼(旋陀羅尼・百千万億旋陀羅尼・法音方便陀羅尼)の第1。旋、すなわち教えを転じることができる陀羅尼(記憶力)のこと。なお、百千万億旋陀羅尼は膨大な回数にわたって教えを転じることができる陀羅尼。法音方便陀羅尼はあらゆる地方の言葉に通じる能力を意味する。

***栴檀** | せんだん　仏典にみえる栴檀とはビャクダン科の白檀《びゃくだん》のことで、インド原産の香木。高さ7〜10メートルに達する常緑高木で半寄生生活をする。香気を発し腐らないので、仏像・仏具などの材料や、医薬・香油の原料として使われる。なお、栴檀の木は火に焼けないとの伝承があったとされるが、出典は不明。ある仏典には栴檀の香を身に塗れば火に焼けないとある。

善知識 | ぜんちしき　よい友人・知人の意。「知識」とはサンスクリットのミトラの訳で、漢語として友人・知人を意味する。善知識とは、仏法を教え仏道に導いてくれる人のことであり、師匠や、仏道修行を励ましてくれる先輩・同志などをいう。善友ともいう。悪知識に対する語。参照 悪知識

『選択集』 | せんちゃくしゅう　『選択本願念仏集《せんちゃくほんがんねんぶっしゅう》』の略。法然(源空)の著作。1巻。九条兼実の依頼によって建久9年(1198年)に著されたといわれる。主として浄土三部経や善導の『観無量寿経疏』の文を引いて念仏の法門を述べている。内容は16章に分けられ、釈尊一代の仏教を聖道門と浄土門、難行道と易行道、雑行と正行とに分け、浄土三部経以外の法華経を含む一切の教えを排除し、阿弥陀仏の誓願にもとづく称名念仏(南無阿弥陀仏ととなえること)こそ、極楽世界に生まれるための最高の修行であると説いている。日蓮大聖人は「立正安国論」(17ページ)、「守護国家論」(36ページ)などでその誤りを破折されている。参照 法然/捨閉閣抛

『選択本願念仏集』 | せんちゃくほんがんねんぶっしゅう

▶『選択集』《せんちゃくしゅう》

千中無一 | せんちゅうむいち　「千人のうち一人も成仏する者はいない」との意。善導の『往生礼讃偈』の文。五種の正行(極楽に往生するための5種類の修行)以外の教えを修行しても、往生できる者は千人の中に一人もいないということ。

禅天魔 | ぜんてんま　四箇の格言の一つ。日蓮大聖人は禅宗のことを「天魔の所為」(「撰時抄」287ページ、「報恩抄」322ページなど)と仰せである。禅宗は

仏法を破壊する天魔の振る舞いであること。当時の禅宗は大日能忍の日本達磨宗、栄西の臨済宗の禅が広まっていた。禅宗は不立文字・教外別伝・直指人心・見性成仏の義を立てている。すなわち、経文は月をさす指であり、月（成仏の性）がとらえられれば指には用がないとした。これに対し大聖人は、禅は天魔の振る舞いであると批判された。釈尊は涅槃経巻7で「願わくは心の師と作りて心を師とせざれ」と説き、また「是くの如き経律は、当に知るべし、即ち是れ如来の所説なり。若し魔の所説に随順すること有らば、是れ魔の眷属なり」と説いている。故に「禅天魔」とされたのである。

善導 | ぜんどう　613年〜681年。中国・唐の浄土教の祖師。道綽の弟子。称名（南無阿弥陀仏ととなえること）を重視する浄土教を説き、日本浄土宗の開祖・法然（源空）に大きな影響を与えた。主著に『観無量寿経疏』『往生礼讃偈』など。

善男子・善女人 | ぜんなんしぜんにょにん　仏法を信ずる男性・女性のこと。特に在家の男女を呼ぶ語として用いられる。経典では「是の善男子・善女人は是の経典を受持し読誦せば」（法華経508ページ）などとある。

***千日尼** | せんにちあま　日蓮大聖人の御在世当時、佐渡在住の門下。夫・阿仏房《あぶつぼう》とともに大聖人に帰依し、佐渡の女性門下の中心者として活躍した。大聖人の身延入山後も、毎年のように夫を大聖人のもとに送り出して御供養をお届けし、夫亡き後は子息を身延に送るなど、師を慕い信仰を深めた。女人成仏や謗法の罪の軽重などの法門について大聖人に質問するなど、求道心あつく、そのことを大聖人からたたえられている。参照阿仏房

千二百余尊 | せんにひゃくよそん　数え方には諸説あるが、日蓮大聖人は、大日経で説かれる胎蔵に500余尊、金剛頂経で説かれる金剛界に700余尊があり、合わせて1200余尊となると認識されていた。

千仏 | せんぶつ　❶千の仏のこと。過去・現在・未来の三劫にそれぞれ出現する千仏をいう。

❷般若経では「空」の思想が明かされ、覚りの存在も自由自在に種々の様相となるとされる。その教えが説かれる同経には千仏という種々の仏が説かれる。

染法 | せんぽう　▶染浄の二法《せんじょうのにほう》

善無畏 | ぜんむい　637年〜735年。東インドの王族出身の密教僧。唐に渡り、大日経（大毘盧遮那成仏神変加持経）を翻訳し、本格的な密教を初めて中国に伝えた。主著に『大日経疏』がある。参照一行

仙薬 | せんやく　不老不死をもたらす薬のこと。

善友 | ぜんゆう　「ぜんぬ」とも読む。▶善知識《ぜんちしき》

仙予国王 | せんよこくおう　釈尊が過去世に菩薩として修行していた姿の一つ。大乗経典を重んじ、その教えを誹謗したバラモン500人を殺した因縁によって、それ以後地獄に堕ちることはなかったとされる。涅槃経では、新たに王宮に来た医者が国王に、以前の医者は誤っており、その医者の作った乳

薬は飲んではならないことを説き、もし乳薬を用いる者がいれば、首をはねるように進言した話が説かれている。「開目抄」(234ページ)では、『摩訶止観』『止観輔行伝弘決』からの引用によって折伏を説く文としてこの話が挙げられている。

前霊鷲山会｜ぜんりょうじゅせんえ　▶二処三会《にしょさんえ》

そ

宋｜そう　❶420年～479年。中国・南北朝時代の南朝の王朝。劉宋をいう。東晋の後を受けて武帝(劉裕《りゅうゆう》)が宋を開いた。第3代の文帝《ぶんてい》は貴族を中心に文治主義を通した。この時、儒学・玄学・文学・史学の各学館が建てられ、文人の顔延之《がんえんし》らが出ている。479年に各地の反乱軍を鎮定した蕭道成《しょうどうせい》が、武人としての権限を一身に集め、第8代の順帝《じゅんてい》から位を譲られて斉を開き、宋は滅んだ。

❷960年～1279年。中国・唐以降の五代十国による分裂を統一した王朝。建国から都が開封にあった時代を北宋、1127年に金の侵入(靖康の変)を受け江南の臨安に遷都した時代を南宋という。文治主義による君主独裁制で内政の安定を図ったが、対外的には軍事力の低下から周辺民族に圧迫され、1279年、蒙古に滅ぼされた。仏教では浄土教や禅宗が栄えた。また宋初期の太祖・太宗などが大蔵経を刊行し、唐の仏教文化の再興を図った。

雑阿含経｜ぞうあごんぎょう　▶阿含部《あごんぶ》

増一阿含経｜ぞういちあごんぎょう　▶阿含部《あごんぶ》

荘王｜そうおう　?～紀元前591年。中国・春秋時代の楚《そ》の覇者。春秋五覇の一人。楚は中国南部で覇権を握り北方に進出し、晋を破って華南一帯を征服した。しかし荘王の覇道は非道な面が強かった。当時、周は有名無実な小国であったが、諸侯はその徳を尊重していた。しかし荘王は南方から進出したため、その徳を敬う心がなく、周の定王《ていおう》の使者に周室の「鼎《かなえ》の軽重を問う」たことで有名。荘王の死後、楚の勢いは一時衰えた。

総願｜そうがん　▶本願《ほんがん》

雙観経｜そうかんぎょう　無量寿経のこと。「雙」は「双」とも書く。▶無量寿経《むりょうじゅきょう》

僧佉難提｜そうぎゃなんだい　サンスクリットのサンガナンディの音写。付法蔵の第16。インド室羅筏城（舎衛城、シュラーヴァスティー）の宝荘厳王《ほうしょうごんのう》の子。羅睺《らご》尊者より付嘱を受け、後に僧伽耶奢に法を付嘱した。

僧伽耶奢｜そうぎゃやしゃ　サンスクリットのサンガヤシャスの音写。付法蔵の第17。マガダ国の人で、智慧が優れ弁舌さわやかだったといわれる。僧佉難提より付嘱を受け、後に鳩摩羅駄《くまらだ》に法を付嘱した。

蔵教｜ぞうきょう　▶化法の四教《けほうのしきょう》

雑行・正行｜ぞうぎょうしょうぎょう　善導の『観無量寿経疏』に説かれる。正行とは、成仏・往生へと導く正しい修行のことで、善導は浄土経に基づく修行であるとし、特に称名念仏を重視した。雑行とは、この正行以外のさまざまな修行をいう。

僧綱｜そうごう　僧尼を監督するために国家から任命される官職。平安期には僧正《そうじょう》、僧都《そうず》、律師《りっし》などの位があったが、鎌倉時代には形骸化していた。

荘子｜そうし　中国・戦国時代の道家の思想家・荘周《そうしゅう》の尊称。『荘子』の著者の一人とされ、老子の思想を継承し大成したとされる。

総持｜そうじ　▶密教《みっきょう》

総持院｜そうじいん　法華仏頂総持院《ほっけぶっちょうそうじいん》のこと。比叡山延暦寺の東塔の本院。円仁（慈覚）が仁寿元年（851年）に建立した。大日如来を本尊とする。現在では総持院の名称として「大講堂」が一般化している。参照 延暦寺/円仁

相似即｜そうじそく　▶六即《ろくそく》

相州｜そうしゅう　▶相模国《さがみのくに》

増長天王｜ぞうじょうてんのう　▶四天王《してんのう》

爪上の土｜そうじょうのど　爪の上にある土のように、大変少ないこと。人身が得がたいこと、仏法に遇いがたいことの譬え。

***増上慢**｜ぞうじょうまん　まだ覚りや徳を体得していないのに、体得したと思って慢心を起こし、他より優れていると思うこと。七慢（慢・過慢・慢過慢・我慢・増上慢・卑慢・邪慢）の第5。法華経方便品第2（法華経118〜119ページ）には、5000人の増上慢の四衆《ししゅ》が、釈尊の説法を聞く必要がないと座を立ち去ったとある。妙楽大師湛然は『法華文句記』で、勧持品の二十行の偈《げ》に描かれる法華経の行者への迫害者を、俗衆《ぞくしゅ》・道門《どうもん》・僭聖《せんしょう》の3種の増上慢に分けたが、これを三類の強敵と呼ぶ。参照 三類の強敵/慢

***相対的幸福**｜そうたいてきこうふく　物質的に充足したり、欲望が満ち足りた状態であるが、不安定で永続性がない幸福。絶対的幸福に対する語。欲望には際限がないため、一時は満足したとしても、再び不満が湧き上がる。また、外の条件が整った場合に成立する幸福なので、条件が崩れた場合には、その幸福も失われる。戸田先生は、幸福には「相対的幸福」と「絶対的幸

福」があると立て分けた。参照 絶対的幸福

相待妙｜そうだいみょう　法華経以外の諸経と法華経とを比較相対して、他の諸経は粗悪、法華経は妙であるとすること。対立し、相対するものに優劣をつけて一方を否定して一方を肯定する。絶待妙《ぜつだいみょう》に対する語。参照 絶待妙

蔵通別円｜ぞうつうべつえん　▶化法の四教《けほうのしきょう》

僧柔｜そうにゅう　431年～494年。中国・南北朝時代の斉の僧。南三北七の一人で、南地(長江流域)で活躍した。定林寺《じょうりんじ》に住み、武帝の子である文恵太子《ぶんけいたいし》・文宣王《ぶんせんおう》の帰依を受けた。

総罰｜そうばち　個別的ではなく、社会・民衆全体が受ける罰のこと。別罰の対する語。参照 罰/別罰

総付嘱｜そうふぞく　▶付嘱《ふぞく》

***僧宝**｜そうほう　仏教者が尊崇する三宝《さんぽう》(仏・法・僧)の一つ。仏と法を正しく信じ護持する人々の集まり。具体的に何が僧宝かは、時代や教説によって違いがある。参照 三宝

像法｜ぞうほう　中国では、釈尊滅後、正法・像法・末法の三時を立てる。基(慈恩)の『大乗法苑義林章』では、教えそのものとそれを学び修行する者はあるが、覚りを開く者はおらず、仏法が形式的に行われる時代とされる。仏の説いた教えが形骸化した時代。また、釈尊以外の仏にも適用される。例えば威音王仏《いおんのうぶつ》の像法が法華経で説かれる。インドでは、像法と末法の厳密な区別はなかった。大集経《だいじっきょう》では第3の500年を「読誦多聞堅固《どくじゅたもんけんご》」(仏の経典を翻訳し聞持する者が多い時代)とし、第4の500年を「多造塔寺堅固《たぞうとうじけんご》」(寺院・堂塔の造立が盛んな時代)とする。参照 正法/末法/三時

像末｜ぞうまつ　像法と末法のこと。参照 像法/末法

草木成仏｜そうもくじょうぶつ　草木や国土などの非情が成仏すること。非情成仏ともいう。日蓮大聖人は「観心本尊抄」で、草木成仏の実義は天台大師智顗が『摩訶止観』で立てた一念三千の法門にあるとされている。すなわち、一念三千を構成する要素の一つである国土世間は、衆生の十界の生命境涯に応じてその衆生が住む国土・環境にも十界の違いがあることを示している。そして大聖人は、木像・絵像が本尊になり得る根拠として、この草木成仏を挙げられている(239ページ)。参照 非情

蒼蠅驥尾に附して万里を渡り｜そうようきびにふしてばんりをわたり　「立正安国論」の文。同抄に「蒼蠅驥尾に附して万里を渡り碧蘿松頭に懸りて千尋を延ぶ」(26ページ)とある。わずかしか飛べない青バエは駿馬《しゅんめ》の尾に付いて万里を渡り、緑のつる草は松の枝先に掛かって千尋《じん》の高さにまで伸びていくこと。凡人でもすぐれた先達につき従えば相当の事をなしうることを譬えている。「安国論」では、小さな器量であっても大乗の仏法を学んだことにより、仏法の是非善悪をわきまえる者となったことを示している。

雙林最後｜そうりんさいご　釈尊が入滅した場所である、拘尸那城(クシナガラ)

にあった沙羅双樹《しゃらそうじゅ》の林のこと。参照沙羅双樹の林

則為疾得・無上仏道｜そくいしつとくむじょうぶつどう　法華経見宝塔品第11の文。「則ち為れ疾く｜無上の仏道を得ん」(法華経394ページ)と読み下す。法華経を受持することで、速やかに成仏できるということ。

速疾頓成｜そくしつとんじょう　速やかに成仏すること。参照歴劫修行

***俗衆増上慢**｜ぞくしゅぞうじょうまん　三類の強敵の第1。妙楽大師湛然は『法華文句記』で、法華経勧持品第13の二十行の偈《げ》の内容から、釈尊滅後の悪世で法華経を弘通する人を迫害する強敵を3種類に分類した。これを三類の強敵といい、その第1が俗衆増上慢である。仏法に無知な在家の迫害者で、法華経の行者に悪口を言い罵倒したり、刀で切りつけ杖で打ったりする(法華経418ページ)。日蓮大聖人は、法華経の行者である御自身に敵対する世俗の人、具体的には、平左衛門尉頼綱《へいのさえもんのじょうよりつな》ら世俗の権力者や、良観(忍性)ら僭聖増上慢を信奉する者、念仏者など諸宗の信徒を俗衆増上慢と位置づけられている。参照三類の強敵/及加刀杖

***即身成仏**｜そくしんじょうぶつ　衆生がこの一生のうちにその身のままで仏の境涯を得ること。爾前経《にぜんきょう》では、何度も生死を繰り返して仏道修行を行い(歴劫修行《りゃっこうしゅぎょう》)、九界の迷いの境涯を脱して仏の境涯に到達するとされた。これに対し法華経では、十界互具・一念三千の法理が説かれ、凡夫《ぼんぷ》の身に本来そなわる仏の境地(仏界)を直ちに開き現して成仏できると明かされた。このように、即身成仏は「凡夫成仏」である。この即身成仏を別の観点から表現したのが、一生成仏、煩悩即菩提《ぼんのうそくぼだい》、生死即涅槃《しょうじそくねはん》といえる。参照歴劫修行/一生成仏/煩悩即菩提/生死即涅槃

即身頓証｜そくしんとんしょう　衆生が凡夫その身のままで、ただちに成仏すること。即身成仏と同義。参照即身成仏

俗諦｜ぞくたい　世間一般で認められている真理。参照真諦

則天武后｜そくてんぶこう　624年または628年~705年。中国・唐の高宗の皇后で、中国史上唯一の女帝。病に倒れた高宗から実権を奪い、690年に自ら帝位につき、国号を周(~705年)と改めた。各州に大雲寺を設置するなど、仏教を利用して統治を進めた。参照唐

嘱累品｜ぞくるいほん　妙法蓮華経の第22章(法華経577ページ)。参照付嘱/付録「法華経の構成」

素絹五条｜そけんごじょう　粗末な法衣のこと。素絹は、洗練されていない絹。五条は、5枚の布で作った、いちばん小さな形の袈裟のこと。参照袈裟

蘇悉地経｜そしっじきょう　蘇悉地羯羅経《そしっじからきょう》の略。中国・唐の善無畏訳。3巻。成立史の上からは、大日経に先行する経典と考えられており、さまざまな密教儀礼や行者の規範を説いている。

『蘇悉地経疏』｜そしっじきょうしょ　『蘇悉地羯羅経略疏《そしっじからきょうりゃくしょ》』の略。円仁(慈覚)の著作。斉衡2年(855年)成立。7巻。善無畏訳の蘇悉地経3巻の注釈書。円仁は、蘇悉地経を大日経・金剛頂経を統合する経典と位置づ

け、大日経・金剛頂経が一体であること(両部不二)を主張する真言宗に対して、蘇悉地経を加えた三経の一致を説くところに天台密教(台密)の特色があるとした。

蘇生の義 | そせいのぎ　▶妙の三義《みょうのさんぎ》

蘇武 | そぶ　紀元前140年ごろ~前60年。中国・前漢の武将。匈奴《きょうど》に捕らわれ、19年間の幽閉にも屈せず、漢に忠誠を尽くした名臣として知られている。

麤法 | そほう　粗雑で偏頗な劣った法。妙法に対する語。

曾谷教信 | そやきょうしん　曾谷(二郎)入道、教信御房《きょうしんごぼう》、法蓮上人《ほうれんしょうにん》とも呼ばれる。下総国葛飾郡八幡荘曽谷(千葉県市川市曽谷)に在住した日蓮大聖人の門下。富木常忍・大田乗明らとともに早くから門下となり、子の道宗《どうそう》も帰依した。

曾谷入道 | そやにゅうどう　▶曾谷教信《そやきょうしん》

尊者 | そんじゃ　仏弟子に対する尊称。

た

大阿鼻地獄 | だいあびじごく ▶阿鼻地獄《あびじごく》

第一義悉檀 | だいいちぎしつだん ▶四悉檀《ししつだん》

第一義天 | だいいちぎてん 五天の一つで、仏をさす。第一義空という真理をたとえて天としている。

大雲経 | だいうんぎょう 大方等無想経《だいほうどうむそうきょう》のこと。中国・北涼の曇無讖の訳。6巻。大雲密蔵菩薩《だいうんみつぞうぼさつ》の問いに対し、四百三昧・三十六種陀羅尼・二十三種密語などの法門や如来常住を説き、この経を受持する功徳を明かしている。

『大学』 | だいがく 儒家の聖典で四書の一つ。儒家の自己修養に必要な基本綱領が説かれているとされる。

大学三郎 | だいがくさぶろう 日蓮大聖人の御在世当時、鎌倉在住の弟子。「月水御書」(1199㌻)の宛名が大学三郎の妻であることから、夫妻で大聖人に帰依していたと思われる。

大覚世尊 | だいかくせそん 釈尊の別称。大覚は仏の覚りのこと。世尊は仏の十号の一つで、世の衆生に尊敬される者を意味する。参照 釈尊

だいがくどの | だいがくどの 大学三郎のこと。▶大学三郎《だいがくさぶろう》

***大願** | だいがん 偉大な願い。法華経では如来寿量品第16の最後で、久遠の仏という本地を明かした釈尊が、「毎自作是念|以何令衆生|得入無上道|速成就仏身(仏は常に、どのようにすれば、衆生を無上の道に入らせ、速やかに仏の身を成就させることができるかと、念じている)」(法華経493㌻)という仏の永遠の願いを明かす。日蓮大聖人はこれを「毎自作是念の悲願」(466㌻)と言われている。如来神力品第21では、地涌の菩薩が滅後弘通を勧める釈尊に応えて、成仏の肝要の法を人々に教え広めていくことを誓願する。これは師である久遠の仏の大願をわが心として継承し実現しようとする、師弟不二の広宣流布の大願といえる。

大聖人は、法華経の肝心であり万人成仏の法である南無妙法蓮華経を御自身の内に覚知され、その法を広めゆく大願を立てられ、すべての人々を守り支え教え導く「柱」「眼目」「大船」となることを誓われた。御書には「大願とは法華弘通なり」(736㌻)と仰せである。そして大聖人は「ちかいし願やぶるべからず」(232㌻)と仰せのように、いかなる大難にも屈せず不退転の誓願を貫かれ、民衆救済の尊い御生涯を送られた。さらに弟子たちには「願くは我が弟子等・大願ををこせ」(1561㌻)と呼び掛けられ、広布後継を託されている。この大聖人のお心のままに広宣流布の大願成就を誓い、これを現実に全世界で推進しているのが創価学会である。参照 広宣流布/誓願

大公望(太公望) | たいこうぼう 周の武王を助け、殷の紂王を倒した政治家・呂尚《りょしょう》のこと。武王の父・文王(太公)が、国に必要な人材として待ち望んでいた人という意味で、後に太公望と称されたという説がある。

大国阿闍梨 | だいこくあじゃり ▶日朗《にちろう》

第五の巻 | だいごのまき ❶妙法蓮華経の第5巻をさす。同巻には法華経勧持

品第13が含まれている。勧持品には、末法の法華経の行者が、刀で切られ杖で打たれるという刀杖の難に遭うと説かれている。参照 五の巻の経文

❷天台大師智顗の『摩訶止観』の第5巻のこと。一念三千の法門が説かれている。参照『摩訶止観』

醍醐味｜だいごみ　釈尊の教えの高低浅深を牛乳を精製する五つの過程の味に譬えて分類した五味のうち、最高に位置する。参照 五味

大自在天｜だいじざいてん　インドで崇拝されていた神。大自在天はサンスクリットのマヘーシュヴァラの訳で、音写して摩醯首羅天《まけいしゅらてん》ともいう。色界の頂上に住み、三千世界を支配するとされる天。古代インド神話のシヴァと同一視される。バラモン教から発展したヒンドゥー教では、梵天・那羅延天・大自在天を三大神とし、それぞれ創造・維持・破壊をつかさどるとしている。

対治悉檀｜たいじしつだん　▶四悉檀《ししつだん》

大集経｜だいじっきょう　大方等大集経《だいほうどうだいじっきょう》の略。中国・北涼の曇無讖らの訳。60巻。大乗の諸経を集めて一部の経としたもの。国王が仏法を守護しないなら三災が起こると説く。また、釈尊滅後に正法が衰退していく様相を500年ごとに五つに区分する「五五百歳《ごごひゃくさい》」を説き、これが日蓮大聖人の御在世当時の日本において、釈尊滅後2000年以降を末法とする根拠とされた。参照 五五百歳

大集経の三災｜だいじっきょうのさんさい　①穀貴(飢饉などによる穀物の高騰)②兵革(戦乱)③疫病(伝染病の流行)。参照 三災七難

大事の難・四度なり｜だいじのなんよんどなり　日蓮大聖人を襲った、命にも及ぶような四つの大難。松葉ケ谷の法難、伊豆流罪、小松原の法難、竜の口の法難・佐渡流罪のこと。

帝釈｜たいしゃく　▶帝釈天《たいしゃくてん》

帝釈天｜たいしゃくてん　帝釈はシャクローデーヴァーナームインドラハの訳で、釈提桓因《しゃくだいかんにん》と音写する。古代インドの神話において、雷神で天帝とされるインドラのこと。帝釈天は「天帝である釈(シャクラ)という神」との意。仏教に取り入れられ、梵天とともに仏法の守護神とされた。欲界第2の忉利天《とうりてん》の主として四天王を従えて須弥山の頂上にある善見城《ぜんけんじょう》に住み、合わせて32の神々を統率している。参照 三界/忉利天/六欲天

***大乗**｜だいじょう　一般に大乗仏教という。サンスクリットのマハーヤーナの訳で摩訶衍《まかえん》などと音写し、「大きな優れた乗り物」を意味する。大乗仏教は、紀元前後から釈尊の思想の真意を探究し既存の教説を再解釈するなどして制作された大乗経典に基づき、利他の菩薩道を実践し成仏を目指す。既存の教説を劣ったものとして「小乗」と下すのに対し、自らを「大乗」と誇った。近年の研究ではその定義や成立起源の見直しが図られ、既存の部派仏教の教団内から発生したとする説が有力である。参照 小乗

大乗戒壇｜だいじょうかいだん　▶円頓の大乗別受戒の大戒壇《えんどんのだいじょうべつじゅかいのだいかいだん》

『大乗起信論』｜だいじょうきしんろん　『起信論』と略す。馬鳴(アシュヴァゴーシャ)著と伝えられるが諸説ある。5～6世紀

ごろの成立とされる。漢訳には中国・梁の真諦訳1巻と唐の実叉難陀《じっしゃなんだ》訳2巻の二つがあるが、真諦訳が広く流布した。大乗への信心を起こさせることを目的として、すべての衆生に如来となる可能性がそなわっているとする如来蔵思想の立場から大乗仏教の教理と実践を要約した論書。

『大乗起信論義記』｜だいじょうきしんろんぎき 中国・唐の華厳宗の法蔵による『大乗起信論』の注釈書。5巻。法蔵は後半生で、如来蔵思想を重視した。なお、同注釈書には天台大師智顗による止観の法門が引用されており、唐に渡る前に修学中だった伝教大師最澄がこれを読んで天台学の理解を深めていったという。

大乗経｜だいじょうきょう 大乗の教えを説いた経典のこと。大乗経典。参照 大乗

大荘厳懺悔｜だいしょうごんさんげ 法華経の結経である観普賢菩薩行法経に説かれる(法華経719ページ)。正法の力によって、汚れた心・一念を浄化すること。御本尊に帰命することで一念を浄化すること。

大荘厳仏｜だいしょうごんぶつ 仏蔵経にみえる仏。同経によると、大荘厳仏の亡き後、5人の比丘がいて、このうち普事比丘《ふじびく》のみが大荘厳仏の教えを正しく守っていた。苦岸《くがん》など他の4比丘らは邪見を起こしてこの普事比丘を誹謗したため、地獄へ堕ちたという。

大小相対｜だいしょうそうたい ▶五重の相対《ごじゅうのそうたい》

大乗の七宗｜だいじょうのしちしゅう 日蓮大聖人の時代にあった十宗のうち、大乗経典に依拠する七宗。華厳・法相・三論・天台・真言・禅・浄土の七宗。これらに小乗の倶舎・成実・律を加えると十宗となる。

太政入道｜だいじょうのにゅうどう ▶平清盛《たいらのきよもり》

『大乗法苑義林章』｜だいじょうほうおんぎりんしょう 中国・唐の法相宗の基(慈恩)が法相唯識の法門を解説した書。現存しているのは7巻本。12巻本はこれに後世の学者が増補したものと考えられている。

太宗｜たいそう 598年〜649年。中国・唐の第2代皇帝。姓名は李世民《りせいみん》。高祖・李淵《りえん》の次子。唐王朝繁栄の基礎を確立し、その治世は「貞観の治」と呼ばれ、後世の模範とされた。インドから唐に諸経典を持ち帰った玄奘は、太宗の命を受け国家事業として、多くの経論を漢訳する一方、後の法相宗の教義となる唯識思想を広めた。参照 唐

代宗｜だいそう 726年〜779年。中国・唐の第8代皇帝。粛宗《しゅくそう》の長子。父と同様、不空に帰依した。参照 唐

胎蔵曼荼羅｜たいぞうまんだら 大日経に基づく曼荼羅。大悲胎蔵生曼荼羅の略。大悲胎蔵生とは、母親が胎内で子どもを育てるように、仏の大慈悲によって生まれるとの意。金剛界が智慧を表すのに対し、胎蔵は理(真理)を表す。中心尊格は大日如来。真言宗の現図曼荼羅では、中台八葉院という区画を中央にして12院で構成される。参照 大日経/金剛界曼荼羅

大族王｜だいぞくおう 玄奘の『大唐西域記』巻4によると、大族王はインド礫迦

《たっか》国の王で、仏法を破壊し残虐な政治を行った。一方、幼日王は仏法をあつく信仰していた。大族王は幼日王を征伐しようとしたが、逆に生け捕りにされた。なお、「報恩抄」では「幻日王」(313ページ)となっているが、現存する「撰時抄」の御真筆では「幼日王」とあり、しかも「幼」に「えう」と振り仮名を記されている。

退大取小 | たいだいしゅしょう　大乗から退転し小乗を採用すること。『法華文句』巻7下では、法華経化城喩品第7の「化城宝処の譬え」は退大取小の者のために説かれたとしており、これは大通智勝仏の時代に釈尊と縁を結んだ者たちにあたる。彼らは、その時釈尊から法華経を聞いたにもかかわらず、生まれ変わった後、小乗の教えによって涅槃を求めたので、「退大取小」と呼ばれる。

提多迦 | だいたか　サンスクリットのディーティカの音写。付法蔵の第5。インドの摩突羅《まとつら》国(マトゥラー)の長者の家に生まれる。三明六通をそなえた阿羅漢となり、優婆崛多《うばくった》が入滅の際に付嘱を受け、小乗教を大いに広めたという。入滅の時に法を弥遮迦《みしゃか》に付嘱した。

『大智度論』 | だいちどろん　摩訶般若波羅蜜経(大品般若経)に対する詳しい注釈書。竜樹作とされ、鳩摩羅什の漢訳がある。100巻。法華経などの諸大乗経に基づいて、大乗の菩薩思想や六波羅蜜行などの意義を解明しており、後のあらゆる大乗思想の展開の母胎となった。参照 竜樹/般若経

大地はささば…… | だいちはささば……　「祈禱抄」には「大地はささばはづるるとも虚空をつなぐ者はありとも・潮のみちひぬ事はありとも日は西より出づるとも」(1351〜1352ページ)、「上野尼御前御返事」には「大地はささば・はづるとも・日月は地に堕ち給うとも・しをはみちひぬ世はありとも・花はなつにならずとも」(1576ページ)とある。ともに、四つの事例は現実に起こりえないことの譬え。

大地もふりかえしぬ | だいちもふりかえしぬ　正嘉元年(1257年)、鎌倉地方に大地震が起き、多くの死傷者が出た(1460ページ)。▶正嘉の大地震《しょうかのおおじしん》

大通結縁 | だいつうけちえん　法華経化城喩品第7で、十六王子が、それぞれ父・大通智勝仏が説いた法華経を再説して衆生に下種をしたことで、人々が法華経との縁を結んだこと。大通下種ともいう。なお同品には、十六王子のうち16番目の王子が釈尊の過去世の姿であることが説かれている。参照 大通智勝仏

大通第三の余流 | だいつうだいさんのよりゅう　大通第三とは、釈尊の過去世の姿の一つ、大通智勝仏の第16王子が法華経を説いた時に、法華経を聞きながら発心できなかった者のこと。余流とは、その流れをくむ者をいう。

大通智勝仏 | だいつうちしょうぶつ　法華経化城喩品第7に説かれる、三千塵点劫という昔に出現した仏(法華経273ページ以下)。大通智勝仏は16人の王子の願いによって法華経を説いたが、十六王子と少数の声聞以外は疑いを起こして信じなかった。その後、十六王子が、それぞれ父が説いた法華経を繰り返し説き(大通覆講)、仏となる種を下ろし

(下種)、聴衆の人々との縁を結んだ(これを大通結縁という)。この時の16番目の王子が釈尊の過去世の姿であり、その時、釈尊の説法を聞き、下種を受けた衆生がその後、第16王子とともに諸仏の国土に生まれあわせ(「在在諸仏土常与師倶生」と説かれる)、今インドで成道した釈尊に巡りあったと説かれる。そして、これらの弟子が法華経の説法の中で、未来に得脱し成仏するという記別を受けた。この大通覆講の時に受けた下種を大通下種という。また、この大通覆講の時に教化された衆生は、3類に分かれる。第1類はその時に発心し不退転で得道したもの、第2類は発心したが大乗から退転して小乗に堕ちたもの、第3類は発心しなかったものである。参照 化城喩品/三千塵点劫/下種

大通覆講｜だいつうふっこう ▶大通智勝仏《だいつうちしょうぶつ》

大天｜だいてん　サンスクリットのマハーデーヴァの訳。釈尊滅後200年(一説に100年)ごろの僧。彼が阿羅漢にも煩悩が起こるなどといった阿羅漢を低く見る説(五事)を唱えたことで、激しい論争が起こり、それにより仏教教団が大きく二つに分裂したと伝えられる。ただし仏教教団の大分裂(根本分裂)は、一説によると、律に関わる見解の相違が起こったことを機にヴァイシャーリーで行われたと伝えられる、第2結集の頃に起こったと考えられている。

体同異心｜たいどういしん　姿形が一つでも心が定まっていないこと。また、同じ立場の人々であっても一人一人の心がバラバラであること。日蓮大聖人は「異体同心事」で「体同異心なれば諸事成ぜん事かたし」(1463ページ)と仰せである。参照 異体同心

大徳｜だいとく　大いなる徳を有する人の意で、長老・高僧・仏・菩薩に対する敬称。日本では広く僧への敬称として用いられた。

大日経｜だいにちきょう　大毘盧遮那成仏神変加持経《だいびるしゃなじょうぶつじんぺんかじきょう》のこと。中国・唐の善無畏・一行の共訳。7巻。最初のまとまった密教経典であり、曼荼羅(胎蔵曼荼羅《たいぞうまんだら》)の作成法やそれに基づく修行法などを説く。参照 密教/胎蔵曼荼羅

『大日経義釈』｜だいにちきょうぎしゃく　中国・唐の善無畏が一行の請いに応じておこなった大日経の講説を一行が筆記したものが『大日経疏』で、それを弟子の智儼《ちごん》・温古《おんこ》らが補訂した書を『大日経義釈』という。14巻。

『大日経指帰』｜だいにちきょうしき　『大毘盧遮那経指帰《だいびるしゃなきょうしき》』のこと。円珍(智証)の著作。1巻。密教は一切の仏教を統括する教え(一大円教)であるとし、また空海(弘法)の十住心の教判を批判している。

『大日経疏』｜だいにちきょうしょ　善無畏訳の大日経の注釈書。20巻。中国・唐の善無畏が一行の請いに応じておこなった大日経の講説を一行が筆記したもの。参照 大日経/『大日経義釈』

大日如来｜だいにちにょらい　大日はサンスクリットのマハーヴァイローチャナの訳。音写では摩訶毘盧遮那《まかびるしゃな》といい、毘盧遮那と略す。大遍照如来《だいへんじょうにょらい》などとも訳す。大日経・金剛頂経などに説かれる密教の教主で、密厳浄土の

仏。密教の曼荼羅の中心尊格。真理そのものである法身仏で、すべての仏・菩薩を生み出す根本の仏とされる。参照 密教/真言宗

大日能忍｜だいにちのうにん　生没年不詳。平安末期から鎌倉初期の僧。日本達磨宗の祖。もとは天台密教の僧だったが、弟子を介して中国・宋から臨済宗の禅を輸入し、「達磨宗《だるましゅう》」と称して、摂津国《せっつのくに》の三宝寺《さんぽうじ》(大阪府吹田市)を拠点に広めた。参照 禅宗

大涅槃｜だいねはん　▶涅槃《ねはん》

***大涅槃の大海**｜だいねはんのたいかい　涅槃の境地を広大な大海に譬えたもの。参照 涅槃

体の三身｜たいのさんじん　「体」とは本体のこと。三身とは、仏の特性を三つの側面からとらえたもの。体の三身とは、体すなわち本質・本性において三身がそなわっていること。用《ゆう》の三身に対する語。参照 三身/用の三身

提婆｜だいば　❶▶提婆達多《だいばだった》

❷提婆菩薩、聖提婆《しょうだいば》(アーリヤデーヴァ)、迦那提婆《かなだいば》ともいう。付法蔵の第14。3世紀ごろの南インドの人で、竜樹の弟子。南インドで外道に帰依していた王を破折したり、他学派の論師を多数破折したが、一人の凶悪な外道に恨まれて殺された。主著『百論』は、三論宗のよりどころとされた。

提婆達多｜だいばだった　サンスクリットのデーヴァダッタの音写。調達《じょうだつ》とも音写する。釈尊の従弟で、最初は釈尊に従って出家するが、慢心を起こして敵対し、釈尊に種々の危害を加えたり教団の分裂を企てた(三逆罪=破和合僧・出仏身血・殺阿羅漢)。その悪行ゆえに生きながら地獄に堕ちたという。

【提婆の成仏】法華経提婆達多品第12では、提婆達多は阿私仙人《あしせんにん》という釈尊の過去世の修行の師であったことが明かされ、無量劫の後、天王如来《てんのうにょらい》になるだろうと記別を与えられている(法華経400ページ)。これは悪人成仏を明かしている。

【釈尊や仏弟子への迫害】①仏伝によれば、提婆達多は釈尊を殺そうとして耆闍崛山(霊鷲山)から大石を投げ落としたが、地神の手に触れたことで釈尊は石を避けることができた。しかし、破片が釈尊の足に当たり親指から血が出たという。これは五逆罪の一つ、出仏身血にあたる。②阿闍世王は、提婆達多を新たに仏にしようとして、象に酒を飲ませて放ち、釈尊を踏み殺させようとしたという。これは釈尊自身が受けた九つの難(九横の大難)の一つにあたる。③『大智度論』などによると、蓮華比丘尼(華色比丘尼)は、釈尊の弟子で、提婆達多が岩を落として釈尊を傷つけて血を出させた時に、提婆達多を非難して、提婆達多に殴り殺されたという。参照 提婆達多品/悪人成仏/阿私仙人/須頭檀王

提婆達多品｜だいばだったほん　法華経提婆達多品第12のこと(法華経396ページ以下)。提婆達多と竜女の成仏が説かれている。

①提婆達多の成仏。前半に説かれる。釈尊は、はるかな過去から常に国王と生まれ、退転なく覚りを求めてきたが、さらに王位を捨てて法を求めていた。その時、阿私仙人が「我は大乗の妙法蓮華経と名づくるものを有てり。

若し我に違わずは、当に為に宣説すべし」(法華経397ページ)と述べたので、王は歓喜して仙人に従い、1000年の間、仙人に身命を尽くして仕え、ついに妙法を得て成仏することができた。釈尊は、その時の王が自身であり、仙人は今の提婆達多であったことを明かし、自身が覚りを成就し人々を広く救済することができたのは、提婆達多が善知識となったからだと述べている。そして釈尊は、提婆達多は未来には天王如来となるだろうと授記した。

②竜女の即身成仏。後半に説かれる。文殊師利菩薩は、自ら法華経を説いて教化してきた8歳の竜女(娑竭羅竜王《しゃからりゅうおう》の娘)が不退転の境地を得ており、速やかに成仏できると説いたが、智積菩薩《ちしゃくぼさつ》は歴劫修行の果てに釈尊は仏になったと述べ、信じようとしなかった。そこへ竜女が登場し、自分が成仏することはただ仏だけが証明し知られるだろうという偈を述べたが、今度は舎利弗が、女身はけがれていて法の器はなく、また五つの障りがあるとして、信じようとしなかった。そこで竜女は聴衆の前でたちまちに男子に変身して成仏し妙法を説く姿を示してみせた。これを目の当たりにした智積菩薩や舎利弗、すべての聴衆は、ついに竜女の成仏を信受するに至ったという。

以上の内容から、提婆達多品は悪人成仏、畜生成仏、女人成仏を説いたものとして重じられてきた。「即身成仏」の語は、妙楽大師湛然が『法華文句記』巻8でこの品を解釈して竜女の成仏を即身成仏と定義したことに始まっている。なお、添品法華経の序に鳩摩羅什訳の妙法蓮華経には提婆品が無かったとあり、天台大師智顗の頃から見宝塔品第11と勧持品第12(提婆品挿入後は第13)の間に提婆品が入り、現在見られるような形になったと思われる。正法華経では七宝塔品第11に含まれ、添品法華経では見宝塔品第11の後半にあり、独立した1品ではない。しかし正法華経の流布本の中には、梵志品第12として提婆品を別立しているものもある。さらに提婆品を一経として流布したものに提婆達多品経1巻、薩曇分陀利経1巻(宝塔品の一部を含む)がある。

提婆達多品の二箇の諫暁 | だいばだったほんのにかのかんぎょう　法華経提婆達多品第12で、釈尊は、提婆達多(悪人)と竜女(女人)の成仏を説いて法華経の功力を示し、滅後における法華経弘通を諫暁した。参照 提婆達多/竜女/提婆達多品

第八識 | だいはっしき　唯識思想では人間の心を分析し八識に分けるが、もっとも深層にある第八識は阿頼耶識と呼ばれる。阿頼耶とはサンスクリットのアーラヤの音写で、「在りか」の意。「蔵」と漢訳される。過去の業の影響力を種のように蓄え、自己の心身や自然界を生み出す根源的な心とされる。参照 八識/唯識

提婆品 | だいばほん　▶提婆達多品《だいばだったほん》

大蕃国 | だいばんこく　吐蕃《とばん》のこと。7〜9世紀に栄えたチベットの王国。しばしば唐と争った。

大般若経 | だいはんにゃきょう　大般若波羅蜜多経《だいはんにゃはらみったきょう》の略。中国・唐の玄奘訳。600巻。般若部の諸経典を集大成

したもので、あらゆる仏典の中で最大である。巻398には、常啼菩薩が身命を惜しまず、財宝や名誉を顧みず、般若波羅蜜多（智慧の完成）を求めた話が説かれている。参照 般若経

大悲経｜だいひきょう　中国・北斉の那連提耶舎《なれんだいやしゃ》の訳。大悲華経ともいう。5巻。仏が涅槃の際に梵天・帝釈・迦葉・阿難などに法を付嘱し、滅後の正法護持者を予言している。

『大毘婆沙論』｜だいびばしゃろん　部派仏教のうち説一切有部が根本とした『発智論』を注釈し、有部の正統性を説いた書。中国・唐の玄奘訳は200巻。2世紀後半、カニシカ王のもとで脇比丘ら500人の比丘がカシュミールで第4回仏典結集を行った際に編纂されたと伝えられる。

大白牛車｜だいびゃくごしゃ　白牛に引かれ七宝に飾られた大きな車。法華経譬喩品第3に説かれる「三車火宅の譬え」に登場する。「報恩抄」の「白牛を門外に混ず」（303ページ）との文は、六宗の僧が法華経（大白牛車）と権教（三車）とを混同し、仏法の正邪に迷っていることを意味する。参照 三車火宅の譬え

大仏｜だいぶつ　1丈6尺（約4.85メートル）以上の仏像のこと。「おおぼとけ」ともいう。種類としては釈迦如来、毘盧遮那仏が多い。日本では奈良東大寺の大仏、鎌倉の大仏が名高い。参照 東大寺/大仏殿

大仏殿｜だいぶつでん　大仏を祭る建物。御書中では鎌倉にある浄土宗の寺院・高徳院にある大仏殿をさし、1238年に造営が開始された。現在、建物は失われていて、大仏が露地にある。

大夫の律師｜だいぶのりっし　生没年不詳。鎌倉時代の僧・良賢《りょうけん》のこと。評定衆・三浦義村《みうらよしむら》の子。『吾妻鏡』によると、弘長元年（1261年）6月25日、幕府に対して謀反の企てがあったとして捕らえられた。これより先、三浦氏一族は宝治元年（1247年）に義村の子、泰村《やすむら》に謀反の企てがあったとして攻められ、一族滅亡の処罰を受けていた。良賢はこの時、僧籍にあったため、罰せられなかったと思われる。

大梵天｜だいぼんてん　▶梵天《ぼんてん》

大品般若経｜だいぼんはんにゃきょう　般若経の漢訳の一つで、中国・後秦の鳩摩羅什訳。27巻。天台教学における五時のうち般若時の代表的な経典。参照 般若経

大慢婆羅門｜だいまんばらもん　南インドの摩臘婆《まろうば》国のバラモン。玄奘の『大唐西域記』巻11によると、自分の智慧が優れていることを示すため、大自在天・婆籔天・那羅延天・釈尊の像を高座の足に彫刻して常にその上に座っていたが、賢愛論師《けんあいろんじ》に論破された際に大乗を誹謗したために、生きながら地獄に堕ちたという。

台密｜たいみつ　▶天台密教《てんだいみっきょう》

*__題目__｜だいもく　❶経論の題名。

❷法華経の題名である妙法蓮華経のこと。

❸日蓮大聖人は経典の題名がその経典の肝心であると仰せになり、南無妙法蓮華経があらゆる経の肝心であり、一切の教えが含まれているとされている（324ページ以下、341ページ以下）。参照 南無妙法蓮華経/法華経/本門の

題目

平清盛｜たいらのきよもり　1118年〜1181年。平安後期の武将。武士として初めて太政大臣になるなど、平氏の全盛期をもたらし大きな権勢をふるった。出家し太政入道と呼ばれたのちも、後白河上皇《ごしらかわじょうこう》を幽閉し実権を握った。

平将門｜たいらのまさかど　?〜940年。平安中期の豪族。常陸（茨城県）、下野（栃木県）、上野（群馬県）を制圧し、自ら新皇と名乗って東国の独立を標榜したが、天慶3年（940年）、平貞盛《たいらのさだもり》によって滅ぼされた（平将門の乱）。

平宗盛｜たいらのむねもり　1147年〜1185年。平安末期の武将。平清盛の三男。中納言・右大将から内大臣・従一位となった。清盛の死後、平氏一門を統率したが木曾義仲《きそよしなか》に追われて都落ちし、安徳天皇を奉じて西走した。さらに源義経《みなもとのよしつね》の追い打ちを受けて一谷、屋島へ逃れ、壇ノ浦で大敗して捕らえられ、平氏は滅亡した。その後、義経によって鎌倉へ連行されたが、京へ送還される途中、近江（滋賀県）で斬罪に処せられた。

【宗盛はかぢわらをうやまう】「撰時抄」（287ページ）の文。「日本の平宗盛が捕虜となった時、敵である梶原景時《かじわらかげとき》を、間接的に助けになってくれたことで、敬ったようなものである」との意。平宗盛は、平家が壇ノ浦で滅びた時に捕らえられ、源義経によって鎌倉に護送された。梶原景時は、義経が今後の脅威となることを源頼朝に説いたため、義経は鎌倉に入ることができず、宗盛らを引き渡した後、引き返さなければならなかった。宗盛からすれば義経も景時も敵であることにちがいないが、景時のおかげで一時的に義経の手から解放されたということになった。それ故、同抄では「宗盛はかぢわらをうやまう」と表現されたと拝される。

平頼綱｜たいらのよりつな　▶平左衛門尉頼綱《へいのさえもんのじょうよりつな》

*__第六天の魔王__｜だいろくてんのまおう　欲界《よっかい》の第六天にいる他化自在天《たけじざいてん》のこと。欲界は、輪廻する衆生が生存する領域を欲界・色界・無色界の三界《さんがい》に分けるうちの、一番低い段階。欲界には地上と天上の両方が含まれるが、天上は6段階に分かれ六欲天《ろくよくてん》と呼ばれる。そのうちの第六天が他化自在天と呼ばれる。また、この第六天に住む神のことも他化自在天と呼ぶ。「他化自在」は、他の者が作り出したものを自由に享受する者の意。釈尊が覚りを開くのを妨害したといわれ、三障四魔の中の天子魔《てんしま》とされる。［参照］三界/三障四魔

高雄山寺｜たかおさんじ　現在の神護寺《じんごじ》のこと。京都市右京区梅ケ畑高雄町にある。和気《わけ》氏の氏寺で、後に真言宗の寺院となる。

高橋入道夫人｜たかはしにゅうどうふじん　駿河国（静岡県中部）の中心的な女性門下。河合入道《かわいにゅうどう》の娘で、日興上人の叔母にあたる。妙心尼《みょうしんあま》とも呼ばれた。後に持妙尼《じみょうあま》との法号をいただき、さらに夫の死後、父・河合入道の住む西山の窪に移ってからは窪尼《くぼのあま》とも呼ばれた。［参照］得宗領

託胎｜たくたい　▶八相《はっそう》

武内大臣｜たけうちのおとど　武内宿禰《たけうちのすくね》のこと。『日本書紀』などに見られる伝

説的な人物。景行《けいこう》・成務《せいむ》・仲哀《ちゅうあい》・応神《おうじん》・仁徳《にんとく》の5人の天皇に仕えたという。仲哀天皇の皇后が神功皇后《じんぐうこうごう》で、応神の母であるが、仲哀没後、応神即位までの間、政治を司ったとされる。近代までは、天皇の歴代に神功皇后は入れられていた。

***他化自在天** | たけじざいてん ▶第六天の魔王《だいろくてんのまおう》

堕獄 | だごく　堕地獄のこと。地獄に堕ちることをいう。

***他国侵逼難** | たこくしんぴつなん　薬師経に予言された、謗法の国に起こる七難《しちなん》の一つ。外国からの侵略をいう。日蓮大聖人は「立正安国論」で、謗法を禁じ正法を用いなければ、七難のうちまだ起こっていない自界叛逆難と他国侵逼難が起こることを予言された(31ページ)。しかし鎌倉幕府は大聖人に対して文永8年(1271年)に竜の口の法難、佐渡流罪という、生命の危機にも及ぶ迫害を加えた。その後、同9年(1272年)2月、北条一族の争いである北条時輔の乱(二月騒動)が起こり、自界叛逆難の予言が的中。同11年(1274年)10月に蒙古《もうこ》が襲来し、他国侵逼難も現実のものとなった。参照 蒙古襲来/自界叛逆難

堕在泥梨 | だざいないり　地獄に堕ちること。泥梨はサンスクリットのニラヤの音写で、地獄のこと。

多生曠劫 | たしょうこうごう　多くの生をわたり、いくつもの劫を重ねる長遠な期間。参照 劫

多造塔寺堅固 | たぞうとうじけんご　▶五五百歳《ごごひゃくさい》

韃靼 | だったん　タタールの音写。8〜13世紀初期にかけてモンゴル高原に住んでいたモンゴル系民族の一部族の名。「撰時抄」(264ページ)で宋の徽宗・欽宗が没した地という「韃靼」は、広く北方の異民族をいい、具体的にはツングース系の女真《じょしん》族のことで、その王朝である金の支配地域をさす。

脱益 | だっちゃく　仏が衆生を成仏に導くさまを植物の種まき・育成・収穫に譬えた種熟脱の三益《さんやく》のうち、最後の脱を促す利益。仏が種々の教えを説いて衆生の機根を調えた後、最後に苦悩から根本的に脱出して覚りを得る(得脱《とくだつ》)ことを促す教えの利益が脱益である。法華経本門では、釈尊が久遠実成を説いて自身の本地を明かすことにより、衆生が久遠の下種を覚知して得脱することを示しているので、法華経本門の教説は脱益の法門と位置づけられる。

***竜の口の法難** | たつのくちのほうなん　文永8年(1271年)9月12日の深夜、日蓮大聖人が斬首の危機に遭われた法難。大聖人は、9月10日に平左衛門尉頼綱《へいのさえもんのじょうよりつな》の尋問を受け、同月12日の夕刻に頼綱が率いる武装した多数の軍勢によって鎌倉の草庵を急襲された。その際、大聖人は少しも動ずることなく、かえって頼綱に対し、謗法を禁じ正法を用いなければ「立正安国論」で予言したように自界叛逆難・他国侵逼難が起こると再度、警告された。これは、第2回の国主諫暁と位置づけられる。

大聖人は捕縛され、鎌倉の街路を引き回されて、武蔵守《むさしのかみ》兼佐渡国の守護《しゅご》であった北条宣時《ほうじょうのぶとき》の邸宅に勾留された。ところが、その深夜(現

代の時刻表示では13日の未明。当時は夜明け前、午前3時ごろまでは前の日付を用いた）に突然、護送されることになり、鎌倉のはずれの竜の口あたりに到達した時、斬首が試みられた。しかし突如、江の島の方から光り物が出現し、その試みは失敗した。

大聖人は、竜の口でのこの体験を通し、末法の凡夫《ぼんぷ》（普通の人間）である日蓮の身は、業の報いをすべて受けてこれを消し去って、死んだととらえられた。そして、法華経の行者としての魂魄が佐渡に流されたと位置づけられている。すなわち、竜の口の法難を勝ち越えたことを機に、宿業や苦悩を抱えた凡夫という姿（迹《しゃく》）を開いて、凡夫の身において、生命に本来そなわる仏の境地（久遠元初《くおんがんじょ》の自受用身《じじゅゆうしん》という本地《ほんじ》）を顕されたのである。この御振る舞いを「発迹顕本《ほっしゃくけんぽん》」と拝する。

この法難の後、大聖人は、北条宣時の部下で佐渡の統治を任されていた本間重連《ほんましげつら》の依智《えち》（神奈川県厚木市北部）の邸宅に移動した。一旦は無罪であるとして危害を加えないようにとの命令が出たものの、正式な処分が決まるまでそこにとどめ置かれた。その間、反対勢力の画策により、大聖人門下に殺人・傷害などのぬれぎぬが着せられ、厳しい弾圧が行われた。その中で多くの門下が信仰を捨て退転した。しばらくして佐渡流罪が決定し、大聖人は10月10日に依智をたって佐渡へと向かわれた。参照 国主諫暁/発迹顕本/佐渡流罪/久遠元初の自受用報身如来/佐前佐後の法門/平左衛門尉頼綱/北条宣時/本間六郎左衛門尉重連

多宝｜たほう ▶多宝如来《たほうにょらい》

多宝寺｜たほうじ　日蓮大聖人の御在世当時、鎌倉にあった寺で、現存はしていない。詳細は不明だが、大聖人が極楽寺良観（忍性）と祈雨の対決をした際、良観が「多宝寺の弟子等・数百人呼び集めて力を尽し」（1158ページ）祈ったことから、極楽寺の管理下にあったようである。大聖人が発せられた十一通の御状の中に、当寺にあてられた書状がある（176ページ）。参照 極楽寺/極楽寺良観

多宝塔中｜たほうたっちゅう　法華経見宝塔品第11で出現した多宝の塔の中。多宝如来と釈尊の二仏が並んで座り（二仏並坐）、虚空会の儀式が展開されていく。

***多宝如来**｜たほうにょらい　法華経見宝塔品《けんほうとうほん》第11で出現し、釈尊の説いた法華経が真実であることを保証した仏。過去世において、成仏して滅度した後、法華経が説かれる場所には、自らの全身を安置した宝塔が出現することを誓願した。釈尊が法華経を説いている時、見宝塔品で宝塔が地から出現して空中に浮かんだ。宝塔が開くと、多宝如来が座していた。多宝如来は釈尊に席を半分譲り、以後、嘱累品第22まで、釈尊は宝塔の中で多宝如来と並んで座って（二仏並坐《にぶつびょうざ》）、法華経の説法を行った。参照 見宝塔品

多宝の証明｜たほうのしょうみょう　法華経見宝塔品第11で、多宝如来が釈尊の説法に対し「皆是れ真実なり」（法華経

373~374ページ)と述べ、法華経が真実であることを保証したこと。参照 見宝塔品

他方の菩薩｜たほうのぼさつ　釈尊が主宰する娑婆世界以外の、他の仏の国土に住む菩薩のこと。例えば薬王、観音、妙音などの菩薩をいう。これに対し弥勒などの迹化の菩薩を旧住の菩薩という。

多宝仏｜たほうぶつ　▶多宝如来《たほうにょらい》

多摩羅跋栴檀香如来｜たまらばっせんだんこうにょらい　目連《もくれん》が法華経授記品第6で未来に仏になるとの記別を受けた時の仏としての名(法華経269ページ)。参照 目連

多聞天王｜たもんてんのう　毘沙門天王のこと。▶四天王《してんのう》

陀羅尼｜だらに　▶密教《みっきょう》

陀羅尼品｜だらにほん　妙法蓮華経の第26章(法華経639ページ)。参照 十羅刹女/付録「法華経の構成」

達磨/達摩｜だるま　▶菩提達磨《ぼだいだるま》

檀越｜だんおつ　「だんのつ」とも読む。サンスクリットのダーナパティの音写で、施主(布施の主)を意味する。在家の有力信者で仏教教団を経済的に支える人。参照 檀那

***檀家制度**｜だんかせいど　江戸時代に確立した制度で、寺檀《じだん》制度ともいう。江戸幕府が民衆統制のため、すべての人々を仏教各派の寺に所属させて檀徒とし、これを戸籍に利用した。また、寺が檀徒について、キリシタンや日蓮宗不受不施派などの禁制宗派の信徒ではないことを証明する制度を、寺請制度といった。これらによって僧侶は檀徒を意のままに支配できるようになった。

但行礼拝｜たんぎょうらいはい　法華経常不軽菩薩品第20の文。「但礼拝を行ずるのみ」(法華経557ページ)と読み下す。不軽菩薩があらゆる人々を礼拝・賛嘆したことをいう。参照 不軽菩薩

丹朱｜たんしゅ　古代中国における伝説上の王である堯王《ぎょうおう》の子。国位を継ぐには足らず、堯王は舜を見極めたうえで臣下にし、彼に王位を譲った。参照 堯王

***檀那**｜だんな　❶サンスクリットのダーナの音写で、布施《ふせ》の意。あるいはダーナパティの音写の略で、施主を意味する。在家の有力信者で仏教教団を経済的に支える人。

❷檀那僧正《そうじょう》の略。天台密教の僧・覚運《かくうん》(953年~1007年)のこと。

湛然｜たんねん　▶妙楽大師《みょうらくだいし》

檀波羅蜜｜だんはらみつ　▶布施《ふせ》

檀弥羅王｜だんみらおう　北インド罽賓《けいひん》国(カシュミール)の王。『付法蔵因縁伝』巻6によると、付法蔵の第23である師子《しし》尊者は、罽賓国で布教していた時、仏教を弾圧した国王・弥羅掘《みらくつ》によって首を斬られたが、乳が流れるだけで、血が出なかったという。『摩訶止観』巻1では、弥羅掘王を檀弥羅王としている。『景徳伝灯録』巻2によると、師子尊者を斬ったあと、王の右手は地に落ち、7日のうちに王も死んだという。参照 師子

ち

癡｜ち　▶三毒《さんどく》

智顗｜ちぎ　▶天台大師《てんだいだいし》

筑後房｜ちくごぼう　▶日朗《にちろう》

***畜生**｜ちくしょう　飼い養われている生き物の意で、動物を総称した語。人間の行動としては、理性を失って倫理・道徳をわきまえず、本能的欲望のままに動いていく状態をいう。強い者を恐れ弱い者を侮り、因果の道理をわきまえず、目先のことにとらわれて行動する境涯。三悪道の一つ。参照畜生界

***畜生界**｜ちくしょうかい　畜生の世界。鳥や獣などの動物が味わう苦悩の境涯。古代インドにおいて畜生は、鳥や獣、虫や魚など動物全般をさす。また、自分が生きるために他を殺害する弱肉強食の世界。十界の一つであり、三悪道・四悪趣・六道に含まれる。「観心本尊抄」には「癡は畜生」(241ページ)とあり、われわれ人界にそなわる畜生界は、因果の道理をわきまえない愚かな姿にうかがえると示されている。これに基づいて仏法の生命論では、人間らしい理性が働かず、因果の道理がわからず、正邪・善悪の判断に迷ったあげく、目先の利益にとらわれて重要なものを失って苦悩する生命状態を畜生界とする。参照三悪道/四悪趣/十界/六道

竹杖外道｜ちくじょうげどう　古代インドの仏教以外の修行者の一派。目連は舎利弗と共に王舎城(ラージャグリハ)を巡行中、竹杖外道に出会い、その師を破したため、杖で打ち殺されたという。参照目連

畜生道｜ちくしょうどう　▶畜生界《ちくしょうかい》

智拳印｜ちけんいん　金剛界の大日如来が結ぶ印のこと。両手の親指を拳の中に入れて握って金剛拳を結び、次に左手の人さし指を立てて右の拳でそれを握る。参照印

智儼｜ちごん　602年～668年。中国・唐の僧。華厳教学の基礎を築いたが、一般には杜順に続く華厳宗第2祖とされる。弟子に法蔵がいる。

知識｜ちしき　漢語の「知識」は友人、仲間の意。善知識をさすことが多い。正しく仏道修行へ導き、ともに励む人。参照善知識/悪知識

***智者**｜ちしゃ　❶物事の道理をわきまえた、智慧のある人。

❷天台大師智顗の通称。彼が「天台智者大師」と呼ばれたことによる。

智周｜ちしゅう　668年～723年。中国・唐の法相宗の僧。基(慈恩)の弟子である慧沼《えしょう》に師事して唯識を学び、濮陽(河南省北東部の濮陽市)の報城寺で活動した。日本から唐へ渡った玄昉《げんぼう》に法を伝えたことでも知られる。

智証｜ちしょう　▶円珍《えんちん》

智昭｜ちしょう　生没年不詳。法相宗の僧。智鳳または道昭のことと思われるが、詳細は不明。

地水火風空｜ちすいかふうくう　▶五大《ごだい》

治生産業｜ちせいさんぎょう　生活を成り立たせ支える営み、なりわい。法華経法師功徳品第19には「諸の説く所の法は、其の義趣に随って、皆実相と相違背せじ。若し俗間の経書、治世の語言、資生の業等を説かんも、皆正法に

あ
か
さ
ち
な
は
ま
や
ら
わ

順ぜん」(法華経549㌻)とあり、この文を注釈して『法華玄義』巻1上には「一切世間の治生産業は皆実相と相い違背せざるが如し」とある。日蓮大聖人は、この『玄義』の文を通して「御みやづかい(仕官)を法華経とをぼしめせ」(1295㌻)と仰せである。また、「智者とは世間の法より外に仏法を行ず、世間の治世の法を能く能く心へて候を智者とは申すなり」(1466㌻)とも仰せになっている。参照 みやづかい/信心即生活

智度｜ちど　生没年不詳。中国・唐の僧。『法華文句』の注釈書である『法華経疏義纘』を著した。東春という地に住んでいたとされることから、彼ならびにその著作も「東春」と呼ばれる。「智度」の読みは天台宗では伝統的に「ちたく」とする。

智伯｜ちはく　中国の春秋・戦国時代、晋の卿。▶予譲《よじょう》

智鳳｜ちほう　生没年不詳。飛鳥・奈良時代、新羅出身の法相宗の僧。法相宗の日本への伝来は計4回にわたるとされるが、智鳳は第3伝とされ、智鸞《ちらん》・智雄《ちゆう》とともに唐に渡り、智周から学び伝えた。参照 法相宗

中阿含経｜ちゅうあごんぎょう　▶阿含部《あごんぶ》

中インド｜ちゅういんど　ガンジス川中流域の古代インドの文化の中心。

中有｜ちゅうう　▶四有《しう》

紂王｜ちゅうおう　紀元前11世紀ごろ。中国古代・殷《いん》の最後の王。遊興にふける一方、臣下の言葉に耳を貸さず、農民を重税で苦しめるなどの悪政を行ったとされる。周の武王によって滅ぼされた。参照 武王

忠言耳に逆う｜ちゅうげんみみにさかろう　孔子の言行などを記した『孔子家語』に「忠言耳に逆らう」とある。真心からの忠告の言葉は、欠点や過ちを鋭く指摘しているゆえに、忠告された人は素直に聞き入れにくいという意。

中劫｜ちゅうこう　劫は長遠な時間を表す単位。2小劫を1中劫とする説と、20小劫を1中劫とする説がある。参照 劫

中国｜ちゅうごく　❶一般的な中国。今日の中華人民共和国をさす。

❷仏教の中心地という意味で、インドをさす。

❸日本の地域区分で、京畿から見て中間にある国。

中国への仏教伝来｜ちゅうごくへのぶっきょうでんらい　中国への仏教初伝について、「開目抄」には「後漢の第二・明帝の永平十年丁卯の年・仏法・漢土にわたる」(226㌻)とあり、日蓮大聖人は明帝永平10年(67年)とされている。「四条金吾殿御返事」でも「中国には、後漢の第2代の明帝が、永平7年(64年)に金神の夢を見て、博士蔡愔《はかせさいいん》・王遵《おうじゅん》などの18人を月氏に派遣して仏法を求めさせたところ、中インドの摩騰迦と竺法蘭という二人の聖人を同10年丁卯の年(67年)に迎え入れ、崇重した」(1167㌻、通解)と述べられている。また、前漢の哀帝《あいてい》の元寿元年(紀元前2年)、大月氏王《だいげっしおう》の使者・伊存《いそん》が景盧《けいろ》なる人物に浮屠経《ふときょう》(仏典)を口伝したという説もある。仏教が確実に伝来したことを示す史料としては、『後漢書』楚王英伝に後漢の明帝の詔があり、ここから明帝永平8年(65年)の時点で、楚王英《そおうえい》が仏を

祭っていたことが読み取れる。いずれにせよ、紀元前後に西域からの朝貢や通商にともない、徐々に伝来したと考えられる。2世紀半ばから仏典が本格的に伝訳されるようになる。安息国（パルティア）の太子・安世高《あんせいこう》は、後漢の桓帝《かんてい》の建和年間（147年～149年）の初めに洛陽に来て、部派仏教の経典を中心に漢訳した。同時期の後漢の支婁迦讖《しるかせん》は、大乗経典を最初に漢訳したとされる。

柱師｜ちゅうし　「立正安国論」（20ページ）に引用された大集経の文にある。引用原典の大集経（宋版大蔵経）は「村主将師」で、村の首長・将軍を意味する。

仲尼｜ちゅうじ　▶孔子《こうし》

忠仁公｜ちゅうじんこう　藤原良房の諡号。▶藤原良房《ふじわらのよしふさ》

中諦｜ちゅうたい　▶三諦《さんたい》

中道｜ちゅうどう　相対立する両極端のどちらにも執着せず偏らない見識・行動。

①苦楽中道。不苦不楽中道とも。快楽主義と苦行主義の二つの生き方を捨てること。出家前の釈尊は、王子としての贅沢な暮らしから快楽を求める生き方をしていたが、これを捨てた。また出家して苦行をしていたが、覚りに無益であるとしてこれを捨てた。その後、心身を整えて瞑想する中で覚りに至った。

②有無中道。非有非無中道とも。断見と常見の両極端のどちらにも偏ることなく、あらゆるものごとは、縁起の法にしたがって、生成消滅するという正しい見識に立つこと。

③八不中道。竜樹の『中論』の冒頭にある詩句、不生不滅・不常不断・不一不異・不来不去という八不（八つの極端の否定）によって指し示されるものごとの真実のあり方。

④空と中道。竜樹の『中論』には、「衆因縁生法は｜我即ち是れ無なりと説く｜亦是を仮名と為す｜亦是中道の義なり」とあり、衆の因縁生の法（縁起）と空と仮名と中道を同一視している。竜樹は「もし一切は皆、空ならば、生も無くまた滅も無し」と説く。空こそが、生滅・有無などの対立する2項を離れたものごとのありのままの姿であり、これを中道というとする。

⑤三諦における中道。天台大師智顗は『中論』の説を受けて、空仮中の三諦円融に基づく中諦を説いた。修行者の一心を観じて三諦円融を覚る一心三観の実践を説いた。『摩訶止観』巻3上には「中道第一義観とは、前に仮の空なるを観ずるは、是れ生死を空ず。後に空の空なるを観ずるは、是れ涅槃を空ず。双べて二辺を遮す……また、初めの観は空を用い、後の観は仮を用いる。これを双存の方便と為す。中道に入る時、能く双べて二諦を照す」と述べ、双遮・双照をもって中道としている。つまり空と仮をならべて否定（遮）するとともに、空と仮をならべて用い、障害なく通じ合って融和し、偏ることのない境地である。参照 縁起/三諦

『中論』｜ちゅうろん　竜樹の著作。中国・後秦の鳩摩羅什訳。4巻。一切のものには実体がないという「空」の思想を展開し、特に当時有力だった説一切

有部の説を批判した。大乗思想の理論的基礎となり、インドでは本書に基づく中観派が起こり、中国では三論宗のよりどころとされた。参照 竜樹/空

町｜ちょう　土地の面積の単位。1町は約1万平方メートル。

重華｜ちょうか　▶舜王《しゅんおう》

澄観｜ちょうかん　738年～839年。中国・唐の僧で、華厳宗の第4祖に位置づけられる。五台山清涼寺に住んだことから、清涼国師《しょうりょうこくし》と呼ばれた。実叉難陀《じっしゃなんだ》が訳した80巻の華厳経を研究し、『華厳経疏』『華厳経随疏演義抄』などを著した。

長行｜ちょうぎょう　「じょうごう」とも読む。経文の中で、散文で書かれた文章をいう。これに対し韻文で書かれた文章を偈頌《げじゅ》という。法華経如来寿量品第16の場合、行数の長い散文と、「自我偈《じがげ》」（自我得仏来から速成就仏身まで）と称される韻文よりなる。参照 偈/自我偈

趙高｜ちょうこう　?～紀元前207年。中国・秦の宦官。始皇帝に仕えていたが、皇帝の死後、その長子・扶蘇《ふそ》を殺して末子・胡亥《こがい》を皇帝に立てて後継者とし、権力を掌握する。反対派を次々と粛清したが、国中に反乱を招き、次に皇帝位を継いだ子嬰《しえい》によって殺された。

長者｜ちょうじゃ　❶福徳が優れて富貴の人。

❷年長者。長老。

❸東寺の長官で、真言宗の最高権威者。

長者窮子の譬え｜ちょうじゃぐうじのたとえ　法華経信解品第4に説かれる譬え（法華経210ページ以下）。幼い時に家出した息子を見つけた大富豪（長者）は、父のことを忘れて貧しい生活に慣れた息子（窮子）に対し、まずは便所掃除の仕事を与え、やがて資産の管理をゆだね、子が成長したのを見届けて、臨終の床で人々に彼が自分の息子であることを明らかにし、一切の財産を相続させた。大富豪は釈尊を譬え、息子は自らも仏に成れるとは思っていなかった声聞たちを譬える。

牒状｜ちょうじょう　国家間を往復する外交文書。国書のこと。

刁星｜ちょうせい　▶刀星《とうせい》

調達｜ちょうだつ　「じょうだつ」とも読む。▶提婆達多《だいばだった》

寵忍｜ちょうにん　生没年不詳。南都六宗の僧の一人。

調伏｜ちょうぶく　▶調伏《じょうぶく》

長楽寺｜ちょうらくじ　鎌倉にあった浄土宗の寺院。開山は法然（源空）の孫弟子・智慶《ちけい》。日蓮大聖人の御在世当時、鎌倉における念仏勢力の一大拠点となっていた。現在は廃寺。大聖人が発せられた十一通の御状の中に、当寺にあてられた書状がある（176ページ）。

長吏｜ちょうり　寺の事務を統轄する僧の役職。園城寺（三井寺）などの貫主の名称。参照 貫主

張良｜ちょうりょう　紀元前2世紀の中国・漢の建国の功臣。劉邦（漢の高祖）の挙兵に呼応して軍師となって活躍した。のち秦を滅ぼし、鴻門《こうもん》の会においては劉邦の危機を救い、漢の建国に貢献した。

嘲弄｜ちょうろう　からかい、あざけること。

勅宣｜ちょくせん　天皇の命令書。

陳｜ちん　557年～589年。中国・魏晋南北朝時代、南朝の最後の王朝。陳は隋に滅ぼされ、中国は分裂が長く続いた時代が終わり、再び統一された。天台大師智顗は、陳の宣帝《せんてい》と後主叔宝《しゅくほう》の帰依を受けた。

鎮護国家｜ちんごこっか　仏法によって災難を鎮め国家を護ること。国王がその経を受持すれば諸天善神に守護されるとする護国思想を説く経典が、朝廷や貴族の間で重視され、講説・祈禱に用いられた。参照 護国三部経

陳子｜ちんし　中国の故事に出てくる人物だが、詳細は不明。陳の国の太子に仕えていた除徳言《じょとくげん》という者は、妻との離別に際して、鏡を割りその半分を妻に渡した。のちに半鏡を捜し出した夫は、妻の居所を知ったが、その時、妻はすでに他人の妻となってしまっていたという(『大平広記』)。また一説には、同じく夫婦離別の際、陳子は鏡を割って半片を二人で分けあった。その後にその妻が他人と通じてしまったとき、鏡はカササギと化して飛び、夫の前に至ったという。「妙心尼御前御返事」(1482,1484ページ)の引用は、これらの故事が合わさったものと考えられる。

つ

追善｜ついぜん　故人の冥福・成仏を願って、ゆかりのある生者が功徳・善根を積み、それを回向すること。参照 回向

追善供養｜ついぜんくよう　死者の成仏を願って行う祈念・仏事のこと。

通教｜つうぎょう　▶化法の四教《けほうのしきょう》

通別円の三教｜つうべつえんのさんぎょう　化法の四教(蔵通別円)のうちの通教・別教・円教のこと。▶化法の四教《けほうのしきょう》

通力｜つうりき　▶神通力《じんずうりき》

***塚原の三昧堂**｜つかはらのさんまいどう　佐渡・塚原の墓地にあった葬送用の堂。流罪中の日蓮大聖人が滞在された。「死人を捨つる所」(916ページ)にあった一間四面の狭い堂で、祭るべき仏もなく、板間は合わず壁は荒れ放題にまかせ、日の光もささない、廃屋同然の建物であった(同ページ)。参照 佐渡流罪

***塚原問答**｜つかはらもんどう　日蓮大聖人が佐渡流罪中の文永9年(1272年)1月16日・17日に塚原三昧堂で、佐渡・信越・北陸の念仏をはじめとする諸宗の僧ら数百人と行った問答のこと。念仏者らは当初、大聖人の殺害を計画していたが、佐渡国の守護代《しゅごだい》・本間重連《ほんましげつら》から制止され、本間重連の立ち会いのもと法論に及んだ。16日の問答で、諸宗の僧らは大聖人に徹底的に打ち破られた。その結果、多くの僧が自らの信仰を捨て、大聖人に帰依した。16日の最後に大聖人は、本間重連に急いで鎌倉に行って武勲を立てるよう促した。翌月18日に鎌倉から来た知らせ

によって、二月騒動《にがつそうどう》が起こって鎌倉で戦が行われていることが分かり、重連はこれを機に念仏を捨てて大聖人に帰依した。17日に念仏僧・弁成《べんじょう》との問答が行われ、その記録は「法華浄土問答抄」(117ページ)として残されているが、これは塚原問答中のものと推測される。また弁成は、念仏僧の中心者の一人である印性房《いんしょうぼう》ではないかと推測されている。参照 佐渡流罪/二月騒動/本間六郎左衛門尉重連

月は西より出でて東を照し | つきはにしよりいでてひがしをてらし ▶仏法西還《ぶっぽうせいかん》

つくし | つくし　筑紫。九州の北部、現在の福岡県を中心とする一帯をいう。蒙古が襲来した時は、この地が防衛線となり、全国から武士や、防塁建設のための人足が派遣された。

対馬 | つしま　▶壱岐《いき》・対馬《つしま》

鶴岡八幡宮 | つるがおかはちまんぐう　鎌倉にある神社。康平6年(1063年)に源頼義《みなもとのよりよし》が安倍貞任の征伐に向かった時、男山(京都府八幡市)の石清水八幡宮の分霊を鎌倉の由比郷鶴岡に祭ったのが始まり。その後、源頼朝が小林郷に移し、ここを下宮とし、後方の山上に本殿として上宮を建てた。鎌倉幕府にとって幕府の守護神そのものともいうべき宗教的中心施設で、鎌倉の街並みも八幡宮を最上に置き、その参道である若宮小路を中軸に構成されていた。毎年、歴代将軍が参詣することはもちろん、8月に将軍臨席のもとで行われる流鏑馬は、幕府の御家人にとって最も重要な行事であった。神宮寺として、その別当職に真言宗の東寺や天台密教の園城寺《おんじょうじ》(三井寺)出身の僧が就いていた。

竜の口の法難当時の別当は、隆弁《りゅうべん》であった。前任の定親《じょうしん》が三浦泰村《みうらやすむら》の姻戚であったため宝治の合戦の影響で退任したことから、宝治元年(1247年)に隆弁は補任され、弘安6年(1283年)までの長期にわたりこの職にあった。寺門派の僧で、北条時頼からの信頼が厚く、時宗・宗政《むねまさ》が生まれる時も、安産祈禱を行った。文永2年(1265年)に阿闍梨位に登り、同4年(1267年)に園城寺の長吏に任命されている。

て

丁蘭｜ていらん　中国・前漢の人。親孝行の子として有名。『今昔物語集』などによると、幼い頃、母を失ったが、15歳になって母の像を造り、これを生きている母のように敬ったとされる。

鉄囲山｜てっちせん　須弥山《しゅみせん》を中心とする九山八海《くせんはっかい》の一番外側にある鉄山のこと。また三千大千世界を囲む鉄山をさすこともあり、この時は前者を小鉄囲山、後者を大鉄囲山という。参照 須弥山/九山八海

鉄腹婆羅門｜てっぷくばらもん　サーンキヤ学派の学者である自在黒《じざいこく》(イーシュヴァラクリシュナ)のことと思われる。蓄えた智慧によって腹が破裂することを恐れて、鉄板を腹に巻いていた。仏教徒を論破して、王の信任を得たが、世親(ヴァスバンドゥ)によって誤りが示された。

寺泊｜てらどまり　現在の新潟県長岡市寺泊。越後国(新潟県)の古くからの港町。日蓮大聖人はこの地から船出して佐渡に向かわれた。竜の口の法難の後、佐渡への流刑を言い渡された大聖人は、文永8年(1271年)10月10日、勾留されていた相模国依智(神奈川県厚木市北部)を出発し、10月21日に寺泊に到着された。佐渡へ渡るため順風を待つ数日の間に、同地から下総国(千葉県北部周辺)の門下・富木常忍へ「寺泊御書」(951ページ)をしたため送られている。参照 佐渡流罪

***天界**｜てんかい　天(神々)の世界。神々の生命境涯。天はサンスクリットのデーヴァの音写で、古代インドの神話に登場する神々を意味する。前世に積んだ善根の果報として、安楽な天の世界に生まれることができる。しかし、やがてその果報が尽きると、天界から離れて六道を輪廻《りんね》しなければならない。そのため、天界の喜びには永続性がない。

天界は大きく三つに分かれ、欲天・色天・無色天に分かれる。

欲天は六つに分かれ、六欲天という。最下層は世界の中心にある須弥山の中腹に位置し、その四方に毘沙門天(多聞天)など四天王が住むことから、四大王衆天という。その上の第2層は須弥山の頂上に位置し、帝釈天(インドラ)を主とする神々が住み、これは三十三天と呼ばれる。これら2天は地上に神々が住むことから、地居天とされ、これより上の空居天と区別される。第3層には死者の王である夜摩(ヤマ、閻魔ともいう)が住み、夜摩天という。第4層は兜率天といい、次に地上に生まれて仏と成る者が滞在する場所とされ、娑婆世界では弥勒菩薩が待機しているとされる。第5層は楽変化天といい、神通力で欲望の世界を自らつくり楽しむ。欲天の最上に位置する第六天の王が他化自在天で、これは他者を自在に操り、第六天の魔王と呼ばれる。

色天は17あるいは18に分かれるとされ、その下層の諸層には、梵天(ブラフマー)が住む。色天の最上層は色究竟天と呼ばれる。

無色天は純粋に精神のみの世界で、空間に位置を占めることはない。

体得した三昧の種類に応じた果報によって4層に分かれる。非想非非想天は、三界の頂点であり、有頂天ともいう。なお、物質的世界の頂点である色究竟天を有頂天という場合もある。

日蓮大聖人は「観心本尊抄」で「喜ぶは天」(241㌻)と仰せになり、喜びに満ちていることが人界にそなわる天界を示すものとされている。これに基づいて仏法の生命論では、欲求がみたされて喜びに満ちている生命状態を天界とする。十界のうち、六道の一つ。また修羅・人とともに三善道とされる。

参照 三界/十界

伝教大師｜でんぎょうだいし　767年あるいは766年～822年。最澄《さいちょう》のこと。伝教大師は没後に贈られた称号。平安初期の僧で、日本天台宗の開祖。比叡山《ひえいざん》(後の延暦寺《えんりゃくじ》、滋賀県大津市)を拠点として修行し、その後、唐に渡り天台教学と密教を学ぶ。帰国後、法華経を根本とする天台宗を開創し、法華経の一仏乗の思想を宣揚した。晩年は大乗戒壇《だいじょうかいだん》の設立を目指して諸宗から反発にあうが、没後7日目に下りた勅許により実現した。主著に『守護国界章』『顕戒論』『法華秀句』など。

【桓武天皇らの帰依】伝教大師は生涯にわたり、桓武天皇《かんむてんのう》、その第1皇子・平城天皇《へいぜいてんのう》、第2皇子・嵯峨天皇《さがてんのう》の帰依を受けた。天台教学の興隆を望む桓武天皇の意向を受け、唐に渡り天台教学を究め、帰国後の延暦25年(806年)、伝教の「天台法華宗《てんだいほっけしゅう》」が国家的に公認された。これをもって日本天台宗の開創とされる。大乗戒壇設立の許可が下りたのは、嵯峨天皇の時代である。

【得一との論争】▶三一権実論争《さんいちごんじつろんそう》

【南都からの非難】伝教大師は37歳の時、唐に渡り、台州および天台山で8カ月間学んだが、都の長安には行かなかった。そのため、日本の南都六宗の僧らは「最澄は唐の都を見たことがない」(『顕戒論』巻上、237㌻で引用、趣意)と言って、仏教の本流を知らないと非難した。日蓮大聖人は、これを釈尊や天台大師が難を受けたことともに挙げられた上で、「これらはすべて法華経を原因とすることであるから恥ではない。愚かな人にほめられることが第一の恥である」(同㌻、通解)と仰せになっている。参照 天台宗

天眼｜てんげん　▶五眼《ごげん》

***諂曲**｜てんごく　人に媚びて自分の心を曲げて迎合すること。「諂」は「へつらう、あざむく」との意。「曲」は「道理を曲げて従う」との意。日蓮大聖人は「観心本尊抄」で「諂曲なるは修羅」(241㌻)と仰せになり、修羅界の現れであるとされている。参照 修羅界

天竺国｜てんじくこく　中国および日本で用いられたインドの古称。

天智天皇｜てんじてんのう　626年～671年。第38代天皇。即位前は中大兄皇子《なかのおおえのおうじ》と通称される。舒明天皇《じょめいてんのう》の第2皇子で、母は皇極天皇《こうぎょくてんのう》(斉明天皇《さいめいてんのう》)。645年に中臣鎌足《なかとみのかまたり》らと謀って蘇我氏を滅ぼし、皇極天皇の同母弟である孝徳天皇を即位させ、自身は皇太子として大化の改新を推進した。百済の援軍として朝鮮

出兵を試みたが、白村江の戦い(663年)で大敗した。没後翌年の672年、天智天皇の子である大友皇子《おおとものおうじ》と天智の弟・大海人皇子《おおあまのおうじ》(天武天皇)との間で後継者争いが起きた(壬申の乱)。『扶桑略記』巻5には、寺院を建立するため地を平らにした時、長さ5寸(約16センチメートル)の白石が発掘され、夜に光明を放つので、天智天皇は左手の薬指を削って供養したと伝えられている。参照天武天皇

***天子魔** | てんしま ▶三障四魔《さんしょうしま》/第六天の魔王《だいろくてんのまおう》

***転重軽受** | てんじゅうきょうじゅ 「重きを転じて軽く受く」と読み下す。涅槃経(北本)巻31の語。正法を護持する功徳の力によって、過去世の重罪を転じて、現世でその報いを軽く受け、消滅させるとの意。この法門については、「開目抄」(232,233ページ)で明かされている。また「転重軽受法門」では、転重軽受の功徳について「地獄の苦みぱっときへて」(1000ページ)と仰せである。参照宿命転換/業

「転重軽受法門」 | てんじゅうきょうじゅほうもん 竜の口の法難直後の文永8年(1271)年10月5日、日蓮大聖人が、滞在されていた依智(神奈川県厚木市北部)から、下総国(千葉県北部周辺)に在住した大田乗明・曾谷教信・金原法橋の3人の門下に与えられたお手紙(1000ページ)。参照転重軽受

天照太神 | てんしょうだいじん 「あまてらすおおみかみ」ともいう。日本神話に登場する太陽神で、天皇家の祖先神とされる。伊勢神宮の内宮に祭られる。仏教では仏法の守護神とされ、平安後期から本地垂迹説が普及すると大日如来の垂迹とされた。

天親 | てんじん ▶世親《せしん》

天台 | てんだい ❶▶天台大師《てんだいだいし》 ❷天台宗、またはその教えのこと。▶天台宗《てんだいしゅう》

天台座主 | てんだいざす 日本天台宗では、天長元年(824年)に就任した義真を初代とする。▶座主《ざす》

天台山 | てんだいさん 中国浙江省東部にある山。天台大師智顗が入山した。天台山国清寺《こくせいじ》は中国天台宗の中心地とされ、日本からも多くの僧が遣唐使として訪れた。参照国清寺

天台沙門 | てんだいしゃもん 天台宗の僧の意。沙門とは出家して仏道を行ずる僧のこと。日蓮大聖人は、立宗の当初は「天台沙門」と称されたが、後に「本朝沙門日蓮」(238ページ)、「釈子日蓮」(256ページ)と称され、末法の法華経の行者であることを示された。大聖人滅後、直弟子であった五老僧は、幕府からの圧迫に屈し、大聖人の法門は天台の末流であり、自分たちも天台の弟子であると名乗った。この五老僧の姿を日興上人は厳しく破折されている。参照沙門/五老僧

***天台宗** | てんだいしゅう ❶法華経を根本として中国・隋の天台大師智顗を事実上の開祖とする宗派。天台法華宗《てんだいほっけしゅう》、法華宗ともいう。天台大師は五時の教判を立てて法華経を宣揚し、また一念三千の法門を明かして法華経に基づく観心の修行を確立した。その後、法相宗・華厳宗・密教・禅の台頭に対し宗勢が振るわなかったが、唐になって妙楽大師湛然が再興した。日本

では、平安初期に伝教大師最澄が唐に渡って体系的な教義を学び、帰国後の806年に日本天台宗を開いて法華一乗思想を宣揚した。また伝教大師は比叡山《ひえいざん》に大乗戒壇《だいじょうかいだん》を建立しようと努め、没後間もなく実現している。伝教没後は密教化が進み、特に円仁《えんにん》（慈覚）や円珍《えんちん》（智証）が唐に渡り密教を積極的に取り入れ、安然《あんねん》が体系的に整備した。参照天台大師/妙楽大師/伝教大師/延暦寺/比叡山/円仁/円珍/安然

❷御書中の用例としては「天台（宗）の教え」といった意味の場合がある。例えば「撰時抄」（263㌻）の「天台宗」は、来日した鑑真によって伝えられた中国天台宗の教えをさす。

天台真言｜てんだいしんごん　❶天台宗と真言宗。

❷密教化した天台宗の教え。天台密教（台密）のこと。天台宗は法華経の一乗思想に基づいて諸思想を開会して用いるが、天皇・貴族らの要求に迎合して真言の祈禱を重用し、教理の面でも真言を法華経よりも優れていると位置づけるようになっていった。

***天台大師**｜てんだいだいし　538年〜597年。智顗《ちぎ》のこと。中国の陳・隋にかけて活躍した僧で、中国天台宗の事実上の開祖。智者大師《ちしゃだいし》とたたえられる。大蘇山にいた南岳大師慧思に師事した。法華経薬王菩薩本事品第23の文によって開悟し、後に天台山に登って円頓止観を覚った。『法華文句』『法華玄義』『摩訶止観』を講述し、これを弟子の章安大師灌頂がまとめた。これらによって、法華経を宣揚するとともに観心の修行である一念三千の法門を説いた。存命中に陳の宣帝《せんてい》と後主叔宝《しゅくほう》、隋の文帝《ぶんてい》と煬帝《ようだい》（晋王楊広《ようこう》）の帰依を受けた。

【薬王・天台・伝教】日蓮大聖人の時代の日本では、薬王菩薩が天台大師として現れ、さらに天台の後身として伝教大師最澄が現れたという説が広く知られていた。大聖人もこの説を踏まえられ、「和漢王代記」では伝教大師を「天台の後身なり」（611㌻）とされている。参照天台宗/章安大師/伝教大師/南岳大師/薬王菩薩/一念三千/観心/一心三観/『摩訶止観』/『法華文句』/『法華玄義』/五時/化儀の四教/化法の四教/三因仏性/四種三昧/変毒為薬/前三後三/六即/五重玄義/三諦/三妙合論/三惑/本因妙/本果妙/天台山/国清寺

天台密教｜てんだいみっきょう　台密ともいう。特に円仁（慈覚）、円珍（智証）以後の日本天台宗が独自に解釈し実践した密教のこと。参照円仁/円珍

天王如来｜てんのうにょらい　提婆達多が未来に成仏する時の名（法華経400㌻）。参照提婆達多

天の加護｜てんのかご　法華経の行者を守ると誓った諸天善神が力を加えて助け護ること。

天平文化｜てんぴょうぶんか　聖武天皇の治世（724年〜749年）の天平時代を中心に栄えた国際的貴族文化。盛唐および西域の文化が国家的規模で取り入れられ、建築・彫刻・絵画・工芸など、仏教美術の黄金時代がつくりあげられた。

伝法院｜でんぼういん　大伝法院のこと。

もとは覚鑁《かくばん》が高野山の中に建てた堂をいう。覚鑁が高野山の北麓の根来に移った後も、覚鑁派の異名として用いられていた。日蓮大聖人の時代には、高野山では覚鑁派と反覚鑁派が激しく争っていた。覚鑁派は新義真言宗となっている。参照覚鑁

伝法灌頂｜でんぼうかんじょう　▶灌頂《かんじょう》

転法輪｜てんぼうりん　「てんぽうりん」とも読む。仏が説法をすること。参照八相

添品法華経｜てんぽんほけきょう　添品妙法蓮華経《てんぽんみょうほうれんげきょう》の略。法華経の漢訳の一つ。中国・隋の時代、仁寿元年(601年)に闍那崛多《じゃなくった》と達摩笈多《だるまぎゅうた》が訳出した。ほぼ鳩摩羅什訳の妙法蓮華経に基づき、鳩摩羅什訳に欠けていた薬草喩品の後半などを増補した。

天魔｜てんま　天子魔のこと。▶三障四魔《さんしょうしま》/第六天の魔王《だいろくてんのまおう》

天魔・外道｜てんまげどう　天魔も外道も、ともに仏道修行を妨げる働きのこと(1587ページ)。

天武天皇｜てんむてんのう　631年?～686年。第40代天皇。兄の天智天皇の子である大友皇子《おおとものおうじ》との皇位継承の争い(壬申の乱)に勝ち、律令制を充実させて天皇を中心とする中央集権的支配を進めた。なお、近代以前では一般に神功皇后《じんぐうこうごう》を第15代と数えているが、現在第39代とされている弘文天皇《こうぶんてんのう》(大友皇子)を歴代に含めないので、天武天皇以後は現行の歴代と一致する。参照天智天皇

天竜八部｜てんりゅうはちぶ　▶八部衆《はちぶしゅ》

転輪聖王｜てんりんじょうおう　全世界を統治するとされる理想の王のこと。転輪王、輪王ともいう。天から輪宝という武器を授かり、国土を支配するとされる。その徳に応じて授かる輪宝に金・銀・銅・鉄の4種があり、支配する領域の範囲も異なるという。金輪王は四大洲、銀輪王は東西南の3洲、銅輪王は東南の2洲、鉄輪王は南閻浮提のみを治める。参照四大洲/閻浮提

と

塔 | とう　▶仏塔《ぶっとう》

唐 | とう　618年～907年。隋に続く中国の王朝。律令制度を軸とした中央集権的な国家体制を築いて全国を統一し、強大な勢力をもって東アジア・中央アジアに支配を広げた。これによりシルクロード交易が盛んになった。儒教が低調で道教と仏教が盛んだったが、第15代皇帝・武宗の廃仏(845年)によって仏教は衰えた。遣唐使の往来などにより、仏教各派の教えや大陸の多様な文化が日本に伝えられた。参照 武宗

道阿道教 | どうあどうきょう　▶道教《どうきょう》

道阿弥陀仏 | どうあみだぶつ　▶道教《どうきょう》

登位 | とうい　王位に登った人、すなわち王・皇帝のこと(270ページ)。

当位即妙・不改本位 | とういそくみょうふかいほんい

「当位即妙」は「当位、即ち妙なり」と読み下す。妙楽大師湛然の『法華玄義釈籤』巻4の文。十界の衆生が、そのままの位を動ずることなく、即、妙覚(仏)の位であることをいう。「不改本位」は「本位を改めず」と読み下す。九界の衆生が各自の本来の位を改めることなく、そのまま即身成仏することをいう。

道雄 | どうおう　?～851年。平安初期の僧。空海(弘法)の十大弟子の一人。日本華厳宗の第7祖とされるが、空海(弘法)にも師事し、海印寺を開いて華厳・真言兼修の寺とした。

等覚 | とうがく　❶仏の異名。等正覚。等は平等の意、覚は覚悟の意。諸仏の覚りは真実一如にして平等であるので等覚という。

❷菩薩の修行の段階。五十二位のうちの第51位。菩薩の極位をさし、有上士、隣極ともいう。長期にわたる菩薩の修行を完成して、間もなく妙覚の仏果を得ようとする段階。参照 五十二位/妙覚

当起遠迎、当如敬仏 | とうきおんごうとうにょきょうぶつ

法華経普賢菩薩勧発品第28の文。「当に起って遠く迎うべきこと、当に仏を敬うが如くすべし」(法華経677ページ)と読み下す。法華経を受持している者を見たなら、必ず、立ち上がって迎えるべきであり、まさに仏を心から敬うようにすべきであるということ。「御義口伝」ではこれを「最上第一の相伝」(781ページ)とされている。

唐堯 | とうぎょう　▶堯王《ぎょうおう》

道鏡 | どうきょう　?～772年。奈良時代の法相宗の僧。孝謙上皇《こうけんじょうこう》の病を平癒して信頼を得る。上皇が再び天皇(称徳《しょうとく》)となると、太政大臣禅師、法王などの位を受け政治の実権まで握るようになるが、天皇の死後、左遷された。

道教 | どうきょう　❶生没年不詳。鎌倉中期の浄土宗の僧・道教房念空《ねんくう》のこと。道阿弥陀仏《どうあみだぶつ》、道阿とも略称される。鎌倉の新善光寺の別当。鎌倉の念仏者の中心人物。諸行本願義(称名念仏以外の諸行も阿弥陀仏の本願にかなうという法義)を主張した長西《ちょうさい》の弟子で、法然(源空)の孫弟子にあたる。日蓮大聖人は直接対面して法論をされたことがあり、その時、一言二言で退けられている。以来、大

聖人への迫害を画策し、文永8年(1271年)の竜の口の法難の直前には、極楽寺良観(忍性)や然阿良忠らとともに、行敏《ぎょうびん》を使って大聖人を不当に告訴している。「四信五品抄」(342ページ)によれば、盲目になった。

❷中国民族固有の宗教で、主に不老長寿や現世利益をめざし、長生術・養生法・呪い・占い・易などを行う。中国古来の鬼神観念や神仙思想などを基に、道家の老荘思想、仏教教理などを取り入れて発展した。

同禽獣(禽獣に同ず) | どうきんじゅう(きんじゅうにどうず)　法華経譬喩品第3の文を踏まえた言葉。鳥や獣に等しいということ。釈尊滅後の衆生を譬えている(249ページ)。

同苦 | どうく　苦しみを同じくすること。他者の苦しみを自身の苦しみとして受け入れること。日蓮大聖人は「諫暁八幡抄」で、「涅槃経に云く『一切衆生異の苦を受くるは悉く是如来一人の苦なり』等云云、日蓮云く一切衆生の同一苦は悉く是日蓮一人の苦と申すべし」(587ページ)と仰せである。また「御義口伝」には「日蓮が云く一切衆生の異の苦を受くるは悉く是れ日蓮一人の苦なるべし」(758ページ)と仰せである。

当詣道場 | とうけいどうじょう　「当に道場に詣りて」(法華経676ページ)と読み下す。道場とは、仏が成道した場所の意から、成仏の境涯をさす。

同居穢土 | どうこえど　娑婆世界、すなわちわれわれが住む現実世界のこと。迷いの凡夫(六道)とそれを救済する仏・菩薩などの聖人(四聖)が同居する、煩悩と苦にまみれた世界。四土の一つである凡聖同居土における穢土。日蓮大聖人は「辧殿尼御前御書」で「第六天の魔王・十軍のいくさを・をこして・法華経の行者と生死海の海中にして同居穢土を・とられじ・うばはんと・あらそう、日蓮其の身にあひあたりて大兵を・をこして二十余年なり、日蓮一度もしりぞく心なし」(1224ページ)と仰せである。参照 四土

東寺 | とうじ　教王護国寺《きょうおうごこくじ》のこと。京都にある真言宗東寺派の総本山。延暦15年(796年)に桓武天皇が平安京の鎮護として、羅城門の左右に東西両寺を建立したのが始まり。平安京の東半分にある寺なので東寺と呼ばれる。弘仁14年(823年)、嵯峨天皇より空海(弘法)に与えられ、灌頂道場とされた。「一の長者」といわれる東寺の住職が、真言宗全体の管長の役目を果たした。

道士 | どうし　道教の修行者のこと。中国では儒教や仏教と対立してきた。参照 道教

童子 | どうじ　もともとは少年のこと。童子、童という語は、日蓮大聖人の時代には、少年に限らず成年・高齢者をも含み、髪を結わず童形の姿をした使用人一般をさすこともあった。参照 熊王

道慈 | どうじ　?〜744年。奈良・大安寺の三論宗の第3祖。唐に渡り、善無畏などに会って密教や三論などを究めた。帰朝後、聖武天皇の要請で官寺を建てて大安寺と号し、三論宗を広めた。

蹈七宝華如来 | とうしっぽうけにょらい　羅睺羅《らごら》が法華経授学無学人記品第9で未来

に仏になるとの記別を受けた時の仏としての名(法華経349ページ)。参照 羅睺羅

道綽｜どうしゃく 562年〜645年。中国・隋から唐にかけての浄土教の祖師。はじめ涅槃経に傾倒していたが、曇鸞《どんらん》の碑文を見て改心して浄土教に帰依した。釈尊の教えを浄土門とそれ以外の聖道門とに分け、聖道門を誹謗した。弟子に善導《ぜんどう》がいる。主著に『安楽集』がある。参照 曇鸞/善導/『安楽集』

動執生疑｜どうしゅうしょうぎ 浅い教えに執着している心を動揺させて、疑いの心を生じさせること。仏が衆生を真実の教えに導くための化導法の一つ。法華経では、序品第1、方便品第2、従地涌出品第15でこの化導法が用いられている。参照 従地涌出品

『東春(法華経疏義纉)』｜とうじゅん(ほけきょうしょぎさん) 中国・唐の天台宗の僧・智度の著書。智度は、東春に住んだことから自らを「東春沙門智度」と記し「東春」とも呼ばれ、その著書『法華経疏義纉』も「東春」と呼ばれる。天台大師智顗の『法華文句』および妙楽大師湛然の『法華文句記』を注釈している。

道生｜どうしょう ▶竺道生《じくどうしょう》

道昭｜どうしょう 629年〜700年。日本法相宗の開祖。唐に渡り玄奘に師事し、法相教学(または摂論)を学んだ。経論を携えて帰朝し、元興寺で法相宗を広めた。弟子に行基《ぎょうき》がいる。

道証｜どうしょう 756年〜816年。平安初期の法相宗の僧。

道昌｜どうしょう 798年〜875年。平安初期の僧。空海(弘法)から密教灌頂を受けた。

道場｜どうじょう サンスクリットの原語では「覚りを開いた場所」の意。また広く、法が説かれる場、修行する場を意味するようになった。

等正覚｜とうしょうがく 平等な覚りのこと。またその覚りを得た者のことで、仏の異名。

*東条景信｜とうじょうかげのぶ 生没年不詳。鎌倉時代、安房国《あわのくに》東条郡《とうじょうぐん》(千葉県鴨川市)の地頭《じとう》。熱心な念仏者であった。入道となって蓮智《れんち》と称した。建長5年(1253年)4月28日、日蓮大聖人が立宗宣言を行った際に浄土教を破折したことから、清澄寺《せいちょうじ》の住僧であった円智房《えんちぼう》や実成房《じつじょうぼう》と共に大聖人に迫害を加えた。この結果、大聖人は道善房《どうぜんぼう》から勘当され、清澄寺を出ることとなった。また、景信は清澄寺内で鹿狩りをして殺生禁断を犯し、清澄寺の寺僧を浄土教の所従にしようとし、さらに清澄寺や二間《ふたま》の寺を支配下に置こうとするなどの非法を行った。こうした景信の侵犯に対して、かつて両親が領家から御恩を蒙ったとして、大聖人はこの地の領主であった領家の尼《りょうけのあま》について訴訟を勝利へと導き、景信の侵略を退けられている。文永元年(1264年)、大聖人は安房に帰郷された。これに対して、大聖人への怨念をはらすべく待ちかまえていた景信は、同年11月11日に東条松原の大路で数百人の念仏者をひきいて大聖人一行を襲撃し、弟子の一人を殺害し、二人には傷害を負わせた。また、大聖人にも額に傷と左手を打ち折る重傷を与えた(小松原の法難)。景信の没年は明らかではないが、

「報恩抄」(323㌻)によれば大聖人が佐渡へ流罪されるまでに死んだようである。[参照]小松原の法難

刀杖瓦石｜とうじょうがしゃく　❶法華経法師品第10の文。同品に「若し此の経を説かん時｜人有って悪口し罵り｜刀杖瓦石を加うとも｜仏を念ずるが故に応に忍ぶべし」(法華経369㌻)とあり、釈尊は迫害に耐えて滅後に法華経を広めることを呼びかけている。

❷日蓮大聖人は法華経勧持品第13の文を「諸の無智の人あって・悪口罵詈等し・刀杖瓦石を加う」(202㌻)として引用されることがある。これについて厳密に言えば、「刀杖」という語は勧持品にあり、「瓦石」は常不軽菩薩品第20にある。すなわち、法華経原文で勧持品の二十行の偈にあたる箇所には「刀杖を加うる者有らん」(法華経418㌻)という文があり、不軽品には「杖木・瓦石を以て、之を打擲すれば」(法華経558㌻)とある。

闘諍堅固｜とうじょうけんご　▶五五百歳《ごごひゃくさい》

闘諍言訟・白法隠没｜とうじょうごんしょうびゃくほうおんもつ　▶五五百歳《ごごひゃくさい》

同生天・同名天｜どうしょうてんどうみょうてん　人が生まれた時から常に人の両肩にあって、その行動の善悪を天に随時報告するといわれている神。同時に生まれるから「同生」といい、同じ名なので「同名」という。「乙御前御消息」に詳しく、日蓮大聖人は「人の心かたければ神のまほり必ずつよしとこそ候へ」(1220㌻)と仰せである。[参照]諸天善神

同生同名｜どうしょうどうみょう　▶同生天・同名天《どうしょうてんどうみょうてん》

東条の松原と竜口｜とうじょうのまつばらとたつのくち　小松原の法難と竜の口の法難をさす(1557㌻)。▶小松原の法難《こまつばらのほうなん》/竜の口の法難《たつのくちのほうなん》

刀杖不加｜とうじょうふか　法華経安楽行品第14の文。「刀杖も加えず」(法華経447㌻)とある。刀や杖で危害を加えられないこと。

刀杖を加え乃至数数擯出せられん｜とうじょうをくわえないししばしばひんずいせられん　▶及加刀杖《ぎゅうかとうじょう》/数数見擯出《さくさくけんひんずい》

道心｜どうしん　仏道を求める心。

道邃｜どうずい　生没年不詳。中国・唐の僧。妙楽大師湛然の直弟子。天台山の修禅寺の座主。唐に渡った伝教大師最澄に台州の竜興寺で菩薩戒を授け天台の法門を伝えた。『顕戒論』巻上には「道邃和上は慈悲をもって一心三観を一言に伝え、菩薩の円戒を至心に授けてくださった」(通解)と記されている。

刀星｜とうせい　星の名。「立正安国論」で引用された仁王経にある(19㌻)。御書全集は「刁星《ちょうせい》」であるが、同抄の御真筆、原典の仁王経ともに「刀星」。吉蔵(嘉祥)の『仁王般若経疏』も「刀星」となっている。中国の正史である二十四史(あるいは『新元史』を加えた二十五史)の『隋書』巻20、『宋書』巻26にも「刀星」の文字が見られる。

道宣｜どうせん　596年～667年。中国・唐の僧。南山律師《なんざんりっし》ともいう。南山律宗の祖師。律に詳しく、終南山《しゅうなんざん》(長安の南方)の豊徳寺《ぶとくじ》に長く住んでいたので、彼の学派を南山律宗と呼ぶ。著書は広範にわたり、『四分

律行事抄』などの律の研究書のほか、『大唐内典録』『続高僧伝』などがある。日本に授戒制度をもたらした鑑真は、その孫弟子にあたる。参照『四分律』/『高僧伝』

***道善房**｜どうぜんぼう　?～1276年。安房国（千葉県南部）清澄寺の住僧。日蓮大聖人が出家された時の師。建長5年（1253年）4月に大聖人が立宗宣言された時は、念仏者で圧迫を加えてきた地頭・東条景信らに屈し、大聖人をお守りすることができなかった。文永元年（1264年）の小松原の法難の直後、西条花房に大聖人を見舞ったが、その時、道善房は大聖人に対して成仏できるかどうかを質問した。それに対して大聖人は、長年の念仏信仰を破折され、正法への帰依を勧められた（889ページ）。その後、道善房は少し信心を起こしたようだが、改宗にまで至らずに一生を終えた。参照清澄寺

道諦｜どうたい　▶四諦《したい》

***同体異心**｜どうたいいしん　同じ姿形であっても、一人一人の心がばらばらであること。日蓮大聖人は「異体同心事」で「同体異心なれば諸事叶う事なし」（1463ページ）と仰せである。参照異体同心

東大寺｜とうだいじ　奈良市雑司町にある華厳宗の総本山。金光明四天王護国之寺《こんこうみょうしてんのうごこくのてら》ともいう。南都七大寺の一つ。743年、聖武天皇の詔により大仏造立が開始されたが、この事業と国分寺建立が一体となり、総国分寺としての東大寺に発展した。大仏造立は、初代別当であった良弁《ろうべん》の総指揮のもと行基《ぎょうき》を勧進僧とし、752年に菩提僊那《ぼだいせんな》の導師で開眼供養が行われた。これが本尊の毘盧遮那仏《びるしゃなぶつ》で、像高約15メートル（現在）、鋳造の金銅仏である。754年には大仏殿の西に鑑真《がんじん》が戒壇院を造営した。参照国分寺/国分尼寺/鑑真/戒壇

東大寺の戒壇｜とうだいじのかいだん　東大寺の大仏殿の西に鑑真が建立した戒壇院のこと。日本における授戒制度はここから始まった。参照東大寺/戒壇/鑑真

当体蓮華｜とうたいれんげ　一切衆生の当体が妙法蓮華であり、十界互具の生命であること。当体蓮華を説明するために用いられた植物の蓮華（ハスの花）を譬喩蓮華という。

道忠｜どうちゅう　生没年不詳。平安初期、奈良の律宗の僧。鑑真の弟子。東国で活動し、人々から「菩薩」とたたえられた。写経事業に協力するなど、伝教大師最澄とは親しい関係にあった。

唐土｜とうど　日蓮大聖人の時代には、国名としてだけではなく一般的に中国をさすことがある。

東塔｜とうとう　比叡山延暦寺の三塔の一つ。比叡山の東面に位置し、一乗止観院（根本中堂）を中心として大講堂・戒壇院などをそなえた比叡山の中心。参照延暦寺

東密｜とうみつ　空海（弘法）以後の真言宗の密教のこと。参照空海

***道門増上慢**｜どうもんぞうじょうまん　三類の強敵の第2。釈尊滅後の悪世で法華経を弘通する人を迫害する出家者。邪な智慧で心にへつらいがあり、まだ覚りを得ていないのに得たと思い込ん

で慢心に満ちている(法華経418㌻)。法華経勧持品第13の二十行の偈《げ》の内容から、妙楽大師湛然が『法華文句記』で道門増上慢に分類した。参照 三類の強敵/勧持品二十行の偈

動逾塵劫｜どうゆじんごう　通教の菩薩が修行を完成させるまでに経る期間。「動《やや》もすれば塵劫を逾《こ》ゆ」と読む。「塵劫」とは塵点劫の略で、微塵のように多くの期間。この塵劫をややもすれば越えるほどの長い期間を動逾塵劫という。

忉利天｜とうりてん　サンスクリットのトラーヤストリンシャの音写。意訳が三十三天。古代インドの世界観で欲界のうちの六欲天の下から2番目。須弥山の頂上に位置し、帝釈天を主とする33の神々(三十三天)が住むとされる。参照 帝釈天/三界/欲界

道隆｜どうりゅう　1213年～1278年。鎌倉時代に南宋から渡来した臨済宗の禅僧。蘭渓《らんけい》ともいう。筑前(福岡県)、京都をへた後、鎌倉の北条時頼の帰依をうけ、建長5年(1253年)に建長寺の開山として迎え入れられた。時頼の出家の戒師も務めている。文永5年(1268年)、「立正安国論」に予言されたとおりに蒙古から国書が到来した際、日蓮大聖人は幕府の為政者や諸宗の僧を諫暁し、道隆に対しても書状(173㌻)を送り、公場対決を迫られた。しかし道隆はこれに応じず、真言律宗の極楽寺良観(忍性)らとともに幕府に働きかけ、同8年(1271年)の竜の口の法難が起こる契機をつくった。権勢を誇った道隆であるが、大聖人は「道隆の振る舞いは日本国の道俗は知ってはいるけれども、幕府を恐れているからこそ尊んでいるとはいえ、内心は皆疎んでいるだろう」(1230㌻、通解)と指摘されている。参照 建長寺/北条時頼

棟梁｜とうりょう　屋根を支える基本構造をなす棟木と梁。転じて、国家などを支える重要な人物をいう。

富木・三郎左衛門の尉・河野辺・大和阿闍梨等・殿原・御房達｜ときさぶろうざえもんのじょうかわのべやまとあじゃりとうとのばらごぼうたち　富木とは富木常忍、三郎左衛門尉は四条金吾頼基のこと。河野辺は河野辺入道《かわのべにゅうどう》のことで、竜の口の法難の際に捕らえられ土牢に入れられたと考えられている。大和阿闍梨は、詳細不明。「法華行者逢難事」(965㌻)の末尾に本抄の内容を他の人にも語るように述べられていることから、いずれも、それぞれの地域で日蓮大聖人の門下の中心となった人であると思われる。

***富木常忍**｜ときじょうにん　?～1299年。富木は「土木」「富城」とも表記される。下総国《しもうさのくに》葛飾郡《かつしかぐん》八幡荘《やわたのしょう》若宮(千葉県市川市若宮)に住み、千葉氏に仕えていた武士。日蓮大聖人が立宗宣言をされて間もない建長6年(1254年)ごろに入信したとされ、よく外護の任に励み、門下の中核として活躍した。

富木常忍の母｜ときじょうにんのはは　息子の富木常忍とともに日蓮大聖人の門下となった。高齢にもかかわらず縫った帷子を大聖人に御供養し、富木常忍の妻の看護を受けつつ90歳を超える長寿をまっとうして、建治2年(1276年)2月下旬に亡くなった。その翌月、富木

常忍は母の遺骨を首に懸けて身延の大聖人のもとを訪れ、追善回向の祈りを心ゆくまで行った。

得一/徳一 | とくいつ　「とくいち」とも読む。生没年不詳。平安初期の法相宗の僧。徳一、徳溢とも書く。奈良で法相教学を学んだ後、東国を拠点に弘法する。会津(福島県)の慧日寺に居住した。法華経に基づき一乗思想を宣揚した伝教大師最澄と激しく論争したことで有名。主著に『仏性抄』『中辺義鏡』など。空海(弘法)に宛てて真言宗の教学に対し疑問を呈した『真言宗未決文』が現存する。参照 伝教大師/三一権実論争

犢子 | とくし　サンスクリットのヴァーツィープトゥリーヤの訳。小乗20部の一つ。犢子部のこと。釈尊滅後300年ごろ説一切有部から分かれた学派。可住子弟子部などともいう。一説には、釈尊存命中に犢子外道がいて仏法に帰依し継承したので、こう呼ばれるという。その教理は諸説あるが、輪廻に不変の主体(我)を認めている点で、仏教の基本的な立場である無我説(あらゆる事物に永遠不変の固定的な実体はないとする説)に背いているので、仏法中の有我説として非難される。例えば『摩訶止観』巻10上では附仏法の外道として名前が挙げられている。日蓮大聖人は「開目抄」で「犢子や方広は聡明であったが、それでも大乗経や小乗経の理解に誤りを犯した」(199ページ、通解)、「釈尊滅後に現れた犢子や方広、後漢以後の儒教・道教の書物は、それぞれ、仏法と無関係な外道の思想や、三皇・五帝による儒教の書よりも、誤った思想がさらにひどくなり、誤った教えが巧みなものになった」(219ページ、通解)と仰せである。参照 方広/附仏法の外道

読誦 | どくじゅ　経典を声に出して読むこと。また詳しくは、読が経文を見ながら読むこと、誦が経文を見ないで暗誦することに区別される。これは、法華経法師品第10に説かれる五種の妙行のうちの二つでもある。参照 五種の妙行

読誦多聞堅固 | どくじゅたもんけんご　▶五五百歳《ごごひゃくさい》

得清大徳 | とくしょうだいとく　生没年不詳。奈良時代の僧。西大寺で学んだ後、唐に渡り『大日経義釈』の異本である『大日経義記』を日本に持ち帰った。「東大寺の得清大徳」(304ページ)とされているのは、西大寺の誤記と考えられる。得清は徳清とも書かれる。

得宗 | とくそう　鎌倉幕府の執権北条氏の家督、すなわち一家・一族を統括する者。時政《ときまさ》・義時・泰時《やすとき》・時氏《ときうじ》・経時《つねとき》・時頼・時宗・貞時《さだとき》・高時《たかとき》の9代のこと。時頼以降、幕府の政務は評定衆の会議よりも寄合という得宗内の私的な談合が重視され、得宗の専制化が進んだ。参照 北条時頼/北条時宗

得宗政所 | とくそうまんどころ　得宗領の諸問題を取り扱う家政機関。

得宗領 | とくそうりょう　得宗の所領。防衛・交通などの要所が多く含まれていた。文永11年(1274年)5月に日蓮大聖人が鎌倉から身延に入山される時、駿河国(静岡県中部)は北条時宗の得宗領となっており、特に富士方面は後家

尼御前(北条時頼の妻、時宗の母)たちの御内がいて、大聖人を時頼・重時の敵であると憎んでいた。そのため、大聖人は門下に弾圧が及ぶことを心配され、富士の高橋入道宅に立ち寄らず通り過ぎたと述懐されている(1461ページ)。同時期に日興上人は駿河と甲斐(山梨県)の2国を中心に弘教を大きく展開されており、後に熱原の法難が起こることとなる。

得大勢菩薩｜とくだいせいぼさつ　▶勢至菩薩《せいしぼさつ》

得脱｜とくだつ　解脱《げだつ》を得ること、涅槃《ねはん》の境地に入ること。すなわち成仏すること。参照 解脱/涅槃

得道の有無｜とくどうのうむ　仏道修行を完成させて仏の覚り(道)を獲得できるかどうかということ。法華経方便品第2では「具足の道」(法華経115ページ)が法華経で明かされていると説く。

徳薄垢重｜とくはくくじゅう　法華経如来寿量品第16の文(法華経480ページ)。福徳が薄く煩悩の垢が積み重なっていること。寿量品で久遠実成という仏の本地を明かす際に釈尊は、劣った法に執着するこのような者に対し、方便の教えとして始成正覚を説いてきたと述べている。

毒薬変じて薬となり｜どくやくへんじてくすりとなり
▶変毒為薬《へんどくいやく》

どしうちもはじまり｜どしうちもはじまり　「どしうち」(1460ページ)とは同士討ちのこと。文永9年(1272年)に起きた二月騒動(北条時輔の乱)をさす。幕府中枢の北条家における内乱であった。参照 二月騒動

杜順｜とじゅん　557年~640年。中国・隋から唐にかけての僧。法順《ほうじゅん》ともいう。中国華厳宗の第1祖とされてきたが、疑問視もされている。唐の太宗から崇敬された。智儼《ちごん》に法を伝えた。

土山・黒山｜どせんこくせん　土の山と黒い山。法華経薬王菩薩本事品第23には「土山・黒山・小鉄囲山・大鉄囲山、十宝山の多くの山の中で須弥山が第一であるように、この法華経も同様に、多くの経の中で最上位である」(法華経594ページ、通解)とあり、「撰時抄」(289,290ページ)でもこれを引かれている。
参照 黒山/須弥山

都率天｜とそつてん　都率はサンスクリットのトゥシタの音写。兜率とも書く。欲界に属する天上世界は6層に分かれるが、そのうち下から数えて第4層にあたる。須弥山の頂上のすぐ上に位置する。仏になる直前の菩薩が待機している。娑婆世界における都率天には弥勒菩薩《みろくぼさつ》が待機しており、56億7000万年後に地上に下りてきて仏と成って人々を救うとされる。参照 弥勒菩薩/三界/六欲天

都率天の内院｜とそつてんのないいん　都率天は内院と外院とに分かれ、内院に都率宮があって弥勒菩薩が待機している。
参照 都率天/弥勒菩薩

***独覚**｜どっかく　▶縁覚《えんがく》

毒鼓の縁｜どっくのえん　毒鼓とは毒を塗った太鼓のことで、この音を耳にした者は、皆死ぬとされた。死ぬとは「煩悩が消滅する」ことの譬えで、逆縁の功徳を教えている。涅槃経巻9に説かれる。日蓮大聖人は「教機時国抄」で、「謗法の者に向っては一向に

法華経を説くべし毒鼓の縁と成さんが為なり、例せば不軽菩薩の如し」(438ページ)と仰せである。

毒気深入・失本心故｜どっけじんにゅうしっぽんしんこ　法華経如来寿量品第16の「良医病子の譬え」に出てくる言葉。「毒気は深く入って、本心を失えるが故に」(法華経486ページ)と読み下す。良医の子どもたちは、父の留守中に毒薬を飲んでしまった。正気を失っていない子どもは、良医の薬を素直に飲んで治ったが、毒気が深く入り正気を失った子どもは、薬を飲もうとしなかった。これは、謗法の毒が深く入ってしまったために、深い迷いに陥り、仏性の力が現れなくなってしまったことを意味する。参照 謗法

徳光論師｜とっこうろんじ　生没年不詳。インドの論師。サンスクリットのグナプラバの訳。『大唐西域記』巻4によると、幼少の時から英才で、博識碩学を誇っていた。大乗経を学んでいたが、奥義を究めないうちに『毘婆沙論』を見て小乗に転じ、数十部の論をつくって大乗を批判した。しかし、大乗・小乗の疑いが解けなかったので、天軍羅漢《てんぐんらかん》に解決を請い、羅漢の神力で天宮に上り、弥勒菩薩に対面した。徳光が弥勒を礼拝しないので、羅漢がその慢心の非を責めると、自分は出家の弟子であるが、弥勒は出家の僧でないため礼拝しないと答えた。弥勒菩薩は徳光の慢心の姿を見て、法を受け持っていく器量ではないと知り、法を教えなかったので、徳光はついに自分の難問を解決することができなかったという。

度美長｜とみのおさ　「報恩抄」(317ページ)に見える。日本神話に出てくる長髄彦《ながすねひこ》のこと。古代、大和地方にいた豪族とされる。登美能那賀須泥毘古《とみのながすねひこ》ともいう。『日本書紀』によると、神武天皇の東征の時、天皇に敵対して孔舎衛坂で戦い、天皇の兄・五瀬命《いつせのみこと》を負傷させた。しばらくして五瀬命は没し、その後、長髄彦は鵄邑で皇軍に撃たれたという。参照 神武天皇

貪｜とん　▶三毒《さんどく》

頓教｜とんぎょう　覚りの真実を直ちに説く教えのこと。参照 漸教

***貪瞋癡**｜とんじんち　▶三毒《さんどく》

曇無竭菩薩｜どんむかつぼさつ　曇無竭はサンスクリットのダルモードガタの音写。般若経に説かれる菩薩の名。般若経巻27によれば、曇無竭菩薩は6万8000の女人とともに五欲をすべてそなえてともに娯楽し、衆香城中で日に3度、般若波羅蜜を説いた。城中の男女は、人の多く集まる所に大法座を敷いて供養し恭敬した。法を聞受した者は悪道に堕ちなかったという。また常啼菩薩(薩陀波倫菩薩)は曇無竭菩薩について法喜を得て、三昧を得たとされる。参照 常啼菩薩

曇無讖｜どんむしん　385年〜433年。中国・北涼の訳経僧。サンスクリットのダルマラクシャの音写。中インドの人。部派仏教を学んでいたが、涅槃経に出合い大乗に転向したという。多くの経典を訳出し、代表的なものに大般涅槃経40巻(北本)、金光明経4巻がある。

貪欲｜とんよく　▶三毒《さんどく》

曇鸞｜どんらん　476年〜542年?　中国・南北朝時代の浄土教の祖師。著書に『往生論註』がある。

な

内鑑冷然《ないかんれいねん》　『摩訶止観』巻5の文。内心では明らかに覚っていること。「内鑑」は心の内を鏡に映すように見ること。「冷然」は覚ること。同書には「天親・竜樹、内鑒冷然たり、外には時の宜きに適い各権に拠る所あり（天親や竜樹は内心には一念三千を明らかに覚っていた。しかし外に対しては時代に適した教えを説こうとして自分の立場をそれに合わせた）」とある。

日蓮大聖人は「観心本尊抄」でこの文を引かれ、天親（世親）・竜樹について「これらの聖人は心の中では知っていながら言わなかった人々である。あるいは迹門の教えはわずかながら説いたが、本門と観心の教えについては何も言わなかった。衆生の機根はあっても説くのにふさわしい時が至ってなかったのか、あるいは機根も時も、ともになかったのだろうか」（245㌻、通解）と仰せである。また「開目抄」で「一念三千の法門は、ただ法華経の本門寿量品の文の底にだけ沈められている。竜樹や天親は知っていたが、取り出して説くことはしなかった。ただ私が尊敬する天台智者大師だけがこれを自らのものとしていたのである」（189㌻、通解）と仰せである。参照 世親/竜樹

内薫外護《ないくんげご》　妙楽大師湛然の『止観輔行伝弘決』巻4の文に基づく語。あらゆる衆生に内在する仏性・真如が開き現れ生命に薫習して覚りを生じていく力になることを内薫といい、この内薫の力が迷いの衆生を護り助ける働きになることを外護という。御書に「内薫外護と申す大なる大事」（1170㌻）と仰せである。

内外相対《ないげそうたい》　▶五重の相対《ごじゅうのそうたい》

内侍所の神鏡《ないしどころのみかがみ》　内侍所は賢所《かしこどころ》のことで、神鏡は、そこに安置された皇位の象徴である三種の神器の一つ、八咫鏡《やたのかがみ》のこと。賢所は何度か火災に遭い、八咫鏡も焼けている。内侍所とは平安時代の内裏の一区画で、ここに神鏡を安置する賢所があり、内侍司の女官が神鏡を守護していた。このことから、神鏡そのものを内侍所と呼ぶようになった。

*__内証__《ないしょう》　自分の心の中で真理を覚ること。また、享受している内面の覚り。外用《げゆう》に対する語。参照 外用

内証身《ないしょうしん》　自己の心の内に真理を覚った身。特に仏・菩薩の身についていう。参照 外用

内証の寿量品《ないしょうのじゅりょうほん》　久遠実成の釈尊の内証（内心の覚り）を納めた寿量品のこと。日蓮大聖人は「観心本尊抄」で「所詮迹化他方の大菩薩等に我が内証の寿量品を以て授与すべからず」（250㌻）と仰せになり、末法における妙法弘通は地涌の菩薩にこそ託されたことを明かされている。参照 一品二半

内典の孝経《ないてんのこうきょう》　仏典の中で孝行を説く経典のこと（223㌻）。内典とは仏教の経典のこと。孝経とは孝行を説く経典のことで、一般には儒教における孝経をさす。

内道《ないどう》　仏教以外の教えを外道というのに対して、仏教をいう。

あ か さ た な は ま や ら わ

参照 外道

内凡｜ないぼん　▶外凡《げぼん》・内凡《ないぼん》

中務三郎左衛門尉｜なかつかさのさぶろうざえもんのじょう　▶四条金吾《しじょうきんご》

名越氏｜なごえし　▶江間氏《えまし》

名越光時｜なごえみつとき　▶江間氏《えまし》

***南無**｜なむ　サンスクリットのナマス、あるいはその変化形ナモーの音写。曩謨《のうまく》などとも書く。帰命《きみょう》などと訳す。全身全霊で仏および仏の教説を信じ帰依することをいう。

南無阿弥陀仏経｜なむあみだぶつきょう　阿弥陀経をはじめとする浄土経典のこと。

那羅延天｜ならえんてん　那羅延はサンスクリットのナーラーヤナの音写。インドで崇拝されていた神。金剛力士ともいう。『大日経疏』には、毘紐天（ヴィシュヌ神）の別名で、仏の分身であり、迦楼羅（ガルダ）鳥に乗って空をいくとある。『慧琳音義』には、大力で、この神を供養する者は多くの力を得るとあり、『大毘婆沙論』にも同様の大力が示されている。

南閻浮提｜なんえんぶだい　▶閻浮提《えんぶだい》

南岳衡山｜なんがくこうざん　中国の五つの霊山・五岳のうち南方に位置する山で、中国湖南省にある。南岳大師慧思が住んだ。「撰時抄」の「南岳の叡聖」（270㌻）とは南岳大師のこと。参照 南岳大師

南岳大師｜なんがくだいし　515年～577年。中国・南北朝時代の北斉の僧。慧思《えし》のこと。天台大師智顗の師。後半生に南岳（湖南省衡山県）に住んだので南岳大師と通称される。慧文《えもん》のもとで禅を修行し、法華経による禅定（法華三昧）の境地を体得する。その後、北地の戦乱を避け南岳衡山を目指し、大乗を講説して歩いたが、悪比丘に毒殺されそうになるなど度々生命にかかわる迫害を受けた。これを受け衆生救済の願いを強め、金字の大品般若経および法華経を造り、『立誓願文』（558年、大蘇山にて）を著した。この『立誓願文』には正法500年、像法1000年、末法1万年の三時説にたち、自身は末法の82年に生まれたと述べられており、これは末法思想を中国で最初に説いたものとされる。主著『法華経安楽行義』では、法華経安楽行品第14に基づく法華三昧を提唱した。天台大師は23歳で光州（河南省）の大蘇山に入って南岳大師の弟子となった。参照 天台大師

【観音・南岳・聖徳太子】日蓮大聖人の時代の日本では、観音菩薩が南岳大師として現れ、さらに南岳の後身として聖徳太子が現れ仏法を広めたという説が広く知られていた。大聖人もこの説を踏まえられ、「和漢王代記」では、南岳大師を「観音の化身なり」（604㌻）、聖徳太子を「南岳大師の後身なり救世観音の垂迹なり」（608㌻）とされている。

難行道・易行道｜なんぎょうどう いぎょうどう　実践が困難な修行と易しい修行のこと。易行という語は、もとは竜樹作とされる『十住毘婆沙論』にあり、そこでは、菩薩の修行に関して、阿毘跋致《あびばっち》（不退）に入るのは困難であるが、諸仏の名をとなえるといった易行があると説かれている。曇鸞《どんらん》はこれを『往生論註』で独自に解釈し、菩薩が不退を求める修行に難行・易行の2種があると

し、浄土教を易行道とした。さらにこれを法然(源空)は『選択集』で恣意的に解釈し、難行道を聖道門《しょうどうもん》、易行道を浄土門とし、聖道門を排除した。参照 聖道門/浄土門

南三北七 | なんさんほくしち　中国・南北朝時代(440年～589年)にあった仏教の教判(経典の判定)に関する10人の学説のこと。長江(揚子江)流域の南地の3師と黄河流域の北地の7師がいた。天台大師智顗が『法華玄義』巻10上で分類したもの。10師はそれぞれ依って立つ経論を掲げ、それを宣揚する教判を立て、優劣を競っていた。その全体的な傾向を、日蓮大聖人は「撰時抄」で「しかれども大綱は一同なり所謂一代聖教の中には華厳経第一・涅槃経第二・法華経第三なり」(261㌻)とされている。天台大師はこれら南三北七の主張を批判し、五時の教判を立て、釈尊一代の教えについて法華経第1、涅槃経第2、華厳経第3であるとし、法華経の正義を宣揚した。

南北の諸学派は、釈尊一代の教えを、その説き方によって①頓教(真実を直ちに説く)②漸教(順を追って高度な教えに導いていく)③不定教(漸教・頓教に当てはまらず、しかも仏性・常住を明かす)の三つに分類した。頓教は華厳経、漸教は三蔵教(小乗)の有相教とその後に説かれた大乗の無相教、不定教は勝鬘経・金光明経とされた。

南三とは、漸教のうち南地における三つの異なった見解のことで、①虎丘山の笈師《ぎゅうし》の三時教②宗愛《しゅうあい》(大昌寺僧宗《そうしゅう》と白馬寺曇愛《どんあい》の2人とする説もある)の四時教③定林寺の僧柔・慧次と道場寺の慧観の五時教。

北七とは、①五時教②菩提流支《ぼだいるし》の半満二教③光統(慧光)の四宗(教)④五宗(教)⑤六宗(教)⑥北地の禅師の(有相・無相の)二種大乗(二宗の大乗)⑦北地の禅師の一音教。①および④～⑦は個人名が明かされていない。参照 三時教/四時教/五時教/半満二教/四宗(教)/五宗(教)/六宗(教)/二宗の大乗/一音教

南条兵衛七郎 | なんじょうひょうえしちろう　南条時光の父。鎌倉幕府の御家人で、駿河国富士上方上野郷(静岡県富士宮市下条)の地頭であったと思われる。日蓮大聖人の教えを聞いて帰依した。文永2年(1265年)に病気で亡くなった。参照 南条時光

***南条時光** | なんじょうときみつ　1259年～1332年。駿河国《するがのくに》富士上方上野郷(静岡県富士宮市下条)の地頭《じとう》で、南条兵衛七郎の次男。7歳で父を亡くしたが、日蓮大聖人の身延入山以来、親しく御指導を受け、富士方面の門下の中心者として成長。弘安年間の「熱原の法難」では外護に尽くし、「上野賢人」(1561㌻)との称号を賜っている。

難信難解 | なんしんなんげ　「信じ難く解し難し」と読む。易信易解に対する語。法華経法師品第10には、諸経の中で法華経が最も難信難解であると明かされている(法華経362㌻)。信じ難く理解し難いこと。仏が自身の覚りを直ちに説いた教え(随自意)は凡夫にとって信じ難く理解し難い。それ故、難信難解は仏の真実の教えである証拠とされる。参照 已今当/随自意

あ
か
さ
た
な
は
ま
や
ら
わ

難即悟達｜なんそくごだつ　法華経の故に難に遭うことによって悟達して成仏すること。法華経には、釈尊の滅後の悪世で法華経を弘通する人は、さまざまな苦難に遭うことが記されており、その難を乗り越えて信心を貫く人こそが成仏できると説いている。したがって法華経の故に難に遭うことは、法華経の正しさの証明であり、それはそのまま、法華経が説く万人成仏の法理の保証でもある。

難陀｜なんだ　サンスクリットのナンダの音写。

❶唯識学派の論師。世親(ヴァスバンドゥ)の『唯識三十論頌』『瑜伽師地論』などを解釈した。

❷父は浄飯王《じょうぼんのう》、母は摩訶波闍波提比丘尼《まかはじゃはだいびくに》で、釈尊の異母弟にあたる。仏本行集経巻56によれば、難陀は出家した後も愛する妻・孫陀利《そんだり》を忘れられず、釈尊からたびたび教戒を受け、ついに阿羅漢果を得た。後に諸根を調伏すること(本能を統制すること)第一と言われた。

❸八大竜王の一つ、難陀竜王のこと。跋難陀竜王《ばつなんだりゅうおう》と兄弟であり、ともに法華経序品第1に法華経の会座に出席したことが記されている(法華経73ﾍﾟｰｼﾞ)。

南天｜なんてん　南天竺の略。南インドのこと。

南都七大寺｜なんとしちだいじ　▶七大寺《しちだいじ》

南都六宗｜なんとろくしゅう　奈良時代までに日本に伝わった仏教の六つの学派。三論・成実・法相・倶舎・華厳・律の六宗。

南北朝｜なんぼくちょう　中世日本において、朝廷の皇統が京都の北朝(持明院統)と吉野の南朝(大覚寺統)とに対立・抗争した時代。後醍醐天皇《ごだいごてんのう》が大和国吉野に入った1336年から、後亀山天皇《ごかめやまてんのう》が京都に戻り南北朝が合体した1392年までの57年間をいう。

***南無妙法蓮華経**｜なんみょうほうれんげきょう　日蓮大聖人が覚知された、万人の生死の苦悩を解決し成仏に至らしめる法。

【宇宙と生命を貫く根源の法】南無妙法蓮華経は、宇宙と生命を貫く根源の法である。釈尊は人々の苦悩を自身の苦悩とし、その解決法を探究した。その結果、宇宙と生命を貫く永遠にして普遍である根源の法を自身の生命の内に覚知し、仏(仏陀)と呼ばれた。そして智慧と慈悲によってさまざまな教えを説き示した。その教えは種々の経典にまとめられていくが、中でも仏の覚りの真実を伝えるのが法華経である。大聖人はこの法華経に基づいて、苦悩を根本から解決し幸福を開く、仏が覚知した根源の法こそ、南無妙法蓮華経であると明かされた。

【成仏の根本法】仏とは、根源の法をわが身に体現しあらゆる苦難を打ち破り、なにものにも揺るがない絶対的な幸福境涯を胸中に確立した人のことである。この仏が覚った根源の法である南無妙法蓮華経こそ、成仏の根本法である。

【万人にそなわる永遠の法】仏は、根源の法が自身の生命を貫いていることに目覚めるとともに、万人の生命にも、本来そなわっていることを覚った。

そして、生命を貫く根源の法は生死を超えるものであり、決して失われたり壊されたりするものではないことを覚知した。つまり、南無妙法蓮華経は万人にそなわる普遍の法であり、過去世・現在世・未来世という三世を貫く永遠の法なのである。

【名前からうかがえる深い意味】南無妙法蓮華経という名前それ自体から、根源の法の深い意味がうかがえる。法華経は、詳しくは妙法蓮華経という。法華経で示される根源の法は、なかなか理解しがたい不思議な法であるので「妙法」と呼ばれる。この妙法の特質を理解するための譬えとなるのが、植物の「蓮華(ハス)」である。例えば蓮華は、泥沼に生えてもそれに染まらず、清らかで香り高い花を咲かせる。それは、妙法を信じ実践する人が、苦悩渦巻く現実世界に生きながら、清らかな心と行動をたもち、人々を教え導くことを想起させる。また蓮華は他の花とは違って、つぼみの段階でも花びらの中に果実である蓮台があり、花びらと実が同時に生長し、花が開いて実が現れた時も花びらがある。つまり、原因である花と結果である実が倶にあり同時である(因果倶時《いんがぐじ》)。これは、まだ仏の境涯(仏界)が開き現されていない凡夫の段階でも、仏の境涯は見えないけれども厳然とそなわっていること、さらに仏となっても凡夫の生命境涯が失われないということを示している。このように、蓮華は妙法の特徴を理解するための譬えとなっている。そして妙法は永遠の真実を明かすものであるので、「経」として尊重され信仰される。また「南無」というのはサンスクリットのナマス、あるいはその変化形ナモーの音写であるが、その意味を取って「帰命《きみょう》」とも訳される。「帰命」とは、身も心も帰依する、全身全霊で教えを実践し体現するということ。南無妙法蓮華経は、あらゆる人々を救おうとする仏の慈悲と智慧の生き方が結晶した、仏の心そのものである。

【日蓮大聖人の仏の御生命】法華経には、宇宙と生命を貫く根源の法は指し示されているものの、それが具体的にどういうものであるか、またその名称は明らかにされなかった。大聖人は、法華経に指し示されている根源の法が御自身の生命にそなわっていることを覚知され、それが南無妙法蓮華経であると明かされた。つまり南無妙法蓮華経とは、単に経典の名前「妙法蓮華経」に「南無」が冠されたのではなく、根源の法そのものの名称なのである。これによって、自身の生命の真実の姿を知らずに迷い苦しんでいる人々を根本的に救い、揺るぎない幸福を築きゆく道が現実に開かれたのである。それ故、私たちは日蓮大聖人を、末法という苦悩の渦巻く混乱の時代の御本仏として尊崇する。南無妙法蓮華経は、宇宙と生命を貫く根源の法を体現された大聖人の仏の御生命そのものである。

【凡夫も本来は妙法そのもの】凡夫すなわち普通の一人一人の生命にも、仏界(仏の生命境涯)は厳然とそなわっている。つまり本来は、私たち一人一人も南無妙法蓮華経そのものである。ところが凡夫は、その生命の真実を自覚していないため、内なる根

あ か さ た な は ま や ら わ

源の法である南無妙法蓮華経の力と働きを発揮させることができていない。この真実を覚っている状態を仏といい、この真実を信じられず迷っている状態を凡夫という。よって現実には、南無妙法蓮華経を信じ実践する時にこそ、妙法の力と働きが現れる。

【曼荼羅に顕し修行の本尊に】大聖人は御自身の仏界の生命を一幅の曼荼羅《まんだら》に顕された。凡夫の私たちが、大聖人と同じく南無妙法蓮華経をわが身に体現し成仏するための修行の本尊とされた。「この御本尊は、まったく別の所に求めてはならない。ただ、私たちが法華経を持って、南無妙法蓮華経と唱える胸中にいらっしゃるのである」(1244㌻、通解)と仰せである。曼荼羅の御本尊に顕された根源の法であり、仏の生命である南無妙法蓮華経を拝して、それが私たち自身の生命にも厳然とそなわっているのだと信じ受け止めていくことが肝要である。そのことによって、自身の内なる妙法が開き現され、仏の境地を実現していけるのである。また、「初めて自身の心が本来、仏であると知ることを大歓喜というのである。南無妙法蓮華経とは、歓喜の中の大歓喜である」(788㌻、通解)と仰せである。自身が本来、仏である、南無妙法蓮華経そのものであると知り、その計り知れない素晴らしい福徳をわが身に開き現していく以上の人生の喜びはない。妙法を根本に、さまざまな困難を勝ち越えていく時、永遠に何ものにも壊されない幸福の軌道を進むことができ、この一生を大歓喜で飾っていくことができるのである。

参照 御本尊/日蓮大聖人/法華経

に

二界八番の雑衆｜にかいはちばんのざっしゅう　法華経の序品第1の説法の座に聴衆として列座した者のこと（法華経73〜75ページ）。二界とは欲界と色界。八番とは①欲界衆②色界衆③竜王衆④緊那羅王衆《きんならおうしゅ》⑤乾闥婆王衆《けんだっばおうしゅ》⑥阿修羅王衆⑦迦楼羅王衆《かるらおうしゅ》⑧人衆をいう。

***二月騒動**｜にがつそうどう　文永9年（1272年）2月に京都と鎌倉で起こった内乱。執権《しっけん》・北条時宗《ほうじょうときむね》の異母兄で六波羅探題《ろくはらたんだい》南方の北条時輔《ときすけ》が、一方的に反乱の嫌疑をかけられ、時宗の命を受けた六波羅探題北方の北条義宗《よしむね》によって殺害された。またこれに関連して、鎌倉の名越時章《なごえときあきら》・教時《のりとき》も、謀反の嫌疑をかけられ殺害された。これによって時宗の抵抗勢力は退けられ、得宗《とくそう》の権力が強化された。日蓮大聖人は、この内乱を「立正安国論」で予言された二難のうちの自界叛逆難《じかいほんぎゃくなん》が現実のものとなったと位置づけられている（957ページ）。

なお、名越時章・教時は、名越（江間）光時《みつとき》の弟であり、四条金吾はこの光時に仕えていた。このことと騒動との関連は不明だが、大聖人は、騒動の影響が御自身やその周辺に及ぶことを注視されるとともに、御自身がもし佐渡流罪とならず鎌倉にとどまっていたら、「有りし・いくさに一定打ち殺されなん」（1164ページ）と述懐されている。

参照 自界叛逆難/江間氏

二箇の諫暁｜にかのかんぎょう　▶提婆達多品の二箇の諫暁《だいばだったほんのにかのかんぎょう》

二教論｜にきょうろん　御書中では『弁顕密二教論』をさす。▶『弁顕密二教論』《べんけんみつにきょうろん》

肉橋｜にくきょう　身を台として高座に登らせることを意味し、御書では吉蔵（嘉祥）が天台大師智顗に帰服するさまとして用いられている（216ページほか）。中国・唐の道暹《どうせん》の『法華文句輔正記』巻3では、吉蔵が法盛《ほうじょう》という沙弥（見習い僧）に論破され、その結果、法盛の師である天台大師に仕え、「身を肉隥と為して（背中をスロープにして）」天台大師を高座に登らせたという伝承を載せている。日本天台宗の蓮剛《れんごう》（平安初期）が著した『定宗論』では、これを踏まえて「嘉祥大徳（吉蔵のこと）、首を座下に接し、自ら肉橋と称し、道を天台に稟く」と述べている。

肉眼｜にくげん　▶五眼《ごげん》

肉団｜にくだん　肉のかたまり、肉体のこと。心の働きが宿る場所とされた心臓をさすこともある。

尼犍外道の塔｜にけんげどうのとう　『付法蔵因縁伝』巻5にある。尼犍外道とは、尼犍（ニルグランタジュニャープトラ）を祖とするジャイナ教徒のこと。かつて月氏国のカニシカ王が道を歩いている時に、外道の塔が七宝で荘厳されているのを見て、如来の塔と思い、香華をそえ、偈を読んでその徳をたたえた。すると、その塔が崩れ落ちてしまった。王は驚いたが、ある人が「それは外道の塔です。王の福徳がすばらしいので、王の礼拝で破壊したのです」と教えたという。このカニシカ王は、熱心な仏教信者で、戦争の結果、馬鳴菩薩を手に入れて、大いに歓喜したという。

日向｜にこう　1253年〜1314年。日蓮大聖人の直弟子で六老僧の一人。大聖人からは佐渡公・佐渡房などとも呼ばれていた。大聖人滅後、佐渡阿闍梨、民部阿闍梨《みんぶあじゃり》と称された。大聖人の鎌倉在住期の早い時期に大聖人の弟子になったとされている。大聖人の佐渡流罪の時には佐渡に同行したとの伝承はあるが、明確な記録は残っていない。建治2年(1276年)ごろ、日向は主に安房地方との連絡を担当し、そこに居住する信徒と大聖人の間を往来し、指導に当たったようで、「報恩抄」を浄顕房・義浄房に届けたのも日向であると推定されている。また、駿河地方においても日興上人と弘教をともにしていたことがうかがえる。弘安5年(1282年)10月8日、大聖人から六老僧の一人に列せられたが、13日の大聖人の御入滅の時は他の地へ赴いていたため、葬儀には参列していない。また、身延の墓所を守る輪番の一人として加えられたが、実際に身延に参詣したのは、弘安8年(1285年)ごろと推定される。この時、身延を管領していた日興上人は、日向を学頭として迎え入れた。しかし、日向の影響下で地頭・波木井実長が、①一体仏の造立、②二所(箱根・伊豆の両権現《りょうごんげん》)と三島神社《みしまじんじゃ》の参詣、③九品念仏《くほんねんぶつ》道場の建立、④福士(山梨県南巨摩郡南部町福士)の塔供養などの謗法を犯したことが契機となり、日興上人は正応2年(1289年)春に身延を離山することになった。「原殿御返事」には、日興上人が日向を「彼の民部阿闍梨、世間の欲心深くしてへつらひ諂曲したる僧、聖人の御法門を立つるまでは思いも寄らず大いに破らんずる仁よ」(編1732ページ)と見ていたことが記されている。参照日興上人/波木井実長

耳根得道の国｜にこんとくどうのくに　仏法を耳で聞くことによって衆生が成仏する国土のこと。娑婆世界をさす。御書に「此の娑婆世界は耳根得道の国なり」「是を耳に触るる一切衆生は功徳を得る衆生なり」(415ページ)とある。

二十行の偈｜にじゅうぎょうのげ　▶勧持品二十行の偈《かんじほんにじゅうぎょうのげ》

二十五法｜にじゅうごほう　二十五方便ともいう。『摩訶止観』巻4の第6章「方便」章で説かれる止観の方便となる25種の修行。続く第7章「正修止観」章では観心という正行が明かされるが、それに入る前の準備として以下の二十五法が示される。①五縁、すなわち持戒清浄・衣食具足・閑居静処・息諸縁務(もろもろの雑事を控える)・得善知識の五つをそなえる。②五欲(色・声・香・味・触の5種に対する欲望)を強く制御する。③五蓋(心を覆う煩悩)、すなわち貪欲・瞋恚・睡眠・掉悔(心がせわしなく動き、悔い憂う)・疑の五つを捨てる。④五事(食・眠・身・息・心)を調える。⑤五法、すなわち欲(初禅に至ろうと欲する)・精進・念・巧慧・一心(心を定める)の五つを行じる。参照『摩訶止観』

二十五菩薩｜にじゅうごぼさつ　念仏者を守る菩薩として『往生要集』などに説かれる観世音・勢至・薬王・普賢などの25の菩薩。

二宗の大乗｜にしゅうのだいじょう　天台大師智顗以前の時代、南三北七のうち一派である北地の禅師による教判。二種大乗とも。大乗の教えを有相・無相の2種に分け、①有相大乗は修行の段階とその功徳行相を説く華厳経・菩薩瓔珞本業経・大品般若経などの諸経とし、②無相大乗は衆生に仏性があると説く楞伽経・思益経などの諸経とした。天台大師が『法華玄義』巻10上に挙げている。参照 南三北七

二十八宿｜にじゅうはっしゅく　古代の天文学では、天球(天空を球体とみたもの)の黄道付近(見かけ上、太陽が通る道)を28に区分し、それぞれを一つの宿(星座)とした。日蓮大聖人の時代、それぞれの星宿は神と考えられていた。

二十四文字の法華経｜にじゅうよんもじのほけきょう　法華経常不軽菩薩品第20で、不軽菩薩が一切衆生に仏性があるとして人々を礼拝して説いた経文のこと。「我深敬汝等、不敢軽慢。所以者何、汝等皆行菩薩道、当得作仏(我は深く汝等を敬い、敢えて軽慢せず。所以は何ん、汝等は皆菩薩の道を行じて、当に作仏することを得べければなり)」(法華経557ページ)と、漢字の字数が24あり、万人成仏という法華経の教理が略説されていることから、「二十四文字の法華経」という。参照 不軽菩薩

二種大乗｜にしゅだいじょう　▶二宗の大乗《にしゅうのだいじょう》

二種の勝法｜にしゅのしょうぼう　法然(源空)の『選択集』にある語で、聖道門《しょうどうもん》と浄土門をさす。「勝法」とは、仏の勝れた教えのこと。同書に「そもそも、速やかに生死の苦しみを離れようとするなら、二種の勝法の中で、ひとまず聖道門を置いておいて、浄土門を選んでその一員となれ。浄土門の一員になりたいなら、正行・雑行の二つの行の中で、ひとまず種々の雑行を抛って、正行を選んでそれに帰依するのでなければならない」(趣意)とある。参照『選択集』/聖道門/浄土門

二聖｜にしょう　二人の聖人のこと。

❶薬王菩薩と勇施菩薩《ゆぜぼさつ》のこと(1246ページ)。法華経陀羅尼品第26で持国天王と毘沙門天王(二天)、鬼子母神、十羅刹女と共に、陀羅尼呪を説いて法華経の行者を守護することを誓った(法華経642〜644ページ)。この二聖、二天、鬼子母神を合わせて五番善神という。

❷天台大師智顗と伝教大師最澄のこと(245ページ)。

***二乗**｜にじょう　六道輪廻《ろくどうりんね》から解脱《げだつ》して涅槃《ねはん》に至ることを目指す声聞乗《しょうもんじょう》と縁覚乗《えんがくじょう》のこと。①声聞は、サンスクリットのシュラーヴァカの訳で、仏の声を聞く者との意。仏の教えを聞いて覚りを開くことを目指す出家の弟子をいう。②縁覚は、サンスクリットのプラティエーカブッダの訳で、辟支仏《ひゃくしぶつ》と音写する。独覚《どっかく》とも訳す。声聞の教団に属することなく修行し、涅槃の境地を目指す者をいう。

「乗」は乗り物の意で、成仏へと導く教えを譬えたもの。もとは声聞・縁覚それぞれに対応した教えが二乗であるが、この教えを受ける者(声聞・縁覚)についても二乗という。大乗の立場からは、自身の解脱だけを目指し他者の救済を図らないので非難された。参照 声聞/縁覚

二乗作仏｜にじょうさぶつ　法華経迹門において二乗(声聞・縁覚)の成仏が釈尊から保証されたこと。法華経以外の大乗経では、二乗は自身が覚りを得ることに専念することから利他行に欠けるとして、成仏の因である仏種が断じられて成仏することはないとされていた。このことを日蓮大聖人は「開目抄」(191ページ以下)で、華厳経・維摩経などの爾前経を引かれ、詳しく論じられている。それに対し法華経迹門では、二乗にも本来、仏知見(仏の智慧)がそなわっていて、本来、成仏を目指す菩薩であり、未来に菩薩道を成就して成仏することが、具体的な時代や国土や如来としての名などを挙げて保証された。さらに法華経迹門では、この二乗作仏、また提婆達多品第12で説かれる女人成仏・悪人成仏によって、あらゆる衆生の成仏が保証され、十界互具・一念三千の法門が理の上で完成した。参照 爾前二種の失/二乗/声聞界/縁覚界

二乗への弾呵｜にじょうへのだんか　自利に専念する声聞・縁覚を成仏できないと責め立てること。「開目抄」では、法華経と他の諸経との相違を述べるなかで「大集経・大品経・金光明経・阿弥陀経等は諸小乗経の二乗を弾呵せんがために十方に浄土をとき凡夫・菩薩を欣慕せしめ二乗を・わずらはす」(194ページ)と述べられている。参照 二乗作仏

二処三会｜にしょさんえ　法華経が説かれた二つの場所と三つの説法の場面(前霊鷲山会《ぜんりょうじゅせんえ》・虚空会《こくうえ》・後《ご》霊鷲山会)。法華経の説法の場は、最初は霊鷲山ではじまり、見宝塔品第11の後半から仏と全聴衆が虚空へと移り、薬王菩薩本事品第23から霊鷲山に戻る。参照 霊鷲山

二世王｜にせいおう　紀元前3世紀の中国・秦の第2代皇帝・胡亥《こがい》のこと。臣下の趙高に実権を握られ、悪政がはびこったために、国は大いに乱れた。

爾前経｜にぜんきょう　法華経より前に説かれた経典のこと。「爾」とは「それ、その」という指示語。「爾前」で「それ(法華経)に至る前」を意味する。

爾前迹門の四教｜にぜんしゃくもんのしきょう
▶四教《しきょう》

爾前得道の有無｜にぜんとくどうのうむ　法華経以前の諸経典によって成仏することができるかどうかということ。参照 得道の有無

爾前二種の失｜にぜんにしゅのとが　法華経に対して、華厳経・般若経・大日経などの爾前経がもつ法門上の2種の欠点。「開目抄」(197ページ)で論じられる。①一念三千・二乗作仏を説いていないこと。爾前経は行布、すなわち段階的に修行して成仏を目指す修行・成仏観である。十界それぞれが別々の境涯として説かれ、相互に断絶があるだけでなく、とりわけ九界と仏界との間には超えがたい断絶があるとされ、九界を断じることで初めて仏果が得られるとする。この成仏観に基づき二乗の成仏を認めていない。②久遠実成を説いていないこと。爾前経では仏である釈尊の立場はあくまで始成正覚である。これは法華経如来寿量品第16に至って明かされた久遠実成という真実の境地からみれば迹(仮の姿)にすぎない。

この二つのうち①は、法華経迹門で

は方便品第2で諸法実相・十如是によって一念三千・二乗作仏が明かされたので、免れることができた。しかし、迹門においては教主である仏がまだ始成正覚という迹を開いていないので一念三千・二乗作仏が説かれたといっても真の一念三千ではなく、二乗作仏も確定していない。この解決は、久遠実成を明かした法華経本門によって初めてなされる。参照一念三千/二乗作仏/久遠実成/発迹顕本/本因本果

爾前の円｜にぜんのえん　法華経より前に説かれた諸経にも、部分的に円教(真実の完全な教え)にあたる教えが説かれており、これを「爾前の円」と呼ぶ。これに対して、法華経は純粋な円教(純円)とされる。日寛上人は『開目抄愚記』で、爾前の円といえども、法華経の相待妙と比較した時は悪であり、たとえ法華経の相待妙と同じだと容認したとしても、法華経の絶待妙には到底、及ばないと解釈している(文段集199㌻)。参照爾前経/円教

二蔵｜にぞう　三論宗が釈尊一代の教えを分類した教判。①声聞蔵(小乗教)と②菩薩蔵(大乗教)のこと。参照三論宗

日永｜にちえい　▶因幡房日永《いなばぼうにちえい》

日月｜にちがつ　日天と月天のこと。▶日天《にってん》/月天《がってん》

日月浄明徳仏｜にちがつじょうみょうとくぶつ　法華経薬王菩薩本事品第23に説かれる過去世の仏(法華経582㌻以下)。薬王菩薩が過去世に一切衆生憙見菩薩《いっさいしゅじょうきけんぼさつ》として修行をしていた時の師。参照薬王菩薩

日月天｜にちがってん　日天と月天のこと。▶日天《にってん》/月天《がってん》

日月灯明仏｜にちがつとうみょうぶつ　釈尊より過去世に法華経を説いた仏。法華経序品第1(法華経90㌻以下)によれば、釈尊が生まれるはるか過去世に日月灯明仏という名の仏が法華経を説いた。その後も同名の仏が2万現れ、その最後の日月灯明仏に、文殊菩薩は師事した。釈尊は法華経を説く瑞相として眉間から光を放ったが、これは過去に日月灯明仏が法華経を説く際に表した瑞相と同じであると、文殊は述べている。

***日寛上人**｜にちかんしょうにん　1665年～1726年。大石寺第26世の法主。日蓮大聖人の御書の注釈書である文段、法門を整理し体系化した『六巻抄』などを著し、教学を振興。また堂塔伽藍の建立などにも力を尽くした。大石寺の中興の祖とされる。

日亨｜にちこう　▶堀日亨《ほりにちこう》

「日女御前御返事」｜にちにょごぜんごへんじ　日蓮大聖人が建治3年(1277年)8月、身延から日女御前に与えられたお手紙(1243㌻)。御本尊の相貌を示され、また御本尊は法華経を持つ者の胸中にあることを教えられている。

日弁｜にちべん　富士・熱原の滝泉寺の住僧。日興上人の教化により弟子となる。同寺院主代・行智から迫害を受け、住坊・職責を奪われた。

日目上人｜にちもくしょうにん　1260年～1333年。日興上人の弟子。第3祖。伊豆国仁田郡畠郷(静岡県田方郡函南町畑毛)で父・新田重綱《にいだしげつな》、母・蓮阿尼《れんあに》(南条時光の姉)の五男として生まれた。文永9年(1272年)に13歳にして伊豆走湯山円蔵坊に登り、同11年

(1274年)に同所にて日興上人に出会い弟子となった。建治2年(1276年)11月には身延山に登って日蓮大聖人にお会いし、その後「卿公《きょうこう》」の名を与えられたと伝えられている(後に新田卿阿闍梨《にいだきょうあじゃり》と呼ばれた)。その後、大聖人に常随給仕し、弘安2年(1279年)2月には御本尊を授与されている。弘安5年(1282年)9月、身延から池上に移られた大聖人に同行し、同地で伊勢法印《いせほういん》と問答を行ったと伝えられる。弘安5年10月の大聖人の葬儀に参列し、翌・同6年(1283年)正月に定め置かれた「墓所可守番帳事」では但馬公《たじまこう》と共に10月の当番に当たっている。また同年には俗縁・新田家の本貫地である奥州(東北地方)の教化に赴き、奥州や甲州(山梨県)などの諸寺の基礎を築いたと伝えられる。日興上人の身延離山に際し、同行して大石寺塔中に蓮蔵坊を創建し、さらに日興上人が永仁6年(1298年)に重須の地に御影堂を建立して移った後は、蓮蔵坊にあって大石寺を管領した。また同年日興上人が筆録した「弟子分本尊目録」には、日興上人から本六の一人として記されている。国主への諫暁を重ね、正慶2年(1333年)、弟子の日尊《にちぞん》・日郷《にちごう》を伴い上奏のために京都へ旅に出たが、その途中、美濃国(岐阜県南部)の垂井で病を発し、同年11月15日に逝去した。参照 日興上人

***日蓮大聖人** | にちれんだいしょうにん 1222年~1282年。日蓮大聖人の忍難弘通の御生涯は、法華経に説かれた広宣流布の誓願に貫かれている。その御一生を通じて、自行化他にわたる唱題行を確立し、万人成仏の根本法である南無妙法蓮華経を御本尊として図顕することで、末法の凡夫成仏の道を開かれた。私たちは、日蓮大聖人を末法の教主であり、末法の一切衆生に対して主師親の三徳をそなえた御本仏として尊崇・帰依する。

①【誕生・出家・遊学】日蓮大聖人は貞応《じょうおう》元年(1222年)2月16日、安房国《あわのくに》長狭郡《ながさぐん》東条郷《とうじょうごう》の片海《かたうみ》(千葉県鴨川市)という漁村で誕生されたと伝えられている。漁業で生計を立てる庶民の出身であられた。12歳から安房国の清澄寺《せいちょうじ》で教育を受けられた。その頃、大聖人は「日本第一の智者となし給へ」(888ﾍﾟｰｼﾞ)との願いを立てられ、父母をはじめ民衆を救うために生死の根本的な苦しみを乗り越える仏法の智慧を得ようとされた。そして仏法を究めるために、16歳の時、清澄寺の道善房《どうぜんぼう》を師匠として出家された。この頃、「明星の如くなる智慧の宝珠」(同ﾍﾟｰｼﾞ)を得られたと述べられている。これは仏法の根底というべき「妙法」についての智慧と拝される。その後、大聖人は鎌倉・京都・奈良など各地を遊学し、比叡山《ひえいざん》延暦寺《えんりゃくじ》をはじめ諸大寺を巡って諸経典を学ぶとともに、各宗派の教義の本質を把握されていく。その結論として、法華経こそが仏教のすべての経典のなかで最も優れた経典であり、また御自身が覚った南無妙法蓮華経こそが法華経の肝要であり、万人の苦悩を根本から解決する法であることを確認される。そして南無妙法蓮華経を末法の人々を救う法として広める使命を自覚

された。

②【立宗宣言】遊学によって妙法弘通の使命とその方途を確認された大聖人は、大難が起こることを覚悟のうえで妙法弘通の実践に踏み出された。建長《けんちょう》5年(1253年)4月28日の「午《うま》の時(正午ごろ)」、32歳の大聖人は清澄寺で、念仏などを破折するとともに南無妙法蓮華経の題目を唱えて末法の民衆を救済する唯一の正法を宣言された。これを「立宗宣言《りっしゅうせんげん》」という。この頃、自ら「日蓮」と名乗られた。この立宗宣言の際に念仏宗の教義を厳しく批判した大聖人に対し、地頭《じとう》の東条景信《とうじょうかげのぶ》は念仏の強信者であったため激しく憤り、危害を加えようとしたが、大聖人はかろうじてその難を免れた。その後、大聖人は当時の政治の中心地、鎌倉に出られ、名越《なごえ》あたり(松葉ケ谷《まつばがやつ》と伝承)に草庵を構えて本格的に弘教を開始された。当時、鎌倉で影響力のあった念仏宗や禅宗の誤りを破折しながら、南無妙法蓮華経の題目を唱え広められた。この弘教の初期に、富木常忍《ときじょうにん》・四条金吾《しじょうきんご》(頼基《よりもと》)・池上宗仲《いけがみむねなか》らが入信している。

③【「立正安国論」の提出と法難】大聖人が鎌倉での弘教を開始された当時、毎年のように異常気象や大地震などの天変地異が相次ぎ、大飢饉・火災・疫病(伝染病)などが続発していた。特に正嘉《しょうか》元年(1257年)8月に鎌倉地方を襲った大地震は、鎌倉中の主な建物をことごとく倒壊させる大被害をもたらした。大聖人はこの地震を機に、人々の不幸の根本原因を明らかにし、それを根絶する道を世に示すため、「立正安国論《りっしょうあんこくろん》」(17ページ)を著され、文応《ぶんおう》元年(1260年)7月16日、当時の実質的な最高権力者であった北条時頼《ほうじょうときより》にこれを提出された(第1回の国主諫暁《こくしゅかんぎょう》)。「立正安国論」では、天変地異が続いている原因は国中の人々が正法に背いて邪法を信じるという謗法《ほうぼう》にあり、最大の元凶は法然《ほうねん》(源空)が説き始めた念仏の教えにあると指摘されている。そして、人々が悪法への帰依をやめて正法を信受するなら平和な楽土が現出するが、悪法への帰依を続けるなら経文に説かれている三災七難《さんさいしちなん》などの種々の災難のうち、まだ起こっていない自界叛逆難《じかいほんぎゃくなん》と他国侵逼難《たこくしんぴつなん》の二つの災難も起こるだろうと警告し、速やかに正法に帰依するよう諫められた。しかし幕府要人はこれを無視し、念仏者たちは幕府要人の内々の承認のもと大聖人への迫害を図ってきた。「立正安国論」の提出後まもないある夜、念仏者たちが大聖人を亡き者にしようと草庵を襲った(松葉ケ谷の法難)。この時は大聖人は難を逃れ、一時、鎌倉を離れることになる。翌・弘長《こうちょう》元年(1261年)5月12日、幕府は鎌倉に戻られた大聖人を捕らえ、伊豆《いず》の伊東への流罪に処した(伊豆流罪)。弘長3年(1263年)2月、伊豆流罪を許されて鎌倉に帰られた大聖人は、翌・文永《ぶんえい》元年(1264年)、病気の母を見舞いに郷里の安房方面に赴かれる。同年11月11日、大聖人の一行は天津《あまつ》の門下の工藤邸へ向かう途中、東条の松原で地頭・東条景信の

軍勢に襲撃された。この時、大聖人は額に傷を負い左の手を骨折され、門下の中には死者も出た(小松原の法難)。

④【竜の口の法難と発迹顕本】文永5年(1268年)、蒙古《もうこ》(「蒙古」は歴史的な呼称であり、当時のモンゴル帝国を指す)からの国書が鎌倉に到着した。そこには蒙古の求めに応じなければ兵力を用いるとの意が示されていた。「立正安国論」で予言した他国侵逼難が、現実のものとなって迫ってきたのである。そこで大聖人は、当時の執権《しっけん》・北条時宗《ときむね》をはじめとする幕府要人や鎌倉の諸大寺の僧ら合わせて11カ所に書状(十一通御書、169ページ以下)を送り、予言の的中を明示するとともに諸宗の僧らに公の場での法論を迫られた。しかし幕府も諸宗も、大聖人の働きかけを黙殺した。それどころか幕府は大聖人の教団を危険視し、弾圧を加えていく。この頃、蒙古の調伏(敵などを打ち破り服従させること)の祈禱を行う真言僧が影響力を増してきていた。また真言律宗の極楽寺良観《ごくらくじりょうかん》(忍性)が幕府と結び付いて力を強めていた。大聖人はこれら諸宗に対しても破折を開始される。文永8年(1271年)夏に大干ばつ(長期間の日照り)が起こった時、良観が祈雨(雨乞い)をすることになった。そのことを聞かれた大聖人は、良観に申し入れをして祈雨の対決をされる。それは、もし良観が7日のうちに雨を降らせたなら大聖人が良観の弟子となり、もし雨が降らなければ良観が法華経に帰伏せよというものだった。結果は、良観の祈雨が行われた最初の7日間は雨は一滴も降らず、良観は祈禱の7日延長を申し入れて祈ったが、それでも雨は降らないばかりか暴風が吹くというありさまで、良観の大敗北となった。しかし、良観は自らの敗北を素直に認めず、大聖人に対する怨みをさらに募らせ、配下の念仏僧の名で大聖人を訴えたり幕府要人やその夫人たちに働きかけたりして、権力による弾圧を企てた。同年9月10日、大聖人は幕府から呼び出されて、侍所《さむらいどころ》の所司《しょし》である平左衛門尉頼綱《へいのさえもんのじょうよりつな》(平頼綱《たいらのよりつな》)の尋問を受けた。この時、大聖人は平左衛門尉に対して仏法の法理の上から国を治めていく一国の指導者のあるべき姿を説いて諫められた。2日後の文永8年(1271年)9月12日、平左衛門尉が武装した兵士を率いて草庵を襲い、大聖人は謀叛人のような扱いを受けて捕らえられた。この時、大聖人は平左衛門尉に向かって「日本の柱である日蓮を迫害するなら、必ず自界叛逆・他国侵逼の二難が起こる」(「撰時抄」287ページ、趣意)と述べて強く諫暁された(第2回の国主諫暁)。平左衛門尉らは内々で大聖人を斬首することを謀っていて、大聖人は夜半に突然、護送され、鎌倉のはずれにある竜の口に連行された。しかし、まさに刑が執行されようとしたその時、突然、江の島の方からまりのような大きな光りものが夜空を北西の方向へと走り、兵士たちはこれに恐れおののいて、刑の執行は不可能となった(竜の口の法難)。この竜の口の法難を勝ち越えた時に大聖人は、宿業や苦悩を抱えた凡夫という迹《しゃく》(仮の姿)を開いて、凡夫の身に、生命

にそなわる本源的な、慈悲と智慧にあふれる仏（久遠元初《くおんがんじょ》の自受用報身如来《じじゅゆうほうしんにょらい》）の本地《ほんじ》（本来の境地）を顕された。これを「発迹顕本《ほっしゃくけんぽん》（迹を発《ひら》いて本を顕す）」という。この発迹顕本以後、大聖人は末法の御本仏としての御振る舞いを示されていく。そして、万人が根本として尊敬し帰依していくべき御本尊を図顕していかれた。

⑤【佐渡流罪】竜の口の法難後のしばらくの間、幕府は大聖人への処遇を決められず、約1カ月間、大聖人は相模国《さがみのくに》依智《えち》（神奈川県厚木市北部）にある本間六郎左衛門重連《ほんまろくろうざえもんしげつら》（佐渡国の守護代《しゅごだい》）の館に留め置かれた。その間、放火や殺人の罪が門下に着せられるなど、さまざまな弾圧が画策された。結局、佐渡流罪と決まり、大聖人は文永8年（1271年）10月10日に依智を出発し、11月1日に佐渡の塚原の墓地にある荒れ果てた三昧堂《さんまいどう》（葬送用の堂）に入られた。大聖人は厳寒の気候に加えて衣類や食料も乏しい中、佐渡の念仏者などから命を狙われた。弾圧は鎌倉の門下にも及び、土牢に入れられたり、追放、所領没収などの処分を受けたりした。そして多数の門下が臆病と保身から大聖人の仏法に疑いを起こして退転した。翌・文永9年（1272年）1月16日、17日には、佐渡だけでなく北陸・信越などから諸宗の僧ら数百人が集まり、大聖人を亡きものにしようとした。これは本間重連に制止され、法論で対決することになるが、大聖人は各宗の邪義をことごとく論破された（塚原問答）。2月には北条一門の内乱が起こり、鎌倉と京都で戦闘が行われた（二月騒動《にがつそうどう》＝北条時輔の乱）。大聖人が竜の口の法難の際に予言された自界叛逆難が、わずか150日後に現実のものとなったのである。同年初夏、大聖人の配所は、塚原から一谷《いちのさわ》に移されたが、念仏者などに命を狙われるという危険な状況は依然として続いた。この佐渡流罪の間、日興上人《にっこうしょうにん》は大聖人に常随給仕して苦難を共にされた。また佐渡の地でも、阿仏房《あぶつぼう》・千日尼《せんにちあま》夫妻をはじめ、大聖人に帰依する人々が現れた。大聖人は、この佐渡の地で多くの重要な御書を著された。特に文永9年2月に著された「開目抄《かいもくしょう》」（186ページ）は、大聖人御自身こそが法華経に予言された通りに実践された末法の「法華経の行者」であり、末法の衆生を救う主師親《しゅしん》の三徳をそなえられた末法の御本仏であることを明かされている。また文永10年（1273年）4月に著された「観心本尊抄《かんじんのほんぞんしょう》」（238ページ）は、末法の衆生が成仏のために受持すべき南無妙法蓮華経の本尊について説き明かされている。文永11年（1274年）2月、大聖人は赦免され、3月に佐渡を発って鎌倉へ帰られた。4月8日に平左衛門尉と対面した大聖人は、蒙古調伏の祈禱を真言などの邪法によって行っている幕府を強く諫めるとともに、平左衛門尉の質問に答えて蒙古の襲来は必ず年内に起こると予言された（第3回の国主諫暁）。この予言の通り、同年10月に蒙古の大軍が九州地方を襲った（文永の役）。これで、「立正安国論」で示された自界叛逆

難・他国侵逼難の二難の予言が、ともに的中したこととなった。このように、幕府を直接に諫暁して国難を予言した御事跡は、これで3度目となる(1度目は「立正安国論」提出の時、2度目は竜の口の法難の時)。この予言が的中したことから、大聖人は「余に三度のかうみょう(高名)あり」(287㌻)と述べられている(三度の高名)。

⑥【身延入山】3度目の諫暁も幕府が用いなかったため、大聖人は鎌倉を離れることを決意し、文永11年(1274年)5月に甲斐国《かいのくに》波木井郷《はきいごう》(山梨県南巨摩郡身延町波木井)の身延山《みのぶさん》に入られた。身延の地は、日興上人の教化によって大聖人の門下となった波木井六郎実長《はきいろくろうさねなが》が地頭として治めていた。身延入山は隠棲(俗世間から離れて静かに住むこと)などでは決してなく、大聖人は「撰時抄《せんじしょう》」(256㌻)、「報恩抄《ほうおんしょう》」(293㌻)をはじめ数多くの御書を執筆され、大聖人の仏法の重要な法門を説き示された。特に三大秘法《さんだいひほう》(本門の本尊、本門の戒壇、本門の題目)を明らかにされている。さらに法華経の講義などを通して人材の育成に力を注がれた。また各地の門下に対し、数多くの御消息(お手紙)を書き送るなど、懇切に指導・激励を続けられた。

⑦【熱原の法難と出世の本懐】大聖人の身延入山後、駿河国《するがのくに》(静岡県中部)の富士方面では、日興上人が中心となって折伏・弘教が進められ、天台宗などの僧侶や信徒がそれまでの信仰を捨てて大聖人に帰依するようになった。これを契機として地域の天台宗寺院による迫害が始まり、大聖人に帰依した人々を脅迫する事件が次々に起こる。弘安《こうあん》2年(1279年)9月21日には、熱原の農民信徒20人が無実の罪を着せられて逮捕され、鎌倉に連行された。農民信徒は平左衛門尉の私邸で拷問に等しい取り調べを受け、法華経の信心を捨てるよう脅されたが、全員がそれに屈せず信仰を貫き通した。そして神四郎《じんしろう》・弥五郎《やごろう》・弥六郎《やろくろう》の3人の兄弟が処刑され、残る17人は居住する地域から追放された。この弾圧を中心とする一連の法難を「熱原の法難」という。農民信徒たちの不惜身命《ふしゃくしんみょう》の姿に、大聖人は民衆が大難に耐える強き信心を確立したことを感じられ、10月1日に著された「聖人御難事《しょうにんごなんじ》」(1189㌻)で、立宗以来「二十七年」目にして、大聖人自身の「出世《しゅっせ》の本懐《ほんかい》」(この世に出現した目的)を示された。大聖人は若き日に仏法の肝要を知る智者となってすべての人を苦悩から根本的に救うという誓願を立てられた。この誓願の成就が御生涯をかけて目指された根本目的であると拝される。大聖人は、万人成仏の根本法である南無妙法蓮華経を説き、本門の本尊と本門の戒壇と本門の題目という三大秘法を明かし、未来永遠にわたる広宣流布の基盤を確立された。この熱原の法難において、三大秘法の南無妙法蓮華経を受持して不惜身命の実践で広宣流布する民衆が出現したことにより、世界の人々を救うための日蓮大聖人の民衆仏法が現実のものとなった。このことにより、生涯をかけた根本目的、「出世の本懐」

を達成されたのである。また熱原の法難では、門下の異体同心の信心が発揮され、特に近隣の地頭であった青年・南条時光《なんじょうときみつ》は同志を守るなど活躍した。

⑧【御入滅】弘安5年（1282年）9月8日、大聖人は弟子たちの勧めで常陸国《ひたちのくに》（茨城県北部と福島県南東部）へ湯治に行くとして、9年住まわれた身延山を発たれた。その後、武蔵国《むさしのくに》池上（東京都大田区池上）にある池上宗仲の屋敷に滞在されると、後事について種々定められた。9月25日には、病を押して門下に対し「立正安国論」を講義されたと伝えられる。そして、弘安5年（1282年）10月13日、大聖人は池上宗仲邸で、「法華経の行者」として生き抜かれた61歳の尊き御生涯を終えられた。

***『日蓮大聖人御書全集』** | にちれんだいしょうにんごしょぜんしゅう　日蓮大聖人の御書（御遺文）を集大成した書。創価学会発行。

【発刊の経緯・経過】昭和26年（1951年）5月3日、戸田先生は創価学会第2代会長に就任すると、即座に『日蓮大聖人御書全集』の発刊に着手した。これは、翌・昭和27年（1952年）4月28日に迫った立宗700年の記念事業として発表された。当時、学会員は他宗派から発刊された不十分な御書を使用せざるを得ない状況だった。やむにやまれぬ思いから戸田先生が御書発刊を提案すると、大石寺の梵鐘の鋳造に力を注いでいた日蓮正宗宗門は、学会による御書の出版は了承するが援助はしない、という態度を取った。御書発刊は、伊豆の畑毛に隠退していた堀日亨上人から編纂の協力を得たほかは、校正作業、資金の調達など、すべて創価学会で行った。この事業を陰で黙々と支え奮闘したのが、池田先生であった。期間はわずか10カ月。連日連夜にわたる編纂・校正作業をへて、昭和27年（1952年）4月28日、『日蓮大聖人御書全集』の発刊は成し遂げられたのである。戸田先生は御書全集の「発刊の辞」で、「諸法実相抄」の一節を引き、「創価学会は初代会長牧口常三郎先生之を創設して以来、此の金言を遵奉して純真強盛な信心に基き、行学の二道を励むと共に如説の折伏行に邁進して来たが、剣豪の修行を思わせるが如きその厳格なる鍛錬は、学会の伝統・名誉ある特徴となっている」と記している。

【各言語で翻訳・出版】「発刊の辞」には、「この貴重なる大経典が全東洋へ、全世界へ、と流布して行く事をひたすら祈念して止まぬものである」と綴られている。仏法西還、一閻浮提広宣流布は、日蓮大聖人が誓願され、日興上人が受け継がれた聖業である。御書には「月は西より東に向へり月氏の仏法の東へ流るべき相なり、日は東より出づ日本の仏法の月氏へかへるべき瑞相なり」（588～589㌻）と仰せである。また日興上人は、「日蓮大聖人の御書も、広宣流布の時には、また日本語を外国語に翻訳して、広く世界に伝えるべきである」（1613㌻、趣意）と展望された。この大願を実現してきたのが、創価学会の三代会長、なかんずく池田先生である。御書発刊から65周年（2017年）、創価の連帯は世界192カ国・地域に広がった。御書の翻訳・出版は、英語、中国語、スペイン語、韓国語、フランス語、ドイツ語、イタリア語、ポルトガル語、オランダ語、デンマーク語などに及んでいる。

日朗｜にちろう　1245年~1320年。日蓮大聖人の高弟で六老僧の一人。筑後房《ちくごぼう》、大国阿闍梨《だいこくあじゃり》と呼ばれた。大聖人滅後、日興上人に違背し、墓所の輪番制も守らず、身延での大聖人の一周忌法要にも参加しなかった。幕府の弾圧に屈して天台沙門《てんだいしゃもん》(天台の弟子)と名乗り、大聖人の正意に背く行動をとった。参照天台沙門

肉髻｜にっけい　仏がそなえる三十二相の一つ。頭の頂上の肉が髻(髪を束ねたところ)のように隆起している。仏頂ともいう。参照三十二相

***日興上人**｜にっこうしょうにん　1246年~1333年。日蓮大聖人の後継者。第2祖。伯耆房《ほうきぼう》、白蓮阿闍梨《びゃくれんあじゃり》と号す。甲斐国《かいのくに》巨摩郡《こまぐん》大井荘《おおいのしょう》鰍沢《かじかざわ》(山梨県南巨摩郡鰍沢町)の生まれ。駿河国《するがのくに》(静岡県中部)の岩本実相寺《いわもとじっそうじ》で天台宗の僧として学ばれた。正嘉2年(1258年)ごろ、大聖人の弟子となられた。伊豆流罪・佐渡流罪にも同行し、長年にわたり大聖人の身近にお仕えした。弘安5年(1282年)10月、武蔵国《むさしのくに》の池上宗仲邸で、大聖人が亡くなる直前に、六老僧の一人として選ばれ、大聖人滅後の妙法弘通を託された。また大聖人の葬儀を取り仕切り、詳細な記録(「宗祖御遷化記録」)を残し、弘安6年(1283年)1月に墓所の輪番を定めた記録(「墓所可守番帳事」)も残されている。反対に日興上人以外の五老僧は、大聖人の教えをゆがめていった。日興上人は、大聖人の不惜身命の広宣流布の精神と行動を受け継ぎ、謗法厳戒の精神を貫いて国主諫暁を推進された。それとともに、曼荼羅御本尊を多く書写して信心強盛な門下に与え御本尊根本の信心を確立された。また大聖人が著されたすべての著述を「御書」として大切にし、自ら書写し講義するなどして研鑽を奨励し、後継の弟子を多く輩出された。参照身延離山/「富士一跡門徒存知の事」/「日興遺誡置文」/「五人所破抄」/十大部/五老僧

***「日興遺誡置文」**｜にっこうゆいかいおきぶみ　元弘3年(正慶2年=1333年)1月13日、日興上人が門下に与えられた26カ条の遺誡状のこと(1617ページ)。教学・実践の全般にわたって信行学の基本を明らかにされている。

日種｜にっしゅ　釈尊の家系の始祖は、仙人の血からできた卵が太陽の熱で温められて生まれたとされており、釈尊の家系を「日種(太陽の種族)」と呼ぶ。「報恩抄」(317ページ)では、「日種」を釈尊の幼名とし、これは、母である摩耶夫人が胎内に太陽が入る夢を見て釈尊を産んだことに由来すると説明されている。

日秀｜にっしゅう　富士・熱原の滝泉寺の住僧。日興上人の教化により弟子となる。同寺院主代・行智から迫害を受け、住坊・職責を奪われた。

日昭｜にっしょう　日蓮大聖人の御在世当時の弟子。弁殿《べんどの》、弁阿闍梨と呼ばれた。六老僧の一人。大聖人滅後に、迫害を恐れて天台沙門と名乗り、

大聖人と日興上人に違背した。

日頂｜にっちょう　日蓮大聖人の御在世当時の弟子。伊予房《いよぼう》(伊与房)、伊予阿闍梨と呼ばれた。母の富木尼《ときあま》が再婚したことで、富木常忍が義父となる。大聖人のもとで薫陶を受け、富木尼宛の幾つかの御書からは、伊予房の様子が記されている。後に日頂と名乗り、六老僧の一人に定められた。最後は日興上人に帰伏した。

日天｜にってん　日天子とも。サンスクリットのスールヤの訳。インド神話では太陽を神格化したもの。仏教に取り入れられて仏法の守護神とされた。月天と併記されることが多い。日宮殿に住むとされる。参照月天

『入唐巡礼記』｜にっとうじゅんれいき　『入唐求法巡礼行記《にっとうぐほうじゅんれいぎょうき》』の略。円仁(慈覚)の著作。4巻。円仁が承和5年(838年)に唐に渡り、同14年(847年)に帰国するまでの旅行記。当時の中国仏教の状況のみならず、中国の歴史や地理、風俗などが記されている。特に武宗《ぶそう》の会昌5年(845年)の廃仏の記録は貴重な史料とされている。参照円仁/唐/武宗

二天｜にてん　❶古代インドで崇拝された大自在天と毘紐天のこと。御書では三仙などと併記される。▶大自在天《だいじざいてん》/毘紐天《びちゅうてん》

❷多聞天王と持国天王のこと(1246ページ)。須弥山四面の中腹の四峰に住み、正法を護持する四天王のうちの二天王をいう。多聞天王とは毘沙門天王のことで須弥山の北方の三城に住み、法を多聞して法座を守る働きをする。持国天王は東方の守護神で、法華経序品第1の列衆でもあり、一般には民を安んずる働きをする。二天は陀羅尼品第26で、陀羅尼呪を説いて法華経の行者を守護することを誓っている(法華経644,645ページ)。

❸日天と月天のこと。▶日天《にってん》/月天《がってん》

❹梵天と帝釈天のこと。▶梵天《ぼんてん》/帝釈天《たいしゃくてん》

二度の王難｜にどのおうなん　▶四度の大難《よんどのだいなん》・二度の王難《にどのおうなん》

二百五十戒｜にひゃくごじっかい　男性出家者(比丘)が守るべき250カ条の律(教団の規則)。『四分律』に説かれる。当時の日本ではこれを受けることで正式の僧と認定された。女性出家者(比丘尼)の律は正確には348カ条であるが、概数で五百戒という。『叡山大師伝』(伝教大師最澄の伝記)弘仁9年(818年)暮春(3月)条には「二百五十戒はたちまちに捨ててしまった」(趣意)とあり、伝教大師は、律は小乗のものであると批判し、大乗の菩薩は大乗戒(具体的には梵網経で説かれる戒)で出家するのが正当であると主張した。こうしたことも踏まえられ、日蓮大聖人は、末法における持戒は、一切の功徳が納められた南無妙法蓮華経を受持することに尽きるとされている。参照戒

二仏並坐｜にぶつびょうざ　法華経見宝塔品第11で、釈尊と多宝如来の二仏が並んで座ったこと(法華経385ページ)。参照見宝塔品

日本への仏教伝来｜にほんへのぶっきょうでんらい　日本への仏教初伝は6世紀とされる。公伝(公的な伝来)については、出典により諸説あるが、特に欽明天皇の時

あ
か
さ
た
に
は
ま
や
ら
わ

代の、552年と538年の2説が知られている。日蓮大聖人は「千日尼御前御返事」に「日本国には、人王第30代・欽明天皇の御代、同天皇の統治13年(552年)、この日本より西の百済国という国から聖明王が日本国に仏法を渡した」(1309ページ、趣意)と仰せであるのをはじめ、諸御抄で欽明天皇13年=552年説を用いられている。この552年説は、日本最初の勅撰の歴史書である『日本書紀』に見られる。552年は、当時、中国で用いられていた正法1000年・像法500年説に従うと、末法元年となる。この点を指摘する学説もある。『日本書紀』は、大聖人御在世当時から20世紀にいたるまで、仏教伝来を語る史料として広く用いられてきた。一方、538年説は、「元興寺縁起」(伝教大師の『顕戒論』で引用)や『上宮聖徳法王帝説』に見られ、近年の研究ではこちらの説が有力視されている。この公伝以前にも、韓・朝鮮半島や中国からの渡来人が私的に仏教を伝えたと考えられる。その他、継体天皇《けいたいてんのう》16年(522年)に来朝した漢人の司馬達等《しばたっと》が大和国坂田原に草堂を結んで本尊を安置・礼拝したという記事(『扶桑略記』)や、朝鮮史料から548年とする説もある。『日本書紀』によると、仏教公伝当初、崇仏派の蘇我氏と排仏派の物部氏が争い、用明天皇2年(587年)に物部氏が滅びて正式に仏教が受容された。そして、用明天皇の皇子である聖徳太子が仏教を手厚く保護し、『法華義疏』などを著すとともに、法隆寺や四天王寺などを建立したとされる。日本仏教の興隆は寺院の建立に負うところが多く、これが飛鳥文化・天平文化の中心をなした。奈良初期には三論・成実・法相・倶舎・律・華厳の南都六宗が出そろった。

若有聞法者無一不成仏｜にゃくうもんほうしゃむいちふじょうぶつ　法華経方便品第2の文。「若し法を聞くこと有らば｜一りとして成仏せざること無けん」(法華経138ページ)と読み下す。法華経を聞いた人は、一人も漏れることなく成仏するという意味。

若於林中若於園中若山谷曠野是中乃至而般涅槃｜にゃくおりんちゅうにゃくおおんちゅうにゃくせんごくこうやぜちゅうないしにはつねはん　法華経如来神力品第21の文。同品に「若しは園中に於いても、若しは林中に於いても、若しは樹の下に於いても、若しは僧坊に於いても、若しは白衣の舎にても、若しは殿堂に在っても、若しは山谷曠野にても……諸仏は此に於いて般涅槃したまう」(法華経572〜573ページ)とある。法華経を修行する所こそ、仏たちが覚りを得て説法し涅槃する場所であるとの意。

若是善男子善女人乃至則如来使｜にゃくぜぜんなんしぜんにょにんないしそくにょらいし　法華経法師品第10の文。▶如来の使《にょらいのつかい》

若悩乱者頭破七分｜にゃくのうらんしゃずはしちぶん　「若し悩乱せん者は頭七分に破れん」と読む。「有供養者福過十号(供養すること有らん者は福十号に過ぐ)」に対する語。御本尊を誹謗する者が、必ずその罪果を受けるとの意。頭破七分は、善悪・邪正の判断がつかず苦悩することを、頭が七つに破れることに譬えたもの。御本尊の右上にこの文がしたためられている。参照 頭破作七

分/有供養者福過十号

入我・我入｜にゅうががにゅう　修行によって仏の三密（身・語・意）と衆生の三業（身・口・意）とが互いに相応して、わが身に仏の徳をそなえるという真言宗の教義。

入其身｜にゅうごしん　「其《そ》の身に入《い》る」と読み下す。仏や菩薩や鬼神などがその身に入ったようになること。個々の生命に本来そなわる仏や菩薩や鬼神などの働きが、縁にふれてその人の身に現れることを意味する。参照 悪鬼入其身

入定｜にゅうじょう　❶禅定に入ること。❷得道した者が死ぬこと。

【空海（弘法）の入定】真言宗では、空海は高野山で禅定に入ったまま生き続けていると主張している。しかし日蓮大聖人は、天皇の配慮を得て空海が荼毘に付されたことを指摘し、その主張の誤りを糾されている（311ページ）。確かに勅撰の歴史書『続日本後紀』では、承和2年（835年）3月21日の項に空海の死去が記されている。また同月25日の項には、仁明天皇が勅により内舎人一人を遣わして空海の死を弔い喪料を施したこと、さらに淳和太上天皇の弔書を引き、訃報が届くのが遅く、太上天皇が使者を送って荼毘を助けることができなかったことを恨めしく思っていることが記されている。

入道｜にゅうどう　もとは覚りの境地に入ることであるが、一般には出家して仏道に入ること、またその人をいう。日本では、正式に出家して僧となるのではなく、在家のままで髪を剃るなど僧の姿をして仏道修行をすること、またその男性をさす場合が多い。参照 尼

入涅槃｜にゅうねはん　▶八相《はっそう》

乳味｜にゅうみ　▶五味《ごみ》

柔和忍辱｜にゅうわにんにく　柔和とは、態度がおとなしく優しいこと。忍辱とは、さまざまな侮辱を耐え忍び、逆境にあっても心が動揺しないこと。法華経法師品第10には「如来の衣とは、柔和忍辱の心是れなり」（法華経367ページ）とある。参照 衣座室の三軌/忍辱の鎧

如意宝珠｜にょいほうしゅ　意のままに宝物や衣服、食物などを取り出すことができるという宝の珠。

如意論師｜にょいろんじ　インドの大乗の論師。世親（ヴァスバンドゥ）の師といわれる。『大唐西域記』巻2によると、如意論師が100人の論師と討論した時、99人が屈服したが、最後の一人に言葉尻をとられ、不当にも敗北を宣告された。論師は辱められたことを恥じ、自ら舌をかみ切って死んだという。参照 世親

饒益有情戒｜にょうやくうじょうかい　摂衆生戒のこと。▶三聚浄戒《さんじゅじょうかい》

如我等無異｜にょがとうむい　「我が如く等しくして異なること無からしめん」と読み下す。法華経方便品第2の文（法華経130ページ）。釈尊が長遠な過去に立てた誓願は、仏である自身と等しい境地に衆生を導くことにあるということ。方便品では続いて、その誓願は、万人成仏を明かした法華経を説くことで成就されたと述べられている。参照 誓願/大願

如是我聞｜にょぜがもん　「是くの如きを我聞きき」（このように私は聞いた）と読み下す。法華経序品第1（法華経70

ページ)をはじめ、各経典の冒頭にある言葉。「我(私)」は、一般には第1回の仏典結集で経を暗誦したという阿難のことをさす。

***如説修行**｜にょせつしゅぎょう　「説の如く修行す」と読み下す。仏が説いた教え通りに修行すること。法華経如来神力品第21に「汝等は、如来滅して後に於いて、応当に一心に受持・読・誦・解説・書写し、説の如く修行すべし」(法華経572ページ)と説かれている。[参照]法華経の行者

如渡得船｜にょどとくせん　法華経薬王菩薩本事品第23の文。「渡りに船を得たるが如く」(法華経597ページ)と読み下す。法華経が一切の苦や病痛を離れ、生死の縛を解く教えであることの譬えとして用いられている。

***女人成仏**｜にょにんじょうぶつ　女性が成仏すること。法華経以外の諸経では、女性は障害が多く成仏することはできないとされていたが、法華経では提婆達多品第12で竜女《りゅうにょ》の成仏が示され、女人成仏が保証された。[参照]竜女/提婆達多品

如来｜にょらい　仏の尊称である十号の一つ。サンスクリットのタターガタの漢訳で、「真如(真実)から来た」という意味。もとは修行を完成した者の意で諸宗教で用いられていたが、仏教では釈尊や諸仏の呼び名とされた。[参照]十号

如来行｜にょらいぎょう　如来(仏)が人々を救う実践。[参照]如来の事

如来現在猶多怨嫉。況滅度後｜にょらいげんざいゆたおんしつきょうめつどご　法華経法師品第10の文。同品に「而も此の経は、如来の現に在すすら猶怨嫉多し。況んや滅度して後をや」(法華経362～363ページ)とある。この法華経を説く時は釈尊の存命中でさえ、なお怨嫉(反発・敵対)が多いのだから、ましてや釈尊が入滅した後において、より多くの怨嫉を受けるのは当然であるとの意。日蓮大聖人はしばしばこの文を引かれ、御自身が法華経を身読した法華経の行者であることの根拠とされている。[参照]法華経の行者

***如来寿量品**｜にょらいじゅりょうほん　妙法蓮華経の第16章(法華経476ページ)。同品で釈尊は、久遠実成《くおんじつじょう》を説き明かし、成仏した因と果、仏として振る舞ってきた国土が明かされている。[参照]法華経/久遠実成/良医病子の譬え/付録「法華経の構成」

如来神力品｜にょらいじんりきほん　妙法蓮華経の第21章(法華経567ページ)。[参照]結要付嘱/付録「法華経の構成」

如来蔵｜にょらいぞう　如来の胎児の意。一切衆生にそなわっている如来(仏)になる可能性のこと。仏性と同じとされる。[参照]仏性

如来の現在すら猶怨嫉多し況や滅度の後をや｜にょらいのげんざいすらなおおんしつおおしいわんやめつどののちをや　▶如来現在猶多怨嫉。況滅度後《にょらいげんざいゆたおんしつきょうめつどご》

***如来の事**｜にょらいのじ　仏が行う事業・振る舞いのこと。人々に法を説き成仏へと導く行いのこと。法華経法師品第10にある。▶如来の使《にょらいのつかい》

如来の所遣｜にょらいのしょけん　仏によって派遣された人の意。法華経法師品第10にある。▶如来の使《にょらいのつかい》

***如来の使**｜にょらいのつかい　如来より遣わ

された者。仏の使者。仏の代理として仏のように振る舞う者のこと。法華経法師品第10に「若し是の善男子・善女人、我滅度して後、能く竊かに一人の為にも、法華経の乃至一句を説かば、当に知るべし、是の人は則ち如来の使にして、如来に遣わされて、如来の事を行ず」（法華経357ページ）とある。すなわち、釈尊滅後に密かに一人のためにも法華経を一句でも説く人は、如来の使者として如来に派遣され、如来の仕事を行ずると説かれている。日蓮大聖人はこの文を引かれ、「八巻・一巻・一品・一偈の人乃至題目を唱うる人・如来の使なり、始中終すてずして大難を・とをす人・如来の使なり。／日蓮が心は全く如来の使にはあらず凡夫なる故なり、但し三類の大怨敵にあだまれて二度の流難に値へば如来の御使に似たり、心は三毒ふかく一身凡夫にて候へども口に南無妙法蓮華経と申せば如来の使に似たり」（1181〜1182ページ）と仰せである。

如来秘密神通之力｜にょらいひみつじんずうしりき　法華経如来寿量品第16の文。同品の冒頭では、弥勒菩薩の要請に応じて釈尊が「汝等よ。諦らかに聴け。如来の秘密・神通の力を」（法華経477ページ）と述べ、その後、釈尊が久遠の昔から仏であり、方便として入滅するけれども、実はこの娑婆世界に常住しており、妙法を強盛に信じる者には現れてくることが説かれる。「御義口伝」に「今日蓮等の類いの意は即身成仏と開覚するを如来秘密神通之力とは云うなり、成仏するより外の神通と秘密とは之れ無きなり」（753ページ）と仰せのように、如来の秘密の法とは、万人を成仏させる妙法である。

「如来滅後五五百歳始観心本尊抄」｜にょらいめつごごのごひゃくさいにはじむかんじんのほんぞんしょう　▶「観心本尊抄」《かんじんのほんぞんしょう》

如蓮華在水｜にょれんげざいすい　法華経従地涌出品第15の文。「蓮華の水に在るが如し」（法華経471ページ）と読み下す。地涌の菩薩が、煩悩・業・苦の渦巻く世間のなかにあっても、それに染まらないさまを、蓮華が泥水のなかに清浄な花を咲かせることに譬えている。

人｜にん　❶ヒト、人間のこと。
❷十界のうちの人界。▶人界《にんかい》
❸法に対する語。「人法」と併称される。この場合、「人」とは、教えを説く仏・菩薩、あるいは教えを修学する人のこと。対して「法」とは、説かれた教え、あるいは修学される教法のことをいう。

＊人界｜にんかい　人間の世界。人間らしい平穏な境涯。十界の中で、六道、三善道の一つとされる。「観心本尊抄」には「平かなるは人」（241ページ）とあり、人界の特徴が端的に示されている。これに基づいて仏法の生命論では、因果の道理を知り、物事の善悪を判断する理性の力が明確に働いていて、自己のコントロールが可能となり、人間らしい言動ができる状態とする。また、人界は悪縁にふれて悪道に堕ちる危険性もあるが、善縁によって仏道（聖道）を成ずることができる器である。それ故、「聖道正器《しょうどうしょうき》」とされる。人界に生まれる因は、三帰《さんき》（三宝に帰依すること）や五戒《ごかい》を持つといった、人間にふさわしい行動である

と考えられている。参照 十界

人記品 | にんきほん　▶授学無学人記品《じゅがくむがくにんきほん》

***人間革命** | にんげんかくめい　自分自身の生命や境涯をよりよく変革し、人間として成長・向上していくこと。戸田先生が理念として示し、池田先生が信仰の指標として展開した。人間革命とは、現在の自分自身とかけ離れた特別な存在になることでもなければ、画一的な人格を目指すことでもない。万人の生命に等しく内在する、智慧と慈悲と勇気に満ちた仏の生命を最大に発揮することで、あらゆる困難や苦悩を乗り越えていく生き方である。

日蓮大聖人は「冬は必ず春となる」(1253ページ)、「大悪を(起)これば大善きたる」(1300ページ)などと、人生において直面するいかなる困難をも前向きにとらえ前進するバネとしていく変革の生き方を説いている。

池田先生は、小説『人間革命』に「一人の人間における偉大な人間革命は、やがて一国の宿命の転換をも成し遂げ、さらに全人類の宿命の転換をも可能にする」と記している。

人師 | にんし　論師に対する言葉。「経」「論」を解釈して人々を導く人のこと。例えば、像法時代の天台大師智顗、妙楽大師湛然などをさす。参照 論師

忍性 | にんしょう　▶極楽寺良観《ごくらくじりょうかん》

人天 | にんてん　人界と天界のこと、またその衆生。

仁和寺 | にんなじ　京都市右京区御室大内にある寺院。真言宗御室派の大本山。山号は大内山。御室《おむろ》御所、仁和寺門跡《もんぜき》とも称される。光孝天皇《こうこうてんのう》の勅願によって仁和2年(886年)に着工、同4年(888年)、宇多天皇《うだてんのう》の時に落成した。本尊は阿弥陀三尊。宇多天皇は退位後、益信《やくしん》(827年〜906年)に従って出家し、当寺に入り、一室および円堂を設け法務の御所とし「御室」と称した。以後、代々、法親王が住持を継いで「御室門跡」と称され、この益信・宇多天皇に始まる法流を広沢流という。参照 御室

忍辱の鎧 | にんにくのよろい　忍辱は、さまざまな侮辱を耐え忍ぶこと。いかなる迫害や逆境にあっても、心が動揺しない強固な信心を鎧に譬えたもの。法華経法師品第10には「如来の衣とは、柔和忍辱の心是れなり」(法華経367ページ)、勧持品第13には「当に忍辱の鎧を著るべし」(法華経419ページ)とある。

仁王経 | にんのうきょう　中国・後秦の鳩摩羅什による仁王般若波羅蜜経《にんのうはんにゃはらみつきょう》と、唐の不空による仁王護国般若波羅蜜多経《にんのうごこくはんにゃはらみったきょう》の2訳が現存するが、中国撰述の経典とする説もある。2巻。正法が滅して思想が乱れる時、悪業のために受ける七難を示し、この災難を逃れるためには般若を受持すべきであるとして菩薩の行法を説く。法華経・金光明経とともに護国三部経とされる。

『仁王経疏』 | にんのうきょうしょ　仁王経の注釈書。天台大師智顗の講義を弟子の章安大師灌頂が編集整理した。5巻。

仁王経の七難 | にんのうきょうのしちなん　①日月失度難(太陽や月の異常現象)②星宿失度難(星の異常現象)③災火難

（種々の火災）④雨水難（異常な降雨・降雪や洪水）⑤悪風難（異常な風）⑥亢陽難（干ばつ）⑦悪賊難（内外の賊による戦乱）。

仁王般若経｜にんのうはんにゃきょう　仁王般若波羅蜜経《にんのうはんにゃはらみつきょう》の略。▶仁王経《にんのうきょう》

仁王般若波羅蜜経｜にんのうはんにゃはらみつきょう　▶仁王経《にんのうきょう》

ね

願わくは此の功徳を以て普く一切に及ぼし我等と衆生とは皆共に仏道を成ぜん｜ねがわくはこのくどくをもってあまねくいっさいにおよぼしわれらとしゅじょうとはみなともにぶつどうをじょうぜん　法華経の化城喩品第7の文（法華経298ﾍﾟｰｼﾞ）。梵天が大通智勝仏に宮殿を供養する時に、その功徳があらゆる衆生に及ぶように願った言葉。

＊涅槃｜ねはん　サンスクリットのニルヴァーナの俗語形の音写。泥洹《ないおん》ともいう。覚りを得て輪廻《りんね》の苦悩から解放された、完全な平安で自在な境地のこと。この境地に至ることを解脱《げだつ》という。小乗の教えに基づく二乗たちは、覚りを得て、死後二度とこの世界に生まれてこないことを涅槃（無余涅槃《むよねはん》）と考え、その境地を目指した。
参照 解脱

涅槃経｜ねはんぎょう　大般涅槃経《だいはつねはんぎょう》の略。釈尊の臨終を舞台にした大乗経典。中国・北涼の曇無讖《どんむしん》訳の40巻本（北本）と、北本をもとに宋の慧観・慧厳・謝霊運《しゃれいうん》らが改編した36巻本（南本）がある。釈尊滅後の仏教教団の乱れや正法を誹謗する悪比丘を予言し、その中にあって正法を護持していくことを訴えている。また仏身が常住であるとともに、あらゆる衆生に仏性があること（一切衆生悉有仏性《いっさいしゅじょうしつうぶっしょう》）、特に一闡提《いっせんだい》にも仏性があると説く。天台教学では、法華経の後に説かれた涅槃経は、法華経の利益にもれた者を拾い集めて救う教えであることから、捃拾教《くんじゅうきょう》と呼ばれる。

つまり、法華経の内容を補足するものと位置づけられる。異訳に法顕《ほっけん》による般泥洹経《はつないおんぎょう》6巻がある。参照 般泥洹経/一闡提/涅槃宗/一切衆生悉有仏性/貧女の譬え

涅槃経四十巻の現証｜ねはんぎょうしじっかんのげんしょう　曇無讖訳の涅槃経40巻には、あらゆる衆生に仏性がそなわるとして一闡提の成仏が説かれている。日蓮大聖人は「開目抄」(223ページ)で、その「現証」は、法華経提婆達多品第12で提婆達多が天王如来になると授記されたことであると仰せである。

『涅槃経疏』｜ねはんぎょうしょ　章安大師灌頂の著作。涅槃経(南本)の注釈書。33巻。参照 涅槃経

涅槃宗｜ねはんしゅう　涅槃経の教説を研究した学派。涅槃経には、中国・北涼の曇無讖が訳出した北本と、それを慧観・慧厳・謝霊運《しゃれいうん》らが再編集した南本がある。以上の2本の訳出以前に竺道生《じくどうしょう》が異訳の般泥洹経《はつないおんぎょう》を研究し、一闡提の成仏を主張したが、受け入れられず排斥された。その後、北本が江南に伝わったことでこれが再評価され、涅槃経の研究が盛んになり、学派が形成された。参照 涅槃経/般泥洹経

涅槃の火｜ねはんのひ　釈尊を荼毘に付した火は諸天らが水などを注いでも消えず、かえって火勢が強まったと涅槃経後分巻下に説かれる。

然阿｜ねんあ　▶良忠《りょうちゅう》

念阿｜ねんあ　然阿(良忠)のこと。「念」は音の通じる文字を用いられたものか。▶良忠《りょうちゅう》

念阿弥陀仏｜ねんあみだぶつ　▶良忠《りょうちゅう》

念阿良忠｜ねんありょうちゅう　▶良忠《りょうちゅう》

燃灯仏｜ねんとうぶつ　然燈仏とも。燃灯はサンスクリットのディーパンカラの訳。定光仏《じょうこうぶつ》とも訳される。釈尊が過去世に菩薩として修行をしていた時に、未来に釈迦仏となると予言して授記した仏。瑞応本起経によれば、釈尊は儒童菩薩であった時、この仏に5茎の蓮華の花を供養し、また自分の髪を解いて泥地に敷いて仏を渡したという。

*念仏｜ねんぶつ　阿弥陀仏を念じ極楽浄土への往生をめざすこと。念仏とは仏を思念することで、その意味は多岐にわたるが、大きくは称名念仏・法身(実相)念仏・観想念仏に分けられる。①称名念仏とは、諸仏・諸菩薩の名をとなえ念ずること。②法身念仏とは、仏の法身すなわち中道実相の理体を思い念ずること。③観想念仏とは、仏の功徳身相を観念・想像することをいう。参照 念仏宗

*念仏宗｜ねんぶつしゅう　浄土宗ともいう。阿弥陀仏《あみだぶつ》の本願を信じ、阿弥陀仏の浄土である極楽《ごくらく》世界への往生《おうじょう》を目指す宗派。浄土信仰は、中国・東晋に廬山《ろざん》の慧遠《えおん》を中心として、念仏結社である白蓮社《びゃくれんしゃ》が創設されたのが始まりとされる。その後、浄土五祖とされる中国・南北朝時代の曇鸞《どんらん》が浄土教を広め、唐の道綽《どうしゃく》・善導《ぜんどう》によってその教義が整えられた。具体的には、当初、念仏といえば心に仏を思い浮かべて念ずる観想念仏を意味した。しかし、善導は『観無量寿経疏』「散善義」で、阿弥陀仏の名をとなえる称名《しょうみょう》念仏を正

定《しょうじょう》の業《ごう》すなわち往生のための中心となる修行とし、それ以外の浄土信仰の修行を助行・雑行《ぞうぎょう》とした。日本では、平安末期に法然《ほうねん》(源空)が、阿弥陀仏の名号をもっぱら口称する専修《せんじゅ》念仏を創唱した。これは善導の影響を大きく受けており、法然も『選択集《せんちゃくしゅう》』でそれを自認しているが、称名念仏以外の仏教を排除することは、彼独自の解釈である。しかし、その専修性を主たる理由に既成仏教勢力から反発され、その影響を受けた朝廷・幕府からも念仏禁止の取り締まりを受けた。そのため、鎌倉時代の法然門下では、念仏以外の修行も往生のためのものとして認める諸行往生義《しょぎょうおうじょうぎ》の立場が主流となっていた。参照 曇鸞/道綽/善導/法然

念仏無間｜ねんぶつむけん　四箇の格言の一つ。阿弥陀仏の名号をもっぱらとなえ念ずることは、無間地獄に堕ちる業因となること。日蓮大聖人は「念仏の無間獄」(「撰時抄」、287㌻)、「念仏は無間に堕つる」(「報恩抄」、322㌻)と仰せである。日本浄土宗の開祖は法然(源空)で、浄土三部経(無量寿経・観無量寿経・阿弥陀経)を根本とする。来世に極楽浄土に生まれること(浄土往生)を目指し、娑婆世界を穢土《えど》として嫌った。そして釈尊の一切経を聖道門《しょうどうもん》・浄土門に、また難行道・易行道に分け、法華経は聖道門の難行道であるから捨てよ閉じよ閣《さしお》け抛《なげう》て(捨閉閣抛《しゃへいかくほう》)といい、浄土宗のみが浄土門の易行道で往生・成仏できる宗であるという邪義を立てて法華経を誹謗した。これに対し大聖人は、専修念仏は無間地獄に堕ちる因となる悪業であると批判された。浄土三部経は方等部の教えであり、無量義経において「四十余年、未顕真実(四十余年には未だ真実を顕さず)」(法華経29㌻)といわれ、法華経方便品第2では「正直捨方便(正直に方便を捨てて)」(法華経144㌻)と説かれているように、未顕真実の方便の教えである。また、極楽往生のよりどころとされる無量寿経の法蔵菩薩《ほうぞうぼさつ》(阿弥陀仏の修行時の姿)の四十八願のうち第十八願には、阿弥陀仏の名をとなえる者をその浄土に迎え入れるとあるが、「唯五逆と誹謗正法を除く」と、正法を誹謗する者は除外されている。しかも法華経譬喩品第3では、法華経を誹謗する者は無間地獄に堕ちると説かれている(法華経199㌻)。したがって法華経の正法を誇る者は、往生から除外されるだけでなく、無間地獄に堕ちることになる。故に「念仏無間」とされたのである。参照 念仏宗/阿鼻地獄/五逆罪/謗法

年分得度者｜ねんぶんとくどしゃ　▶年分度者《ねんぶんどしゃ》

年分度者｜ねんぶんどしゃ　各宗で年度ごとに国が決めた定員によって出家を許される者。年分得度者とも。伝教大師最澄は『山家学生式』で、天台宗の僧は出家の後、12年間、比叡山にこもって修行に専念することを定めた。止観業《しかんごう》は法華経などの顕教を学び止観の修行を専攻し、遮那業《しゃなごう》は密教を専攻する。「撰時抄」には「十二年の年分得度の者二人ををかせ給い」(280㌻)とある。参照 止観業/遮那業

の

能安｜のうあん　詳細は不明。御書全集編纂以降に発見された御真筆の断簡「論談敵対御書」には次のように記されている。「（前欠）論談敵対の時、二口三口に及ばず、一言二言をもって退屈せしめ了わんぬ。いわゆる、善覚寺の道阿弥陀仏、長安寺の能安等これなり。その後はただ悪口を加え、無知の道俗を相語らい、留難を作さしむ。あるいは国々の地頭等を語らい、あるいは事を権門に寄せ、あるいは昼夜に私宅を打ち、あるいは杖木を加え、あるいは刀杖に及び、あるいは貴人に向かって云う『謗法の者』『邪見の者』『悪口の者』『犯禁の者』等の狂言、その数を知らず。終に去年五月十二日戌時、念仏者ならびに塗師・□（＝判読不能）師・雑人等（後欠）」

能因｜のういん　988年～？　平安時代の僧・歌人。中古三十六歌仙の一人とされる。各地を旅し、多くの和歌を残した。『古今著聞集』巻5によれば、伊予国（愛媛県）を訪れた時、「天川苗代水にせきくだせあまくだります神ならば神」と詠んで、雨を降らせたという。日蓮大聖人は「報恩抄」で能因を「破戒の法師」（319ページ）と呼ばれているが、これは、中世においては、和歌は「狂言綺語（道理に合わない言葉と巧みに飾った言葉）」に当たり、僧侶にとってふさわしくないという考え方が一部にあったためである。

納衣｜のうえ　人の捨てた布を拾い集めて洗濯し、これを縫いつくろって作った法衣。汚い布切れを集めて作るので糞掃衣ともいう。参照 白衣

能化｜のうけ　教化する人のこと。所化に対する語。「能」とは能動、働きかける意。化とは教化、化導の意。弟子（所化）に対して師匠、また一切衆生（所化）に対して仏・菩薩をいう。なお日本では、宗派の長老や学頭を能化ということもある。参照 所化

能生・所生｜のうしょう しょしょう　能生とは、あらゆるものを生み出していく根源。そこから生み出されてくる一切を所生という。

能施太子｜のうせ たいし　釈尊が過去世に修行していた時の名。自らを能施（布施行を行う者）と称した大国の太子が、あらゆる人々の苦悩を布施によって救おうとし、如意宝珠（意のままに宝を出す珠）を求めて竜王から授かった。その宝珠のもとであらゆる人を得脱させようと誓願を立てることで一切の宝物・衣服・飲食などをふらして、命が尽きるまで布施を続けたという。

こうした、釈尊が過去世に菩薩として修行していた時の物語は、本生譚《ほんじょうたん》（ジャータカ）と呼ばれる経典群に記されていて、中国・日本でも民間に広く伝承された。今世に釈尊として生まれることができたのは、この本生譚で説かれているような種々の善行によるとされる。

能詮｜のうせん　法理を説き明かす教法のこと。所詮に対する語。参照 所詮

曩謨｜のうまく　▶南無《なむ》

***後の五百歳**｜のちのご ひゃくさい　末法の初めの時代のこと。①経典では釈尊滅

後の500年をさす。②大集経《だいじっきょう》では釈尊の滅後を500年ずつ五つの時期に区分し(五五百歳《ごごひゃくさい》)、第5の500年は、仏の教えの中の論争が絶えず正しい教えが見失われてしまう(闘諍堅固《とうじょうけんご》・白法隠没《びゃくほうおんもつ》)時であると説かれている。日蓮大聖人は、五五百歳のうち、はじめの第1・第2の500年を正法時代、第3・第4の500年を像法時代とする解釈に基づき、第5の500年と①の意味の「後の五百歳」とが同一であると考えられ、「後《のち》の五百歳」が末法の初めの500年であると考えられた。
参照 五五百歳/末法の始の五百年

後五百歳広宣流布の経文｜のちのごひゃくさいこうせんるふのきょうもん　法華経薬王菩薩本事品第23に説かれる「我滅度して後、後の五百歳の中、閻浮提に広宣流布して、断絶して悪魔・魔民・諸天・竜・夜叉・鳩槃荼等に其の便を得しむること無かれ」(法華経601㌻)という経文のこと。日蓮大聖人は、これを末法に妙法が流布することを予言した文とされている(254,329㌻など)。参照 広宣流布

後の五百歳遠く妙道に沾わん｜のちのごひゃくさいとおくみょうどうにうるおわん　天台大師智顗の『法華文句』巻1上の文。「後の五百年という未来にも、長遠に妙法の利益を受けるだろう」との意。日蓮大聖人は、これを末法に妙法が流布することを予言した文とされている(254,335,505㌻など)。

後の五百年｜のちのごひゃくねん　▶後の五百歳《のちのごひゃくさい》

能登房｜のとぼう　もとは日蓮大聖人の弟子であったが、遅くとも建治2年(1276年)7月までには退転していたようである。それ以外の詳細は不明。「聖人御難事」(1191㌻)、「上野殿御返事」(1539㌻)などで、名越の尼《なごえのあま》・少輔房・三位房などとともに、欲深く臆病で知ったかぶりで、難が起こった時に退転した者として挙げられている。

は

沛公｜はいこう　▶劉邦《りゅうほう》

廃仏毀釈｜はいぶつきしゃく　仏法を廃絶し、釈尊の教えを破毀すること。明治政府の神道国教化政策に基づいて起こった仏教排斥運動。明治元年(1868年)の神仏分離令発布とともに、全国で寺院の仏像・仏具・経巻の破壊や、僧への還俗強制などが起きた。

破戒の法師｜はかいのほっし　▶能因《のういん》

***波木井郷**｜はきいごう　波木井は「はぎり」または「はきり」とも読む。現在の山梨県南巨摩郡身延町波木井。参照 郷

***波木井実長**｜はきいさねなが　南部氏の一族で、甲斐国《かいのくに》波木井郷(山梨県南巨摩郡身延町波木井)に住んでいた地頭《じとう》。日蓮大聖人の3度目の国主諫暁の後、大聖人を身延の地にお迎えした。大聖人滅後、入信の師である日興上人に背き日向《にこう》に従い、四箇の謗法を犯し、日興上人の身延離山の直接的な原因をつくった。参照 地頭/日向/四箇の謗法

はきりどの｜はきりどの　波木井殿。▶波木井実長《はきいさねなが》

伯夷・叔斉｜はくいしゅくせい　中国古代の賢人である兄弟。殷の孤竹国の二人の王子。父王は弟の叔斉に位を譲ろうとしたが、父王の死後、叔斉は兄の伯夷に位を譲ろうとした。

白烏の恩｜はくうのおん　白烏に対する報恩のこと。白烏は白いカラスのこと。章安大師灌頂の『観心論疏』巻1に説かれる。昔、戯れて草の上に寝ていた王を、蛇が咬もうとした時、白烏が飛んで来て王を突いて起こし、危険を知らせた。王はこの恩に報いようと臣下に白烏捜索の勅を下したが、発見できなかった。そこで王は白烏のかわりに黒烏にその恩を施したという。「祈禱抄」(1352ページ)では、諸菩薩や諸天らは法華経によって初めて成仏の道が開かれたのだから、その恩に報いようと法華経の行者を守護する誓願を立てており、よって法華経の行者の祈りがかなわないわけがないと仰せになっている。白烏を法華経を説いた釈尊、黒烏を末法の法華経の行者である日蓮大聖人とその門下に譬えられている。

白居易｜はくきょい　772年〜846年。中国・唐の官僚・詩人。字《あざな》は楽天。諫言が受け入れられずしばしば左遷された。仏教の信奉者として有名であった。日蓮大聖人は「立正安国論」で予言された自界叛逆難・他国侵逼難が現実のものとなったことを受けて、「安国論」こそ、白楽天が時の政治を諫めた『新楽府』よりも優れた諫暁書であり、その予言は仏の未来記にも劣らないと仰せである(909ページ)。

白鳳文化｜はくほうぶんか　飛鳥時代と天平時代との間、7世紀後半から8世紀初頭までの、白鳳と称された時代の文化。遣唐使により唐初期の文化がもたらされ、仏教美術が興隆。また国史の編纂が開始され、漢詩文も盛んとなり、長歌や短歌が発達、万葉仮名が定着した。

白楽天｜はくらくてん　▶白居易《はくきょい》

破鏡｜はけい　古代中国で不孝の生き物とされた想像上の獣。獍《けい》ともいう。父を食うとされた。

筥崎宮｜はこざきぐう　福岡市東区箱崎にある神社。創建は延長元年(923年)とされる。蒙古襲来の危機に際し、異国調伏の祈禱を行った。

婆稚阿修羅王｜ばじあしゅらおう　法華経の説法の場に集っていた阿修羅王の一人。「観心本尊抄」(240㌻)では、法華経に十界互具が説かれていることを明かすにあたり、婆稚阿修羅王たちがこの経の一偈一句を聞いて随喜の心を起こすなら阿耨多羅三藐三菩提《あのくたらさんみゃくさんぼだい》(仏の覚り)を得ると説かれた法師品第10の文を引かれ、これを修羅界に十界がそなわることの証文とされている。参照修羅界

波斯匿王｜はしのくおう　波斯匿はサンスクリットのプラセーナジットの音写。コーサラ国の王で波瑠璃王《はるりおう》(ヴィルーダカ)の父。初めは仏教に反対だったが、後に釈尊に帰依し仏教を保護した。参照波瑠璃王

柱幢｜はしら　「柱」とは家を支える柱。「幢《とう》」とは帷《とばり》の柱。いずれも支え守るものの譬え。

婆藪天｜ばすてん　婆藪はサンスクリットのヴァスの音写。古代インドのバラモン教で崇拝されている神。『玄応音義』巻22では毘紐天の別名とされているが、毘紐天の父またはクリシュナ神の父とする説もある。

婆修槃陀｜ばすばんだ　▶槃陀《ばんだ》

*__罰__｜ばち　正法を誹謗することをはじめ、悪い行いの報いとしてもたらされる苦悩・困難。功徳《くどく》に対する語。罰の現れは、不幸の道に陥ることを知らせる兆しであり、警鐘ともいえる。罰が現れることで、自身の誤りに気付き反省し、信仰の姿勢や生き方を見つめ直して修正することができる。このように見方を変えれば、罰もまた、人々を正しく導く妙法のすぐれた性質の一つなのであって、功徳と捉え返すことができる。参照功徳

八億四千念｜はちおくよんせんねん　「八億四千万念」ともいい、人間の心がさまざまな縁によってめまぐるしく移り変わることを譬えたもの。「女人成仏抄」に「経文には一人一日の中に八億四千念あり念念の中に作す所皆是れ三途の業なり等云云」(471㌻)とある。

八恒河沙｜はちごうがしゃ　恒河(ガンジス川)の砂の数の8倍ほど多数の意。参照恒河

八十種好｜はちじっしゅこう　仏や菩薩がそなえている80の優れた身体的特質のこと。「好」は三十二相に対し細かな特徴をさす。80種の内容については種々の説があり、なかには三十二相と重複するものもあるが、例えば、頂を見ることがない、耳たぶが垂れ下がっているなど。参照三十二相

八邪｜はちじゃ　人生に苦が生じる八つの因。八正道に対する語。邪見・邪思惟・邪語・邪業・邪命・邪方便・邪念・邪定の八つ。

八重｜はちじゅう　八重罪のこと。八波羅夷《はらい》とも。比丘尼(女性出家者)が犯すと教団追放とされた八つの罪。『四分比丘尼戒本』によれば、四重罪に①摩触(男性と腋より下の体を触れること)②八事成重(男性と密会するなど八つの事をなすこと)③覆蔵他重罪(他の比丘尼が重罪を犯したことを知っていながら告発せずに隠すこと)④

随順被挙比丘(教団に従わない比丘に随順していることを3回忠告しても改めないこと)の四つを加えたもの。参照四重罪

八大地獄｜はちだいじごく　八熱地獄ともいう。仏典では古代インドの世界観に基づき、この世界には、殺生・盗み・邪淫などの人倫にもとる悪い行いをした罪の報いとして、死後に堕ちる8種の地獄があるとされる。

①等活《とうかつ》地獄(獄卒に鉄杖で打たれ刀で切られても身体がよみがえり同じ苦しみを繰り返す)②黒縄《こくじょう》地獄(熱鉄の黒縄を身体にあてられそれに沿って切り刻まれる)③衆合《しゅごう》地獄(鉄の山の間に追い込まれ両側の山が迫ってきて押しつぶされる)④叫喚《きょうかん》地獄(熱鉄の地面を走らされ溶けた銅の湯を口に注がれるなどの苦しみで喚き叫ぶ)⑤大叫喚地獄(様相は前に同じ)⑥焦熱《しょうねつ》地獄(焼いた鉄棒で串刺しにされ鉄鍋の上で猛火にあぶられる)⑦大焦熱地獄(様相は前に同じ)⑧阿鼻《あび》地獄(無間地獄)の八つで、その様相は諸経論でさまざまに説かれる。この順に地を下り苦しみも増していき、最底、最悪の阿鼻地獄に至る。日蓮大聖人は「顕謗法抄」(443ページ)で、それぞれを詳述されている。参照阿鼻地獄

はちなひをん経｜はちないおんぎょう　▶般泥洹経《はつないおんぎょう》

***八熱地獄**｜はちねつじごく　▶八大地獄《はちだいじごく》

八部｜はちぶ　▶八部衆《はちぶしゅ》

八部衆｜はちぶしゅ　仏法を守護する8種類の諸天や鬼神。法華経譬喩品第3(法華経160ページ)などにある。天竜八部ともいう。天(神々)・竜・夜叉・乾闥婆《けんだつば》・阿修羅・迦楼羅《かるら》・緊那羅《きんなら》・摩睺羅伽《まごらが》の8種。

八慢｜はちまん　▶慢《まん》

八幡神｜はちまんじん　八幡宮の祭神。神仏習合の伝統から、正八幡大菩薩《しょうはちまんだいぼさつ》、八幡大菩薩ともいう。略して正八幡、八幡とも。古くは農耕の神とされていたが、豊前国《ぶぜんのくに》(福岡県東部と大分県北部)宇佐に祭られてから付近で産出する銅産の神とされ、奈良時代に東大寺の大仏が建立された時にそれを助けたとして奈良の手向山《たむけやま》に祭られた。その後、国家的神格として信仰を集め託宣神としても知られるようになった。平安時代の初めには朝廷から大菩薩の称号が贈られ、貞観元年(859年)に行教《ぎょうきょう》によって山城国《やましろのくに》(京都府南部)石清水《いわしみず》に勧請された頃から、応神天皇《おうじんてんのう》の本地が八幡大菩薩であるとする説が広まり、朝廷の祖先神、京都の守護神として崇められた(579ページ参照)。鎌倉時代になると、八幡神は源氏の氏神として厚く尊崇され、また武士全体の守護神とされた。

こうした古代・中世において、仏教が日本に普及する課程で、八幡神は梵天・帝釈天らインドの神々に次ぐ仏法の守護神と位置づけられた。御書には「八幡大菩薩は正法を力として王法を守護し給いけるなり」(583ページ)、「八幡大菩薩の御誓いは月氏にては法華経を説いて正直捨方便となのらせ給い、日本国にしては正直の頂に・やどらんと誓い給ふ」(1196ページ)と仰せである。

また本地垂迹説によって、八幡神の本地は釈尊とされるようになった。しかし一方で八幡神の本地を阿弥陀仏とする説も広まった(『神皇正統記』など)。これに対し日蓮大聖人は「智妙房御返事」で、「世間の人人は八幡大菩薩をば阿弥陀仏の化身と申ぞ、それも中古の人人の御言なればさもや、但し大隅の正八幡の石の銘には一方には八幡と申す二字・一方には昔霊鷲山に在って妙法蓮華経を説き今正宮の中に在って大菩薩と示現す等云云、月氏にては釈尊と顕れて法華経を説き給い・日本国にしては八幡大菩薩と示現して正直の二字を願いに立て給う、教主釈尊は住劫第九の減・人寿百歳の時・四月八日甲寅の日・中天竺に生れ給い・八十年を経て二月十五日壬申の日御入滅なり給う、八幡大菩薩は日本国・第十六代・応神天皇・四月八日甲寅の日生れさせ給いて・御年八十の二月の十五日壬申に隠れさせ給う、釈迦仏の化身と申す事は・たれの人か・あらそいをなすべき」(1286ページ)と仰せになり、人々が阿弥陀仏を尊んで釈尊をないがしろにする誤りを糺されている。

なお、大聖人は文永8年(1271年)9月、竜の口に連行される途中、若宮小路(鶴岡八幡宮の前の大通り)で馬から下り、八幡大菩薩に対して日本第一の法華経の行者を守護する誓いを今こそ果たすべきだと叱咤されている(912,913ページ)。現在、八幡神は豊前国宇佐、奈良の手向山、山城国石清水、鎌倉の鶴岡、大隅国《おおすみのくに》(鹿児島県東部)をはじめ全国各地に祭られている。参照 正八幡

八幡大菩薩｜はちまんだいぼさつ　▶八幡神《はちまんじん》

八万法蔵｜はちまんほうぞう　釈尊が一代にわたって説いた教えのすべて。八万は実際の数ではなく多数の意。

八葉蓮華｜はちようれんげ　8枚の花弁の蓮華。創価学会のシンボルマークは、八葉蓮華を図案化したもので、昭和52年(1977年)に定められた。八葉の花模様が幾重にも広がりを見せる姿は、「八とは色心を妙法と開くなり」(745ページ)との意義を踏まえ、一人一人の生命の仏界を開き現し、日蓮大聖人の仏法が世界を包んで流布する姿を象徴している。さらに全体として豊かなふくらみをもっている姿は、功徳に満ちあふれる学会員一人一人を表現している。

八界｜はっかい　十界のうち、二つの界を除いたもの。どの二つかは諸説あって定まらない。

***八寒地獄**｜はっかんじごく　「はちかんじごく」とも読む。8種の極寒の地獄のこと。八熱地獄《はちねつじごく》に対する語。涅槃経巻11には①阿波波《あはは》地獄②阿吒吒《あたた》地獄③阿羅羅《あらら》地獄④阿婆婆《あばば》地獄⑤優鉢羅《うはら》地獄⑥波頭摩《はずま》地獄⑦拘物頭《くもず》地獄⑧芬陀利《ふんだり》地獄の八つが説かれている(1013ページで引用)。このうち、前の四つはあまりの寒さに思わず阿波波・阿吒吒・阿羅羅・阿婆婆と悲鳴を発する地獄をいい、後の四つは極寒のために身体が裂けて優鉢羅(青蓮華)、波頭摩(紅蓮華)、拘物頭(赤蓮華)、芬陀利(白蓮華)のような姿になる地獄をいう。参照 八大地獄

八苦｜はっく　▶四苦八苦《しくはっく》

***抜苦与楽**｜ばっくよらく　苦を除き、楽を与えること。慈悲の行為をいう。『大智度論』巻27に「大慈は一切衆生の楽を与え、大悲は一切衆生の苦を抜く」とある。また涅槃経巻15には「諸の衆生の為に無利益を除く、是れを大慈と名づく。衆生に無量の利楽を与えんと欲す、是れを大悲と名づく」とある。
[参照]慈悲

法歳｜はっさい　生没年不詳。中国・陳の定林寺《じょうりんじ》の僧。天台大師智顗は569年、陳の都・建康(現在の南京。金陵とも呼ばれる)の瓦官寺《がかんじ》に入り、法華経の経題について講義を行った。この時、列席していた慧栄《えよう》や法歳が天台大師に帰伏したと伝えられる。

八斎戒｜はっさいかい　単に斎戒、斎ともいう。布薩の日に在家の仏教者が寺院などに集い、一日一夜守る、出家の聖者に通じる戒。五戒に3項目を加えたもの。①不殺生戒②不盗戒③不婬戒④不妄語戒⑤不飲酒戒⑥不著香華鬘不香塗身不歌舞倡妓不往観聴戒⑦不坐高広大床戒⑧不非時食戒(午後に食事をしない)の八つをいう。不著香華鬘不香塗身と不歌舞倡妓不往観聴を分けて九つとすることもある。この八斎戒、特に不非時食を守ることを持斎という。また恒常的な持斎を長斎といい、長斎を行う人も持斎と呼ぶ。日蓮大聖人の御在世当時には戒律復興運動の影響があり、御書にも禅宗や良観(忍性)らの真言律宗の信奉者に持斎がいたことがうかがえる。持斎を実施する毎月8日、14日、15日、23日、29日、30日の6日を六斎日といい、さらに1日、18日、24日、28日を加えて十斎日とすることもある。[参照]戒

八識｜はっしき　大乗の唯識思想で、生命の働きである識を8種に分けたもの。またその第8識をいう。諸宗によって立て方が異なる。法相宗では、前5識、第6識・意識、第7識・末那識と別に、根源の識として第8識・阿頼耶識を立てる。阿摩羅識をいうものの、それは阿頼耶識の煩悩に染まっていない清浄な部分(浄分)とし、これら八つの識を心王と立て、八識心王とする。これに対して、天台宗・華厳宗などでは、煩悩に染まった迷いの部分(染分)と清浄な部分の二つ(染浄の二法)からなる第8識より根源的な領域として、清浄で覚りの真理(真如)と一体である阿摩羅識を第9識として立てる。菩薩は三惑のうち見思惑を断じて第8識までを覚知するものの、まだ根本の煩悩である無明惑を克服していない。このため、天台大師智顗は『金光明経玄義』巻上で、第8識の阿黎耶識(阿頼耶識・無没識)を菩薩識と位置づけている。[参照]唯識/九識

八宗・十宗｜はっしゅうじっしゅう　八宗は倶舎・成実・三論・法相・律・華厳の南都六宗に、平安時代の天台・真言の2宗を加えたもの。十宗は、八宗に浄土・禅の2宗を加えたもの。日蓮大聖人の時代までに日本に伝えられていた仏教の全宗派。

八種の大難｜はっしゅのだいなん　般泥洹経《はつないおんぎょう》巻4に説かれる、過去世の悪業の報いとして受ける苦難を、日蓮大聖人が「佐渡御書」(960ページ)で8種に分類

されたもの。①人々に軽蔑される②容姿が醜くなる③衣服が不足する④食べるものは粗末である⑤富を求めても利益が上がらない⑥貧しく身分の低い家に生まれる⑦邪見すなわち間違った考えを信じる家に生まれる⑧国王から迫害を受ける。「開目抄」(232ページ)でも引かれる。参照 般泥洹経

法全｜はっせん　生没年不詳。中国・唐の密教僧。唐に渡った空海(弘法)に密教を伝えた恵果《けいか》の孫弟子にあたる。円仁(慈覚)に長安(現在の西安)の玄法寺で大日経系の密教を伝えた。また後に円珍(智証)にも両部の灌頂を授けている。参照 円仁/円珍

法全・元政等の八人の真言師｜はっせんげんじょうらのはちにんのしんごんし　円仁(慈覚)が唐滞在中に師事した8人の僧(305~306ページ)。『慈覚大師伝』(寛平親王《かんぴょうしんのう》撰)には10人の僧が挙げられているが、そのうち天台宗の止観の法門を伝えた志遠・宗穎《しゅうえい》をのぞく法全・元政・宗叡《しゅうえい》・全雅《ぜんが》・義真《ぎしん》・元侃《げんかん》(元簡)・宝月三蔵・惟謹《ゆいきん》の8人から、円仁は密教や梵書(悉曇)を学んでいる。▶法全《はっせん》/元政《げんじょう》/宝月三蔵《ほうがつさんぞう》 参照 円仁

八相｜はっそう　衆生を救うためにこの世に出現した釈尊が、その生涯で示した8種の様相。①下天(都率天から条件が整ったことを感じて降りること)②託胎(受胎)③出胎(誕生)④出家⑤降魔(魔を打ち破ること)⑥成道(覚りを開くこと)⑦転法輪(説法を行うこと)⑧入涅槃(亡くなって完全な平安な境地に至ること)。

跋陀婆羅｜ばっだばら　法華経の説法に出席した菩薩の一人(法華経562ページ)。過去世に増上慢の四衆の一人として不軽菩薩に対して悪口罵詈・杖木瓦石を加えて誹謗し、1000劫の間、阿鼻地獄に堕ちたが、後に逆縁の功徳によって釈尊の在世に生まれ、法華経にめぐりあえた。

般泥洹経｜はつないおんぎょう　大般泥洹経《だいはつないおんぎょう》のこと。涅槃経《ねはんぎょう》の漢訳の一つ。4~5世紀にかけて中国・東晋で活躍した法顕《ほっけん》の訳。6巻。般泥洹とは釈尊の入滅のことで、大般涅槃、涅槃ともいう。北本涅槃経40巻の前10巻の内容に相当する。参照 涅槃経

八風｜はっぷう　人の心を動揺させる八つの障害。①利《うるおい》(利益・繁栄)②衰《おとろえ》(勢力の衰退)③毀《やぶれ》(名誉が傷つけられること)④誉《ほまれ》(名声・栄誉)⑤称《たたえ》(称賛)⑥譏《そしり》(誹謗を受けること)⑦苦《くるしみ》⑧楽《たのしみ》の8種。「四条金吾殿御返事(八風抄)」には「賢人は八風と申して八のかぜにをかされぬを賢人と申すなり……此の八風にをかされぬ人をば必ず天はまほらせ給うなり」(1151ページ)と指導されている。

八不中道｜はっぷちゅうどう　両極端に執着する一切の邪見を否定した中道が真実であるという教え。八不とは『中論』に説かれる不生・不滅、不常・不断、不一・不異、不来・不出の八つ。三論宗の教義の肝要とされる。参照 三論宗

鳩化して鷹と為り雀変じて蛤と為る｜はとけしてたかとなりすずめへんじてはまぐりとなる　「立正安国論」(31ページ)にある。『礼記』などによれば、古来中国で、中秋(旧暦8月)になるとハトが変じてタカになり、晩秋(同9

月)にはスズメが海に入ってハマグリとなるとされた。時に応じて、物が非常に変化することの譬え。「安国論」では主人の言葉として、仏法の正邪に迷っていた客が法然(源空)が謗法であることを理解して心を改めたことの譬えとして用いられている。

羽ぶくら | はねぶくら　矢に付けてある羽。

婆羅門 | ばらもん　バラモンのこと。古代インドの身分制度における最上位の階層。サンスクリットのブラーフマナの音写。もとは祭事を司る司祭者の家柄であるが、後の時代には他の職業に就く者も少なくなかった。日蓮大聖人の時代の日本には「婆羅門」は存在しないので、御書中の使用例によっては、社会的に尊貴とされた人々、貴族などをさすと思われるものもある。

バラモン教 | ばらもんきょう　英語のブラフマニズムの訳。古代インドで仏教興起以前にヴェーダおよびその解釈学に基づいて発展した思想全体をいう。四姓のなかの祭司階級であるブラーフマナ(婆羅門)が主体となる宗教であるのでこのように呼ぶ。近代ヨーロッパの東洋学者が仏教興起以後のヒンズー教と区別するために、このような思想全体をブラフマニズムと言った。その思想の流れは仏教興起以後も続いているが、大きくヒンズー教がそれを包括、継承することとなった。ヴェーダ、ウパニシャッドの哲学、六派哲学《ろっぱてつがく》などをまとめて言う。参照 婆羅門/六派哲学

波瑠璃王 | はるりおう　サンスクリットのヴィルーダカの音写。釈尊存命中のコーサラ国の王。波斯匿王《はしのくおう》の子。波斯匿王は妃を迦毘羅衛国(カピラヴァストゥ)に求めたが、釈迦族は王の勢力を恐れ、釈摩男《しゃくまなん》の召使いである女が産んだ美女を王女と偽って王に差し出した。この女と波斯匿との間に生まれたのが波瑠璃王である。波瑠璃王は後にこのことを知って激怒し、復讐として釈迦族に対し大量殺戮を行った。これは釈尊が存命中に受けた九つの難(九横の大難)の一つにあたる。参照 波斯匿王

***破和合僧** | はわごうそう　「和合僧を破す」と読み下す。和合僧(仏道修行に励み仏法を流布する人々の集まり)を分裂・破壊する大罪。五逆罪の一つ。参照 五逆罪/和合僧

はんくわひ | はんかい　▶樊噲《はんかい》

樊噲 | はんかい　中国・前漢の豪傑。前漢を創建した皇帝(劉邦《りゅうほう》)の天下統一に貢献した。参照 劉邦

半行半坐三昧 | はんぎょうはんざんまい　▶四種三昧《ししゅざんまい》

半座 | はんざ　座席の半分のこと。法華経見宝塔品第11で出現した宝塔の中にいた多宝如来は、釈尊に座を半分譲り、二仏が並んで座った。以後の説法は、嘱累品第22まで、この二仏が並んで座った形で行われる。

盤陀 | ばんだ　サンスクリットのヴァスバンドゥの音写である婆修槃陀《ばすばんだ》の略。付法蔵の第20。世親と訳されるが、『倶舎論』を著した世親(天親)と同一人物とする説もある。インド羅閲《らえつ》国の人。闍夜那《じゃやな》に師事し、仏法を深く理解して広く衆生を救った。

般若経 | はんにゃきょう　「般若波羅蜜(智慧の完成)」を題名とする長短さま

ざまな経典の総称。漢訳には、中国・後秦の鳩摩羅什訳の大品般若経27巻、同じく羅什訳の小品般若経10巻、唐の玄奘訳の大般若経600巻など多数ある。般若波羅蜜を中心とする菩薩の修行を説き、あらゆるものに常住不変の実体はないとする「空《くう》」の思想を明かしている。天台教学の教判である五時では、方等部の経典の後に説いたとされ、二乗を排除し菩薩だけを対象とした教え（別教）とされる。参照 空

般若三蔵｜はんにゃさんぞう　8～9世紀ごろ、生没年不詳。北インドの迦畢試《かひっし》国（カーピシー）の訳経僧。中国・唐に渡り、六波羅蜜経《ろっぱらみつきょう》、守護国界主陀羅尼経《しゅごこっかいしゅだらにきょう》といった密教経典や心地観経《しんじかんぎょう》などを訳した。唐に留学した空海（弘法）に梵字や悉曇《しったん》、密教を教えた。参照 六波羅蜜経/心地観経

般若時｜はんにゃじ　▶五時《ごじ》

般若心経｜はんにゃしんぎょう　漢訳は玄奘訳や鳩摩羅什訳など計7種が現存し、大小2種のサンスクリット本がある。最も普及している唐の玄奘訳の小本（般若波羅蜜多心経《はんにゃはらみったしんぎょう》）は300字に満たない。経題の「心」とは心髄・核心を意味する。数多くある般若経典に説かれる内容を「空《くう》」という語に凝縮して表現し、「色即是空・空即是色」の一節が有名。末尾にサンスクリットの陀羅尼（呪文）を付す。1巻。参照 般若経/空

『般若心経秘鍵』｜はんにゃしんぎょうひけん　空海（弘法）の著作。般若心経を密教の立場から注釈した書。1巻。参照 般若心経

半満二教｜はんまんにきょう　天台大師智顗以前の時代、南三北七のうち北地の一派である菩提流支《ぼだいるし》（?～527年、北インド出身の訳経僧）による教判。諸経典を釈尊一代に説かれたものとして、二つの時期に分類して解釈した。釈尊の成道から12年間説かれた小乗の教えを半字教とし、12年以後を満字教とする。天台大師が『法華玄義』巻10上に挙げている。参照 南三北七/教相判釈

万里｜ばんり　非常に長いことを意味する。1里は約3.9キロメートル。

ひ

***比叡山**｜ひえいざん　滋賀県大津市と京都市にまたがる山。叡山ともいう。古来、山岳信仰の対象とされてきた。主峰を大比叡ケ岳(848メートル)といい、そのやや西に四明岳(838メートル)がそびえる。大岳から東北方に広がる山上の平坦部に日本天台宗の総本山・延暦寺《えんりゃくじ》があり、東麓に延暦寺の守護神を祭る日吉大社がある。参照延暦寺

比干｜ひかん　中国古代・殷の賢人。紂王を諫めたところ、紂王は「聖人の心臓には七つの穴があると聞いている」と言いそれを確認するためとして、比干の胸を裂いて殺したとされる。参照紂王

彼岸｜ひがん　①仏道修行によって得られる成仏の覚りの境涯を向こう岸に譬えたもの。貪・瞋・癡の三毒の苦しみに満ちたこの現実世界を意味する「此岸《しがん》(こちらの岸)」に対する語。彼岸には、「到彼岸」すなわち彼岸に到る修行・実践の意義も含まれる。

大乗仏教では、成仏を目指す菩薩の修行として六波羅蜜《ろくはらみつ》(布施・持戒・忍辱・精進・禅定・智慧)を立てる。「波羅蜜」(「波羅蜜多」とも書く)とは、サンスクリットのパーラミターの音写で、「完成」「成就」を意味する。この漢訳の一つとして「到彼岸」が用いられた。

日蓮大聖人は「観心本尊抄」で「未だ六波羅蜜を修行する事を得ずと雖も六波羅蜜自然に在前す」との無量義経の文を引いた上で「釈尊の因行果徳の二法は妙法蓮華経の五字に具足す我等此の五字を受持すれば自然に彼の因果の功徳を譲り与え給う」(246ページ)と述べられ、釈尊が得た功徳をすべてそなえた南無妙法蓮華経の御本尊を受持することで、釈尊が行った六波羅蜜などの成仏のための修行を実践しなくても、それらの功徳はすべて満たされることを教えられている。

②また彼岸の法要をいう。彼岸の法要は日本独自の伝統であり、一般的に春分・秋分の日を中心に前後3日の合計7日間を「彼岸」として、墓参りや彼岸会などの法要を行い、先祖に回向《えこう》する風習がある。春分・秋分の日には、太陽がほぼ真東から昇り真西に沈むが、その時季に農耕の儀礼や先祖供養が行われた。それが後に仏教と結びつき、「彼岸会」として定着していったといわれる。江戸時代には庶民にも広がって年中行事となり、墓参りなどの習慣も根付いていった。参照回向/六波羅蜜

蟇目の矢｜ひきめのや　鏑矢《かぶらや》、嚆矢ともいう。やじりの代わりに、大きな音を立てる鏑がついた矢。その音によって人についた魔物が落ちると考えられていた。参照平左衛門尉頼綱

非行非坐三昧｜ひぎょうひざざんまい　▶四種三昧《ししゅざんまい》

***比丘**｜びく　サンスクリットのビクシュの音写で、原義は「食を乞う者」の意。律(出家教団の規則)に従い正式に出家した男性の修行者のこと。参照二百五十戒

比丘尼｜びくに　サンスクリットのビク

シュニーの音写。律(出家教団の規則)に従い正式に出家した女性の修行者のこと。参照 摩訶波闍波提比丘尼

***毘沙門天王**｜びしゃもんてんのう ▶四天王《してんのう》

非情｜ひじょう　草木・山河・大地のように感情を能動的に表すことができず、活動も受動的なものをいう。参照 有情

非想天｜ひそうてん ▶非想非非想処《ひそうひひそうしょ》

非想非非想処｜ひそうひひそうしょ　禅定の境地で、その禅定に到達した人が住む世界とされる。非想非非想天、非想天ともいう。衆生が輪廻する三界(欲界・色界・無色界)のうちで最高の境地。無色界の第4天にあたる。非想は思わないこと、非非想は非想を同時的に否定すること。すなわち、思わないことは「思わない」ことを思うことであるから、これをさらに否定したのである。『大毘婆沙論』巻84に「何が故に非想非非想処と名づくるや。答う、此の地中に、明了の想の相も無く、亦無想の相も無し」とある。参照 三界/天界

『秘蔵宝鑰』｜ひぞうほうやく　空海(弘法)の著作。『十住心論』10巻の要点を3巻にまとめたもの。参照『十住心論』

***常陸国**｜ひたちのくに　現在の茨城県の大部分。

毘湛｜びたん　妙楽大師湛然のこと。妙楽大師は『法華玄義釈籤』を著した時、中国江蘇省南部の毘陵に居住していた。そのため、毘湛と呼ばれた。参照 妙楽大師

毘紐天｜びちゅうてん　毘紐はサンスクリットのヴィシュヌの音写。韋紐天《いちゅうてん》とも。バラモン教では大梵天(マハーブラフマー)、帝釈天(インドラ)に並ぶ主要神とされる。仏教では色界四禅天のうち第三禅天の中の第3天(色界十八天のうち第9天)に住むとされる。「開目抄」に「月氏の外道・三目八臂の摩醯首羅天・毘紐天・此の二天をば一切衆生の慈父・悲母・又天尊・主君と号す」(187ページ)と述べられている。その形像は『大智度論』巻2に「韋紐天の如きは〈秦には遍悶と言う〉、四臂にして貝を捉り、輪を持し、金翅鳥に騎る」とある。その働きは同論巻10に「世間に大富貴・名聞の人有るは、皆是れ我が身の威徳力の分なり。我は能く世間を成就し、亦能く世間を破壊す。世間の成ると壊るとは、皆是れ我が作なり」とある。参照 三界/天界

筆受｜ひつじゅ　経典を漢訳する際に訳文を記録する人。伝教大師最澄の『依憑集《えひょうしゅう》』の序文には「近年伝来した真言の人々は、善無畏が大日経を翻訳する際、筆受の任に当たった一行禅師が天台宗の相承を受けていたことを無視し(新来の真言家は則ち筆受の相承を泯し)」とある。参照『依憑集』

単衣｜ひとえ　裏地を付けていない一重の着物のこと。

人の地に倒れて還って地より起つが如し｜ひとのちにたおれてかえってちよりたつがごとし　『法華文句記』巻10の一節。妙法による逆縁の功徳を述べている。日蓮大聖人は「法華証明抄」(1586ページ)でこの文を引用され、地面に倒れた人はかえってその地面から起き上がるように、法華経への謗法を犯した人は、その罪によって地獄・餓鬼・畜生の三悪道や人界・天界の大地に倒れるけれども、逆縁で

かえって法華経の御手によって仏になると仰せになっている。

毘尼 | びに　サンスクリットのヴィナヤの音写。意訳して律という。[参照]律/随方毘尼

誹謗正法 | ひぼうしょうほう　▶謗法《ほうぼう》

秘密教 | ひみつきょう　❶化儀の四教の一つ。▶化儀の四教《けぎのしきょう》

❷真言宗では、経典を釈尊の秘密真実の教えを説いた秘密教と、人々の機根に応じて方便として説かれた顕露教とに分けた。

秘密主 | ひみつしゅ　▶金剛薩埵《こんごうさった》

秘密曼荼羅の道 | ひみつまんだらのどう　曼荼羅を用いて行う真言宗の修行法のこと。

秘妙方便 | ひみょうほうべん　仏の真実の覚りを明かした法華経に説かれる方便。他経の方便は当座の理解のための便宜上のものであるが、法華経の方便は真実に立脚しており、それ自体が成仏へと直結する働きをもつ。覚りの真実の内に位置づけられる方便なので、体内方便という。それ故、真実の体と同一の方便という意味で、同体方便ともいう。『法華文句』巻3上に説かれる。天台大師智顗は同書で法華経方便品第2の「方便」を解釈して、法用方便・能通方便・秘妙方便の三方便を明かし、法華経で説かれた方便(秘妙方便)と、他経で説かれた方便(法用方便・能通方便)を区別している。秘妙方便とは秘妙門とも訳す法門で、秘とは秘密の秘で、仏と仏のみが知っていること、妙とは衆生の思議しがたい甚深の境地をいう。例として衣裏珠の譬え(五百弟子受記品第8)、髻中明珠の譬え(安楽行品第14)、長者窮子の譬え(信解品第4)を挙げている。

悲母 | ひも　慈悲深い母。

白衣 | びゃくえ　釈尊が存命中のインドでは、出家修行者が納衣《のうえ》(袈裟のこと。ボロ布を集めて縫い合わせた衣服)を着ていたのに対して、一般の人は白い衣を着ていたので、白衣は在家の人々を意味するようになった。[参照]納衣

百王 | ひゃくおう　100代にわたる天皇、または100代目の天皇のこと。平安末期から鎌倉時代、天皇は100代で尽きるという一種の終末思想が広まっていた。これを百王思想、百王説という。「諫暁八幡抄」に「平城天皇の御宇に八幡の御託宣に云く『我は是れ日本の鎮守八幡大菩薩なり百王を守護せん誓願あり』等云云」(587ﾍﾟｰｼﾞ)とあり、当時、百王を守護する八幡神《はちまんじん》に対する信仰が盛んに行われた。「立正安国論」御執筆当時の天皇(亀山天皇《かめやまてんのう》)は第90代とされていた(17ﾍﾟｰｼﾞ)。[参照]八幡神

百済 | ひゃくさい　4世紀前半～660年。韓・朝鮮半島南西部を支配した王朝。6世紀半ばに日本に仏教を公式に伝えたとされる。

百三十六の地獄 | ひゃくさんじゅうろくのじごく　八大地獄にはそれぞれに16の付随的な小地獄があるので、合計136の地獄の苦しみとなる。[参照]八大地獄

辟支仏 | ひゃくしぶつ　▶縁覚《えんがく》

僻人 | びゃくにん　ひねくれている人。変わり者。世間から悪人と見られている人のこと。

白法 | びゃくほう　清浄な教えを意味す

る。▶正法《しょうほう》

白法隠没｜びゃくほうおんもつ　▶五五百歳《ごごひゃくさい》

白癩病｜びゃくらいびょう　皮膚が白くなる癩病。鎌倉時代の「癩病」は特定の病気を指すものではなく、当時にとって重篤な皮膚病全般を含んだもの。法華経普賢菩薩勧発品第28には「もしこの経典を受持する者を見て、その欠点を言い立てれば、そのことが事実であろうとなかろうと、この人はその一生のうちに白癩病になる。……このようなわけで普賢よ、もしこの経典を受持する者をみるならば、仏を尊敬するように、起ち上がって遠くから迎えるべきである」(法華経677ページ、通解)と説かれている。なお、法華経のサンスクリット本では、この箇所は「まだらになる」という意味の言葉で、特定の病気を指しているわけではない。参照 癩病

白蓮阿闍梨｜びゃくれんあじゃり　▶日興上人《にっこうしょうにん》 参照 阿闍梨

白鷺池｜びゃくろじ　釈尊が般若経を説いたとされる場所の一つ。王舎城(ラージャグリハ)の竹林精舎の中にある。

百界千如｜ひゃっかいせんにょ　天台教学において諸法実相(万物の真実の姿)を分析的に表現した語。百界とは、衆生の境涯を10種に分類した十界のいずれにも、それ自身と他の九界が、次に現れる可能性として潜在的にそなわっていること(十界互具)。十界それぞれが十界をそなえているので、百界となる。さらに、この百界に、諸法(あらゆる事物)が共通にそなえている特性である十如是がそれぞれにあるので、千如となる。参照 十界/十界互具/十如是/一念三千

***譬喩品**｜ひゆほん　妙法蓮華経の第3章(法華経148ページ)。同品で釈尊は「三車火宅の譬え」を説き、三車(羊車《ようしゃ》・鹿車《ろくしゃ》・牛車《ごしゃ》)で譬えられた三乗(声聞・縁覚・菩薩)の権《ごん》を開いて、一車(大白牛車《だいびゃくごしゃ》)で譬えられた一仏乗の実を顕し、仏がこの世に出現した目的は三乗の法を説くことではなく、一仏乗を説くことにあることを示している。参照 三車火宅の譬え/付録「法華経の構成」

兵衛志｜ひょうえのさかん　▶池上兄弟《いけがみきょうだい》

兵革の災｜ひょうかくのさい　仁王経・大集経などに説かれる三災七難のうちの三災の一つで、兵乱・合戦・戦争などをいう。参照 三災七難

病患境｜びょうげんきょう　健康な状態と病気の状態という観法の対象。

平等意趣｜びょうどういしゅ　仏の方便の教えにおける4種の考え・意向(四意趣)のうちの一つ。仏たちが覚った法は等しく同じであるという考え。仏は平等意趣の立場から方便として、他の仏のことを自分のことのように説く場合があるという。

毘羅｜びら　サンスクリットのカピマーラの音写。迦毘摩羅《かびまら》ともいう。付法蔵の第12。2世紀ごろ、インド・マガダ国の華氏城(パータリプトラ)の人。初めは外道の師だったが馬鳴(アシュヴァゴーシャ)に論破され、3000人の弟子とともに仏法に帰依した。馬鳴の没後、その付嘱を受けて正法流布に活躍し、南インドでは無我論一百偈をもって外道を論破したという。

開く義｜ひらくぎ　▶妙の三義《みょうのさんぎ》

毘盧遮那仏｜びるしゃなぶつ　❶毘盧遮那はサンスクリットのヴァイローチャナの音写。明らかにする者、太陽の意。華厳経で、釈尊はじめ諸仏の本体として示された仏身。この毘盧遮那仏から無数の分身の諸仏が展開される。ヴァイローチャナを漢訳する際、東晋の仏駄跋陀羅《ぶっだばっだら》訳（六十華厳）では「盧舎那《るしゃな》」と音写し、唐の実叉難陀《じっしゃなんだ》訳（八十華厳）では「毘盧遮那」と音写した。参照 華厳経

❷▶大日如来《だいにちにょらい》

弘世｜ひろよ　▶和気弘世《わけのひろよ》

火をきる｜ひをきる　木と木をすり合わせて火を得ること。火鑽杵と火鑽臼との摩擦熱による発火法を火鑽という。

貧窮｜びんぐ　貧しく生活に困ること。法華経如来寿量品第16の文（法華経483㌻）。法華経を信受せず福徳がなく苦悩している様を、豊かな親から離れて貧しくなっている子の様子に譬えたもの。寿量品で久遠実成という仏の本地を明かす際に釈尊は、このような劣った機根の者に対し、仏を求める心を起こさせるために、方便として入滅する姿を示したと明かした。

貧道｜ひんどう　もとは修行が未熟な者という意味。そこから、福徳の果報のないもの、さらに支援してくれる者もなく貧しい者という意味合いとなった。

貧女の譬え｜ひんにょのたとえ　涅槃経巻2に説かれる譬え。正法護持の精神を教えている。日蓮大聖人は「開目抄」で、この譬えを御自身に引き合わせて述べられた後、「我並びに我が弟子・諸難ありとも疑う心なくば自然に仏界にいたるべし」（234㌻）と仰せになり、諸難があっても疑う心なく不退の信心を貫けば、おのずから成仏の大利益を得ることができると弟子に呼び掛けられている。

【譬えの内容】ある貧しい女性がいて、住む家もなく保護してくれる人もなく病苦まであった。この貧女は、飢えや渇きに苦しめられ物乞いをしていたが、宿屋に住みつき、一人の子を産んだ。貧女は宿屋の主人から追い出されてしまい、幼子を抱きかかえながら他の国に行こうとした。その途中、ひどい風雨に遭い、寒さや苦しみに責められ、蚊や虻、蜂や毒虫に食われた。やがてガンジス川にさしかかり、子を抱いて渡り始めた。川の流れは急であったが、子を手放さなかったため、ついに母子ともに沈んでしまった。この女性は、一心に子を慈しみ思う功徳によって、死後、梵天に生まれた。釈尊は以上の譬えを通し、正法を守ろうとするなら、貧女が子のために身命を捨てたようにすべきであり、この人は解脱を求めずともおのずから解脱を得ることができると教えている。参照 涅槃経

頻婆娑羅王｜びんばしゃらおう　頻婆娑羅はサンスクリットのビンビサーラの音写。マガダ国の王で阿闍世王《あじゃせおう》（アジャータシャトル）の父。釈尊に深く帰依し、竹林精舎《ちくりんしょうじゃ》を建てて供養した。提婆達多《だいばだった》にそそのかされた阿闍世王によって幽閉され殺された。参照 阿闍世王

ふ

不依修多羅黒論、依修多羅白論｜ふえしゅたらこくろん えしゅたらびゃくろん　「経典に基づかない論は誤った論である。経典に基づく論は正しい論である」との意。『十住毘婆沙論』巻7の文の趣意。「修多羅」とはサンスクリットのスートラの音写で、経と訳される。参照 経

武王｜ぶおう　中国・周の初代の王。父・文王の遺志を受け継ぎ、殷の紂王《ちゅうおう》を滅ぼして天下を統一した。この時、武王は文王の木像を奉持して出陣したといわれ、弟の周公旦や太公望(呂尚)などが武王を補佐した。参照 紂王

不改本位｜ふかいほんい　▶当位即妙・不改本位《とういそくみょうふかいほんい》

普経｜ふきょう　三階教の開祖・信行がつくったとされた経典。信行は第3段階の衆生の邪見をなくすためには、あらゆる仏・菩薩・経典を差別なく尊重する普遍的な仏法(普法仏法)が必要と説いたが、「普経」といった経典はつくっていない。一方、三階教から「別法仏法」として非難された浄土教の人々は、「三階教の主張からすると、釈尊は第3段階の衆生のために『普経』を説いて、彼らを救ったことになるが、そのような経典は説かれていない」と批判している(懐感『釈浄土群疑論』巻3)。日蓮大聖人の時代には、三階教の実態がすでに分からなくなっていたため、信行自身が「普経」をつくって、他の仏教を非難したというように伝承されていたと思われる。参照 信行

奉行｜ぶぎょう　幕府などの命令を受け、実務を執る人のこと。担当者。

***不軽菩薩**｜ふきょうぼさつ　法華経常不軽菩薩品第20に説かれる常不軽菩薩《じょうふきょうぼさつ》のこと。釈尊の過去世における修行の姿の一つ。威音王仏《いおんのうぶつ》の像法の時代に仏道修行をし、自らを迫害する人々に対してさえ、必ず成仏できるという言葉、「我は深く汝等を敬い、敢えて軽慢せず。所以は何ん、汝等は皆菩薩の道を行じて、当に作仏することを得べければなり」(法華経557ﾍﾟｰｼﾞ、鳩摩羅什の漢訳では二十四文字なので「二十四文字の法華経」という)を唱えながら、出会ったすべての人を礼拝したが、増上慢《ぞうじょうまん》の人々から迫害された。この修行が成仏の因となったと説かれる。

【日蓮大聖人の弘通との対比】不軽菩薩の弘通と大聖人の弘通との対比は、次の御文に示されている。

「例せば威音王仏の像法の時・不軽菩薩・我深敬等の二十四字を以て彼の土に広宣流布し一国の杖木等の大難を招きしが如し、彼の二十四字と此の五字と其の語殊なりと雖も其の意是れ同じ彼の像法の末と是の末法の初と全く同じ彼の不軽菩薩は初随喜の人・日蓮は名字の凡夫なり」(「顕仏未来記」、507ﾍﾟｰｼﾞ)

「過去の威音王仏の像法に三宝を知る者一人も無かりしに・不軽菩薩出現して教主説き置き給いし二十四字を一切衆生に向って唱えしめしがごとし、彼の二十四字を聞きし者は一人も無く亦不軽大士に値って益を得たり、是れ則ち前の聞法を下種とせし故な

り、今も亦是くの如し、彼は像法・此れは濁悪の末法・彼は初随喜の行者・此れは名字の凡夫・彼は二十四字の下種・此れは唯五字なり」(「教行証御書」、1276〜1277ページ)

以上から、不軽菩薩と大聖人の正法弘通における共通点は、次の点に整理できる。①教。法華経の要法を広める(ただし不軽菩薩の「二十四字の法華経」は法華経一部の要旨であり、広《こう》・略《りゃく》・要《よう》でいえば略にあたるのに対して、大聖人の「妙法蓮華経の五字」は法華経の所詮の法体であり、真の意味での要にあたる)。②機。逆縁《ぎゃくえん》の衆生への化導。衆生の機根《きこん》が劣悪であり、ただちに法華経を説いて衆生に反発されても縁を結ばせる逆縁の化導を中心に行った。③時。仏の亡くなった後の乱れた世の中に出現し難を耐え忍んで弘通した。④行者の位。不軽菩薩は初随喜《しょずいき》の位、大聖人は名字即《みょうじそく》の位という、いずれも菩薩として初信の位であった。不軽菩薩の実践は、仏の滅後の悪世における法華経弘通の方軌を示しており、大聖人もこの方軌に則って法華経を弘通されている。それ故、不軽品を御自身の弘通の例とされている。参照 常不軽菩薩品/二十四文字の法華経

不軽菩薩の礼拝行｜ふきょうぼさつのらいはいぎょう　▶不軽菩薩《ふきょうぼさつ》

不軽菩薩を迫害した四衆｜ふきょうぼさつをはくがいしたししゅ　▶上慢の四衆《じょうまんのししゅ》

不軽品｜ふきょうぼん　▶常不軽菩薩品《じょうふきょうぼさつほん》

不空｜ふくう　705年〜774年。北インド(一説にスリランカ)出身の密教僧。金剛智《こんごうち》の弟子。唐に渡り、金剛頂経(金剛頂一切如来真実摂大乗現証大教王経)など100部143巻におよぶ多くの経典を訳した。玄宗・粛宗《しゅくそう》・代宗の3代の皇帝の帰依を受け、密教を中国に定着させた。彼の弟子には空海(弘法)に法を伝えた恵果《けいか》がいる。参照 金剛智/恵果

福過十号｜ふくかじゅうごう　▶有供養者福過十号《うくようしゃふくかじゅうごう》

不求自得｜ふぐじとく　▶無上宝聚不求自得《むじょうほうじゅふぐじとく》

不求自得の成仏｜ふぐじとくのじょうぶつ　「開目抄」では、涅槃経の「貧女《ひんにょ》が子を念うゆえに梵天に生じたように、不惜身命の実践をした人は解脱を求めなくても自ずから解脱に至る」(233ページで引用、趣意)と述べた文を引いて、「我並びに我が弟子・諸難ありとも疑う心なくば自然に仏界にいたるべし」(234ページ)と述べられ、不惜身命の法華経の行者が必ず成仏できることを示されている。参照 貧女の譬え

福田｜ふくでん　仏は崇拝し供養した人に福徳をもたらすので、田畑に譬えられる。

符契｜ふけい　文を記した木片の中央に証印を押して二つに割ったもの。両方が一致することで正しい当事者であることの証明となる。

普賢威神の力｜ふげんいじんのちから　普賢菩薩の不可思議な力用のこと。法華経普賢菩薩勧発品第28には「世尊よ。若し菩薩有って、是の陀羅尼を聞くことを得ば、当に知るべし、普賢の神通の力なり。若し法華経の閻浮提に行わるるを受持すること有らば、応に此の念を作すべし、『皆是れ普賢の威神の力

なり』と」(法華経671ページ)とある。すなわち、閻浮提(全世界)への妙法流布は、普賢菩薩の守護の威力であると説かれている。

普賢経 | ふげんぎょう　▶観普賢菩薩行法経《かんふげんぼさつぎょうぼうぎょう》

普賢菩薩 | ふげんぼさつ　普賢はサンスクリットのサマンタバドラの訳。「あらゆる点で優れている」の意で、仏のもつ優れた特性(特に実践面)を人格化した菩薩。仏像などでは、白象に乗った姿で釈尊の向かって右に配される。法華経では普賢菩薩勧発品第28で登場し、法華経の修行者を守護する誓いを立てる(法華経665ページ以下)。

普賢菩薩勧発品 | ふげんぼさつかんぼっぽん　妙法蓮華経の第28章(法華経665ページ)。参照 付録「法華経の構成」

普賢品 | ふげんぼん　▶普賢菩薩勧発品《ふげんぼさつかんぼっぽん》

普光 | ふこう　生没年不詳。中国・唐の僧。玄奘《げんじょう》の門下として玄奘の訳経を助けた。また玄奘が新訳した『倶舎論』の注釈書である『倶舎論記』を著し、説一切有部の教学を中心として倶舎宗を大成した。参照 玄奘

「富士一跡門徒存知の事」 | ふじいっせきもんとぞんちのこと　日興上人が五老僧と御自身との相違を挙げ、富士門流の正義を明らかにした書(1601ページ)。日興上人の指示で日澄《にっちょう》が筆述したとされる。15カ条にわたる。そのうち10カ条では、五老僧が立てた邪義を論破。他の5カ条では、日興上人の教義見解が示されている。参照 五老僧

不思議解脱 | ふしぎげだつ　二乗(声聞・縁覚)の得た覚りでは思い量ることができない大乗の深遠な覚りの境地。華厳経では、文殊・弥勒などの菩薩、梵天・帝釈・日月・衆星・竜王たちが、釈尊が今世で成道し法を説く前からすでに不思議解脱の境地にあったと説かれている。参照 華厳経

不自惜身命 | ふじしゃくしんみょう　法華経如来寿量品第16の文(法華経490ページ)。「自ら身命を惜しまず」と読み下す。▶不惜身命《ふしゃくしんみょう》

***不惜身命** | ふしゃくしんみょう　法華経勧持品第13の文(法華経412ページ)。「身命を惜しまず」と読み下す。仏法求道のため、また法華経弘通のために身命を惜しまないこと。同じ勧持品の「我不愛身命」(法華経420ページ)、また如来寿量品第16の「不自惜身命」(法華経490ページ)と同意。参照 一心欲見仏・不自惜身命

俘囚 | ふしゅう　8世紀ごろから律令国家に帰服した東国の者のこと。

不受余経一偈 | ふじゅよきょういちげ　法華経譬喩品第3の文(法華経206ページ)。「余経の一偈をも受けず」と読み下す。法華経だけを信じて、それ以外の経典の教えをわずかでも信じてはならないとの意。

補処 | ふしょ　▶一生補処《いっしょうふしょ》

不祥 | ふしょう　不運・災難の意。「寂日房御書」に「かかる者の弟子檀那とならん人人は宿縁ふかしと思うて日蓮と同じく法華経を弘むべきなり、法華経の行者といはれぬる事はや不祥なりまぬかれがたき身なり」(903ページ)とある。ここでは日蓮大聖人の門下となり、法華経のゆえに難を受けることを、一般の心情からすれば不運・災難

であるとされている。しかし、仏法の上から宿縁の深さを考えれば、地涌の菩薩として大聖人と共に妙法を弘通していくべき、避けて通ることのできない深い使命ある身であると仰せになっている。

不浄観｜ふじょうかん　▶五停心観《ごじょうしんかん》

『輔正記』｜ふしょうき　▶『法華文句輔正記』《ほっけもんぐふしょうき》

不定業｜ふじょうごう　業の報いの内容や現れる時期が定まっていない業のこと。定業に対する語。参照 業

藤原定家｜ふじわらのさだいえ　1162年〜1241年。平安末期から鎌倉中期の貴族。定家は「ていか」とも読む。『新古今和歌集』の撰者にもなった歌人・歌学者。『明月記』という日記を著している。

藤原純友｜ふじわらのすみとも　?〜941年。平安中期の貴族。赴任先の伊予国（愛媛県）を拠点にして瀬戸内海に横行していた海賊と結託して政府に対し反乱を起こしたが、政府軍に敗れ殺された（藤原純友の乱）。

藤原良房｜ふじわらのよしふさ　804年〜872年。平安前期の貴族。藤原氏として初めて摂政になり、死後に忠仁公の名を贈られた。

布施｜ふせ　サンスクリットのダーナの訳で、檀那《だんな》と音写する。施ともいう。他人に金銭や品物、利益《りやく》を施し与えること。財施《ざいせ》（物品を与えること）、法施《ほうせ》（教えを説き与えること）、無畏施《むいせ》（恐れを取り除くこと）の三施などがある。大乗仏教では菩薩の六波羅蜜の一つで、檀波羅蜜、布施波羅蜜ともいう。参照 檀那/檀越/六波羅蜜

武宗｜ぶそう　814年〜846年。中国・唐の第15代皇帝（在位840年〜846年）。道教を重んじ、会昌5年（845年）、大規模な仏教弾圧を断行して、多くの寺塔を破壊し大量の僧尼を還俗させた。これを「会昌《かいしょう》の廃仏」といい、三武一宗《さんぶいっそう》の法難の一つにあたる。その理由は、寺塔の建立と僧尼の免税が国家財政を疲弊させたことや仏教教団内部の腐敗堕落などとされる。当時、留学中だった円仁（慈覚）も還俗を命じられている。参照 三武一宗の法難

扶桑国｜ふそうこく　扶桑は、古代中国において東方の日の出る所に生ずるとされた木。ここから日本の名称として用いられた。日蓮大聖人は「法華取要抄」の冒頭に「扶桑沙門日蓮之を述ぶ」（331ページ）と記された。これには日本から末法の大法が出現し、一閻浮提に広宣流布されていくとの意義を込められていると拝される。

付嘱｜ふぞく　教えを広めるように託すこと。法華経如来神力品第21で釈尊は、上行菩薩をはじめとする地涌の菩薩に釈尊滅後の悪世に法華経の肝要の法を広めることを託した（法華経571ページ以下）。これを別付嘱という。その後、嘱累品第22で、その他の無数の菩薩たちにも滅後に法華経を広めることを託した（法華経577ページ以下）。これを総付嘱という。参照 結要付嘱/地涌の菩薩/上行菩薩

付嘱有在｜ふぞくうざい　法華経見宝塔品第11の文。「付属して在ること有らしめん」（法華経386ページ）と読み下す。

天台大師智顗は『法華文句』巻8下で、この付嘱有在に二つの意義があるとした。すなわち、①釈尊滅後の近き世においては迹化の菩薩に付嘱して娑婆世界に広めさせ、②滅後の遠き世である末法流布のためには地涌の菩薩に付嘱していたるところの国土に流布させるという。特に、後者は如来寿量品を説き起こす準備であると解釈している。

不退の位の菩薩｜ふたいのくらいのぼさつ　菩薩の修行を重ねて六道や二乗に退転することがもはやない境地になった菩薩のこと。

補陀落山｜ふだらくせん　補陀落はサンスクリットのポータラカの音写。インド南海岸にあるという山の名。観世音菩薩が住むあるいは降臨する所とされている。華厳経（巻68の入法界品第39＝八十華厳）などに説かれる。チベット仏教では、ゲルグ派の最高指導者であるダライ・ラマが観音の化身とされることから、その宮殿は補陀落山にちなみポタラ宮といわれる。

***仏意**｜ぶつい　「ぶっち」とも読む。仏の心。仏の意思、意図のこと。

***仏界**｜ぶっかい　仏の世界。仏が体現した、慈悲と智慧にあふれる尊極の境涯。仏（仏陀）とは覚者の意で、宇宙と生命を貫く根源の法である妙法に目覚めた人のこと。具体的にはインドで生まれた釈尊（釈迦仏）が挙げられる。諸経には阿弥陀仏などの種々の仏が説かれるが、これは仏の境涯の素晴らしさを一面から譬喩的に示した架空の仏である。諸経に説かれる仏の世界も仏に相応して違いがある。すなわち、諸経の仏とその世界は、それぞれの経にとって目指すべき理想であるといえる。法華経本門では釈尊の本地が久遠の仏であるという久遠実成《くおんじつじょう》が明かされ、その永遠の国土が娑婆世界と一体であるという娑婆即寂光《しゃばそくじゃっこう》が明かされた。

日蓮大聖人は「観心本尊抄」で、この仏と仏の世界が凡夫の己心に本来そなわっていることを明かし、南無妙法蓮華経を受持することによってそれを開き現すことができると説かれている。仏界と信心との深い関係について同抄では、「末代の凡夫出生して法華経を信ずるは人界に仏界を具足する故なり」（241ページ）と述べられている。法華経は万人が成仏できることを説く教えであるが、その法華経を信ずることができるのは、人間としての自分の生命の中に本来、仏界がそなわっているからである。また同抄では、人界に仏界がそなわっている現実の証拠として、釈尊が凡夫から仏となったこと、不軽菩薩《ふきょうぼさつ》がすべての人に仏界を見て礼拝したこと、堯《ぎょう》や舜《しゅん》という古代の伝説的な帝王が万人に対して偏頗なく慈愛を注いだことを挙げられている（242ページ）。参照 釈尊/慈悲/十界/娑婆即寂光

仏界の生死｜ぶっかいのしょうじ　自身が宇宙と生命を貫く妙法蓮華経そのものであり、自身の生死は妙法蓮華経の生死であると覚知し、大宇宙にそなわる大慈悲と生命力を体現して万人救済という仏の振る舞いを行いながら生と死を自在に転じていくこと。

伏羲・神農｜ふっきしんのう　ともに中国古

代の伝説上の帝王で三皇の一人。その治世は平和で繁栄したとされる。

仏眼｜ぶつげん　❶仏の智慧の眼。一切の事物・事象を三世十方にわたって見通すことができる。▶五眼《ごげん》

❷仏眼尊のこと。仏眼によって仏の智慧を象徴した仏。密教ではこれを、すべての仏を生み出すものと位置づけ、仏眼仏母ともいう。日本では、仏眼尊の真言と大日如来の真言によって開眼供養を行うのが通例であった。

***仏国土**｜ぶっこくど　仏のいる世界のこと。参照 国土

***仏子**｜ぶっし　①仏弟子のこと。②仏の子の意で、一切衆生を意味する。③菩薩のこと、また法華経の行者のこと。

仏種｜ぶっしゅ　❶成仏の根本因を植物の種に譬えて仏種と呼ぶ。衆生の生命にそなわる仏性は、成仏の主な因であるので仏種とされる。さらに衆生の仏性を開発する仏の教法も、成仏の因であるので、仏種とされる。法華経では、すべての衆生を成仏させる根本法は法華経であると説くことから、法華経が唯一にして真実の仏種である。参照 仏性

❷仏の種姓、仏となる家系の者のこと。釈尊の教団では、仏の弟子となった者は仏の子と位置づけられる。大乗では仏に成ることを目指す菩薩をいい、法華経では法華経を信じ実践する者こそが真の仏子であると説かれる。また涅槃経では、にせの教えを説く邪悪な者と戦い、仏の正法を護持し広めるものが真の仏子とされる。

仏樹｜ぶつじゅ　菩提樹《ぼだいじゅ》のこと。仏樹の「仏」はボーディの音写、覚りの意。▶菩提樹《ぼだいじゅ》

仏種の一念三千｜ぶっしゅのいちねんさんぜん　万人の成仏を説く法華経に示されている一念三千の妙法は、すべての人が成仏するための根本因であるので、仏種と呼ばれる。参照 仏種

***仏性**｜ぶっしょう　一切衆生にそなわっている仏の性分、仏界。参照 仏種

***仏陀**｜ぶっだ　仏のこと。サンスクリットのブッダの音写。目覚めた者の意。▶釈尊《しゃくそん》/仏界《ぶっかい》

仏陀難提｜ぶっだなんだい　サンスクリットのブッダナンディヤの音写。付法蔵の第7。北インド迦摩羅《かまら》国の人。弥遮迦《みしゃか》の教化によって出家し、たちまち声聞の四果を得たという。頭の頂に肉髻《にっけい》があって弁説に優れ、主に小乗教を広く弘通した。仏陀密多に法を付嘱した。

仏陀密多｜ぶっだみった　サンスクリットのブッダミトラの音写。仏駄密多とも書く。付法蔵の第8。インドの提迦《だいか》国の人。仏陀難提に師事して付嘱を受ける。巧みな方便を駆使して衆生を教化し、もろもろの外道を論破し、その名声は高かったという。脇比丘《きょうびく》に法を付嘱した。

仏智｜ぶっち　一切の事理に通じた仏の智慧のこと。最高・無上の智慧をいう。

仏知見｜ぶっちけん　仏の智慧・境涯のこと。参照 四仏知見

***仏勅**｜ぶっちょく　仏の勅令。仏の命令。勅は天子の詔《みことのり》の意。仏は教法の王であるからその命を仏勅という。

仏塔｜ぶっとう　塔はサンスクリットの

ストゥーパの音写語である卒塔婆《そとば》の略。仏をしのびたたえて作られた塚や建造物のこと。もとは仏の遺骨(仏舎利)を埋納していたが、遺骨でなく装飾品などを安置する仏塔も作られるようになった。仏教信者の礼拝の場、また礼拝の対象そのものとされた。

***仏宝**｜ぶっぽう　仏教者として宝として尊敬する仏。三宝《さんぽう》(仏・法・僧)の一つ。[参照]三宝

***仏法西還**｜ぶっぽうせいかん　仏法が東の日本から西の中国・インドへと帰っていくこと。月氏との別称のあるインドから、釈尊の仏法が月の動きと同様に、次第に東に流布した「仏法東漸《とうぜん》」に対して、日蓮大聖人の仏法は、太陽の動きと同様に東の端の国である日本から流布して西へと還《かえ》っていくことをいう。「顕仏未来記」には「月は西より出でて東を照し日は東より出でて西を照す仏法も又以て是くの如し正像には西より東に向い末法には東より西に往く」(508ページ)とある。

***仏法僧の三宝**｜ぶっぽうそうのさんぽう　▶三宝《さんぽう》

仏力｜ぶつりき　仏がもつ力用。

仏隴寺｜ぶつろうじ　中国・唐の時代の天台山にあった寺院。唐に渡った伝教大師最澄に天台の法門を伝えた行満が住持していた。「報恩抄」の記載は「仏滝寺」(304ページ)であるが、これは音通と考えられる。

武帝｜ぶてい　❶464年～549年。中国・南北朝時代、梁の初代皇帝・蕭衍《しょうえん》のこと。仏教を保護し南朝の仏教文化の隆盛を築いた。帝位についた502年、自宅を光宅寺に改め法雲を住まわせ仏教に帰依し、飲酒や肉食を断ったり宗廟の祭祀の犠牲を廃したりするなど、戒律を重んじた。寺塔の建立に励み、また自ら仏教書を著すとともに僧侶にも編纂させた。その中には経律論の要文集として有名な『経律異相』(宝唱《ほうしょう》撰、516年成立)がある。このような仏教への傾倒もあって、治世の後期には政治の混乱を招き、侯景の反乱によって都の建康を落とされ、武帝は幽閉されて没した。

❷543年～578年。中国・北周の第3代皇帝・宇文邕《うぶんよう》のこと。建徳3年(574年)より仏教・道教を弾圧し、多くの僧尼を還俗させ経典や仏像などを破壊した。これは三武一宗の法難に数えられる。この廃仏に至るまでには、還俗僧の衛元嵩《えいげんすう》による廃仏の上奏(「廃仏法事」)や道士の策動があった。日蓮大聖人は「災難対治抄」で、法然(源空)の『選択集』によって日本国に災難が起きたとし、それ以前に災難をもたらす因となった例として、五常を破り仏教を迫害した宇文邕と衛元嵩を挙げられている(83ページ)。[参照]衛元嵩

仏図｜ふと　サンスクリットのブッダの音写。▶仏陀《ぶっだ》

不動仏｜ふどうぶつ　華厳経に説かれる十方十仏のうち、東方にある金色世界の不動智仏《ふどうちぶつ》のこと。文殊師利菩薩は、この不動智仏の弟子とされた。

富那奢｜ふなしゃ　サンスクリットのプニヤヤシャスの音写。付法蔵の第10。中インドのマガダ国の華氏城(パータリプトラ)の人。脇比丘《きょうびく》に師事して付嘱を受け、巧みな方便で衆生を教化し

た。馬鳴《めみょう》に法を付嘱した。

不二 | ふに　見かけは大きく異なる二つのものが、本質的には分かち難く一体であること。妙楽大師湛然は一念三千の法門に基づき、依正不二・色心不二などの十の不二を説く。参照 依正不二/色心不二

附仏教 | ふぶっきょう　▶附仏法の外道《ふぶっぽうのげどう》

附仏法の外道 | ふぶっぽうのげどう　『摩訶止観』巻10上に説かれる三種の外道の一つ。附仏教、附仏法成の外道ともいう。仏法を曲解して誤った教えを説く者。仏法に基づいて教えを立てているが、その本質が外道である者。部派の一つ、犢子部《とくしぶ》の主張者は仏典を読んで破仏法の説を立てたが、これは仏法に付して起こる邪見であるから附仏法の外道という。同書に「邪人の不同を、又た三と為す。一に仏法の外の外道、二に附仏法の外道、三に仏法を学して外道と成る……二に附仏法の外道とは、犢子、方広自《よ》り起こる。自ら聡明なるを以て、仏の経書を読んで、一見を生ず。仏法に附して起こるが故に、此の名を得」とある。また「一代聖教大意」には「外道に三人あり、一には仏法外の外道〈九十五種の外道〉・二に附仏法成の外道〈小乗〉・三には学仏法の外道〈妙法を知らざる大乗の外道なり〉」(403ページ)と説かれている。参照 犢子/方広

不変真如の理 | ふへんしんにょのり　不生・不滅にして常住不変の真如の法理・根本原理。随縁真如の智に対する語。参照 随縁真如の智。

付法蔵 | ふほうぞう　釈尊から付嘱された教え(法蔵)を次々に付嘱し、布教していった正法時代の正統な継承者とされる人たち。『付法蔵因縁伝』では23人とするが、『摩訶止観』では阿難から傍出した末田地《までんじ》を加えて24人ともする。

『付法蔵因縁伝』 | ふほうぞういんねんでん　付法蔵経、付法蔵伝ともいう。中国・北魏の吉伽夜《きっかや》・曇曜《どんよう》による共訳。6巻。釈尊の付嘱を受けて正法1000年の間に出現し仏法を広めた後継者(付法蔵)23人の事跡が記されている。

付法蔵経 | ふほうぞうきょう　▶『付法蔵因縁伝』《ふほうぞういんねんでん》

普明如来 | ふみょうにょらい　法華経五百弟子受記品第8において、阿若憍陳如《あにゃきょうじんにょ》や阿那律など500人の阿羅漢および その他の700人の阿羅漢、計1200人の阿羅漢が未来に仏になるとの記別を受けた時の仏としての名(法華経334〜335ページ)。参照 阿羅漢/阿那律/阿若憍陳如

普門品 | ふもんぼん　▶観世音菩薩普門品《かんぜおんぼさつふもんぼん》

敷揚 | ふよう　教えを広め、宣揚すること。

不了義経 | ふりょうぎきょう　「意味が不明瞭な経典」の意。真意を完全に明かしていない方便の教えを説いた経をいう。了義経に対する語。参照 了義経

富楼那 | ふるな　サンスクリットのプールナマイトラーヤニープトラの音写である富楼那弥多羅尼子《ふるなみたらにし》の略。釈尊の声聞の十大弟子の一人で、聡明で弁論に長じ、説法第一とされる。法華経五百弟子受記品第8で、未来世に法明如来《ほうみょうにょらい》に成ると釈尊から保証された(法華経327ページ)。

***文永の役**｜ぶんえいのえき ▶蒙古襲来《もうこしゅうらい》

文永の大彗星｜ぶんえいのだいすいせい　文永元年（1264年）7月5日の大彗星をさす。日蓮大聖人の時代、彗星は時代・社会を一掃する変革をもたらすできごとの兆しと考えられていた。大聖人御自身は、正嘉の大地震とともに、この大彗星を末法に地涌の菩薩が出現する前兆と捉えられていた（254ページなど）。

文王｜ぶんおう　生没年不詳。中国・周王朝の基礎をつくった王。武王の父。周囲の蛮族を征服して陝西地方を治め、西伯《せいはく》と号し、太公望《たいこうぼう》などの賢者を集め、諸侯の信頼を得て殷《いん》を圧迫した。後世、儒学者から理想的君主の一人とされた。参照 武王/大公望（太公望）/周公旦

分身｜ふんじん　仏が衆生を教化するため、種々の世界に身を分かち現したもの。参照 教主釈尊

分真即｜ぶんしんそく ▶六即《ろくそく》

***紛然**｜ふんぜん　入り乱れているさま。『摩訶止観』巻5には「行解《ぎょうげ》既に勤めぬれば三障四魔紛然として競い起る」（1087ページで引用）とあり、修行者の実践と理解が深まると、三障四魔が入り交じって争うように現れることを説いている。参照 三障四魔/『摩訶止観』

分段の生死｜ぶんだんのしょうじ　凡夫の苦しみと迷いに満ちた生死。六道に輪廻する凡夫の寿命が、おのおのの過去世の業の報いによって分かれ、その形態に段階的な違いがあるので分段という。

分別功徳品｜ふんべつくどくほん　妙法蓮華経の第17章（法華経494ページ）。参照 現在の四信/滅後の五品/付録「法華経の構成」

分別功徳品の十九行の偈｜ふんべつくどくほんのじゅうきゅうぎょうのげ　法華経分別功徳品第17の冒頭で釈尊は寿量品の教えを聞いた功徳を説くが、それを理解した弥勒菩薩が説いた詩句のこと。「仏は希有の法を説きたまう」（法華経498ページ）から「以て無上の心を助く」（法華経501ページ）まで。5字4句を1行として、19行からなる。

へ

平王|へいおう　生没年不詳。中国・周の第13代の王。在位、紀元前770年〜前720年。父の幽王が異民族の侵入によって殺されたため、即位して都を東の洛邑(後の洛陽)に遷した。

平城天皇|へいぜいてんのう　774年〜824年。第51代天皇。桓武天皇の第1皇子。病気のため弟の嵯峨天皇に譲位した後、藤原薬子《ふじわらのくすこ》・仲成《なかなり》とともに再び権力を握ろうと故京・平城京への再遷都を企てたが、失敗し出家した(薬子の変)。

平の金吾|へいのきんご　▶平左衛門尉頼綱《へいのさえもんのじょうよりつな》

平左衛門|へいのさえもん　▶平左衛門尉頼綱《へいのさえもんのじょうよりつな》

平左衛門尉|へいのさえもんのじょう　▶平左衛門尉頼綱《へいのさえもんのじょうよりつな》

平左衛門尉父子の末路|へいのさえもんのじょうふしのまつろ　平左衛門尉頼綱は日蓮大聖人の御入滅の後もますます専横を極め、弘安8年(1285年)に対立勢力の安達泰盛《あだちやすもり》らを滅ぼし(霜月騒動)、執権をしのぐほどの権勢を誇った。しかし、永仁元年(1293年)に長男・宗綱《むねつな》によって謀反の罪で密告され、頼綱と次男・助宗《すけむね》の父子は自邸で自害した(平禅門の乱)。密告した宗綱も佐渡へ流罪され、一旦は許されて内管領になったものの、再び上総国(千葉県中部)に流罪され、一族は衰亡した。参照 平左衛門尉頼綱

***平左衛門尉頼綱**|へいのさえもんのじょうよりつな　?〜1293年。鎌倉時代の武将。平頼綱《たいらのよりつな》のこと。平金吾《へいのきんご》とも呼ばれる。幕府の第8代執権《しっけん》・北条時宗《ほうじょうときむね》および第9代執権・貞時《さだとき》の時代に内管領《ないかんれい》(北条得宗家の家令)として絶大な権力をふるった。左衛門尉は、左衛門府(皇居の門の警備を行う部署)の三等官のこと。日蓮大聖人は十一通御書の宛先の一人として頼綱を選び、「一天の屋梁」「万民の手足」たる幕府中枢の武士として姿勢を改めるように諌められている(171ページ)。

文永8年(1271年)9月の竜の口の法難の時には、侍所《さむらいどころ》所司《しょし》(=次官、長官は執権の時宗なので実質上の最高位)の地位にいたと考えられ、大聖人を捕縛した中心人物として、大聖人の一門を弾圧した。また、この法難の際、9月10日の尋問の時と12日の捕縛の時、さらに佐渡流罪赦免後の文永11年(1274年)4月8日、大聖人は頼綱と直接に対面して諌暁されている(183,287,911〜912,921ページ)。

弘安2年(1279年)の熱原の法難の際、頼綱は鎌倉へ呼び寄せた熱原の農民信徒20人を自邸で自ら尋問するとともに、次男の飯沼判官助宗《いいぬまはんがんすけむね》(資宗)に蟇目《ひきめ》の矢を射させて拷問し、改宗を迫った。そして神四郎・弥五郎・弥六郎を処刑し、残りの17人を追放した。

その後、頼綱は権力の頂点を極めたが、熱原の法難から15年目の永仁元年(1293年)、長男・宗綱《むねつな》の密告により謀叛を企てたとして執権・北条貞時に攻められ、次男・助宗とともに滅ぼされた。このことを日興上人は「法花経の現罰を蒙れり」(「弟子分本尊目

録」)と記されている。参照 竜の口の法難/熱原の法難/墓目の矢/三度のかうみょう

兵法｜へいほう　戦いの方法。戦術の学問。

兵法剣形の大事｜へいほうけんぎょうのだいじ　兵法(戦闘の作戦・方法)と剣形(剣法・剣術)の根本の真髄。

平等・城等｜へいらじょうら　「聖人御難事」(1190ページ)にある。①「城」とは秋田城介《あきたじょうのすけ》のこと。秋田城介は役職名で、同抄では、北条時宗の義父にあたる安達泰盛《あだちやすもり》(1231年～1285年)をさす。御家人の最有力者で、蒙古襲来の時に恩賞奉行となった。北条時宗死後、得宗被官の最有力者の平左衛門尉頼綱と共に執権の貞時《さだとき》を補佐し、弘安徳政と呼ばれる政治改革を行うが、後に頼綱と対立し、貞時の命令で謀反の疑いがあるとして滅ぼされた(霜月騒動)。②「平」とは平左衛門尉頼綱のこと。▶平左衛門尉頼綱《へいのさえもんのじょうよりつな》

璧｜へき　円盤状の宝玉。

碧蘿松頭に懸りて千尋を延ぶ｜へきらしょうとうにかかりてせんじんをのぶ　緑色のつたかずら(碧蘿)は、自身では高く伸びることはできないが、松の木の先にひっかかることで、千尋の高さに伸びることができること。▶蒼蠅驥尾に附して万里を渡り《そうようきびにふしてばんりをわたり》

別願｜べつがん　▶本願《ほんがん》

別教｜べっきょう　▶化法の四教《けほうのしきょう》

別受戒｜べつじゅかい　大乗の菩薩戒である摂律儀戒・摂善法戒・摂衆生戒の三聚浄戒《さんじゅじょうかい》をまとめて受けることを通受、摂律儀戒だけを受けることを別受という。小乗の別受戒とは、律蔵で定められた二百五十戒を受けること。参照 三聚浄戒

別当｜べっとう　①鎌倉幕府の職名。政所・侍所などの長官のこと。②僧官名。寺社の事務を統制する最高責任者として置かれた。法隆寺・東大寺・石清水八幡宮・鶴岡八幡宮などの別当が有名。

別当和尚｜べっとうかしょう　▶光定《こうじょう》

別罰｜べつばち　個別的・個人的に受ける罰のこと。総罰に対する語。参照 罰/別罰

別付嘱｜べつふぞく　▶結要付嘱《けっちょうふぞく》

弁阿闍梨｜べんあじゃり　▶日昭《にっしょう》 参照 阿闍梨

卞和｜べんか　中国・周代の楚《そ》の人。玉璞《ぎょくはく》(玉になる原石)を厲王《れいおう》に献上したが、厲王が鑑定させたところ、ただの石というので、王を欺く者として左足を切られた。厲王没後に即位した武王にも玉璞を献上したが、再びただの石と鑑定されて右足を切られた。その後、文王が即位し、玉璞を磨かせたところ果たして宝石であり、卞和の正しさが証明された。この故事を日蓮大聖人は、御自身が正法を弘通されているのにそれが受け入れられないこと、あるいはそうであっても後に真実が証明されるであろうことの譬えとして用いられている(172,953ページなど)。

『弁顕密二教論』｜べんけんみつにきょうろん　空海(弘法)の著作。2巻。顕教・密教の浅深勝劣を比較し、真言密教の優位性を説く。『十住心論』を竪の教判、『弁顕密二教論』を横の教判、両書を合わせて十住心二教論といい、真言

宗の教判の骨格をなす。

扁鵲｜へんじゃく　中国古代の名医。耆婆《ぎば》らとともに名医の代表とされる。

辺土｜へんど　仏教発祥の地・インドから遠く離れた地。御書中では日本をさす。日蓮大聖人は「開目抄」で、御自身について「世すでに末代に入って二百余年・辺土に生をうけ其の上下賤・其の上貧道の身なり」(200ページ)と仰せである。

変毒為薬｜へんどくいやく　「毒を変じて薬と為す」と読み下す。妙法の力によって、苦悩に支配された生命を仏の生命へと転換すること。日蓮大聖人は、妙法を信受することで、煩悩・業・苦の三道に流転する凡夫の生命(＝毒)を、法身・般若・解脱の三徳がそなわる仏の生命(＝薬)へと転じることができると教えられている(984ページ)。

変毒為薬は『大智度論』巻100に「大薬師の能く毒を以て薬と為すが如し」とあることに由来する。これを踏まえて、天台大師智顗は『法華玄義』巻6下で、二乗が諸経では永遠に成仏できないとされたことが毒であり、法華経の功力で成仏の記別を受けたことが変毒為薬であると注釈している。参照煩悩・業・苦の三道/法身・般若・解脱の三徳/二乗作仏

弁殿｜べんどの　▶日昭《にっしょう》

変易の生死｜へんにゃくのしょうじ　二乗・菩薩など部分的な覚りを得た者の、苦しみ・迷いの生死のこと。煩悩の一部を断じて業の報いから自由になり、自在に形を変えて生死を示すことができるものの、部分的な覚りに執着するため、迷いの境涯にとどまる。

ほ

宝威徳上王仏｜ほういとくじょうおうぶつ　東方の浄妙国の仏。宝威徳浄王仏とも書き、略して宝威仏という。普賢菩薩の師。法華経普賢菩薩勧発品第28には、普賢菩薩は宝威徳浄王仏の国から法華経の説法の場に参集して、末法に法華経の行者を守護する旨を誓っている(法華経666ページ以下)。

宝威仏｜ほういぶつ　▶宝威徳上王仏《ほういとくじょうおうぶつ》

宝印｜ほういん　仏の印を尊んで宝印という。参照印

法雲｜ほううん　467年～529年。中国・南北朝時代の僧。南三北七の一人。梁の武帝から帰依を受け、光宅寺の寺主に任じられた。そのため光宅寺法雲と通称される。主著に『法華経義記』があり、これに依って聖徳太子作と伝えられる『法華義疏』は撰述された。参照武帝/南三北七

法慧・功徳林・金剛幢・金剛蔵｜ほうえくどくりんこんごうどうこんごうぞう　華厳経の説法の場に来集した菩薩。華厳経では、成道間もない釈尊の前に、この四菩薩を上首とする60余りの菩薩たちが、十方の諸仏の国土より来集し、賢首菩薩・解脱月菩薩などの要請に応じて、菩薩の修行段階である五十二位の法門を説いた。すなわち、法慧菩薩は十住を、功徳林菩薩は十行を、金剛幢菩薩は十回向を、金剛蔵菩薩は十地を説いた。華厳経では、釈尊自身は何も法を説かず、菩薩たちが仏の神力を受けて説いたとされる。仏の覚りは言葉では

表現できないほど深いものであるから、菩薩の修行段階とその功徳を示すことによって、それより優れた仏の境地を間接的に明かしている。参照五十二位

***報恩**｜ほうおん　恩に報いること。参照四恩

『法苑珠林』｜ほうおんじゅりん　中国・唐の道世《どうせ》が編纂した主題別の要文集。100巻。668年成立。仏教の百科事典的な性格をもち、日本でも説話で利用されるなど、仏教文学全般に多大な影響をもたらした。

***「報恩抄」**｜ほうおんしょう　建治2年(1276年)7月、日蓮大聖人が身延から安房国(千葉県南部)清澄寺《せいちょうじ》の故師・道善房《どうぜんぼう》の追善供養のため、浄顕房《じょうけんぼう》・義浄房《ぎじょうぼう》のもとへ送られた書(293ページ)。五大部の一つ。真実の報恩について明かされている。参照清澄寺/道善房/浄顕房/義浄房

法界｜ほうかい　「ほっかい」とも読む。衆生の境涯、すなわち衆生が住んで感じている世界全体のこと。法界は自身が則っている法に応じて決まるが、その法に地獄界から仏界までの10種の違いがあるので、十法界となる。例えば、地獄の因果の法に則れば、身も国土も地獄を現す地獄界となる。仏の因果の法に則れば、身も国土も仏を現す仏界となる。参照界/十界/国土

宝月三蔵｜ほうがつさんぞう　中国・唐の僧。南インドの出身で長安の青竜寺《せいりゅうじ》に住んでいた。唐に渡った円仁(慈覚)に密教を伝えた。

奉基｜ほうき　816年〜897年。平安初期、法相宗の奈良・元興寺の僧。南都七大寺の高僧の一人。

伯耆阿闍梨｜ほうきあじゃり　▶日興上人《にっこうしょうにん》参照阿闍梨

伯耆公｜ほうきこう　▶日興上人《にっこうしょうにん》

伯耆殿｜ほうきどの　▶日興上人《にっこうしょうにん》

伯耆房｜ほうきぼう　日興上人のこと。伯耆は、御書では中世のかな遣いで「はわき」(1463ページなど)と表記される。▶日興上人《にっこうしょうにん》

法眼｜ほうげん　▶五眼《ごげん》

方広｜ほうこう　❶大乗経典をさす。方広はサンスクリットのヴァイプリヤの訳。方等《ほうどう》とも訳し、毘仏略《びぶつりゃく》、毘仏羅《びぶつら》などと音写する。広大な教えを意味する。

❷方広道人のこと。大乗の教えを学びながら空を無であると誤って理解している人。『大智度論』巻1には「仏法の中に方広道人有り、言わく一切法は不生・不滅、空にして無所有なり。譬えば兎角・亀毛の常に無きが如し」とある。『摩訶止観』巻10上では附仏法の外道として名前が挙げられている。参照大乗/犢子/附仏法の外道

法光寺殿｜ほうこうじどの　▶北条時宗《ほうじょうときむね》

法護三蔵｜ほうごさんぞう　▶竺法護《じくほうご》

法師｜ほうし　▶法師《ほっし》

***宝珠**｜ほうしゅ　宝の玉。宝石。

***報障**｜ほうしょう　過去世の行い(業)の報いが仏道修行の障害となること。三障四魔の三障の一つ。「兄弟抄」(1088ページ)では、自身が選び取ることができず、自身に強い影響を与える父母や国主などによって起こる妨げが配当されている。参照三障四魔

北条重時｜ほうじょうしげとき　1198年〜1261

年。鎌倉幕府第2代執権・北条義時の長男。六波羅探題北方、連署などを歴任し、娘婿の第5代執権・北条時頼を補佐した。出家し極楽寺に住んだので、極楽寺殿と通称された。念仏の強信者でもあり、子息の第6代執権・長時と共に日蓮大聖人に敵対し、その威の下で松葉ケ谷の法難が引き起こされた。また伊豆流罪（弘長元年＝1261年5月12日）を画策した。その後、間もなく変死した。参照 北条長時/伊豆流罪

宝浄世界｜ほうじょうせかい　宝に満ちた清浄な世界。多宝如来の住む東方の仏国土をいう。法華経見宝塔品第11に「乃往過去に、東方の無量千万億阿僧祇の世界に、国を宝浄と名づく。彼の中に仏有し、号づけて多宝と曰う」（法華経374～375㌻）とある。参照 多宝如来

北条時輔の乱｜ほうじょうときすけのらん　▶二月騒動《にがつそうどう》

***北条時宗**｜ほうじょうときむね　1251年～1284年。鎌倉幕府第8代執権《しっけん》。第5代執権・時頼《ときより》の子。御書では「相模守殿《さがみのかみどの》」「守殿《こうどの》」「相州《そうしゅう》」などと呼ばれている。文永5年（1268年）閏正月の蒙古《もうこ》国書到来の国難を迎えて、18歳で第8代執権となる。日蓮大聖人は同年、「立正安国論」の予言が的中したことを示し、各宗への帰依をやめ正法に帰依することを求める書状を時宗に送られた（169㌻）。時宗は蒙古を迎え撃つ臨戦態勢を整えて文永・弘安の役に対処し、その後も国防強化に努めた。こうした戦時体制の強化とともに、密教による大々的な祈禱が展開された。大聖人はこれを「真言亡国」と批判されたため、反体制的異分子と目された。文永8年（1271年）の大聖人の教団への大弾圧も、こうした社会情勢の中で企てられていった。

文永11年（1274年）3月、大聖人は佐渡流罪を赦免になるが、その背景として、佐渡流罪が讒言による無実の罪であることを知った時宗が赦免を決定したと記されている（1190㌻）。同年4月8日、大聖人は鎌倉で平左衛門尉頼綱《へいのさえもんのじょうよりつな》に対し、蒙古の襲来が本年中であると予告されるとともに、特に真言を用いることをやめるよう警告された（287～288,357～358㌻）。時宗がその場に居合わせたかは不明だが、頼綱は侍所《さむらいどころ》の所司《しょし》（＝次官）であり、時宗がその別当《べっとう》（＝長官）であるから、大聖人のこの訴えは時宗への諫暁であったと考えられる。これは、第3回の国主諫暁《こくしゅかんぎょう》とされる。時宗は時頼と同じく禅宗に傾倒して道隆《どうりゅう》に師事し、中国から無学祖元《むがくそげん》を迎えて鎌倉に円覚寺《えんがくじ》を建立した。逝去の直前、無学祖元について出家し法号を道杲《どうこう》と称した。法光寺を建立してからは、法光寺殿《ほうこうじどの》とも呼ばれた。参照 蒙古襲来

***北条時頼**｜ほうじょうときより　1227年～1263年。鎌倉幕府第5代執権《しっけん》。寛元4年（1246年）に20歳で執権に就くや、謀反の疑いがあるとして北条氏庶流の名越《なごえ》（江間《えま》）光時《みつとき》を伊豆に流し（宮騒動）、翌年に幕府草創以来の対立勢力である三浦氏を滅ぼして（宝治の合戦）、北条得宗家《とくそうけ》（嫡流）による執権政治を強化した。建長5年（1253年）に禅宗の道隆《どうりゅう》を開山に迎えて

建長寺を創建した。康元元年(1256年)に時頼は大病を患い、執権職を長時に委ね、出家して道崇《どうすう》と称し、最明寺入道《さいみょうじにゅうどう》、最明寺殿と呼ばれた。しかし、その後も実質的に幕府における最大の影響力を保持した。

日蓮大聖人は文応元年(1260年)に「立正安国論」(17㌻)を著され、北条得宗家に仕える武士(得宗被官)である宿屋入道《やどやにゅうどう》を通じて時頼に同書を上呈し、第1回の国主諫暁を行われた。「故最明寺入道見参御書」(御書全集未収録)には「(禅宗は)天魔の所為たるの由、故最明寺入道殿に見参の時これを申す。また立正安国論これを挙ぐ」とあり、大聖人が直接に時頼と会見し禅宗を破折したことが知られる(ただしその時期については不明)。大聖人は「安国論」上呈後まもなく、鎌倉の草庵を襲撃された(松葉ケ谷の法難)。また弘長元年(1261年)5月には執権・長時《ながとき》が、強盛な念仏者であった父・重時《しげとき》の意をくんで大聖人を伊豆の伊東に配流した。しかし、重時が間もなく変死し、同3年(1263年)に大聖人は赦免された。後年、この赦免について、流罪が讒言による無実の罪であることを時頼が知ったために赦免したと大聖人は述べられている(1190㌻)。参照「立正安国論」/江間氏/道隆

北条得宗家｜ほうじょうとくそうけ　鎌倉幕府の執権職を占めた、北条氏の家督を継承する本家。

北条長時｜ほうじょうながとき　1230年～1264年。鎌倉幕府第6代執権。北条重時《しげとき》の子。武蔵守に就任の後、北条時頼の子・時宗が幼少の間の代理として執権となった。父の重時と共に、日蓮大聖人の伊豆流罪を強行した。文永元年(1264年)に出家し、執権を政村《まさむら》に譲り、ほどなくして亡くなった。参照北条重時

北条宣時｜ほうじょうのぶとき　1237年～1323年。大仏朝直《おさらぎともなお》の嫡子。武蔵守《むさしのかみ》(武蔵国の国司の長官)、評定衆《ひょうじょうしゅう》を歴任した幕府の有力者。武蔵守殿などと呼ばれた。入道して観恵《かんえ》といった。父・朝直は鎌倉の念仏宗の中心者の一人・然阿良忠の信奉者で、宣時もその影響を受けていたと思われる。然阿は良観(忍性)とともに行敏《ぎょうびん》を使って日蓮大聖人を幕府に訴え、竜の口の法難のきっかけをつくっている。

宣時は、竜の口の法難の際、日蓮大聖人の身柄を預かる立場であったが、夜中に斬首をもくろんで連れ出したのを黙認し、斬首が失敗した後、熱海の温泉に逃避している(914,915㌻)。また大聖人の佐渡流罪中、佐渡国の守護であった宣時は、虚御教書(虚偽の幕府の命令書)を作り、大聖人と門下に迫害を加えた(1313㌻など)。弘安10年(1287年)、第9代執権・貞時《さだとき》の連署となった。幕府の実力者であった安達泰盛・平左衛門尉頼綱の相次ぐ失脚に関与し、影響力を振るったと考えられている。参照本間六郎左衛門尉重連

北条義時｜ほうじょうよしとき　1163年～1224年。鎌倉幕府第2代執権として承久の乱で後鳥羽上皇の軍を破り、幕府の全国支配を決定的なものとした。参照

承久の乱

北条義政｜ほうじょうよしまさ　1242年～1282年。鎌倉時代の武将。北条重時の子。鎌倉幕府の連署（執権を補佐する職名）として北条時宗を助け政務を執り行った。建治3年（1277年）に突然出家し、自領に隠退した。

『宝性論』｜ほうしょうろん　『究竟一乗宝性論《くきょういちじょうほうしょうろん》』のこと。一乗・仏性について論じられている。漢訳では、著者は堅慧（サーラマティ）とされる。4巻。

報身｜ほうしん　▶三身《さんじん》

法蔵｜ほうぞう　643年～712年。中国・唐の僧。華厳宗第3祖とされる華厳教学の大成者。智儼の弟子。実叉難陀《じっしゃなんだ》による新訳の華厳経80巻の訳出を助けた。賢首大師《げんじゅだいし》と通称される。主著に『華厳経探玄記』『華厳五教章』など。

宝相如来｜ほうそうにょらい　法華経の会座に集った学・無学の声聞2千人が、授学無学人記品第9で、未来に仏になるとの記別を受けた時の仏としての名（法華経351ページ）。参照学/無学/声聞

法蔵比丘｜ほうぞうびく　法蔵菩薩とも。阿弥陀仏が菩薩として修行している時の名。▶阿弥陀仏《あみだぶつ》

宝土｜ほうど　功徳に満ちあふれた国土のこと。法華経如来寿量品第16では、娑婆世界が仏の常住する寂光土（宝土）であることが明かされた。

***宝塔**｜ほうとう　宝物で飾られた塔。法華経見宝塔品第11では、釈尊の法華経の説法が真実であると保証するために、多宝如来《たほうにょらい》が中に座す宝塔が、大地から出現して嘱累品第22まで虚空に浮かんでいた。この宝塔は高さ500由旬で、金・銀・瑠璃《るり》などの七宝で飾られていた。この塔の内に釈迦・多宝の二仏が並んで座り（二仏並坐《にぶつびょうざ》）、聴衆も空中に浮かんで、虚空会《こくうえ》の儀式が展開された。日蓮大聖人はこの虚空会の儀式を借りて曼荼羅を図顕され、末法の衆生が成仏のために受持すべき本尊とされた。そして曼荼羅御本尊の中央にしたためられた南無妙法蓮華経を宝塔と同一視されている。また妙法を信受する人は、南無妙法蓮華経そのものであるので、聞・信・戒・定・進・捨・慚の七宝（七聖財）に飾られた宝塔であるとされている（1304ページ）。参照虚空会/多宝如来

法灯/法燈｜ほうとう　正法がよく衆生や世間の闇を照らすことを灯火に譬えた語。法の灯のこと。

法道｜ほうどう　1086年～1147年。中国・北宋の僧。永道《えいどう》のこと。1119年、徽宗《きそう》皇帝が仏教を弾圧した際、上書してこれを諫めたが、かえって帝の怒りを買い、顔に焼き印を押され、道州（湖南省）に流されたという（なお、徽宗の仏教弾圧は翌年撤回された）。その後、赦免され、護法の功績により「法道」の名を与えられた。

また、「法道三蔵」とも呼ばれる。「三蔵」は三蔵法師の略で、一般には三蔵（経・律・論）に通じた僧侶のことで、訳経僧の称号であるが、宋代では元豊3年（1080年）に試鴻臚卿少卿を「三蔵法師」と改称しており（『釈氏稽古略』巻4）、ここでは後者の意。法道（永道）は、「宝覚大師」という大師号を与えられており、これが試鴻臚卿に対応する（『雲臥紀譚』巻2）ので、「三

蔵」と称されたらしい。

法道が「火印」(230,357ページなど)を押された話は、仏法を広めて迫害を受けた例として諸御抄で紹介されている。「火印」は、刑罰として顔などに焼き印を押し、罪人であることを知らしめること。ただし、『仏祖統紀』(1269年成立)巻47によると、法道は「黥涅(入れ墨)」を入れられたことになっており、焼き印ではない。

方等経｜ほうどうきょう　❶大乗経典をさす。方等は広大な教えの意。▶大乗《だいじょう》
❷▶方等部《ほうどうぶ》
❸▶十二部経《じゅうにぶきょう》

方等時｜ほうどうじ　▶五時《ごじ》

方等陀羅尼経｜ほうどうだらにきょう　大方等陀羅尼経《だいほうどうだらにきょう》のこと。中国・北涼の法衆《ほうしゅ》の訳。4巻。天台宗の教判の五時のうち方等時に属する。摩訶袒持陀羅尼という呪文の因縁や功徳、修行法などを説く。密教経典としては最古の部類に属する。

方等部｜ほうどうぶ　大乗経典のうち、華厳経・般若経・法華経・涅槃経などを除いた経典の総称。天台教学の教判である五時八教では、阿含経の後に説かれたとされ、二乗と菩薩に共通の教え(通教)を説いているとされる。

宝塔品｜ほうとうほん　▶見宝塔品《けんほうとうほん》

宝塔品の三箇の勅宣｜ほうとうほんのさんかのちょくせん　法華経見宝塔品第11で3度にわたって、釈尊が滅後における法華経の弘通を菩薩たちに促したこと。付属有在・令法久住・六難九易の三つ。三箇の鳳詔《ほうしょう》とも。提婆品の二箇の諫暁と合わせて「五箇の鳳詔」という。鳳詔とは天子の詔の意で、転じて仏の金言をいう。「開目抄」(217ページ以下)に詳しい。①▶付嘱有在《ふぞくうざい》②▶令法久住《りょうぼうくじゅう》③▶六難九易《ろくなんくい》 参照 提婆達多品の二箇の諫暁

宝塔品の三箇の鳳詔｜ほうとうほんのさんかのほうしょう　▶宝塔品の三箇の勅宣《ほうとうほんのさんかのちょくせん》

宝塔品の六難九易｜ほうとうほんのろくなんくい
▶六難九易《ろくなんくい》

*****法難**｜ほうなん　仏法者やその教団が仏法を流布する上で受ける迫害・弾圧のこと。代表的なものとしては、①不軽菩薩に対する四衆による悪口罵詈・杖木瓦石の迫害、②釈尊が受けた九横の大難、③日蓮大聖人が遭われた松葉ケ谷の法難、伊豆流罪、小松原の法難、竜の口の法難と佐渡流罪、そして門下の受けた熱原の法難、さらに④三武一宗の法難(中国における国家規模の仏教弾圧)がある。

法に依って人に依らざれ｜ほうによってにんによらざれ　▶依法不依人《えほうふえにん》

*****法然**｜ほうねん　1133年～1212年。法然房源空《げんくう》のこと。平安末期から鎌倉初期の僧。日本浄土宗の開祖。天台宗の僧であったが、中国浄土教の善導《ぜんどう》の思想に傾倒し、他の一切の修行を排除し念仏口称をもっぱら行う専修念仏《せんじゅねんぶつ》を創唱した。代表著作の『選択集《せんちゃくしゅう》(選択本願念仏集)』では、法華経をも含む一切の経典の教えを捨て閉じ閣《さしお》き抛《なげう》てと排除し、もっぱら念仏をとなえることによって往生を願うべきであると説いた。法然の専修念仏に対しては、当初、後白河法皇《ごしらかわほうおう》や摂政・関白を歴任した

あ か さ た な ほ ま や ら わ

九条兼実《くじょうかねざね》ら有力者の支持を得たが、やがて諸宗派からの反発が強まる。朝廷・幕府も禁止の命令を出し、建永2年(1207年)、法然らが流罪され、高弟が死罪に処せられた。その後も繰り返し禁圧が続くが、念仏は広がっていった。弟子に親鸞《しんらん》がいる。参照 念仏宗/『選択集』/捨閉閣抛/「立正安国論」

方便｜ほうべん　仏が衆生を教化するうえで、真実に導くために設ける巧みな手段、教えのこと。爾前経では、十界の境涯の差別を強調し、二乗や菩薩の覚りを得ることを修行の目的とする方便の教えを説いている。

方便現涅槃｜ほうべんげんねはん　衆生に仏と法を求める心を起こさせるため、仏が方便として入滅を現ずること。法華経如来寿量品第16では、涅槃に入ることが近づいた釈尊が、久遠以来、娑婆世界に常住していることを明かし、入滅して涅槃に入りこの世からいなくなるように見えるのは、衆生を導くための方便であることが明かされる(法華経489㌻)。そして、常住の釈尊は、「一心欲見仏・不自惜身命」の信心と実践によって感見することができると説かれている。

***方便品**｜ほうべんぽん　妙法蓮華経の第2章(法華経106㌻)。同品では、諸法実相が説かれ、一切衆生の生命に仏界がそなわっていることが明かされている。迹門の中で最も重要な品。参照 法華経/付録「法華経の構成」

方便品の十界互具｜ほうべんぽんのじっかいごぐ　法華経方便品第2では、一切衆生に仏知見(仏界)がそなわり、それを開き現すことができると明かし、九界と仏界が互いにそなえあっているという十界互具の法門が説かれている。参照 四仏知見/十界互具

***法宝**｜ほうほう　▶三宝《さんぽう》

法宝｜ほうぼう　中国・唐の僧。玄奘の四大弟子の一人。法宝の批判により、玄奘は『大毘婆沙論』の訳文を訂正した。

***謗法**｜ほうぼう　誹謗正法《ひぼうしょうほう》の略。正法、すなわち釈尊の教えの真意を説いた法華経を信じず、かえって反発し、悪口を言うこと。これには、正法を護持し広める人を誹謗する、謗人も含まれる。護法に対する語。日蓮大聖人は、文字通り正法を謗ることを謗法とするだけでなく、たとえ法華経を信じていても、法華経を爾前経より劣る、あるいは同等であると位置づけて受容することも、釈尊が法華経をあらゆる経に対して第一とした教判に背くので謗法とされている。そして、諸宗が犯しているこの謗法こそが、万人成仏という仏の根本の願いに背き人々を不幸に陥れるものであるので、仏法上、最も重い罪であると人々や社会に対して明示し、その誤りを呵責された。参照 護法/十四誹謗

***謗法厳誡**｜ほうぼうげんかい　謗法の行為を厳重に戒め禁じること。参照 謗法

法味｜ほうみ　法の味わい。仏法の教えは生命を潤し活力を与えるので、微細で滋味ある食物とみなされた。仏・菩薩や諸天善神は、これを唯一の食物として威光・勢力を増すとされる。万人成仏の法を説く法華経は、最高の法味であるので、五味のうちで最高

の醍醐味とされる。参照 五味

法明如来｜ほうみょうにょらい　富楼那が法華経五百弟子受記品第8で未来に仏になるとの記別を受けた時の仏としての名(法華経327ページ)。参照 富楼那

法滅｜ほうめつ　正法が滅びてしまうこと。教法の利益・功力が消滅すること。

法滅尽経｜ほうめつじんぎょう　訳者不明。1巻。仏の滅後に法が滅する時の様相を説いた経。末世法滅の時は魔が比丘となって現れ、非法の言動をすると説かれている。

法力｜ほうりき　妙法にそなわる広大深遠な利益のこと。

法蓮｜ほうれん　▶曾谷教信《そやきょうしん》

法朗｜ほうろう　507年～581年。中国・南北朝時代の三論宗の僧。建康(南京)の興皇寺に住んだので興皇と呼ばれる。吉蔵(嘉祥)の師。参照 吉蔵

火口｜ほくち　火打ち石を打ちつけて出た火を移し取るもの。

北蕃｜ほくばん　「北方の異民族」を意味し、具体的には中国東北部を本拠とするツングース系の女真《じょしん》族のこと。金(1115年～1234年)を建国し、南下して宋の北半分を占領した。これを受けて宋の欽宗の弟・高宗は、江南の臨安に都を移して南宋を建国した。参照 宋

北面の武士｜ほくめんのぶし　院司(上皇の御所である院の職員)の一つ。院の北面にあって警固にあたった武士のこと。白河上皇《しらかわじょうこう》(1053年～1129年)の時、設置された。

濮陽｜ぼくよう　中国・河南省北東部の都市。「報恩抄」では「撲揚」(307ページ)となっているが、これは濮陽の音通とみられる。参照 智周

***法華経**｜ほけきょう　大乗経典。サンスクリットではサッダルマプンダリーカスートラという。サンスクリット原典の諸本、チベット語訳の他、漢訳に竺法護《じくほうご》訳の正法華経《しょうほけきょう》(286年訳出)、鳩摩羅什《くまらじゅう》訳の妙法蓮華経《みょうほうれんげきょう》(406年訳出)、闍那崛多《じゃなくった》・達摩笈多《だるまぎゅうた》共訳の添品妙法蓮華経《てんぽんみょうほうれんげきょう》(601年訳出)の3種があるが、妙法蓮華経がもっとも広く用いられており、一般に法華経といえば妙法蓮華経をさす。経典として編纂されたのは紀元1世紀ごろとされる。それまでの小乗・大乗の対立を止揚・統一する内容をもち、万人成仏を教える法華経を説くことが諸仏の出世の本懐(この世に出現した目的)であり、過去・現在・未来の諸経典の中で最高の経典であることを強調している。

インドの竜樹(ナーガールジュナ)や世親(天親、ヴァスバンドゥ)も法華経を高く評価した。すなわち竜樹に帰せられている『大智度論』の中で法華経の思想を紹介し、世親は『法華論(妙法蓮華経憂波提舎)』を著して法華経を宣揚した。中国の天台大師智顗・妙楽大師湛然、日本の伝教大師最澄は、法華経に対する注釈書を著して、諸経典の中で法華経が卓越していることを明らかにするとともに、法華経に基づく仏法の実践を広めた。法華経は大乗経典を代表する経典として、中国・朝鮮・日本などの大乗仏教圏で支配階層から民衆まで広く信仰され、文学・

建築・彫刻・絵画・工芸などの諸文化に大きな影響を与えた。

【法華経の構成と内容】妙法蓮華経は28品(章)から成る(羅什訳は27品で、後に提婆達多品が加えられた)。天台大師は前半14品を迹門《しゃくもん》、後半14品を本門と分け、法華経全体を統一的に解釈した。

迹門の中心思想は「一仏乗」の思想である。すなわち、声聞・縁覚・菩薩の三乗を方便であるとして一仏乗こそが真実であることを明かした「開三顕一《かいさんけんいち》」の法理である。それまでの経典では衆生の機根に応じて、二乗・三乗の教えが説かれているが、法華経では、それらは衆生を導くための方便であり、法華経はそれらを止揚・統一した最高の真理(正法・妙法)を説くとする。法華経は三乗の教えを一仏乗の思想のもとに統一したのである。そのことを具体的に示すのが、迹門における二乗に対する授記《じゅき》である。それまでの大乗経典では部派仏教を批判する意味で、自身の解脱をもっぱら目指す声聞・縁覚を小乗と呼び不成仏の者として排斥してきた。それに対して法華経では、声聞・縁覚にも未来の成仏を保証する記別を与えた。合わせて提婆達多品第12では、提婆達多と竜女の成仏を説いて、これまで不成仏とされてきた悪人や女人の成仏を明かした。このように法華経迹門では、それまでの差別を一切払って、九界の一切衆生が平等に成仏できることを明かした。どのような衆生も排除せず、妙法のもとにすべて包摂していく法華経の特質が迹門に表れている。この法華経迹門に展開される思想をもとに、天台大師は一念三千の法門を構築した。

後半の本門の中心思想は「久遠実成《くおんじつじょう》」である。すなわち、釈尊が五百塵点劫の久遠の昔に実は成仏していたと明かす「開近顕遠《かいごんけんのん》」の法理である。また、本門冒頭の従地涌出品第15で登場した地涌の菩薩に釈尊滅後の弘通を付嘱することが本門の眼目となっている。如来寿量品第16で、釈尊は今世で初めて成道したという始成正覚《しじょうしょうがく》を打ち破り、その本地《ほんじ》(本来の境地)は五百塵点劫という久遠の昔に成道した仏であるとし、五百塵点劫以来、娑婆世界において衆生を教化してきたと説く。また、成道までは菩薩行を行じていたとし、しかもその仏になって以後も菩薩としての寿命は続いていると説く。すなわち、釈尊は今世で生じ滅することのない永遠の存在であるとし、その久遠の釈迦仏が衆生教化のために種々の姿をとってきたと明かし、一切諸仏を統合する本仏であることを示す。

さらに法華経の重大な要素は、この経典が未来の弘通を予言する性格を強くもっていることである。その性格はすでに迹門において法師品第10以後に、釈尊滅後の弘通を弟子たちに促していくという内容に表れているが、それがより鮮明になるのは、本門冒頭の従地涌出品第15において、滅後弘通の担い手として地涌《じゆ》の菩薩が出現することである。また未来を指し示す性格は、常不軽菩薩品第20で逆化(逆縁によって教化すること)という未来の弘通の在り方が不軽菩薩《ふきょうぼさつ》の振る舞いを通して示されるところにも表れている。そして法華経の予言性は、如来神力品第21において釈尊が地涌の菩薩の上首・上行《じょうぎょう》菩薩に滅後弘通の使命を付嘱する「結要付嘱《けっちょうふぞく》」が説かれることで頂点に達する。この上行菩薩への付嘱は、衆生を化導する教主が現在の釈尊から未来の上行菩薩へと交代することを意味している。未来弘通の使命の付与は、結要付属が主要なものであり、次の嘱累品第22の付嘱は付加的なものである。この嘱累品で法華経の主要な内容は終了する。

薬王菩薩本事品第23から普賢菩薩勧発品第28までは、薬王菩薩・妙音菩薩・観音菩薩・普賢菩薩・陀羅尼など、法華経が成立した当時、すでに流布していた信仰形態を法華経の一乗思想の中に位置づけ包摂する趣旨になっている。

【日蓮大聖人と法華経】日蓮大聖人は、法華経をその教説の通りに修行する者として、御自身のことを「法華経の行者」(284㌻など)、「如説修行の行者」(501㌻)などと言われている。

法華経には、釈尊の滅後において法華経を信じ行じ広めていく者に対しては、さまざまな迫害が加えられることが予言されている。法師品第10には「法華経を説く時には釈尊の在世であっても、なお怨嫉が多い。まして滅後の時代となれば、釈尊在世のとき以上の怨嫉がある(如来現在猶多怨嫉。況滅度後)」(法華経362〜363㌻)と説き、また勧持品第13には悪世末法の時代に法華経を広める者に対して俗衆・道門・僭聖の3種の増上慢(三類の強敵)による迫害が盛んに起こっても法華経を弘通するという菩薩の誓いが説かれている。さらに常不軽菩薩品第20には、威音王仏の像法時代に、不軽菩薩が杖木瓦石の難を忍びながら法華経を広め、逆縁の人々をも救ったことが説かれている。

大聖人はこれらの経文通りの大難に遭われた。特に文応元年(1260年)7月の「立正安国論」で時の最高権力者を諫められて以後は松葉ケ谷の法難、伊豆流罪、さらに小松原の法難、竜の口の法難・佐渡流罪など、命に及ぶ迫害が連続する御生涯であった。大聖人は、このように法華経を広めたために難に遭われたことが、経文に示されている予言にことごとく符合することから「日蓮は日本第一の法華経の行者なる事あえて疑ひなし」(「撰時抄」、284㌻)、「日蓮は閻浮第一の法華経の行者なり」(266㌻)と述べられている。

ただし「今末法に入りぬれば余経も法華経もせん(詮)なし、但南無妙法蓮華経なるべし」(「上野殿御返事」、1546㌻)、「仏滅後・二千二百二十余年が間・迦葉・阿難等・馬鳴・竜樹等・南岳・天台等・妙楽・伝教等だにも・いまだひろめ給わぬ法華経の肝心・諸仏の眼目たる妙法蓮華経の五字・末法の始に一閻浮提にひろまらせ給うべき瑞相に日蓮さきがけ(魁)したり」(「種種御振舞御書」、910〜911㌻)と仰せのように、大聖人は、それまで誰人も広めることのなかった法華経の文底に秘められた肝心である三大秘法の南無妙法蓮華経を説き広められた。そこに、大聖人が末法の教主であられるゆえんがある。法華経の寿量品では、釈尊が五百塵点劫の久遠に成道したことが明かされているが、いかなる法を修行して成仏したかについては明かされていない。法華経の文上に明かされなかった一切衆生成仏の根源の一法、すなわち仏種を、大聖人は南無妙法蓮華経として明かされたのである。

【三種の法華経】法華経には、釈尊の説いた28品の法華経だけではなく、日月灯明仏や大通智勝仏、威音王仏が説いた法華経のことが述べられる。成仏のための極理は一つであるが、説かれた教えには種々の違いがある。しかし、いずれも一切衆生の真の幸福と安楽のために、それぞれの時代に仏が自ら覚知した成仏の法を説き示したものである。それらは、すべて法華経である。戸田先生は、正法・像法・末法という三時においてそれぞれの法華経があるとし、正法時代の法華経は釈尊の28品の法華経、像法時代の法華経は天台大師の『摩訶止観』、末法の法華経は日蓮大聖人が示された南無妙法蓮華経であるとし、これらを合わせて「三種の法華経」と呼んだ。

法華経一部 | ほけきょういちぶ　1部8巻28品から成る法華経の全体。

『法華経観智儀軌』 | ほけきょうかんちぎき　不空が訳した『成就妙法蓮華経王瑜伽観智儀軌《じょうじゅみょうほうれんげきょうおうゆがかんちぎき》』の略。1巻。法華経を密教の立場から解釈した修行法を説いている。

『法華経義記』 | ほけきょうぎき　法雲の法華経の講義を、その弟子が編纂した著作。8巻。鳩摩羅什訳の妙法蓮華経の注釈書。聖徳太子作と伝わる『法華義疏』は、本書をもとにつくられたとされる。

＊法華経の敵 | ほけきょうのかたき　法華経に敵対する者。謗法を犯している者。［参照］謗法

法華経の肝心 | ほけきょうのかんじん　▶南無妙法蓮華経《なんみょうほうれんげきょう》

＊法華経の行者 | ほけきょうのぎょうじゃ　法華経をその教説の通りに実践する人。日蓮大聖人は、法華経をその教説の通りに修行する者として、御自身のことを「法華経の行者」（284ページなど）「如説修行の行者」（501ページ）などと言われている。▶法華経《ほけきょう》【日蓮大聖人と法華経】

法華経の三部 | ほけきょうのさんぶ　▶法華三部経《ほっけさんぶきょう》

法華経の第四の巻 | ほけきょうのだいよんのまき　鳩摩羅什訳の妙法蓮華経は全8巻からなり、そのうちの第4巻をさす。この巻には五百弟子受記品第8、授学無学人記品第9、法師品第10、見宝塔品第11が収められている。

鉾に当るの難事 | ほこにあたるのなんじ　「敵陣に正面から立ち向かうような難事」を意味する。鉾は、戦場の最前線にあって攻撃の先鋒を担うものであった。「観心本尊抄」（245ページ）の『法華文句』の引用文中にあり、法華経の本門と迹門に説かれていることが、ことごとくそれ以前の教えに反しているので難信難解であるということの譬えとして用いられている。

＊菩薩界 | ぼさつかい　菩薩の世界。菩薩が得る部分的な覚りの境涯。菩薩はサンスクリットのボーディサットヴァの

訳で、「仏の覚りを得ようと不断の努力をする衆生」の意。もとは釈尊の過去世の修行時代の姿をさし、さらに釈尊と同様に成仏の道を歩む者も菩薩といわれるようになった。仏の無上の覚りを求めていく「求道」とともに、衆生を救おうという慈悲を起こして救済の誓願を立て、自らが仏道修行の途上で得た利益を他者に対しても分かち与えていく「利他」を実践する(上求菩提《じょうぐぼだい》・下化衆生《げけしゅじょう》)という、自行・化他の修行をする。

一切の菩薩は初発心の時に①衆生無辺誓願度《しゅじょうむへんせいがんど》(一切衆生を覚りの彼岸に渡すことを誓う)②煩悩無量誓願断《ぼんのうむりょうせいがんだん》(一切の煩悩を断とうと誓う)③法門無尽誓願知《ほうもんむじんせいがんち》(仏の教えをすべて学び知ろうと誓う)④仏道無上誓願成《ぶつどうむじょうせいがんじょう》(仏道において無上の覚りに至ろうと誓う)の四弘誓願《しぐせいがん》を起こして、菩薩としての在り方(菩薩道)および修行(菩薩行)の目的と方向を明らかにする。そして、四弘誓願に従って菩薩戒を持ち、六波羅蜜《ろくはらみつ》(布施・持戒・忍辱・精進・禅定・智慧)などの修行を積んで仏果を体得する。

別教では初発心から解脱までを五十二位などに分類して菩薩の階位を定めている。煩悩のうち見思惑を断じたが、塵沙・無明の二惑を断じていない菩薩は方便有余土に住み、別教の初地以上、円教の初住以上の菩薩は、実報無障礙土に住むとされる。爾前の諸経では、このような長期間にわたる各段階の修行(歴劫修行)が必要とされたが、法華経に至って即身成仏が明かされた。

「観心本尊抄」には「無顧の悪人も猶妻子を慈愛す菩薩界の一分なり」(241ページ)とあり、他人を顧みることのない悪人でさえ自分の妻子を慈愛するように、人界の生命には本来、菩薩界がそなわっていて、それは他者を慈しむ心にうかがえると示されている。仏法の生命論では慈悲を生き方の根本とし、「人のため」「法のため」という使命感をもち、行動していく境涯とする。

参照 三乗/十界

菩薩道 | ぼさつどう　仏の無上の覚りの体得を求めるとともに慈悲の心をもち人々を救済する菩薩の実践。

***菩提** | ぼだい　サンスクリットのボーディの音写で、覚りの意。特に、仏が体得した最高の智慧による覚りをいう。

菩提心 | ぼだいしん　仏の最高の覚りを得ようと求め、仏道修行を貫くことを誓う心。

『菩提心論』 | ぼだいしんろん　竜樹(竜猛)作、中国・唐の不空訳と伝えられる。1巻。即身成仏を説いて真言の優位性を明かした書として空海(弘法)が重用したが、今日では竜樹作ではないとするのが一般的である。日蓮大聖人も不空自身の作であろうと諸御書で指摘されている(268ページなど)。参照 不空

菩提達磨 | ぼだいだるま　5~6世紀、生没年不詳。菩提達磨はサンスクリットのボーディダルマの音写。達磨と略す。達摩とも書く。中国禅宗の祖とされる。その生涯は伝説に彩られていて不明な点が多い。釈尊、摩訶迦葉と代々の法統を受け継いだ28代目の祖師とされる。以下、伝承から主な事跡を挙げ

あ
か
さ
た
な
ほ
ま
や
ら
わ

ると、南インドの香至国の第3王子として生まれ、後に師の命を受け中国に渡る。梁の武帝に迎えられて禅を説いたが、用いられなかった。その後、嵩山《すうざん》少林寺で壁に向かって9年間座禅を続けていたところ、慧可《えか》が弟子入りし、彼に奥義を伝えて没したという。参照 禅宗

法界 | ほっかい ▶法界《ほうかい》

『法華義記』 | ほっけぎき ▶『法華経義記』《ほけきょうぎき》

『法華義疏』 | ほっけぎしょ ❶吉蔵(嘉祥)による妙法蓮華経の注釈書。12巻。

❷聖徳太子の著(偽撰説もある)。4巻。妙法蓮華経を各品ごとに注釈した書。法雲の『法華経義記』を参考書として注釈したものであるが、独自の見解も見られる。この書は『維摩経義疏』『勝鬘経義疏』と並び、三経義疏といわれる。

『法華玄義』 | ほっけげんぎ 天台大師智顗が法華経の題名である「妙法蓮華経」について講義したものを、章安大師灌頂が編集整理したもの。10巻。「妙法蓮華経」に秘められている深玄な意義を、名・体・宗・用・教の五つの観点(五重玄義)から解明している。参照 五重玄義

『法華玄義釈籤』 | ほっけげんぎしゃくせん 妙楽大師湛然による『法華玄義』の注釈書。10巻(または20巻)。

『法華玄義』序 | ほっけげんぎじょ 天台大師智顗の『法華玄義』に対して章安大師灌頂が付した序文のこと。

『法華玄賛』 | ほっけげんざん 基(慈恩)による法華経の注釈書。10巻。法華経方便品第2は三乗方便一乗真実の思想を説くが、修行においては、一乗は声聞・縁覚・菩薩のいずれにも定まっていない者を菩薩の修行へと導くための方便の教えであるとし、三乗真実一乗方便が正しいと主張している。参照 五性各別

『法華玄論』 | ほっけげんろん 吉蔵(嘉祥)による法華経の注釈書。10巻。

法華最第一 | ほっけさいだいいち 「法華最も第一なり」と読む。法華経法師品第10の文。法華経はあらゆる経典の中で最も優れた教えであること。同品には「我が説く所の諸経 | 而も此の経の中に於いて | 法華は最も第一なり」(法華経362㌻)とある。日蓮大聖人は「慈覚大師事」で「一歳より六十に及んで多くの物を見る中に悦ばしき事は法華最第一の経文なり」(1019㌻)と仰せである。参照 已今当

『法華三大部補注』 | ほっけさんだいぶほちゅう 中国・北宋の天台宗の僧・従義による著作。14巻。天台三大部、すなわち『法華玄義』『法華文句』『摩訶止観』に補注を施したもの。

法華三部経 | ほっけさんぶきょう 妙法蓮華経、その開経である無量義経、結経である観普賢菩薩行法経の三つ。

法華折伏・破権門理 | ほっけしゃくぶくはごんもんり 天台大師智顗の『法華玄義』巻9上の文。「法華は折伏にして権門の理を破す」、あるいは「法華の折伏は権門の理を破す」と読む。法華経と涅槃経を比較し、法華は折伏、涅槃経は摂受の教えであると説いた一節。法華経は真実を説き方便を廃する折伏の教えであり、権教の理を打ち破っていると

の意。参照 折伏/摂受

『法華秀句』 | ほっけしゅうく　伝教大師最澄の著作。3巻（または5巻）。弘仁12年（821年）成立。法華経が諸経より優れていることを10点（法華十勝）をあげて説き示し、当時流行していた法相・三論・華厳・真言など諸宗の邪義を破折している。特に、法相宗の得一が法華経を誹謗したことを糾弾している。

「法華取要抄」 | ほっけしゅようしょう　文永11年（1274年）5月24日、日蓮大聖人が53歳の時、身延から下総国（千葉県北部周辺）の富木常忍に送られた書（331ページ）。十大部の一つ。法華経の要中の要である三大秘法の南無妙法蓮華経こそ、末法弘通の本尊であることが明かされている。

「法華初心成仏抄」 | ほっけしょしんじょうぶつしょう　建治3年（1277年）にしたためられたとされる御消息文（544ページ）。駿河国岡宮（静岡県沼津市岡宮）在住の門下・妙法尼《みょうほうあま》に与えられたとされてきたが不明。問答形式によって、宗教の正邪、南無妙法蓮華経が末法弘通の大法であること、南無妙法蓮華経と唱える者は己心の仏界を呼びさますことができるという成仏の要法などが明かされている。

法華堂 | ほっけどう　法華三昧（法華経に基づく禅定の修行、後には懺悔滅罪の儀礼を含む法華懺法をいう）を行う堂。葬送を行う場としても用いられた。

法華涅槃時 | ほっけねはんじ　▶五時《ごじ》

『法華文句』 | ほっけもんぐ　天台大師智顗の講義を章安大師灌頂が編集整理した法華経の注釈書。10巻。法華経の文々句々の意義を、因縁・約教・本迹・観心の四つの解釈法によって明らかにしている。参照 因縁・約教・本迹・観心

『法華文句記』 | ほっけもんぐき　妙楽大師湛然による『法華文句』の注釈書。10巻（または30巻）。参照 人の地に倒れて還って地より起つが如し

『法華文句輔正記』 | ほっけもんぐふしょうき　『法華天台文句輔正記《ほっけてんだいもんぐふしょうき》』の略。中国・唐の僧・道暹《どうせん》による著作。『法華文句』『法華文句記』の注釈書。10巻。

『法華論』 | ほっけろん　『妙法蓮華経憂波提舎《みょうほうれんげきょううばだいしゃ》』の略。世親（ヴァスバンドゥ）の著作。インドにおける法華経の注釈書として唯一現存する。法華経が諸経より優れている点を10種挙げた十無上などを説く。如来蔵思想による法華経解釈を特色とし、天台大師智顗や吉蔵（嘉祥）、基（慈恩）らに影響を与えた。

『法華論記』 | ほっけろんき　円珍（智証）の著作。10巻。世親（ヴァスバンドゥ）の『法華論』の注釈書。

北国の導師 | ほっこくのどうし　「北国」とは、北陸道（福井県から新潟県にかけての日本海に沿った地域）の諸国。「導師」とは、衆生を正しく仏道修行に導く者のこと。

***法師** | ほっし　「ほうし」とも読む。①仏法を教え導き、人の師となり得る人のこと。ただし法師にも善悪の2師がある。②法華経法師品第10に説かれる五種の妙行を行う者とその修行法自体は、五種法師ともいう。参照 五種の妙行

法師功徳品 | ほっしくどくほん　妙法蓮華経

の第19章(法華経527ページ)。参照 六根清浄の功徳/付録「法華経の構成」

法師品｜ほっしほん　妙法蓮華経の第10章(法華経354ページ)。参照 已今当/衣座室の三軌/願兼於業/如来の使/五種の妙行/難信難解/如来現在猶多怨嫉。況滅度後/法華最第一/付録「法華経の構成」

***発迹顕本**｜ほっしゃくけんぽん　「迹を発《ひら》いて本を顕す」と読み下す。迹(衆生を教え導くために現した仮の姿)を開いて、本地《ほんじ》(本来の境地)を顕すこと。

①法華経如来寿量品第16において、釈尊が始成正覚《しじょうしょうがく》という迹を開いて久遠実成《くおんじつじょう》という本地を顕したことを、天台大師智顗が説明した言葉。②さらに、日蓮大聖人の発迹顕本とは、御自身が竜の口の法難を機に、宿業や苦悩を抱えた凡夫という迹を開き、生命にそなわる本源的な慈悲と智慧にあふれる仏(久遠元初《くおんがんじょ》の自受用報身如来《じじゅゆうほうしんにょらい》)という本地を凡夫の身のままで、顕されたことをいう。参照 久遠実成/始成正覚/久遠元初の自受用報身如来/竜の口の法難

***法性**｜ほっしょう　万物を貫く根本の法そのもの、仏の覚りの本質。真理であり、万物のあるべき姿を示すものなので、法性真如ともいう。

法性真如｜ほっしょうしんにょ　▶法性《ほっしょう》

法身｜ほっしん　▶三身《さんじん》

発心下種｜ほっしんげしゅ　法を説き聞かせて発心させること。衆生が法を聞いて、仏法の実践を決意する場合をいう。聞法下種《もんぽうげしゅ》に対する語。参照 聞法下種/下種

法身・般若・解脱の三徳｜ほっしんはんにゃげだつのさんとく　仏にそなわる3種の徳相のこと。①法身とは仏が証得した真理、②般若とは真理を覚る智慧、③解脱とは生死の苦悩から根源的に解放された状態をいう。

払子｜ほっす　もともとは虫などを払いよけるための道具であったが、法要などで威厳を示すための装飾具として用いられた。

***法主**｜ほっす　法の主、すなわち仏のこと。日本では一宗一派の管長《かんちょう》(宗内の行政を管轄する長)などをさす。

法相宗｜ほっそうしゅう　玄奘《げんじょう》が唐に伝えた唯識《ゆいしき》思想に基づき、その弟子の基《き》(慈恩)が確立した学派。法相とは、諸法(あらゆる事物・事象、万法とも)がそなえる真実の相のことで、この法相のあり方を明かすので法相宗という。また、あらゆる事物・事象は心の本体である識が変化して仮に現れたもので、ただ識のみがあるとする唯識思想を主張するので唯識宗ともいう。日本には4次にわたって伝来したが、653年に道昭《どうしょう》が唐に渡って玄奘から学び、帰国して飛鳥の元興寺《がんごうじ》を拠点に弘通したのが初伝とされる。奈良時代には興福寺《こうふくじ》を拠点に隆盛した。参照 玄奘/基/唯識/元興寺/興福寺

法相の三時｜ほっそうのさんじ　▶三時教判《さんじきょうはん》

法体の折伏｜ほったいのしゃくぶく　▶化儀の折伏・法体の折伏《けぎのしゃくぶくほったいのしゃくぶく》

時鳥｜ほととぎす　ホトトギスは、夏に日本に飛来する夏鳥。日本では古来、ホトトギスは夏の到来を告げる鳥とされ、時鳥などと書かれ、その初音(その年

初めて鳴く声）を聞くことが待ち望まれた。カッコウと混同され、「郭公」と表記されることもある。

***堀日亨**｜ほりにちこう　1867年～1957年。大石寺第59世法主。日本全国の寺院旧跡を踏査し、宗史・古文書の調査研究に力を注いだ学匠。編著書に『富士宗学全集』『富士宗学要集』『身延離山史』『富士日興上人詳伝』など。戸田先生の要請に応じ、『日蓮大聖人御書全集』の編纂・発刊に尽くした。猊座を降りた後、静岡県田方郡函南町畑毛にあった雪山荘に隠居し研究に励んでいたことから、「畑毛の猊下」と呼ばれた。参照『日蓮大聖人御書全集』

本因｜ほんいん　久遠における釈尊の成仏の因となる修行。仏道を成就する根本の因行。参照本因本果

本因本果｜ほんいんほんが　法華経本門に説かれる成仏の因果のこと。「開目抄」（197㌻）で言及される。本因本果は、始成正覚に基づく爾前・迹門の十界の因果を、久遠実成を説くことで打ち破り明らかにされた「本門の十界の因果」である。ここで「十界の因果」というのは、九界の衆生が仏となる成仏の因果を示し、九界が因であり、仏界が果となる。

本門の如来寿量品第16に至って「我は実に成仏してより已来、無量無辺百千万億那由他劫なり」（法華経478㌻）と、釈尊は久遠の昔に成道して以来、これまで果てしない時間において衆生を救済し続けている仏であるという本地が明かされた。これにより、四教（蔵通別円＝爾前経および法華経迹門）が目指す仏果である始成正覚の境地は、方便として打ち破られたことになる。そして、仏果が打ち破られれば、それに至るまでの因として四教で説かれた種々の因位の修行も同じく方便として退けられる。こうして爾前・迹門の成仏の因果を打ち破って明かされたのが、「本因本果の法門」である。

そして日蓮大聖人は、この本因本果の内容を「九界も無始の仏界に具し仏界も無始の九界に備りて」（197㌻）と説かれている。ここでいう本因とは「無始の九界」であり、本果とは「無始の仏界」をさす。法華経寿量品の「我は本菩薩の道を行じて、成ぜし所の寿命は、今猶未だ尽きず」（法華経482㌻）という文は、久遠の成道に至るための本因を明かしたものである。すなわち、久遠に菩薩道を行じてきたことが成道の本因であり、しかもその菩薩の生命は、久遠における成道後もそのまま尽きることなく常住の仏である釈尊にそなわっている。このことは、久遠に成道して以後、釈尊が九界のさまざまな衆生の姿をとって菩薩道を実践していたことに端的に示されている。また、同じく寿量品に「我は成仏してより已来、甚だ大いに久遠なり。寿命は無量阿僧祇劫にして、常住にして滅せず」（法華経482㌻）とある。この経文は、本果の仏界が常住であることを教えている。

以上から、久遠実成の釈尊の常住の生命には、仏界も九界も常住していることが分かる。これが「無始の仏界」であり「無始の九界」である。こうして、十界を具足しつつ常住する仏という釈尊の本地が明かされた。したがっ

てこの本地からみれば、仏は、仏界を現した時も無始の九界から離れているわけではなく、また九界を示している菩薩道の時も無始の仏界がそなわっている。そして大聖人は、この本因本果の法門が説かれたことで「真の十界互具・百界千如・一念三千」(197ページ)が明らかになったと仰せになっている。参照 久遠実成/始成正覚/爾前二種の失/発迹顕本/四教

本因妙《ほんいんみょう》　「ほんにんみょう」とも読む。

❶天台大師智顗の『法華玄義』に説かれる法華経本門の十妙の第1。本因(仏になる根本の因=修行)は思議することができない境涯であるから妙という。本果妙に対する語。同書巻7上には、法華経如来寿量品第16の「我は本菩薩の道を行じて、成ぜし所の寿命は、今猶未だ尽きず」(法華経482ページ)の文を解釈して本因妙が明かされている。同書には「本因妙とは、本初に菩提心を発して、菩薩の道を行じて、修する所の因なり。十六王子の大通仏の時に在りて、弘経結縁するが若きは、皆是れ中間の所作にして、本因に非ざるなり……『我は本菩薩の道を行ずる時』は、中間に在らず。是を過ぐる已前に行ずる所の道は、之を名づけて本と為す。即ち是れ本因妙なり」とある。

❷日蓮大聖人が御自身の生命に覚知された法は、法華経寿量品で示された、久遠実成の釈尊が久遠の昔に菩薩として実践し仏となった根本原因の妙法である。このことから、日蓮大聖人の仏法は「本因妙の仏法」と呼ばれる。大聖人は、この本因妙の法を凡夫の自身の生命に護持し、それを南無妙法蓮華経であると現して人々にも教え広められたので、「本因妙の教主」ともいわれる。本因妙の仏法は、凡夫がその身のままでこの一生において実現できる凡夫成仏・即身成仏・一生成仏の道であり、そのあり方を大聖人は御自身の振る舞いを通して教えられている。

これに対し、法華経本門の文上に説き示される釈尊は、久遠の昔に成仏した永遠の仏としての果報を身に現していて、本果妙を表とする。それ故、本門文上の釈尊は「本果妙の教主」といわれる。このような超人的な果報を得るためには、歴劫修行が必要とされる。よって仏法に対する優れた理解・実践の能力が必要であり、いわば、すでに仏道修行を積み重ねてきた熟練者のためのものである。末法の初信の凡夫が実際に実践して成仏する道ではない。参照 本果妙

本因妙の教主《ほんいんみょうのきょうしゅ》　▶本因妙《ほんいんみょう》

本因妙の仏法《ほんいんみょうのぶっぽう》　▶本因妙《ほんいんみょう》

本果《ほんが》　本地の仏果のこと。法華経如来寿量品第16で示された釈尊の久遠実成の境地。

本覚の栖《ほんがくのすみか》　久遠の仏の本来の覚りの境地。あらゆる生命に本来そなわる仏の覚りの境地でもある。

本果妙《ほんがみょう》　天台大師智顗の『法華玄義』に説かれる法華経本門の十妙の第2。仏が覚った境涯、すなわち仏果が妙(思議できない境涯)である

こと。釈尊が久遠の昔に成仏した永遠の仏としての果報をさす。本因妙に対する語。同書巻7上には、法華経如来寿量品第16の「是くの如く我は成仏してより已来、甚だ大いに久遠なり」(法華経482ページ)の文を解釈して本果妙が明かされている。同書には「本果妙を明かすとは、本初に行ずる所の円妙の因もて、常楽我浄を契得し究竟するは、乃ち是れ本果なり……中間の果を取りて、以て本果と為さず……但だ成仏してより已来た、甚だ大いに久遠なる初証の果を取りて、本果妙と名づくるなり」とある。参照 本因妙

本願｜ほんがん　❶仏・菩薩が過去世に衆生を救うために発した誓願のこと。証得の果に対して、因位の誓願をいう。本弘誓願、本誓《ほんぜい》、宿願《しゅくがん》ともいう。2種(総願・別願)に分類される。総願はすべての仏・菩薩に共通の誓願で、四弘誓願《しぐせいがん》がこれにあたる。別願はそれぞれの仏・菩薩の固有の誓願で、例えば阿弥陀仏の四十八願《しじゅうはちがん》、薬師如来の十二大願などがこれにあたる。また浄土宗では阿弥陀仏の四十八願のうち第十八願(念仏往生)を特に本願(王本願)と呼んでいる。

❷寺を建立した願主のこと。

本化｜ほんげ　本仏に教化された衆生のこと。迹化に対する語で、具体的には地涌の菩薩をいう。参照 地涌の菩薩

本化の菩薩｜ほんげのぼさつ　久遠の釈尊(本仏)に教化された菩薩、すなわち地涌の菩薩のこと。迹化《しゃっけ》の菩薩に対する語。参照 地涌の菩薩/迹化の菩薩

梵語｜ぼんご　古代インドで用いられた言語。サンスクリット(完成された言語、洗練された言語の意)のこと。梵天がつくったという伝承により、梵語ともいわれる。仏典の編纂・伝承に用いられた。

本寺｜ほんじ　❶末寺に対する本山のこと。

❷高野山にある真言宗の金剛峯寺《こんごうぶじ》のこと。御書中では、覚鑁《かくばん》が高野山の中に建てた伝法院に対して、空海(弘法)が建てた大塔をさす語として用いられている。日蓮大聖人の時代には、高野山では覚鑁派と反覚鑁派が激しく争っていた。参照 覚鑁

***本地**｜ほんじ　本来の境地。垂迹《すいじゃく》に対する語。参照 垂迹

本迹｜ほんじゃく　法華経の本門と迹門のこと。参照 本門/迹門

梵釈｜ぼんしゃく　梵天と帝釈天のこと。▶梵天《ぼんてん》/帝釈天《たいしゃくてん》

本迹相対｜ほんじゃくそうたい　▶五重の相対《ごじゅうのそうたい》

本従｜ほんじゅう　本従の師のこと。過去からもともと従ってきた師。

本誓｜ほんぜい　▶本願《ほんがん》

***本尊**｜ほんぞん　①根本として尊敬(尊崇)するものを意味し、信仰の根本対象をいう。仏教では一般的に、仏像や菩薩の絵図などを本尊として崇める。私たちが信仰の根本として拝する本尊は、日蓮大聖人が図顕された南無妙法蓮華経の御本尊である。▶御本尊《ごほんぞん》

②【衆生が獲得すべき人格的価値を体現した目標】「開目抄」の冒頭(186

ﾍﾟｰｼﾞ）に掲げられた「あらゆる衆生が尊敬すべきもの」としての本尊。ここでいう「本尊」とは、単に尊崇したり利益を施してもらったりするものであるだけではなく、自身も獲得・達成すべき人格的価値を体現している目標といった意味である。その人格的価値の最大要素は、本抄冒頭に示されたように「主師親の三徳」である。同抄では、法華経を根本とする天台宗以外の諸宗は「本尊」に迷っていると指摘される。また、ゆるぎない幸福を確立するための生命の根本の因果を説いて、あらゆる衆生に対して「主師親の三徳」をそなえているのは誰であるかを明かし、それは成仏の根本原因である仏種を所持し久遠に下種した「法華経寿量品の久遠実成の釈尊」であると結論づけられている。すなわち、娑婆世界の衆生に下種を施した教主は久遠の釈尊であり、その後も、長遠な期間にわたり教化を続けて下種の成熟を図り、ついに法華経本門の説法で久遠の下種を思い起こさせ、得脱させたことを挙げる。そして久遠の釈尊こそが、種熟脱の三益を施す、娑婆世界の衆生に有縁の仏であって、本尊たりうることを示されている。さらに、下種した仏種とは寿量品の文底に秘められた一念三千であり、天台大師智顗一人だけがそれを会得していたことを確認されている。末法においては、一念三千の仏種を包摂する法華経の題目、すなわち南無妙法蓮華経を教え広める人が、主師親の三徳をそなえて人々を教え導く存在であり、具体的には、日蓮大聖人をさす。

③【仏界の身土を図顕】「観心本尊抄」（247ﾍﾟｰｼﾞ）には妙楽大師湛然の『止観輔行伝弘決』巻5の「（衆生の境涯を現実に構成する）身と国土は、一念の三千である。故に成仏の時には、この根本の真理に合致し、その一身・一念は宇宙全体に遍満するのである」（通解）との文を引用されている。ここに確認されたように、生命に持つ法がその国土にあまねく広がり、境涯・世界全体となって現れる。したがって、それぞれの経典に登場する仏は、それぞれに自身の成仏の因果を明かし、その教えに応じた国土を現している。よって、その仏とその世界、すなわちその仏の境涯全体が、それが説かれる経典を信じ実践する人にとって実現すべき目標であり、本尊である。大聖人は、釈尊の教えの中では法華経本門の寿量品の娑婆即寂光の世界が真実の一念三千が顕現された仏界の身と国土であることを示された上で、その寿量品の世界を借りて、妙法を成就されている御自身の御生命を御本尊として図顕された。

本尊雑乱《ほんぞんぞうらん》 | 根本として尊敬する対象である本尊に迷い、本尊が乱れていること。[参照]本尊

「本尊問答抄」《ほんぞんもんどうしょう》 | 弘安元年（1278年）9月、安房国（千葉県南部）清澄寺の浄顕房に与えられた書（365ﾍﾟｰｼﾞ）。十大部の一つ。末法弘通の本尊は法華経の題目であることを、諸宗の本尊を破折されながら述べられている。

梵天《ぼんてん》 | サンスクリットのブラフマーの訳。①古代インドの世界観において、世界を創造し宇宙を支配する

とされる中心的な神。種々の梵天がいるが、その中の王たちを大梵天王という。仏教に取り入れられ、帝釈天とともに仏法の守護神とされた。②大梵天王がいる場所で、4層からなる色界の最下層である初禅天のこと。欲界の頂上である他化自在天のすぐ上の場所。法華経如来神力品第21には、釈尊はじめ諸仏が広く長い舌を梵天まで伸ばしたと説かれているが、これは欲界すべてを越えるほど舌が長いということであり、決してうそをつかないことを象徴している。参照 三界/色界/梵天勧請

梵天勧請 | ぼんてんかんじょう　釈尊は覚りを得た当初、自身が覚った真理を説いても、欲望に支配された人々は理解できないだろうから無駄だと考え、そのまま覚りの安楽な世界に安住してしまおうとした。しかし梵天が法を説くよう要請し、これに促されて釈尊は法を説こうと決意した。この梵天の要請を「梵天勧請」という。勧請とはお願いすること。

この梵天勧請の物語は種々の仏伝に説かれ、転法輪《てんぽうりん》の契機と位置づけられている。法華経方便品第2では、釈尊は梵天らの勧請を受けて一仏乗の教えを方便によって三乗に分けて説いたと述べられ、法華経の説法は第2の転法輪と位置づけられている(法華経140ページ以下)。参照 梵天

***本有** | ほんぬ　本来ありのままに存在すること。もともとそなわっていること。①生命に本来そなわる特質、本然的に繰り返す現象。②久遠から常住している意。

本有の生死 | ほんぬのしょうじ　あらゆる生命に本来的にそなわっている生死。あらゆる生命は、万物の根源の妙法と一体であり、生とは宇宙から縁に応じて一個の生命として生起し顕在化している状態であり、死とは宇宙に冥伏して潜在化している状態である。生命は永遠に、この生死を繰り返している。

本有の尊形 | ほんぬのそんぎょう　生命本来のありのままの尊い姿のこと。

梵王 | ぼんのう　大梵天王のこと。
▶梵天《ぼんてん》

煩悩・業・苦の三道 | ぼんのうごうくのさんどう　煩悩道・業道・苦道のこと。煩悩から業を作り、業の報いとして苦を招くといった具合に、輪のように連続し、六道の迷いの生死を続けていく状態を示したもの。「煩悩」とは貪欲・瞋恚・愚癡など。「業」とは煩悩から起こる善悪の身口意の所作。「苦」とは煩悩や業を因として招いた三界六道の苦しみの果報。参照 業/苦

***煩悩障** | ぼんのうしょう　衆生が本来そなえている貪《とん》瞋《じん》癡《ち》の三毒などの煩悩が仏道修行の妨げ、障りとなること。三障の一つ。参照 三障四魔/三毒

煩悩濁 | ぼんのうじょく　▶五濁《ごじょく》

***煩悩即菩提** | ぼんのうそくぼだい　煩悩に覆われている凡夫であっても、妙法を信じ実践することで、その生命に仏の覚りの智慧(菩提)が発揮できること。生死即涅槃《しょうじそくねはん》とともに、即身成仏《そくしんじょうぶつ》を別の角度から示したもの。参照 生死即涅槃/即身成仏

***煩悩魔** | ぼんのうま　衆生が本来そなえている貪瞋癡などの煩悩が仏道修行の妨げとなること。四魔の一つ。参照

三障四魔

***凡夫**｜ぼんぷ　普通の人間。煩悩・業・苦に束縛され、迷いの世界で生死を繰り返す者。

***凡夫成仏**｜ぼんぷじょうぶつ　煩悩に覆われ悪業を積み苦悩に苛まれている凡夫が、自身に本来そなわっている仏界を顕現させて、その一生のうちにその身のまま成仏すること。一生成仏・即身成仏《そくしんじょうぶつ》と同義。［参照］一生成仏/即身成仏

***凡夫即極**｜ぼんぷそくごく　普通の人間(凡夫)にこそ尊極の仏の境涯が現れるということ。法華経では十界互具が明かされ、凡夫の身に本来、仏の境涯がそなわっていて、これを開き現すことができると示されている。

本間重連｜ほんましげつら　▶本間六郎左衛門尉重連《ほんまろくろうざえもんのじょうしげつら》

本末究竟等｜ほんまつくきょうとう　法華経方便品第2の文(法華経108ページ)。十如是の初めの本(如是相)から第9の末(如是報)までが究極的に等しいという意。［参照］十如是

***本間六郎左衛門尉重連**｜ほんまろくろうざえもんのじょうしげつら　生没年不詳。佐渡国の守護《しゅご》であった武蔵守《むさしのかみ》・北条(大仏)宣時《のぶとき》に仕えた武士。佐渡国の守護代(代官)を務めていた。相模国愛甲郡依智《えち》郷(神奈川県厚木市北部)にも所領があり、依智六郎左衛門尉とも呼ばれた。日蓮大聖人は文永8年(1271年)の竜の口の法難の後、流罪先の佐渡へ出発するまでの約1カ月間、依智の本間邸に滞在されている。佐渡到着後の11月1日、大聖人は配所としてあてがわれた塚原の三昧堂《さんまいどう》に到着されるが、そこは「六郎左衛門が家のうしろ」(916ページ)で、佐渡における重連の館とは至近にあったようである。

念仏者を中心とする佐渡の僧俗は、「阿弥陀仏の大怨敵」(917ページ)として大聖人の命をねらったが、重連はこれを制し、法門によって責めるようにと促した。その結果、文永9年(1272年)正月の対論(塚原問答《つかはらもんどう》)が行われたが、逆に大聖人の正義を知らしめることとなった。この問答の際、重連は大聖人から近いうちに内乱が起きるからと鎌倉への出仕を促されるが、それが同年2月に起きた「二月騒動《にがつそうどう》」を予見したものであったことを重連が後で知るに及び、大聖人へ心を寄せるようになったようである。

文永10年(1273年)12月7日、武蔵前司《むさしのぜんじ》(北条宣時)は本間重連に命令書を与えた。これは大聖人を一層厳しく取り締まる内容であったが、正式・公的なものではなく私的なものと思われる。大聖人はこの全文を3カ月後に著された「法華行者逢難事」(966~967ページ)に転載されている。大聖人は宣時の命令書を、おそらく重連もしくはその周囲の者を通じて披見できたものと思われ、これは重連の信用を示すものと理解されている。［参照］竜の口の法難/佐渡流罪/塚原問答/二月騒動/北条宣時

本無今有｜ほんむこんぬ　「本無くして今有り」と読み下す。「観心本尊抄」(248ページ)にある。「本無」とは、無量義経や法華経迹門(迹門熟益三段)では、釈尊の真実の境地(本地)である

久遠実成を明かさず始成正覚の立場であるので、真実の一念三千が明かされていないこと。「今有」とは、それでも二乗作仏を明かし、一応は十界互具・百界千如を明かしていること。

梵網経｜ぼんもうきょう　梵網経盧舎那仏説菩薩心地戒品第十《ぼんもうきょうるしゃなぶっせつぼさつしんじかいほんだいじゅう》の略。中国・後秦の鳩摩羅什訳と伝えられるが、現在の研究では中国撰述とされる。大乗菩薩戒の聖典。天台大師智顗が華厳経の結経としたことから、結経梵網経とも呼ばれる。上下2巻からなり、上巻には菩薩の階位の十住・十行・十回向・十地の四十法門が、下巻には菩薩戒の十重禁戒《じゅうじゅうきんかい》、四十八軽戒《しじゅうはちきょうかい》が説かれている。上下巻とも大乗の菩薩のために説かれたもので、日本・中国を通じて重要視され多くの注釈書がつくられた。伝教大師最澄は本経に基づいた大乗戒による戒壇の建立を目指し、『四分律』に基づく具足戒を小乗戒として廃し、それに代わる授戒制度を創出した。[参照]十重禁戒/四十八軽戒/戒

梵網経の大乗別受戒｜ぼんもうきょうのだいじょうべつじゅかい　伝教大師最澄は、受戒後9年を経た僧が受ける別受戒において、大乗の梵網経に説かれる戒(十重禁戒・四十八軽戒)を用いることを主張した。

***本門**｜ほんもん　①久遠実成という釈尊の本地《ほんじ》を明かす教え。迹門《しゃくもん》に対する語。天台大師智顗は『法華文句』巻で、法華経28品のうち後半の14品、従地涌出品第15から普賢菩薩勧発品第28までを本門としている。

②日蓮仏法では、日蓮大聖人御自身が覚知し説き示された、法華経本門の寿量品の文底に秘められた肝心の教え、成仏の根源の法を本門とする。[参照]迹門

***本門の戒壇**｜ほんもんのかいだん　本門の本尊を安置して信心修行に励む場所。三大秘法の一つ。日蓮仏法における戒定慧の三学のうち戒学にあたる。南無妙法蓮華経の御本尊を信じ持てば、自身の生命に積み重なった悪を消滅させ、最高の善である仏界の生命境涯を開き現すことができる。すなわち御本尊の受持が、そのまま戒を持つことになる。これを受持即持戒という。[参照]戒/三大秘法

本門の十妙｜ほんもんのじゅうみょう　天台大師智顗は『法華玄義』で、「妙法蓮華経」の「妙」の意義について、本門・迹門のそれぞれ10項目を挙げて論じている。本門の十妙は、そのうち本門における妙の意義を説いたもの。①本因妙②本果妙③本国土妙④本感応妙⑤本神通妙⑥本説法妙⑦本眷属妙⑧本涅槃妙⑨本寿命妙⑩本利益妙のこと。

***本門の題目**｜ほんもんのだいもく　本門の本尊を信じて南無妙法蓮華経と題目を唱えること。三大秘法の一つ。日蓮仏法における戒定慧の三学のうち慧学にあたる。私たちは、仏が智慧で覚った究極の法をそのまま図顕された御本尊を信じることで、仏と同じ境地を自身に開き現すことができる。すなわち、信をもって慧に代えること(以信代慧《いしんだいえ》)ができる。[参照]以信代慧/三大秘法

***本門の本尊**｜ほんもんのほんぞん　万人成仏の根本法である南無妙法蓮華経であり、それが直ちに図顕された曼荼羅《まんだら》

の御本尊のこと。三大秘法の一つ。日蓮仏法における戒定慧の三学のうち定学にあたる。曼荼羅の御本尊は、日蓮大聖人の御生命に覚知された南無妙法蓮華経を説き示した本尊である。南無妙法蓮華経には釈尊の因行果徳のすべてが納まっているから、南無妙法蓮華経の御本尊を受持することが、成仏のための観心の修行に相当し、その功徳が自身の生命に開き現され成仏できる。これを受持即観心《じゅじそくかんじん》という。参照 戒定慧/受持即観心/御本尊/本尊/三大秘法

本門の六品 | ほんもんのろっぽん　法華経薬王菩薩本事品第23から、普賢菩薩勧発品第28までの6品。嘱累品第22で虚空会の儀式が終わり、地涌の菩薩も法華経の説法の場を退出する。

ま

***魔** | ま　サンスクリットのマーラの音写。摩羅《まら》とも。仏道修行を妨げる種々の働き。魔は「奪命者《だつみょうしゃ》(命を奪う者)」「奪功徳者(功徳を奪う者)」とされ、仏道修行者の心、三世にわたる生命をも損ねる働きをいう。魔には種々の分類があるが、御書中では特に『摩訶止観』で説かれる三障四魔を重要視されている。[参照]三障四魔

マートリチェータ | まーとりちぇーた　2世紀ごろ活躍した仏教詩人。摩咥哩制吒と音写する。代表作『一百五十讃仏頌』には、空や六波羅蜜など大乗の教理も謳いこまれている。

毎時作是念の悲願 | まいじさぜねんのひがん
▶大願《だいがん》

魔王 | まおう　古代インドの世界観で、欲界の最上である第六天に住むとされた他化自在天。父母・妻子・権力者などの身に入り、あらゆる手段で仏道修行を妨げる。▶第六天の魔王《だいろくてんのまおう》

*『**摩訶止観**』| まかしかん　『止観』と略される。10巻。天台大師智顗が講述し、弟子の章安大師灌頂が記した。『法華玄義』『法華文句』とともに天台三大部とされる。本書で天台大師は、仏教の実践修行を「止観」として詳細に体系化した。それが前代未聞のすぐれたものであるので、サンスクリットで偉大なという意の「摩訶」がつけられている。「止」とは外界や迷いに動かされずに心を静止させることであり、それによって正しい智慧を起こして対象を観察することを「観」という。天台大師は特に、止観の対象を凡夫自身の心に定め(この観法を観心という)、普通の人々が成仏を実現するための実践とし、その仕方を一念三千の法門として明かした。[参照]一念三千/観心/天台大師

『摩訶止観』第五の巻 | まかしかんだいごのまき　『摩訶止観』の第5巻。まさしく止観の修行を明かす第7章が含まれており、この章で一念三千の法門が明かされている。

マガダ国 | まがだこく　中インド(ガンジス川中流域の古代インドの政治・文化の中心地)にあった古代の王国。十六大国の一つ。サンスクリットのマガダは、音写して摩訶陀・摩竭提・摩謁提などと書かれる。現在のビハール州付近にあたる。釈尊の同時代には、頻婆娑羅王《びんばしゃらおう》(ビンビサーラ)が統治しており仏教に帰依した。その子・阿闍世《あじゃせ》(アジャータシャトル)は提婆達多にそそのかされ父王を殺し王位に就き、都を王舎城(ラージャグリハ、現在のラージギル)に移し、さらに華氏城(パータリプトラ、現在のパトナ)を建設し都とした。やがて悪瘡をわずらい、それを機に深く反省し釈尊に帰依した。その後、マガダ国は王朝が交代しながら続き、インドの政治・文化、また仏教の中心であった。このうち、マウリヤ朝の時に、アショーカ王(紀元前3世紀)が出て、諸国を統一し大きく発展させた。4〜6世紀には、グプタ朝が栄えた。[参照]アショーカ王/阿闍世王/王舎城/十六大国/頻婆娑羅王

摩訶波闍波提比丘尼 | まかはじゃはだいびくに

摩訶波闍波提はサンスクリットのマハープラジャーパティーの音写。釈尊の母の妹。釈迦族の姓ガウタマの女性形、憍曇弥《きょうどんみ》(ガウタミー)とも呼ばれる。浄飯王《じょうぼんのう》(シュッドーダナ)の妃で釈尊の生母である摩耶《まや》(マーヤー)夫人が釈尊の生後7日に亡くなったので、摩訶波闍波提が浄飯王の妃として迎えられ、釈尊を養育した。浄飯王の死後に出家し、仏教史上最初の比丘尼(女性出家者)となり、比丘尼の指導的立場として活躍した。法華経勧持品第13で、一切衆生憙見如来《いっさいしゅじょうきけんにょらい》になると釈尊から保証された(法華経413㌻)。これは女人成仏の手本の一つとされる。

摩訶般若 | まかはんにゃ　❶偉大な智慧のこと。「摩訶」はサンスクリットのマハーの音写で、大きな、偉大なという意。「般若」はサンスクリットのパーラミターの音写で、智慧のこと。

❷摩訶般若波羅蜜経《まかはんにゃはらみつきょう》(般若経)のこと。▶般若経《はんにゃきょう》

摩醯首羅天 | まけいしゅらてん　▶大自在天《だいじざいてん》

将門 | まさかど　▶平将門《たいらのまさかど》

靺鞨 | まっかつ　6世紀半ばから約1世紀の間、中国東北部の松花江《しょうかこう》流域に住んだツングースの一種族を、中国では隋・唐の時代にこう呼んだ。日蓮大聖人当時の地理観では、日本はその国より西に位置していると考えられていた。

末代 | まつだい　❶末の時代。また後世のこと。

❷末法のこと。▶末法《まっぽう》

真綱 | まつな　▶和気真綱《わけのまつな》

***松葉ケ谷の法難** | まつばがやつのほうなん　「立正安国論」提出後の文応元年(1260年)、日蓮大聖人が鎌倉・名越《なごえ》に構えられた草庵で念仏者らに襲われた法難のこと。草庵があった地は松葉ケ谷と伝承される。文応元年7月16日、大聖人は宿屋入道《やどやにゅうどう》を仲介として、念仏などの謗法の諸宗を捨て正法に帰依するように勧めた「立正安国論」を北条時頼に提出し、第1回の国主諫暁を行われた。しかし、このことが幕府の権力者たちの怒りにふれ、念仏者をはじめ諸宗の僧らも大聖人に恨みを抱いた。その後間もなく、念仏を信仰していた北条重時ら権力者を後ろ楯とした念仏者らが、深夜に大聖人の草庵を襲撃した。大聖人はこの難を逃れ、一時、鎌倉を離れられたが、ほどなく鎌倉に戻られた。翌・弘長元年(1261年)5月12日、重時の息子で執権であった長時は、大聖人を無実の罪で伊豆へ流刑に処すなど、さまざまな迫害を加えていった。[参照]伊豆流罪/国主諫暁/「立正安国論」

***末法** | まっぽう　仏の滅後、その教えの功力が消滅する時期をいう。基(慈恩)の『大乗法苑義林章』では、仏の教え(教)だけが存在して、それを学び修行すること(行)や覚りを得ること(証)がない時期とされる。

日蓮大聖人の時代には、釈尊滅後正法1000年、像法1000年を過ぎて末法に入るという説が用いられていた。したがって、『周書異記』にあるように釈尊の入滅を、周の穆王《ぼくおう》52年(紀元前949年)として正像2000年説を用いると、永承7年(1052年)が末法の到

来となる（ただし釈尊の入滅の年代については諸説がある）。それによると大聖人の出世は釈尊滅後およそ2200年にあたるから、末法の始めの500年中に御出現なさったこととなる。

末法の年代について『中観論疏』などには釈尊滅後2000年以後1万年としている。大聖人は、末法万年の外・尽未来際とされている。弘長2年（1262年）御述作の「教機時国抄」に「仏の滅後の次の日より正法一千年は持戒の者は多く破戒の者は少し正法一千年の次の日より像法一千年は破戒の者は多く無戒の者は少し、像法一千年の次の日より末法一万年は破戒の者は少く無戒の者は多し……又当世は末法に入って二百一十余年なり」（439ページ）と述べられている。大集経《だいじっきょう》では、「闘諍堅固《とうじょうけんご》」（僧は戒律を守らず、争いばかり起こして邪見がはびこり、釈尊の仏法がその功力をなくす時代）で、「白法隠没《びゃくほうおんもつ》」（釈尊の仏法が見失われる時代）であるとされる。参照 正法/像法/三時/大集経/五五百歳

末法の教主｜まっぽうのきょうしゅ　末法の衆生を救済する教えを説く人。法華経如来神力品第21には、上行菩薩を上首とする地涌の菩薩が釈尊から滅後悪世における法華経の弘通を託され、現実世界で人々の闇を照らす太陽や月であると説かれている（法華経575ページ）。これは、上行菩薩が釈尊滅後に釈尊に代わって人々を成仏へと教え導く「末法の教主」であることを示している。

そして日蓮大聖人が末法において法華経の行者として他に先駆けて忍難弘通されたことは、大聖人が上行菩薩にあたり、ひいては大聖人こそが末法の教主であられることを示している。また大聖人が弘通される法華経とは、法華経の肝心であり、諸仏が成仏する根本原因である妙法、すなわち本因妙の法である。大聖人は、この本因妙の法を凡夫である御自身の生命に護持し、それを南無妙法蓮華経であると明らかにして、人々にも教え広められた。それ故、「本因妙の教主」ともいわれる。参照 本因妙/教主/教主釈尊

***末法の御本仏**｜まっぽうのごほんぶつ　末法の衆生のために成仏の根源の法を説き、末法下種の主師親の三徳をそなえた仏。創価学会では、末法の教主であられる日蓮大聖人を、このように拝する。

下種仏法を広める教主としての仏と、末法の衆生との関係は、主師親の三徳から、以下のように拝察できる。仏が人々を成仏へと教え導く最初は、正法を説き聞かせて縁を結ばせ、成仏の種を心の田に下ろすことである（最初聞法下種・下種結縁）。日蓮大聖人の仏法は、成仏の根源の法である南無妙法蓮華経を直ちに説いて聞かせて、成仏の種を下ろすことができるので、下種仏法である。種を植えた人が植物の世話をして実りを得るように、仏は下種して縁を結んだ人々を、成仏まで責任をもって、守り教え導き育て、自らのもてるすべてを与える。それ故、仏は主であり師であり親である。そしてこの絆は過去・現在・未来と永遠に続く。

大聖人は、南無妙法蓮華経を説き示して成仏への道を開いたことにより、御自身が末法の衆生に対して主師親の三徳をそなえていると、諸御抄で仰せである(237,355ページなど)。それ故、創価学会では、日蓮大聖人を末法下種の主師親の三徳をそなえた仏と仰ぎ、末法の御本仏として尊崇・帰依する。参照 末法の教主/下種/本因妙

末法の始の五百年｜まっぽうのはじめのごひゃくねん　日蓮大聖人の時代には、大集経に説かれる五五百歳《ごごひゃくさい》の2500年のうち、はじめの第1、第2の500年を正法時代、第3、第4の500年を像法時代とし、第5の500年が末法の初めの500年であると考えられていた。大聖人は「撰時抄」で、法華経が流布する時は2度あり、1度目は釈尊在世の最後の8年、2度目は滅後の「末法の始の五百年」(260ページ)であるとされている。参照 五五百歳/後の五百歳

末法の法華経｜まっぽうのほけきょう　日蓮大聖人が、末法の衆生を成仏させるために説かれた南無妙法蓮華経のこと。戸田先生が、正法・像法・末法のそれぞれにおいて広められる法華経を「三種の法華経」と呼んだうちの一つ。参照 三種の法華経

末法太だ近きに有り｜まっぽうはなはだちかきにあり　伝教大師最澄の『守護国界章』巻上の文。同書に「正法・像法の時代の2000年はほとんど過ぎ去り、末法の時代がすぐそこまで近づいている。法華経という一乗の教えにふさわしい機根の者が出現するのは、今まさしくその時である」(通解)とある。日蓮大聖人は、伝教大師が末法において法華経が広まることを思慕した文であると述べられている。参照 末法

末田地｜までんじ　サンスクリットのマディヤーンティカの音写。付法蔵の第3。釈尊滅後50年ごろ現れ、阿難の弟子となり、のち付嘱を受けて、罽賓《けいひん》国(カシュミール)に行き、竜王を教化して仏法を大いに広めたとされる。大悲経には、北インドのカシュミールの川に竜が住んでいたが末田地が神通力で退治したので、人々が住めるようになって伽藍を建てたという話が記されている。また玄奘の『大唐西域記』には、カシュミールはもともと竜の住む湖であったが、末田地が神通力で大地としたという逸話が記されている。

摩沓｜まとう　サンスクリットのマーダヴァを音写した摩沓婆《まとうば》の略。5,6世紀ごろのマガダ国の数論派(サーンキヤ学派)の学者。優秀であったが、無相唯識学派の徳慧《とくえ》(グナマティ)に論破され、6日目に血を吐いて死んだという。

摩騰迦｜まとうが　▶迦葉摩騰《かしょうまとう》

摩奴羅｜まぬら　サンスクリットのマドゥラの音写。3～4世紀。付法蔵の第21。インド那提国の王子。盤陀《ばんだ》より付嘱を受け、三蔵の義に通達し、南インドを中心に外道を論破して大乗を広めた。鶴勒夜那《かくろくやな》に法を付嘱した。

魔の十軍｜まのじゅうぐん　▶十軍《じゅうぐん》

麻畝の性｜まほのしょう　曲がりがちなヨモギでも真っすぐ伸びる麻の畑に生えると、同じく真っすぐに伸びるように、環境によって悪が感化されて正されるという譬え。「立正安国論」(31ページ)では、主人の言葉として、仏法の正邪に

迷っていた客が法然(源空)が謗法であることを理解して心を改めたことの譬えとして用いられている。参照 蘭室の友

摩耶経｜まやきょう　摩訶摩耶経《まかまやきょう》のこと。中国・南斉の曇景《どんけい》の訳。2巻。釈尊が生母である摩耶夫人の恩を報ずるために忉利天に上って説いたとされる。後半では、釈尊滅後1500年までの法を広める人の出世年代・事跡などが記されている。竜樹の出現する年数について、「開目抄」では「我が滅後・六百年に竜樹菩薩という人・南天竺に出ずべし」(203ページ)とされ、摩耶経の原文「七百歳已。有一比丘名日龍樹」とは異なる。これは、流罪中の経典の乏しい状況下で執筆されたからであると考えられる。一方、身延で執筆された「報恩抄」では「正く摩耶経には六百年に馬鳴出で七百年に竜樹出でんと説かれて候」(327ページ)と、経文どおりの記述がなされている。

摩耶夫人｜まやふじん　摩耶はサンスクリットのマーヤーの音写。迦毘羅衛国(カピラヴァストゥ)の浄飯王(シュッドーダナ)の妃。釈尊の生母で、釈尊生誕7日後に亡くなり、かわりに妹の摩訶波闍波提(マハープラジャーパティー)が釈尊を養育したと伝えられる。

慢｜まん　他人よりも自分の方が優れていると誤認すること。七慢・八慢・九慢に分類される。

【七慢】『阿毘達磨品類足論』巻1などに説かれる。①慢は、劣れる他人に自分が優れていると思い、等しい他人に等しいと思うこと。②過慢は、他人に等しいのに自分が優れていると思い、他人が優れているのに自分と等しいと思うこと。③慢過慢は、他人が優れているのに、自分がさらに優れていると思うこと。④我慢は、我をたのんで思いあがること。⑤増上慢は、法理などをいまだ得ていないのに得たと思うこと。⑥卑慢は、他人のほうがはるかに優れているのに自分は少ししか劣っていないとすること。⑦邪慢は、自分は徳がないのに徳があるようにみせること。

【八慢】『成実論』巻10に説かれる。①慢は、他人より劣っているのに自分の方が優れていると思い高ぶること。②大慢は、対等の立場にありながら、自分の方が優れていると思い高ぶること。③慢慢は、自分が他人よりも優れていることを鼻にかけて相手を見下すこと。④我慢は、五陰が和合した身体を真の我であるとみること。⑤増上慢は、まだ覚りを得ていないのに得たとしていつわり高ぶること。⑥不如慢は、他人が自分より多分に優れているのに、その差はわずかであると思い高ぶること。⑦邪慢は、実際には自分に徳がないのにあると思い高ぶること。⑧傲慢は、善人や優れた人に対して礼をなさず尊敬しないこと。

【九慢】『倶舎論』巻19に説かれる。①我勝慢類とは、我と等しい者の中で、我が優れていると思うこと。②我等慢類とは、我より優れているものに対して我に等しいと思うこと。③我劣慢類とは、我より多分に優れているものに対し、自分は少し劣ると思うこと。④有勝我慢類とは、実際に他は我より優れているのに、謙遜を装って他は我

より優れていると思うこと。⑤有等我慢類とは、他は我に等しいと思うこと。⑥有劣我慢類とは、等しいのに、他は我より劣ると思うこと。⑦無勝我慢類とは、他は我より優れることはないと思うこと。⑧無等我慢類とは、他が我に等しいことはないと思うこと。⑨無劣我慢類とは、実際には他は我より優れているのに、謙遜を装って他が我よりも劣ることはないと思うこと。参照 増上慢

慢疑｜まんぎ　「慢」は自分を高く評価し他人を軽視して慢心を起こすこと。「疑」は疑いを懐いて真理を得られないこと。

満業｜まんごう　▶引業《いんごう》

***曼荼羅**｜まんだら　サンスクリットのマンダラの音写。漫荼羅、曼陀羅などとも書く。道場、壇《だん》、功徳聚《くどくじゅ》、輪円具足《りんえんぐそく》と訳す。曼荼羅の起源は、古代インドで秘法を行い諸神の来降を求める時、魔衆の侵入を防ぐために土壇を築き、その上に円形または方形に区画した区域をつくったことにある。そこから転じて、信仰や祈禱・修法の本尊として、仏などの諸尊を総集して掛け軸などに図顕されたものをいう。

密教では、それぞれの祈禱・修法に応じてさまざまな曼荼羅が開発されて用いられるが、東密では金剛界曼荼羅・胎蔵曼荼羅の両部曼荼羅を根本とする。また、灌頂などの修法の時には、壇上に敷曼荼羅が用いられる。

日蓮大聖人は竜の口の法難を機に独自の御本尊を図顕され、これを「曼荼羅」(1124㌻)、「大曼荼羅」(1243㌻など)と呼ばれている。そしてこの曼荼羅を、御自身が内面に確立された覚り(内証)を直ちに示したものであり、仏種である一念三千の法を法華経の虚空会《こくうえ》の儀式を用いて表現したものと位置づけられている。それ故、事の一念三千とされる。この曼荼羅の相貌は、南無妙法蓮華経を中心とし、周囲に十界の衆生が配されている(「日女御前御返事」1243㌻に詳しい)。このことから十界曼荼羅と呼ばれる。この曼荼羅は、拝する人が、自身が本質的には南無妙法蓮華経そのものであり、十界の働き(功徳)をすべてそなえていると信じて、自身の仏界を開き現して成仏するための本尊である。参照 一念三千/虚空会/仏種/本尊/御本尊

み

三井寺｜みいでら　▶園城寺《おんじょうじ》

未有一人得者｜みういちにんとくしゃ　道綽《どうしゃく》の『安楽集』巻上の文。「未だ一人も得る者有らず」と読み下す。「まだ一人も成仏した者がいない」との意。本書では悪世末法において、真実に利益のある教えは、聖道門《しょうどうもん》・浄土門のうち、ただ浄土門のみであり、他の一切の教えでは、いまだ一人として得道した者はないと説く。参照 聖道門/浄土門

御教書｜みぎょうしょ　高官が出す命令書。鎌倉時代には、幕府の命令書もいう。

未顕真実｜みけんしんじつ　▶四十余年未顕真実《しじゅうよねんみけんしんじつ》

弥遮迦｜みしゃか　中インドの人。付法蔵の第6。初めバラモンの師で8000の弟子をもっていたが、提多迦《だいたか》の教化によって弟子とともに仏法に帰依し、小乗教の宣揚に努めた。

味・浄・無漏の三静慮｜みじょうむろのさんじょうりょ　『倶舎論』に説かれる三等至(味等至・浄等至・無漏等至)をいう。①味等至(根本味禅)は、貪愛と相応して起こる禅定。②浄等至(根本浄禅)は、煩悩による心のけがれがまだある中での善心と相応して起こる禅定。③無漏等至(出世間禅)は、煩悩による心のけがれがない智を得るための禅定のこと。

***微塵**｜みじん　▶塵《じん》

未曽暫廃｜みぞうざんぱい　「みぞうざんはい」とも読む。法華経如来寿量品第16の文。「未だ曽て暫くも廢せず」(法華経482ページ)と読み下す。久遠の本地を明かした釈尊が人々を救う仏としての行動を、これまでわずかな間もおろそかにすることがなかったということ。

三度国をいさむるに用いずば山林にまじわれ｜みたびくにをいさむるにもちいずばさんりんにまじわれ　「三度、国を諫めて用いられなければ、人里離れた場所に隠栖せよ」との意。儒教の教典である『礼記』曲礼下第2に「人臣たるの礼、顕わには諫めず。三たび諫めて聴かざれば、則ち之を逃る」とある。御書中の引用の出典は明確ではないが、日蓮大聖人はこの言葉を賢人の習わしであるとされている(「報恩抄」、323ページ)。大聖人は3度にわたって国主諫暁を行われたが、国主が用いることがなかったので、この言葉に従って身延山に入られた(323,358ページ)。参照 三度のかうみょう

密教｜みっきょう　インドにおける大乗仏教の歴史的展開の最後期、7世紀から本格的に展開した仏教。古代インドの民間信仰を取り入れ、神秘的な儀礼や象徴、呪術を活用し、修行の促進や現世利益の成就を図る。日本では空海(弘法)以来、密教以外の通常の仏教を顕教と呼んで区別する。

【成立と展開】密教の成立は呪術や儀礼の発達から説明できるが、5世紀ごろにはその原初形態があったと考えられている。呪術は初期仏教では否定されていたが、比丘の護身用の呪文は例外的に認められた。大乗仏教では、現世利益のための呪文が菩薩行として正当化されるようになる。例えば大乗経典では陀羅尼《だらに》(ダーラニー)や

真言（マントラ、神聖な呪文）が説かれ、初期大乗経典である法華経の陀羅尼品には陀羅尼・真言で修行者を守護することが説かれている（法華経640㌻以下）。陀羅尼とは総持《そうじ》とも訳され、もとは教えを記憶し保持することを意味したが、そのために唱える句も陀羅尼と呼ばれ、やがてそれが神秘的な力をもつものとして、災難を取り除くための呪文を意味するようになった。真言はヴェーダ文献から見られる語であり、呪文としての陀羅尼と真言は意味的に明確に区別しがたい。

陀羅尼や真言は、やがて仏や菩薩といった種々の尊格が与えられ、その尊格に帰依し一体化して、無病息災や異国調伏といった世俗的な利益を得るための儀礼として用いられるようになる。また手・指の形態によって尊格の徳を象徴する印《いん》（ムドラー）が取り入られ、さらに覚りの世界を図顕して象徴した曼荼羅が作られる。曼荼羅は当初は一時的に土や砂で壇として作られるものだったが、後に布や紙に描いた絵図の形式が生まれた。さらに、こうした儀礼の効果や象徴の意義を説明し正当化する経典がつくられるようになった。

大まかには以上の諸要素が組み合わさり、経典に基づいて、曼荼羅を作り、そのもとで印や真言・陀羅尼を用いて祈禱を行い、それら象徴を媒介として、仏や菩薩といった尊格と修行者とが一体化して何らかの利益を得るという密教の基本形態が形成されていった。こうした密教発達の背景の一つとして、グプタ朝（4～6世紀）以降、ヒンドゥー教のシヴァ信仰が盛んになる中、仏教側が王権や在家信徒の現世利益を成就させるための祈禱儀礼を積極的に取り入れて教勢を維持しようとしたことがあったと考えられている。

7世紀に成立した大日経、金剛頂経では、これまでのような世俗的な利益を超えて、覚りを得て成仏することを説くようになる。口に真言・陀羅尼を唱え、手に印を結び、心に仏を思い浮かべることで、大日如来の身口意の三密が修行者の三業と一体化すること（三密加持）を説くなど、教理的な意義づけや体系化が進んだ。さらに灌頂《かんじょう》という師から信徒へ法門を伝授する儀式も発達した。9世紀以降の後期の密教では、従来の密教に加え、性的要素を取り入れた修法を行うようになった。

【中国・日本への伝来】陀羅尼を説く経典は3世紀ごろには中国で漢訳されていたと考えられている。7世紀の唐には、大日経、金剛頂経といった体系化された密教経典が善無畏・金剛智・不空の三三蔵などによって伝えられ、玄宗はじめ皇帝から護国の祈禱として重用され、厚い保護を受けた。

日本には奈良時代に密教経典が伝来していたが、平安初期に空海（弘法）によって初めて大日経、金剛頂経がもたらされた。特に空海は唐に渡って恵果から伝授されたという胎蔵・金剛界の両部の法を伝え、真言宗の根本教義に据えた。その後、日本の密教は天台宗・真言宗において、それぞれ台密・東密として独自に教理や実践が発達した。なお、チベット、ネパールに

は最終期の密教が伝来し、今日においても存続している。参照顕教/真言宗

密厳経｜みつごんぎょう　大乗密厳経《だいじょうみつごんぎょう》の略。中国・唐の地婆訶羅《じばから》訳と不空訳がある。3巻。法相宗が依拠する経の一つ。不生不滅・清浄無垢の如来蔵について述べている。さらに、万物の根源は阿頼耶識であり、如来蔵・阿頼耶識・密厳の三者は究極的には一体であることが示されている。

密厳世界｜みつごんせかい　密厳浄土とも。密厳経に説かれる、大日如来が住む世界。密厳は三密によって荘厳するとの意。特に院政期に真言宗の覚鑁《かくばん》が浄土思想を密教的に解釈する中で用いられた。参照密厳経

密州｜みっしゅう　現在の中国山東省の一部。

光季/光末｜みつすえ　▶伊賀太郎判官光季《いがたろうほうがんみつすえ》

源頼朝｜みなもとのよりとも　1147年～1199年。平安末期の武将。源氏の棟梁として平氏追討の宣旨を掲げて平氏と戦い、勝利して鎌倉幕府を開き、武家政権の礎をつくった。

***身延山**｜みのぶさん　山梨県南巨摩郡にある山。標高1153メートル。文永11年(1274年)、日蓮大聖人は佐渡から帰られた後、この山の南麓に草庵を構え、晩年を過ごされた。

身延離山｜みのぶりざん　正応2年(1289年)春に日興上人が身延山久遠寺を離れ、駿河国富士上方上野郷(静岡県富士宮市下条)に移られたこと。一切の付嘱を受けた日興上人は、日蓮大聖人の滅後、久遠寺の別当であった。しかし、地頭・波木井実長が四箇の謗法を犯し、学頭職の日向《にこう》がこれを許すにおよび、大聖人の精神を守るため、謗法の山と化した身延を去られた。参照日興上人/波木井実長/日向

***みやづかい**｜みやづかい　貴人の家に仕えること。主君・主家に仕えること。日蓮大聖人は「御みやづかい(仕官)を法華経とをぼしめせ」(1295ページ)と仰せである。「みやづかい」とは、現代人の立場で言えば、なすべきこと、果たすべき役割であり、職業・仕事・生活にあたる。よってこの御文は、日々の生活がそのまま仏道修行であり、信心を根本とした自身の生き方を示す場であることを教えられていると拝される。参照信心即生活/治生産業

***宮仕えは法華経なり**｜みやづかえはほけきょうなり　「檀越某御返事」の「御みやづかい(仕官)を法華経とをぼしめせ」(1295ページ)との文から。日蓮大聖人は、宮仕え(主君に仕えること)がそのまま法華経の修行であるととらえて現実の生活を大切にするよう門下を激励されている。参照信心即生活

妙音菩薩品｜みょうおんぼさつほん　妙法蓮華経の第24章(法華経604ページ)。参照付録「法華経の構成」

妙音品｜みょうおんぼん　▶妙音菩薩品《みょうおんぼさつほん》

***妙覚**｜みょうかく　❶仏の優れた覚りの境地。

❷菩薩の修行の段階。五十二位のうちの最高位の第52位。等覚《とうがく》位の菩薩が、42品の無明惑のうち最後の元品の無明を断じて到達した位で、仏と同じ位。六即位(円教の菩薩の修行位)では究竟即《くきょうそく》にあたる。文底下種仏法では名字妙覚の仏となる。「法

華取要抄」には「今法華経に来至して実法を授与し法華経本門の略開近顕遠に来至して華厳よりの大菩薩・二乗・大梵天・帝釈・日月・四天・竜王等は位妙覚に隣り又妙覚の位に入るなり、若し爾れば今我等天に向って之を見れば生身の妙覚の仏本位に居して衆生を利益する是なり」(334ページ)と述べられている。法華経の文上の教説では、釈尊在世の衆生は、釈尊によって過去に下種されて以来、熟益の化導に従って本門寿量品に至った菩薩の最高位である等覚の位にまで上って得脱したとされる。日寛上人の『当流行事抄』によれば、これを文底の意から見た場合、等覚位の菩薩でも、久遠元初の妙法である南無妙法蓮華経を覚知して一転して南無妙法蓮華経を信ずる名字の凡夫の位に返り、そこから直ちに妙覚位(仏位)に入ったとする。これを「等覚一転名字妙覚」という。参照五十二位

妙覚の須弥山 | みょうかくのしゅみせん　妙覚を最高峰の山である須弥山に譬えたもの。参照妙覚/須弥山

***明鏡** | みょうきょう　磨かれて曇りのない鏡。まだ磨かれていないで曇っている闇鏡に対する語。真実をありのままに映し出しているもの。仏の覚りの真実を直ちに説いた法華経の一念三千の法門は、人々が成仏のために用いるべき明鏡とされる。

妙高 | みょうこう　▶須弥山《しゅみせん》

名字即 | みょうじそく　▶六即《ろくそく》

名字凡夫 | みょうじぼんぷ　名字即という菩薩の最初の段階にいる凡夫のこと。六即のうち第2の位で、仏法を初めて聞いて信じる段階。参照六即

明勝 | みょうしょう　中国・唐の僧。善導は幼少時に明勝のもとで法華経や維摩経を学んだと伝えられる。

妙荘厳王 | みょうしょうごんのう　法華経妙荘厳王本事品第27に説かれる王(法華経651ページ以下)。バラモンの教えに執着していたが、先に仏法に帰依していた妻の浄徳夫人と、浄蔵・浄眼という2人の息子に導かれて仏道に入ることができた。▶浄蔵・浄眼《じょうぞうじょうげん》

妙荘厳王品 | みょうしょうごんのうぼん　▶妙荘厳王本事品《みょうしょうごんのうほんじほん》

妙荘厳王本事品 | みょうしょうごんのうほんじほん　妙法蓮華経の第27章(法華経651ページ)。参照浄蔵・浄眼/付録「法華経の構成」

命濁 | みょうじょく　▶五濁《ごじょく》

名相如来 | みょうそうにょらい　須菩提が法華経授記品第6で未来に仏になるとの記別を受けた時の仏としての名(法華経262ページ)。参照須菩提

名・体・宗・用・教の五重玄 | みょうたいしゅうゆうきょうのごじゅうげん　▶五重玄義《ごじゅうげんぎ》

名・体・宗・用・教の南無妙法蓮華経 | みょうたいしゅうゆうきょうのなんみょうほうれんげきょう　南無妙法蓮華経は単なる法華経の題名ではなく、名・体・宗・用・教の五つの観点からみた深遠な意義がすべてそなわっているということ。名・体・宗・用・教とは、それぞれ①名称(名)②仏教の真理そのもの(体)③教主である仏の成仏の因果(宗)④教えの働き・利益(用)⑤教えの様相・特色・異同(教)のこと。参照五重玄義

妙の三義 | みょうのさんぎ　「具足・円満」「開く」「蘇生」の三義。「法華経題目

抄」で、妙法蓮華経の妙の一字にそなわる働きを示されたもの。①「具足・円満」の義(944㌻)とは、法華経の題目は万物の根源であり、あらゆる功徳が納まっているということ。②「開く」義(943㌻)とは、その功徳の蔵を開く鍵が題目を唱えることであるということ。③「蘇生」の義(947㌻)とは、その功徳によって、成仏できないとされていた者まで成仏させることができるということ。

冥の照覧｜みょうのしょうらん　仏・菩薩や諸天善神が一切衆生の心や振る舞いをすべて見通して知っていること。「冥」とは顕に対する語で、通常は見えないが確かにあるものをいう。「照覧」とは、明らかに照らし見ること。「持妙法華問答抄」(466㌻)で日蓮大聖人は、持たれる法が第一ならそれを持つ人もまた第一であり、その人を謗ることは法を謗ることになると仰せである。そして、当時の人々がいかに表面上は仏法を尊んでいるようでも、その法を持つ人(法華経の行者、すなわち大聖人)を謗っていることは、すべて仏・菩薩が見通している。その冥の照覧に対して恥ずかしく思わないのかと厳しく戒められている。

冥罰｜みょうばち　因果関係が一般の人には、はっきりととらえられないが、厳然と受ける罰。顕罰に対する語。
参照 顕罰

***妙法**｜みょうほう　▶正法《しょうぼう》/南無妙法蓮華経《なんみょうほうれんげきょう》

妙法経力即身成仏｜みょうほうきょうりきそくしんじょうぶつ　「妙法の経力もて即身に成仏す」と読み下す。伝教大師最澄の『法華秀句』には、法華経が諸経に優れている点を10種挙げているが、そのうちの8番目に、爾前経の歴劫修行に対して、法華経は妙法の力によって凡夫のままで直ちに成仏できるという点が明かされている。

妙法聖霊｜みょうほうしょうりょう　妙法を受持して亡くなった人の死後の生命。「四条金吾殿御書」(1112㌻)では、四条金吾の母をさす。

***妙法蓮華経**｜みょうほうれんげきょう　法華経の漢訳の一つ。中国・後秦の鳩摩羅什《くまらじゅう》訳。406年成立。8巻。法華経の漢訳の中でも最も優れたものとして、最も広く用いられている。経題である妙法蓮華経には法華経全巻の要諦が示されており、そのすべてが納まっている(324㌻以下、342㌻など)。参照 法華経

妙密上人｜みょうみつしょうにん　与えられた御書は「妙密上人御消息」(1237㌻)しか現存していないため、人物像の詳細は不明。鎌倉の桑谷(「くわがやつ」と読むとされるが不明)に住んでいたとされる門下。妙密上人という呼称から、在俗の入道であると考えられる。

冥益｜みょうやく　目には見えないが、知らないうちに得ている利益。冥利も同じ意。顕益に対する語。冥とは、明らかでないさま、溶け込んで目に見えないさま、奥深く遠いさまをいう。益とは利益のこと。「教行証御書」に「正像に益を得し人人は顕益なるべし在世結縁の熟せる故に、今末法には初めて下種す冥益なるべし」(1277㌻)と説かれている。下種益は、衆生の心田に成仏の種子を下ろす利益であるから冥

益となる。参照 顕益/下種

妙用｜みょうゆう　不可思議な働きのこと。参照 生死の二法は一心の妙用なり

妙楽大師｜みょうらくだいし　711年~782年。中国・唐の僧。湛然《たんねん》のこと。中国天台宗の中興の祖。天台大師智顗が没して100年余りの当時、禅・唯識・華厳などが台頭する中、法華経解釈や止観の実践は、祖師・天台大師によるものこそ正当であるとして諸宗の教学を批判した。それとともに、天台大師の著作に対する注釈書『法華玄義釈籤』『法華文句記』『止観輔行伝弘決』などを著し、法華経こそが化儀・化法の四教を超えた最も優れた醍醐味の教え(超八醍醐《ちょうはちだいご》)であるとして、天台教学を整備した。晋陵郡荊渓(現在の江蘇省宜興市)の出身で荊渓《けいけい》とも呼ばれ、妙楽寺に居住したとされるので、後世、妙楽大師と呼ばれた。直弟子には、唐に留学した伝教大師最澄が師事した道邃《どうずい》・行満《ぎょうまん》がいる。

冥利｜みょうり　▶冥益《みょうやく》

妙理｜みょうり　不可思議な法理のこと。一切衆生が具備している十界互具・一念三千の理。

妙蓮寺｜みょうれんじ　静岡県富士宮市下条にある日蓮正宗寺院。南条時光の寄進により日興上人の弟子・寂日房《じゃくにちぼう》日華《にっけ》が開基。寺号の「妙蓮」は、南条時光夫人の法号・妙蓮にちなんでいる。

弥勒｜みろく　❶▶弥勒菩薩《みろくぼさつ》
❷2~3世紀または3~4世紀ごろ、生没年不詳。サンスクリットのマイトレーヤの音写。インドの瑜伽行派の学者。弟子の無著(アサンガ)に『瑜伽師地論』100巻を伝えたとされる。法相宗の依って立つ唯識学派ではこの弥勒を祖と仰ぐ。この人物と❶の弥勒菩薩とが混同して伝承されていった。

弥勒菩薩｜みろくぼさつ　弥勒はサンスクリットのマイトレーヤの音写。慈氏《じし》と訳し、慈愛に満ちた者を意味する。未来に釈尊に次いで仏としての位を継ぐとされる菩薩。釈尊に先立って入滅し、現在は菩薩として、都率天《とそつてん》の内院で神々と人々に法を説いているとされる。そして釈尊滅後56億7000万年後に仏として再びこの世界に登場し衆生を救うとされる。このように次の生で仏となって釈尊の処(地位)を補うので「一生補処《いっしょうふしょ》の菩薩」とも「弥勒仏」とも称する。紀元前後から、この世の救世主として弥勒菩薩の下生を願い信ずる弥勒信仰が盛んになり、インド・中国・日本を通じて行われた。古来、インドの瑜伽行派《ゆがぎょうは》の学者である弥勒と混同されてきたのも、この弥勒信仰に起因している。参照 等覚/都率天

民部阿闍梨｜みんぶあじゃり　▶日向《にこう》

む

無一不成仏 | むいちふじょうぶつ　一人として成仏しない者はいないということ。法華経方便品第2の文。同品に「若し法を聞くこと有らば｜一りとして成仏せざること無けん」（法華経138ﾍﾟｰｼﾞ）とある。

『無依無得大乗四論玄義記』 | むえむとくだいじょうしろんげんぎき　中国・唐の僧・均正《きんせい》（慧均《えきん》）の著とされる。『中論』など大乗の四つの論を注釈したもの。

無縁の者 | むえんのもの　中世の一般社会に関する用語。公に認められた地域社会秩序や主従制社会に属する人々は「有縁の者」とされ、その秩序から外れた人々は「無縁の者」とされた。

無我 | むが　▶我《が》

無学 | むがく　修行が完成した者。仏法においては、学を究め尽くして、もはや学ぶものがなくなった聖者のこと。学あるいは有学に対する語。四果のうち、三界の見思惑を断じ尽くした最高位の阿羅漢をさす。参照 学/阿羅漢

昔の悪王 | むかしのあくおう　過去において、仏法流布を弾圧した権力者のこと（1001ﾍﾟｰｼﾞ）。

無疑曰信 | むぎわっしん　『法華文句』巻10上の文。「疑い無きを信と曰う」と読み下す。心に疑いのない状態を信というとの意。

無垢論師 | むくろんじ　無垢は、サンスクリットのヴィマラミトラを漢訳した無垢友《むくう》の略。5,6世紀ごろのインドの論師。部派の説一切有部に属した。世親（ヴァスバンドゥ）の『倶舎論』に論破された衆賢《しゅげん》の教義を再興し、大乗の名を絶やして世親の名声を滅ぼそうと誓いを立てた。しかし道半ばで狂乱し、舌が五つに裂け、熱血を流して後悔しながら無間地獄に堕ちたという。

***無間地獄** | むけんじごく　▶阿鼻地獄《あびじごく》

無見頂相 | むけんちょうそう　三十二相・八十種好の一つ。誰も頂を見ることができないという相。仏の頭上の肉髻《にっけい》を仰ぎ見れば非常に高く、一切の人や神々がついにその頂を見ることができないという。転じて仏果をさし、「撰時抄」に「無見頂相をゑん」（273ﾍﾟｰｼﾞ）とあるのは、成仏の果報を得るという意味。参照 三十二相/八十種好/肉髻

無作 | むさ　何の人為も加えられていない、本来のまま、ありのままということ。有作に対する語。参照 有作

***無作三身** | むささんじん　生命本来の三身（法身・報身・応身）をそなえた仏の境涯。「御義口伝」には「一念に億劫の辛労を尽せば本来無作の三身念念に起るなり所謂南無妙法蓮華経は精進行なり（一念に億劫の辛労を尽くして、自行化他にわたる実践に励んでいくなら、本来わが身にそなわっている仏の生命が瞬間瞬間に現れてくる。いわゆる南無妙法蓮華経は精進行である）」（790ﾍﾟｰｼﾞ）と仰せである。参照 無作/三身

武蔵守 | むさしのかみ　武蔵国の国守（国司の長官）。

***武蔵国** | むさしのくに　現在の東京都、埼玉県と神奈川県東部。鎌倉時代には北条氏が守護となり支配していた。

武蔵の入道 | むさしのにゅうどう　▶北条義政《ほうじょうよしまさ》

無作の三身｜むさのさんじん　▶無作三身《むさささんじん》

***貪り**｜むさぼり　▶三毒《さんどく》

無始｜むし　始まりがないこと。始まりがないほど遠い過去から続いているということ。

無色界｜むしきかい　▶三界《さんがい》

無始の九界｜むしのきゅうかい　衆生の生命に本来そなわっている九界のこと。参照 無始/本因本果

無始の仏界｜むしのぶっかい　衆生の生命に本来そなわっている仏界のこと。参照 無始/本因本果

無始の謗法｜むしのほうぼう　はるか昔から重ねてきた謗法の罪。参照 謗法

無著｜むじゃく　サンスクリットのアサンガの訳。4～5世紀ごろのインドの大乗仏教の論師。『摂大乗論』などを著し、唯識思想の体系化を推進した。世親《せしん》(ヴァスバンドゥ)の兄。参照 世親

***無常**｜むじょう　常に生滅変化して移り変わり、瞬時も同じ状態にとどまらないこと。

無常教｜むじょうきょう　無常の教えのこと。南三北七のうち五時教では、法華経を無常教と位置づける。如来(法身)の常住を説く涅槃経と比較すれば、法華経の如来は応身であるから無常であり、無常教であるとする。参照 南三北七/五時教

無上宝聚不求自得｜むじょうほうじゅふぐじとく　法華経信解品第4の文。同品には「無上の宝聚は｜求めざるに自ずから得たり」(法華経224ページ)とある。摩訶迦葉ら四大声聞が釈尊の開三顕一の説法を聞いて、それまで成仏できないとされていた自分たち二乗が成仏できることを知り、「無上の宝聚(この上ない宝の聚まり)」を自ら求めることもなく得たと歓喜して述べた語。

務成｜むせい　中国古代の人。伝説上の帝王の堯《ぎょう》または舜《しゅん》の師と伝えられる。

無智・悪人、邪智・謗法の者｜むちあくにんじゃちほうぼうのもの　日蓮大聖人は「開目抄」で、「無智・悪人が国土に充満している時は摂受を優先する。安楽行品に説かれている通りである。邪智・謗法の者が多い時は折伏を優先する。常不軽菩薩品に説かれている通りである」(235ページ、通解)と仰せになり、弘教のあり方として摂受・折伏のどちらを採用すべきかは時によることを示されている。ここでいう①「無智」とは、仏法にふれる機会がないため仏法を知らない人。②「悪人」とは、仏法を知らないために無自覚で悪を行っている人。いずれも進んで正法に反発したり誹謗したりはしない。これに対して、③「邪智」とは正法を知りながら自身の迷い・欲望に駆られ、誤った法に執着し、それを正当化して広めたりする者。④「謗法」とは正法を信じず強く反発し誹謗する者。▶謗法《ほうぼう》

六浦｜むつら　三浦半島の東岸にある金沢(神奈川県横浜市金沢区)の港で、鎌倉の外港。真言律宗が管轄し、通行料の徴収権が与えられていた。

宗盛｜むねもり　▶平宗盛《たいらのむねもり》

無辺行菩薩｜むへんぎょうぼさつ　法華経従地涌出品第15に説かれる地涌の菩薩の上首である四菩薩の一人(法華経455ページ)。「御義口伝」(751ページ)では

『法華文句輔正記』の文を引いて、常楽我浄の四徳のうち無辺行菩薩は常を表すとされている。参照 四菩薩

***無明** | むみょう　サンスクリットのアヴィドヤーの訳で、真理に明らかでないことを意味する。仏教では生命の根源的な無知・迷い・癡《おろ》かさであり、一切の煩悩を生む根本とされる。また三惑の一つである無明惑をさす。参照 三惑/元品の無明

無明の辺域 | むみょうのへんいき　「無明に覆われた境地」の意。日本真言宗の祖・空海(弘法)が、法華経の教主である釈尊などの仏を大日如来に対比して、このように呼んだ。『秘蔵宝鑰』巻下では、「並びに是れ法身真如一道無為の真理を明かす……諸の顕教に於いては是れ究竟の理智法身なれども、真言門に望むれば、是れ則ち初門なり……此の理を証する仏を亦、常寂光土の毘盧遮那と名づく。大隋の天台山国清寺の智者禅師、此の門に依って止観を修し、法花三昧を得て……是くの如き一心は無明の辺域にして、明の分位に非ず」としている。すなわち、法華経の教主は顕教の中では究竟の理法身であるが、真言門に対すれば初門にすぎず、明の分位たる果門に対すれば、「無明の辺域」であると下している。このことを日蓮大聖人は法華誹謗であるとして、「撰時抄」(277ページ以下)などで厳しく追及されている。参照 戯論

無明惑 | むみょうわく　▶三惑《さんわく》

無問自説 | むもんじせつ　「問い無くして自ら説く」と読む。質問がないのに、仏が自らの意思で法を説くこと。法華経方便品第2は、この形式で説き始められている(法華経106ページ)。参照 十二部経

無量阿僧祇劫 | むりょうあそうぎこう　「無量」は量ることができない、無限の意。無量阿僧祇劫は、大乗の別教では菩薩が修行を完成させるまでに経る極めて長い期間とされる。参照 阿僧祇

無量義 | むりょうぎ　無量・無数の義・教説のこと。一切諸法のこと。

無量義経 | むりょうぎきょう　中国・南北朝時代の斉の曇摩伽陀耶舎《どんまかだやしゃ》訳。1巻。法華経序品第1には、釈尊は「無量義」という名の経典を説いた後、無量義処三昧に入ったという記述(法華経75,76ページ)があり、その後、法華経の説法が始まる。中国では、この序品で言及される「無量義」という名の経典が「無量義経」と同一視され、法華経を説くための準備として直前に説かれた経典(開経)と位置づけられた。

無量劫 | むりょうこう　数限りない劫のこと。計り知れないほど長い時間のこと。「劫」は長大な時間の単位。参照 劫

無量寿経 | むりょうじゅきょう　中国・魏晋南北朝時代の魏の康僧鎧《こうそうがい》訳とされるが諸説ある。無量寿仏(阿弥陀仏)の修行時の姿である法蔵菩薩《ほうぞうぼさつ》の四十八願《しじゅうはちがん》を説き、極楽世界の様子を解説している。2巻なので「双巻経」と称し、「双観経」とも記された。参照 阿弥陀仏/極楽/四十八願

無量寿仏 | むりょうじゅぶつ　▶阿弥陀仏《あみだぶつ》

無漏 | むろ　漏、すなわち煩悩がないこと。煩悩を離れた清浄無垢のものごと、あるいは境涯をいう。有漏に対する語。煩悩は心から流れ出して苦悩

をもたらすものとされ、「漏」と呼ばれる。[参照]有漏

め

迷悟の不同｜めいごのふどう　わが身が本来、妙法そのものであることを覚っているか、迷っているかの違い。

明帝｜めいてい　28年～75年。中国の後漢の第2代孝明《こうめい》皇帝のこと。在位、57年～75年。中国に仏教が伝来したのは、孝明皇帝によると伝えられていた。『仏祖統紀』巻35には明帝7年の箇所に、帝は丈六の金人がうなじに日光を帯び、庭を飛行するのを夢に見て群臣に尋ねた時、太史・傅毅《ふき》が進み出て、周の昭王の時代に西方に聖人が出現し、その名を仏というと聞いていると進言した。そこで帝は、使者を遣わし西域に仏道を求めさせた。一行は大月氏国で摩騰迦《まとうが》(迦葉摩騰)と竺法蘭《じくほうらん》に会い、仏像ならびにサンスクリットの経典60万言を得て、それを白馬に乗せ、摩騰迦と竺法蘭とともに、永平10年(67年)に洛陽に帰った。帝は大いに喜び、摩騰迦をまず鴻臚寺《こうろじ》に迎え、次いで同11年(68年)勅令して、洛陽の西に白馬寺を建てて仏教を流布させたと伝えられる。[参照]迦葉摩騰/竺法蘭

冥途｜めいど　死後の世界のこと。「寂日房御書」には「この御本尊こそ、冥途の(恥を隠す)衣装であるから、よくよく信じるべきである」(903ページ、通解)と仰せである。

滅後の五品｜めつごのごほん　法華経分別功徳品第17の文に基づいて『法華文句』巻10で説かれる「滅後の五品」のこと(法華経507～515ページ)。釈尊が亡く

なった後に法華経を聞く人が得る功徳を5段階に分けて示したもの。①随喜品《ずいきほん》(法華経を聞いて歓喜すること)②読誦品《どくじゅほん》(自分から学び記憶し読誦すること)③説法品《せっぽうほん》(他の人に説き、読誦・書写を勧めること)④兼行六度品《けんぎょうろくどほん》(以上の実践を主とし、付随的に六波羅蜜を実践すること)⑤正行六度品《しょうぎょうろくどほん》(以上の実践に加えて、本格的に六波羅蜜を実践すること)の五つ。参照 現在の四信

滅諦 | めったい ▶四諦《したい》

馬鳴 | めみょう　サンスクリットのアシュヴァゴーシャの訳。2～3世紀ごろに活躍したインドの仏教思想家・詩人。付法蔵の第11。釈尊の一生を美文で綴った『仏所行讃(ブッダチャリタ)』などの作品がある。

馬鳴菩薩 | めみょうぼさつ ▶馬鳴《めみょう》

も

***蒙古国** | もうここく　モンゴル帝国のことであるが、直接的には元《げん》(大元)のこと。チンギス・ハンによって創始されたモンゴル帝国はユーラシア全域にわたる広大な領域を支配したが、フビライが第5代皇帝に即位したのを機に分裂した。フビライの支配領域は中国を中心とするようになり、1271年に国の名前を「大元」とした。参照 蒙古襲来

***蒙古襲来** | もうこしゅうらい　鎌倉時代、元(蒙古)が2度にわたって日本へ襲来したこと。文永《ぶんえい》の役《えき》、弘安《こうあん》の役のことをいい、元寇《げんこう》、モンゴル襲来ともいう。

蒙古の第5代皇帝・フビライは、高麗《こうらい》を征服した後、日本征服を企てた。文永3年(1266年)、通好を求める国書をもった使者が日本に派遣されたが、途中で引き返した。同5年(1268年)正月には、蒙古・高麗の国書をもった使者が日本へ到着したが、鎌倉幕府はこれに返書を与えず、その後も数度の使者を無視した。このため文永11年(1274年)、元は高麗軍を含む約3万の兵と船900余隻をもって日本討伐軍を起こし、10月5日に対馬《つしま》、14日に壱岐《いき》、20日には博多に上陸した。しかし、間もなくして本国に引き揚げた。これを「文永の役」という。

その後も元は使者を派遣してきたが、幕府は使者を斬って戦う姿勢を示した。元は弘安4年(1281年)、再び日本討伐軍を起こして約14万の兵を送り、7月末には九州北部に迫ったが、閏

7月1日の台風により、軍の大半が沈没し敗走した。これを「弘安の役」という。その後、元は数度、日本征伐を計画したが、国内情勢の悪化で実現しなかった。

日蓮大聖人はこの蒙古襲来を「立正安国論」で予言された他国侵逼難《たこくしんぴつなん》が的中したものとされている。参照 他国侵逼難/壱岐・対馬

毛宝 | もうほう　生没年不詳。中国・南北朝時代の晋の武将。

【毛宝の恩に報いる白亀】中国の故事に基づいた説話。中国・唐の李瀚《りかん》が編んだ故事説話集『蒙求』や日本の『源平盛衰記』などに出ている。日蓮大聖人の御真筆の断簡に中国・魏晋南北朝時代の怪奇説話集『捜神記』を引いてこの故事が紹介されている。『古注蒙求』に引かれる『捜神記』によると、毛宝が川へ行くと、漁師が1匹の亀を釣ったのを見た。毛宝は憐れんで、漁師から亀を買って、川に放してやった。毛宝は10年余りの間、邾城の守備の任についていたが、石虎将軍(李広)と戦い、敗れて川に身を投げた。足で何ものかを踏んでいると、次第に浮かび上がって川岸に着いた。毛宝が見ると、なんと昔、放してやった白い亀であったという。日蓮大聖人は「報恩抄」(293ページ)の冒頭でこの古事を通し、動物でも恩を忘れないのだから、ましてや人間であればなおさら忘れてはならないと教えられている。

木画の仏 | もくえのほとけ　木像や絵像の仏のこと。

目連 | もくれん　サンスクリットのマウドゥガリヤーヤナの音写。目犍連《もっけんれん》ともいう。釈尊の声聞の十大弟子の一人で、神通(超常的な力)第一とされる。法華経授記品第6で、目連は未来に多摩羅跋栴檀香如来《たまらばっせんだんこうにょらい》に成ると釈尊から保証された(法華経269ページ)。参照 十大弟子

【竹杖外道に殺される】『毘奈耶雑事』巻18によると、目連は舎利弗とともに王舎城(ラージャグリハ)を巡行中、竹杖外道《ちくじょうげどう》に出会い、その師を破したため、杖で打ち殺されたという。

【盂蘭盆経の目連】盂蘭盆経《うらぼんきょう》によると、目連は亡き母・青提女《しょうだいにょ》が物惜しみの罪で餓鬼道に苦しんでいるのを神通力によって知り、母を助けようとするが力及ばず、仏の教えに従って供養したことで、ようやく救うことができたという。これが盂蘭盆会の起源の一つとされる。参照 盂蘭盆

目犍連 | もっけんれん　▶目連《もくれん》

物部守屋 | もののべのもりや　?~587年。飛鳥時代の中央貴族。敏達《びだつ》・用明天皇の時代に大連《おおむらじ》となり、父の尾輿《おこし》の排仏論を受けて、崇仏派の蘇我馬子《そがのうまこ》と対立したとされる。敏達天皇の時に、大臣の蘇我馬子が仏法を信じた。そのとき疫病が流行したが、物部守屋はそれを仏法を崇拝したためであるとして、堂塔を壊し仏像を焼いた。参照 聖徳太子

守屋 | もりや　▶物部守屋《もののべのもりや》

文・義・意 | もんぎい　「文」とは経文などの文面。「義」とは教義・道理。「意」とは元意・主旨・意図。

文句 | もんぐ　『法華文句』の略。▶『法華文句』《ほっけもんぐ》

文殊 | もんじゅ　▶文殊師利菩薩《もんじゅしりぼさつ》

文殊師利菩薩 | もんじゅしりぼさつ　文殊師利はサンスクリットのマンジュシュリーの音写。直訳すると、「うるわしい輝きをもつ者」。仏の智慧を象徴する菩薩で、仏像などでは獅子に乗った姿で釈尊の向かって左に配される。法華経では、弥勒菩薩・薬王菩薩とともに、菩薩の代表として登場する。

文上 | もんじょう　経文の上、表面のこと。文底に対する語。参照 文底

文上の仏 | もんじょうのほとけ　久遠五百塵点劫の昔に成道した仏(釈尊)のこと。参照 釈尊/久遠実成

***文証・理証・現証** | もんしょうりしょうげんしょう
▶三証《さんしょう》

聞・信・戒・定・進・捨・慚 | もんしんかいじょうしんしゃざん　七聖財という。仏道修行に欠かせない七つの条件。①聞法《もんぽう》(よく正法を聞く)②信受《しんじゅ》(正法を信受する)③持戒《じかい》(戒律を守る)④禅定《ぜんじょう》(心を安定させる)⑤精進《しょうじん》(仏道修行に励む)⑥喜捨《きしゃ》(執着を捨て、他人に施す)⑦慚愧《ざんき》(反省し恥じる心をもち、常に向上を目指す)のこと。参照 宝塔

文段 | もんだん　日蓮大聖人の重要御書を日寛上人が科段を設けて分類し、詳しく解釈したもの。『立正安国論愚記』(文段集3ページ)、『開目抄愚記』(文段集59ページ)、『撰時抄愚記』(文段集215ページ)、『報恩抄文段』(文段集315ページ)、『観心本尊抄文段』(文段集441ページ)、『取要抄文段』(文段集549ページ)などがある。参照 日寛上人

文底 | もんてい　経文の奥底の意。文上に対する語。参照 文上

文底の仏 | もんていのほとけ　文底とは、三大秘法の南無妙法蓮華経のこと。この南無妙法蓮華経を説き広める教主を文底の仏といい、具体的には末法の御本仏である日蓮大聖人をさす。参照 末法の教主

聞法下種 | もんぽうげしゅ　法を聞かせて成仏の種子を下ろすこと。相手の信・不信に関係なく、成仏の因となる法を説き聞かせる場合をいう。発心下種《ほっしんげしゅ》に対する語。参照 発心下種/下種

や

野干｜やかん　サンスクリットのシュリガーラの音写。射干《しゃかん》、悉伽羅《しっがら》とも書かれる。インドに住むイヌ科の小獣・ジャッカルのこと。猛獣が食べ残した死肉をあさる習性をもつことから、仏典などでは卑しい動物の代表とされる。ジャッカルがいない中国や日本では、キツネのような動物と考えられた。

薬王菩薩｜やくおうぼさつ　衆生に良薬を施して心身の病を治す菩薩。法華経では法師品第10などの対告衆。勧持品第13では、釈尊が亡くなった後の法華経の弘通を誓っている。薬王菩薩本事品第23には、過去世に一切衆生憙見菩薩《いっさいしゅじょうきけんぼさつ》として日月浄明徳仏のもとで修行し、ある世では身を焼き、また次の世では7万2000歳の間、腕を焼いて燈明として仏に供養したことが説かれている（ちなみに経文には「臂《ひじ》」〈法華経591,592㌻〉を焼いたと記されているが、漢語の「臂」は日本語でいう腕にあたる）。

薬王菩薩本事品｜やくおうぼさつほんじほん　妙法蓮華経の第23章（法華経581㌻）。参照 薬王菩薩/広宣流布/付録「法華経の構成」

薬王品｜やくおうぼん　▶薬王菩薩本事品《やくおうぼさつほんじほん》

薬師経｜やくしきょう　漢訳には4種が現存する。通常、①中国・唐の玄奘が訳した薬師琉璃光如来本願功徳経《やくしるりこうにょらいほんがんくどくきょう》1巻をさし、日蓮大聖人もこれを用いられている。ほかに②東晋の帛尸梨蜜多羅《はくしりみったら》訳とされる灌頂抜除過罪生死得度経《かんじょうばつじょかざいしょうじとくどきょう》1巻③隋の達摩笈多《だるまぎゅうた》訳の薬師如来本願経《やくしにょらいほんがんぎょう》1巻④唐の義浄《ぎじょう》訳の薬師琉璃光七仏本願功徳経《やくしるりこうしちぶつほんがんくどくきょう》2巻がある。仏が文殊菩薩に対して薬師如来の功徳を説く。薬師如来に供養すれば七難を逃れ、国が安穏になることを説いている。その内容から、日本では護国経典として尊重された。

薬師経の七難｜やくしきょうのしちなん　①人衆疾疫（人々が疫病に襲われる）の難②他国侵逼（他国から侵略される）の難③自界叛逆（国内で反乱が起こる）の難④星宿変怪（星々の異変）の難⑤日月薄蝕（太陽・月が翳ったり蝕したりする）の難⑥非時風雨（季節外れの風雨）の難⑦過時不雨（季節になっても雨が降らず干ばつになる）の難。

薬師如来｜やくしにょらい　詳しくは薬師琉璃光如来《やくしるりこうにょらい》という。東方の浄瑠璃世界の教主である仏。薬師経に説かれる。菩薩道を行じていた時に12の大願を発し、病苦を取り除くなどの現世利益をもたらそうと誓っている。日本天台宗では比叡山延暦寺の根本中堂の本尊とされる。参照 薬師経

薬師仏｜やくしぶつ　▶薬師如来《やくしにょらい》

薬叉｜やくしゃ　サンスクリットのヤクシャの音写。夜叉《やしゃ》とも。樹神など古代インドの民間信仰の神に由来し、猛悪な鬼神とされる。参照 鬼神

薬草喩品｜やくそうゆほん　妙法蓮華経の第5章（法華経240㌻）。参照 付録「法華経の構成」

***弥五郎**｜やごろう　▶熱原の三烈士《あつはらのさんれっし》

「弥三郎殿御返事」｜やさぶろうどのごへんじ

建治3年(1277年)8月4日、日蓮大聖人が56歳の時、身延でしたためられた書(1449ページ)。宛先の弥三郎は武士と思われるが、詳細は不明。念仏を破折し、さらに法難に際しての信心の在り方を指導されている。

***夜叉**｜やしゃ　▶薬叉《やくしゃ》

耶輸陀羅比丘尼｜やしゅだらびくに　サンスクリットのヤショーダラーの音写。出家前の釈尊(悉達太子)の正妃で、羅睺羅《らごら》の母。出家して成道した釈尊より化導され、比丘尼となった。法華経勧持品第13で、未来世に具足千万光相如来《ぐそくせんまんこうそうにょらい》に成ると釈尊から保証された(法華経415ページ)。

宿屋禅門｜やどやぜんもん　▶宿屋入道《やどやにゅうどう》

宿屋入道｜やどやにゅうどう　生没年不詳。宿屋禅門などとも呼ばれる。北条時頼《ほうじょうときより》・時宗《ときむね》の2代の執権に仕えた武士(得宗被官)。特に北条時頼にとっては側近中の側近で、臨終間際に出入りを認められた数少ない者の一人だったという(『吾妻鏡』)。北条時頼への「立正安国論」提出は、宿屋入道を介してのことだった。その後、蒙古襲来が現実味を帯びてきた文永5年(1268年)、大聖人が11通の書状(十一通御書)の一つを北条時宗に送付して上申された時も、宿屋入道を介している。参照 北条時頼

山階寺｜やましなでら　▶興福寺《こうふくじ》

***弥六郎**｜やろくろう　▶熱原の三烈士《あつはらのさんれっし》

ゆ

***遺誡置文**｜ゆいかいおきぶみ　▶「日興遺誡置文」《にっこうゆいかいおきぶみ》

唯我一人・能為救護｜ゆいがいちにんのういくご　法華経譬喩品第3の文。「唯我一人のみ能く救護を為す」と読み下す。仏のみが一切衆生を救う力があること。同品に「今此の三界は｜皆是れ我が有なり｜其の中の衆生は｜悉く是れ吾が子なり｜而るに今此の処は｜諸の患難多し｜唯我一人のみ｜能く救護を為す」(法華経191〜192ページ)とある。

由比ケ浜｜ゆいがはま　現在の神奈川県鎌倉市南部の相模湾に面した海岸。幕府の刑場としても使われていた。

維蠲｜ゆいけん　生没年不詳。中国・唐の天台宗の僧。広修《こうしゅ》の高弟。参照 広修

唯識｜ゆいしき　❶サンスクリットのヴィジュニャプティマートラターの訳。自身の心の外にあると思われる事物・事象は、ただ心の認識によって映し出された表象のみである、との意。あらゆる事物・事象(万法)は、心の本体である識が変化して仮に現れたものであり、ただ識のみがあるとする大乗仏教の一学説。

唯識では、従前の部派仏教で主張されていた6種の識(眼・耳・鼻・舌・身・意の六識)のほかに、認識の元となる種子を蓄え熟させ認識の根本を担う心(心王)として、阿頼耶識(蔵識)を立てた。また阿頼耶識から、根源的な自我執着意識である末那識を分立させ、

八識を立てる説もある。さらに清浄と染汚が並存する阿頼耶識よりも根本にあって清浄な阿摩羅識(根本清浄識)があるとして、九識を立てる説もある。唯識では、煩悩によってけがれた識を転じて、清浄な智慧を得るという転識得智を図る。また、すべての存在の本性や在り方を有無、仮実という視点から3種に分類し、①遍計所執性(他と区別して実体視して捉えられた物事のあり方)②依他起性(縁起によって生じているあり方)③円成実性(実体視を離れた真実のあり方)の三性を説く。

❷❶の唯識の思想を唱えた瑜伽行派《ゆがぎょうは》およびその流れを受ける諸宗のこと。特に法相宗の別称。またそれらの宗派の思想をいう。4世紀ごろから唱えられた。

【唯識思想の展開】祖とされる弥勒(マイトレーヤ)は『瑜伽師地論』などを著した。その教説を組織立てたのが無著(アサンガ)で、『摂大乗論』などを著した。無著の弟の世親(天親、ヴァスバンドゥ)は『唯識二十論』『唯識三十論頌』などを著し、唯識の思想を大成させた。その後も瑜伽行派は隆盛し、諸学者が輩出されるとともに種々の異説が生まれた。そのうち、陳那(ディグナーガ)に始まる有相唯識派は、無性《むしょう》(アスヴァバーヴァ)を経て、護法(ダルマパーラ)によって大成された。護法は『成唯識論』を著し、法の相と性を判然と区別し、現象である相の分析から真実なる性へと至ろうとする性相別体論を唱え、新たな学説を大成した。さらに戒賢(シーラバドラ)から中国の玄奘へと伝えられ法相宗となり、日本へも伝えられた。陳那と同時代の徳慧《とくえ》(グナマティ)の弟子である安慧(スティラマティ)には、世親の思想に近い説が伝えられた。これは、陳那らの有相唯識派と対立し無相唯識派と呼ばれる。この派とされる寂護《じゃくご》(シャータラクシタ)とその弟子の蓮華戒《れんげかい》(カマラシーラ)は瑜伽行派の思想と中観派の思想を統合し、瑜伽行中観派と呼ばれる。その思想は、後のチベット仏教に大きな影響を与えた。またこの派は真諦(パラマールタ)によって中国に伝えられた。

中国への伝承は、曇無讖(ダルマラクシャ)による菩薩地持経、求那跋摩《ぐなばつま》(グナヴァルマン)による菩薩善戒経の翻訳で始まった。その後、大きく三つに分かれる。まず、南北朝時代、北魏の宣武帝《せんぶてい》の時(508年)に、菩提流支《ぼだいるし》(ボーディルティ)、勒那摩提《ろくなまだい》(ラトナマティ)らによって伝承され、世親の『十地経論』に基づく地論宗が起こった。勒那摩提は、如来蔵思想を示した世親著『宝性論』を訳している。次いで梁の武帝によって真諦が548年に中国に招かれ、無著の『摂大乗論』をはじめ多くの論書を訳し、その『摂大乗論』に基づいて摂論宗が起こった。そして唐になって、玄奘によって諸経典とともに唯識の諸論書が645年に伝えられ、翻訳が改めてなされ、集大成された。玄奘の弟子の基(慈恩)は新訳にかかわり、真諦訳などに基づく従前の教説に対して、新訳に基づくとともに、護法の『成唯識論』を重んじ護法の主張を正義として法相宗を確立した。同宗は、太宗・高宗の帰依で一時期栄えたが、やがて華厳宗や禅宗が隆盛する影響で衰微していった。

日本には摂論宗の教義も伝えられたが、ほどなく法相宗の教義が伝えられて法相宗が盛んになり、摂論宗の教義は大安寺・元興寺・興福寺などの諸寺で付属的に学ばれた。法相宗は興福寺を中心に学ばれ、南都六宗の雄となった。五性各別の教義に基づき三乗真実を主張したが、一乗真実を主張する三論宗と論争した。また伝教大師最澄が天台宗を伝えた後、両宗の間に長く論争があった。鎌倉時代に一時、復興するものの、法相宗は衰微した。その精緻な哲学思想は仏教の基礎教理として伝承され、江戸時代には他宗から唯識の学者が出た。

❸唯識の思想を論じた書である唯識論の略称。唯識論といわれるものに『唯識二十論』(世親著)、『唯識三十論頌』(世親著)、『成唯識論』(『唯識三十論頌』の注釈書、護法編著)などがある。

『唯識論』 | ゆいしきろん ▶『成唯識論』《じょうゆいしきろん》

唯心法界 | ゆいしんほっかい　全世界のあらゆる事象は心がつくり出したものであり、心の外には別の事象はないという教え。華厳宗の教義。華厳経巻10にある「心は工みなる画師の如く、種々の五陰を造る。一切世間の中に法として造らざること無し。心の如く仏も亦爾なり。仏の如く衆生も然り。心と仏と及び衆生と是の三差別無し」の文による。参照 華厳宗/華厳経

唯仏与仏・乃能究尽 | ゆいぶつよぶつないのうくじん　ただ仏と仏とのみが、真実を究め尽くしているとの意。法華経方便品第2に「唯仏与仏、乃能究尽諸法実相(唯仏と仏とのみ乃し能く諸法の実相を究尽したまえり)」(法華経108ページ)とある。

維摩詰 | ゆいまきつ　サンスクリットのヴィマラキールティの音写。漢訳語は浄名《じょうみょう》、無垢称《むくしょう》。維摩経に登場する中心人物。釈尊存命中にあった都市ヴァイシャーリーに住む在家の有力信仰者で大富豪でもある菩薩。維摩経によると、無量の諸仏を供養し、大乗仏教の奥義に通達し、仏法流布に貢献した。また非常な雄弁で、巧みな方便でよく衆生を教化した。ある時、維摩詰が病気になり、見舞いに行くことになったが、舎利弗・目連・迦葉らは論破されることを恐れて辞退した。そこで文殊師利が舎利弗らを伴って見舞いに行き、維摩詰と大乗の妙理について法論を行ったという。

維摩経 | ゆいまきょう　漢訳には、中国・呉の支謙《しけん》が訳した維摩詰経《ゆいまきつきょう》3巻や鳩摩羅什訳の維摩詰所説経《ゆいまきつしょせつきょう》3巻などがある。浄名経《じょうみょうきょう》ともいう。主人公は、大乗を持つ在家の仏弟子であり大富豪でもある維摩詰。大乗仏教の「空《くう》」の思想を覚らせる精神が貫かれ、維摩詰が弁舌巧みに声聞の小乗観を論破するさまが、文学性豊かに描かれている。天台教学における五時のうち方等時に属する。「開目抄」(192ページ)では爾前経では二乗が不成仏であると説かれることの典拠の一つとされている。

【病に関する問答】維摩経には、病気になった維摩詰を見舞いに来た文殊師利菩薩との問答が描かれている。

病気になった理由を問われた維摩詰は、「あらゆる人の苦しみをわが苦しみとし、ともに乗り越えていくために、あえて、自らも病気の姿を現している」と答えた。参照 維摩詰

幽王｜ゆうおう　中国・周の第12代の王。在位11年で異民族の侵入を受けて殺された。

莠言｜ゆうげん　人々に悪い影響を及ぼす言葉。「莠」は、エノコログサという麦に似た雑草。

用の三身｜ゆうのさんじん　「用」とは本体にそなわる働き。「三身」とは、仏の特性を三つの側面からとらえたもの。用の三身とは、実際に現れる働きにおいて三身であること。体の三身に対する語。参照 三身/体の三身

用の仏｜ゆうのほとけ　妙法蓮華経にそなわる働き（用）を、衆生利益のために自らの身に現して示す仏。

幽冥｜ゆうみょう　光が弱く、暗いこと。また奥深いさま。

勇猛精進｜ゆうみょうしょうじん　法華経方便品第2にある言葉。勇んで行動し智慧を尽くして苦難に打ち勝ち、仏道修行に励むこと。（法華経106ページ）

瑜伽｜ゆが　❶瑜伽行派のこと。▶唯識《ゆいしき》

❷密教の教えのこと。瑜伽とはサンスクリットのヨーガの音写で相応と訳し、これは「結ぶ、結合する」という意味の動詞ユジュを原語とする。真言宗は、修行者と仏との三密が相互に結び合うこと（相応）で即身成仏できると説く。参照 密教/真言宗

瑜伽行派｜ゆがぎょうは　▶唯識《ゆいしき》

『瑜伽論』｜ゆがろん　『瑜伽師地論《ゆがしじろん》』の略。弥勒（マイトレーヤ）または無著（アサンガ）の作とされる。中国・唐の玄奘訳。100巻。唯識思想に基づく修行やその結果として到達する境地の位を明かし、法相宗でよりどころとされた。

ゆきつしま｜ゆきつしま　▶壱岐・対馬《いきつしま》

涌出品｜ゆじゅっぽん　▶従地涌出品《じゅうじゆじゅっぽん》

由旬｜ゆじゅん　サンスクリットのヨージャナの音写。由善那とも。インドの距離の単位。1由旬とは帝王が1日に行軍する道のりとされ、およそ10キロメートルほどと考えられている。

諛臣｜ゆしん　こびへつらう家臣・臣下のこと。

由善那｜ゆぜんな　▶由旬《ゆじゅん》

猶多怨嫉。況滅度後｜ゆたおんしつきょうめつどご　▶如来現在猶多怨嫉。況滅度後《にょらいげんざいゆたおんしつきょうめつどご》

よ

永観｜ようかん　1033年～1111年。「えいかん」とも読む。平安末期の僧。三論宗や浄土教を兼修し、特に『往生拾因』を著して浄土教を広めた。

栄西｜ようさい　▶栄西《えいさい》

幼稚｜ようち　法華経譬喩品第3の文(法華経166ﾍﾟｰｼﾞ)。もとは「三車火宅の譬え」における長者の子どもたちを指し、釈尊滅後の人々の機根が未熟で劣った教えに執着していることを譬えている。

要当説真実｜ようとうせつしんじつ　▶世尊法久後要当説真実《せそんほうくごようとうせつしんじつ》

幼日王｜ようにちおう　▶大族王《だいぞくおう》

永不成仏｜ようふじょうぶつ　永久に成仏できないこと。特に、爾前経において二乗が永久に成仏できないとされたことを指す。参照二乗作仏

陽報｜ようほう　▶陰徳・陽報《いんとくようほう》

用明天皇｜ようめいてんのう　欽明天皇の第4皇子。在位、585年～587年。仏教を信仰することを群臣に協議させたところ、崇仏派の蘇我氏と廃仏派の物部氏の対立が激化したと伝えられる。聖徳太子は同天皇の第2皇子である。用明天皇は現代では31代と数える。近代までは、一般的に神功皇后《じんぐうこうごう》を天皇歴代に数え入れていた。

楊柳房｜ようりゅうぼう　善導のこと。柳の木に登って首をくくろうとしたが、地に落ちて苦悶の末に死んだと伝えられたのでこのように呼ばれる。▶善導《ぜんどう》

能く竊かに一人の為めに……如来の事を行ず｜よくひそかにいちにんのために……にょらいのじをぎょうず　法華経法師品第10の文(法華経357ﾍﾟｰｼﾞ)。▶如来の使《にょらいのつかい》

予譲｜よじょう　中国の春秋・戦国時代の晋の人。『史記』刺客列伝第26によると、予譲は、趙襄子《ちょうじょうし》によって滅ぼされた主君・智伯の仇を討つために、わが身を傷つけて容貌を変え、炭を飲んで声を変えるなどして別人になりすまし、趙襄子に近づこうとしたが、見破られて仇討ちを果たせなかった。予譲は剣に伏して死んだという。「報恩抄」では、「剣をのみて」(293ﾍﾟｰｼﾞ)と記されているが、日寛上人は「炭を呑んで剣に伏すという趣旨である」と解釈している(文段集320ﾍﾟｰｼﾞ)。

欲界｜よっかい　▶三界《さんがい》

与楽と抜苦｜よらくとばっく　▶抜苦与楽《ばっくよらく》

頼朝｜よりとも　▶源頼朝《みなもとのよりとも》

頼基｜よりもと　▶四条金吾《しじょうきんご》

「頼基陳状」｜よりもとちんじょう　四条金吾頼基の決意を受けて、日蓮大聖人が代筆された弁明書(1153ﾍﾟｰｼﾞ)。金吾の潔白を証明するため、讒言する者と召し合わせての糾明を求め、極楽寺良観(忍性)と竜象房の言行を厳しく批判し、主君・江間氏を戒めている。参照四条金吾

四度の大難・二度の王難｜よんどのだいなんにどのおうなん　四度の大難とは、日蓮大聖人の妙法弘通のなかで起こった身命に及ぶ4度の大難のこと。①文応元年(1260年)「立正安国論」提出直後の松葉ケ谷の法難、②翌・弘長元年(1261年)の伊豆流罪、③文永元年(1264年)の小松原の法難、④文永8年(1271年)の竜の口の法難・佐渡流罪。このうち②④が「二度の王難」である。

ら

癩病｜らいびょう　重い皮膚病。当時は不治の病として恐れられ、患者は厳しい差別を受けた。今日では、遺伝病ではなく伝染性も低いことから、隔離は不当な差別となる。参照 白癩病

礼文｜らいもん　賛嘆する文章のこと。「報恩抄」(299㌻)には、天台大師智顗は、法雲が華厳経第一の教判を立てたことを不審に思ったので、華厳経の毘盧遮那仏を賛嘆する文章を作ったと記されている。章安大師灌頂が編纂した『国清百録』に、天台大師の敬礼法がある。そこでは毎日毎夜、毘盧遮那仏および三世十方の仏たちを礼拝することが記されている。

雷門の鼓｜らいもんのつづみ　中国の洛陽の都から遠く離れた会稽城《かいけいじょう》(現在の杭州)という都市の雷門にあった巨大な太鼓のこと。この太鼓を叩くと、遠く洛陽まで瞬時に太鼓の音が聞こえたとされた。「千日尼御前御返事(雷門鼓御書)」(1316㌻)では、これを譬えとして用いられ、佐渡在住の門下・千日尼を激励されている。すなわち、千日尼が夫の阿仏房を身延の日蓮大聖人のもとに送り出して真心の御供養をお届けしてきた、師匠を求めるその心は、距離を超えて伝わっていると仰せである。

羅漢｜らかん　▶阿羅漢《あらかん》

洛｜らく　洛陽のことで、中国の東周・後漢・西晋・北魏・隋などが都とした。

酪味｜らくみ　▶五味《ごみ》

羅睺｜らご　サンスクリットのラーフラバドラを音写した羅睺羅跋陀羅《らごらばっだら》の略。付法蔵の第15。竜樹(ナーガールジュナ)と同時代、インドの人。釈尊の十大弟子の一人である羅睺羅とは別人。提婆菩薩を師とし、聡明で智慧があり、種々の方便によって多くの衆生を化導し、僧伽難提《そうぎゃなんだい》に法を付嘱したとされる。

羅睺羅｜らごら　サンスクリットのラーフラの音写。釈尊の声聞の十大弟子の一人で、密行(人に知られずひそかに行う修行)第一とされる。出家前の釈尊の子で、耶輸陀羅(ヤショーダラー)を母とする。法華経授学無学人記品第9で、未来世に蹈七宝華如来《とうしっぽうけにょらい》に成ると釈尊から保証された(法華経349㌻)。参照 十大弟子

羅什三蔵｜らじゅうさんぞう　鳩摩羅什の尊称。▶鳩摩羅什《くまらじゅう》

蘭渓道隆｜らんけいどうりゅう　▶道隆《どうりゅう》

蘭室｜らんしつ　芳香のある蘭(フジバカマ)がある部屋のこと。フジバカマは、古来、邪気を払う入浴剤として用いられたという。また、乾燥したものは衣類の虫よけとして用いられた。「立正安国論」には「蘭室に入って」(17㌻)とあり、フジバカマの香りが自然と移るように、優れた人格の人と交われば芳しい人格になることの譬えとして用いられている。

蘭室の友｜らんしつのとも　香りの高い蘭(フジバカマ)のある部屋にいると、その香りが体にしみてくるのと同じように、高徳の貴人・善人と共にいるといつのまにか、その徳の感化を受けるという譬え。「立正安国論」(31㌻)で

は、主人の言葉として、仏法の正邪に迷っていた客が法然(源空)の謗法を理解して心を改めたことの譬えとして用いられている。参照 麻畝の性

藍婆｜らんば　法華経陀羅尼品第26では、10人の羅刹女《らせつにょ》(女性の鬼神)が法華経を受持する者を守ることを誓っているが、藍婆はその筆頭に挙げられる(法華経646ページ)。参照 十羅刹女

鸞鳳｜らんほう　鸞鳥《らんちょう》と鳳凰《ほうおう》のこと。古代中国で聖人が出現する時、その瑞相として現れるとされる伝説上の鳥。

り

理供養｜りくよう　▶供養《くよう》

李広｜りこう　?〜紀元前119年。中国・前漢の将軍。武帝に仕え、射術に優れており、漢飛将軍・石虎《せっこ》将軍とも呼ばれた。匈奴《きょうど》討伐や国内治政に多くの功績があり、匈奴からも恐れられるほどの勇名をはせた。部下思いの名将でもあった。「四条金吾殿御返事(石虎将軍御書)」(1186ページ)では、李広が「石虎将軍」と呼ばれるに至った故事を引き、四条金吾が強盛な信心に立てば必ず諸天善神から守護されると激励されている。すなわち、弓矢の名手として名高い李広将軍は、一頭の虎に母親を殺された。ある日、その虎が草むらにうずくまっているのを見つけた。そこで「これこそ親の仇の虎だ」と、仇討ちの一念に燃えて矢を射たところ、見事に命中した。「遂に仕留めた」と駆け寄ってみると、なんと虎ではなく、形のよく似た石であった。しかし、矢はその硬い石を貫いて羽まで突き刺さっていた。その後、矢を射ても石に刺さることはなかったという。

理・事｜りじ　理とは法理、法則。事とはその法があらわれた具体的事実をいう。参照 理の一念三千/事の一念三千

利生｜りしょう　仏が衆生に利益を与えること。

***理証**｜りしょう　▶三証《さんしょう》

理深解微｜りじんげみ　「理は深く解は微たり」と読み下す。法理は深いのにそれを信じる人の理解力はわずかであ

るということ。道綽《どうしゃく》の『安楽集』にある。末法の時代には、浄土教以外の仏教の教え(聖道門)では覚りを得ることが困難である理由として挙げられる。この句の後に「未有一人得者(未だ一人も得る者有らず)」と説かれる。法然(源空)らは聖道門に法華経も含めて謗法を犯した。日蓮大聖人は「唱法華題目抄」(2㌻以下)で、当時、法華経が諸経より優れていることを認めていながら、法華経を末法の人々の機根には対応していない教えであると貶めて念仏を勧める者たちこそが、悪知識であるとして糾弾されている。参照 道綽/『安楽集』/未有一人得者

理即｜りそく ▶六即《ろくそく》

理即の凡夫｜りそくのぼんぷ　生命の本性(理)としては仏の境地をそなえているが、仏法を知らず、その仏の境地が迷いと苦悩に覆われている普通の人。六即のうちの最初の段階。参照 六即

***利他**｜りた　他者に利益を与えること。衆生の救済のために尽くすこと。利他は自利に対する語で、化他と同じ。大乗仏教では菩薩に利他の精神を強調した。参照 自利

律｜りつ　サンスクリットのヴィナヤの訳。毘奈耶《びなや》、毘尼《びに》などと音写する。仏教教団で出家者が修行する上で守るべきの種々の規則。また、それを説いた典籍をさす。参照 随方毘尼/戒

律国賊｜りつこくぞく　四箇の格言の一つ。日蓮大聖人は「律宗は国賊の妄説」(173㌻)、「律宗・持斎等は国賊なり」(1073㌻)などと仰せである。持戒を装って「生き仏」「国宝」と崇められていた良観(忍性)などの律宗の僧を大聖人が破折されたもの。戒律の復興をうたいながら一方で幕府権力に取り入って非人支配や公共事業の利権を掌握して私腹を肥やすその欺瞞性を、「国宝」どころか「国賊」であると糾弾されている。参照 律宗/極楽寺良観/叡尊

律宗｜りっしゅう　❶戒律を受持する修行によって涅槃の境地を得ようとする学派。日本には鑑真《がんじん》が、中国の隋・唐の道宣《どうせん》を祖とする南山律宗を伝え、東大寺に戒壇院を設け、後に天下三戒壇(奈良の東大寺、下野の薬師寺、筑紫の観世音寺の戒壇)の中心となった。その後、天平宝字3年(759年)に唐招提寺を開いて律研究の道場として以来、律宗が成立した。参照 戒/鑑真/道宣/戒壇/東大寺

❷奈良時代に鑑真が伝えた律宗とは別に、鎌倉時代に叡尊《えいぞん》や覚盛《かくじょう》によって新たに樹立された律宗がある。叡尊や覚盛は、戒律が衰退しているのを嘆き、当時も機能していた東大寺戒壇とは別に、独自に授戒を行い、律にもとづいて生活する教団を形成した。これを奈良で伝承されてきた律宗とは区別して、新義律宗と呼ぶ。叡尊は覚盛と袂を分かち、西大寺の再興を図り、真言宗の西大寺流として活動した。そこから、真言律宗と呼ばれる。参照 叡尊/極楽寺良観/律国賊

立宗時の誓願｜りっしゅうじのせいがん　「開目抄」には「いはずば今生は事なくとも後生は必ず無間地獄に堕べし、いうならば三障四魔必ず競い起るべしと・しりぬ、二辺の中には・いうべし……今度・

強盛の菩提心を・をこして退転せじと願じぬ」(200ページ)と記されている。参照 立宗宣言/誓願/大願

***立宗宣言**｜りっしゅうせんげん　建長5年(1253年)4月28日の「午《うま》の時(正午ごろ)」、日蓮大聖人が32歳の時に清澄寺《せいちょうじ》で、末法の人々が信ずるべき成仏の根本法は南無妙法蓮華経であると宣言されたこと(894,1189ページ)。立宗とは宗旨(肝要の教義)を立てることを意味する。この時、念仏宗など諸宗の教義を厳しく批判した大聖人に対し、念仏の強信者であった地頭の東条景信《とうじょうかげのぶ》が、危害を加えようとしたが、大聖人はかろうじて難を免れた。その後、大聖人は御入滅まで30年近くにわたり、南無妙法蓮華経を忍難弘通された。参照 清澄寺/東条景信

***立正安国**｜りっしょうあんこく　「正を立て、国を安んず」と読み下す。正法を確立して国(社会)の平和・繁栄を樹立すること。参照 「立正安国論」

***「立正安国論」**｜りっしょうあんこくろん　文応元年(1260年)7月16日、日蓮大聖人が39歳の時、鎌倉幕府の実質的な最高権力者である北条時頼《ほうじょうときより》に提出された国主諫暁《こくしゅかんぎょう》の書(17ページ)。五大部の一つ。諫暁とは諫《いさ》め暁《さと》す、すなわち相手の誤りを指摘して正しい道に導くという意。本抄御執筆当時、日本では飢饉・疫病・災害によって多くの民衆が苦悩にあえいでいた。本抄では種々の経典を引用しながら、こうした災難の根本原因は謗法《ほうぼう》であると明かし、その元凶は、浄土教の教え以外を捨閉閣抛《しゃへいかくほう》せよと主張する法然《ほうねん》(源空)の専修念仏《せんじゅねんぶつ》であるとして、これをもっぱら破折されている。そして謗法の教えへの帰依をやめて正法に帰依しなければ、三災七難のうち、残る「自界叛逆難《じかいほんぎゃくなん》(内乱)」と「他国侵逼難《たこくしんぴつなん》(外国からの侵略)」が起こると予言し警告された。しかし幕府はこの諫言を用いることなく、謗法の諸宗の僧らを重用した。その結果、二難はそれぞれ文永9年(1272年)の二月騒動《にがつそうどう》(北条時輔の乱)、文永11年(1274年)と弘安4年(1281年)の蒙古襲来《もうこしゅうらい》として現実のものとなった。本抄の構成としては、災難を嘆きその根本原因を尋ねる客(＝北条時頼を想定)に対して、主人(＝日蓮大聖人)が立正安国(正を立て、国を安んず)を説くという10問9答の問答形式で展開されている。なお、「広本《こうほん》」と呼ばれる身延入山後に再治された本には、真言などの諸宗を破折する文が添加されている。参照 北条時頼/正嘉の大地震/三災七難/自界叛逆難/他国侵逼難/二月騒動/蒙古襲来/法然/『選択集』/捨閉閣抛/謗法

理同事勝｜りどうじしょう　法華経と大日経を比較すると、理(説かれている法理)は同一であるが、事(修行における実践法など)においては大日経が法華経に勝れているとする説。参照 円仁

理の一念三千｜りのいちねんさんぜん　法華経迹門で、諸法実相・十如是、開示悟入の四仏知見が明かされて、開三顕一と悪人成仏・女人成仏が説かれたことにより、十界互具・百界千如が確立した。このことによって、一念三千の理論的な枠組みがほぼ整った。これを理の一念三千という。参照 事の一念三千

***利益**｜りやく　仏の教えに従って得られる恩恵や救済のこと。自利と利他、現世利益と後世利益、顕益《けんやく》と冥益《みょうやく》などがある。参照自利/利他/顕益/冥益

略開近顕遠｜りゃくかいごんけんのん　法華経従地涌出品第15で、ほぼ始成正覚という迹の姿を開き、釈尊の久遠の成道を明かしたこと。具体的には、同品で「我は久遠従り来｜是等の衆を教化せり」（法華経467㌻）と説いて、釈尊の仏としての寿命が長遠であることをおおよそ明かしたこと。参照広開近顕遠

略開三顕一｜りゃくかいさんけんいち　開三顕一を法華経方便品第2の前半で略説したこと。広開三顕一に対する語。参照広開三顕一

***歴劫修行**｜りゃっこうしゅぎょう　成仏までに極めて長い時間をかけて修行すること。無量義経説法品第2にある語（法華経33㌻）。「歴劫」とはいくつもの劫（長遠な時間の単位）を経るとの意。無量義経では、爾前経の修行は歴劫修行であり、永久に成仏できないと断じ、速疾頓成《そくしつとんじょう》（速やかに成仏すること）を明かしている。参照無量義経

***竜**｜りゅう　龍とも書く。①インドの想像上の生き物ナーガのこと。コブラなどの蛇を神格化したもので、水の中に住み、雨を降らす力があるとされる。

②中国における想像上の動物。うろこ、角、長いひげ、4本の足がある。空を飛び、雨を降らすなど神秘的な力をもつとされる。

竜印｜りゅういん　涅槃経巻19に登場する人物。殺父の罪を犯したが、釈尊に懺悔した。

柳営｜りゅうえい　将軍の陣営のことをいい、「立正安国論」（26㌻）では幕府の所在地である鎌倉をさす。

竜火・竜水｜りゅうか　りゅうすい　詳細は不明。『摩訶止観』巻6の下には「水、火を生ぜば、水の滅すること能わず、還って火を用って滅するが如し」との文がある。これを注釈して、『止観輔行伝弘決』巻6の3に「雲の中に火を起こすは、竜の力を以ての故に、水、滅すること能わず」とある。「観心本尊抄」（242㌻）では、凡夫の人界に仏界がそなわるというのは、水の中に火があるように信じがたいが、「竜火は水から出現し、竜水は火から生じる」として、現実にある証拠を見て信じるよう促されている。

隆寛｜りゅうかん　1148年〜1227年。隆観とも書く。平安末期・鎌倉初期の僧。浄土宗長楽寺流の開祖。藤原資隆《ふじわらのすけたか》の三男。はじめ比叡山で天台学を学んだが、後に京都の長楽寺に住み、法然（源空）の弟子となって浄土教を学んだ。法然の死後、専修念仏を広め、嘉禄3年（1227年）、比叡山の定照《じょうしょう》が『弾選択』を著して浄土教を排撃したのに対し、『顕選択』を著して応答した。そのため隆寛自身は定照らの訴えにより、同年7月に専修念仏禁止の宣旨が発せられて奥州への流罪が決まった。「念仏者・追放せしむる宣旨・御教書・五篇に集列する勘文状」には、同年9月26日の勅宣を引いて「隆寛律師専修の張本たるに依って山門より訴え申すの間・陸奥に配流せられ畢んぬ而るに衆徒尚申す旨有り仍って配所を改めて対馬の嶋に追い遣らる

可きなり」(92ページ)と記されている。しかし、次下に「当時東国の辺に経回すと云云」と示されているように、隆寛に同情した御家人の毛利季光《もうりすえみつ》(西阿《さいあ》)によって、隆寛の弟子の実成房《じつじょうぼう》を身代わりに奥州に行かせ、本人は相模の飯山にとどまり、同年12月、同地において中風で倒れ没した。日蓮大聖人は隆寛の悲惨な末路について、「当世念仏者無間地獄事」に「何に況や念仏宗の長者為る善慧・隆観・聖光・薩生・南無・真光等・皆悪瘡等の重病を受けて臨終に狂乱して死するの由之を聞き又之を知る、其の已下の念仏者の臨終の狂乱其の数を知らず」(106ページ)と仰せである。参照 法然

竜宮|りゅうぐう　竜王が住む宮殿のことで、海底にあるとされる。

竜樹|りゅうじゅ　150年~250年ごろ。サンスクリットのナーガールジュナの訳。インドの仏教思想家。新訳経典では竜猛《りゅうみょう》と訳される。主著『中論』などで大乗仏教の「空《くう》」の思想にもとづいて実在論を批判し、以後の仏教思想・インド思想に大きな影響を与えた。こうしたことから、八宗の祖とたたえられる。付法蔵の第13とされる。同名である複数の人物の伝承が混同して伝えられている。日蓮大聖人は、世親(天親、ヴァスバンドゥ)とともに、釈尊滅後、正法の時代の後半の正師と位置づけられている。参照 空/大乗/『中論』/内鑑冷然

竜樹菩薩|りゅうじゅぼさつ　▶竜樹《りゅうじゅ》

竜象|りゅうぞう　▶竜象房《りゅうぞうぼう》

竜象房|りゅうぞうぼう　生没年不詳。鎌倉時代の天台宗の僧。はじめ延暦寺に住んでいたが、比叡山の衆徒により住房を焼き払われた。これは竜象房の人肉を食べるという性癖が露見したためであると考えられる。「頼基陳状」に「彼の竜象房は洛中にして人の骨肉を朝夕の食物とする由露顕せしむるの間」(1159ページ)とある。その後、鎌倉に入り、極楽寺良観(忍性)の庇護を受け、桑ケ谷《くわがやつ》に法席を構えて説法し、釈尊の再来であると敬われていた。しかし建治3年(1277年)6月、日蓮大聖人の弟子だった三位房《さんみぼう》と問答し、多くの聴衆の面前で徹底的に破折された。このことを恨み、三位房と同行した四条金吾が徒党を組み武器をもち悪口・悪行をして竜象を責めたとの虚偽の証言をつくり、金吾の主君・江間氏に訴えた。このため金吾は主君の勘気を受けた。桑ヶ谷問答のあと、竜象房の行方は不明だが、同年9月に金吾に与えられた「崇峻天皇御書」には「彼等が柱とたのむ竜象すでにたうれぬ」(1171ページ)と記されている。参照 三位房

竜智|りゅうち　サンスクリットのナーガボーディの訳。南インドの人。真言宗では第4祖とされ、竜樹(ナーガールジュナ)から密教の付法を受け金剛智(ヴァジラボーディ)に付嘱したとされる。実在は疑問視されている。真言宗では、竜樹は迦那提婆(カナデーヴァ)に顕教を、竜智に密教を付嘱したとする。

竜女|りゅうにょ　海中の竜宮に住む娑竭羅竜王《しゃかつりゅうおう》の娘で8歳の蛇身の畜生。法華経提婆達多品第12には次のように説かれている。竜女は、文殊

師利菩薩が法華経を説くのを聞いて発心し、不退転の境地に達していた。しかし智積菩薩《ちしゃくぼさつ》や舎利弗ら聴衆は竜女の成仏を信じなかったので、竜女は法華経の説法の場で「我は大乗の教を闡いて｜苦の衆生を度脱せん」(法華経407ページ)と述べ、釈尊に宝珠を奉った後、その身がたちまちに成仏する姿を示した、と。竜女の成仏は、一切の女人成仏の手本とされるとともに、即身成仏をも表現している。参照 提婆達多品/女人成仏

劉邦 | りゅうほう　紀元前247年〜前195年。前漢の初代皇帝。廟号は高祖。沛《はい》県の出身のため沛公と呼ばれる。項羽《こうう》とともに秦を滅ぼしたが、その後の覇権を項羽と激しく争い、紀元前202年、垓下《がいか》の戦いに勝利し天下を統一。漢を建国した。参照 項羽

竜猛 | りゅうみょう　ナーガールジュナ(竜樹)のこと。玄奘らの新訳では竜猛という訳を用いる。▶竜樹《りゅうじゅ》

了因仏性 | りょういんぶっしょう　▶三因仏性《さんいんぶっしょう》

両界曼荼羅 | りょうかいまんだら　金剛界曼荼羅と胎蔵曼荼羅のこと。金胎両部ともいう。参照 金剛界曼荼羅/胎蔵曼荼羅

楞伽経 | りょうがきょう　漢訳には4種ある。釈尊が楞伽島(スリランカ)で説いたという設定の大乗経典。唯識説や仏性説が説かれている。初期の禅宗で重視された。

良観 | りょうかん　▶極楽寺良観《ごくらくじりょうかん》

了義経 | りょうぎきょう　意味が明瞭な経典の意。釈尊が真意を説いた経をいう。そうでない経典を不了義経という。涅槃経巻6には「了義経に依りて不了義経に依らざれ」とある。参照 不了義経

領家の尼 | りょうけのあま　▶大尼《おおあま》

了行 | りょうこう　?~1251年。鎌倉・九条堂の住僧。建長3年(1251年)12月、鎌倉幕府の転覆を企てたとして捕らえられた。『吾妻鏡』建長3年12月26日の項に詳しい。

了洪 | りょうこう　日本の華厳宗の僧とされるが、詳細は不明。

霊鷲山 | りょうじゅせん　古代インドのマガダ国(現在のベンガル州)の首都である王舎城(ラージャグリハ、現在のラージギル)の東北にある山。サンスクリットのグリドゥラクータの訳。音写語は耆闍崛山《ぎしゃくっせん》。法華経の説法が行われたとされる。法華経如来寿量品第16の自我偈の教説に基づいて、久遠の仏が常住する仏国土を意味し、霊山浄土《りょうぜんじょうど》と呼ばれる。霊山ともいう。『大智度論』巻3によると、山頂が鷲《わし》に似ていることと鷲が多くいるため霊鷲山と名づけられたいう。

霊鷲山会 | りょうじゅせんえ　「会」とは会座《えざ》、法会《ほうえ》の略で、説法の集会のこと。法華経の説法は、霊鷲山が舞台の一つとなっていることから、このようにいう。参照 霊鷲山

良諝 | りょうしょ　生没年不詳。中国・唐の天台宗の僧。唐に渡った日本の円珍(智証)に法を伝えたとされる。

霊山 | りょうぜん　霊鷲山の略。▶霊鷲山《りょうじゅせん》

霊山一会儼然未散 | りょうぜんいちえげんねんみさん　「霊山一会儼然として未だ散らず」と読み下す。霊山一会とは釈尊が霊

鷲山で法華経を説いた会座をいい、その儀式はいまなお厳然として散らず、永遠に常住しているとの意。「御義口伝」(757ページ)では法華経如来寿量品第16の「時我及衆僧｜倶出霊鷲山(時に我及び衆僧は｜倶に霊鷲山に出ず)」(法華経490ページ)の文について、日蓮大聖人が図顕された曼荼羅御本尊は霊鷲山の会座が常住している姿であることを示されている。

霊山会｜りょうぜんえ　霊山で行われた法華経説法の集い。また、霊山浄土のこと。参照二処三会

霊山浄土｜りょうぜんじょうど　法華経の説法が行われた霊鷲山のこと。久遠の釈尊が常住して法華経を説き続ける永遠の浄土とされる。日蓮大聖人は、法華経の行者が今ここにいながら往還できる浄土であるとともに、亡くなった後に往く浄土でもあるとされている。参照霊鷲山

良忠｜りょうちゅう　1199年〜1287年。鎌倉時代の浄土宗の僧。阿弥号は然阿弥陀仏《ねんあみだぶつ》で、念阿弥陀仏とも書き、然阿・念阿と略称する。法然(源空)の孫弟子にあたり、日蓮大聖人の時代には鎌倉の念仏者の中心となっていた。文永8年(1271年)6月、極楽寺良観(忍性)が祈雨に失敗した後に、大聖人は行敏《ぎょうびん》から提訴されたが、この訴えに対して大聖人が出された反駁書「行敏訴状御会通」(180ページ)では、良観や道阿弥陀仏とともに然阿弥陀仏がこの訴状に関わっていることが明らかにされている。また「開目抄」(229ページ)でも、良観とともに偽書を作成して幕府へ提出する謀略ぶりを暴露されるとともに、三類の強敵の第3・僭聖増上慢の一人として挙げられている。参照法然/極楽寺良観/道教

両部曼荼羅｜りょうぶまんだら　金剛界曼荼羅と胎蔵曼荼羅のこと。金胎両部ともいう。参照金剛界曼荼羅/胎蔵曼荼羅

竜逢｜りょうほう　▶関竜逢《かんりょうほう》

令法久住｜りょうぼうくじゅう　法華経見宝塔品第11の文。「法をして久しく住せしめん」(法華経387ページ)と読み下す。未来永遠にわたって妙法が伝えられていくようにすること。

離婁が眼｜りろうがめ　▶師曠が耳・離婁が眼《しこうがみみりろうがめ》

臨安行在府｜りんあんあんざいふ　中国・南宋の都。現在の浙江省杭州。行在府は臨時の都のこと。参照宋

輪円具足｜りんえんぐそく　サンスクリットのマンダラの訳。すべてのものがそなわって、欠けているものがないという意味。諸仏・諸法の一切の功徳を欠けることなく円満に具足していることを、車輪の姿に譬えたもの。参照曼荼羅

麟角｜りんかく　麒麟(キリン)の角のこと。極めてまれな物事の譬え。

臨終正念｜りんじゅうしょうねん　臨終に当たり、正しい念慮(思い・考え)をもつこと。仏道を歩み続け成仏を確信し、大満足の心で臨終を迎えること。日蓮大聖人は南条時光に「故親父は武士なりしかども・あながちに法華経を尊み給いしかば・臨終正念なりけるよしうけ給わりき」(1508ページ)と仰せである。

輪廻｜りんね　衆生が迷いの世界を次々と巡りながら生死を繰り返すこと。そのさまが車輪が回るようであるから、

このようにいう。参照六道輪廻

る

流罪は伊東｜るざいはいとう　▶伊豆流罪《いずるざい》

盧舎那仏｜るしゃなぶつ　サンスクリットのヴァイローチャナの音写。明らかにする者、太陽の意。華厳経で、釈尊はじめ諸仏の本体として示された仏身。この盧舎那仏から無数の分身の諸仏が展開される。天台宗では報身如来と位置づけられる。参照華厳経/毘盧遮那仏

流通分｜るつうぶん　▶序分・正宗分・流通分《じょぶんしょうしゅうぶんるつうぶん》

留難｜るなん　仏道修行を妨げるさまざまな困難。

流類｜るるい　「流」は流れを引くことで、「類」は仲間。同類のこと。眷属ともいう。

れ

礼楽｜れいがく　儀礼と音楽のことで、中国では古代から伝統的な生活規範であった。儒学の発達によって、春秋戦国時代以後には、社会的権威によって学問的に意義づけられた。①礼は、社会の秩序を形成し支える礼節であり、それを具体的な形式で実践する儀礼が重んじられ、人々の感情を制御しそれぞれの役割を定め善導するものとされた。②楽は、人々の内面に働きかけ、教化・感化して高めていくものであり、平等化を図るものとされた。すなわち音楽も純粋な芸術的立場からではなく、礼の形式を行う補助作用として用い、礼と楽を合わせて王道を敷く根本とされた。士大夫(王や諸侯に仕える支配者階級の人々)の間では礼・楽・射(弓術)・御(馬車の操縦術)・書(書写)・数(計算)の六芸が重んじられた。

霊巌寺｜れいがんじ　泰山霊巌寺。中国山東省長清県の南方にある寺院。唐に渡った伝教大師最澄に密教灌頂を授けた順暁《じゅんぎょう》が住んでいた。「報恩抄」では「霊感寺」(304ページ)と記載されているが、これは音通とみられる。参照 順暁

劣応身｜れつおうじん　衆生を教化するために現される仏の身である応身は、勝応身《しょうおうじん》・劣応身に分けられる。劣応身は、生身の人間としての身体をいう。参照 応身/勝応身

***蓮華**｜れんげ　ハスおよびスイレン。また、その花のこと。

【因果倶時を譬える】法華経に明かされた因果倶時《いんがぐじ》の法は、蓮華に譬えられる。ハスは、小さなつぼみのうちからその中に果実となる花托がある。多くの花は因である花が先に咲いて散ってから実がなるのに対し、ハスは花びらと果実がともに成長していき、花が開いた時に実がしっかりあり、花と実が同時である。これと同じく、法華経が明かした真実から見ると、衆生の生命には因である九界と果である仏界が常にそなわっている。参照 因果倶時

蓮華蔵世界｜れんげぞうせかい　華厳経で普賢菩薩が説いた仏の世界。盧舎那仏《るしゃなぶつ》が菩薩だった過去に誓願と修行によって浄められた世界。幾重にも重なる風輪と大地の層の最上に位置する大海にある大蓮華によって支えられているという。華厳荘厳世界海《けごんしょうごんせかいかい》、華蔵世界《けぞうせかい》などともいう。参照 華厳経/盧舎那仏/毘盧遮那仏

蓮華比丘尼｜れんげびくに　▶華色比丘尼《けしきびくに》

蓮華面経｜れんげめんきょう　中国・隋の那連提耶舎《なれんだいやしゃ》訳。2巻。未来世の仏法の様相を予言した経。最初に僧俗の堕落を説き、次に仏法が罽賓《けいひん》国(カシュミール)に伝えられて興隆することを述べ、さらに蓮華面という名の富蘭那外道《ふらんなげどう》の弟子が未来に国王として生まれ仏鉢《ぶっぱつ》(仏が食物を受けるための鉢)を破壊し、仏法が世界から消滅すると説いている。

ろ

良医病子の譬え | ろういびょうしのたとえ　法華経如来寿量品第16に説かれる譬え(法華経484ページ以下)。智慧があり聡明で医薬に通じた良医には、大勢の子どもがいた。良医が他国に行って留守の間に、子どもたちは毒薬を飲んでしまい、地に転げ回って苦しんでいた。そこに父の良医が帰ってきて、直ちに良薬を調合して与えた。子どもたちのうち、本心を失っていない者は飲んですぐに治ったが、毒気が深く入り込んで本心を失った者は、良薬を見ても疑って飲もうとしなかった。そこで良医は方便を設けて「是の好き良薬を、今留めて此に在く。汝は取って服す可し」(法華経487ページ)と言い残して他国に行き、使者を遣わして「父は死んだ」と伝えさせた。本心を失っていた子どもたちは、父の死を聞いて嘆き悲しみ、本心を取り戻し、ついに良薬を飲んで病気を治すことができた。子どもたちがみな治ったことを聞き、父は喜んで帰ってきたという。釈尊はこの譬えを通し、良医の虚妄の罪を誰も責めないだろうとし、自分は娑婆世界に常住する久遠実成の仏であるが、方便によって涅槃に入る姿を見せて、衆生に求道心を起こさせると説いている。

老狐 | ろうこ　老いたキツネ。「報恩抄」(293ページ)の冒頭では、キツネは自らが生まれた丘(塚)を忘れず死ぬ時は古巣のある丘の方へ頭を向けるという中国の故事を挙げられて、動物ですら恩を知ることの譬えとされている。

老子 | ろうし　中国・周の思想家。姓は李《り》、名は耳《じ》、字《あざな》(通称)は聃《たん》。道家の祖とされる。孔子と同時代の人で周に仕え、『老子(道徳経)』を著したとされるが、その実在を疑う説もある。宇宙の万物を造り出し秩序を与える「道」が、人間の作為を超えた無為自然であると説き、それを政治・処世における規範とした。

老子道徳経 | ろうしどうとくきょう　略して『老子』ともいう。老子(李耳)が著したとされる書。道教で重んじられた。

良賁 | ろうひ　中国・唐の僧。不空の翻訳作業に参加し、また不空訳の仁王経を注釈した。

良弁 | ろうべん　689年~773年。奈良時代の僧で、華厳宗第2祖。審祥《しんじょう》を招いて華厳経講を開き、大仏造立の機縁をつくった。また金光明最勝王経講や法華会を開いて仏教の宣揚をはかり、聖武天皇の保護を受けた。東大寺の創建に尽力し、初代の別当に任じられている。参照 東大寺/審祥

良薬 | ろうやく　❶病気をよく治す薬のこと。

❷法華経如来寿量品第16で説かれる「良医病子の譬え」では、法華経を譬える。

❸成仏の根本法である妙法蓮華経の五字を譬える。

鹿苑時 | ろくおんじ　▶阿含時《あごんじ》

六斎日 | ろくさいにち　▶八斎戒《はっさいかい》

六識 | ろくしき　思考・感情などの働きである意識、あるいは五識と意識を合わせた六つの識で、主として現実生活の場で働く識と考えられる。参照 唯識

六師外道 | ろくしげどう　釈尊存命中にガンジス川中流域のインド中心部で勢力のあった、6人の仏教以外の思想の指導者のこと。六師は既成のバラモンの権威を否定して自由な思想を展開し、新興の王侯貴族・商人たちの支持と援助を受けた。それぞれが独自の主張をもち、当時の社会で新しい思想の代表とみなされていた。

①富蘭那迦葉《ふらんなかしょう》(プーラナカッサパ)。不生不滅を説き、人間はたとえ何を行っても悪にも善にもならないといい、業と応報の因果を否定する無道徳論者。

②末伽梨拘舎梨子《まがりくしゃりし》(マッカリゴーサーラ)。邪命外道を率いた外道。一切は無因無縁で、すべてはあるがごとくにあり、なるがごとくになると唱え、人間の意志による解脱は不可能であるとして、地水火風空および霊魂などの要素を認める無因論、自然主義的宿命論者。

③珊闍耶毘羅胝子《さんじゃやびらていし》(サンジャヤベーラッティプッタ)。人知に普遍妥当性を認めず、世に不変の真理はないとし、一方的断定は論争を生じ、解脱の妨げになるという判断中止の思想を主張し、実践修行によって解脱を得ようとした懐疑論者。

④阿耆多翅舎欽婆羅《あぎたししゃきんばら》(アジタケーサカンバラ)。断滅論を説き、物心二元ともに断滅に帰し、人間は死ぬと無に帰す。したがって過去も未来もなく、善悪の業の果報も受けることがないとして、現世の快楽説と唯物説を主張した感覚論者。順世外道の祖とされる。

⑤迦羅鳩駄迦旃延《からくだかせんねん》(パクダカッチャーヤナ)。地水火風の四元素と苦・楽・霊魂とが人間構成の七集合要素であるとみなす唯物論的七要素説者。各要素は常住不動で相互に影響作用しないとして、例えば剣で人を切っても生命を奪うことはできない、ただ剣が七要素の間隙を通過するだけであるなどと説く。無因論的感覚論者。

⑥尼乾陀若提子《にけんだにゃくだいし》(ニガンタナータプッタ)。ジャイナ教の祖。世界・霊魂の相対的常住を認める蓋然説をとり、苦行によって霊魂が物質から分離するとし、これを解脱と呼んでいる苦行論者で、苦行外道という。

六時の礼拝懺悔 | ろくじのらいはいさんげ　一昼夜を6分した晨朝《じんじょう》・日中・日没・初夜・中夜・後夜の六時に、仏を礼拝し罪悪を懺悔すること。

勒娑婆 | ろくしゃば　サンスクリットのリシャバの音写。勒沙婆とも。苦行と訳す。三仙の一人。因中亦有果亦無果《いんちゅうやくうかやくむか》を説いたとされる。素裸で灰やいばらの中に寝るなどさまざまな苦行をした。後のジャイナ教はこの勒娑婆を始祖とする。参照 因中亦有果・亦無果/三仙

六宗 | ろくしゅう　▶南都六宗《なんとろくしゅう》

六宗(教) | ろくしゅう(きょう)　天台大師智顗以前の時代、南三北七のうち北地の一派による教判。諸経論を6種の教えに分類して解釈した。慧光による四宗すなわち①因縁宗(毘曇)②仮名《けみょう》宗(成実)③誑相《おうそう》宗(般若・三論)④常宗(涅槃・華厳など)に含まれない教えを、⑤真宗(法華経)⑥円宗(大

集経)として加えた。天台大師が『法華玄義』巻10上に挙げている。[参照]教相判釈/南三北七

六十余の大菩薩｜ろくじゅうよのだいぼさつ　▶四菩薩《しぼさつ》

六十六箇国｜ろくじゅうろっかこく　日本全国のこと。日蓮大聖人の時代には、全国が66カ国に分割されていた。

六処｜ろくしょ　▶六入《ろくにゅう》

六神通｜ろくじんずう　六通《ろくつう》ともいう。仏や菩薩などがそなえるとされた6種の超人的な能力。①神足《じんそく》通(神境通、如意神通とも)。自身の変現が自在で、どこにでも行ける能力。②天眼《てんげん》通。遠近大小にかかわらず何でも見える能力。③天耳《てんに》通。何でも聞こえる能力。④他心《たしん》通。他人の考えが分かる能力。⑤宿命《しゅくみょう》通。衆生の過去世の生涯がわかる能力。⑥漏尽《ろじん》通。一切の煩悩を断じ尽くすことができる能力。[参照]神通力/三明

六相｜ろくそう　十玄とともに華厳宗で立てる法界観に関する法門。総相・別相・同相・異相・成相・壊相の六つ。諸法を差別と平等の両面から述べたもので、一切の法はみな六相を具足し、凡夫にはこの六相が別々に見えるが、聖人の眼には互いに円融して相即無礙となっていることをいう。[参照]十玄

六即｜ろくそく　天台大師智顗が『摩訶止観』巻1下で、法華経(円教)を修行する者の境地を6段階に立て分けたもの。修行者の正しい発心のあり方を示しており、信心の弱い者が卑屈になったり智慧のない者が増上慢を起こしたりすることを防ぐ。「即」とは「即仏」のことで、その点に即してみれば仏といえるとの意。

①理即《りそく》。生命の本性(理)としては仏の境地をそなえているが、それが迷いと苦悩に覆われている段階。②名字即《みょうじそく》。言葉(名字)の上で仏と同じという意味で、仏の教えを聞いて仏弟子となり、あらゆる物事はすべて仏法であると信じる段階。③観行即《かんぎょうそく》。「観行」とは、観心(自分の心を観察する)の修行のことであり、観行即は修行内容の上で仏と等しいという意。仏の教えのとおりに実践できる段階。④相似即《そうじそく》は、修行の結果、仏の覚りに相似した智慧が得られる段階。⑤分真即《ぶんしんそく》(分証即)は、真理の一部分を体現している段階。⑥究竟即《くきょうそく》は、完全なる覚りに到達している段階。

六通｜ろくつう　▶六神通《ろくじんずう》

六通の羅漢｜ろくつうのらかん　六神通を習得した阿羅漢のこと。六神通のうち、宿命通までの五通は外道の仙人でも成就できるが、第六通(漏尽通)は阿羅漢位でなければ成就できない。法華経勧持品第13の二十行の偈では、僭聖増上慢が世間から敬われるさまは六通の羅漢のようであると説かれている(法華経418ページ)。[参照]六神通/阿羅漢

六度｜ろくど　▶六波羅蜜《ろくはらみつ》

六統｜ろくとう　僧侶の統括者の6人。伝教大師最澄の時代に、僧侶を統括する責務にあたる僧綱に任命されていた、元興寺の護命ら6人の高僧をさす。伝教大師の大乗戒壇の建立に反対した。

***六道**｜ろくどう　十界のうち、地獄・餓鬼・畜生・修羅・人・天の六つの世界。古代インドの世界観で、衆生が生

存する6種の領域をいう。凡夫は迷いに満ちたこの六道で生死を繰り返すとされる。これを六道輪廻という。輪廻からの脱却を解脱といい、これは古代インドの人々にとって最終的に達成すべき理想とされた。仏教では、古代インドの伝統思想であるバラモン教の教えや同時代の新興思想である六師外道などの教えは、生死の因果について知悉しておらず、それどころか無知であるため、誤った行いとなり、したがって解脱は得られないとされる。そして、むしろ仏道修行によってこそ解脱できると説かれる。六道のうち地獄・餓鬼・畜生の三つを三悪道といい、これに対し修羅・人・天を三善道という。また、三悪道に修羅を加えて四悪趣という。六道から修羅を除いたものを五趣という。参照 解脱/三悪道/四悪趣

六道四生｜ろくどうししょう　迷いの境涯にいる一切衆生。六道に出生する時に、4種の仕方(卵生・胎生・湿生・化生)があるとされた。参照 四生

六道輪廻｜ろくどうりんね　仏法を知らない衆生が六道を輪廻して出ることがなく、迷いと苦悩の生死を繰り返すこと。参照 六道

六難九易｜ろくなんくい　仏の滅後に法華経を受持し弘通することの難しさを、六つの難しいこと(六難)と九つの易しいこと(九易)との対比をもって示したもの。法華経見宝塔品第11に説かれる(法華経390㌻以下)。およそ不可能な九易でさえ、六難に比べればまだ易しいと説いたうえで釈尊は、滅後の法華経の弘通を促している。

六難とは①広説此経難《こうせつしきょうなん》(悪世のなかで法華経を説く)②書持《しょじ》此経難(法華経を書き人に書かせる)③暫読《ざんどく》此経難(悪世のなかで、しばらくの間でも法華経を読む)④少説《しょうせつ》此経難(一人のためにも法華経を説く)⑤聴受《ちょうじゅ》此経難(法華経を聴受してその義趣を質問する)⑥受持《じゅじ》此経難(法華経をよく受持する)。

九易とは①余経説法易《よきょうせっぽうい》(法華経以外の無数の経を説く)②須弥擲置《しゅみちゃくち》易(須弥山をとって他方の無数の仏土に投げ置く)③世界足擲《せかいそくちゃく》易(足の指で大千世界を動かして遠くの他国に投げる)④有頂説法《うちょうせっぽう》易(有頂天に立って無量の余経を説法する)⑤把空遊行《はくうゆぎょう》易(手に虚空・大空をとって遊行する)⑥足地昇天《そくじしょうてん》易(大地を足の甲の上に置いて梵天に昇る)⑦大火不焼《だいかふしょう》易(枯草を負って大火に入っても焼けない)⑧広説得通《こうせつとくつう》易(八万四千の法門を演説して聴者に六神通を得させる)⑨大衆羅漢《だいしゅらかん》易(無量の衆生に阿羅漢位を得させて六神通をそなえさせる)。

【立宗時の誓願と六難九易】「開目抄」には、立宗に踏み切られる当時、日蓮大聖人が六難九易を拝して「成仏を求める強い心を起こして、退転するまい、と誓願したのである」(200㌻、通解)と明かされている。大聖人は立宗宣言に先立ち、人々をだまして真実の教えである法華経への信を破り不幸に陥れている元凶が、諸宗の悪僧・悪知識であると、ただ一人ご存知であられた。そして、そのことを一言でも口にすれば必ず大難に遭い、言わなければ無慈悲であり来世に必ず無間地獄に

堕ちると葛藤された。それでも不退の誓願を立てて、法華経を弘通しようと決断される根拠になったのが、この六難九易であったと仰せになっている。

【仏自身の教判である六難九易を身読】また「開目抄」(218㌻以下)では、諸宗がそれぞれよりどころとする経典に自ら第一であると述べられていても、「已今当《いこんとう》」や六難九易のように、仏自らが判定した教えの浅深がわからなければ、そこで説かれている法理の浅深に迷ってしまうと仰せである。そして、現実に六難九易をわきまえて法華経を忍難弘通している御自身について「当世・日本国に第一に富める者は日蓮なるべし」(223㌻)と宣言され、「法華経の六難九易が分かったので、すべての経典は読まなくてもわがものとなっているのである」(同㌻、通解)と仰せになっている。[参照]浅きは易く深きは難し/已今当

六入｜ろくにゅう　六処《ろくしょ》ともいう。感覚・認識の器官である眼・耳・鼻・舌・身・意の六根、またはその認識対象である色・声・香・味・触・法の六境のこと。六根を内の六入、六境を外の六入という。合わせて十二入といい、これに根と境の接触によってできる六識を加えて十八界という。

六波羅蜜｜ろくはらみつ　大乗の菩薩が実践し獲得すべき六つの徳目。六度ともいう。波羅蜜はサンスクリットのパーラミターの音写で、完成・究極の意。「度」と漢訳される。①布施《ふせ》(財施や法を説くこと)②持戒《じかい》(戒律を守る)③忍辱《にんにく》(苦難を耐え忍ぶ)④精進《しょうじん》(たゆまず修行に励む)⑤禅定《ぜんじょう》(瞑想の実践)⑥智慧(般若《はんにゃ》)。前の五つそれぞれを完成させ、智慧の完成を目指す。

六万恒河沙｜ろくまんごうがしゃ　法華経従地涌出品第15で、娑婆世界の大地から涌出した地涌の菩薩の数、またこの菩薩おのおのが率いている眷属の数をいう(法華経452〜453㌻)。恒河沙とはインドのガンジス川(恒河)の砂の粒のことで、無量の数を表す。[参照]恒河/地涌の菩薩

六万蔵｜ろくまんぞう　膨大な量があるということ。御書本文は「六万蔵あり」(187㌻)。御書にも引用される源信(恵心僧都)の『往生要集』には、「調達誦六万蔵経」とある。もともと出曜経に「誦する所の仏経は六万にして、象に載するも勝《た》へず」とあり、道宣の『続高僧伝』の中の智顗伝には、これを踏まえて「覬(=智顗)諫を表して曰く、調達は六万象経を誦するも、地獄を免れず」とある。おそらく源信は「象」を不審に思って音の通じる「蔵」に改めたのだと思われる。「六万象経」は「書物の形にすれば六万頭の象に乗せるほどの」という意味。いずれにしても、非常に多くの経典ということ。

鹿野苑｜ろくやおん　サンスクリットのムリガダーヴァの訳。古代インドの波羅奈国(ヴァーラーナシー)にあった園林。現在のヴァーラーナシーの北方にあるサールナートに位置する。釈尊が苦行を捨てて菩提樹下で初めて覚りを開いたのち、この鹿野苑において阿若憍陳如《あにゃきょうじんにょ》ら5人の比丘に初めて法を説いたので、初転法輪の地といわれる。この地は早くから仏教徒の巡拝が

行われ、それに伴って仏塔や僧院などが建造され、付近からインド彫刻史上の傑作といわれるアショーカ石柱の獅子柱頭も出土している。

六欲天｜ろくよくてん　欲界《よっかい》に属する6層からなる天のこと。①四王天《しおうてん》。須弥山《しゅみせん》の第4層級の四面に住む持国天《じこくてん》（東）、増長天《ぞうじょうてん》（南）、広目天《こうもくてん》（西）、多聞天《たもんてん》（北）の四天王とその眷属のすみかで、日月や星々をも含む。②忉利天《とうりてん》。須弥山の頂上にある。帝釈天《たいしゃくてん》を中央にして、四方にそれぞれ八天があるので、合計して三十三天ともいう。③夜摩天《やまてん》。忉利天より8万由旬の上空にある。善分天または時分天と訳す。ここの天衆は、時に従って快楽を受けるのでこの名がある。④都率天《とそつてん》（兜率天）。喜足天と訳す。五つの欲求が満足するのでこの名がある。都率天の内院には、補処《ふしょ》（次の生で仏の地位を受け継ぐ者）の菩薩として弥勒《みろく》が説法をしているとされ、外院には天衆が住む。⑤化楽天《けらくてん》。楽変化天ともいう。自らの欲望によってつくり出した対象を楽しむところからこの名がつけられた。⑥他化自在天《たけじざいてん》。欲界の頂天にある。他者が欲望によってつくり出した対象を自在に変化させ、自らが楽を受けるのでこの名がある。魔王の宮殿があるので第六天、魔天ともいう。参照 欲界/三界/四天王/忉利天/都率天/第六天の魔王

六老僧｜ろくろうそう　日蓮大聖人が弘安5年（1282年）10月8日、御入滅に先立って定めた6人の本弟子のことで、日興上人と日昭・日朗・日向・日頂・日持《にちじ》のこと。大聖人の滅後に、日興上人を除く五老僧は、幕府の権力や仏教界の権威に屈し、大聖人の本義から離れて天台沙門と名乗り、日興上人に背反した。参照 日興上人/天台沙門

六界｜ろっかい　地獄・餓鬼・畜生・修羅・人・天という六道のこと。迷いの境涯。参照 六道/十界

『六巻抄』｜ろっかんしょう　享保10年（1725年）、日寛上人作。三重秘伝抄第一、文底秘沈抄第二、依義判文抄第三、末法相応抄第四、当流行事抄第五、当家三衣抄第六の6巻からなる。日寛上人は同著作により、日蓮宗派の異流義を打破し、富士門流を内外に宣揚した。

六境｜ろっきょう　六根の対象となる色形・音声・香り・味・感触・現象の六つ。参照 六根

***六根**｜ろっこん　目・耳・鼻・舌・身（皮膚）と意（心）という六つの感覚・認識器官。参照 六境

***六根清浄の功徳**｜ろっこんしょうじょうのくどく　法華経の信仰と実践により、六根が清らかになることでもたらされる種々の功徳のこと。法華経法師功徳品第19に説かれる。六根が煩悩の影響を受けず正しく働き、清らかになることを六根清浄という。この六根清浄という正しい認識・判断・行動の結果として、種々の功徳がもたらされる。同品には「若し善男子・善女人、是の法華経を受持し、若しは読み若しは誦し、若しは解説し、若しは書写せば、是の人は当に八百の眼の功徳・千二百の耳の功徳・八百の鼻の功徳・千二百の舌の功徳・八百の身の功徳・千二百の意の功徳を得べし。

あ か さ た な は ま や ろ わ

是の功徳を以て、六根を荘厳して、皆清浄ならしめん」(法華経527ページ)とある。参照 功徳

六派哲学｜ろっぱてつがく　古代インドのバラモン哲学の代表的な六つの学派をいう。二つずつの姉妹学派3対からなる。サーンキヤ(数論)・ヨーガ、ニヤーヤ(正理)・ヴァイシェーシカ(勝論)、ミーマーンサー・ヴェーダーンタの6学派3対である。

①サーンキヤは精神と物質の二元論を立て、無神論を主張した。②ヨーガ学派はサーンキヤの主張と大差はないが、最高神の存在を認め、ヨーガによる精神統一を説いた。③ニヤーヤ学派は推理・論証を研究した。④ヴァイシェーシカ学派は自然哲学で、実体・性質・運動・普遍・特殊・内属の六つの原理を立てて、現象を分析し位置づけた。⑤ミーマーンサー学派はヴェーダに説かれる祭祀規定の実行について、その方法と意義を研究した。⑥ヴェーダーンタ学派はヴェーダの終結部であるウパニシャッドに説かれる奥義を研究した。参照 バラモン教

六波羅蜜経｜ろっぱらみつきょう　大乗理趣六波羅蜜多経《だいじょうりしゅろっぱらみったきょう》の略。中国・唐の般若訳。10巻。般若経典の一つ。般若経典を仏の智慧を説いた真実の経典と位置づけるとともに、経典・論書などを学ぶ力がない者のために呪文(陀羅尼)が説かれたとする。菩薩が実践すべき6種の修行(六波羅蜜)が説かれている。空海(弘法)は自著『弁顕密二教論』で、この経典の「大乗般若は猶熟蘇の如く、総持門(=密教の呪文)は譬えば醍醐の如し……総持門は契経等の中に最も第一たり」などの文を引き、「中国の学者らは争って密教に説かれる醍醐味を盗み、それぞれが自宗を醍醐味と名づけた」(通解、244ページなどで引用)と述べている。日蓮大聖人はこの点を法華誹謗として諸御抄で厳しく糾弾されている(222ページ、277ページ以下など)。参照 六波羅蜜

六方の諸仏｜ろっぽうのしょぶつ　阿弥陀経に説かれる、東・西・南・北・上・下の六方の国土に住み、阿弥陀仏の教説を賛嘆し保証する諸仏。

論師｜ろんじ　「論」を著して仏法を宣揚する人。例えば、正法時代の竜樹(ナーガールジュナ)、世親(天親、ヴァスバンドゥ)など。参照 人師

わ

和気妹子｜わけのいもこ　小野妹子《おののいもこ》のこと。7世紀前半(生没年不詳)の豪族。『聖徳太子伝暦』巻上によると、聖徳太子は小野妹子を中国へ派遣して、法華経を取り寄せたといわれる。

和気弘世｜わけのひろよ　生没年不詳。平安初期の貴族で、和気清麻呂《わけのきよまろ》の長子。弟の真綱と共に深く仏法を信じ、日本天台宗の成立に貢献した。

和気真綱｜わけのまつな　783年～846年。平安初期の貴族で、和気弘世の弟。弘世とともに伝教大師最澄に帰依し、和気氏の氏寺である高雄山寺《たかおさんじ》に南都六宗の高僧14人を集め、伝教大師を講師とする法華会《ほっけえ》を主催した。

***和合僧**｜わごうそう　仏道を正しく実践し広めている人々の集い。サンスクリットではサンガと呼ばれ、漢訳経典では「僧伽《そうぎゃ》」などと音写され、「和合」などと訳される。その両者を併せて「和合僧」ともいう。

和尚/和上｜わじょう　サンスクリットのウパーヤドヤーヤの俗語形の音写。和尚と和上は同じ。①弟子に戒を授け、指導・育成する者のこと。戒和尚のこと。②弟子から師を尊称する用語。後に転じて高僧に対する尊称として用いられ、さらに僧侶のことを指すようになった。読みと表記は宗派によって異なる。禅宗・浄土宗などでは和尚《おしょう》、天台宗・華厳宗などでは和尚《かしょう》、法相宗・真言宗などでは和尚《わじょう》、律宗では和上《わじょう》と呼ばれる。

我は久遠従り来 是等の衆を教化せり｜われはくおんよりこのかたこれらのしゅをきょうけせり　法華経従地涌出品第15の文(法華経467㌻)。釈尊が6万恒河沙という無数の地涌の菩薩を久遠の昔から教化してきたことを述べている。これによって、釈尊が成仏して以来、久遠の時を経ていることがあらあら明かされたので、略開近顕遠の文とされる。参照 従地涌出品

付　録

1. 地　図

①日蓮大聖人の主な足跡

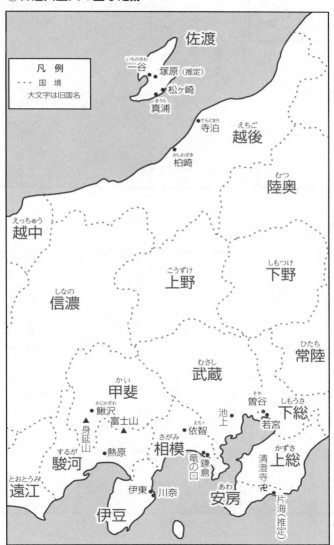

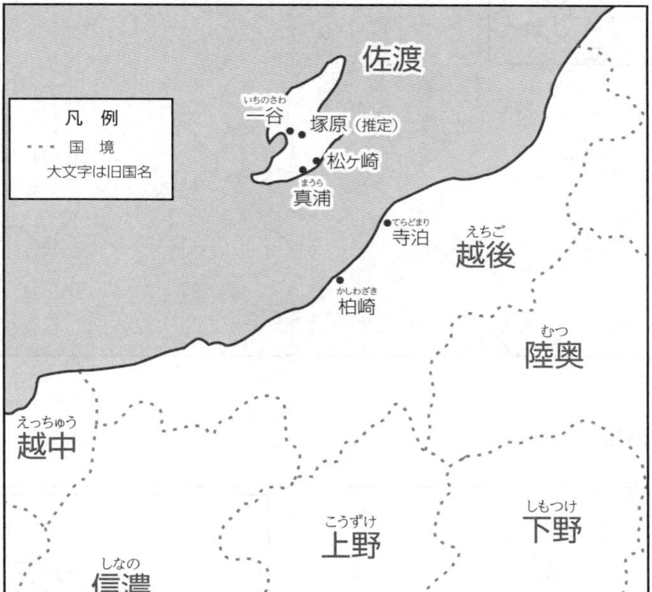

②安房国東条郡《あわのくにとうじょうぐん》周辺

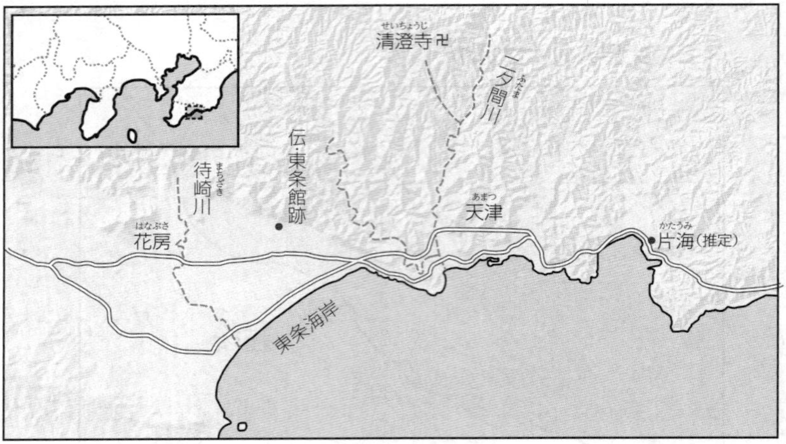

③下総《しもうさ》周辺

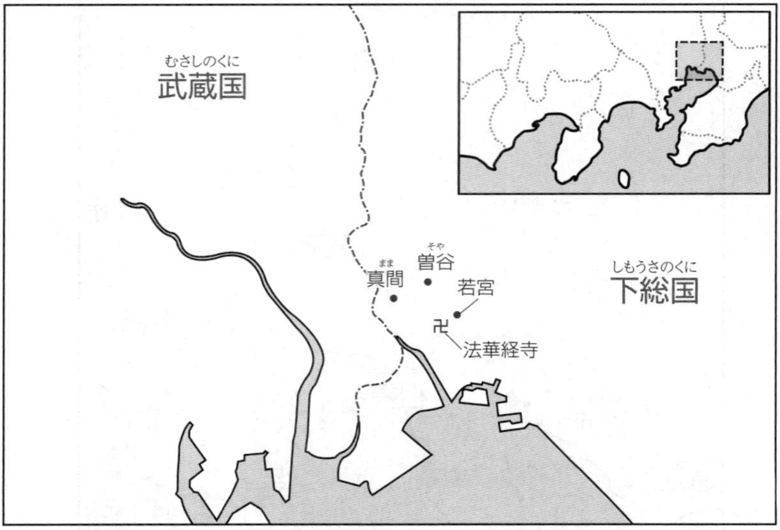

④鎌倉周辺

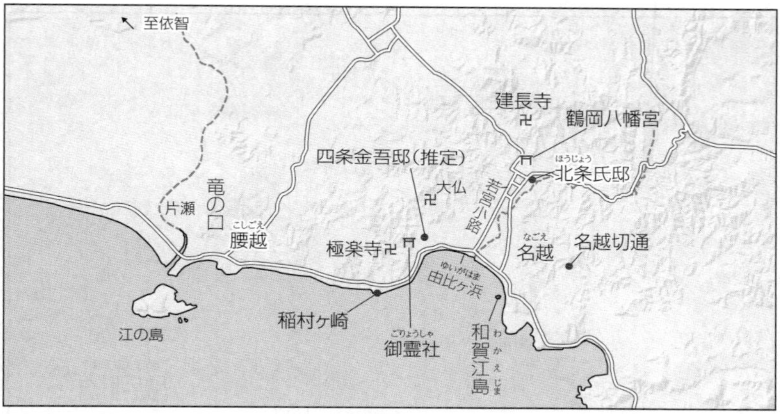
至依智
片瀬
竜の口
腰越《こしごえ》
江の島
稲村ヶ崎
極楽寺
四条金吾邸(推定)
大仏
御霊社《ごりょうしゃ》
建長寺
鶴岡八幡宮
北条氏邸《ほうじょう》
若宮小路
由比ヶ浜《ゆいがはま》
和賀江島《わかえじま》
名越《なごえ》
名越切通

⑤佐渡周辺

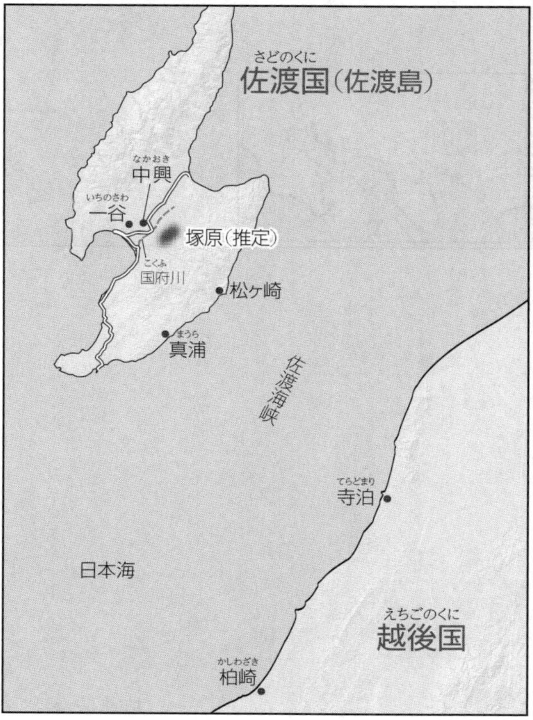
佐渡国《さどのくに》(佐渡島)
中興《なかおき》
一谷《いちのさわ》
塚原(推定)
国府《こくふ》川
松ヶ崎
真浦《まうら》
佐渡海峡
寺泊《てらどまり》
日本海
越後国《えちごのくに》
柏崎《かしわざき》

⑥甲《か》斐《い》・駿《する》河《が》周辺

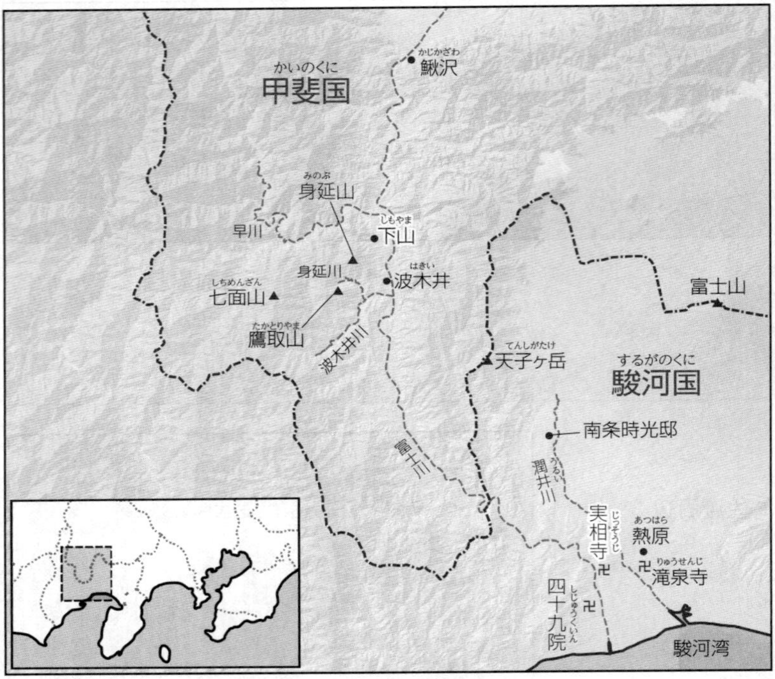

*地図②④⑤⑥の地形は地理院地図をもとに作成

2. 年　表

○日蓮大聖人の御生涯 略年譜

(聖寿は数え年、▽印は「この年ごろ」を示す)

西暦	元号	聖寿	日蓮大聖人の御事跡	一般歴史事項
1222	貞応元	1	2月16日、安房国長狭郡東条郷片海（千葉県鴨川市）に御生誕	前年(1221)に承久の乱
1233	天福元	12	春、安房国の清澄寺に登り、修学を始める	
1237	嘉禎3	16	清澄寺で得度し、是聖房と名乗る	
1239	延応元	18	▽鎌倉などに遊学する	
1242	仁治3	21	▽比叡山(滋賀県大津市)などに遊学する	執権・北条泰時が没する
1246	寛元4	25	3月8日、日興上人が甲斐国鰍沢（山梨県南巨摩郡鰍沢町）で生まれる	北条時頼が執権となる
1253	建長5	32	4月28日、清澄寺で立宗宣言 ▽日蓮と名を改め、鎌倉に草庵を構えて弘教を開始する ▽富木常忍が門下となる	北条時頼が建長寺を創建し蘭渓道隆を開山とする
1255	建長7	34		興福寺衆徒が東大寺を焼く
1256	康元元	35	▽四条金吾（頼基）、池上宗仲らが入信する	北条時頼が執権を辞し、北条長時を執権とする
1257	正嘉元	36	「立正安国論」（17ﾍﾟｰｼﾞ）執筆について考え始める	8月23日、鎌倉で大地震（正嘉の大地震）
1260	文応元	39	7月16日、「立正安国論」を北条時頼に提出し、諫める（第1回の国主諫暁）。直後（7月または8月）に草庵を念仏者らに襲撃される（松葉ケ谷の法難）	蒙古の世祖フビライ・ハン即位
1261	弘長元	40	5月12日、伊豆国伊東に流罪となる（伊豆流罪）	北条重時が没する
1263	弘長3	42	2月22日、流罪が赦免となり鎌倉に戻る	北条時頼が没する
1264	文永元	43	11月11日、安房国東条の松原で地頭・東条景信による襲撃を受ける（小松原の法難）	7月、彗星が現れる（文永の大彗星）

西暦	元号	聖寿	日蓮大聖人の御事跡	一般歴史事項
1268	文永5	47	10月11日、十一通御書（169ﾍﾟｰｼﾞ以下）を北条時宗はじめ関係各所に送る	閏1月、蒙古の国書が幕府に届く。3月、北条時宗が執権となる
1271	文永8	50	夏、祈雨の勝負で極楽寺良観（忍性）を破る 9月12日、平左衛門尉頼綱により逮捕され、頼綱を厳しく諫める（第2回の国主諫暁）。同日深夜、頸の座に臨む（竜の口の法難）。これを機に発迹顕本する。相模国依智（神奈川県厚木市北部）の本間重連の館に移送される 10月10日、本間の館を出て流罪地・佐渡に向かう 11月1日、佐渡・塚原の三昧堂に入る 「開目抄」（186ﾍﾟｰｼﾞ）の執筆について考え始める	蒙古が国名を「元」と改める
1272	文永9	51	1月16・17日、塚原問答 2月、「開目抄」を門下一同に与える	2月、幕府内部の内乱（二月騒動）が起きる
1273	文永10	52	4月25日、「観心本尊抄」（238ﾍﾟｰｼﾞ）を著す	
1274	文永11	53	3月13日、佐渡流罪から赦免となり、一谷を出発 3月26日、鎌倉に着く 4月8日、平左衛門尉頼綱と会見し、諫暁を行う。年内に蒙古襲来があると予言（第3回の国主諫暁） 5月17日、身延に入る	10月、第1回蒙古襲来（文永の役）
1275	建治元	54	日興上人の教化により、駿河国（静岡県中部）の天台宗寺院の寺僧などが大聖人門下となる。それにより天台宗寺院側からの迫害が起きる ▽「撰時抄」（256ﾍﾟｰｼﾞ）を著す	3月、極楽寺が消失 9月、幕府が元の使者を竜の口で斬る
1276	建治2	55	7月21日、「報恩抄」（293ﾍﾟｰｼﾞ）を著す	

西暦	元号	聖寿	日蓮大聖人の御事跡	一般歴史事項
1277	建治3	56		春より疫病が流行
1278	弘安元	57		蘭渓道隆が没する
1279	弘安2	58	9月21日、数年にわたる熱原地域の迫害（熱原の法難）の中で、熱原の農民信徒20人が捕らえられる	7月、幕府が元の使者を博多で斬る
1281	弘安4	60		5月、第2回蒙古襲来（弘安の役）が始まる
1282	弘安5	61	9月8日、身延山を下る 9月18日、武蔵国池上（東京都大田区池上）の池上宗仲邸に到着 10月13日、池上宗仲邸で御入滅	12月、北条時宗が鎌倉に円覚寺を創建

○日本仏教 生没年表（出生順、～鎌倉末期）

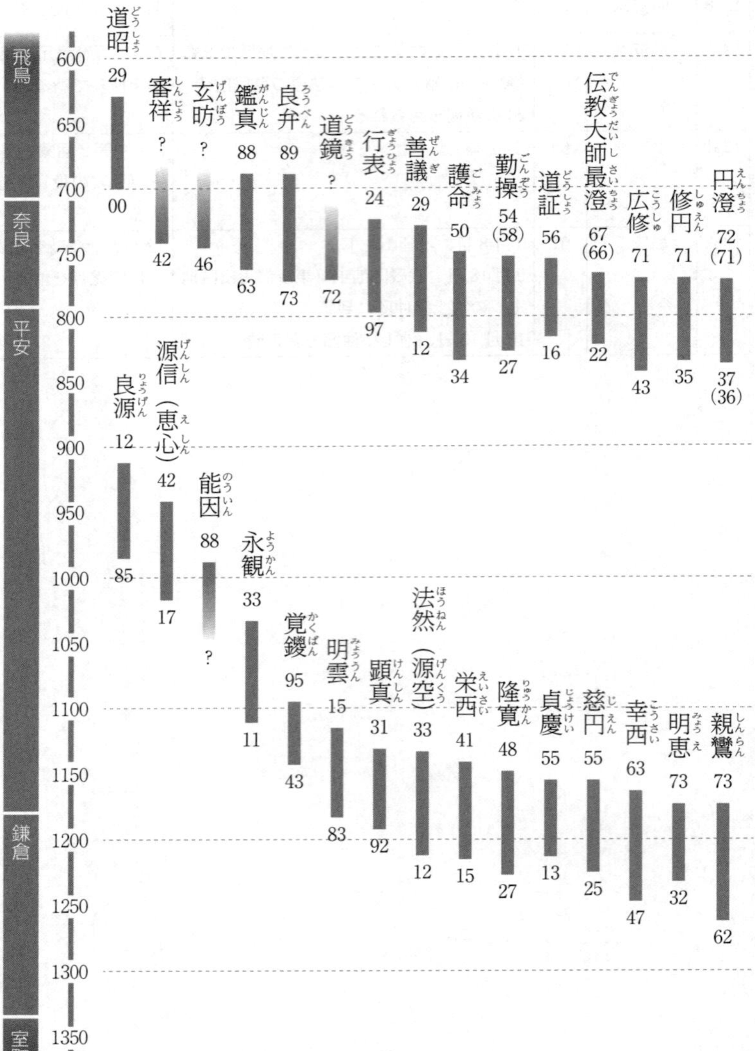

*主に本書に登場し、生年または没年がわかる人物を収録した

*表中の洋数字は生没年の下2桁を、()内は他説を示す

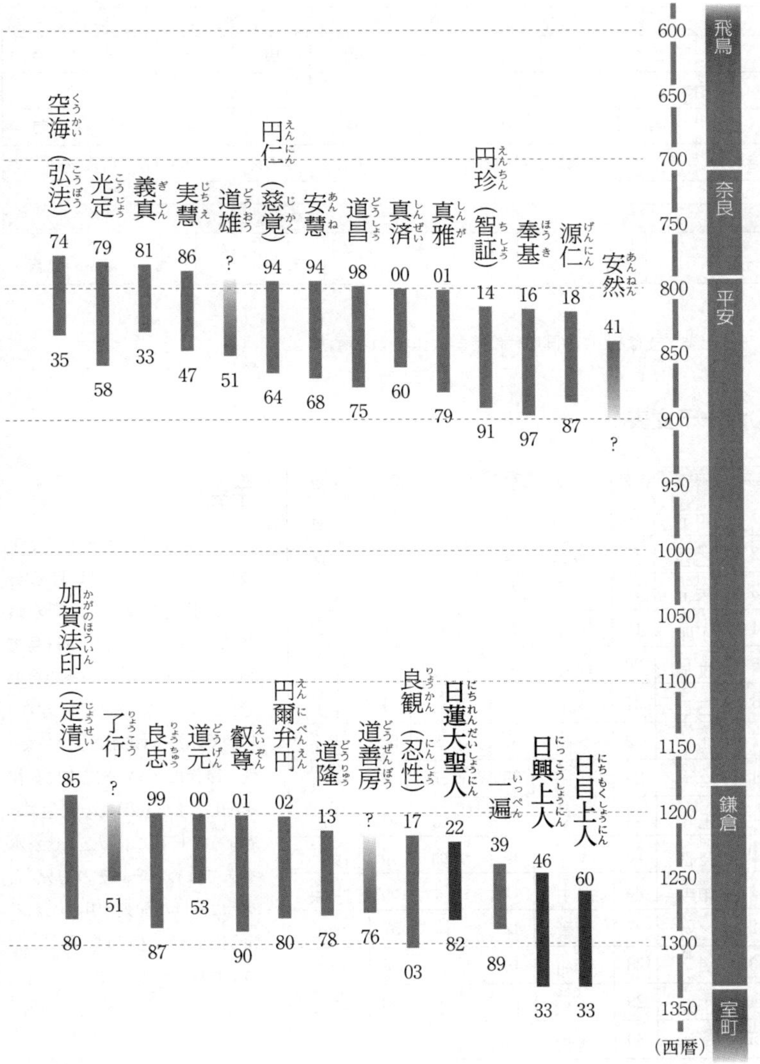
飛鳥
奈良
平安
鎌倉
室町
600
650
700
750
800
850
900
950
1000
1050
1100
1150
1200
1250
1300
1350
（西暦）
空海《くうかい》（弘法《こうぼう》） 74 35
光定《こうじょう》 79 58
義真《ぎしん》 81 33
実慧《じちえ》 86 47
道雄《どうおう》 ? 51
円仁《えんにん》（慈覚《じかく》） 94 64
安慧《あんね》 94 68
道昌《どうしょう》 98 75
真済《しんぜい》 00 60
真雅《しんが》 01 79
円珍《えんちん》（智証《ちしょう》） 14 91
奉基《ほうき》 16 97
源仁《げんにん》 18 87
安然《あんねん》 41 ?
加賀法印《かがのほういん》（定清《じょうせい》） 85 80
了行《りょうこう》 ? 51
良忠《りょうちゅう》 99 87
道元《どうげん》 00 53
叡尊《えいぞん》 01 90
円爾弁円《えんにべんえん》 02 80
道隆《どうりゅう》 13 78
道善房《どうぜんぼう》 ? 76
良観《りょうかん》（忍性《にんしょう》） 17 03
日蓮大聖人《にちれんだいしょうにん》 22 82
一遍《いっぺん》 39 89
日興上人《にっこうしょうにん》 46 33
日目上人《にちもくしょうにん》 60 33

3. 図　表

○十干《じっかん》と十二支《じゅうにし》

十干									
甲	乙	丙	丁	戊	己	庚	辛	壬	癸
木		火		土		金		水	
兄	弟	兄	弟	兄	弟	兄	弟	兄	弟
きのえ	きのと	ひのえ	ひのと	つちのえ	つちのと	かのえ	かのと	みずのえ	みずのと

十二支											
子《ね》	丑《うし》	寅《とら》	卯《う》	辰《たつ》	巳《み》	午《うま》	未《ひつじ》	申《さる》	酉《とり》	戌《いぬ》	亥《い》

十干と十二支はともに中国殷代に始まるといわれる暦法。

○六十干支表《ろくじっかんしひょう》

番号	干支	番号	干支	番号	干支	番号	干支
1	甲《きのえ》子《ね》	16	己《つちのと》卯《う》	31	甲《きのえ》午《うま》	46	己《つちのと》酉《とり》
2	乙《きのと》丑《うし》	17	庚《かのえ》辰《たつ》	32	乙《きのと》未《ひつじ》	47	庚《かのえ》戌《いぬ》
3	丙《ひのえ》寅《とら》	18	辛《かのと》巳《み》	33	丙《ひのえ》申《さる》	48	辛《かのと》亥《い》
4	丁《ひのと》卯《う》	19	壬《みずのえ》午《うま》	34	丁《ひのと》酉《とり》	49	壬《みずのえ》子《ね》
5	戊《つちのえ》辰《たつ》	20	癸《みずのと》未《ひつじ》	35	戊《つちのえ》戌《いぬ》	50	癸《みずのと》丑《うし》
6	己《つちのと》巳《み》	21	甲《きのえ》申《さる》	36	己《つちのと》亥《い》	51	甲《きのえ》寅《とら》
7	庚《かのえ》午《うま》	22	乙《きのと》酉《とり》	37	庚《かのえ》子《ね》	52	乙《きのと》卯《う》
8	辛《かのと》未《ひつじ》	23	丙《ひのえ》戌《いぬ》	38	辛《かのと》丑《うし》	53	丙《ひのえ》辰《たつ》
9	壬《みずのえ》申《さる》	24	丁《ひのと》亥《い》	39	壬《みずのえ》寅《とら》	54	丁《ひのと》巳《み》
10	癸《みずのと》酉《とり》	25	戊《つちのえ》子《ね》	40	癸《みずのと》卯《う》	55	戊《つちのえ》午《うま》
11	甲《きのえ》戌《いぬ》	26	己《つちのと》丑《うし》	41	甲《きのえ》辰《たつ》	56	己《つちのと》未《ひつじ》
12	乙《きのと》亥《い》	27	庚《かのえ》寅《とら》	42	乙《きのと》巳《み》	57	庚《かのえ》申《さる》
13	丙《ひのえ》子《ね》	28	辛《かのと》卯《う》	43	丙《ひのえ》午《うま》	58	辛《かのと》酉《とり》
14	丁《ひのと》丑《うし》	29	壬《みずのえ》辰《たつ》	44	丁《ひのと》未《ひつじ》	59	壬《みずのえ》戌《いぬ》
15	戊《つちのえ》寅《とら》	30	癸《みずのと》巳《み》	45	戊《つちのえ》申《さる》	60	癸《みずのと》亥《い》

干支《えと》

十干と十二支を合わせて干支《かんし》ともいう。十干は1月を3分した「旬《じゅん》」を数え、十二支は1年の各月を示すための符号であったが、後に両者の組み合わせによって60個の記号をつくり、日数や年月をあらわすようになった。後代になって十二支に動物を配し、また五行説の発生にともなって十干に木・火・土・金・水をあてはめ、それぞれを兄《え》と弟《と》に分けた配列が用いられるようになった。例えば、甲午《きのえうま》は「木の兄と馬」の意。

○方位と時刻

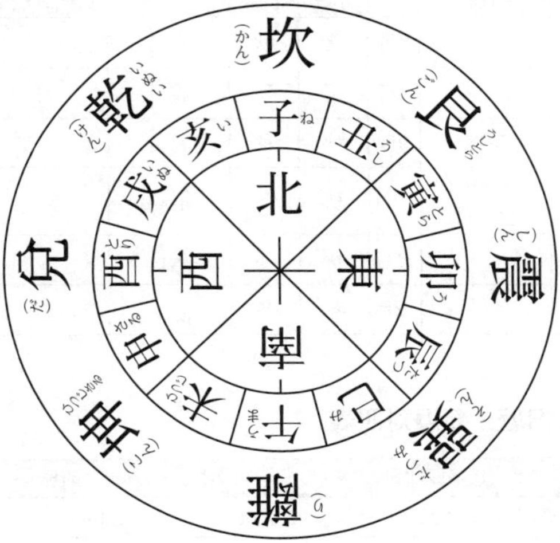

方位

方位は東西南北の四方が基準となり、北を中心に北から東、東から南、南から西の順に進む。また昔から十二支による配列が用いられ、北から東に進んで子・丑・寅・卯の順に十二方を示す。さらに易《えき》の八卦《はっけ》(乾・坎・艮・震・巽・離・坤・兌)を配して八方とする場合もある。このとき北東の艮《ごん》は丑と寅の中間にあるから艮《うしとら》と訓じ、他もこの例にしたがう。

時刻

1昼夜を12等分して時間の区分を示した。これには十二支を配する方法および夜半と正午を九つとして、1刻ごとに八つ、七つ、六つと減じ以下四つまで数える方法があった。十二支の配列は方位とも関係するが、夜半前後の1刻を子の刻とし、続いて丑・寅・卯・辰の順に1刻ずつの区切りを示す。あるいは午前0時から同2時までを子の刻とする説もある。

○新暦と旧暦に見る四季と月の関係

	新暦	旧暦	月の別称	御書の別称		新暦	旧暦	月の別称	御書の別称
1月	冬	春	睦月《むつき》	正月	7月	夏	秋	文月《ふみづき》	
2月	冬	春	如月《きさらぎ》		8月	夏	秋	葉月《はづき》	
3月	春	春	弥生《やよい》	下春	9月	秋	秋	長月《ながつき》	
4月	春	夏	卯月《うづき》	卯月/二二月	10月	秋	冬	神無月《かんなづき》	
5月	春	夏	皐月《さつき》		11月	秋	冬	霜月《しもつき》	
6月	夏	夏	水無月《みなづき》		12月	冬	冬	師走《しわす》	

○日蓮大聖人の御事跡　旧暦・新暦対照表

御事跡	元号(西暦)	旧暦	新暦
御生誕	貞応元年(1222年)	2月16日	4月6日
立宗宣言	建長5年(1253年)	4月28日	6月2日
正嘉の大地震	正嘉元年(1257年)	8月23日	10月9日
「立正安国論」提出	文応元年(1260年)	7月16日	8月31日
伊豆流罪	弘長元年(1261年)	5月12日	6月18日
伊豆流罪赦免	弘長3年(1263年)	2月22日	4月8日
小松原の法難	文永元年(1264年)	11月11日	12月8日
蒙古の国書到来	文永5年(1268年)	閏1月18日	3月10日
竜の口の法難	文永8年(1271年)	9月12日	10月24日
依智を出発し佐渡へ	文永8年(1271年)	10月10日	11月20日
佐渡・塚原着	文永8年(1271年)	11月1日	12月11日
塚原問答	文永9年(1272年)	1月16日、17日	2月23日、24日
「観心本尊抄」を御執筆	文永10年(1273年)	4月25日	5月20日
佐渡流罪赦免(赦免状の日付)	文永11年(1274年)	2月14日	3月30日
鎌倉着	文永11年(1274年)	3月26日	5月11日
平左衛門尉頼綱を諫暁	文永11年(1274年)	4月8日	5月22日
身延に入山	文永11年(1274年)	5月17日	6月29日
身延を出発	弘安5年(1282年)	9月8日	10月17日
池上邸で御入滅	弘安5年(1282年)	10月13日	11月21日

*新暦はグレゴリオ暦

○御供養の品々

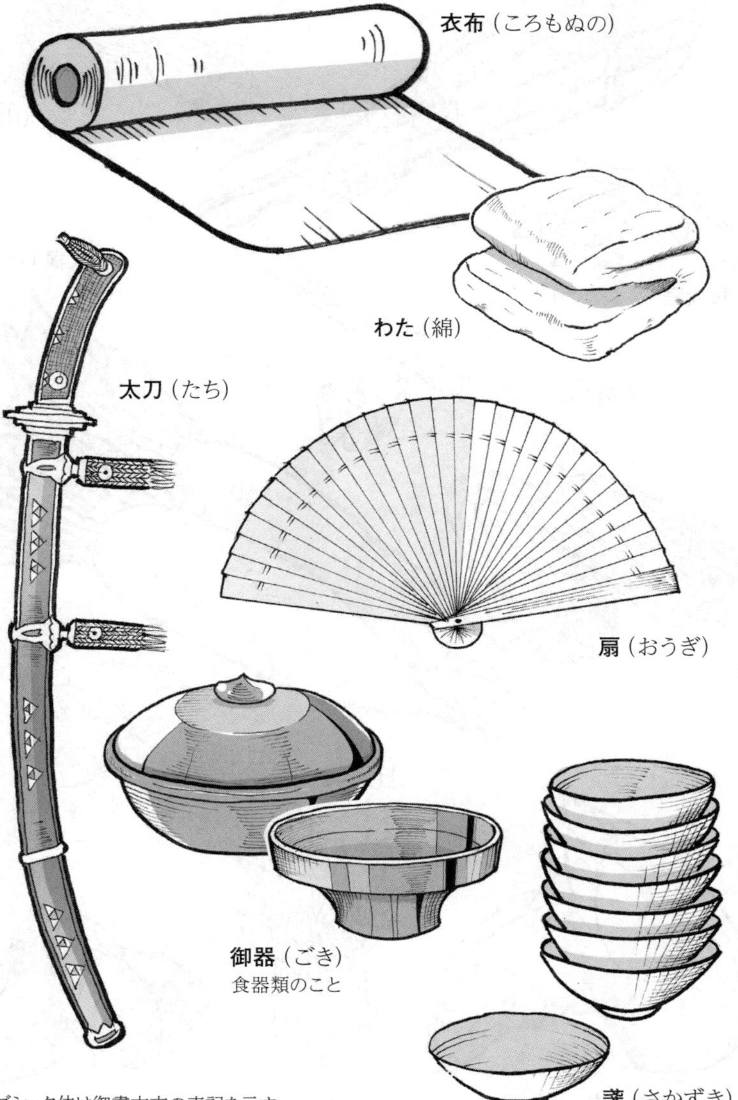

*ゴシック体は御書本文の表記を示す

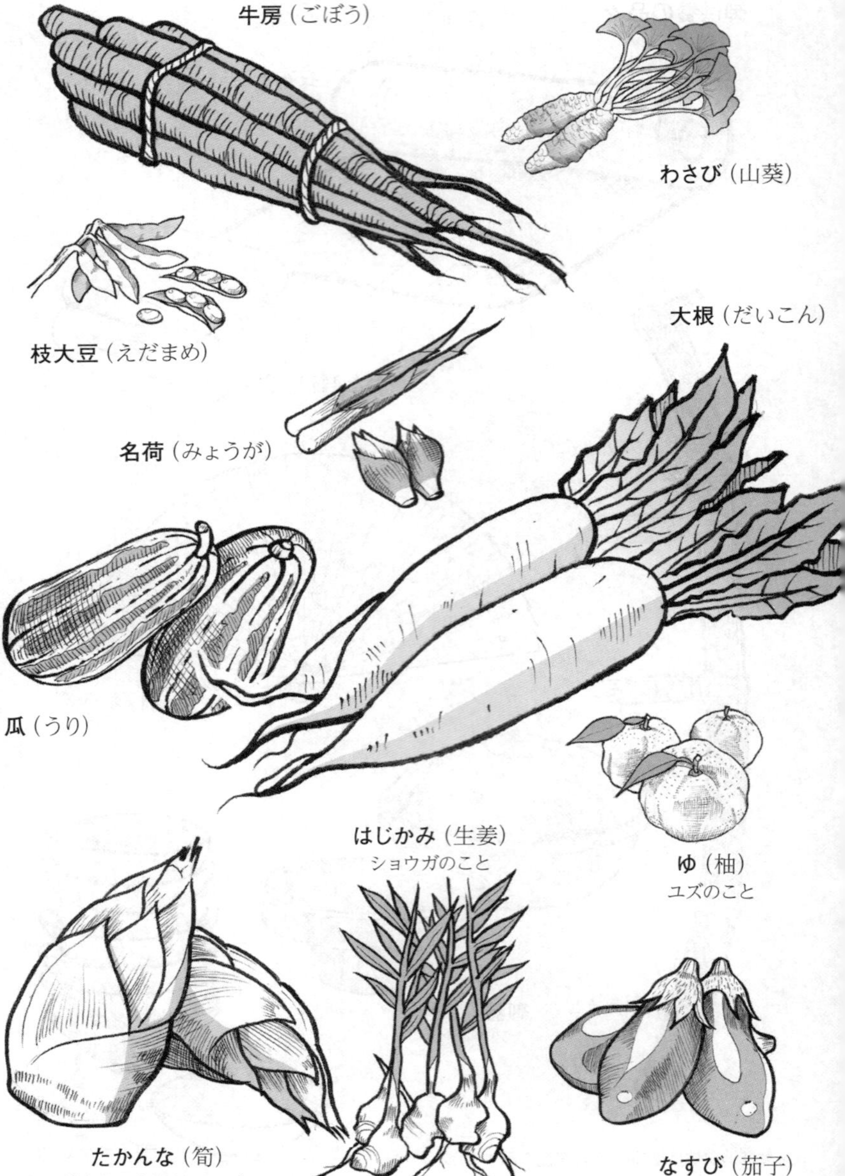
牛房（ごぼう）
わさび（山葵）
枝大豆（えだまめ）
大根（だいこん）
名荷（みょうが）
瓜（うり）
はじかみ（生姜）
ショウガのこと
ゆ（柚）
ユズのこと
たかんな（筍）
笋とも。タケノコのこと
なすび（茄子）

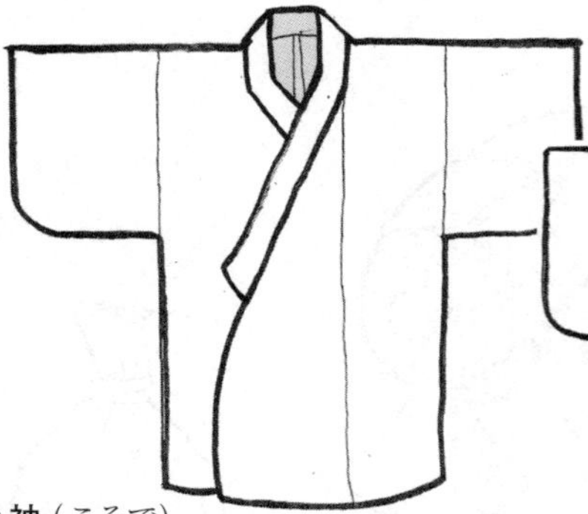

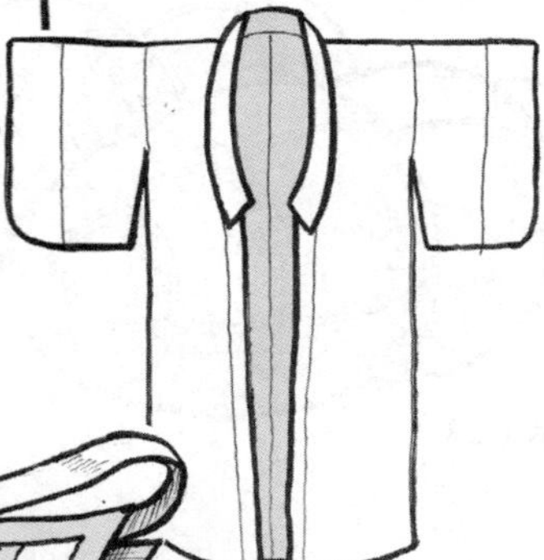

帷（かたびら）
帷子とも書く

小袖（こそで）

袈裟（けさ）

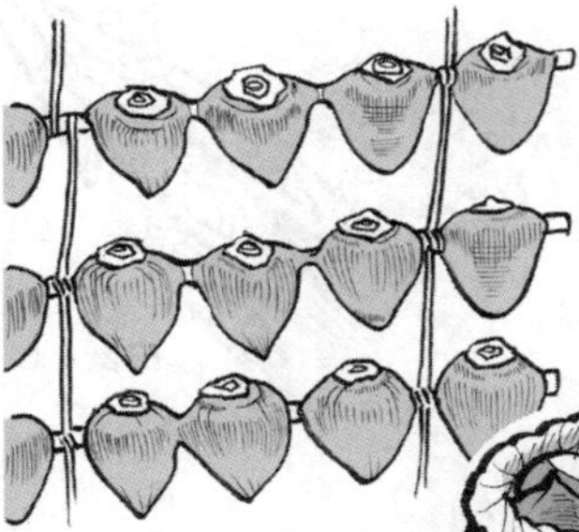

菓子（かし）
当時は果実のことをいう

串柿（くしがき）

栗（くり）

土筆（つくづくし）
ツクシのこと

柘榴（ざくろ）

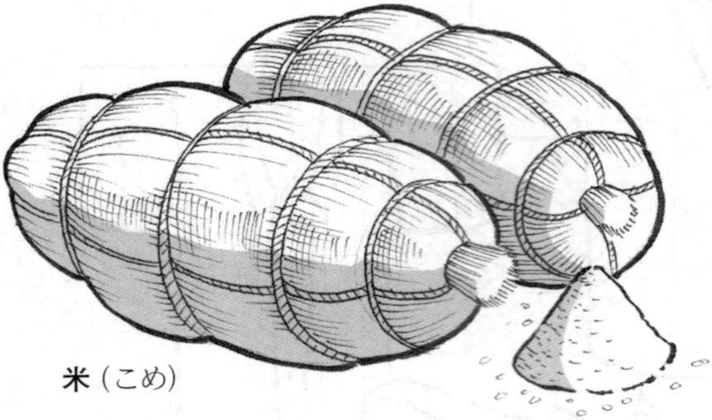

米（こめ）

干飯（ほしいい）

大豆（だいず）

白麦（しろむぎ）

十字（むしもち）
十字形の割れ目を入れた蒸し餅
（麦などの粉を練って蒸しあげたもの）のこと

餅（もち）

粽（ちまき）

芋（いも）
サトイモのこと

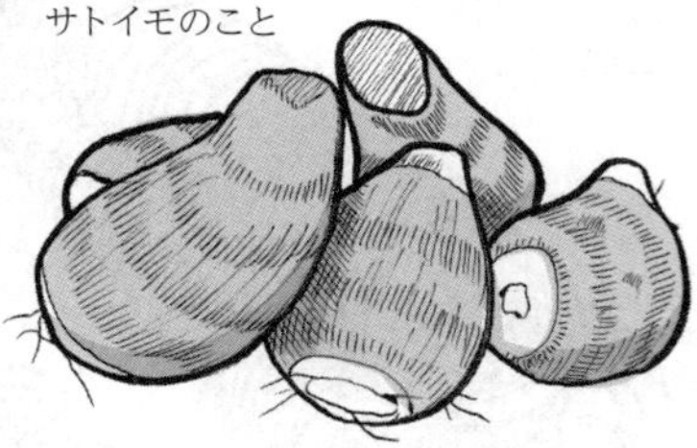

あわ（粟）

根芋（ねいも）
サトイモなどの芽ばえを
食用にするもの

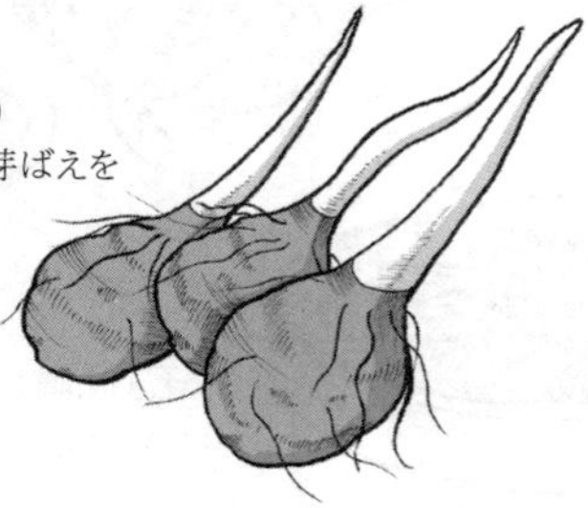

のり（海苔）

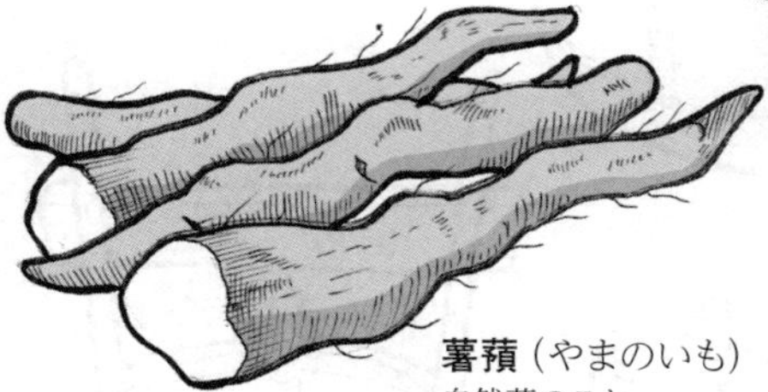

薯蕷（やまのいも）
自然薯のこと

なまひじき（生ひじき）

生和布（なまわかめ）

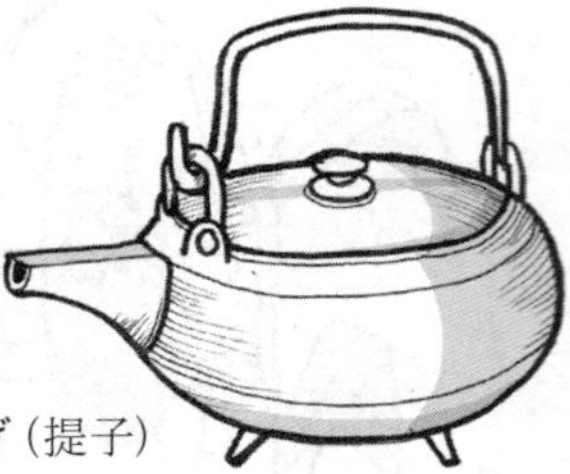

ひさげ（提子）

銭（ぜに）
鵞目《がもく》、青蚨《せいふ》ともいう

みそ（味噌）
味文字《みもじ》ともいう

すずつ（酢筒）

油筒（あぶらづつ）

塩（しお）

酒（さけ）
清酒《すみざけ》を聖人といい、濁酒《にごりざけ》を賢人という

紙（かみ）

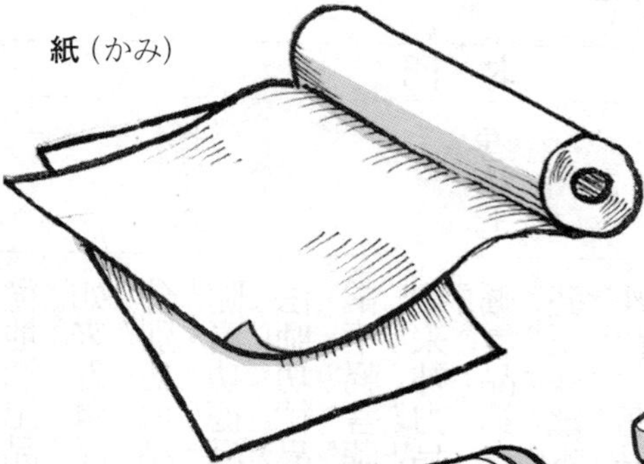

墨（すみ）

筆（ふで）

御ざ（御座）

むしろ（莚）

書籍

イラスト 株式会社 プランク

○法華経の構成（妙法蓮華経8巻28品）

本門《ほんもん》

- 従地涌出品《じゅうじゆじゅっぽん》第十五 — 地涌《じゆ》の菩薩《ぼさつ》

巻第六

- 如来寿量品《にょらいじゅりょうほん》第十六 — 久遠実成《くおんじつじょう》／良医病子《ろういびょうし》の譬《たと》え
- 分別功徳品《ふんべつくどくほん》第十七 — 現在《げんざい》の四信《ししん》／滅後《めつご》の五品《ごほん》
- 随喜功徳品《ずいきくどくほん》第十八 — 五十展転《ごじってんでん》
- 法師功徳品《ほっしくどくほん》第十九 — 六根清浄《ろっこんしょうじょう》

巻第七

- 常不軽菩薩品《じょうふきょうぼさつほん》第二十 — 不軽菩薩《ふきょうぼさつ》
- 如来神力品《にょらいじんりきほん》第二十一 — 上行菩薩《じょうぎょうぼさつ》／結要付嘱《けっちょうふぞく》
- 嘱累品《ぞくるいほん》第二十二 — 総付嘱《そうふぞく》
- 薬王菩薩本事品《やくおうぼさつほんじほん》第二十三 — 閻浮提広宣流布《えんぶだいこうせんるふ》
- 妙音菩薩品《みょうおんぼさつほん》第二十四

巻第八

- 観世音菩薩普門品《かんぜおんぼさつふもんぼん》第二十五
- 陀羅尼品《だらにほん》第二十六
- 妙荘厳王本事品《みょうしょうごんのうほんじほん》第二十七 — 浄蔵《じょうぞう》・浄眼《じょうげん》
- 普賢菩薩勧発品《ふげんぼさつかんぽっぽん》第二十八

開近顕遠《かいごんけんのん》／久遠実成《くおんじつじょう》

後霊鷲山会《ごりょうじゅせんえ》	虚空会《こくうえ》

二処三会《にしょさんえ》

迹門《しゃくもん》

巻第一	序品《じょほん》第一	如是我聞《にょぜがもん》
	方便品《ほうべんぽん》第二	諸法実相《しょほうじっそう》／如我等無異《にょがとうむい》
巻第二	譬喩品《ひゆほん》第三	三車火宅《さんしゃかたく》の譬《たと》え
	信解品《しんげほん》第四	長者窮子《ちょうじゃぐうじ》の譬え
巻第三	薬草喩品《やくそうゆほん》第五	三草二木《さんそうにもく》の譬え
	授記品《じゅきほん》第六	
	化城喩品《けじょうゆほん》第七	化城宝処《けじょうほうしょ》の譬え
巻第四	五百弟子受記品《ごひゃくでしじゅきほん》第八	衣裏珠《えりじゅ》の譬え
	授学無学人記品《じゅがくむがくにんきほん》第九	
	法師品《ほっしほん》第十	猶多怨嫉《ゆたおんしつ》　況滅度後《きょうめつどご》
	見宝塔品《けんほうとうほん》第十一	六難九易《ろくなんくい》／三変土田《さんぺんどでん》
巻第五	提婆達多品《だいばだったほん》第十二	悪人成仏《あくにんじょうぶつ》／女人成仏《にょにんじょうぶつ》
	勧持品《かんじほん》第十三	三類《さんるい》の強敵《ごうてき》／二十行《にじゅうぎょう》の偈《げ》
	安楽行品《あんらくぎょうほん》第十四	四安楽行《しあんらくぎょう》／髻中明珠《けいちゅうみょうしゅ》の譬え

開三顕一《かいさんけんいち》／二乗作仏《にじょうさぶつ》

前霊鷲山会《ぜんりょうじゅせんえ》

4. 資　料

○『希望の経典「御書」に学ぶ』 収録御書一覧

巻	御書名	宛先	開始ページ	タイトル
1	千日尼御前御返事《せんにちあまごぜんごへんじ》(雷門鼓御書《らいもんのつづみごしょ》)	千日尼《せんにちあま》(阿仏房《あぶつぼう》の妻)	1315	「心こそ大切」——師弟不二の心の絆を どこまでも深く強く
	可延定業書《かえんじょうごうしょ》	富木尼御前《ときあまごぜん》(富木常忍《ときじょうにん》の妻)	985	健康長寿——「生きて生きて生き抜く」ための信心
	最蓮房御返事《さいれんぼうごへんじ》	最蓮房《さいれんぼう》	1340	「師弟不二」——広宣流布に戦い続ける師弟の絆は三世永遠
	上野殿後家尼御返事《うえのどのごけあまごへんじ》	上野尼《うえのあま》(南条時光《なんじょうときみつ》の母)	1504	生も仏 死も仏——「生死ともに歓喜」を築く即身成仏の法門
	顕仏未来記《けんぶつみらいき》	著作	505	世界広宣流布——地涌の勇士よ! 立ち上がれ! 流罪地・佐渡から全人類救済の大宣言
2	妙一尼御前御消息《みょういちあまごぜんごしょうそく》	妙一尼《みょういちあま》	1252	冬は必ず春となる——大信力を奮い起こせ わが友よ!
	上野殿御返事《うえのどのごへんじ》(竜門御書《りゅうもんごしょ》)	南条時光《なんじょうときみつ》	1560	「我が弟子等・大願ををこせ」——師の大願「全人類の幸福」を弟子が継承!
	四条金吾殿御返事《しじょうきんごどのごへんじ》(法華経兵法事《ほけきょうへいほうのこと》)	四条金吾《しじょうきんご》	1192	「法華経の兵法」——師から弟子へ伝える「絶対勝利の信心」
	転重軽受法門《てんじゅうきょうじゅほうもん》	大田乗明《おおたじょうみょう》・曾谷《そや》教信《きょうしん》・金原法橋《かなばらほっきょう》	1000	「行動」こそ仏法者の魂——我と我が友の「宿命転換」のために!
	三沢抄《みさわしょう》	三沢殿《みさわどの》	1487	「一人立つ」勇気の継承——「師子王の心」で「第六天の魔王」を打ち破れ!
3	曾谷殿御返事《そやどのごへんじ》	曾谷殿《そやどの》	1055	師弟の大道——妙法の智慧で人類を潤す 広宣流布の共戦の旅路を
	異体同心事《いたいどうしんじ》	不明	1463	異体同心——確かなる「絶対勝利の軌道」
	報恩抄《ほうおんしょう》	著作〈浄顕房《じょうけんぼう》・義浄房《ぎじょうぼう》〉	293	永遠に人類を潤す「広宣流布の大河」——弟子の勝利こそ最高の報恩
	寂日房御書《じゃくにちぼうごしょ》	不明	902	師弟共戦——「精神の大光」で衆生の闇を照らせ! 「使命の人生」を深く、朗らかに!

3	四条金吾殿御返事《しじょうきんごどのごへんじ》 (不可惜所領事《ふかしゃくしょりょうじ》)	四条金吾《しじょうきんご》	1163	威風堂々――いかなる逆境にも負けない「師弟の大道」を悠然と!

○『勝利の経典「御書」に学ぶ』　収録御書一覧

巻	御書名	宛先	開始ページ	タイトル
1	佐渡御書《さどごしょ》	門下一同 〈富木常忍《ときじょうにん》〉	956	①「師子王の心」で、弟子よ勝て! ②「大難即宿命転換」の成仏の直道 ③一生涯、「師弟の大道」に生き抜け
2	兄弟抄《きょうだいしょう》	池上宗仲《いけがみむねなか》・ 池上宗長《いけがみむねなが》	1079	①「難を乗り越える信心」を貫き通せ ②難こそ誉れ! 師弟の大道を歩め ③断じて勝て! 師は勝利を待っている
3	乙御前御消息《おとごぜんごしょうそく》	日妙聖人《にちみょうしょうにん》 (乙御前《おとごぜん》の母)	1218	①法華経は、民衆を救う「大船」 ②師と共に「正義」と「信念」の人生を! ③常に「いよいよ」の心で永遠に勝利者に
4	崇峻天皇御書《すしゅんてんのうごしょ》	四条金吾《しじょうきんご》	1170	①「人の振る舞い」こそ仏法の真髄 ②「一人を大切に」――そこに仏法者の行動が ③「心の財第一」こそ人生勝利の要諦
5	如説修行抄《にょせつしゅぎょうしょう》	門下一同	501	①広布に戦う師弟の魂に真の「現世安穏」 ②全民衆を幸福にする慈悲の折伏行 ③大難こそ末法救済の大法弘通の証
6	法華証明抄《ほっけしょうみょうしょう》	南条時光《なんじょうときみつ》	1586	病魔を打ち破る「法華経の行者」の祈り
	四条金吾殿御返事《しじょうきんごどのごへんじ》 (世雄御書《せおうごしょ》)	四条金吾《しじょうきんご》	1165	弟子の勝利が「師匠の勝利」「仏法の勝利」に
	妙密上人御消息《みょうみつしょうにんごしょうそく》	妙密上人《みょうみつしょうにん》	1237	「一人立つ」――それが創立の心

*池田先生の御書講義『希望の経典「御書」に学ぶ』『勝利の経典「御書」に学ぶ』は、ともに聖教新聞社刊

*御書名欄の()内は、別名を示す

*宛先欄の〈〉内は、著作または門下一同宛の御書の送り先を示す

*開始ページ欄の数字は、『新編 日蓮大聖人御書全集』(創価学会版、第266刷)に依った

巻	御書名	宛先	開始ページ	タイトル
7	千日尼御前御返事《せんにちあまごぜんごへんじ》(真実報恩経事《しんじつほうおんきょうのこと》)	千日尼《せんにちあま》(阿仏房《あぶつぼう》の妻)	1309	「女人成仏の誓願」実現への大闘争
	曾谷殿御返事《そやどのごへんじ》(輪陀王御書《りんだおうごしょ》)	曾谷道宗《そやどうそう》	1059	「朗々たる唱題」で「絶対勝利」の大道を!
	減劫御書《げんこうごしょ》	高橋六郎兵衛《たかはしろくろうひょうえ》の縁者	1465	民衆の幸福を実現する仏法の智慧
8	上野殿御返事《うえのどのごへんじ》(土餅供養御書《つちもちくようごしょ》)	南条時光《なんじょうときみつ》	1508	「宗教革命の魂」継ぐ誉れの青年たれ
	兵衛志殿御書《ひょうえのさかんどのごしょ》(親父入信御書《しんぷにゅうしんごしょ》)	池上宗長《いけがみむねなが》	1095	団結第一で「弟子の勝利劇」を
	法華初心成仏抄《ほっけしょしんじょうぶつしょう》	不明	544	希望の第一歩はわが生命の変革から
9	中興入道消息《なかおきのにゅうどうしょうそく》	中興入道《なかおきのにゅうどう》夫妻	1331	人間の「善の絆」の拡大が広宣流布
	光日房御書《こうにちぼうごしょ》	光日尼《こうにちあま》	926	「生きる力」を引き出す渾身の励ましを
	妙心尼御前御返事《みょうしんあまごぜんごへんじ》(病之良薬御書《びょうしりょうやくごしょ》)	高橋六郎兵衛《たかはしろくろうひょうえ》の妻	1479	いかなる逆境をも前進への源泉に
10	四恩抄《しおんしょう》	工藤殿《くどうどの》	935	報恩こそ限りなき前進の原動力!
	阿仏房御書《あぶつぼうごしょ》(宝塔御書《ほうとうごしょ》)	阿仏房《あぶつぼう》	1304	見よ! 我らが胸中に宝塔は燦たり
	寺泊御書《てらどまりごしょ》	富木常忍《ときじょうにん》	951	正義は必ず勝つ! 毅然たる師弟の大前進を
11	日女御前御返事《にちにょごぜんごへんじ》(御本尊相貌抄《ごほんぞんそうみょうしょう》)	日女御前《にちにょごぜん》	1243	「只信心の二字」に御本尊の大功力
	上野殿御消息《うえのどのごしょうそく》(四徳四恩御書《しとくしおんごしょ》)	南条時光《なんじょうときみつ》	1526	青年よ! 最高の哲学光る人間学の王者に
	椎地四郎殿御書《しいじしろうどのごしょ》	椎地四郎《しいじしろう》	1448	「仏の使い」の誉れも高く 堂々と語りゆけ
12	華果成就御書《けかじょうじゅごしょ》	浄顕房《じょうけんぼう》・義浄房《ぎじょうぼう》	900	師弟不二ならば広宣流布は必ずできる
	四条金吾殿御返事《しじょうきんごどのごへんじ》(石虎将軍御書《せっこしょうぐんごしょ》)	四条金吾《しじょうきんご》	1185	生命を鍛え抜き、わが人間革命の大道を!
	新尼御前御返事《にいあまごぜんごへんじ》	新尼《にいあま》	904	万人の「幸福の大道」開く「信心の御本尊」

巻	御書名	宛先	開始ページ	タイトル
13	上野殿《うえのどの》御返事《ごへんじ》 （梵帝御計事《ぼんたいおんはからいのこと》）	南条時光《なんじょうときみつ》	1537	青年が歴史を変える。本物を育てよ！
	弥三郎殿《やさぶろうどの》御返事《ごへんじ》	弥三郎《やさぶろう》	1449	広布を拓く「師弟共戦」の言論戦
	兵衛志殿《ひょうえのさかんどの》御返事《ごへんじ》 （三障四魔事《さんしょうしまのこと》）	池上宗長《いけがみむねなが》	1090	「賢者は喜び」の信心で永遠の勝利を
14	上野殿《うえのどの》御返事《ごへんじ》 （刀杖難事《とうじょうのなんのこと》）	南条時光《なんじょうときみつ》	1555	嵐を越えて！ 三世に薫る師弟共戦の誉れ
	高橋入道殿《たかはしにゅうどうどの》御返事《ごへんじ》	高橋六郎兵衛《たかはしろくろうひょうえ》	1458	永遠の「希望」の道を師とともに！
	阿仏房尼御前《あぶつぼうあまごぜん》御返事《ごへんじ》 （畷堅固御書《なわてけんごごしょ》）	千日尼《せんにちあま》 （阿仏房《あぶつぼう》の妻）	1307	わが生命力は無限大——いよいよの大信力を！
15	三三蔵祈雨事《さんさんぞうきうのこと》	西山殿《にしやまどの》	1468	善知識——慈悲と智慧の光で民衆を照らせ！
	富木尼御前《ときあまごぜん》御返事《ごへんじ》	富木尼御前《ときあまごぜん》 （富木常忍《ときじょうにん》の妻）	975	眼前の一人を励ます——人間主義の行動
	四条金吾殿《しじょうきんごどの》御返事《ごへんじ》 （梵音声御書《ぼんのんじょうごしょ》）	四条金吾《しじょうきんご》	1118	勇んで語れ！ 正義と真実の声で
16	治病大小権実違目《じびょうだいしょうごんじついもく》	富木常忍《ときじょうにん》	995	「最高の哲学」で時代の闇を打ち破れ！
	九郎太郎殿《くろうたろうどの》御返事《ごへんじ》 （題目仏種御書《だいもくぶっしゅごしょ》）	九郎太郎《くろうたろう》 （南条《なんじょう》氏の縁者）	1553	一人ひとりの「志」が織りなす勝利の絵巻
	上野殿母御前《うえのどのははごぜん》御返事《ごへんじ》	上野尼《うえのあま》 （南条時光《なんじょうときみつ》の母）	1568	妙法で結ばれた「生命の絆」は永遠！
17	窪尼御前《くぼのあまごぜん》御返事《ごへんじ》 （虚御教書事《そらみぎょうしょのこと》）	高橋六郎兵衛《たかはしろくろうひょうえ》 の妻	1478	民衆一人ひとりの勝利劇こそが広布の前進に
	四条金吾殿《しじょうきんごどの》御返事《ごへんじ》 （八風抄《はっぷうしょう》）	四条金吾《しじょうきんご》	1150	師弟に生き抜く「賢人」の道を
	諸法実相抄《しょほうじっそうしょう》	最蓮房《さいれんぼう》	1358	平和の人間世紀へ！ 地涌の使命と創価の大行進
18	上野殿《うえのどの》御返事《ごへんじ》 （須達長者御書《すだっちょうじゃごしょ》）	南条時光《なんじょうときみつ》	1574	「一人ひとり」に希望を、勇気を、励ましを
	十字御書《むしもちごしょ》	石河能助《いしかわよしすけ》の妻	1491	新しき一年 希望と幸福の花を爛漫と！

巻	御書名	宛先	開始ページ	タイトル
18	四条金吾殿御返事《しじょうきんごどのごへんじ》(此経難持御書《しきょうなんじごしょ》)	四条金吾《しじょうきんご》	1136	不退の「妙法の勇者」に恐れなし!
19	日妙聖人御書《にちみょうしょうにんごしょ》	日妙聖人《にちみょうしょうにん》(乙御前《おとごぜん》の母)	1213	「求道」即「勝利」の広布の人生を
	松野殿後家尼御前《まつのどのごけあまごぜん》御返事《ごへんじ》	松野殿《まつのどの》の妻	1390	使命と歓喜で師子王の勇気の舞を!
	生死一大事血脈抄《しょうじいちだいじけつみゃくしょう》	最蓮房《さいれんぼう》	1336	「五・三」記念 「久遠の盟友」と異体同心で前進を
20	四条金吾殿御返事《しじょうきんごどのごへんじ》(煩悩即菩提御書《ぼんのうそくぼだいごしょ》)	四条金吾《しじょうきんご》	1116	わが身、わが人生に輝く妙法の果徳
	法華経題目抄《ほけきょうだいもくしょう》	不明	940	唱題し抜く人は歓喜・幸福・栄光の人
	法蓮抄《ほうれんしょう》	曾谷教信《そやきょうしん》	1040	三世を照らす妙法の師弟の大道
21	南条兵衛七郎殿御書《なんじょうひょうえしちろうどのごしょ》	南条兵衛七郎《なんじょうひょうえしちろう》	1493	揺るぎなき信心でわが人生を勝ち飾れ
	上野殿御返事《うえのどのごへんじ》(水火二信抄《すいかにしんしょう》)	南条時光《なんじょうときみつ》	1544	信仰とは生涯不退の前進にあり!
	開目抄《かいもくしょう》	門下一同〈四条金吾《しじょうきんご》〉	186	「11・18」記念 創価の心は人間復興の勝鬨
	白米一俵御書《はくまいいっぴょうごしょ》	南条時光《なんじょうときみつ》	1596	無限の希望 無量の力を拓く「志ざし」
22	報恩抄《ほうおんしょう》	著作〈浄顕房《じょうけんぼう》・義浄房《ぎじょうぼう》〉	293	「1・26」記念 「慈悲」の精神で人類を結びゆけ!
	呵責謗法滅罪抄《かしゃくほうぼうめつざいしょう》	四条金吾《しじょうきんご》	1125	広宣の旗高らかに! 仏勅の使命を確信
	辧殿尼御前御書《べんどのあまごぜんごしょ》	日昭《にっしょう》および日昭有縁の尼御前《あまごぜん》	1224	不退の人に無量の福徳
	立正安国論《りっしょうあんこくろん》	北条時頼《ほうじょうときより》	17	ただ民衆の安穏のため 希望と勝利の対話を!

○『仏法入門 任用試験のために』語句索引（本編で＊を付した項目）

こ

さ

し

主な参考文献

『日蓮聖人真蹟集成』（法蔵館）
『大正新脩大蔵経』（大蔵出版）
SAT 大正新脩大蔵経テキストデータベース（http://21dzk.l.u-tokyo.ac.jp/SAT/）
『新纂大日本続蔵経』（=卍続蔵経、国書刊行会）
『新国訳大蔵経』（大蔵出版）
『国訳一切経』（大東出版社）
CBETA 中華電子仏典協会（http://www.cbeta.org　大正新脩大蔵経・卍続蔵経のテキストデータベース）

小野玄妙・丸山孝雄編『仏書解説大辞典』（大東出版社）
鎌田・河村・中尾・福田・吉元編『大蔵経全解説大事典』（雄山閣出版）

望月信亨『仏教大辞典』（世界聖典刊行協会、増訂版）
織田得能『仏教大辞典』（大蔵出版、補訂縮刷版）
中村・福永・田村・今野・末木編『岩波 仏教辞典 第二版』（岩波書店）
多屋・横超・舟橋編『新版 仏教学辞典』（法蔵館）
中村元監修『新・仏教辞典 第三版』（誠信書房）
中村元『広説仏教語大辞典』（東京書籍）
中村元『図説仏教語大辞典』（東京書籍）
宇井伯壽監修『コンサイス仏教辞典』（大東出版社）
石田瑞麿『例文 仏教語大辞典』（小学館）
末木・下田・堀内編『仏教の事典』（朝倉書店）
『日本仏教人名辞典』（法蔵館）

M.Monier-Williams, *A Sanskrit-English Dictionary*, Motilal Banarsidass Publishers.
荻原雲来編纂／辻直四郎協力／（財）鈴木学術財団編『漢訳対照梵和大辞典』（山喜房佛書林、新訂版）

『日本国語大辞典 第二版』（小学館）
新村出編『広辞苑 第六版』（岩波書店）

諸橋轍次『大漢和辞典』（大修館書店、修訂第二版）
鎌田正・米山寅太郎『新漢語林 第二版』（大修館書店）

『国史大辞典』（吉川弘文館）
『山川 日本史小辞典（改訂新版）』（山川出版社）
『山川 世界史小辞典（改訂新版）』（山川出版社）
暦の会編『暦の百科事典 2000 年版』（本の友社）

『シリーズ日蓮』（春秋社）
『シリーズ大乗仏教』（春秋社）
『新アジア仏教史』（佼成出版社）
五味・本郷・西田編『現代語訳 吾妻鏡』（吉川弘文館）
澁澤敬三・神奈川大学日本常民文化研究所編『新版 絵巻物による日本常民生活絵引』（平凡社）

*書名の旧字は新字に改めた

教学用語集

2017年9月12日　発　行

編　者　創価学会教学部

発行者　松　岡　資

発行所　聖教新聞社

〒160-8070　東京都新宿区信濃町18

電話　(03) 3353-6111 (大代表)

印刷所　株式会社　精興社

製本所　牧製本印刷株式会社

ISBN978-4-412-01630-9